人文化と探究の⑬

島田謹二伝

日本人文学の「横綱」

小林信行著

ミネルヴァ書房

はじめに

『佐藤春夫詩集』（新潮文庫）の編者・解説者を意識するようになったのは高校二年の秋ごろである。大学に入り、図書館で過す楽しみを覚えたころに『近代比較文學 日本における西洋文學定着の具体的研究』（光文社）に出会った。読みやすい文章に惹かれて、文学史上有名な詩人や小説家を身近に感じて学ぶうち、この書の著者が講師として「比較文学」を講じていることを知った。しかも、「春夫の詩」を講じていたのである。『詩集』の解説をあらためて読みなおして、教室の後方から春夫の世界がわかりやすく語られる講義を聴いた。朗々と吟じられる詩に耳を傾け、心魂をとばして陶酔した。詩を、ここまで深く、ここまで熱く語れるのかと毎回驚嘆し、いつからか最前列に席を占めて話にひきこまれた。ツルゲーネフの『その前夜』を聴いたときも同じである。作品も人も、歴史も人生も自在に語って、聴く者たちを虜にしてしまうアッという間の九〇分。私語をしたり、靴音をたてて遅れて教室に入る不届きな学生がいると、烈火の如く講師は叱った。筋金入りの叱り方にも心を動かされた。講義を終えると講師は、紫の風呂敷にテキストを包んで、それを右手で高く上げて「さようなら」とニッコリ笑って教室を出る。鋭く語られた人間洞察や人生の悲喜こもごもはいつまでも念頭を離れず、いつの日にか、講師に話しかけたいと思いつづけた。

『島田謹二教授還暦記念論文集 比較文學比較文化』（弘文堂）を手にしてからは、矢野禾積・佐藤春夫の「捧げる言葉」をくりかえして読み、知友・門弟の名前を記憶にとどめて、講師の周辺を学んだ。巻末の「著作年表」を眺めくらしては、稚拙な「著作目録」を作成し、偶々許されて講師に提示したのは、学窓を離れて数年後のことである。時々は身辺にいられるようになり、あちらこちらに同行し、講義や講演のあとには師の時間調節に合わせて過すことができるようになった。その時々に取組んでいる研究や著述のことを中心に、上田敏や平田禿木、日夏耿之介や佐藤春夫、廣瀬武夫や秋山真之のことを話してくれたが、独り言のように苦衷を洩していると感じられることもあった。それは、数年前に愛児を冬山で失ったことなどの悲しみが常に思い出されていたからで、講義中に何度も「悲しみから多くのことを学ぶのだ、悲しみはあらゆる知恵の源泉である」と語ったことと重なっていた。はじめは、「文学の火の玉」という印象で眺めていて、「打込む情熱の人」とばかり単純に考えていたが、推し量ることのできない深い悲しみを秘めている人であることがいくらかわかるようになった。

親交の深かった詩人佐藤春夫は、「謹二（きんじ）」は「奇人（きじん）」の誤植だろうと微笑しながら言ったというが、このことを時々話題にしながら、詩人に云われたことが嬉しく、「まあ畸人だろう」とみずから認めていた。いつのころからか、この畸人が辿った来し方を知りたいと強く思うようになった。少・青年期にはどんな体験をしたのか、どんなことに興味を持ち、それにどう打込んだのか、「詩」にのめり込んだときどんな人に出会ったのか、憧れ目指した先達はだれだったのか、何を目標に励もうとしたのか等々。また、出会いと交流の歓びや別れの悲しみなど、思うにまかせぬ生活の不如意や挫折はどんなものだったのかも知りたいと思った。孜々として学びつづけ、新しい学問を創り出し、その学問を発展させ、多くの俊秀たちを育成しながら独自の研究分野を開拓して多くの業績を重ねていく経緯を辿れるものなら、「人と業績」としてまとめることは出来ないかと恐れ多くも考えた末に、先行の研究に導かれて著作年表と略年譜の作成をつづけた。

その後、有り難い出会いが幸いして、当時の東大比較文学会会長小堀桂一郎先生と大澤吉博氏の御好意によって、「島田謹二博士著作年表補遺」を『比較文學研究』第六五号（平六・七）に載せていただいてしばらくすると、亀井俊介、川本皓嗣両先生が、書誌の試みとしての「若き日の島田謹二先生―書誌の側面から」の掲載を検討して下さり、連載させていただくことになった。以後は、大澤氏・菅原克也氏をはじめ『比較文學研究』編集委員諸氏（特に、連載の初めから資料の調査や確認をはじめ、杉田英明氏の周到なご指導に負うところが大きい）の御教導のお陰で今もそれが続行中である。連載を通して、諸氏から頂戴したご教導のおかげで蟻の這うような作業を続けることができたことを感謝とともに思い起しながら、師の「先駆的学問の一戦士」としての風姿とその動静を、師を知る人々以外にも広く知ってもらいたいという希望は膨らむ一方であった。時々、芳賀徹先生は、連載を「おもしろい、つづきが楽しみです」と云って励まして下さり、一冊にするようにと、「ミネルヴァ日本評伝選」（ミネルヴァ書房）を紹介して下さった。「評伝選」企画監修者の上横手雅敬・芳賀徹両先生の「刊行の趣意」をくりかえし読めば読むほど、身のちぢむおもいをしたが、両先生が云われる「この評伝選にとりあげられた人々は、彼らのなまの声で歴史の智恵を、また人間であることのよろこびと苦しみを、私たちに伝えてくれもするだろう」

という言葉をかみしめるほどに、限られた一面観たるを免れぬことを知りつつも、師の著述に親しみ、さらに広く諸家の「島田観」を学ぶことによって作業を進めることができたように思う。師をよく知る多くの方たちに出会えたことはいくら感謝してもしきれないほどである。平川祐弘先生は、少しの手伝いで関わった『華麗島文学志』刊行の前後から、会うたびに励ましの言葉をかけて下さり、川本皓嗣先生は、師のスピーチの録音テープや関連の著述を送って下さった上に、「書誌」連載のたびにあたたかい助言を惜しむことなくかけて下さった。両先生の御厚意も忘れられない。

結果として、先ずは「評伝選」ではなく「シリーズ・人と文化の探究」で取り上げていただくことになった。書肆の御厚意には衷心から感謝しなければならない。副題は、芳賀先生の御許可をいただき、「島田謹二先生の受賞をよろこぶ――日本人文学の「横綱」」から使わせていただいた。記述については、関連のことをいくらかまとめて述べるために、かならずしも年月順になっていないこと、諸家の文章を引用させていただく時などに敬称を省いたことをお詫びとともにお断りしておきたい。

重ねて、師の学統をうけつぐ方々、諸処で師の講筵に連なった多くの方々のご教導に心から感謝し、さらなるご指導・ご助言をお願い申し上げたいと思う。

島田謹二伝——日本人文学の「横綱」　目次

第四部　晩年（一九八六〜一九九三）

第一部　少・青年期（一九〇一～一九二八）

第一章　日本橋・神田岩本町・お茶の水・神田一ツ橋界隈

一　海軍少年

千櫻小學校

島田謹二は明治三四（一九〇一）年三月二〇日、東京市日本橋区本銀《ほんしろがね》町二丁目一二番地に、父助三郎、母ヤスの三男として生まれた。父三三歳、母二八歳の時の子供である。実際には、この月一二日に誕生したが、出生届が二〇日であるために、昭和元年度の尋常小學校卒業者名簿記載の「三月一二日」以外年譜などの記録はすべて二〇日となっている。謹二という名前は、通例なら三男であるから「三」の字がつくこともあるのに、祖父が親しくしていた菩提寺の住職が、二つのこと（ばくちとおんな）を慎むようにとのことで命名した。自らも「ぼくにはつつしむべきものが二つある」と笑いながらその名に言及されたことが何度かある。七歳上の長男精一は二歳の誕生日を前に肺炎に罹り幼逝した。四歳上の次男は精一郎である。父方の先祖は茨城県豊田郡福二村廿四番屋敷（後に結城郡五箇村大字廿四番屋敷となり、後年水海道市になり、さらに現在は常総市福二町となっている）の出である。母ヤスは千葉県千葉郡千葉町の杉山初五郎の二女である。母方の実家は代々神職（神主）兼回船問屋だった。父方の祖父助右衛門は若くして東京に出て日本橋に居を定め、人力車の車輪の製造販売を始めた。一時は百人以上もの使用人を抱える盛況を見せていたが、父助三郎が相場に手を出して失敗し没落した。その後、住まいは浅草区北松山町九一番地（現在の台東区松が谷一丁目付近）に移った。そして間もなく小学生になるころには、親元を離れて神田区岩本町三八番地の祖母なかの元に移り、ここで養われ、明治四〇年四月、千櫻小學校（千代田区神田松下町二二番地）に入学した。現在の校名は千代田区立千代田小学校である。平成五年四月、神田小学校、永田小学校の一部、千桜小学校が統合されて、平成一一年四月より神田小学校があった神田司町二丁目一二番地にある。明治四〇年の小學校令改正により、わが国の義務教育の年限が六ヶ年になり、尋常科だけの小学校になったが、三年前、すでに増え続ける児童を収容して、二階建て一七教室を持つ大校舎があり、児童数は一二二二名を数える規模であった。活動写真教育などを取り入れるような自由教育や直観教授法の流れをくむ進歩的な教育理念を持つ濱田國松校長をはじめ、情義にあつく勤勉な主席訓導金綱佐市、市村辰五郎、古宮常次郎等の教えを受けた。千櫻小學校が設立されたのは明治一五年二月である。そもそも明治五年「学制」が公布されて、日本各地に学校がつくられた翌年の明治六年、今の千代田区内（当時は大小区制）に三校の公立小学校が設立されたが、その一つの第壱中學区三番小學櫻池學校（五月二二日設立）と明治一〇年三月設立された第壱中學区一一番小學として開校した千代田學校が前身（両校名の二字をとった）である。明治一四年二月の神田の大火で相次いで焼失した校舎が、一年後に、設立が認可されて誕生した学校である。

本来の千櫻小學校の地は、江戸時代から武家屋敷や学者や医家の住居が多く、右文尚武の地として知られていた。通称「お玉が池」と呼ばれた、幕末の剣豪千葉周作の道場「玄武館」や儒者東條一堂の「瑶池塾」は隣合っていて、文武両道の中心という趣があった。元の千櫻小學校校門を入った右側に「右文尚武　瑤池塾の址、玄武館の址」の碑があるが、筆者が十数年前に尋ねたときに見たのは塀にはめ込まれた左記のものであった。

右文尚武
東条一堂先生瑶池塾の址
千葉周作先生玄武館の址
東条一堂先生歿後百年
千葉周作先生歿後百一年
に當り、この碑を建てて
記念とする　なほ　この
擧は一堂先生の曾孫東条
卯作氏の首偈と捐貲とに
負ふ所多かったのである。
明治神宮宮司　鷹司信輔題額
文学博士　塩谷　温撰文
文學博士　諸橋轍次書
昭和三十二年七月建
瑤池塾玄武館遺蹟保存會
発起人代表　山梨勝之進
塩谷　温
木村篤太郎
村瀬　清
青山石勝　刻

学校行事やふだんの遊び場所などについては以下のように語ったことがある。

春の運動会は上野の山の先にある竹の台で、秋は日比谷公園でするのがならわしだった。遠足は大森海岸や小石川植物園に、そして昆虫採集の時には日暮里や上野の山に出かけた。上級になると、横浜や鎌倉まで遠出して校外学習が行われた。仲間との遊び場は、九段下の外濠周辺の外、神田明神の境内や湯島聖堂の構内が主だったが、時には湯島天神まで足をのばすこともあった。春には神田川の土手を歩くのが楽しかった。水がきれいで夏の日などは水浴びしたい衝動に駆られたが、ここでは泳がなかった。水泳といえば、教師の引率で大川（隅田川）で泳ぎをするのが普通だった。

また、岩本町時代の少年期を次のように回想している。

（前略）日本橋に生まれたのですが神田岩本町という所で少年期をすごしました。今はもう昔の面影はまったく残っていませんが、私は明治三十四年の生まれですから、こう目をつぶりますと、少年のころの岩本町の一部が髣髴と目に浮かんでまります。それは何かというと、江戸の名残の火の見やぐら、江戸八百八町を、め組の兄ちゃんたちが刺子を着て駈けて行くところとかね。

それから剣士千葉周作の住んだ、お玉が池、市河寛斎などの学者の住んでいた場所が近い。古い江戸の文武のインテリのなにかが、目に見えずに残っていた場所のはしくれで生いたったと思います。岩本町を中心にこちらへ行くと松枝町。お玉が池。それから柳原。そこには古着屋がならんで、ハンガーに古い洋服がたくさんかけられていて、安価に買い入れられる。（中略）

岩本町を南に参りますと、すぐ日本の中心の日本橋。そこには、魚河岸が幅を利かしていた。今はもう築地に移ってしまいましたが、――私の時には、鮪も鱸も食卓にのせられて刺身になる近海の魚を、売った、買った、ドケドケドケ、ドケドケドケ、といって車で走っていく兄ちゃん……またゴム長のない時代ですから、みんな法被を着ていた。それが今、目の前に浮かんできます。（後略）

（昭五二・八『アンドロメダ』第九六号所載
「あかしやの金と赤――わが青春のものがたり」）

千櫻尋常小學校時代
右から島田謹二，祖母なか，兄精一郎，母ヤス
『筏かづらの家』（平成17年４月）所載

明治四五（一九一二）年七月三〇日、明治天皇が崩御して、大正天皇が践祚し、大正の世となった。尋常小學校は六年生、学業のほかに本を読むことにずいぶん時間を使って、特に瀧澤馬琴の『南総里見八犬傳』に夢中になった。豊島の城の落城から一族が散り散りになっていくくだりなどは暗記するほどに打ち込んだのである。書物にのめりこむのには理由があった。養育してくれた祖母なかが、四月二七日に脳溢血で急逝したことが悲しく、没頭するものを求めたのである。また、珍しいこと

といえば、このころになると仲間たちと離れて、英語の勉強を始めたことである。神田には、イーストレーキ（Eastlake, Frank Warrington 一八五八―一九〇五）と磯部弥一郎（一八六一―一九三一）の國民英學會、齋藤秀三郎（一八六六―一九二九）の正則英語學校などがあるが、正則は小学生を受け入れていないので、中学生の兄に勧められて、イーストレーキのお嬢さんのクララさんの私塾に通って英会話の手ほどきをうけた。一緒にいた学生がみんな年上の人たちばかりだったというが、これが「西洋」というものに直に接してその薫りを胸にしみこませた最初の体験で、理屈なしにエキゾティシズムを吸収した。

京華中學校

大正二（一九一三）年三月、千櫻小學校を卒業（第二七回卒業生男子七三名、女子六六名）して、四月一日、私立京華中學校第一学年に入学した。校舎は本郷区東竹町二五番地（現在の文京区本郷二丁目順天堂医院のあたり）にあった。この中学校は、明治三〇（一八八七）年七月、本郷区龍岡町に、磯江潤（一八六一―一九四〇）によって創設された京華尋常中學校が始まりである。三年後、お茶の水に新校舎が落成し、翌年には京華商業學校も併設した。景勝の地に、内容・外観両面を一新して、旧校歌に「かの赤壁の面影を、青葉にしのぶ茗渓の」「見よ忍陽の春の花、聖堂近く風にほふ」と謳われ、講堂の大扁額には、「天下ノ英才ヲ得テ之ヲ教育ス」と孟子の「君子三楽」の一つが掲げられていた。教育の基本を儒教の精神に置く、東京市内でも名だたる名門校であった。兄精一郎が三年前に京華商業學校に入学していて、父や兄からここへの進学を勧められたのである。上級学校への受験教科、英・数・国漢の三教科を重んじ、各学年とも元・亨・利・貞の四組に分け、成績五〇番以内の生徒で一つの組を編成して優秀組と称した。島田は元組に在籍し、組担任類家洋一郎をはじめ、小林愛雄、小原要逸、佐伯常麿、山田時之助、間崎勝義、山川信次郎等の指導を受けた。同学の先輩、同期、後輩には次のような人たちがいる。三学年上に石川淳、二学年上に高橋邦太郎、一学年上に小松清、同学年には倉又四郎、本庄桂輔、一学年下に宮島新三郎、二学年下に瀬沼茂樹、三学年下に村山英太郎、四学年下に稲並昌幸（城左門）、玉川一郎、成瀬正勝、また少しはなれた先輩には小島政二郎、木村荘八、甲賀三郎、岡本文弥、後輩には犬養孝がいる。島田は、思い出を語る中で文学の目を開いてくれた友人として倉又四郎を、さらにその頃から七〇年にも及ぶ会心の交友を続けることになる本庄桂輔（一九〇一―一九九四）にふれながら、京華中學時代を懐かしそうに語っている。

（前略）

それから何十年も暮してきた在り方を思いうかべてみると、理科マン倉又は倉又、劇史家本庄は本庄と、それぞれ梅は梅なりに花ひらき、桃は桃なりに美しい。私のような紫陽花は矢張りつゆどきに色青ざめて見る人もなく、でも花は開くものだということを、昨今の季節につけて想い起こし万感胸に

迫ってくる。（中略）

こうして回顧すると往年の京華中学校は一風かわった先生方や、世の認めると否とにかかわらず才華を射る生徒たちがたむろしていて、そういう異色ある先生方に教えを受け、前後の特色ある生徒諸君と交わりを結んだことは、目に見えず、後年の私自身にも影響を与えた。私のような鈍才が、とにかく世に生きることを許され、変わった経歴を辿りながら一風かわった学問に打ちこみ、ほんのわずかでも業績を出しえたことがあったとすると、その業績なるものにも、どこか京華中学校風の一風かわった匂いがありはしないだろうか、と考えると心から因縁を感ずるのを禁じ得ない。

要するに、京華中学校は私にとって限りなくありがたいラテン語にいわゆるALMA MATERである。忘れることを許されない永久に懐かしい、いつ思い出してもそこに暖かい心を寄せずにはいられないわが愛する母校なのである。

（平一一・三『京華学園百年史』所載「私の旧制京華中学校時代」）

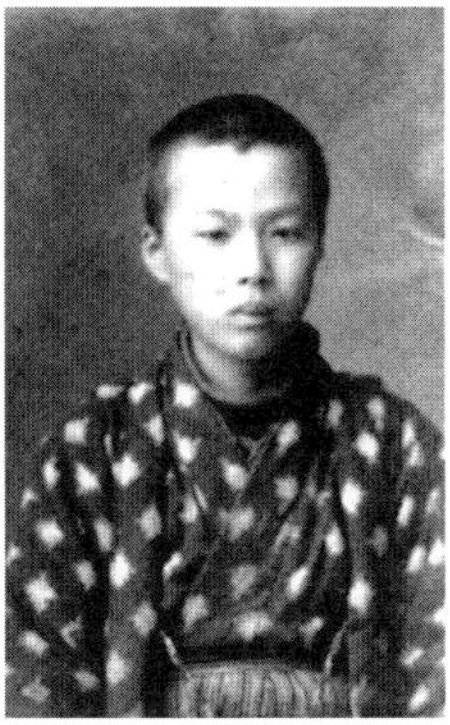

京華中學校時代

『筏かづらの家』所載

遙かな後年、本庄が編集長である『學鐙』（丸善株式会社）に「秋山真之の抱負」を六年以上にわたって連載することになるが、本庄は島田を大学にしばしば訪ねてきた。原稿のうけとりと原稿料の支払いを直接にというのが主義で、会うとしばらく雑談して帰る。本庄が、立教大学時代の恩師岡倉由三郎の授業ぶりや雑談・漫談の話をすると、身を乗り出して喜んで耳をかたむけていた。当然中学時代の話にもなって、「謹ちゃんの海軍熱には参った、互いに打込んでいることを話して腹が空くと、母親は好きなものがわかっていて、よくコロッケやおはぎを買ってきてくれた、一度に五こぐらいペロリとたいらげた」という互いの話に興じた。その時もその後からも、二人は「謹ちゃん、桂ちゃん」の雰囲気でよく話していた。

大正四（一九一六）年四月、二年生になると、詩人らしい匂いを感得していた『管弦』（明四〇・四）の作者である小林愛《よし》雄《お》（一八八一―一九四五）に英語を学び、スウィンバン、ブリッジェス、ヘンレー、イエーツ、ワイルド等詩人たちと詩について親しく教えをうけた。これらの詩人たちは、師の最初の訳詩集『近代詞華集』（大一・一二　春陽堂）で取り上げられた詩人たちであった。また、イギリスを中心とした七五篇を収録した『現代万葉集』の準備中で、時々話題にしてくれるのを心を躍らせて聴き、英文学への眼を開かれ、訳詩というものに興味を持った。小林は前年に「アカギ叢書」から『神話と傳説』『西洋演劇史』（大三・八）を出していたので、この書を読んだのをキッカケに文学だけでなく、芸術や哲学や歴史にも読書のんでいるものの話は、だれにでもというわけではないが、話し始めるといつ止むのかわからなかったという。

幅を広げるようになった。本庄の話によると、夢中になって読

二　海軍への憧れ

帝國軍艦解説

大正五（一九一七）年四月、三年生になると、国語・漢文は小原要逸（筆名無弦、一八七九—一九五三）に「十六夜日記」「方丈記」を学んだ。「小原先生には作文指導もしてもらい、ずいぶん目をかけていただいた」と思い出を語っている。

小原先生は大変な美男子であった。色白の顔に髭の跡が青々と濃い、男ながら惚れ惚れするような男振りで、物の言いざまはてきぱきと男性的で、皮肉とユーモアとをまじえて教える方であった。（中略）正課の読本以外に補習用のサイドリーダー風のものも加え、それらをぐんぐん読み上げて行くという御方針のように見受けた。作文も先生の擔任である。三年生の時、私は平素の思うところをありのままに書いて提出したところ、翌週の講評の時間に、このクラスにはなかなかいいのがいると仰って、私の名前はあげないが、私の作文の論旨を要約されて、こういうふうに書けばよいぞ、この男はなかなか見込みがあると、胸おどらせて聞いている私の胸にはピンとうれしく、いつまでも思い出に残るような御言葉を賜わった記憶がある。

（前出「私の旧制京華中学校時代」）

小原要逸については、後年、師によるイギリス、フランスの詩人たちの訳詩を悉く読んだことを語ったが、後年『原阿佐緒の生涯——その恋と歌』（小野勝美著、昭四九・一一、古川書房）を読んでの感想は、「あれでは先生が気の毒だ、正当な小原伝というものがなければならぬ。なんとかしたいものだが、……。」と話していたことが忘れられない。

この時代、中学も後半を迎える頃、生活に少なからず変化が生じてきた。それは、中学時代の前半までは上席であった成績が下降線をたどりはじめたのである。学科の勉強以外に、他に趣味を求めたこと、読書に夢中になったことのためである。早くから本が好きだったので、日本橋本町三丁目にある博文館の書籍小売部にしばしば足を運んでは、小遣い銭のほとんどを本を買うために使った。『世界歴史譚』や『日本歴史譚』、それから巖谷小波の西洋の童話をはじめ、当時の新進文士たちのしゃれた美文で書かれた『耶蘇』（上田敏著）『釈迦』（高山樗牛著）『ハンニバル』（大町桂月著）『ナポレオン』（土井晩翠著）などを愛読した。また、趣味の世界では、数学など自然科学系統の学科に打ち込むかわりに、日本帝国海軍の軍艦表を眺め暮らして、異常なまでに海軍に関する事柄に精通するようになり、友人や教師の間で評判になった。自他共に認める「海軍少年」であった。定期的に購読していた『海軍』（光村印刷）に意見や

感想を送っていたのが機縁となって寄稿を勧められ、「帝國軍艦解説」を連載しはじめるのは大正六（一九一七）年一月、満十五歳の時である。筆名を「島田毅《き》」とした。これは、前年に木村毅の著書『旗』（続少年文庫第一編）を読んで感動し、著者のようにものを書く人になりたいと思ったからである。帝国軍艦「イ」の部、伊勢、生駒、石見、磐手、出雲、厳島、磯風、磯波の順に艦種、鑑材（質）、建造期間、主要寸法、攻撃力（備砲、燃料など）、製造費、製造所、所属鎮守府、乗員数、姉妹鑑等について、項目別に説明、解説した。半年ほど経つと、購読者に向けて、「軍艦解説」に加えて次のようなお願い「帝國海軍新造艦其他に要目、詳細御存知の御方は御手數乍ら編者方へ御一方煩はしたし。神田区猿楽町九　島田毅」を載せたり、さらに数ヶ月すると、前後のことは不明ながら質問を寄せられた回答「京都同好生君へ　御好意を謝す。左に御質問に略答仕候　(六)　三門なり　(七)　貴下の計算に賛成仕候　(八)　ソーニ、クロフト罐なり　附記　貴下は栁級、榊級の主砲を四吋砲と御報道被下候ひしも仝級には四吋を採用せず、四・七吋（四十口經砲）に御座候、亦余りに外國人の著書をのみ信ずるも如何と思はれ候、尚カの部、柏等の欄にて發表仕るべし」を付け加えたりして、読者同士の交流をすすめ啓発し合うようになった。

海軍に夢中になるのには理由があった。就学期を迎えるころから、日本海海戦戦捷の雰囲気の中で学童期を過し、中学生になると、万世橋にある広瀬中佐の銅像（明治四三年三月設置、昭和二二年六月撤去）を眺めて通学した。休日や休暇の時などには、連れ立ってここを訪れている凛々しい姿の海軍兵學校の学生たちを見かけることがあった。その後を追いかけんばかりに目を輝かせて、彼等への憧れを口する女学生たちをしばしば観た。そしてまた、休暇にはいると、海軍兵學校に進学した先輩が時折来校して、学業優秀で心身共に健全な、志のある男児は我らに続け、海軍に来いと檄を飛ばし、熱烈に文武両道に生きる士魂の道を説いて勧誘した。七つの海に勇躍して、国を守る人になりたいと思ったのはこのころである。軍艦に精通するのは云うまでもなく、日清・日露の海戦で武功を立てた将星たちの閲歴に通じ、海軍の組織や生活をも知ろうと心がけた。『海軍』の発行所は本郷区湯島切通坂町にあるので、下校の途次編輯部に顔を出しては新しい情報も得た。海軍を目指すのだからと、苦手の自然科学系統の学科にも本腰を入れて取組みはじめたが、悲しい現実が待っていた。学業成績に問題があるのではなく、必須条件の視力が極度の「弱視・近視」であることが判明して海軍への夢を諦めなければならない。異常なほどに読書のために酷使した視力は回復することがないのであった。

このころ、猿楽町で下宿生活をつづけながら「帝國軍艦解説」を「ワ」の部、若宮、若葉と「潜水艦解説」を寄稿したところで二ヶ月休載し、英語を中心とする勉強に切り換えて、海軍への夢が破れた事への悲しみと決別した。それでも読者の期待には応えたいと思い直し、連載を再開すると、「編輯だより」（大七・五『海軍』）には次のように書かれてしまったのでしばらく止めるわけにはいかない。

多忙なる島田君は忙中閑を偸み、別項の如く最新の研究を起稿被致候。今時大戦中海上の舞臺に於て、最も魅惑的なる華々しき演出をなせる二名優は申すまでもなく航洋潜水艦と航洋驅逐艦に可有之。島田君が此最も興味ある主題を捉へられたるは筆者の讀者と共に欣幸に不堪所にして同氏の續稿中絶以來頻りに渇望せられたる各方面の愛讀者諸君も定めて御満足の事と存知候。

海軍知識を世界へ

海軍への夢を捨てて、中学時代最後の夏休みを過しているのに、開き直った気持もあり、思い切って世界が注目するイギリスのジェーン・フレデリック・トーマスの『海軍年鑑』に「帝國軍艦解説」を主とする研究を寄稿することにした。趣味の熱心を形にして、日本海軍に関する知識を世界に知らせたいと思ったからである。一九一八年版の『海軍年鑑』が年末に刊行されることも知っていたので、夏の休みの間に原稿を仕上げて送った。前出「私の旧制京華中学校時代」には次のように書いている。

当時東京の旧制中学生の中には、正課に打ち込む余暇で、あるいははじめから正課には目もくれず、自分独特の趣味の世界では中学生なのにすでに堂々と一家を成して、その道の専門家達に認められるという一風変った生徒たちがかなり数多くいたように思う。私もそういう妙テケレンな queer fish——いわゆる畸人生徒のたぐいとして一年生、二年生の課業を終った。私は日本海軍の軍艦表を睨めくらして、戦艦「三笠」はこれこれ、巡洋艦「出雲」はこれこれ、排水量何千トンで、長さはいくら、主砲は何センチ砲が何門というような表を毎日のように見比べて、そういう妙なものに異常なまでの興味を感じて熱中した。その熱心が昂じると、日本海軍に関する私の知識を世界的に広めたくなった。まさにキジルシである。ジェーンの「海軍年鑑」といえば、世界中の専門家の参照するものである。その一九一八年版を開くと、ジェーンは亡くなっていたが、その後を継いだ編集者の筆で、「以下本文はK・シマダ氏のコントリビューションに主として依據して書いた記事である」と註して、「シマダ氏に深く謝意を表します」という文字が歴々として出ている。これには十六歳の私は驚きあきれてしまった。所でジェーンの年鑑はずいぶん高価なもので、とても中学生程度の小遣い銭では買えない。そんな専門書をどうして読んだり、参照したりしたかというと、今の国会図書館の前身、上野の芸術大学——その隣にあった帝国図書館へ行って読んだ。ときには（大きな声ではいえないが）母の心尽くしの弁当を大事に抱えて家を出て、お茶の水まで行きながら、学校の傍らからすっと湯島へそれて上野へでてしまう。上野の擂鉢山でお弁当を独り悠々と平らげてから図書館に入りびたり、ジェーンの年鑑を読んだり、訳したりした。あるいは英語で書かれ、碌々正当にはヨミコナせなかった専門の文献などを訳出するという一風変わった少年であった。（後略）

詳細な軍艦解説が *Fighting Ships* by Jane Frederick Thomas 1918 with Supplement, "British Navy-War Construction." An Encyclopaedia of the Navies of the world. Founded in 1896 by Fred T. Jane.（Acting Editor：Maurice Prendergast）. Twenty-First Year of Issue. London & Edinburgh：Samson Low, Marston & Co., Ltd. 1918 に掲載されたのは大正七年一二月である。Japanese Fleet. の見出しの下に、Revised, 1918, by the Navy Department, Tokyo, by courtesy of H. E. The Minister of Marine.（The Acting Editor has also to acknowledge the use of many useful notes and sketches, kindly furnished to "Fighting Ships by Mr. K. Shimada.）とあり、三八頁にも及ぶ、軍艦旗の種類、ドック（船渠）や造船所、軍港、軍艦の種類、大砲の大きさと機能、提督以下将官の帽子や袖の記章、機関員たちのバンドの色別を解説し、そしていよいよ、煙突の数が多くなる順に各軍艦の、それから水雷艇のシルエットを掲げ、さらに私営のドックを持つ会社とその規模を示した。軍艦は、重装備戦艦（伊勢から）、巡洋戦艦（金剛から）、装甲巡洋鑑（鞍馬から）、戦艦（石見から）、巡洋鑑（阿蘇から）、砲艦（最上から）、駆逐艦（天津風から）というように一三二隻、水雷艇、潜水艇、補給船、病院船、調査船、練習船など三七隻について、『海軍』に掲載した二倍以上の数の詳しい「軍艦解説」を寄稿したのであった。一七歳、中学四年生の冬である。これが斯界の専門家に注目され、K・シマダなる人物はいかなる大家であるかと、大いに話題になったという。『海軍』編輯局でそれを聞いた。海軍熱はなかなか冷めず、多くの時間を資料探しや資料解読にあて、『海軍年鑑』を中心に、特に日露戦争関係のものでは、大本営寫眞班撮影の『日露戰役寫眞帳』（小川一眞出版部）、『日露戰争寫眞帳』（金港堂）、『日露戦争寫眞畫報』（博文館）、『日露戰役史寫眞帳』（海軍省）、『大日本帝國海軍』（関西寫眞製版）、『大日本海軍帳』（東光社）等を見つづける日を送った。回想の中で、自らを「妙テケレンな queer fish——いわゆる畸人生徒のたぐい」「まさにキジルシ」と表現したころが、「畸人の誕生」ということになるのであろうか。

受験準備

はじめ進学志望の学校を、（一）高等學校一部乙、（二）早稲田大學文科、（三）東京外國語學校の三校を考えたが、（一）（二）は大学まで六年という長い期間を要するので、早く世に出ることを優先に考え外語學校独語科に目標を定めた。歴史学を修めようとしたのである。英語に打ち込まねばならないことは明らかで、リーダーの第一巻から復習して、単語や構文の修得に努め、並行して齋藤秀三郎（一八六六―一九二九）の『熟語本位英和中辭典』（大四・六日英社）の語項目の抜き書きや暗記に専念すると共に、上野の帝国図書館に通って手当たり次第に英語の原書を読み続けた。最終学年の一一月になって、英語の実力がついてきたという自信と英語が面白くなってきたことを理由に、歴史科から英語科へと志望を変更した。極めて短い期間ではあるが、猛烈な勉強を展開した形跡を理解するために、「英語第一の準備法――東京外國語學校合格記」（大九・二『中學世界』臨時増刊號、筆名太史公）から特に英語の勉強にしぼって紹介しておきたい。

> （前略）
>
> 外語と決定つてからは、英語を勉強せねばならぬ。飜つて當時の僕の力を見るに、自分では自惚れてゐたが、實に話にならぬ程貧弱極まるものであつた。そこで英語の學力を増進せんが為、英語だけを勉強するといふ非常手段を採つた。これは五年に進級する頃である。――中學一年の時から眞面目に勉強してゐた者なら、何もかうするには及ばないのだが、何しろ四年迄遊んでゐたのだから語彙にしろ構造にしろ、薩張り解らない。所謂 all Greek to me である。そこで五年は一年間以上の様な非常手段を採ることにした。それからといふものは、學校では真面目に先生の講義を聴き、授業が終つて家に帰つても手に取るのは只英語の本ばかり、それも講義だけを聴いたのでは到底足りない。無暗矢鱈に參考書を見た。殆ど速読と思はれる程手當たり次第に本を購入し、兄の讀古の奴を本箱の隅から引張り出して讀み耽つた。――通學の途中、何でもかんでも眼に映るものを英語で云ひ表はして見るやうにした。英和・和英の兩辭典を片時たりとも手から離した事がない。斯くの如くにして自分の力は徐々と養成されて來たのである。

冬期休暇にはいると、英語の知識の整理ができ、大分自信もできてきたが、教科書や参考書だけの勉強にとどめず、一ツ橋の高等商業学校（現在の一橋大学の前身）や大塚の高等師範学校（東京文理大、東京教育大学の前身、現在の筑波大学）で行われた英語大会に出席したり、津田英学塾（現在の津田塾大学）に通っている人に英文を読んでもらって書取の練習をしたり、兄に発音を直してもらったり、『萬朝報』の英文欄を見たりなど、あらゆる角度から受験本番に備えた。十二月、『校友会雑誌』第三四号「名月高秋迥」欄に二つの記事、「愛蓮説（周濂渓の漢詩の英訳）」と「送中村實東遊序（漢文）」が、五年元組島田毅の筆名で掲載された。

年が明けて大正八年になると、二月末の卒業試験までは、五年間の既習のリーダー・英作文・文法等専ら教科書について守成の策を採って二年三年の時怠けた罪を贖ふことにした。卒業試験が終って、三月一日からは本格的な受験生活に入り、三月から約一ヶ月間を三期に分けて計画（前出「英語第一の準備法」）を立てて実行した。

期間	科目	實行
第一期	英文解釋	中學教科書全部及 Royal Prime Reader
三月一日	和文英譯	中學教科書全部
十日	英文法	中學教科書の Etymology 及受験要領
	國語	國語問題提要（醫専の部まで）
	作文	國分氏問題提要（始め二三十頁）
	地理	教科書第一回
	西洋史	教科書第一回（但近世史は三回）
第二期	英文解釋	南日氏間崎氏横地氏戦争と人
三月十一日	和文英譯	南日氏間崎氏　紀田氏
二十日	英文法	宮井氏邦語新講義
	地理	教科書第二回
	西洋史	教科書第二回
	東洋史	教科書二回（但或部分は三回）
第三期	英文解釋	リーダー難句集　リーダー難句詳解
三月廿一日	和文英譯	武信氏清水氏
	英文法	教科書の Syntax
	國語漢文	國漢便覧
	地理	教科書第三回
	西洋史	教科書第三回（但近世史は四回）
	東洋史	教科書第三回及受験ノート

海軍戦略の応用

「英学を目指す受験準備の様相」は英学史上の興味ある一研究視点であると思われるので、前出したことも含め、実践の記録「志望」(Connais-toi toi-même.)「準備」(It faut semer pour récolter.)「作戦」(A la guerre comme a la guerre.) を要約して掲げておきたい。

一日平均の勉強時間は八九時間だつたらう。後は散歩と洒落た。受験準備書（但精讀したるもののみ※印は教科書たりしもの。書名下の亜刺比亜數字は讀破回數を示すものとす。）

（1）英文解釋——※鍾美堂チョイス二・三、※上条・横地氏大正リーダー四・五、※井上十吉氏ニューリーダー五、ネルソン、ロイヤルプリンスリーダー二、※日進堂サプルメンタリーリーダー五年用、※北星堂プレジーズ・オブ・ライフ鈔、南日恒太郎氏英文和譯法（5）間崎勝義氏英文は斯くの如く和譯せよ（6）、横地良吉氏英文釋義（2）、両篠原氏リーダー難句集、佐川春水氏英文和譯練習書（6）、サウゼイ氏ネルソン傳、ハガード氏クレオパトラ、カセル氏アーサー王物語、※ ラーコック・岡部氏戦争と人。

（2）和文英譯——山口鐡太郎氏英作文、武信由太郎氏英作文二（4）、※今井信之氏英作文三、※山田時之助氏英作文南日恒太郎氏和文英譯法（7）、間崎勝義氏普通之誤（8）、紀太藤一氏和文英譯詳解（6）、清水起正氏和文英譯新法（6）、研究社第三英作文の話（2）、佐川春水氏対譯和文成句（4）、森正俊氏時事英作文講義、受験世界社模範答案集。
(3) 英文法――※山田時之助氏小文典、ネスフィールド第三文典、本多孝一氏英文法受験要領 (3)、齋藤秀三郎氏熟語本位英和中辭典(助動詞篇)。
(4) 書取　――光世館英語書取の新研究 (4)。
(5) 會話　――K中學用會話教科書、村井知至氏日英會話(但普通會話篇のみ三回)。

（前出「英語第一の準備法」）

作戦として座右の銘にしたのは、孫子の「彼を知り己を知れば百戦殆からず」という言葉である。英文解釈を主力艦隊の一戦艦戦隊所とし、リーダー、参考書の単語熟語を片端から暗記する事を以て基本作戦とした。知らない単語、覚えられぬ単語や熟語を書き抜いて徹底的に暗記し、それから過去の問題を五年もさかのぼって偵察した。和文英訳は主力の巡洋戦艦隊とし、教科書と参考書の区別を離れて多読(多作)、精読をつづけて力をそそいだ。暗記する場合、日本語からはいった英語は決して忘れない、という自信を持つようになった。やはり過去の問題を分析して、語彙を豊富にすることが肝要であるとした。文法は、受験戦術では給炭給油の特務艦であるとし、この補充が十分でなければ、主力の英文解釈も翻訳もできる筈がないことをしっかり自覚して、齋藤秀三郎の英和中辞典のありがたさを更めて知った。書取は試験官が極めて重要視すると言うことで、試験の直前まで毎晩練習し力をつけた。会話と発音に関しては、外国人のいない学校なので苦戦した、という。しかし、単なる憧れを越えた海軍への想いは、大いに活かされたのである。受験を対戦相手に想定し、日本海海戦でロシヤ艦隊を撃滅した連合艦隊の提督や参謀よろしく、作戦を練り、計画を実行しつつ、無駄なく、一心不乱に集中して勉強に打ち込んだ。まさに死ぬか、生きるか、勝敗を決する受験の日に向けて臨戦態勢に入ったのであった。文字通り英語に明け、英語に暮れる生活を送り、ぐんぐん実力をつけた。

三　明けても英語、暮れても英語

東京外國語學校

明治六年四月、第一大學区第一番中學を開成學校と改め、同校に専門学科が設けられたが、その際生徒を二等に分け、下等中学一級以上を専門学生徒とし、それ以下を語学生徒とした。そして専門学生徒は開成學校生徒となり、語学生徒は外國語學校生徒となった。この外國語學校は同年公布の「学制二編追加」の規定によるものであり、開成學校外國語學校とよばれた。同年五月、外務省が設置した独・魯・清語学所が文部省に移管され、同年八月に開成學校外國語學校と合併され独立の一校となり、東京外國語學校と称し、英・仏・独・魯・清の語学を教授することになった。開成學校が新築校舎に移転したあとの旧校舎を使用して開校した。これが東京外國語學校のはじまりである(昭五五・三『千代田区教育百年史』上巻「外国語学校の設立」)。この時から四六年後、島田は英語部に願書を出したことになる。三月四日であった。受験番号は一〇六番、この年度の入学志願者は四二〇名で、前年より一九名少なかったとはいえ、一〇倍以上(前年は七倍)という難関であったが、見事に合格した。

大正八(一九一九)年四月一日、東京外國語學校英語学科第一学年に入学した。同期は三七名であった。校長は長屋順耳、英語主任は文科主幹の村井知至《ともよし》、英語部主幹は外國語學校第一回卒業生の片山寛、英語の教師陣には上条辰蔵、吉岡源一郎、千葉勉、井手義行、松本肇、鳥山嵯峨吉、オースチン・ウイリアム・メドレー、ウイリアム・ジョージ・スミス、アーサー・リチャード・パゼットがいた。この学校への志望動機を「回想」に尋ねてみると次のようである。

あらためてそう心に聞いてみると、いろいろな理由が思い浮かんでくる。一番の遠因はやっぱり、一風変わったエキゾチックな学校だという印象を少年の私が持っていたからだろう。今は移転しているそうだが、大正の中ごろにはお茶の水の順天堂そばに京華中學校というのがあった。私はそこの生徒だった。その中学のごく初年級だったころ、おぼえがあった。それもかなり強い印象でおぼえがあった。神田一ツ橋の通りを歩くと、木造の大きな平屋の、学校とも何ともわかりかねる建物があって、玄関にかかった横にばかりイヤに長い白い表札に、Tokyo School of Foreign Lan guages と書いてある。何ということなく異国のにおいがプンとして、おそまつなのに、どこかハイカラである。通りかかるごとにいつも若い西洋人の男女が何人か楽しそうにしゃべっている。小鳥のような言葉、色彩のあざやかな服装、……あるいはそのころ日本語學校が付属されていたのではないかと思うが、たいまつのしるしのついた妙な丸帽をかぶった青年たちが通ってゆく。その学校の生徒たちだろうか、中には八字ヒゲをはやしているのがまじっていて、みんな背が高いような気がした。少年の眼にそう映ったのである。あそこでは、いろいろな異国の言葉が勉強できて、夢にみていた装丁の分厚な書物が自由自在に読めるようになるだろう……。空想的な少年にふさわしい、そんなキュリオシティが、その学校へ入学させる遠い原因になったらしい。

(昭三七・一一『東京外國語大學新聞』第七三号所載「四〇年前の東京外國語學校」)

入学して驚いたのは、英語の授業が一週二三時間と多いことだった。「明けても英語、暮れても英語」と、東京外國語學校時代を語るときにはかならず話すのが常だった。「學科課程」(大九・三・二六『東京外國語學校一覧』)を見ると、一週三二時間のうち、外國語は当該國語、発音、読書、作文、会話、習字、文法、書取、当該國情で二三時間、修身一時間、國語二時間、哲学二時間、言語学二時間、法律二時間、体操二時間となっている。二年次は、英語は二二時間になり、修身、國語、体操は変わらず、英語、哲学の一時間減は経済の二時間になり、言語学がなくなって、第二外國語（ドイツ語）が入った。三年次は、修身、國語、第二外國語、体操は変わらず、英語は一六時間に減り、西洋近代史二時間、心理学二時間、社会学一時間、教育学一時間、文学史（英文学史）二時間となり、二年次に二時間だった法律が、憲法、民法、商法、刑法、国際法、国際私法合わせて九時間となっている。恩師たちと教材については次のように回想している。

（前略）外国語、外国事情、外国文化を修めるのだから、ことに英語はイギリスのジェントルマンを、言葉においても、身なりにおいても、考え方においても学ばなければならぬというたてまえから、授業も訓練もとてもきびしい。有名なメドレー先生を筆頭に、スミス先生とか、パジェット先生とか、みんなイギリス紳士の典型なのだろう。発音や書取や作文でしたたかにしぼられた。イギリスの子供なら役に立つ教育だったにちがいない。日本人ではエロキューションの実習とエマソンの随筆を教えて下さった村井知至先生、『小ロンドン人』を毎週暗記させられた上条辰蔵先生、速読速解と称して、ギリシャ神話や聖書や『ガリヴァー旅行記』や『ジョン・ハリファックス』など、やみくもに読ませて、三、四分ずつ全体に英語で語らせる吉岡源一郎先生、国定教科書をテキストに英作文をていねいに教えて下さった片山寛先生、ラテン語初歩と『サイラス・マーナー』を受け持たれたまだ若い井手義行先生……こうした大家達に手をとって教えられた。それぞれみんな有難い先生方である。若気の至りとはいえ、生意気な文学青年になっていて、良師の尊い教えをうかうかと聞きすごしたのが今更のようにくやしい。

（前出「四〇年前の東京外國語學校」）

学友たち

外國語學校の先輩、同期、後輩には次のような人たちがいた。後年、大学の同僚だったり、学問的、文学的交流のつながりの深い人が多い。ある期間仏語専修科にも籍を置いたから、親交の深かった人がいる。仏語科の二学年上に石川淳、同学年に高橋邦太郎、神吉晴雄（晴夫）、渡辺紳一郎、安藤正輝（更正）、一学年下に佐藤良雄、二学年下に前嶋信次、独語科一学年下に田内静三、英語科には、大先輩の恩師片山寛と上条辰蔵、石田憲次、岩崎民平、野原三郎、同学年に美甘巌夫、古賀米吉、村井英夫、真田外茂雄、一学年下に荒牧鐵雄、半澤儀一郎、二学年下に堀大司、池田哲郎、蒔田榮一、三学年下に天野一夫、龍口直太郎がいる。上記の人たちの島田に触れた記述を紹介しておきたい。高橋邦太郎（一八九八―一九八四、京華中學二年先輩）は次のように言う。

東京外語では学生が、仏・独・以下は語別のクラスに別れてそれぞれの外国語を習うが、共通の学科は大きな教室、或いは講堂で講義を聴くことになっていた。

従って、各語部の学生と自ずと机を並べることが行われ、知り合いになる機会が多かった。当時は丸帽に金ボタンの制服で襟章にE（英）F（仏）D（独）PO（ポルトガル）といった頭字をつけているので所属が直ぐ判った。

入学してから何ヶ月も経たない内に知り合って、今でも交際しているのも若干あるし、それほどの関係に立ちいたっていなくても、会えば「ヤー、ヤー」と言い合うのは相当にある。例を挙げると三浦逸雄君で（イタリヤ語出身）、第一書房の「セルパン」誌を中心に活躍した。作家三浦朱門の父である。同じくイタリヤ語の高田博厚君は卒業前に退学したが、彫刻家として立派になっている。

ロシヤ語からは、前東洋大学長磯村英一君と、共産党の長老蔵原惟人君がいる。磯村君は英語がうまい。英語では島田謹二君が、「日本における外国文学」の大著だけでも輝かしい業績だけれど学生時代からの勉強家でついに一生を貫いた努力には敬服の他ない。しかも、単なる学者でなく、よく詩を解し、佐藤春夫に傾倒し、その詩文を誦す時にみせる感慨は青春時代と少しも異なるところがない。しかも、島田君には秋山真之、広瀬武夫など、別人の述作と紛う好著があり、これまた快心の作なのである。（中略）

詩人というと独語部の笹澤美明君がいる。笹澤左保さんの父君でずっと方々の医学系の大学で独語を教えていた。

仏語部で異色はアラビア文学・イスラム文化専攻の前嶋信次君であろう。仏語から入ってアラビア語をものにし、ずっとこれに打ち込み、学位もこれで取り、慶大教授をし、傍ら、平凡社の東洋文庫のために原典から「アラビアン・ナイト」を翻訳して、順次に刊行している。

（昭五七・一〇『日本古書通信』第四七巻第一〇号所載「雑学歴程（15）―拡がる交遊範囲」）

蒔田榮一（一九〇二―一九七四）は恩師千葉勉を語りながら、島田に触れている。

私が外語に入ったのは大正十年である。その頃先生は四十才になられたばかりと思うが、既に堂々たる風格を備えて、プロフェッサーの典型のような方であった。どんなに私は先生にあこがれたことか。きけば先生は明治四十年東大を恩師の銀時計ででられた英文学界きっての秀才であった。故ローレンス先生の最愛の弟子であられたそうである。先生は教室ではなく、座談として、私達の先輩美甘君（故人）や島田謹二君がいかに優秀な学生であったかを語られた。私はそれに刺激されて、このよき先輩達につづきたいと思った。このような刺激と発奮の材料を与えて下さったのは先生のみであった。

（昭三九・三『千葉勉の仕事と思い出』（佐藤良雄編）所載「噫千葉先生」）

後年、第一高等學校や東大で同僚となる堀大司（一九〇三―

東京外國語學校時代
兄精一郎（左）と
『筏かづらの家』所載

一九六八）も言う。

未だ一年の頃先生は屡々出来の悪かった我々一同を励まされましたが、そういう折には先生は常に第三学年に在学の三秀才の名を挙げて「何処へ出しても恥ずかしくない」と言われ、「そういうことでこういう先輩の後つぎになれますか」と戒められました。先生が最も望みを嘱せられておられたその三先輩は美甘巌夫氏、杉浦政治氏（共に故人）、島田謹二氏（現東大教養学部並びに同大学院教授、比較文学）で、美甘氏が外語卒業後東大文学部在学中、肺患で仆れた折の先生の愛惜落胆は傍目にも御気の毒に感ぜられた程でした。（後略）

（前出『千葉勉の仕事と思い出』所載「追想」）

池田哲郎（一九〇二―一九八五）は次のように言う。

千葉先生の英語授業は主として英文学＝シェイクスピアと英語＝であったが、文科の諸君はともかく、私の貿易科のクラスでは余り積極的・意欲的でなかったと思われる。（中略）英詩は二年先輩の島田謹二氏の名訳付きで先生曽遊の風物談と共にすばらしい授業だったと回想される。（中略）私達の時代で千葉先生の学統を最もよく承けたのは島田謹二氏・堀大司君などで先生も親身に世話をされ、最大級の賛辞「君の学校のどの英語教師よりも優れた教師を推薦する」で推薦されたことを私は先生の友人であった先生達から後日聞かされた。殊に米沢高工の辻村教授（現昭和女子大教授）とは親交があり、島田・山田・小川・安藤の諸兄が同校へ相継いで赴任される機縁となったことはその源泉が千葉先生に発しているだけに外語にとって大きな貢献である。

（前出『千葉勉の仕事と思い出』所載「千葉先生の思い出」）

詩の世界への憧れ

英語が大好きで、先生方の指導を喜んで受けたが、やれやれという気持で一学期を終えたことは否めない。受験勉強の反動もあったようである。そして、もともと好きだった読書に時間をとられるようになった。ホームグランドである神田界隈には、少年時代から親しんでいるから神保町は切っても切れない縁の深い場所である。本屋街を歩いて、フランス書店三才社でマラルメなどの本を、三省堂や東京堂では、北原白秋の『東京景物詩』や『桐の花』、齋藤茂吉の『赤光』などを手にして喜び、

P・R・B・（ラファエロ前派）の詩人たち、特にロセッチの詩や彼の英訳したダンテの『新生』を耽読し、アンリ・ド・レニエの「あしの曲」、マラルメの詩等に傾倒した。海軍のことに打ち込んだように、特に詩に熱中する文学青年として、早稲田中學から進学してきた安藤正輝（更正）とよく交遊し、ともに『泰西名詩名譯集』（大八・三、生田春月編、越山堂）を愛読した。「そんなに詩歌が面白いなら、詩人の所に連れて行ってやろうか」ということになり、小石川区駕籠町四六番地（現在の文京区千石）に住む詩人西條八十《やそ》（一八九二―一九七〇）の所へ連れて行ってくれた。愛読している八十の『砂金』（大八・六、尚文堂）を持参して署名をもらい、暗誦している詩句の感想を述べた。その後も時々西條邸に出入りして、読むものの指示をもらったり、作家たちの秘事を聴いたり、「詩」の読み方や作り方を伝授してもらった。詩人が十七歳の秋、三ヶ月ほど暁星中學校の夜学に通って与謝野鉄幹（本名寛《ひろし》、一八七三―一九三五）や佐藤惣之助（一八九〇―一九四二）と同じクラスで学んでからは独学のフランス語を、このころ、学友の安藤や高橋邦太郎を相手に勉強するのに喜んで同道して詩を中心に学んだという。

二年生になると、英語部は文科と貿易科とに分かれる。文科に進級したのは一八名で、美甘巖夫《みかもいわお》を知ったのは大きな喜びだった。美甘は、島田が入学したときには一年上級であったが、健康上の理由から二年に止まったのである。クラスには英語の良くできる者が何人もいたが、ごく実際的、世間的な雰囲気が漂っている中で、彼だけは、「学問」とか「教養」とか「文芸」を志向するタイプで、彼と親しく語ることで、文芸の世界が急に目の前に広がってきた。学校の図書館からスキートの六冊本『カンタベリ物語』を借り出して読み、時にはシェイクスピアの『リチャード三世』を論じ、いつの間にか、観念的な知解だけでなく、生命の鼓動を通じ合える詩友となった。後年のことになるが、美甘は、本郷の英文科に進んで将来を嘱望されたが、病のため若くして他界してしまった。彼が英文科生のころ、東京外国語學校の『記念文集』（大一一・一二、山内義雄編輯兼発行）に「叙情詩人ヘリック」を書いたのは、島田と語ったことと大いに関係があったであろう。さらに後年、島田が初めての単行書『ヘリック』（昭九・一〇、研究社）を公刊するが、著作に打込みながらいつも外語時代の彼との交友を想い出していたようである。「外語の同期に良くできる男がいてね、美甘といって、珍しいだろう苗字が、静岡から来ていた。ビキニ環礁で被爆した久保山船長、あの人の主治医をつとめたのが彼のお兄さんだった……。」と関連のことを語るのを聞いたこともある。

日夏耿之介

三年生になって、西條八十に手引きされて愛読するようになったのは日夏耿之介《こうのすけ》（本名樋口圀登《くにと》、一八九〇―一九七一）の詩や評論である。この年、耿之介が、北原白秋、三木露風、茅野蕭々、竹友藻風、山宮允、西條八十、柳沢健等のメンバーと

日夏耿之介
『日本現代詩大系』第五巻
（昭和26年１月　河出書房）所載

「新詩話会」を設立して間もなく、大森山王二七二〇番地に居を定め、そこを「黄眠草堂」と名づけた日夏邸に足繁く通って、森鷗外、上田敏、薄田泣菫、蒲原有明、伊良子清白、永井荷風、木下杢太郎、佐藤春夫等の話を聴き、『於母影』、『海潮音』、『白羊宮』、『有明集』、『孔雀船』、『珊瑚集』、『食後の唄』、『殉情詩集』の読み方を伝授され、自らの思うところも語った。回想に言う。

日夏耿之介氏は、少年の私がはじめて師禮をもって對した人である。少なくとも心の中ではそう思っていたから、師によって、『有明集』や『白羊宮』の讀み方を説かれたときが、私の明治文學ことはじめにあたる。

（昭四六・八『明治文学全集』月報六六
「私の明治詩書ことはじめ（二）」）

『転身の頌』（大六・一二、光風館）をはじめ、ほとんどの詩集は読んでいたが、『黒衣聖母』（大一〇・六、アルス社）は刊行を待ちかねて読み、『明治大正詩史』（昭四・一「巻ノ上」、昭四・一〇「巻ノ下」）には深い感銘を受けた。ほとんど毎月のように、種々の雑誌に掲載される著述も読破したが、特に待ちかねて熟読したのは、「エドガア・アラン・ポウ詳伝」であった。これは、大正一〇年七月から一二月まで『英語文學』（編集福光美規、主幹平田禿木、顧問和田垣謙三、野口米次郎、緑葉社）に連載されたものである。ポーの世界に入る大きな機縁となった。ポーのみならずイエーツ、ワイルド、ブレイク等に関する著述にも親しんだ。

時には、与謝野鉄幹（一八七三―一九三五）や竹友藻風（本名虎《とら》雄《お》、一八九一―一九五四）の講演を聴いたり、川路柳虹《りゅうこう》（本名誠《まこと》、一八八八―一九五九）を近々と観察して詩魂をさぐり、新潮社の新雑誌『日本詩人』を愛読して、東西の詩に親しみ、詩人たちの動静を知って心を躍らせた。

東京の生れで、旧制中学の中ごろから英語に打込んだ。旧制外国語学校の英語科に入ると、おさだまりの文学青年になって、やたらに本を読みちらし、髪を長くして詩人気どりだった。旧制大学に入ってからやっとその迷夢が少しずつ薄れてきた。そのかわり東西の文学を本当に面白いものと思い、生涯をかけて学んでみようという覚悟がわいてきた。（後略）

（昭三三・二『駒場』所載「自画像」　東京大学出版会）

このように後年回想しているが、少し生意気な文学青年になりかけていたという。

押さえられつづけていた内面の情操が急にむくむくと湧き上がって、願う通りに生きてみたいという本能の声が高くきこえる、十九歳の色気づくころになった。白秋の詩「片恋」の世界にひたっていると、憧れの女子の学生をふと思い、勝手に名前をつけて初めて愛するミューズにしてしまった。その名は町田徳子。

あかしやの金と赤とがちるぞえな。
かはたれの秋の光にちるぞえな。
片恋の薄着のねるのわがうれひ
「曳舟」の水のほとりをゆくころを

この詩に共感して、向島の曳舟のあたりまで追いかけていった。その人が市川のあたりに住んでいるようだと思い、筆名を「市河十九」とし、「私の内部の精神史の中の放蕩無頼の第一期がはじまるわけです」（前出「あかしやの金と赤」）と書いた。このころ、現実に一人の女性に出会っている。「なまけになまけた私がふっと改心して、ふたたび勉強するようになったのは、生家の没落がきっかけになったのと、そのころ麹町にあったあるCollegeに学んでいたさるひとを知ってはげまされたのと、二つの原因がある」と「私の英語・英文学修業」（昭三六・一一『白山英文学』第七号所載）に書いた人、その「さるひと」は麹町の女子英學塾に通っていた女性であるという。日本橋で祖父がはじめた生業が、父の相場による失敗などから衰退し、やがて没落してすでに家はなく、移り住んだ浅草の家も、間もなく引き払わなければならぬ状況にあった。最終学年は残すところ半年余り、卒業後のことを考え、勉学に打ち込まなければならないが、詩人や詩を愛する仲間との交流も続いている。雑誌『海軍』との決別のけじめとして、翻訳「世界大戦における英国海軍の功績」（ジョン・レイランド著の翻訳）を連載してもいる。こうした最中、両親や兄の反対を押し切って、「さるひと」と同棲した七月、外國語學校文芸部誌『炬火』に載せるための「煩悩」（アンドレ・フォンテェナ作）の翻訳と西條八十が主催する詩誌『白孔雀』に載せる「マラルメの詩」の翻訳に専念した。「さるひと」とはどういう経緯で出会ったかはわからない。受験準備の追い込みの時、英語を教えてくれたH姉は、女子英學塾に通う人であり、その友人S姉という人とも英語を勉強したというから、こうした縁につながる人であったろうか。長男が誕生したのは大正一一年五月である。そして、秋になり進学や就職のことが話題になると、内心では、美甘巌夫と一緒に東京帝大英文科への進学をのぞみ、恩師たちにも勧められたが、文学に打込んでばかりはいられない日々であり、現実には不可能だった。

千葉勉（大正３年）
『千葉勉の仕事と思い出』
（昭和39年３月）所載

四　象徴詩への傾倒

文芸部誌『炬火』

恩師の一人に千葉勉がいることは前述した。スコットの『湖上の美人』、ラスキンの『ヴェニスの石』、スティヴンソンの『かどわかされ』、シェイクスピアの『ハムレット』の講義を印象深く聴いたことが忘れられない。授業を受けたころのことを以下のように回想する。

（前略）

生徒に訳読させてから、先生が、正訳をつけ加えたり、本文に関係するところからいろいろな余談に及ばれたりする。全体の雰囲気は、のびやかな悠々たるもので、時々予習してこなかったために私などこっぴどく叱られたこともあったけれど、何となくのびやかな大きな感じのする授業であった。大きな感じというのは、微に入り細をうがつ代わりに、結局テクニカルな問題にだけ終始する授業の正反対だというのである。旧制高等学校などの文科系統の教室がもつある伝統を、先生は伝えていたのだろう。（中略）記するところ、イギリス人の生活や、イギリス人の文学や、イギリス人の伝統を、いつのまにか生徒が気付くようにとの配慮をこめられていたようである。

もっとも改まって「外国研究」というようなヤカましい方法論をもつものではなかった。むしろ、教養――それもイギリス紳士風な、おおらかなCultureの上に立つ、一種の人格教育だったと思う。

（前出『千葉勉の仕事と思い出』所載「千葉先生を憶う」）

千葉は文芸部の部長でもあり、指導を受けながら話す機会も多く最も感化された恩師の一人である。イギリス留学時代の話を親しく聴いたことも忘れることができない。後年、千葉の留学時代の紀行文が、文芸部誌『炬火』に「歐米各國の印象――附、各國英文學研究」として載ったが、特に「曽遊のロンドン」「ロンドン大學の訪問」が印象に残ったと、語ったことがある。

これまでの文芸部誌を一新して文芸的色彩の豊富な雑誌に改めるべく、学部の枠を越えて各語部に呼びかけて原稿募集を開始した編輯メンバーは、集まった原稿の多いのに気をよくし、原稿の取捨に嬉しい悲鳴を上げつつ、新しい雑誌の編集に取りかかった。一緒に原稿募集に応じた美甘巌夫も高田博厚も共に、原稿が採用された。島田の原稿は「フラマン新詩抄」と題する三篇の訳詩、「口繪」「煩惱」（アンドレ・フォンテエナ原作）と「靜かなる生活」（カアレル・ファン・ド・ウスチエネ原作）である。これを機に文芸部員となった。筆名は市河十九である。新たな装いの文芸部誌『炬火』が発行されたのは、大正九（一九二〇）年一二月であった。島田（市河）は、この訳稿を寄稿して何を語りたかったのか。編集係は「市河の『フラマン新詩抄』の中、アンドレ・フォンテエナの分は tramslation ではなくて、adaptation なのだそうだ」（大九・一二『炬火』）と記している。

口繪（アンドレ・フォンテエナ）

象牙のかこむ宝玉
小供じみた緑柱石
その放つ光線《ひかり》に互に混《まぢ》り
黒チューリップの悲哀《なげき》をなだめる。
噴泉《いづみ》はしのび音に古庭で啜り泣く、
暁の日光に照らされては
紫水晶となり、さては金色光《こんじき》をも
放つかなしい花の上に……
黄楊《つげ》の森林《もり》をさまよふは
サンチマンタルな祭りをした騎士《ナイト》、
その待ちもうける姫君の青白い指《ゆび》は
倦怠《ものう》いこころをなごめる華。

煩惱（アンドレ・フォンテエナ）

瀑布《たき》なす毛髪《かみ》に身を忘れ何を夢見るのか、
涸《しほ》れた花輪とも見える青白い花のようにやさ手の寂しい女よ。
水百合の淵瀬と共に過ぎ去った日の廣野……
萬一の途《みち》を双手《もろて》に華をかざり、さまよひ歩いたあの野原であらうか、
施物《せもの》が自分を喜び迎へたあの野原であらうか。
今野やうに此の女《ひと》の目の輝くのは、初めてだ……
紫磨黄金《しまわうごん》の、さては古金襴《こきんらん》の
女の上衣《うはぎ》にちりばめられたその宝玉。

けれど此の女にはあたりのものが何一《ひと》つ眼《め》に入らぬ。
室《へや》の中に琥珀と香料とは鬱憂を溶かし込み、
夕暮れのあつい匂が窓から立ちのぼる。
猫眼石の色かはる火のやうに重苦しく
煩悩は夕宵《ゆうべ》の霧のうちに吐息して死に、
鏡の傍《そば》に処女は裸形《らぎやう》のまゝに夢を見る。

西條八十の詩誌『白孔雀』

西條八十邸に出入りしているとき、同人誌を主宰したいという話を聴いていた。西條は、恩師である吉江喬松（筆名孤雁一

西條八十と家族（大正15年）
『無限』第四四号（昭和56年６月）所載

八八〇―一九四〇)、友人の日夏耿之介等の協力を得て、詩誌『白孔雀』の準備をしていた。島田は、若き詩人たち平井功（筆名最上純之介、一九〇七―一九三二）、安藤更正（筆名美牧燦之介、一九〇〇―一九七〇）、村井英夫、佐伯孝夫（一九〇二―一九八一）らとともに同人となることを許されていたので、マラルメの詩を翻訳して載せるべくその時を待った。詩に没頭しているときだけは、憂さを忘れてその世界に酔うことができた。その顕著な状況は堀口大學の詩との出会いに見ることができる。

　ずいぶん遠い昔である。数え年で、十九か二十歳になつていたろう。急に文芸というものが無性に面白くなりだした。それまで受験の準備で、ただ一方面にしかふりむけさせられなかつた内部の本性が、急に反動を起したように、他の側面のあることに目覚めたためだろう。目覚めて、はいつてみると、面白い。明るい。楽しい。生の目覚めというのはこんなものか。春が来て、鳥が啼いて、花が咲いて、水が流れる。人間の本性が新しい世界へ入る時は、いつもこんな風景を夢のように眺めみるものか。手当たり次第に本を読む。今までまるでその意味のわからなかつた文藝の緑野が急に目の前にあらわれた。ポエジーという美しい花が限りなく咲き乱れている谷間の中で目覚めた。

　手当たりしだいに乱読しはじめた。同時代という「時」の制約があるためか、そのころ流行の人気作家のものばかりである。芥川龍之介の『傀儡師』。佐藤春夫の『田園の憂鬱』。この二冊の物語の装幀は、云うまでもない。活字の大きさも、紙の手ざわりも、プンとにおつてくる本全体のもつ香りも、今だにありありと浮かびあがつてくる。詩歌の世界も、すぐ続いてきた。当時はすでに新進どころではない、定評のあつた齋藤茂吉の『赤光』は、むずかしいくせに、いや、むずかしいから、却つて打ち込んで読んだ。わけもわからないのに、わけもわからない面白さが直観されて、熱にうかされたようにその世界の中に酔うていた。

　『赤光』より前に、北原白秋の『桐の花』と『東京景物詩』とが枕頭書になつていた。恋というものをもちたいとか、愛する異性をこんな風に抱きたいとか、朝の光をこんな風に身に浴びたいとか、夕の鐘をこんな風に聞きたいとか、ものの見方も、味わい方も、生き方も、ワケはなく、みんなこの詩集から教えられた。ただ無我夢中であった。「詩」そのものがワカつたわけではない。思えばありがたいやら、うらめしいやら……。もうこうなると、正規の授業がバカバカしくなつて学校できく講義に身がはいらない。たえず何か求めている。夢みている。憧れている。その求めて、夢みて、憧れている当の対象は何か、よくわからない。ただウロウロ、ソワソワと日をおくつているころ、本当に「詩」を教えて、魂が空を飛ぶように満足する書物にぶつかつた。その書物を読んだ場所も、雰囲気も、ありありと覚えている。上野の帝国図書館であつた。その書物の名は、『昨日の花』。（中略）

本文をひらくと、「サマン詩抄」というのが第一部だ。そのエピグラフがたまらなくよい。（中略）

なるほど、この詩を巻頭においたのもうなずける。この世界と、この情調と、そしてこうした表現と、それがそのころの訳者の夢み、ねがい、時には生きていた境地なのだろう。歌柄としても、『海潮音』ではない。『珊瑚集』でもない。どことということなく独自な形をうちだしている。（後略）

（昭四一・四『本の手帳』所載「『昨日の花』のころ」）

詩に酔っているときはそれでよいが、将来のことを考えると不安が襲ってくる。卒業後の身の振り方が先ずは問題である、進学して文学をやりたいと秘かに思い続けているが、実現しそうにもない。妻子との生活がある。結果、地道な生活を考えなければならない。恩師の千葉に相談すると、もうひとりの恩師井手義行（一八八九—一九七二）と帝大同期の日野月明喜（大正二年七月卒業）が勤務していた学校で、その後任を補充はしているが新進気鋭の教師を求めているというのであった。千葉、井手の二人は、島田の将来に期待して「信用を勝ち得れば、後進がつづく」と云って米澤高等工業學校への赴任を勧めた。ありがたい推挽ではあるが、詩友と別れ、東京を離れることに躊躇がある。春だって巡ってくるのに、雪深い東北の地があまりにも遠くに思われて不安になった。東京で進学する友人を羨ましく思わなかったわけではない。しかし、人は人それぞれだと思い、年が明けると、米澤に行く気持を恩師に伝え、学生生活を締めくくるための学業に精を出した。三月二八日は卒業式。未知の土地への赴任の不安は希望に変わっている。嬉しいことが重なった。『白孔雀』（大一一・三、発行者小柴権六、稲門堂）が発刊されたのである。発刊祝賀会は三月三日京橋の「鴻の巣」で開催された。待ちに待った雑誌を手に取ると、ズスリと重い。目次をみてからそれぞれの作品を玩味し、巻末の「池袋から」をくり返し読んで胸を熱くした。

歪める殿堂　　吉江弧雁
扇、微笑　　西川勉
玄黄秘雅　　美牧燦之介
小話　　北村初雄
夜の唄——四季の花　　市河十九

詩の賜物（ステファン・マラルメ）　市河十九
人知れぬ神像　最上純之介
年　西條八十
旅　西條八十
空の振子　池田文子
冬の一日　澁谷栄一
逝く心　前田春声
骨牌　村井英夫
夜ふけの時計　村井英夫
五月のまひる　佐伯孝夫
彼の女の靴下　堀口大學
橋の上　堀口大學
一枚の黄色い紙の上に　日夏耿之介
ボオドレエル精神の発達　西條八十
池袋から　西條八十

詩の雑誌を出したいといふ希望は夙から私の胸にあったのであるが、いつも匆忙な生活に煩はされて所期を果し得なかった。然るにやうやく機熟して、今度恩師吉江孤雁氏、畏友日夏耿之介氏、西川勉氏他舊「詩王」同人諸氏の援助の下に、この「白孔雀」を創刊し得たことは私にとつてこの上もない喜びである。なほ私の周囲には美牧、市河、最上、池田、渋谷、村井、佐伯の諸氏を初め、多嘱の若い人々が、雲のごとく居る。これらの人々の努力に依つて「白孔雀」が漸次よき発達をなすであらうことを私は信じて疑はない。（後略）

第二章　東北米沢・仙台へ

一　教師生活のスタート

米澤高等工業學校

大正一一年四月、生まれ育った東京を離れ、「どこへ出しても恥ずかしくない教師として」推挽され、山形県米沢に赴き、四月一〇日始業の米澤高等工業學校講師に着任した。妻とまだ満一才にならぬ長男と三人の教職員官舎での生活である。学校は、「工業」の名が示すように、人文学を主とするところでは勿論なく、色染科・紡績科・応用化学科・機械科・電気科の五学科で、学生は男子のみである。そもそもこの学校は、明治四三年三月二六日、米沢市馬口労町（現在の城南五丁目）に設置を公布され、一〇月一日、入学式を挙行、はじめ染織科（色染分科・機械分科）及び応用化学科が置かれ、大正二年に機械科が新設された。そしてこの年、産業教育拡充政策のあらわれとして、帝国議会の決定で電気科が設置され、五学科でのスタートとなった。『米澤高等工業學校一覧』（大一一・九）によると、山下秀久校長以下の教授陣は、伊藤茂松、貴田土佐郎、小山朝佐、辻村鑑、若槻道隆、高井詳作、太田七郎、山田桂輔、大島徳四郎、佐藤覚、田中駒治、高橋良吉、津尾水涯、渡部兵馬、村山静助、川上為之助、高瀬栄、塚本信雄、中村隆三、今村武雄、宮川静夫である。授業開始は一四日であった。学科課程は、いずれの学科も一週三九時間の内、英語は各学年とも一週四時間で、時間数としては全体の三分の一強であるが、初代校長大竹多氣（一八六二―一九一八）の時代から、語学教育に力を入れてきた伝統があり、自らも修身の時間には英文のテキストを使うなど、英語以外の外国語を学ばせる熱心な雰囲気があった。当然のことながら、物理も応用科学も無機化学も分析化学も、解析や幾何、微分や積分にいたるまで英文のテキストが使われていたから、学生たちには相当の英語力が要求されていたわけである。学生数は、第一学年一〇七名、第二学年六七名、第三学年五二名である。大正七年が学生数のピークで全校生徒が六二九名、大体四〇〇名以上の在籍であったものが、今年度から各専門学校が、入学試験期日を同日にするという申し合わせで、応募者が減り色染分科は僅かに五人と極端に少なく、定員を超えた学科は、機械科と電気科だけで、『米澤朝報』（大一一・三・一六）には、「前例なき激減……不況の影響米澤高等工業學校本年の入學志願者は開校以来未だこれなき非常の少数である」と報じられたほどである。英語専門の担当者は、主任の辻村鑑と島田の二人であるが、修身担当の若槻義隆、工業経済担

米澤高等工業學校教授時代
『第十二回卒業記念帖』
（大正13年３月 米澤工業会）
所載

当の田中駒治も英語を教えたので、学年と学科に応じて四人で担当した。島田の担当は応用化学科で、教材は自由に選ぶことができたので、学年に応じてエマソンやラスキンのエッセイ、スティヴンソンやスィフトの小説、ワーズワースやアンドリュー・ラングの詩を講じた。それまではコナン・ドイルやアーヴィングを読んでいた学生たちは新鮮な刺激を受けたと言って喜んだ。特に意欲のある学生には、課外にポーやマラルメを教授し、さらに頼まれるとドイツ語も教授したのであった。

　市内小国町二〇番地の官舎から徒歩で通勤する道は、早春初夏には自然の草木が豊かで心地よく、頂きに雪が残る蔵王連峰の眺めはすばらしかったという。日々の天象に慣れて山々を仰ぐと、茂吉の歌が実感された。東北も捨てたものではない。次男が誕生すると一段と賑やかである。学校では打ち込んで語って学生を導くのであるから、充実した日々であるのに、自分自身で広くまた深く学ぼうとするには何か物足りないと感じることもある。都会から離れての生活だから仕方がないと諦める一方で、時々言いしれぬ寂寥感に襲われることがあった。かつて語った詩友たち、親炙した詩匠たちに想いを馳せ、『海潮音』や『珊瑚集』に没頭して詩書を繙くことで寂しさを忘れることがあっても、どこかに物足りなさは残った。それでも、熱心に聴く学生に対するときはまた格別で、時間を忘れて語ってしまうのであった。高野俊介（大正一三年三月、応用化学科卒業、小野田セメントに長く勤務した後法政大学教授）は夢中になって島田の講義を聴いた学生の一人である。彼が安西浩（一九〇一―一九九〇、米澤高工卒業後東北帝大に進学、学生時代島田同様仙台第二中学校で教鞭をとった）と一緒に教職員官舎をたずねると、幼子たちがいてその子たちが眠ってからは遅くなるまで、語学や詩歌の味わいなどについて教授をうけたという。

辻村鑑

　この未知の土地に自分を迎えてくれた辻村鑑（筆名たそがれ、一八八二―一九七二）に出会えたことはありがたいことであった。この人が居たことが不思議であった。「上田敏」のことがしばしば語られるのは驚きだった。少年の頃から憧れて、『耶蘇』（明三一・三、博文館）など何冊も愛読していた上田敏を、非常に尊敬する人だったことに不思議な縁を感じた。米沢に赴任するとき、千葉先生から辻村に従いてよく学ぶようにも言われていた。氏は、島田の師小林愛雄や千葉勉とは帝大文科大學英吉利文学専修で同学の先輩であり、熟知する間柄であった。辻村は、第一高等學校時代からロマンチシズムや象徴主義（の詩）に傾倒して、上田敏が提唱する文芸活動のただ中におり、浦和中學時代、馬場孤蝶（一八六九―一九四〇）の教えを受けた縁から、明治初期浪漫主義の人々、「文学界」派の戸川秋骨、平田禿木などの影響を受けもし、『めざまし草』や『萬年草』等の雑誌を主宰する森鷗外を指導者と仰ぐグループの中の一人であった。与謝野鉄幹・晶子が主宰する『明星』の同人としても、第一高等學校時代から友人生田長江、栗原古城、五島駿吉、小山内薫等と共に『明星』誌上に詩や翻訳を寄稿する詩人であった。中学時代に小林愛雄の手引きで上田敏、平田禿木、与謝野鉄幹等の作品に親しみ、外國語學校時代には、象徴詩に打ち込んで文芸部誌に寄稿していたから、辻村とは意気投合した。平田禿木については、「少年の頃から先生の書かれたものは、かなり手広く読んでいた。先生の若い頃の「文学界」や「明星」に寄せられた文章は、どんな断簡も洩らさじと捜しぬいて、読みに読んだ。見よう見まねで先生の文技をやみくもにマネていたのは、おかしいほどである」（昭四二・一二『英語と英文学』第二六号所載「師―友―書」）と後年書いている。辻村の話には熱心に耳を傾けたであろう。上田や平田のことになると殊更に話が尽きない。弾んだ話がもう一つある。赴任して半年、同人誌『白孔雀』第八号が送られてきた。この号に、辻村の訳詩「追憶」（P・B・シェリ）が載っていることに驚き、一段と親しみを感じて、自分は創刊号から時々訳詩を載せている「市河十九」であることを告白して語ったのである。

ある日、辻村は一枚の写真を見せて語ってくれた。いつも話題に上る人たちの集まった「樋口一葉追悼会記念」の写真（明治三七年二月撮影）で、場所は小石川丸山町の樋口一葉旧居跡である。馬場孤蝶、上田敏、与謝野鉄幹・晶子夫妻、一葉の妹邦子とその子供、小山内薫・八千代兄妹、蒲原有明、栗原古城、五島駿吉、中村古峡、生田長江、森田草平、そして「黄昏、たそがれ」と号していた若き日の辻村鑑等の人々で、平田禿木はイギリス留学中でいないという話であった。辻村は、英語科主任、文芸部部長、その上図書課長の任にあり、工業学校にふさわしい集書に心がけ、専門家の意見や希望を入れて理数系統の専門書を購入することに熱心であった。それと同時に、こうした学校であるからこそ、学生たちに文芸、芸術、宗教、哲学に親しませるように配慮し、中央からの情報を取り入れ、関係図書や雑誌の購入にも力をそそいでいた。勧められるままに、時には自ら求めて、辻村の関係した雑誌『藝苑』や『明星』『帝國文學』『塔』『音樂新報』等を精読し、西洋の文芸を極めようとする諸先達が、いかに自国の文芸の大切さを学んで、それを説いているかに気づかされ眼を開かれた。大正一二年の歳暮、辻村鑑は四〇歳、島田が二二歳の頃である。辻村との交流が、森鷗外を中心に繋がる人々、「文学界」派、「明星」派の人々を学ぶ大きな機縁になり、シェリー、キーツ、ブラウニング等の詩人に親しみ、深く学ぶことのできるまたとない機会となった。

二　マラルメ、ポーを耽読

アカギ叢書

明けても暮れても本を読む、好きな作家の作品は悉くしゃぶり尽くすようにその世界に入って味わうという習性は少年の日から変らない。中学時代に恩師から紹介され、進められて読んだ東西の書物はすぐにも浮んでくるほどに鮮明な記憶として残っていた。小林愛雄が書いた『神話と傳説』や『西洋演劇史』を読んだことは前述したが、この叢書を集めたときにはあまり意識になかったのに、米沢の地にこれを持参してあらためて目を通すと、広い読書への手がかりとして如何に捨てがたいものであるかが実感され、手放さずにいたことを喜んだ。東京外國語學校で学んでいるときには、叢書を座右に置きながら、たとえばシェイクスピアの戯曲「ハムレット」や「ロミオとジュリエット」「ヴエニスの商人」等はダイジェスト版に飽きたらなくて、外語生にふさわしく、原語で読破したが、米沢では、そのころ読書界で話題になっている作家や作品を広く知るために、ダイジェスト版ではあるが、大いに活用しようとした。精読したのは、『人形の家』(イブセン作、村上静人編)、『ベルグソンの哲學』(三浦哲郎著)、『復活』(トルストイ作、村上静人編)、『女の一生』(モーパッサン作、村上静人編)、『モンナ・ワンナ』(メエテルリンク作、村上静人編)、『ワンダー・ブック』(ホーソン作、板垣邦器譯)、『サロメ』(ワイルド作、村上静人編)、『廢都』(ダヌンチオ作、日野月明紀編)、『絆』(ストリンドベルヒ作、島田青峰譯)、『武器と人(チョコレートの兵隊)』(バーナード・ショウ作、島田青峰譯)、『マグダ』(ズーデルマン作、葛西又次郎編)、『サラムボオ』(フロオベエル作、畑一枝編)、『初戀』(ツルゲニエフ作、栗原古城編)、『サフオ』(ドオデエ作、黒田幹一編)、『日の出前』(ハウプトマン作、山本有三編)、『何處へ』(シエンキウイッチ作、桑山青々述)、『エレクトラ』(ホフマンスタール作、村上静人編)、『幽靈』(イブセン作、香西敏編)、『ヘルマンとドロテア』(ゲーテ作、佐々木青葉村編)、『幻の海』(イエーツ作、栗原古城訳)、『女優生活』(ゾラ作、村上静人編)、『神曲』(ダンテ作、村上静人編)、『俄分限』(モリエール作、小堀龍二編)、『シルレル』(畑一枝編)、『スペンサーの社会學』(相原熊太郎編)、『イリアッド』(ホオマア作、村上静人編)、『西人の見たる日本浮世繪』(フェノロサ述、平田禿木編)、『春の目ざめ』(ウェデキント作、筑紫三郎編)等である。

文学を中心に作品を掲げたが、この叢書は、美術、演劇、哲学、科学、評伝、宗教、地理、歴史、政治、教育、経済、外交等広い分野にわたるもので、簡潔、平易、廉価、軽便というところに特徴があった。後年、この叢書のことが話題になると、ダイジェスト版として名作紹介の役割を果していたと評価し、特にダヌンチオの『廢都』『ギョバンニ・エピスコーポ』『死の勝利』『フランチェスカ物語』『犠牲』をはじめて打ち込んで読んだことなどを語った。話題にしているとき、翻訳者で編者の日野月明紀は、英語担当の前任者(前出「明喜」)ではないかと言ったことがあるが、果して同一人物であった（大一〇・七『ヂョバンニ・エピスコーポ』巻頭「本書の改譯に就いて」文英堂書店）。ともあれ、米沢に持参して座右に置いた叢書は、七、八〇冊はあったのではないかと回想し、辻村鑑とは、上田敏、平田禿木に纏わる人々、内海月杖（本名弘蔵、一八七二―一九三五）、小林愛雄、栗原古城（本名元吉《げんきち》、一八八二―一九六九）、村上静人（一八八四―一九六〇）のことも折々に語ったという。岩波文庫の魁ともいわれるこの叢書の出版人赤城正蔵（一八九〇―一九一五）についてては詳しくは知らないと言ったが、「アカギ叢書」から広がった世界を、後に仙台において学び、さらに台湾で深く究めて、長い生涯語り続けることになるシェイクスピアやダンテ、ダヌンチオやベルグソン研究の原点は、ここにあったといえるのではないか。時代が明治から大正に推移し、社会の様相がかわるにつれて、出版の性格と読書界の傾向も変化した。社会思潮の動揺期に入り、これを反映して海外思潮の盛んな移入に伴い、文芸書の翻訳が多く刊行され、哲学や宗教を基調とする文学書や思想書が歓迎された。大正初年から出た夥しい翻訳書の中で、イタリアの文豪ダヌンチオの『死の勝利』は最も多くの読者を魅了したといわれ、翻訳物は売れないという出版業界のこれまでの通念を訂正する有力な実績を示したのである。『死の勝利』の好評に刺激されて、海外文芸の翻訳出版が急に激増し、翻訳書の隆盛を呈したまさにその時代に出会ったことは幸いしたであろう。

米沢での生活は、二度目の春・夏と東北のよい季節が過ぎ、公私ともに充実しているかに見えた。教えることに打ち込んで不満はなく、妻と子供たちとの毎日も平和である。そうであるのに、気持に変化が生じつつあることを自覚したのは、「このままこの地に留まっていていいのか、留まるべきか、離れるべきか」と苦悩し始めたときである。もっと広くそして深く学びたいという、心の底に持ち続けていた欲求が疼き始めていた。大学で学びたいという考えは捨てがたく、具体的には、東北帝國大學に進みたいという希望である。新進気鋭の教授たちが開設して未だ日が浅い法文学部に参集していることを学界誌等の情報から知ったのであった。

転身の決意

これまでにどんな相談にものってくれたのは、千葉勉ただ一人である。東京を離れる前にあれほど強く決意して大学進学をあきらめていたのに、多くの刺激を受けて学びたいという想いが強烈にふくらみ始め、考え抜いた末に心を決めて千葉に手紙を書き衷情を伝えると、辻村に相談するようにとの助言である。辻村は真情を聴いてくれたが、胸中を語ってからはこれまでのように話は弾まず、孤独を託つ身となってしまったのは大きな変化である。悩みや迷いを忘れ、それをはね除けるために好きな詩に打ち込んではみるが、一時は忘れても忽ち現実に引き戻されて、家庭を顧みずにひとり孤立しては、詩も文学もないことに気づきもした。こうしたくりかえしの中で、マラルメに手引きされてポーに没頭し耽読するようになった。後年の回想

（昭二五・五『エドガア・ポオ詩集』後記）に当時の心境の一端を見ることができる。

　千九百二十三年、私は深雪降る北国のわびしい町で毎夜孤燈をかかげながらこの薄命の詩人の集によみふけった。その頃はもうフランス象徴派の人々を手びろく讀むやうになつてゐたから、そこから移感された気分が濃く立ちこめてゐて、どうやら私のポオ解釋にはしひて象徴派めかす先入見がいつも潜んでゐたらしい。（後略）

　深夜に及ぶ読書によって極めたポーやマラルメの研究を学生たちに語っても時に満たされぬ日が続くと、出校の足が重くなった。島田の胸の裡を聴いていた辻村は、やがてすすんで相談にのってくれた。真摯に学ぶ人になら誰にでもあるように、高きを目指して高等学校や大学に転じていく例があり、かつて自らもそうであったことを語ってくれたのである。辻村は、大学を卒業して母校浦和中學に奉職し、早稲田大學講師を兼務したあと、両校を辞して鳥取第一中學校に転じた。さらに学ぶべく東京帝大法科大學に入学するため、鳥取を辞した。自らの経験を思い合わせて、後輩の、妻と幼い子供二人を伴っての生活、思い切った勇気ある転身の意欲を止めることはできなかったのであろう。一年数ヶ月後に、文部省在外研究員として英吉利、独逸、米国に在留を命ぜられていることを話し、いずれは英語科の責務を島田に託そうと考えていたことを打ち明けたが、島田の転身の希望を生かす方向に落着して、千葉への報告となり、千葉は辻村に連絡をとりつけた。

　関東大震災後のある日、日夏耿之介からの突然の来信があり、大森山王の邸を訪ねて数々の詩話に耳をかたむけた日々が懐かしく思いかえされた。と同時に、進路を思い倦ねる懊悩の時にあって多少の躊躇いも隠せない。日夏は、『壹阡壹夜譚《アラビアンナイト》』上巻刊行のためにレイン本に依る『アラビアンナイト』の下訳を依頼してきたのである。その経緯は、『世界童話大系』（大一四・二　世界童話大系刊行會）第一二巻「亜剌比亜篇（一）」の「國譯者の凡例」に書かれている。

　一、発兌者より委託せられて飜譯に着手して間もなく、かの大震火災に遭遇し元來の虚弱なる身心が一方ならぬ打撃を受けた上、職務のための繁忙に追はれたため、三月中旬一夜つひに仆れて爾來十ヶ月以上重態の病床にあつたため、友人市《（ママ）》川十九君の夥しき助力を覓めねばならぬ必要に迫られた。寔に本書第一巻の辛くも世に出でたのは同君の篤實な下譯的助力にまつことが多い。こゝに記して厚く感謝の意を表する。

　このことは、後年、『比較文學研究』（昭四五・七〜四六・一〇、第一七・一八・二〇号）に「『千一夜物語』雑考」を三回連載するが、第一回冒頭に書かれていることと符合する。

　一九二〇年代の始め、北国のある小さな都に住んでいた頃、夢見ることはあったけれど、何を書いていいのかまだわからない。具体的にはき出すものは、まだそんなに強くも烈しくもなかった。所在ない心をもてあつかいかねて、ふと窓外をながめると、ポプラの並木が風にゆれているだけ、そんなわびしい毎日のつづくうち、ある先輩から依頼を受けて、『千一夜物語』を読み出した。大阪のレーン本といわれる細字がぎっちりつまった画入りの三冊本であった。原書にカヴァーをかけて大切にとりあつかいながら、すっと読み通し、かなり機械的に語を追うて、日本語に移してゆく。だれでも少年少女の頃読みおわるものを、私はやっと青春の入り口にさしかかってから受けとった。これも一風変っている読書経歴かもしれない。

島田が米沢に赴いて教員生活を送り、やがて米沢を離れ仙台での生活を始めるころまでのことについては、ほとんど記録されたものはないが、千葉勉に長年親炙して身辺にいた佐藤良雄が聞いたことからの聞き書きを中心に、折りよく島田本人から話を聞いて確認したことをもとにつなぎ合わせて書くものである。千葉には、一部始終を相談し、助言を受けていたらしい。千葉は、一度眼をかけたら徹底的に面倒を見る慈愛の人であったから、島田の将来については親身になって辻村と相談してくれた。ヨーロッパ留学から帰朝してこの時東京にいる東京帝大同期の阿部次郎にも相談を持ちかけている。卒業生を諸所の中学や専門学校の教師として送り込んでいる縁故から、懇意の仙臺第二中學校校長河合絹吉（一八七五―一九四七）に事情を話して見通しを考えてくれたのは辻村である。米沢の延長のようであるが、まずは教壇に立つことを続けながら機会を待つがよかろうとの助言であった。将来があると見込んだ者のためには、師や上司というものは徹底的に後進の面倒を見るというすばらしい例であろう。大正一三（一九二四）年三月末日、病気のため職務を続けられぬという理由で辞表を提出した。四月一四日付依願免官、米沢での生活は終わりを迎えた。

三　教えて学ぶ日々

仙臺第二中學校

大正一三（一九二四）年四月、仙台移住が実現した。辻村鑑と河合絹吉の計らいによって、河合が校長職にある仙臺第二中學校（現在の宮城県第二高等学校）の教員を嘱託（四月一四日付）され、五月一〇日、教員に任ぜられた。仙臺第二中學校は、明治三三年四月、仙台市南町通りに創設されたが、二年後の一〇月、北六番町六六〇番地に校舎が落成して移転したので、島田は北八番丁（満勝寺前）に居を定めて通勤した。河合校長以下の教師陣は、穂苅信乃、金子武雄、高橋丑治、鈴木安浩、土居賢志、中村勇、加藤勝壽、伊藤貞司、島田正義等で、前年に学級が増加して二〇学級で生徒数は一〇〇〇名であった。高邁な理想を掲げて生徒に対する河合校長は、至誠を以て学校経営に当たり、学内に活気が溢れていた。こうした雰囲気の中で、島田は熱心に英語を教えた。島田自身この時代のことについても、米沢時代同様にほとんど語ることがないから、経歴については、いきなり東京外国語學校から東北帝國大學に進学したように語られるのが常であるが、盲点かと思われるので、教えを受けた卒業生愛知揆一（一九〇七—一九七三）、縮勇《ちぢみいさむ》、島田正雄、秋月正一、匂坂正美、伊澤信平、平賀俊男等の思い出等からいくつかのことを記述しておきたい。

一年生の時に英語を習ったときの印象を語るのは平賀で、六五年前（平成二年一一月の時点で）のことが昨日のようだと言った。多くの場合和服姿、厚い眼鏡をかけて颯爽と教室に現れる。若々しい声で、しばしば"Little Bird"という英詩を朗誦した。三省堂の『コンサイス英和辞典』（大一一・八）を頻りに勧めるので、直ぐに購入して活用の仕方を習い、どんどん英語が好きになった。Penmanship の授業では、生徒の席に替わって座り丁寧に指導してくれた。時々は、熱を込めて日本海海戦や東郷平八郎の話をした。たまに自習時間があると、なにやら難しい英書を熱心に読んでいた。その姿に強い憧れと尊敬の念を抱き、真剣に勉強して四年で中学を終了、海軍兵學校に入ったというのである。

四年生の時に指導を受けた秋月正一（後年昭和女子大学の校医）や匂坂正美によると、島田正義、島田謹二ふたりの名物英語教師ということで、「M&K」と呼んで多くの生徒が憧れ、大評判になり、英語が好きになる生徒が増えたという。匂坂は旧師とのえにしが深く、恩師の『還暦記念論文集』の遂行を終始にわたって強力に支援した（「あとがき」）。

五年一組で、クラウンリーダー講読の指導を受けたのは島田正雄で、友人の愛知揆一と一緒に島田を訪ね、夜遅くまで東西の文学論、広瀬武夫の話（広瀬と清水次郎長の交友談など）を聴き、面白くて、惹きつけられてそのまま泊まったこともあったという。「わしは江戸っ子だゾ」と繰返し口にした青年時代の姿がいつまでも消えないのだという。島田は、愛知揆一のことを次のように語っている。

愛知君が仙台二中の四年生の頃からと思う。英語の初歩を教えた。三十数年前のことで、記憶もさだかでない。よくできたというより、ずばぬけた学生だったとだけ覚えている。フランス語の初歩を習いたいというので、簡単な文法を、課外に、そのころの拙宅で、講じたことだけは忘れない。文法がおわると、すぐベルグソンを読んだのではなかったかしら。一度母堂がおたずね下さったこともあった。愛知君は、文学者にでもなるような口ぶりだったし、そんな憧れももっていたらしかった。そのうち、なにかの機会に、「やっぱり自分は法科へ行く人間だと思う」といって、専心に二高の受験準備に没頭したようである。今から思うと、日本の文壇は大きな損失をしたと思う。（後略）

（昭三二・八『四五六会会報』第三号所載「愛知揆一君の思い出」）

愛知揆一

昭和三二（一九五七）年七月、愛知が第一次岸内閣の官房長官に就任したとき、祝賀の集いに是非にとの声があって、島田は仙台に赴いて祝辞を述べたことがあった。そして、愛知の友人縮勇からの原稿依頼で書いたのが「愛知揆一君の思い出」であったのだ。

愛知は、大正七（一九一四）年四月、宮城師範付属小學校に入学してから、西欧的な新思想を盛り込んだ厳格な教育で鍛えられ、英語の勉強に精を出していた。父親から「大きくなったら国際的な人間になれ」と言われ、仙臺二中に進学すると、元寺小路のカトリック教会に通ってジャケ神父（Jacquet, Claude 一八五六―一九二七）からフランス語を学んでいた。ここでも島田と出会っていたのである。島田は仙台に出て落ち着くと、自らの勉強のために、かつて外国語学校で学んだフランス語に更に磨きをかけるために、ジャッケ師のもとに通ううち愛知の学校外での姿を知って親近感を持ったのだった。常に門戸を開いて指導し、自ら会得した知識を授け、解釈の仕方や学び方を惜しみなく伝授する機会が二人の出会いに誕生したのであった。

中学時代の五年間、愛知と同級だった伊澤信平（一九〇七―一九八九）の語るところによると、同級生百五〇人中愛知は成績が常にトップ、文芸部員としても校友会誌に寄稿したり、弁論活動をしたり、スポーツも万能で明るい性格だったという。語り草となっている話に、年一回開催される弁論大会で、「英国宰相ディズレーリ」と題して演説し、教師や生徒を驚かせたことがあった。愛知少年が当時ほとんどの生徒の知るよしもなかったディズレーリやグラッドストーンのような人物について知っていたというのは、中学教師にはもったいないと専ら噂になっていたK・島田の影響によるものではなかったかと、揆一の弟儀一が語ったと、次兄の良一がそのように話していたという。

島田と愛知の師弟愛のことは、仙臺二中に関係した人々には語り草になっているように思われる。巖本記念会（事務局長磯崎嘉治）で一時期親しく話をした菊池麟平（昭和二年から数ヶ月、仙臺三中で物理と化学を教えた）によると、「情熱を傾けて指導する教師（島田）とその教えを真摯に受けとめて優秀だった生徒たちの話は有名だった」という。また、島田が編集に関わった高等学校外国語科用教科書 *BRIGHT ENGLISH*（昭三二・一　実教出版）を調査するため、「東書文庫」（北区王子）を訪ねて多くの教示をいただいたが、その折に、司書の方は、島田の名前を告げると即座に「愛知さんの家庭教師だった人」といった。きけば、「東書文庫」を持つ東京書籍には仙台二高（旧仙臺二中）の出身者がいて、島田と愛知の師弟愛を語る人が多いのだともきいた。

愛知は、一六歳で父敬一（一八八〇―一九二三、物理学者、東北帝大教授）を失って寂寥感に襲われながら、直向きに勉学に打ち込んでいる頃、島田に出会って快心の交わりを結んだのである。一時は文学を志し、やがて法科志望を貫いて第二高等學校独法科、東京帝國大學法学部と進んで、官界、政界に勇躍した。後に法務大臣、内閣官房長官、通産大臣、文部大臣、大蔵大臣、外務大臣を歴任するが、激務の中で、折に触れて島田に連絡を欠かさず、戦前海外への出張途次、台北の地に立ち寄って歓談し、戦後にも若き日の師恩を忘れず還暦記念の集い等に出席して祝辞を述べた。

中学生を指導することに専心しつつ、大学進学の準備を続けて、仙台での生活は順調に進んだ。千葉勉は、島田の生活が軌道に乗り始めたことを喜び、これぞと見込んだ教え子への徹底的な支援を惜しむことはない。時には厳しい注意や助言もしたが、島田はそれを親心として聴いた。大正一三（一九二四）年八月も終るころ、千葉から「君のことを、再度阿部君に話をした」という報せを受け、憧れている『三太郎の日記』の著者に面晤が叶う日の遠くないことを知った。勤務の間にも、阿部先生に会見できるという喜びとそれに続く連想が瞬時も脳裡を離れることがない。文学や哲学の講義、まだ見ぬ先生たちのことを想像して夢は膨らむばかりであった。

阿部次郎（一）

阿部次郎（一八八三―一九五九）からの使いで、「大学に訪ねよ」との連絡を受けたのは九月初めである。胸高鳴るおもいで片平丁の法文学部校舎に参上した。尋ねられるままに来し方の大凡について話をし、学びたいと思うことも述べた。初対面の自分が、「詩歌」に興味があることを既に詳しく知って頂いていることに恐縮したが、著述に親しんでいたおかげで、さほど緊張することもなく話ができた。この日は何と幸運な日であったか。しばらくして、研究室に現れた一人の紳士に紹介された。この人は、早くに阿部の招請を容れて、ヨーロッパ留学から帰朝して間もなく、西洋文学第一講座（英吉利文学）を担当するために、七月に着任した土居光知（一八八六―一九七九）である。東京外國語學校時代から、『英語青年』等の雑誌でその著述に親しみ、米沢時代には、刊行された直後に評判になった『文學序説』（大一一・七、岩波書店）を熟読したことを忘れない。その著者である。島田は、新帰朝者の土居をまぶしく眺め、両先生の話に耳を傾けながら、その講筵に連なる日を想像して胸を躍らせたが、その日はまだ遠く、中学生の英語指導に打ち込まねばならぬ現実を思って我に返った。この偶然の会見（阿部からすれば意図した）の時に、何の用意もなく土居とも言葉を交わし、打ち込んで学んできたものはと聞かれて、ポーやマラルメのことを話したのだった。これが土居の印象に強く残っていたのであろう。その著者から『ペイター研究』（工藤好美著、大一三・八、京文社）を贈られた土居が、著者に礼状（平一〇・二　風呂本武敏編『土居光知　工藤好美宛書簡』所載）を送ったのは九月七日、この時名前は明かさずに島田のことを書いたのである。

大正十三年九月七日
千葉県佐倉町県立佐倉中学校内　工藤好美宛

仙台市北一番町二八　　土居光知

工藤様

　先日は御鄭重なお手紙を頂き感激いたしました処へ貴著ペイター研究を頂きました　心からの御礼を申します

　お心を集注された久しい観照の結晶、貴著をひもどいて私は親密にあなたの奥深い心にもふれるやうにかんじます。

　仙台に参りまして非常に愉快に存じましたのは外語出身の方で当市二中に教へながら、仝じく学校教師をしながらあの不滅の詩をうみ出したマラルメに私淑し非常にすぐれた詩を作ってゐられる方を知ったことでありましたが今日そのよろこびを重ねました。私が申すまでもないことでありますがわが国の文藝思想界のため御自愛を祈ります。只今二人の子供が大学病院で病んでゐまして時を得がたくぞんじますがその中貴著に就き何か感想を書いてみたく存知ゐます。　謹言

九月七日

阿部次郎

『写真でみる岩波書店80年』
（平成４年11月 岩波書店）所載

　大学に参上してからは、阿部次郎・土居光知の著述はことごとく繙読した。殊に、早くから平田禿木や上田敏の著述を通して、ペイターの作品には親しんでいたので、『英語青年』誌上で、土居によるペイターの作品の訳注も読み返し、近著に注意を払っていて、当然のことながら、工藤好美著『ペイター研究』も土居の書評「工藤氏の『ペイター研究』」も興味深く読んだのである。土居とは会見したばかり、工藤とは面識がない。しかし五年後に、土居が仲介して島田が臺北帝大に赴任し、工藤と同僚になるのである。

第三章　憧れの大学へ

一　草創期の教授たち

東北帝國大學

念願の大学生活の春が来るまであとわずか、着々と準備をすすめている最中《さなか》、突然の不幸が襲った。一月十七日、長男一《はじめ》がジフテリヤに罹患して急逝したのである。まだ四歳に満たなかった。どん底の悲しみに堪えながら、春を待たねばならない。四月二日、仙臺第二中學校を依願免職、講師に転じて、東北帝國大學法文学部本科に入学した。

東北帝國大學は、明治四〇年六月二一日に設置の勅令が出て、明治四四年一月施行の「東北帝國大學官制」で本格的に発足した。札幌農學校が昇格した農科大学がはじまりで、四年後の明治四四（一九一一）年に理科大学が、さらに五年後の大正四（一九一五）年に医科大学が設立され、やがて大正七（一九一八）年、北海道帝國大學の発足で農科大学が分離したので、翌年分科大学が学部に改称される際、東北帝大工学専門部が昇格して学部となり、三学部体制となった。法文学部は、その三年後の大正十一年八月に開設された。京都帝國大學以来二〇年目の新設帝国大学文系学部であった。俊秀は野に満ちており、門戸開放主義の学府に集まったのは、初代法文学部長佐藤丑次郎、学部長の招請に応じた美学の阿部次郎、阿部が中心となって人選したドイツ語・ドイツ文学の小宮豊隆《とよたか》（西洋文学第二講座）、美学・美術史の児島喜久雄、哲学の高橋里見、宗教学の鈴木宗忠、英語・英文学の土居光知（西洋文学第一講座）、英語学の小林淳男、日本美術史学の福井利吉郎、仏教学の宇井伯壽、国文学の岡崎義恵（国文学第一講座）、国語学・国文学の山田孝雄《よしお》（国文学第一講座）、日本思想史の村岡典嗣《つねつぐ》（文化史学第一講座）、中国哲学の武内義雄（支那学第一講座）、中国文学の青木正児（支那学第一講座）、西洋哲学の石原謙、歴史学の大類伸《のぶる》、民法学者の中川善之助、経済学の宇野弘蔵、フランス文学、哲学の河野與一の錚々たる教授陣であり、第二高等学校教授土井林吉（晩翠）は講師として出講していた。島田は英文科に籍を置いた。

土居光知

阿部次郎・土居光知の面識を得てからは、両先生の著述をあらためて精読し、いよいよ親しく講義を受ける時が到来した。当時を回想して次のように語っている。

土居光知
『英語青年』（昭和55年４月）所載

（前略）さまざまな有為転変が続いた後、大学に学ぶようになった。今までの経歴が経歴だから、英文学科に籍を置いたが、東北大学文学部の創立直後の自由闊達な雰囲気の中に入って、学んだとはいえ、ずいぶんのんきな学び方だった。英文学科では英語はもう手段に過ぎない、目標は文学である。
毎日の生活は明るい、楽しい、おもしろい。しかし、その文芸を対象にして、学問を取り扱うとは、どういうことか。これを解くだんになると、ずいぶんとまどった。

（昭四一・二『English Age』所載「私の英語履歴書」）

（前略）英文学は土居光知先生が主任教授だった。四十にはまだなっておられなかった。留学直後で、西洋文学講座もまだ公式にみとめられないので……と打ちあけばなしを承わった。

先生は「文学序説」によって世に認められたが、私はいつよんだのか、よくおぼえていない。たぶん一九二四年にはもう熟読していたと思う。これは西洋文学の歴史的研究にしたがっている間に体得したいくつかの公理めいたもの——例えば、人間性の観念とか、文学の展開の順序とか、国文学と世界文学との区別とか、芸術形象の本質とか——にもとづいて、一種の「比較文学」的立場から日本文学研究に新しい方法と領域とを開拓したものである。なかにも、日本文学の展開の理法を仮設した議論は、多くの独断をふくみながらも、斬新な見方を提供して、文化史の一翼たる「文学史」という観念を示すことに成功した。西洋人の自然観と対比して、日本人の自然観を簡潔にあとづけた論文も、深い暗示に溢れている。英詩韻律学のひろい知識に基づいて日本詩歌の律格を論じた研究が、しかし、一番、善悪ともに注目すべきものだろう。

「十七、十八世紀英文学史」とか、シェレー、ブラウニング、ロセッチらの英詩講読とか、詩形論とか、いろいろな講義をうかがっているうちに、こういう仕事の生まれる背景が、少しずつわかってきた。それはシェイクスピヤを中心にするエリザベス朝文学、シェレーを中核とするロマンチシズム文学、カーライル、アーノルド、ペイターに教えられたヴィクトリヤ朝の批評文学などが、先生の造詣の根拠だということである。それに加えて、ゲーテやヘーゲルなどのドイツ思想家、プラトンなどのギリシャ哲人の知識もあり、更にバビッドやモールトンなどの新しい説も消化して、一見重厚にみえるけれど、じつは俊敏な人柄の方だということがわかってきた。先生は、講義でためしてみてから、精錬したものを書く。

その結果は、客観的な学問とみえながら、適度に主観が或は個性化がぬいこまれているところが、読物としても面白く、それが世間に歓迎されたわけにもなったのかと思う。書いたものと、少なくとも、その主張するものと、その人柄との間は、そう単純にはむすびつきがたい。

（昭三六・一一『白山英文学』第七号所載
「私の英語・英文学修業」）

土居教授の英文学史講義で、ロバート・バーンズを学び、バーンズの歌謡の仏訳者として、はじめてオーギュスト・アンジュリエの名前を知ったことが、「フランス派英文学」に着目していく一つの契機となった。また、ペイターについて学んだときには、米澤時代辻村鑑に勧められて読んだ『塔』掲載の土居の「エピキュリアン・マリウス」を読んだことを直ぐに思い出し、その後ペイターに傾倒した先達平田禿木や上田敏についてきいたこと、「平田さんは――ペイタアが書いたメリアスと同じく――時代と共に心を變へなかつた人。若くしてするどくめざめた心情をいつまでもはぐくみ、それを深め、洗練し、新時代が齎らす心の滋養分を攝取しながら、どこまでも自分をまもつて浮世の旅を愼ましやかに續けて行つた人」（昭一八・一二『平田禿木追憶』福原麟太郎編所載『平田さんを憶ふ』非賣品）と土居教授が後年に書いたような話をしっかり心にとめて忘れないのだと言った。

そもそも、島田が東北帝國大學に入学して学ぼうと志したのは、『三太郎の日記』（大三・四、東雲堂）の著者がそこの美学の教授であったからであると言っているように、阿部次郎に傾倒した。

阿部次郎（二）

一九二五年四月、私が大学生になりたてのころ、阿部先生は仙台市の西南、土樋《つちどい》に新居を構えておられた。門前に「面会日以外は来客を謝す」と先生特有の筆跡で書かれた貼紙がはられてあった。私は同級の田内静三《せいぞう》と一緒に、はじめてお邸に伺ったようである。その頃の私は熱烈な阿部ファンで、その年までに出た先生の単行本は、ほとんどもれなく持っていた。その書物の山を一かかえ風呂敷に包んで持参し、先生に署名をお願いした記憶もまだ鮮やかである。

先生は四十を少し越えておられたろうか。じつに血色がよく、酒のみだけが持つつややかな美しいお顔をしていた。お声がいくらか鼻にかかって、やわらかなあたたかな感じを人に与える。がっしりした骨組みだが、意外に小柄な方だった。学生に対しては、何ともいえぬ親しみのある慈愛のこもった態度で応接された。芭蕉研究会の筆記役を君に頼むかもしれぬ、というお言葉を先生の口からじかにうかがった時の嬉しさは、いまだに思い出すことができる。

その先生は、血色のよいお顔に柔和なひとみを眼鏡ごしに光らせて、いつも羽織袴で教壇に立たれた。洋服姿は一度もお見かけしたことがない。美学演習は「ヴィルヘルム・マイステル」をテキストにして、学生の語学力を訓練しながら、詳しい説明をほどこされた。美学概説は、コーヘンの「純粋感情の美学」を解説しながら、自説を展開して行くものだった。じつに筋道のはっきりした考えを、おちついた言葉でのべていかれる。その声はやや低めで、どこかまろく、甘い感じだった。先生特有のリリシスムがそこに出ていたのだろう。

美学特講はゲーテ研究だった。これはのちまで長くつづいたらしいが、私の聴いたのは「若きゲーテ」の一節だった。書目にビルショースキーやハイネマンやグンドルフをあげられたのをおぼえているが、くわしい伝記を語りながら、中心は若きゲーテの人間像――とくにその心理の特性をえぐり出して、先生独特のゲーテ像を示そうとされることがあった。これはじつに力のこもった見事なもので、時に先生の全力が集約してそこにうかがわれた。学生たちはこの時間が終ると、みんな興奮していた。

こうしたお教えを通じて、先生はただの知解やただの観念だけでくみあげたかわいたやり方をしりぞけ、生命のいきいきと流れている学風を身につけよと説かれた。へんな美学概説を何冊も読むより、むしろロダン聞き書きのようなものを精読して、芸術の本質に悟入せよと説かれた。あの忘れがたいお言葉は、そのまま先生の尊い学風を問わず語りにつたえている。

（前出「私の英語・英文学修業」）

二　詩人を体験

ラルフ・ホジソン

イギリス人教師、詩人ラルフ・ホジソン（一八七一―一九六二）の講義は週に三度あった。いつも無言の敬意を抱きながら英文学、英文学雑話を聴いた。回想に言う。

（前略）英文学史の時間など、別に、テキストも持たず、年代を紙に書いてくることもなく、文学史上の大家、巨匠、名人、奇人を自由自在に文字通りによびだしてくる。まるで眼の前に生きている人物のように学生の前に描きだしてみせる。こちらは何しろ外国人の学生だ。英文学の史実にそんなに精通しているわけではない。英語だってそんなにラクに聞きとれるわけではない。そんなハンデイキャップも、先生が興にのって自在に語っているうちに、不思議とみんな忘れてしまう。知識の差を越え、言葉の壁を越えて、先生の話されるものが見当ついてくる。輪郭が描かれる。内容がはっきりする。（中略）

現代英文学史のなかで評論されるような本物の詩人が、多年熟読し批評していた祖国の文学について語るのだから、異国の学生にだってよくわかったのも当然である。人間性は万人の共有するものだ。言葉や風俗の相違は大して邪魔にならぬ。どこに住もうとも、だれに語ろうとも、本物はついに本

物だ。（後略）

（昭三四・一〇『PHP』第一三八号所載
「ラルフ・ホジソン先生のこと」）

八年後に書いた「本国のインテリにじかに学ぶ」では次のようにも語っている。

思いきって本国のインテリに、じかに学ぶ方がもっと精髄にせまれるかも知れない。私はそれを英語で講義する英文学講師ラルフ・ホジソン先生の授業で直感した。（中略）こちらはそんなに英語を自由に聞きとる力はなかったけれど、やっぱり本物のお話はよく通じた。ベーダ尊者のことを説いて、近代ならエドマンド・ゴスがそれに当ると語られると、どんなバカにもピンとくる。エドマンド・スペンサーはイギリスの詩人ならば必ず読まねばならぬけれど、日本人の諸子にはそういうはいり方はすすめにくい。それよりはスペンサーを現代風に生かしたキーツの詩に体あたるする方が、ずっと役に立つ。ほんとうに英文学の味をわかりたいものは、ディッケンズの英語で書いたユーモア小説に精通せよ。テニソンは一八四二年のモクソン版で読め。イギリスとスコットランドのバラードはこう味わうのだと原作の筋を話して朗読される。本当に面白く思い、ほんとうにわがものになったことを語る人の言葉は、外国語を通じても、学ぶ人の胸をうつ。本物はやはりじかに訴えてくる。ユニークな生命を、ユニークに体得したものが、逆に普遍性を持つのだろうか？……

（昭五二・九・二五『東北大学生新聞』第一八号所載
「一九二五年の春——私の東北大学学生時代」）

土井晩翠

講師として出講していた詩人土井晩翠（本名林吉、一八七一—一九五二）についても触れておきたい。土井からは、ミルトンの Paradise Lost の講読を聴いた。同窓の中島慶治（昭和二年三月卒）が語る講義中の一齣は次のようである。

（前略）

第二学年には Milton, Paradise Lost 講読があつた。クラスも大きくなつて二十名近かつた。初め一二回序講として「叙事詩論」があつたが、恐ろしいせつかちで気取りの全く欠けた先生の事とて、それが講義とは受取れず一同漫談の積りで聴いていると「ちよつと書いて下さいよ、いいですか」といわれてあわてた記憶がある。講読に入つたが面倒なテキストだけに進行が遅かつた。当時島田謹二君がクラスにいてフランス訳を参照していたが或る時 Verity の解釈と違つてフランス訳してある個所を指摘した。せつかちの先生は忽ち島田君の席まで降りて行き本を取上げてその個所を二三回早口に音読し「ふん、成程そうですね、之ではそうなる、然し訳者はえらい学者であつたから間違う筈がない、何か根拠があつてこう訳したんでしょう、ふん、然し妙ですね、いや私にはわかりません」と頻りに感心しながら教壇に戻られた姿を思出す。先生得意のホーマー、ダンテ、ゲーテ、ユーゴー讃美は絶えずあつた。（後略）

（昭二八・二『英語青年』第九九第二号（土井晩翠号）所載
「東北大學講師時代」）

島田の回想も記しておきたい。

（前略）

東北大学の英文学科に学んでいたころ、土井晩翠のミルトンの講義を聴いた。『失楽園』を一歌ずつ読んでゆく。普通の棒よみである。――訳語をつけて、ときどき簡単な批評をはさむ。漢詩の素読を英詩の上に移したようなもので、過去に詩人だったというその人の経歴が、学生たちに大きな期待を持たせたが、さて心魂をゆりうごかす詩の実効はどのくらいであったか？　むしろ懇親会などの席上での雑談がおもしろかった。ヴァレリーというのはどんな作家です、ときかれたことがある。氏が大好きだったシェリーやユーゴーの作風から比喩的に『シャルム』の詩人を説明すると、すぐわかってくれた。ひとり合点のような気持のあるうけとり方だったと思うが、ユーゴーの詩句は、こちらがつたない記憶で暗誦すると、とても機嫌がよかった。いま顧みると、「弔吉國樟堂」はシェリーとユーゴーから学んだあとがかなり濃い。しかし西洋人の宇宙観と死生観とは、この明治の若い詩人の手によってすっかり日本化され、新しい詩情の表現を助けていた。晩翠の詩業はやはりなつかしく思い出される。

（昭四六・六『明治文学全集』第五五巻付録月報六五
「私の明治文学ことはじめ――明治文学随想（一）」）

土井晩翠
『英語青年』（昭和28年２月）所載

島崎藤村

大学の講義とは関係ないが、仙台の地で夢中になって打ち込んだのは詩人島崎藤村（本名春樹、一八七二―一九四三）に対してである。米沢時代、辻村鑑に手引きされて、「文學界」派の人々について学んだ時強く印象に残った人物の一人である。藤村が東北學院に職を得て仙台に赴任したのは、明治二九年九月、二四歳の時である。一年足らずで東北學院を辞して上京するが、『文學界』には毎月のように「詩」を寄稿した。「草影虫語」「一葉舟」「秋の夢」「うすごほり」「若菜」「さわらび」「うたゝね」「鷲の歌」「白磁花瓶賦」などである。これらは、『若

島崎藤村
国立国会図書館所蔵

菜集』（明三〇・八、春陽堂）におさめられ、やがて「遂に、新しき詩歌の時は来りぬ。そはうつくしき曙のごとくなりき。」と新しい時代の到来を刻した『藤村詩集』（明三〇・八、春陽堂）となるわけだが、島田が『文學界』誌上で読み始めたのは二年前であり、仙台の地で『藤村詩集』を耽読したのである。「秋風の歌」「傘のうち」「おえふ」「おきぬ」「おさよ」「おくめ」「おつた」「おきく」「天馬」「潮音」「草枕」を熟読暗誦し、瑞巌寺を訪ね、「松島瑞巌寺に遊び葡萄栗鼠の木彫を観て」を微吟低唱しながら、その世界を歩いた。仙台時代の同じ年齢のころに、共に母を失ったことも「母を葬るのうた」を深く読ませたのだという。藤村に触れた回想で次のようにいう。

　まもなく東北大學の學生になって、はじめて明治の詩の曙を、わが生活から實感した。『若菜集』のうたわれた世界は、東北の野山にある。海の聲にある。「秋風の歌」も、「天馬」も、「草枕」も、日夕愛誦した。作者が住んでいた同じところに、いまいるのだもの。作者の眺めみた青葉山を、いままのあたりにみているのだもの。この市街のこの道路を、作者と同じようにいま歩いているのだもの。――なにもかもなつかしかった。言外の意味がみんな語りかけてきた。春と秋との自然も忘れられないが、ことに極寒二月の半ば、聲も凍る東北の夜寒の中で、私ははじめて詩人の魂にふれたように思う。續いて「春の歌」――春は来ぬ／春はきぬ／霞よ雲よ動ぎいで／氷れる空をあたゝめよ／花の香おくる春風よ／眠れる山を吹きさませ――になると、まさに東北の春色そのものである。その土地の風色の中で味わうとき、詩の本旨はいよいよ明らかである。詩にもロカリティがある。明治の中頃の地方の教育界の内情は、一九二〇年代に私の送った仙臺の教師生活からも推測がついた。文教の世界と文藝の世界との相互蔑視と反感は、わが日常の生活からも推測された。若い藤村のあり方が、ほぼ同じ年齢の私にはわけもなく同感された。

（前出「明治文学随想（一）」）

後年、「その頃は漱石に肌が合わず、藤村詩に深入りしたのは若気のいたりからである。でもそのおかげで蒲原有明、北原白秋の二大巨匠にお目にかかって、有り難いお言葉をいただいたことは、若い私を限りなくはげましてくれた。」（昭六三・一二『比較文學研究』第五四号所載「台北における草創期の比較文学研究」）と語ったのは、仙台時代に始めた「藤村研究」を、台湾の地で究め、さらに深めていったこととつながるものである。時は、昭和一三（一九三八）年十月、東京帝國大學に於いて開催された日本英文学会第一〇回大会で「藤村詩集と西洋文學」の題下に発表する目的で上京、一七日午後に研究の成果を披瀝した。福原麟太郎が、「熱弁を揮った」と評した講演の内容（昭一四・一『英文學研究』第一九巻第一號）はおおよそ次のようであった。

　二十三歳の夏 Rousseau の *Confessions* を英譯で讀んだとき藤村は一轉機に會つた。李白、西行、芭蕉、露伴などの東洋の風流精神にひたつてゐた藤村はこの時西歐の realism, 實なる物を尊重する精神に目覚めたが、彼にあつてはそれはなによりも詩的情緒の尊重であつた。個性の發露をはばむ社會的制約にうち勝つ為めの二年の苦闘を經て、彼の詩は仙臺に於て最初の實を結んだ。藤村の愛讀した西歐文學作品は Bible であり、Dannte, Goethe Shakespeare を始め英國の諸詩家であつた。彼はそれらを情緒的に讀み、その方面で影響を受けた。以上の説明の後、藤村詩の内容及び形式に及ぼした西洋文學の影響を實例を擧げつつ詳説し、最後に藤村は純日本風の歌謡作者と見るべきではなく、西洋的教養を日本化した人、その意味で最も明治的な人である。我々は藤村の持つ新しさを新しさとしようと心掛ける事から出發せねばならない。

　二日の日程の間に、岡田哲蔵、日高只一、土居光知、市河三喜、齋藤勇《たけし》、石川林四郎、石田憲次、西脇順三郎、澤村寅二郎、岩崎民平、佐藤清、竹友虎雄、豊田實、富田彬、村上至孝、上野直蔵、鍋島能弘、大澤衛、大久保純一郎等と交流して親交を深めた。「Johnson 傳を中心として——町學者説」と題する戸川秋骨（一九七〇—一九三九）の特別講演を親しく聴いて面識をえたこと、「藤村研究」を熱心に語ったことなどが幸いして、藤村邸に招かれたことも奇縁であった。「三八年の講演が縁になって私は作者にまねかれ、東京麹町《こうじまち》の寓《ぐう》で作者と語り、親しくその風貌や人となりに接する機会をもった」（『近代比較文學』所載「序の章」）という。後年の回想によると、藤村は、客人を直視すること少なく語り、自分の創作の秘密をよく知っている人が現われたという驚きの様子を見せたという。

　漱石については、「バルデンスペルジェの広狭両面の材源への精究ぶりには頭がさがった。しぜんその手口を日本文学に応用して、『夏目漱石の外国（特に英文学）志向』をぜひ書いてみたいという大ソレタ妄想もムクムク湧き上った。その前後に日本内地の評壇学壇でしきりに出る漱石研究ものをみると、コチラが志向する配慮がまるで欠けているのに気づいたからである。まだこちらがスターンもフィールディングも精通していなかったから、その妄想も妄想のままに立ち消えになった。せいぜい『趣味の遺伝』と『エイルウィン』を併読して、その材源に手をのばそうと志しながら、深入りせずに終わった。テニソンをよくよんでいれば、『幻影の盾』や『薤露行《かいろこう》』の材源にだって、面白い論証をなしえたろうにと、未《いま》だに心のこりである」（前出「台北における草創期の比較文学研究」）と書いている。「漱石」のことは晩年まで念頭を離れず、新聞や雑誌に寄稿したり、講演しては説いた。さらには、昭和五七年四月から、主としてよみうりカルチャーセンター荻窪に於いて、四年に近い歳月を「夏目漱石のロマンス」にはじまる「薤露行《かいろこう》」他の作品精読を通して、「比較文学のおもしろさ」（昭和五八年四月から「漱石文学のおもしろさ」）を語りつづけたのは、あらゆる考察を加えて積年の「心のこり」をとりのぞくためであったと思われる。

三　視界の広がり

村岡典嗣

国文学の世界に思いがけず深入りした。限りなく謝恩の念を抱き続けているのは、「日本思想史」「神道史」「源氏物語」の指導をしてくれた村岡典嗣《つねつぐ》（一八八四―一九四六）である。

日本古典の講義と演習に出るのが日課であったが、とくに忘れがたいのは、「源氏物語」をよんだことである。

大学に入った年にはじめてよんだ。それまでは、名前だけ聞いて手にとつたことがなかつた。それが、村岡典嗣先生が日本思想史の演習として、この古典をお読みになるのを聴講した。テキストは、大正最末期には、まだ古本屋で求められた、国民文庫という大型の、今から思うとA5版にあたるものであつた。註釈はまつたくない。いわゆる白文である。何でも、上・下にわかれていたかと覚えている。とにかく一冊本ではなかつたと思う。随分重い本で、今日の持ち運びの楽な、軽い本に比べると、雲泥の相違である。

村岡先生の講義ぶりは、やにわにテキストをお読みになる。一種独特のふしまわしがついていて、ああいうのが平安朝古典に対する読みくせというものなのだろうか、と考えたりしているうちに、こちらもいつの間にか同じようなふしまわしで、「野分だちて、にわかにはださむき夕暮のほど……」とか、「一人目をさまして、枕をそばだてて四方の嵐を聞き給ふに、波ただここもとにたちくる心地して、涙落つとも覚えぬに、枕浮くばかり。琴を少し掻き鳴し給へるが我ながらいと凄う聞ゆれば……」とか、道を歩きながら口ずさむようになつた。日本思想史のテキストだから、もちろん「物忌《ものいみ》」とか、「方違《かたたがい》」とかを説明されたり、「色好《いろごのみ》」の真義を解明されたりするのが中心だつたけれども、先生は竹柏園の歌人でもあつて、ポエジーのわかるお方であつたから、作中人物の描写法や、男女の心理の微妙な交錯なども時時ふれられた。一週一回、一時間半ずつの講義で、一年かかつて「紅葉賀」あたりまで進んだだろうか。

二年目は、「みをつくし」の巻を読んだ記憶が鮮やかに残つているから、あるいは「薄雲」の巻あたりまでいつたかと思う。（中略）

宣長の「玉の小櫛」、広道の「評釈」などはたびたび推奨されたから、こちらも乗気になつて読んだり、考えたりしたものである。今思うと、日本人のたしなみとして学ぶ、国《くにつ》文学《ふみまなび》というのが、ああいう形で私のようなものの心にもふれたのであろうか。講義を拝聴していた時は、非常に立派なものだとか、異常に高いレベルのものなどとは、考えていなかつた。それでいて理窟なしに面白かつた。

（前出「私の英語・英文学修業」）

師の没（昭二一・四・一三）後一六年、子息の哲氏（早稲田大学教授）は、恩師たちの思い出をちりばめて書いた「私の英語・英文学修行」の抜粋を送られ、早速礼状（昭和三六年一二月一二日付の書簡）を書いた。それには、「本日は玉篇御恵投にあづかりありがたく拝受いたしました。早速拝読、東北大学のことや特に亡父のことまことに感慨深く読ませていただきました。御厚志のほど深く御礼申し上げます」とあり、昭和の初年、仙臺第二中學校に在学していながら、低学年のため授業を受けることができなかったことを惜しみつつ、「よく存じ上げてをりまことになつかしく存じました」と深きえにしを綴っている。

村岡典嗣

東北大学史料館提供

岡崎義恵

これまで全く教養のなかった日本の古典——特に平安朝の女流文学の世界に導いてくれたのは岡崎義恵（一八九二—一九八二）である。随筆文学の話に引き込まれたことを忘れない。

（前略）いままで西洋文学一辺倒の若者にとって、そこのひらかれた世界は、身に沁《し》みわたる繊細・微妙なおどろきの連続であった。（中略）『枕草子』は精読していないから、妙味は十分にわからなかったが、『方丈記』『徒然草』と読みすすむにつれて、祖国の文学への宝の山に分け入った。よく準備されたノートが読み上げられる。学生は必死になって筆記する。日本人のエッセーについて、理路整然と説き去り説ききたるその解釈は、こうも読めるのかとおそれいるほどかゆいところに手が届く。この時はじめて文学のテキストの読み方、別してその味わい方を教えられた。具体的な文学作品のあつかいは、こうあるべきだと教えていただいた。私の学びの道の中で、文字通り一期を画した体験である。

それからはやみつきになって、岡崎義恵先生の国文学講義に傾倒した。「元禄文学」は、西鶴、芭蕉、巣林子——この三名家の作品を解明し、評釈する。それと平行する『奥の細道』の演習では、作品をそれぞれ割りあてられた学生たちが研究の結果を発表するのを傍聴した。
　翌年は『新古今和歌集』の評論である。後鳥羽上皇、俊成、定家、西行らの名歌をとり出して、徹底的な腑分けが行われた。その前後から、フランス象徴詩にうつつをぬかしていたので、わが愛慕する詩的世界とどこかで心交わる境地がわかってきて、心魂をとばした。（後略）
（昭五三・二・二『読売新聞』夕刊所載
「この道あの道〈5〉国文学の宝の山」）

　大学在学中に、明確に断言できる信念を持ったわけではない。相変わらず岡崎教授の「新古今和歌集」講義の虜となり、一方ではフランス象徴詩にうつつをぬかして、愛誦する詩の世界と心交する境地がわかりかけて、マラルメの詩に夢中になった。岡崎先生の懐旧談にその頃の島田を見る想いがする。

　外遊から帰朝した直後に、自分が購めてきたフランス詞華集を借りに、島田君が訪ねてきて、詩の話をした。英文科の学生なのにフランス象徴詩に熱中していて意気投合し、国文学の演習にマラルメの訳詩をテキストに使い、併せて原詩を参照した。この演習と「奥の細道」の演習では、大変熱心で、他の学生と幾度にもわたって喧々囂々、いつも白熱した議論を展開し、これを面白く眺めた。

（昭三二・二『比較文学研究』改訂再刊第一巻第一号所載
「島田謹二教授出版記念祝賀会」）

　岡崎教授の徹底的な演習は、「自由討究」と題して研究題目を学生に選ばせ、「万葉」「源氏」、謡曲、芭蕉、その他近代文芸や文芸学上の諸問題など、すべて研究発表・討議の方法で自由にやらせるものであったが、教授は芭蕉に関する思い出として次のようにも語っている。

（前略）それは「奥の細道」を分担・討議の型式で演習に出した時、「夏草やつはものどもが夢のあと」の句になって、担当の学生が、この「つはものども」というのを、平泉に居城をかまえる藤原氏三代の武士を含んでいると解釈したのに対し、他の学生がこれは高館にこもる義経主従に限るという説を出し、両者相譲らず、三、四回にわたって一騎うちの論戦が続けられたことがある。藤原三代の栄華と取るのは、詩的情調からして、そう考えなければならないというし、義経主従と主張するのは、「奥の細道」の本文に即し、高館での句であることを理由とした。この問題は今日から考えると、義経に力点を置くのが正しく、平泉の栄華全体は微茫な背景に置くというくらいが適当かと思われるが、この演習は今から三十年も前のことで、芭蕉の句の解釈もまだ精密には行われておらず、今でも両説が行われているくらいなので、このような討論も有意義だったのである。この時の学生は今では二人とも大学教授になっているが、この大学教授達を養成するために、私の教育法もいささかの力を加え得たかも知れない。

（昭三七・一〇『雑華集』所載「北浦和雑記　身辺のことなど」）

この「奥の細道」演習の討議について、書きもし、語りもしたのは、岡崎教授の印象に強く残っていたからであろう。後年、島田に同行して平泉を歩いた折、「論戦」のことに話を向けると、「そんなこともあった、この場所にも来てみた、あの頃は若かった、義経主従という考えは今も変わらない」と言った。

憧れの大学に入り、傾倒する教授たちの講義を熱心に聴いて、「毎日の生活は明るい、楽しい、おもしろい。」（昭四・二、「私の英語履歴書」）と回想したように、学問に打ちこみ、詩の世界に喜んで満たされた日々であったと思われるのに、年末になると妻とは協議離婚となった。年の初めに、長男の急逝に遭っても悲しみに耐え、中学の講師を続け、学業に専念して充実した生活をつづけて一年も経っていないのに、離別ということになってしまった。五年前、一念発起して勉学に打ち込んだとき励ましてくれ、良き聴き手として、やがて共に生活してきた人が子を残して去ることになり、復籍して仙台を離れた。

岡崎義恵
華甲記念（昭和27年12月）に
恩師岡崎が島田に贈った

芭蕉俳諧研究会（一）

仙台時代で特筆すべきは、「芭蕉俳諧研究会」のことである。阿部次郎先生を訪ねた折、「筆記役を君に頼むかも知れぬ」と伺ったことが実現して、向山（御霊屋下、現地名仙台市太白区向山一―一―一六）の東洋館（明治四〇年創業の料亭）で行われた第一回研究会に出ることになった。大正一五（一九二六）年五月三〇日である。阿部は次のように記している。

一時半より　東洋館にて芭蕉會第一回「灰汁桶」の巻。山田、小宮、岡崎、土居、村岡等。夕食は時子、勢来る。十時帰途につく。

（昭三七・一一『阿部次郎全集』第一五巻「日記」）

そもそも、この「芭蕉研究会」は、大正九（一九二〇）年に歌人の太田瑞穂（一八七六―一九五五）の東京田端の自宅ではじまったもので、幸田露伴（一八六七―一九四七）を顧問に安部能成《よししげ》（一八八三―一九六六）、和辻哲郎（一八八九―一九六五）、

山田孝雄
東北大学史料館提供

勝峰晋風（一八八七―一九五四）、沼波瓊音（一八七七―一九二七）、阿部次郎、小宮豊隆等多彩な顔ぶれであった。大正一三年、仙台に移り住んだ阿部次郎が「芭蕉研究会」再開を考えていて、小宮豊隆、土居光知、山田孝雄等の着任で機が熟し、仙台芭蕉会の発会となった。はじめは、発起人兼幹事役としての阿部次郎と小宮豊隆及び山田孝雄、村岡典嗣、土居光知、岡崎義恵、筆記役の島田の七人がメンバーであった。島田は回想を次のように綴っている。

（前略）席上の印象は、五十を越えていた山田先生が、国語の来歴や解釈上の顧問で別格にくらいされていた。閲歴、業績、声望など、どの点からいっても、座頭の位置は阿部先生が占めていた。参考書はあまりお持ちになってこなかったが、時に「句選年考」や「七部集大鏡」や「婆心録」を参考にされながら、曲齋や何丸などをときどき槍玉にあげられる。一つ一つの句へのキメのこまかい滲透や明確な判断には、学殖と生活と芸術とが渾融されたところから生まれた Well-grounded appreciation ともいえるものがあった。きわめて妥当な見方が多かったのではないか。岡崎先生は一番若いだけに、辛辣尖鋭で、あくまで芸術本位の味わい方だから、思想史ふうの村岡先生の解釈と対立し、かなりつっこんだ論戦を交わされることがないでもなかった。そんな時には、小宮先生が、諸説を検討した末の独自の解釈をのべながら、調停役をつとめて一座の空気をとりなした。（中略）元気いっぱいでそれぞれ努力されていた先生がたの解釈、批評、反駁、質問で会は終始したのだから、書記役はどんなに啓発され、示唆され、教示されたことだろう。芭蕉研究者なら、ありがた涙がこぼれるような千載一遇の位置におかれていたわけである。

（昭三五・一〇『阿部次郎全集』第一〇巻月報「芭蕉俳諧研究會のころ」）

大正一五年五月から三年間、昭和四年三月まで誠実に筆記役をつとめた。清書をする前に先生方の検閲を受け、原稿を岩波書店に送るまでが大変だったと時々述懐した。

太田正雄

四、五年前米澤高等工業學校に勤務しているころ、辻村鑑とは「文學界」や「明星」派の人々のことを語っていたから、森鷗外や上田敏から広がる世界を仙台の地で学びはじめることになった。英語・英文学の分野だけでなく、日本の古典、東西の文芸、思想史等にも大きく目は開かれようとしている。芭蕉研究会の発会から一年近くなる頃、医学部皮膚病学・黴毒学講座を担当する教授として着任した太田正雄（一八八五―一九四五）は、旧知の小宮豊隆に誘われてメンバーに加わった。

「続猿蓑」の研究に入ってから、太田正雄先生が参加せられた。もともと「明星」派の新詩人、「木下杢太郎」であった方だけに、漱石一門を主力とするこの会の人々とはどこか見方がちがうところもあった。一言でいうと、さすがに実作の経験が豊かなせいか、創作心理の面からの解明もときどき加えられた。一言一句口にされたとおりに書かないと、筆記の上欄に、「ヌケている」とか「こんなことはいわぬ」とか注意されるのには閉口した。ドイツ文学の小牧健夫先生もそのころから研究会に入られた。

（前出「芭蕉俳諧研究会のころ」）

太田正雄（木下杢太郎）
東北大学史料館提供

晩年の回想では、芭蕉研究会のことの他にもさらに詳しく語っている。

木下杢太郎先生については特別になつかしい思い出がある。木下さんは東北帝大医学部の教授として仙台にお住まいになり、文学部系統の「芭蕉俳諧研究会」が向山《むこうやま》の東洋館という料亭にひらかれるとき、学生のわたくしは筆記役を命ぜられていたから、お顔みしりだった。何ともいいようのない親しさ、なつかしさとは、ああいうお人柄をさすのだろう。いつも少しはにかんだような表情で、ものいう時々少しばかりどもる。何か言語道断のものを暗示されようとするのか。表現が思想に追いつかない。独自のいい方を示されていて、筆記役は泣かされる時もあった。いつか「ボクはこんなこと言わないよ」と添え書して下書きの原稿を削り去られたことさえある。そのくせその筆記役は、会の中心にくらいする直参《じきさん》の先生方の学恩よりももっと木下先生の挙措《きょそ》に感激していた。台北でもとなりの研究室に、「三田文学」や「スバル」がそろいではいるようになると、はじめて先生の実作がじかによめた。（中略）そのうち青年の生理と心理とを心にくいように書きとめた「きしのあかしや」署名のいくつかの作品に寓《ぐう》目した。その時の感激は今もアリアリと浮んでくる。歓喜とか狂喜とかいう読後感があれだろう。それから暫くして、昭和十年のはじめか、仙台を訪れる機会があって、先生にサシでおめにかかった時、わたくしの読後感をジカにお耳に入れ

小宮豊隆
東北大学史料館提供

た。木下先生は少しはにかんだ表情をなさって、感激して、次から次へと御自作の評をきき出されようとする。まるで少年のようなお喜びようであった。一つだけ大変感心しながら、どうにもその作品名がうかんでこない小品があった。すると先生は、熱心性急にたたみかけて、一々列挙しながらその作品名を御自身から問い訊す。それが「誰でも一度は通る道だ」ったのか。今は正確に記憶してないが、その時の勢《いきおい》い込んだ杢太郎先生の勢いだけはあざやかに浮んでくる。ただの学者ではない。ほんものの作者のほんものの気迫というものを、私は、あの時したたか体感した。二度とない感激である。それをキッカケにしてわたくしは何かにつけ暖《あたた》かい先生の視線を浴びるようになった。

（平六三・一二『比較文學研究』五四所載「台北における草創期の比較文学研究——矢野峰人先生の逝去にからむ思い出」）

他に、太田正雄との関わりの記録は、昭和一〇年一〇月仙台に師を訪ねたこと（昭五五・三『木下杢太郎全集』第三巻「日記」）、昭和一二年三月臺北高等學校寮委員に「必読の書」を尋ねられて、『地下一尺集』（大一〇・三）を薦めたこと、昭和三〇年五月東大比較文学会主催で「木下杢太郎記念講演会」をひらいたこと（後述）、昭和三一年四月から比較文学講座で「古都のまぼろし」の特別演習をおこなったこと等が挙げられる。

芭蕉誹諧研究会（二）

筆記は、雑誌『思想』第五八号から八一号まで（大正一五年八月から昭和三年七月まで）一八回にわたって連載された。これが後に、単行書三冊にまとめられて、『芭蕉誹諧研究』（昭四・三）『続芭蕉誹諧研究』（昭五・一二）『続続芭蕉誹諧研究』（昭六・一二）のタイトルで刊行されたが、その「巻頭凡例」によって島田の誠実な関わりを見ることができる。

是は、大正十五年五月三十日から昭和二年三月十三日へかけ、凡そ月一回の割で十二回、我我が一所に會合して、芭蕉の歌仙を研究したものの筆記である。我我は、まづ一巻の歌仙を六回づつ六つに區切り、その一區切りを一回分として、一回毎に順次發聲の役を勤め、その發聲役の意見を中心に、各自の意見を述べ合う事を常とした。是を傍にゐて筆記してくれたものは、文學士（當時學生）島田謹二君である。我我は無論その筆記に眼を通した。又それが雑誌『思想』に連載されたかういふ形に纏め上げられるに際しても、もう一度訂正増補する事を怠らなかつたけれども、若し島田君が、凡そ筆記という事を眼中に置かず多勢が勝手に勝手な事を言ひ合ふのを、出來るだけ手落なく書き留めるといふ様な、非常に面倒な仕事を、かくも要領よく遂行してくれることがなかつたら、是は恐らくかういふ姿をとる事は出來なかつたに違いない。我我は、此所でまづ、その島田君の勞を謝したいと思ふ。

昭和四年二月九日

翌年、そして翌々年と、芭蕉研究会の記録が本となって岩波書店から送られてきた。この二冊の「緒言」にも、研究会の動静、単行本刊行の経緯、筆記役に対する謝辞などが、著作代表者小宮豊隆によって丁重に述べられている。

『芭蕉誹諧研究』に次いで、我我は、『續芭蕉誹諧研究』を世の中に送る事になった。『續芭蕉誹諧研究』は、昭和二年四月から昭和三年四月へかけての、我我の研究の成果である。研究の對象として、我我は、『續猿蓑』の柳の巻と『ひさご』の花見の巻とを選んだ。柳の巻の研究は、既に一度、當時の『思想』誌上で發表された。花見の巻の研究は、今度此所で、初めて公にされるものである。筆記は、『芭蕉誹諧研究』の場合と同じ様に、當時學生の（然し今は臺北大學に教鞭をとってゐる）島田謹二君を煩はした。

昭和五年一月二十二日

『續續芭蕉誹諧研究』は、昭和三年五月から昭和四年三月へかけての我我の「研究」の筆記である。筆記は、例によって、文學士島田謹二君を煩はした。特に最後の「研究」會は、島田君が臺北大學に赴任する前日に當つてゐたにも拘はらず、島田君は自分の筆記に段落をつける爲だと言つて、わざわざその多忙な時間を割いて、出席してくれた。島田君の好意に對しては、此所で改めて感謝の意を表するより外に、感謝のしようがない。

昭和六年一月二十五日

『父　阿部次郎』（大平千枝子著、平一一・一、東北大学出版会）所収「人は遠き　四、芭蕉会」には、次のように書かれている。

（前略）芭蕉会の進行を忠実に記録し、雑誌掲載を容易にした筆記役についても触れなければならない。

最初は英文専攻の学生、島田謹二氏に白羽の矢が立った。「芭蕉会の筆記役を君に頼むかもしれぬというお言葉を、（阿部）先生の口からじかに伺ったときの嬉しさは、今だに思い出すことができる。」と三十余年を経て島田氏は記している。

教育者としての父は、見込みのありそうな学生を芭蕉会に加えて、学問上の啓発は勿論のこと、先輩の学者たちの風貌にじかに触れて、人間としても大きく成長してほしいという願いがあったのであろう。島田氏は後に台北大学から東大に移り、比較文学の第一人者となり、作家としても綿密な調査によって「秋山兄弟」「広瀬中佐」等の大作を世に問うている。父の願いは果たされたといえよう。

フランス派英文学

念願叶って大学に入学した時を回想して、「さまざまな有為転変が続いた後、大学に学ぶようになった」と書いたのは、東京外國語學校時代から米沢時代を経て、仙台時代の初期まで、結婚や就職、そして転職、さまざまの出会いや別れを経験して、最後には子供を病で失ったことなど、悲喜交々の日々を思ってのことであろうが、さらなる有為転変は離婚であり、再婚であった。土居光知・れう夫妻の媒酌により、國井常吉、ヨシオの四女貞と結婚した。大正一五年六月二十二日である。

昭和二（一九二七）年四月、大学は最終学年になり、英語で書かれた文学書の実態に十分に納得しなければ、また同感したり共鳴したりしなければ、英文科に籍を置いた効がないと深刻に考えた。これまでのやり方では新しい事態に処することができないと覚り、心機一転して納得のいく学び方を見出した。その大きなチャンスは、前年に刊行されていたルグイとカザミヤンの共著『英文学史』（*A History of English Literature*, Vol. 1: The Middle Ages and the Renaissance (650–1660) by Emile Legouis, Translated from the French by Helen Douglas Irvine, Vol. 2: Modern Times (1660–1947) by Louis Cazamian, Translated from the French by W. D. MacInness and the Author, 2 vols., London : J. M. Dent and Sons, Ltd.）を精読したこと、これによって目を開かれたことである。島田は回想していう。

英語で書かれた文学を味わったりその意義を認めたりするには、どうしても独自の心構えと独自の修練とを身につけなければならぬ。そんな幼稚な原理にはじめて気づいた。しかもこの道を歩きだそうとしたとき、私自身の悩みに同感してくれる仲間はまわりにひとりもいなかった。（中略）むしろ私と同じ立場の外国人で、英語を外国語として学び、英文学を外国文学として修めている人たちに尋ねる方が近道だと考えた。（後略）

（前出「私の英語履歴書」）

こうした生活を送るうちに、またしても変化があり、九月二九日、母ヤスが病のため五四歳で他界した。そして数ヶ月後、長女が誕生するという喜び事があった。長女の誕生があったから、最愛の母を失った悲しみに耐え忍ぶことができたのであろう。

昭和三（一九二八）年三月、履修単位を修得、「若き日のマラルメの抒情詩」と題した卒業論文を提出して学士試験に合格、東北帝國大學法文学部英文学科を卒業した。文科の卒業生は四二名、英文学専攻は井出常雄、鵜崎久雄、近藤啓吾、莊司順、諸石靖の六人であった。英文学専攻の先輩や後輩には、大原恭子、中島慶治、天野一夫、桂田利吉、濱田政二郎、村岡勇、大久保純一郎、橘忠衛、吉武好孝、矢本貞幹、西村孝次、小谷照雄、近藤いね子、鈴木富雄、太田三郎、大橋健三郎がいる。他学科ではあるが、生涯親交のあったのは、共に阿部次郎邸を訪ねていた田内静三（一九〇〇―一九七八）である。田内は詩人でもあり、昔日の交友を次のように書いている。

おのれを語る

五十年の昔
青葉の木かげ
風の流れる
朝の校庭で聞いた言葉
「詩人はおのれを語る」
誰の言葉か　今も知らない

＊

西欧四百年の昔
人と人　国と国
教会と教会が
　互いに争ひ
呪い　戦った日々
ひとり　おのれを語って
倦まなかった人がゐた
人
おのれを語らないで
果たして　どのような
真実を　語ることが出来るのか

この詩は「島田謹二に」と題するはずだった、と筆者への書簡には書いてくださったが、詩集『舊聞』（昭四九・一一、木耳社）には、島田がある集いの席で口にしたという「詩人はおのれを語る」を想い起こして、五十年前の交友を詩ったと書かれている。二人の親交は東京外國語學校時代から続いていて、生涯にわたり「乃公《おれ》、お前」の仲だった（昭和五〇年四月一九日、文学博士になった祝賀会で氏は云った）。卒業論文「若き日のマラルメの抒情詩」については、東北大学記念資料室や文学部研究室のご好意で調べていただいたが、保存されていないとのことであった。昭和二〇年七月一〇日の仙台空襲で法文学部事務室や講義室が焼失し、かなりの被害を被ったとのことなので、もしかしたら、この時失われてしまったのかも知れない。論文のことは別として、卒業時の気持は晴々したものではなかったらしい。

一九二八年の春に卒業した。いまから思うと、冷汗の出るような論文とかいうものを提出して、最後の試問にはタヂタヂの文字通りに冷汗のかきずめであった。こんなことで果して卒業できるかどうかと不安でならなかったが、どうやら卒業だけは許された。掲示が張り出された時、卒業者の中に自分の名を見出した時くらい、寂しいと感じたことはない。最

妻，長女と（昭和３年）
『筏かづらの家』所載

高学府といっても、つまりこれだけのところなのか？　私もどうやら文学士のはしくれに入れていただいたが、こんな無力な人間が大学卒業生だとすると、じつに頼りないものだといううしろめたさ。いや、それだけではない。大学は出たけれど、これからなにをどういう風に学んだらよいのか、それを親身に教えて下さる方を持っていなかった。何よりもわびしかったのは、私自身そういう根本義を本当に考えて生きてはいなかったからである。

（前出「一九二五年の春――私の東北大学学生時代」）

西洋文学研究室

こうした心境でも、フランスの象徴詩を愛読して、マラルメ風の詩にうつつを抜かして訳詩を試みたりはした。若き岡崎先生に傾倒してしばしば訪ね、上田敏や蒲原有明を語って象徴詩の話をしたり、時には東大時代の話を聴いた。先生は、夏目漱石や上田敏のような大家を理想として、英文科に入学したが、幻滅を感じて国文科に移ったのだという。国文学を修めてもなおあきたらぬものがあり、「国文学」から何か次のものを引出してもよいのではないか等々考えた話や、いろいろと教え子の苦衷を察して語ってくれた。自分の父親の憂苦の中での死のことなどの話には大きく心を動かされ、師の恩情を生涯忘れることがない。芭蕉研究会の筆記役もつづけている。この三月の会は一一日で、この後に、阿部から研究室に勤務するようにとの話があった。「三月十四日（水）島田助手の話（土居）」と阿部の日記にあるから、阿部から土居に島田の生活や将来を考えて、相談してくれたのであろう。三月三一日、東北帝國大學發令「東北帝國大學副手ヲ嘱託ス（常勤）特ニ手當月額五十圓ヲ給ス　法文學部勤務」ということで、四月から法文学部西洋文学研究室の仕事についた。数年前から出講している宮城女専（宮城県女子専門学校本科国文専攻・英文専攻）ではひきつづき、シェイクスピアやキーツの詩を、ときには上田敏訳「眠」、薄田泣菫の「あゝ大和にしあらましかば」、蒲原有明の「五月靄」を講じ、聴講する女学生たちを魅了した。当時の学生によれば、キーツの「秋のうた」「夜鶯に寄するうた」「情知らぬ手弱女《たおやめ》」「ギリシャ古甕のうた」を特に好んで語り、「情知らぬ手弱女《たおやめ》」などは美しい文字で和紙に書いたものを印刷して配布したという。当時の教え子の一人は、それまで全く知るよしもなかった

「美の世界」に引きずり込まれたことを鮮明に思い出すのだと言った。東北學院専門部の講師を依頼されては、本格的に英文学研究に着手したのを機に、「フランス派英文学」の講義をし、英文学研究の新しい道を見出すべく努力した。回想でこのことにふれている。

> 東北大学を卒業して英文学研究室に残っていた頃、私は副手勤務のかたわら、或私立大学の講義を一つもたされて、ザコのトトまじりというのか、その頃から「フランス派英文学」なるものに打ち込んでいた。一八八一年以降、パリを中心に盛んになり、その頃旭日昇天の勢いであった学風である。手引きを与えてくれる先達がいたわけではなかったが、カザミヤンはもう幾点かよんでいた。ルグイへは十分眼があかず、アンジェリエやベルジャムは名のみきいていたばかりで、お寒いかぎりだったが、とにかく一国文学一点張りの当時のハヤリの「国文学」として専修する英文学から外れた道を勝手に歩き出していた。ベルジャムとアンジェリエとは故人になっていたが、ルグイもカザミヤンも健在で縦横に活動していた。二人の合著——アシェット版の『英文学史』は、在学中からききかじりでそろそろと手をつけ、後には夢中になっていたかと思い返される。
>
> そんなワケで、「フランス派英文学」なるものには、すでにとりくむ下地があって、一番若いカザミヤンへは、熱情めいたものを感じていた。かれの一九二〇～二一年のソルボンヌ講義「英国における心理と文学の展開」は、身近な愛読書であり、一九三〇年中には日本語訳を心がけて、すでに冒頭の数章には手をつけていたように記憶する。（後略）
>
> （前出「台北における草創期の比較文学研究
> ——矢野峰人先生の逝去にからむ思い出」）

第二部　壮年期（一九二九〜一九五五）

第四章　台湾での生活

一　草創期の比較文学研究

臺北帝國大學

研究室の副手と公私立の専門学校などの講師を勤めて一年近くなったある日、土居光知は、創設して間もない台北帝國大學からの英語講師依頼の手紙を見せて、島田を名指しで申し込んできたと告げた。依頼者は臺北帝大文政学部文学科西洋文学講座担当の矢野禾積（筆名峰人、一八九三―一九八八）である。矢野は島田が書いた小詩をエピグラフに引いたジョン・ダンの一節を覚えていて白羽の矢を立て、第三高等學校の先輩である旧知の土居に是非にと頼んできたのである。矢野の元には、前年九月に赴任した土居の教え子工藤好美（一八九八―一九九二）がいたが、西洋文学講座を開設して一年、この講座の実を上げるためにはもう一人新進気鋭の英文学者が必要だというのが話の発端であった。島田は「こちらは喜んでお受けした」と後年回想している。『フランス派英文学研究』下巻（平七・八）の「はしがき」（一九九二年続稿）によれば次の通りである。

僥倖にも外地の大学に来てくれというそこの主任教授の親書が私の学んだ大学の主任教授のもとに舞い込んで、コチラは渡りに船とばかり、飛びつくように、後足《うしろあし》で砂を蹴《け》とばす勢いでお話をうけた。

ある時、直接尋ねた折の話によると、新天地で自由にのびのびと研究ができるという開放感に惹かれつつも、現実には未だ満二歳にもならぬ長女と身重の妻のことを考えると決断するまでには時間がかかったという。フランス派英文学の講義が軌道に乗り始めたこと、かつて米沢の地に赴任するとき、東京からかなり遠くて流離の感を強くしたこと等がその理由であった。芭蕉研究会で親しく接してくれる教授たちは、島田の才能と人柄を熟知していて、台湾に赴くことについては土居の推挽に異を立てる人はいない。むしろ才能を認め、将来為す有る男と太鼓判を押して賛成して励まし、「旅をしてこい」というのであった。一方で、詩を講じて女子学生たちを酔わせることが不謹慎だとか、主任教授の指導に背いて勝手な研究を進めるとか、小さな話に尾ひれがついて、あらぬ噂も流れたらしい。またある時、「私は反逆児だったから、島流しに遭ったのだ」と冗談を飛ばして笑いながら台湾行きのころのことを語ったことがあるが、住み慣れた仙台を離れたくなかったという気持を強く伝えようとしたのか、さまざまな柵から離れてのびのびと学びたいという願いで第二の郷地を捨てようと考えたのか、事実のほどはわからない。後年、賜暇休暇で内地に帰るときはいつでも仙台に恩師たちを訪ねることを欠かさず、恩師たちはまた、かつての芭蕉研究会の会場に島田を招いて食事をしたり、家庭によんだりしていることをおもえば、「島流し」ということに何らの根拠も見出すことはできない。渡台後に激しく襲われる郷愁は、人の常なる真情としてあるのであり、恩師たちの助言を容れて新鮮な出発を期したことは賢明な判断だったろう。やがて、土居と矢野が京都で会見して具体的な話が進められ、「五年間精勤すれば、内地のしかるべき学校への転出を考える」ということで、内地を離れる決意を固めた。台湾での新生活に夢を託し、そうと決めたら微塵の揺るぎもないのであった。仙台を離れる前日まで、芭蕉研究会の筆記役を律気に果たして恩師たちに決別の挨拶をした。

　昭和四（一九二九）年三月末、仙台から下関への長旅を終え、日本郵船「瑞穂丸」の客となり、一家は数日後基隆港に上陸した。

矢野禾積

四月、臺北帝國大學文政学部文学科講師に任ぜられ（昭和四年三月三一日　講師ヲ嘱託ス　年額手当金二二〇〇圓ヲ給ス　文政學部勤務ヲ命ス　臺北帝國大學發令）西洋文学講座主任矢野禾積（一八九三―一九八八）のもとで、英語・英文学、仏語・仏文学、少したって文学概論、文学研究法、フランス派英文学研究を講ずることになる。大学総長は文学博士幣原坦《しではらひろし》、文政学部長は文学博士村上直次郎、教授陣は、安藤正次、務台理作、移《うつし》川子《かわね》之蔵《のぞう》、今村完道、久保得二、工藤好美、柳田謙十郎、神田喜一郎、西田正一、淡野安太郎、植松安、瀧田貞治、前嶋信次である。矢野禾積は、島田が着任の時から六〇年にも及ぶ親交の人になるが、出会うまでの略歴は次のようである。

　明治二六年三月一一日の生まれであるから、島田より八歳上である。岡山県津山市に生まれ、幼くして両親が死去したので、母方の祖母と叔父の庇護のもとに生育した。小学校時代に唱歌や詩文に親しんで興味が加わり、翠峰と号して『學の友』に毎月のように投稿し、津山中学校に入学すると、象徴詩の試作が蒲原有明の選で『文章世界』に掲げられたほどである。明治四二年一月、『ハガキ文學』に「夕暮　夢の様な」を投稿をするころから「峰人」の筆名を使いはじめる。中学を卒業すると、はじめて上京し、正則英語學校で齋藤秀三郎や佐川春水の指導を受け、第三高等學校に入学したのは大正元年九月である。三年後に、上田敏がいる京都帝國大學英文科に入学して親しく講筵に列したが、一年後に師上田敏の急逝に遭った。卒業後、大学院の特選給費生として厨川白村（一八八〇―一九二三）の指導を受けた。坂口昂、西田幾多郎、島文次郎の知遇を得て、真宗大學や母校第三高等學校の教壇に立ち、大正十四年には、第三高等學校と大谷大學教授を兼任し、同志社大學英文科でも英語・英文学を講じた。大正一五年三月、坂口昂から臺北帝大総

左から矢野禾積，島田，西川満
『アンドロメダ』（昭和47年６月）所載

長幣原坦を紹介され、大学創設準備在外研究員として、台湾総督府より英国留学を命ぜられた。七月、ロンドン着後オックスフォードに移ったが、はじめ二年とされた留学の予定が、大学開設に間に合うように帰国せよとの電報に接して、一年半ほどで切り上げ、昭和三年三月に帰朝した。島田が東北帝國大學法文学部を卒業した年である。矢野は三月三一日を以て、臺北帝國大學教授に任ぜられ、西洋文学講座の担当を命ぜられた。そして、一年後に島田を台北に迎えるのである。島田は矢野について次のように書いている。

（前略）

土地の気風は、植民地のなごりで、あくまで官僚風だが、西洋文学の研究室の雰囲気だけは快適だった。主任教授は矢野禾積氏。まだ三十四、五の壮年。短躯だが、気だてのさっぱりした、詩のよくわかる方である。面倒みはとてもよい。

氏はそのころ多くもいなかった最近代の英文学の新しい開拓者であった。大へんな愛書家で、十九世紀中期以降の文献を珍蔵し、ラファエロ前派、アーノルド、ペイター、シモンズ、ワイルド、フランシス・トムソンなどは初版本、稀覯本をあまねく集めていた。上田敏の唱えた遡源の学風を、氏は身に体していたといえよう。ことにフランスの象徴詩系統の蔵書は、目をみはるほどぐんぐんふえてゆく。前からそちらの方面にはひかれていたので、私はその豊富な新刊書のたぐいをむさぼるようによませていただいた。明治文学にも精通する氏は、そちらのめずらしい文献もたくさん集めていた。ほんとの学問ずきだし、詩はわかるし、後輩には親切だし、よく指導してくれるし、孤立無縁の私には二人とない有難いパトロンであった。

（昭五三・二・三『読売新聞』夕刊「自伝抄この道あの道」）

台湾への話がある前から、すでに『英語青年』等の雑誌で、矢野の「詩や詩人の研究業績」の著述を知っていたし、大著『近代英文學』（大五・六、第一書房）を熟読して感銘を受けもし、留学時に会見した詩人・文人を語る「片影」シリーズには心を躍らせていたので、この主任のもとで教壇に立つことは大きな喜びであった。

矢野は、新しい分野を開こうとする後進を常に支援して、助力を惜しまない。蔵書を貸し与え、資料を提供し、喜んで話を聴いてくれた。島田は島田で、学んだもの、極めたこと、新奇の発想などを語らずにはいられない。夜遅く、矢野邸の門を叩いたことも、テニスに興ずる矢野の休憩の時間を待って語りかけたこともある。

比較文学

シェイクスピア（特に『マクベス』）、ハーディ（『郷人帰る』）、ペイター（『文芸復興』）、カーライル（『衣裳哲学』）、ラム（『エリヤ随筆』）、キーツ（「秋の歌」「夜鶯」）、ブラウニング（「男と女」「医師カーシッシュの不思議な体験」「フラ・リッポ・リッツ」）等、詩・小説・エッセイを講読・鑑賞して、英語・英文学を教え、時には、レイモン・ラス・ベルニヤスの研究を参照しながら、ヒレーア・ベロックの Hills and the Sea（平田禿木編註『海山帖』）に力をそそいだ。熟読して味わい、広く学んで語るのであるから、学生たちが興味を示す、そうすると益々熱を込めて語った。「勤務地の大学へはそんなに遠くない古亭町（のちに福住町に移る）に居を構えて、朝はちゃんと出勤。授業し、午后は研究室で勉強し、夕方帰ってくる。まずは典型的な教師の生を営んだ」（前出「台北における草創期の比較文学研究」）という生活がつづくのである。

この夏（昭和四年）、三年前に恩師小宮豊隆先生に頼まれて着手していたスタニスラーフスキーの自叙伝の翻訳第一稿を完了した。昭和五（一九三〇）年一月、伊藤長蔵が編集発行する（実際には壽岳文章が編集）『みをつくし』（発行所、ぐろりあそさえて）に「愛蘭土古謡」を寄稿した。四月、臺北高等商業學校校長切田太郎の依頼をうけ講師として出講、林茂生、石崎政治郎、津村和夫、小川茂富、鈴木源吾とともに英文講読を担当した。二年間授業を受けた荒井義夫（第一〇回卒）は、「島田謹二先生の思い出」を次のように書いている。

（前略）先生は昭和五年、六年の二年間台北高商の講師として英語を教えられた。私は昭和五年三年生の時 John Galsworthy の *A Vague Thoughts on Art*（研究社刊）を教材として教えられた。先生は見るからに秀才の風貌で、いつも和服に袴をはいて居られた。多くの場合、英語の先生は颯爽たる洋装であったので意外な感じであった。この服装は最後の講義までつづいた。然し講義そのものは、他の英語の先生に較べて、すばらしいものであった。卒業後六十年経った今でも、先生の熱をおびた講義が昨日のことのように想われる。（後略）

（平五・一二・一五『台湾協会報』第四七一号）

昭和八（一九三四）年になると、臺北高等學校校長谷本清心の依頼で、四月から講師として一年間出講、山地清、小山捨男、森正勝、中野賢作、富田義介とともに英語・英文学を担当した。大学では、英語・英文学、仏語・仏文学、フランス派英文学講義に力を注ぎながら、上田敏や森鷗外の研究も休むことなく続け、視野は「比較文学」に開かれようとしている。そして、フランス派英文学研究がフランス派比較文学への道を辿り始めることになる。島田は、恩師の阿部次郎が「〝比較文學〟の準備を始む」（昭和七年九月四日）「秋晴寒さ覚ゆ／〝比較文學〟を書き出す」（九月二九日）「比較文學半分脱稿　夕刻発送」（一〇月二日）「比較文學、第五節了」（一一月一四日）「比較文學（六）を宵に了」（一一月一五日）等日記に記している頃、フランス派比較文学の刊行物 *Revue de la Litérature Comparée* と「比較文学研究叢書」（共にフェルナン・バルデンスペルジェとポール・アザールが協力・監修・共編したもの）を繙読して、フランス派比較文学の学風に有無をいわず夢中で追随した。そして「比較文学」を本格的に学ぶキッカケとして執筆したのが、『新英米文學』（昭八・九～一二、英語英文學講座刊行會）に連載した「比較文學講座」、第一編「比較文學とは何ぞ」、第二編「比較文學の發達史」、第三編「比較文學の現状」、第四編「比較文學の研究法」である。第三講において、「Baldensperger 教授の指導の下に比較文學に向かふ學徒は近時おびただしくその數を増した。その業績、特に優秀な學位論文は非常に多い。その主要なものは第五講以下に説くべき「比較文學の各部門」の項で一々略説するつもりであるが（後略）」と予定したのであったが、『新英米文學』の廃刊により遂に連載は完結しない。ところが、島田の一連の研究「フランス派英文学」や「比較文学」に注目していた吉江喬松（一八八〇―一九四〇、フランス文学者）が日夏耿之介を通して、「比較文学」をはじめとするフランス派英文学関連の人名や事項の解説の執筆を依頼してきたのである。吉江教授を中心とする早稲田大學文芸学会の会員たちが、比較文学研究室でつづけている文芸一般に亘る研究が、中央公論社社長嶋中雄作（一八八七―一九四九）が主張・要望してきた企てと必然的に一致することから、宗教・哲学・思想・芸術を集大成し、創業五〇周年の記念事業として、『世界文藝大辭典』（責任編輯者は吉江喬松）全七巻の刊行に取りかかるというのである。文芸学会のメンバーは村岡典嗣、日夏耿之介、西條八十、木村毅、山内義雄、柳田泉、笹川種郎等、編輯顧問は五十嵐力、市河三喜、金子馬治、桑木厳翼、新村出、瀧精一、島崎藤村、辰野隆、茅野蕭々、津田左右吉、長谷川如是閑、藤村作である。この陣容の期待に応えるべく、昭和一〇年一〇月の第一巻から第六巻までの二年間、人名や項目の他、「西洋の散文」「詩の原理」「西洋における日記文學」「西洋における飜譯文學」について書いた。殊更に力を注いだのは「比較文學」（昭一一・五、第五巻所収）についてである。『新英米文學』に連載した「比較文學講座」が中絶したのを補う意味もあり、これまでに誰も系統立てて説かなかった「比較文學」を極めて綿密に、（一）意義、（二）發生及び發達、（三）問題及び方法、（四）批判と限界、の四項目に分け、〔文献〕として、（1）歴史と理論、（2）二國的授受關係、（3）國際的授受關係、（4）

竝列體世界文学史、(5)比較文學的書志、の五つに分けて解説した。英語・英文学界だけでなく、「比較文学研究に打ち込む人」として広く注目され始めた。

日夏のことば

第一巻が刊行された直後、フランス派英文学関連の事項で、もっと載せるべき事項があると考えたのか、何か思いがあってか、日夏耿之介に近況報告（昭和一〇年一一月四日消印の封書）をするとき、この辞典のことに触れている。

拝呈。秋冷の候いかがお暮らしでございますか。お伺ひ申し上げます。当地も昨今は漸く冷気加はり、きわめてしのぎよく、おかげで読書三昧に耽つております。アンヂュリエのロバアト・バアンズ——例の二巻の大冊本を座右にして、英蘇の古民謡やチヨオサアのカンタベリ物語など、耽読しております。実はチヨオサアなど、中世英語のテクストなかなかむづかしいため、ルグイの仏訳本をたえず参照して、殆ど大半読み終りました。大戦後の現代英文学とか申すしろものはあまりよみもしないので、大したこともいへませんが、目下のやうな境遇にある少生《（ママ）》には、かへつて十四世紀の古典の方がはるかに面白く、簡潔清素なところなかなか新味に富、飽かず、よまれるのが愉快であります。かつて此古詩人のものを読破しようとして、いくたびか挫折したのでありますが、此頃は始めてチョーサーを味はふところまでこぎつけたかと思ふと、甚だ愉快にたへません。

（前略）それから中央公論の世界文芸大辞典でありますが、バルダンスペルヂェやテクストなどといふ比較文学 F・Baldensperger 方面の大家（J・Texte）は一項目になつてゐるでせうか。さういふものも洩らさないやうに御注意ねがひ上げます。（後略）

（平一四・七、飯田市美術博物館発行
『日夏耿之介宛書簡集』所載）

この時から数ヶ月後（昭和一一年二月一八日午後。春光うららかなる好天の日）、阿佐ヶ谷草堂で、主（詩人）と客（歌人）の対談があった。主客対談のかたちで表現した詩人の見解が「神経文學叢談」と題して『書物展望』第六巻第四号（昭一一・四）に掲載されたのは四月、幾日か後にこれを読んだときの思いを「日夏先生が私のことを書いてくれた。うれしかった」と、後年語ったことがある。特にその頃打込んでいた研究に触れてくれたからである。それは次のような言葉であった。

フランス派英文學研究は、この頃島田君が熱心に査べてゐるが、エスプリをキャッチする天稟の敏感性は鈍重の英人がとてもおよばないところだな。あれが文學史制作の過程の上にも歴然と顕れてゐるから面白い。

後年、この当時を振り返って書いた「台北における草創期の比較文学研究」（前出）には、研究に没頭する姿勢を語って余すところがないが、とりわけ、「比較文学」執筆に触れた部分は印象的である。

（前略）学界の大勢の中に、どうやらわたくしも少しづつ認められた。昭和十年代の中央公論社が全力をあげて当っていた『世界文藝大辞典』第五巻の項目『比較文学』の執筆を依頼されたことで、その証が立つだろう。あの時は、ほんとうにうれしかった。この学びの道にはいった甲斐があると手放しで喜んだ。（後略）

「本格的な研究に入るために、大学で学んだもの、ノート類をすべて焼却して、一旦は師を捨てた」と言っているように、大学の講義に専念しながら、「フランス派英文学」に没頭した。母校東北帝大の『試論』や『新試論』、『英語研究』等に掲載された「Louis Cazamian 研究」「マラルメと英語英文学」「ポオとマラルメ（T・S・エリオット原作）」「フローリス・ドラットル教授のこと」「現代佛蘭西の英文學研究——學派と學風」「Poe と Mallarme」「比較文學講座」等の一連の執筆は画期的、先駆的な業績であった。恩師土居光知が、執筆を周旋（最初はマラルメか象徴詩という題がよいと考えて話を進めたが、これは或る仏文学者の方にまわった）して公刊された、岩波講座「世界文學」［近代作家論］の「ポウ」もその一つである。これらの業績が、島田の「学界への新星出現」を印象づけることになった。昭和八（一九三三）年、三二歳である。

上田敏研究

大学では、主任の矢野に学ぶことは多い。話は面白くしみじみとしている。特に詩人イエーツとの会見の様子などについては何日もかけて話を聴いた。著述はことごとく読んでいるので、直に聴く話がよくわかった。少し経ってからだが、たっぷりと「文學界」や「明星」時代の上田敏の話をしながら、米沢時代の辻村鑑との話を思い出していた。すでに京都時代に、矢野は上田敏に親炙していた辻村には親交があったのである。そして、矢野と上田敏の話をすればするほど、思い起こすのは、少年の日に、『耶蘇』（明三二・三、博文館）を読んだこと、外国語學校時代には象徴詩に興味を持つようになり、上田訳のマラルメの詩を耽読し、後年西條八十が主宰する雑誌（昭二二・二『蠟人形』）に寄稿されるような話（日夏耿之介著「上田敏のこと」）

上田敏さんは、新しい文人といふ感じの人、新しい學究といふ種類の人で、英語英文學に明るく、佛蘭西語にも通じ、伊太利亞語獨逸語をも讀み、希臘語拉甸語にもわたつてゐた篤學者。文學語學雙方に十分十二分に通じ、詩を好み小説批評にも長じて居り、傳説や民謡や音樂にも深い興味以上の興味を有してゐた。また氣持のこまやかな卓れた鑑賞家であり、味利きであつた。代表的譯詩書『海潮音』は名譯集で、あらゆる詩人文人がこの一冊の中から無限の感化を受けたその功

上田敏
（明治36年２月20日）
歐州観光の途に上る禿木兄と日本橋の一旗亭に酌みて小照を呈すと裏面に墨書

績は夥しいものがあつた。

を、著者日夏耿之介から引き込まれるように聴いて、語る人、語られる人に憧れたことは片時も忘れない。

東北帝大在学中には、阿部次郎がダンテの『神曲』の話をするとき上田敏のことを話してくれた。岡崎義恵も象徴詩を講じて何回も上田敏のことにふれた。島田が独自の勉強をつづけて、上田敏を極めようと考えるようになる発端は、さかのぼれば外国語學校時代から、米沢、仙台時代にあったと言えるのである。フランス派英文学の研究と並行して、明治期の日本人が、西洋文学をいかに受け入れたかという観点に着目して、上田敏の研究に打ち込んで「上田敏の英文學観」（日本英文學會の機関誌『英文學研究』）を書いたのは、昭和九（一九三四）年四月である。翌月には、「上田敏の『海潮音』——文學史的研究」（『臺北帝國大學文政學部文學科研究年報第一輯』）を発表して「力作と称すべき」（昭一〇・一・一、『英語青年』第七二巻第七号）と注目され、『試論』（昭一〇・三、仙臺英語英文學會）には次のように紹介されている。

我國の文學界において再吟味といふことが行はれ出したのは最近の著しい出来事であつた。そしてそれが表面へ出た限りに於いては多く大陸の文學についてゞあつた。かかる時に當つて島田氏が明治に於ける外國文學移植事業の大きな足跡である「海潮音」の研究を発表されたのは極めて意義深い。すでに多くの刊行物やその他の機關を通じてなされたこの研究の紹介に敢てこゝに贅言を付するのは全く如上の理由に外ならない。氏は先に「上田敏の英文學観」（『英文學研究』第一四巻第二号）を公にされたが、「海潮音」研究は氏の上田敏研究に於ける當然な順路であるらしい。

序　西洋文學に対する上田敏の研究と譯業と……
一、『海潮音』の出現に至る譯者の心境と環境と
二、『海潮音』の制作年次と材源と
三、『海潮音』中の詩派と作品とに對する解釋の検討
四、『海潮音』の譯述法に關する諸問題
五、『海潮音』の及ぼした影響の考察
附註

著者はこの譯詩を年代順に考察して譯者が佛蘭西近代詩に

傾いて行ってそこに力をそそぐに至った經路を明らかにしている。（中略）また譯者の呼吸は高踏派の詩人の呼吸とぴったり合してゐる點をあげ、「海潮音」を單なる象徴派の紹介書とするが如き一面觀に賛せられないなどは注目すべきである。このことの實證は精緻な觀察と鑑賞とを以て譯詩と原典とを比較し一々功罪をあげてゐるところにみられる。（中略）

この研究を通じて感じられることは島田氏の該博なる文學的知識と豊かな藝術的感性とである。氏は西歐の文學及國文學に對する造詣を以て明治文壇の巨匠の業績を吾々の前にくりひろげてくれた。氏にして初めて可能であると思はせる多くの部分がある。譯述法及後代への影響の考察については氏自身憾みを殘して居られるが、譯者の足跡を丹念に追求し総合的な觀點から「海潮音」の出現と存在と影響とを明らかにされたのは、氏の文學史の方法を物語ってゐて興味深いものがある。文學史の方法論については區々の説が族生して拠るところを知らない現状である。それは理論を樹立するに汲々として史的事實の吟味を顧みないためであらうか。島田氏は自國の過去の文學的所産をとらへ來つて具體的な文學史の方法を示された。なほこれは單なる理論づくめの研究ではない、平たく言へば「讀み易く面白い」研究である。讀者の興味を喚り啓發しながら知らず識らず結論へつれてゆくところにその特色がある。ついて讀まれることを切望する。（匿名　B・M・）

『ヘリック』

フランス派英文学研究やポオやマラルメの研究を寄稿して学界の注目を引くようになると、またも恩師の土居は、研究社が計画している「英米文學評傳叢書」のために、会社の希望でと云ってトーマス・グレイの執筆をすすめてくれた。心づもりをして執筆にとりかかったのであるが、結果は GRAY は福原麟太郎が執筆することになり、島田は HERRICK を執筆した。

『ヘリック』（昭九・一〇、研究社）は、最初の単行書であり、奇しくも、これは、打ち込んで研究している敬愛してやまぬ上田敏の最初の単行書『耶蘇』の朗々たる文体を範として著したものである。「ヘリック参考文献」として、上田の朋友平田禿木にふれ、「我が國の文人中ヘリックを味賞しつくした觀あるのは平田禿木先生である。一九〇三年來愛讀されてゐることは既出の先生のあらゆる著書に徴して明らかであらう。ソルボンヌのルグイ教授がヘリックの美しい譯章を佛蘭西の讀書界に贈つたやうに、先生の麗筆が此の詩匠の上に加へられるのを待望してゐるものは、ひとり此の小評傳の著者のみではないと思ふ」と敬意を示した。この書は、『英語青年』や『試論』で取上げられて広く注目された。

島田氏はこの評傳で、彼の作品を周到吟味し、個々の作品をまず社交詩、田園詩、思想詩に分類して、この作家のおぼろげな傳記を補ふためにも一層努力して、内容的特質と世代的特質とを闡明してかつそれを比較し、價値づけてゐる。そして更に表現様式の考察に到つてはヘリック集の文體・調律・配列等の諸問題に觸れた精緻な檢討が試みられてゐる。(中略)島田氏のこの評傳のこころみについての特色は、普通の(たとへば屢々*English men of Letters*にみるやうな)傳記的事實の叙述に主點を置いたのとは異なつてむしろ作品を主體にして、それに含まれる種々の内的特質問題を把へて、これら横と縦との線に沿うて比較考察をこころみて、ヘリック自身を明瞭にした點であらう。著者はその方法を主としてリール學派のドラットル教授に負うてゐる、といつてゐるが、その出來榮えからいつてもこの小著は注目すべきものである。(T・A・)

(昭一〇・七・一五『英語青年』第七三巻八号「新刊書架」)

一人の作家または詩人の全貌を僅か百三四十頁の小冊子の中に髣髴たらしめ、しかも單なる作品の梗概や生涯の説述に陥らず、よくその藝術、或は思想の核心に觸れて入門者に對してはよき手引きとなると同時に他の研究者をも啓發する様な何かを持つといふことは非常に難しいことであらう。然し乍ら、これが達成せられることによつて始めてこの様な文學評傳書が存立の意義を發揮し、又大著に向つても、それはそれとしての存在の理由を主張し得る様に思はれる。かゝる目的を實現せんがためには、集めた參考文献からの博引旁證を以て他説を多く述べ、その結果著者の見解を失つて了ふことは警戒しなければならないであらう。と云つても、著者の個性を全面に出す主觀主義的論述もこの様な評傳の性質から見れば、ふさはしからぬところである。

こゝに置かれた島田氏の「ヘリック」はこの両側の迷路に踏み込まずしてよく評傳としての使命を果してゐるといふべきであらう。即ち本書に於て作品と傳記によつて詩人ヘリックの風貌が出來るだけ忠實に傳へられるとともにその背後には著者の詩に対するこまやかな鑑賞的態度が窺はれることは喜ばしいことである。(後略)

(昭一〇・三『試論』匿名T・Y・)

二　研究への専念

内地への想い

この時より二年前の昭和八年、台湾に渡って五年目の春、二つの朗報が島田を喜ばせた。一つは先に述べた『世界文芸大辞典』への執筆の話であり、もう一つは、台湾に赴任する時に恩師から言われた「五年辛抱すれば、内地でしかるべき位置が用意される」という言葉が具体化する高等学校への推挽の話であった。片時も忘れることのなかった内地帰還の話で、具体的には、第二高等學校校長玉蟲一郎一が、教授に迎えたいということであった。時々基隆港の岸壁に立って内地に帰りたいと何度も思い、「一刻も早く内地へ帰還せんことのみ指折りかぞえつつ待つていたが、在臺五年の折その機会に恵まれたけれど」

(昭一五・一『臺灣時報』二四一所載「臺灣の文學的過去に就て」)

と記した通りであり、恩師との間で何回も書簡が交わされ、一度は受諾の意向を伝えたのであったが、熟慮してやがて、苦渋の決断をしたのは、仙台行きを諦めるということであった。「その時庶境に入りかけていた専攻の學問をまとめたいと思ふあまりに、この地に暫く腰をおちつけることにした」（前出「臺灣の文學的過去に就て」）のである。内地への帰還を断念して、郷愁の想いを胸深く納めた。阿部次郎や土居光知に会わなければならない、玉蟲校長にも詫びねばならないと考えて、賜暇休暇でもないのに、遠路をおして仙台に向ったのは十月半ば近くである。こうせざるを得なかったのは、阿部次郎が日記（昭三七・一一『阿部次郎全集』第一四巻所載、角川書店）に、

矢野禾積の家族と
『筏かづらの家』所載

「三月二十七日（土）夜土居君相談に来る（島田の件）、六月三十日（土）　島田謹（禮状及諫言）」と記したことと関係があるのであろう。その後のことでも島田に触れた記録は、阿部と木下杢太郎の日記にも、また月日の差はあるが、土居光知の書簡にも見ることができる。

十月十八日（水）　臺灣の島田（謹）のための會食、十一時となる。
十九日（木）　午前學校、島田謹二と中食　二時頃歸宅
（前出「阿部次郎日記」）

十月十八日（水）　熱気あり。島田君歡迎の會（向山）に招かれたれど斷る。
十九日（木）　雨、夕四時ごろ島田謹二君訪ね來る。雨ゆゑ小宮の家まで自動車にて送りて歸宅す。
（昭五五・三『木下杢太郎全集』第三巻「日記」岩波書店）

昭和九年四月四日
島田君のことはとんだお騒がせを貴学部に与えてすみませんでした。初め第二高校長が島田氏を採用したいと言ふので島田君にその意を通じましたが、一度は仙台へ赴任せられる気になられたもの丶、只今の勉強のできる位置を去るにしのびざるもの丶如く、高等学校はあまり好まれないやうでしたので、私もす丶め兼ねて、二高校長にすまない思ひをしまし

たが、遂に断りました。

（前出『土居光知　工藤好美宛書簡集』）

台湾に留まることにしたのは、「庶境に入りかけていた専攻の学問（大きくいえば、「比較文学」）」を目指したためであった。

どうして比較文学をめざしたのか？　二つの理由が考えられる。一つは在来の学科区分――各国文学史的見地だけで満足していなかったこと、もう一つは、その頃の西洋を風靡《ふうび》していたフランス派比較文学の波動をしたたか受けたということ。ふりかえってみれば、あの時点ではああなるのが私の宿命であったらしい。

（昭四五・七・三『読賣新聞』所載「比較文学と私」）

大学生のころの日本のアカデミー内の実情からはなれて、外地の大学に勤務したありがたさを思ったためでもあった。「比較文学と私」（前出）の小見出し「自由だった外地の大学」に、自問自答のようなかたちで書いている。

創立まもないころで、どんなやり方をとり、どんな研究をしていても、とがめる人はなかった。いわば上下関係がやかましく束縛されている本店勤務でなかったことが救いの神となったのだろうか？　英仏両語をあわせ教えるべき地位を与えられていたからか？　外地の大学だから研究費もたっぷり与えられて、新しい学術雑誌は数多く備えられ、ゆうゆうと研究できたからか？　時間がありあまるから、国文学研究室に出入し、そのころめずらしかった明治の雑誌をよみぬくことが出来たからか？　気がついてみると、ヨーロッパのいくつかの文学を修めていた。そこから波動を受けた日本の現代文学もわかるようになっていた。台北大学に十五年勤務していた間に、私の学問的青春は、無自覚裡（り）に、比較文学者としての教養をいつのまにか備えもちつつあったらしい。

アラン・デル・レー（一）

さまざまの出会いがある。西洋文学講座主任の矢野禾積との出会いについてはすでに述べた。肝胆相照らして語り、生涯に亘って親交を続け、兄事して常に礼を尽くしている。矢野はまたとない理解者である。台湾に赴任して一年、親しく交友する人物が現れた。アラン・デル・レー（一八八二―一九七四）である。矢野とデル・レーとの出会いは不思議である。大正一五（一九二六）年三月、矢野は、大学創設準備在外研究員として、台湾総督府より英国留学を命ぜられて、ロンドン到着から二ヶ月後、オックスフォードでの生活を送っていた。そして、この地を去ろうとしている晩秋のある日、一人の青年が矢野のために茶の会を開いてくれたのである。この時、この青年は、「日本で自分が最も見たいと思っているのは Formosa である」と語った。矢野はこのことを忘れない。青年の名は、オックスフォード・キングスカレッジを卒業して、同大学のイタリア語

アラン・デル・レー
『英語青年』
（昭和38年12月）所載

教授となっているアラン・デル・レーであった。

奇しき縁の始まりは、昭和二（一九二七）年四月、デル・レーが、エドマンド・ブランデン（一八九六―一九七四）の後任として来日し、東京帝國大學文学部講師に就任したことである。矢野は、二年の留学予定をきり上げて、昭和三年三月に帰国し、臺北帝國大學教授に任じ、西洋文学講座担当を命ぜられた。新しい講座には新しい人材が必要であると、外国人教師の適任者を物色中であった大学は、三年の任期満了となるデル・レーを招聘することに決めたのである。総長幣原坦（一八七〇―一九五三）の要望は、「内地では英文学講座と呼ばれているものも、特に西洋文学講座と呼ぶことになっているから、一つ新しい特色のあるものにしてほしい。英語の力をつけること以外別に注文はない、他は自由に」ということであった。デル・レーは来日して三年後、最も見たいと切望していた土地への着任が実現し、矢野との再会を喜び、矢野の支援を受けつつ、以後一三年間の台北での生活を始めるのである。デル・レーは、島田より一年遅れての着任ながら、矢野同様に、島田の学問と文芸のためには、さまざまの点で影響の大きい存在となるが、しばらくはこれといった交友がないままに過ぎた。島田は、はじめ、デル・レーの閲歴に圧倒された感じを抱いたためか、穏やかな人柄に好意を抱きながらも親しめず、苦渋に満ちた四年の月日を送った後に、彼に接近したと語るのである。

当時の私は、長いこと抑圧されていた何かをはねのけて、少しずつ暗い穴からはい出しかけていたような気持であった。もっとはっきりいうと、性に合わぬ観念と思弁との重荷を鎧のように着こむことを学問だと錯覚するおろかさから、少しずつ逃れはじめていた。それは、直感的なしかも明暢透徹なフランス風の研究を知ることによって、「英文学」を胸おどらせて学ぶに価する生涯の仕事と考えかけた時期と呼応する。それを生活的に写象すれば、フランスの anglicisants たちの仕事を熱狂的に次から次へとむさぼり読んでいたのだから、イタリアとイギリスとを結びつけて、ルネッサンスを中心とするデル・レー氏特有の世界へはおいそれと手が届かなかったのである。

（昭四八・一一『英語青年』第一一〇巻第八号所載
「デル・レー氏追憶」）

アラン・デル・レー（二）

島田は、デル・レーが、「ジョーヴァンニ・フロリオの英語」に関する小文を『英語研究』に寄稿した頃から親しくなり、いつの間にか同じ領域を歩む研究者として肝胆相照らす仲となった。島田も、「ジョン・フロリオの英語」について五回『英語研究』（昭九・八～一二）に寄稿し、彼が専門とするルネッサンス文学を学ぶと同時に、彼の散文小品をしみじみと味わうまでになった。やがて、ローマ都城を背景に、イギリス詩人シェレーを誦ずる風雅なサロンの面白さを描いた文章を「松の木の都」と題して翻訳し、西川満の雑誌『媽祖』（昭一一・六）に載せた。夕星のあらわれそめる空の下のパリの学校街で、最近の宇宙観や学問論に打ち興ずる二人の教授の対話を伝えるポール・アザールの小品を愛読していて、「星下の対話」と題して『臺大文學』に載せたのも同じ月である。交友が深まるにつれて、島田は自分一人彼を知るに満足せず、デル・レーが「詩・四編」を『臺大文學』（昭一一・一〇）に掲げたのを機に、デル・レーの「略歴と近況」を紹介したのは親交のあらわれであった。本人から聞き書きしてまとめた経歴は以下の通りである。

作者は Arundell del Re、氏は一八九二年一月十九日、Italia 王國陸軍大尉 Pietro del Re 氏と Ireland Kilcolman 出身の Bertha Fremoult Hill 嬢とを父母に仰いで、Italia 國 Firenze 府に生れ、初等中等教育をこの南歐の美郷で送った後、詩文に志し、青春のはじめ、詩人 Harold Monro の知をえて渡英、London 大學 University College に學んだ。大戰中は、Italian Grenadier Guards の一員として從軍（一九一六）し、また London 駐剳 Italia 王國大使館附陸軍武官として活躍、その間一九一七年には B.A.、一九二〇年には M.A. の學位を領し、翌年には Oxford, Belliol College で重ねて M.A. の學位を亨けた。

氏は London 大學卒業の年より一九二七年まで Oxford 大學 Belliol College の Italia 語講師として在任、かたはら翌年からは母校の King's College で Italia 語と英伊比較文學とを講じ、一九二三年からは Oxford Faculty of Economics, Politics and Philosophy の講師を兼ねるなど、彼地の大學教育に從つてゐたが、一九二七年四月東京帝國大學文學部より英文學教授として招かれ、一九三〇年七月に至つて臺北帝國大學教授に轉じ、爾来わが大學のために西歐文化の傳統に參ずること深きその豊かなる蘊蓄を傾けてゐる。

氏ははじめ詩人として立つた。Tagore 作 *Gitanjali* の最初の伊譯詩集（Carabba, Lanciano, 1912）がその処女作で、渡英後は Monro を助けて *Poetry Review Poetry and Drama* の編輯 "Poetry Bookshop" の經営（1912-1913）とに當り、Georgian Poetry の黄金時代を導く大業を果し、"Oxford Magazine" の編輯（1926-1927）にも携つた。その創作詩はまだ單行書に纏められてゐない。

氏はまた散文小品の名手で、*"Homecoming" "Elyane" "Distant Country"* などの諸章は De Quincy, Pater, Henry James, D'Annunzio, Barrès, Gide 等の流れを汲む幽趣微韻たぐひなき美しさに充ちてゐる。

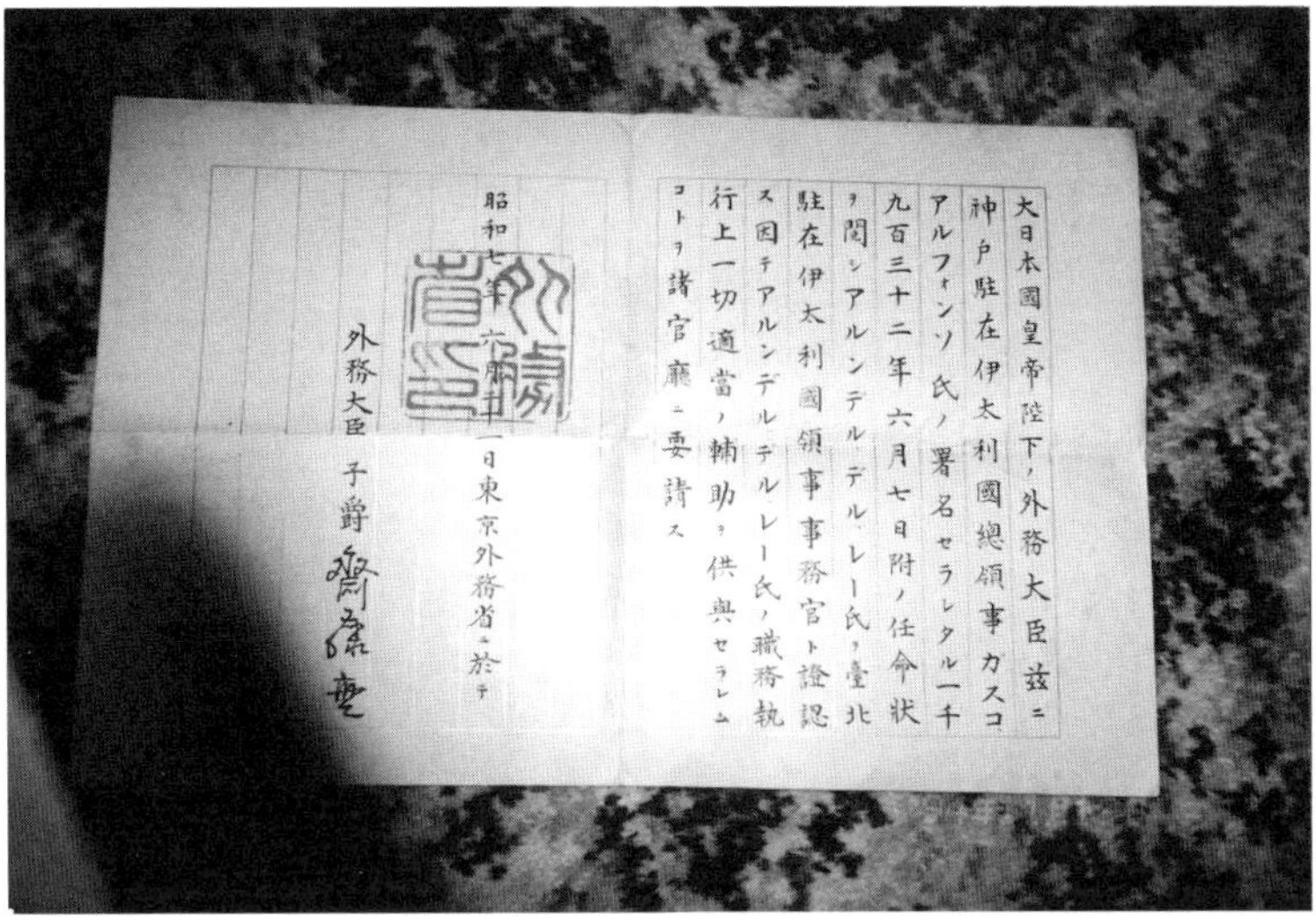
大日本國皇帝陛下ノ外務大臣茲ニ
神戸駐在伊太利國總領事カスコ
アルフォンソ氏ノ署名セラレタル一千
九百三十二年六月七日附ノ任命状
ヲ閲シアルンテルデルレー氏ヲ臺北
駐在伊太利國領事事務官ト證認
ス因テアルンデルテルレー氏ノ職務執
行上一切適當ノ輔助ヲ供與セラレム
コトヲ諸官廳ニ要請ス

昭和七年六月廿一日東京外務省ニ於テ

外務大臣 子爵 齋藤實

臺北駐在伊太利國領事任命状
（昭和6年6月7日）

學匠としての氏は、一代の碩學 W. P. Ker の門であるから、學風はおのづと中世及近世初期の英伊比較文學に向つて行つた。加ふるに博學な humanist として Hellas, Roma の古典文學及英佛伊現代文學の造詣あることはいふまでもない。著者は The Greek Genius 以下の研究をおさめた *The Secret Of the Renaissance*（1930）が主著であるが、今夏公にした *Florio's First Fruits*（2 vols. 1936）は近時擡頭しつつある Florio 學への劃期的な貢献で、比較文學者としての氏の特色を最も鮮やかに示しゐる。なほ Arrigo Solmi の史書 *The Making of Modern Italy*（1925）の序言、*Encyclopaedia Britannica*（XIII th. Ed. 1926）所収近世 Italia 文學論、*Contemporary Movements in Europian Literature*（1928）所収現代 Italia 文學論、乃至 Golden Cockerel Press の文藝顧問（1926-27）として、そこから飜刻させた *Coventry's Pompey the Little*（1926）と *Chaucer's Troilus and Criseyde*（1927）との巻頭を飾れる研究などは併せ讀まるべきものである。詩宗 Bridges の *Testament of Beauty* に對する詳註も近く公にされる筈と聞いてゐる。（1936. 9. 14. 松風子。）

これ以後も、『臺大文學』に掲載されるデル・レーの著述に親しみ、精読して意見を交わし、英仏伊の学芸に参入する大きな手がかりを得た。ダンテの『神曲』やダヌンチオの『死の勝利』をこれまで以上に深く味わうようになったのはこのころである。ダヌンチオの「燕の歌」の研究を、北原白秋が主宰する

『多磨』（昭一三・四〜六）に連載し、デル・レーのダヌンチオの追憶「ベネチアの一夜」の訳註を『英語青年』（第七九巻第七号）に載せたのは七月である。

『のつて・ゔえねちあな』

「ベネチアの夜」は、フィレンツェ生れの文学少年として、憧れの詩人であったダヌンチオを語って、この文人が大戦を境にそのまま武人に転じ、航空機に乗って敵地の奥深く侵入し、イタリア人の心意気を伝えようとした壮挙を描いたもので、島田は、南欧風な「生の芸術」を満喫し、胸を打たれたことから、これを翻訳した。これはすぐに *NOTTE・VENEZIANA*（『のつて・ゔえねちあな』）として、西川満の装丁、宮田彌太朗の装畫で、胡粉手摺り模様の極めて薄い和紙を土佐の水色仙花に貼って、見返しにし、扉は半襟の型紙を使って合羽摺りにした。七五部の限定出版である。

島田は、英仏伊の文学をつらぬき流れる「芸術的散文」の実存に目を開かれてきたから、ド・キンシーの声楽やモリス・バレスの律動を素晴しいと思い、その系列がこの種の小品の源流にあるのを実感したことも、この小冊子を訳出する志向を促したらしい、と語っている。この *NOTTE・VENEZIANA* を、同じ心理を体験した佐藤春夫が愛読して、自らの『戦線詩集』（昭一四・二、新潮社）のエピタフに文中の一節をぬいてくれた。デル・レーにそのことを伝えたのは、昭和一三年の暮れであったか、一四年の新年早々であったか、彼が感激の眼差しを示したことを島田は忘れない。デル・レーのことをもう少し続けたい。

昭和一五年四月、島田は臺北高等學校教授（「任臺灣総督府臺北高等學校教授、現地ニ在リテ任官、同日着任。叙高等官五等内閣　七級俸下賜　臺灣総督府」）に就任し、臺北帝大講師兼務となった。四年前に出講していたデル・レーとは、またしても同僚となり、親密度は増すばかり、文字通り家族ぐるみのつき合いとなった。各家庭に招き招かれて家庭料理を楽しみ、時にはドライブを楽しんだりした。デル・レーは、日・独・伊三国同盟の結成直後、イタリア領事を兼務して忙しく、交流は徐々に少なくなってはきても、一度集えば快心の交わりは変わらない。臺北高等學校においては、正規の授業の他に学生たちの要望を入れて、島田は、報国校友会の事業の一環として、西洋文化が如何なる特徴を持ち、それが世界文化の中でどういう位置を占めているか、これらの諸問題を理解し、批評することによって、日本文化の建設に寄与しようとする学生の養成を図ることを目指し、課外に「西洋文化研究會」（後述）を主宰した。第四回の課外講義（昭一六・五・三〇）は、二人による「西洋の詩歌」についてであった。この時の二人の講義については、当時の学生の報告を後で記す。

数年後、島田が香港に出張している間に、状況が変わってデル・レーは、昭和一八年から日本の敗戦まで、奥羽地方の拘置所に家族と共に幽閉され、互いの消息は途絶えた。島田は、香港大學図書館管理のために出向中に敗戦、赤柱（スタンレー）

『のつて・ゔえねちあな』カバー表紙（右側）と本表紙（左側）

半島の英軍集中営に収容されて離ればなれの境涯になり、互いの消息はわからない。しかし、デル・レーは、終戦後の九月から六年間、連合軍総司令部（ＧＨＱ）教育顧問として勤務、昭和二六年四月には南山大学英文科の主任教授に迎えられ、三年間をここで過すが、病を得て療養のため二人の娘がいるオーストラリアに移住した。病気回復後は、ニュージーランドのヴィクトリア大学で教えたが、その後メルボルンに帰り、昭和四九年七月二〇日八二歳で死去した。消息が途絶えたまま訃報を聞くことになった。この二年前、島田はデル・レーゆかりの南山大学で講演したことがある。日本英文学会の特別講演を依頼されて「芥川龍之介と英文学」を語り、翌日には、新宮方面に向い、佐藤春夫の世界を歩いた。紀伊勝浦の一夜の宿りの時、春夫の「わが従軍記」や「従軍詩集」を語り、詩文集『戦線詩集』に、前述したデル・レーの『のつて・ゔえねちあな』からエピタフに一節をひいたことなどに関わる話をした。殊更にデル・レーと過した台北時代を思い出していた模様で、寝つけぬままに語ったのは、ダヌンチオ、佐藤春夫、デル・レーと自分に共通する文人・詩人・学者・武人というおもいである。武人に転じたダヌンチオ、従軍海軍班の一員として上海に赴いた佐藤春夫、イギリス帝国戦時局に出仕して陸軍少尉だったデル・レー、そして、自らは台北高等学校教授の任にありながら、陸軍司政官として香港に赴いたことで、エピタフに採られた章句の深い理解がつながるのであった。

戦争は決して、その頃或人人が洩らしたやうに、繊弱な耽美主義者のための新らしい興奮ではなかつた。あらゆる詩人の究極理想――「生」を最高の「藝術」に變へうる術《すべ》――は、戦争によつてこそ果しうる。それをダヌンチオははつきりと知つてゐたのである。

（昭一三・九『のつて・ゔぇねちあな』アラン・デル・レー作　島田謹二譯　日孝山房）

西川満

矢野禾積と同じように、島田が台湾時代から親交を続けたのは、詩人・小説家、独特の限定本を造ることで聞えた西川満（一九〇八―一九九九）である。島田の仕事を評価し、常に盛り立てて親炙し続けた人である。西川は、明治四一年二月一二日の生れであるから、島田よりは七歳若い。会津若松市に生れ、三歳の時一家は台湾に渡ったので、小学校、中学校時代は台北で過し、大正一四年四月、早稲田大學文学部仏文科に入学した。吉江喬松（一八八〇―一九四〇）、西條八十（一八九二―一九七〇）、山内義雄（一八九四―一九七三）を慕っての進学であった。大学卒業に当り、東京で就職するか、台湾に帰るか、大きな選択に直面したとき、南仏プロバンスの独特の地方文学に注目していた恩師吉江教授から、台湾に帰ることを勧められ、台湾での独自の文学開拓への霊感を与えられて帰台を決意した。「島田謹二」の名を知ったのは、山内義雄教授が「台北帝大には、矢野禾積、島田謹二両先生がいる。君の琴線にふれる方たちだと思う」と言って紹介状を書いてくれたときである。就職難の時代であったから、着台後、しばらくの間は仕事を探すうちに日は過ぎて、島田を台北市福住町四十番地に訪ねたのは歳末であった。西川との会見の印象は次のように記されている。

臺北に住むやうになつてから、どれくらゐ經ったときであらう？　何でも或る歳末か年始のことで、ひどく寒い日であつた。ふだんは内地と違つて冬でも火鉢を入れぬのに、その日はとても我慢できぬくらゐ火氣のない部屋のさむさが身に泌みわたる日であつた。自分は突然西川満君の来訪によつて驚かされた。同君にとつては恩師にあたる山内義雄さんから紹介されたのださうである。きけば、「椎の木」の同人で、ランボーを専攻されたとか。その時の話は、共通の知人のこと、早稲田学園のこと、仏蘭西文學のこと、詩歌のことなどに終始したやうに思ふ。初對面のため双方で遠慮してゐたせゐか、それともその日の寒々とした空氣が何か妨げてゐたせゐか、自分はこの若い詩人から或る冷え冷えとした印象を與えられたのである。自分は矢野博士と此ひとのことを噂しあつた。

その次にお目にかかつた時、同君はもう臺日の學芸部を擔任してゐた。その直後、「愛書會」の集會から、自分は急に同君に對して好意を持ち始めるやうになつた。それは純粋な藝術への愛に於てひそかに共通してゐることを感じたからである。（後略）

（昭一三・三、『媽祖』第三巻第四号「回想」）

昭和八（一九三三）年一二月、島田を訪ねてから、大学にもしばしば顔を出し、自然に、矢野や島田がメンバーとなっている「臺灣愛書會」にも出るようになり、愛書家であることが機縁で、台湾日々新報社に入社、学芸部の記者となった。社長の河村徹の面晤を得て抜擢され、ほとんど命令に近い指名によって、「愛書會」の機関誌『愛書』第二輯（昭九・八）からの編輯作業に参加し、その発行人となった。奥付を見ると、編輯兼発行者西川満、印刷所臺灣日日新報社、編輯所臺灣愛書會編輯部（臺北帝大圖書館内）、発行所臺灣愛書會（臺灣総督府圖書館内）となっている。二人は、「愛書會」での出会いから交友が深くなり、西川が、媽祖書房を設立（昭九・九）するに当っては矢野と共に助力し、文芸誌『媽祖』（一〇月創刊）や『臺灣風土記』に寄稿して協力し、西川が、「臺灣詩人協會」（昭一四・一〇）を組織し、これを、一二月に「臺灣文藝協會」に改組して、やがて機関誌『文藝臺灣』（一五・一）を創刊すると、この雑誌に「外地文學研究の現状」を寄稿し、やがて「華麗島文學志」関連の論文等を盛んに執筆した。西川はまた、機会あるごとに「島田の仕事と人」について語り、業績についての讃美を書き続けた。台湾時代が終わりになる頃にはすでに離ればなれであり、終戦後内地に帰還してもしばらくは互いの消息がわからないままであったが、特に島田の方から再会を望んで実現、生涯にわたる親交が回復された。新宿駅東口近くの台湾料理店山珍居（黄玉火経営）が、しばしば集いの場となり、昭和三四年九月、店が西口方面十二社《そう》に移転するまでそこでの歓談は一〇年以上も続いた。

三　詩人・文人との交流

北原白秋

ある日、嬉しい報せが主任の矢野教授から告げられた。詩人北原白秋（本名隆吉、一八八五―一九四二）が台湾に来るというのである。白秋が台湾総督府文教局の要請を受けて、「臺灣歌謡」作曲及び全島各地で童謡に関する講演をするために訪台したのは、昭和九年七月である。白秋は、次のように書きのこしている。

六月二十八日、夜、東京駅を発った。臺灣総督府文教局社会課と臺灣教育會の招致に應じたのである。主として内臺融和と國語普及の精神とを、歌謡を以て宣布し達成しようとするのがその意圖であった。私は勇躍した。かねての華麗島巡歴の希望が實現することについて、時にとっての幸であった。因に文教局長安武直夫氏は同郷人であり、弟鐵雄の親友であった。

二十九日、私の乘った蓬莱丸は神戸港を出帆した。越えて八月十日に今度は高千穂丸が同じ航路を基隆港から逆に私を送り還してくれた。この間に私が歴遊した個所は、基港、臺北、草山、林投、淡水、新竹、臺中、彰化、埔里、日月潭、……随伴者としては文教局嘱託の歌友柴山武矩君が始終よく盡くしてくれた。臺北帝大の矢野峰人、島田謹二両君並びにその大學の各教授たち、各地の文藝愛好家、市尹、視學、校長、警察官、諸氏との交歡も甚深なものを私に與へた。至れり盡くせりの歡待であった。私は後に、臺灣青年の歌、臺灣少年行進曲、林投節を作して酬いた。

（昭一〇・八『全貌第三輯』所載「消息片鱗」）

島田は、少年時代から、その詩を愛読し、憧れをいだき続けていた詩人を迎えて、矢野教授と共に接待役をつとめることになった。七月五日には、台北在住の詩歌人連合の大歓迎会を大稲埕の江山楼で催し、閉会が一〇時になるというのに、二次会に白秋を誘って、日本亭竹之舎で歓談した。宴会からの帰途、タクシーに同乗した矢野に向って、白秋は「台湾に来て、島田君、西川君の二人の才人を発見したのは非常に嬉しい。島田君には若き日の上田敏の面影がありますね」（昭三五・一二『華麗島風物詩』所載、矢野峰人著「台湾における北原白秋」）と言った。昭和九年五月に公にした「上田敏の『海潮音』――文學史的研究」を、会見して間もなく島田は白秋詩宗に献じていた。上田敏を師と仰ぐ白秋は、矢野に向って、この時とばかりに若き日の思い出を語り、島田の文体や言動、かすかな表情に旧師との相似性を見出していたのであろう。

西川満は、『臺灣日日新報』（七・二〇）文藝欄を「白秋特輯號」として、矢野の「詩宗敬迎」、島田の「文藝批評家としての北原白秋氏」を、自らは「麗日他二篇――北原白秋氏に捧ぐ」を掲げて、詩人への賛辞で紙面を飾った。台湾各地を巡り、白秋が台北に戻って草山の客舎に落ち着いたのは七月二八日である。八月一日、矢野と島田は淡水見物に白秋を誘い、正午には、文教局招待の午餐会に臨み、午後には再び三人で新店に向い、碧潭に舟を浮かべて景観を愛でながら歓談した。二日は、鉄道ホテル談話室で、大学英文学科主催の「白秋氏にものを聴く會」を開き、三時間以上も聴きつ語りつして、夜は料亭梅屋敷に席を設けて白秋を慰労する宴を催した。七日には、島田が提案して植物園に白秋を案内し、写真師小山南夢に頼んで、白秋だけの写真と白秋を中央にした三人のもの二種を撮影した。白秋の離台が近づいて、いよいよ内地に帰る日の前夜、歌誌『相思樹』の同人が、柴山武矩宅で白秋を囲む語らいの時を持った。生憎島田は所用で出席できなかったので、白秋は、「島田君は秋成が好きだから、これを上げてください」と言って、矢野に一枚の色紙を託した。「さびしさに秋成の書よみさして庭に出でたり白菊の花」は、歌集『桐の花』（大二・一、東雲堂書店）で読んで諳んじているものであった。白秋の在台中、尋ねられるままに島田は、このごろ面白く読んだもの、早くから好きだったものについて話したとき、白秋を迎える数ヶ月前、佐藤春夫が書いた「上田秋成を語る」（昭九・八『新潮』所載）や「再び上田秋成を語る」（昭九・一〇『早稲田文學』所載）を読み、さらには、「あさましや漫筆――上田秋成の諸短編を論ず」（大一三・一一『世紀』所載）が面白かったことを語ったのであった。春夫はすでに白秋の「さびしさに……」を引用して、「あさましや漫筆」を書いていた。短い期間ではあったが、白秋と過した日々を思い、秋成と白秋と春夫と自分がどこかでつながっている気がして嬉しさがこみ上げてきたことを忘れない。八月一〇日、基隆港に白秋を見送った。

一別してからは、賜暇休暇で内地に帰った折に挨拶に参上するのがやっとで、しばらくは相会うことがなかったのであるが、四年後の秋、日本英文学会第一〇回大会で「藤村詩集と西洋文學」と題して発表するために上京した一〇月二六日夕刻、新訳書『のつて・ぢえねちあな』持参旁々、白秋の病気見舞いに世田谷成城の邸を訪問した。そして、最後の訪問となるのは、二年後の昭和一五年の夏であり、白秋への思いを深く語るのは、さらに三〇年近く経ってからである。

台北植物園にて
（昭和９年８月７日）
右から矢野峰人，北原白秋，
島田（市河十九）
『筏かづらの家』所載

著者は壮年の日に、詩人北原白秋を知った。おそらく同じ文芸の血筋をひいて、上田敏に対する敬愛の情をともにしていた親近感からか、あの詩人は暖かい親愛の情を著者に示してくれた。一九四〇年の頃、ある晩夏か初秋の一日、成城の自邸においてか、阿佐ヶ谷の新居においてか、今は場所の記憶もおぼろおぼろになったが、とにかく酒食を饗せられて、話がいろいろはずんだことがある。その時、微醺をおびた白秋は、急に著者の目をじっとみつめて、あなたはまだこれというしごとがないねえ、と語りかけた。著者はあの言葉を忘れない。とにかくハッとした。たしかにいくつかの未熟な学問的業績は出していたが、まだこれといって世に認められるほどの作品をおおやけにしてはいなかった。その懶惰をたしなめたのか？　軽く押えて、それとなく期待の情を裏に通わせたのか？　時はすぎゆく。奮起せよ、という激励の言葉であったのか？　今日追憶すると、何ともうけとれるあの言葉は、じつに感無量である。げに時は過ぎゆく！　著者は依然として呉下の旧阿蒙である。あの詩人の生前と同じように……。

まことに時は過ぎゆく！　しかし白秋のありし日の面影だけは、いまもなお眼前になつかしく揺曳する。この恩人にたいして著者は、あのあたたかい眷顧の情にむくいるべき何ものをも依然として持たないことを恥じる。

僅かにこの一巻のみが、同じように明治生れの九州男児をヒーローにしているという、はかない血のつながりだけを言訳にして、つたない本書を、今幽明境を異にする、世にもありがたきあの詩人の霊前に供えたいと思う。

白秋よ！　われを許せ！

島田は、東京大學を定年退官するに際して、教授の卒論として、『ロシヤにおける廣瀬武夫──武骨天使傳』（弘文堂）を世に送った。一年後には改訂版を出し、八年五ヶ月後に、決定版『ロシヤにおける広瀬武夫──武骨天使伝』（朝日新聞社）を公にした。この書の中タイトル、廣瀬のシベリヤ踏破時代の写真のあとに、詩人北原白秋氏に献ず、とある。この時「まえがき」に書いたのが、前記の「白秋への想い」である。白秋は、昭和一七年一一月二日、戦争が苛烈を極めるさなか、阿佐ヶ谷の住まいで五八歳の生涯を閉じた。白秋との縁はつづいて、戦後、島田が日本女子大学英文科の教壇に立つと、学生の中に白秋の長女篁子がいて驚かされ、次いで、長男の隆太郎が現れて、ながく交流がつづいた。詞華集のさきがけとして『近代抒情詩選　花さうび』を編纂した時に三篇の詩を収録して解説したことは前述した。雑誌の求めに応じては、「「片恋」評釈──有明詩想の流れ」（昭二三・一『藝林間歩』）を寄稿し、以後、「『桐の花』の一首──一つの読み方」（昭四五・六『短歌』第一七巻第六号）、「わが愛する歌──白秋の「雪の上野」」（昭四七・六・二四『読売新聞』夕刊）、「あかしやの金と赤──わが青春のものがたり」（昭五二・八『アンドロメダ』第九六号）、「白秋作「露台」をよむ」（昭六〇・五『白秋全集』第三巻月報六）を書き、白秋詩宗に対する詩恩を語り続けた。

福原麟太郎

英語雑誌『英語青年』の編集に福原麟太郎（一八九四─一九八一）が関わりはじめたのは、大正七（一九一八）年春である。東京高等師範學校英語科を卒業すると、福原はいったん研究科に残ったが、一〇月から静岡中學校の教諭となり、六ヶ月在職して研究科に戻った。その時、喜安璡太郎（一八七六─一九五五）が主宰する『英語青年』の編集を手伝うことになった。大正九年三月、東京高師の研究科を卒業して助教授になり、昭和四年五月、文部省在外研究員として英国へ留学を命じられた。五月末、神戸港を出帆するとき、船中で読む書物と一緒に、刊行されたばかりの『英語青年』第六一巻第五号（六月号）をバッグに入れたことを忘れない。編集の仕事に力を発揮していた福原は、「個人消息」欄に「島田謹二氏は臺北帝大文政科講師に任ぜらる」を入れたことをはっきりと記憶していた。土居光知教授から、島田のことを聞いていたからである。昭和六年八月帰朝、一〇月に東京文理科大學助教授になった。翌年、喜安から『英語青年』の編集を任されてからも、しばしば、台湾にいる矢野や島田の動静を伝えて、「個人消息」に載せた。そして、はじめて島田と会うのは、昭和一〇年七月である。東大英文学会の市河三喜（一八八六─一九七〇）からの依頼で、七月一二日、島田は「フランス派英文学研究」について講演した。講演を始める前から、福原と島田はまるで旧知のように話したのである。福原の近著『メリイ・イングランド』について、また島田の「『海潮音』の文學史的研究」について、語りつ、聴

昭和初年の福原麟太郎
『英語青年』（昭和56年２月）所載

きつ時を忘れるほどであった。この時極まったのは、「平田禿木」についての話で、毎月のように『英語青年』に連載される平田の訳註やエッセイのこと、特に平田が書いた「津々として湧く古典の滋味「福原氏の『メリイ・イングランド』紹介」」が話題になった。上京するにあたって秘かに「平田禿木訪問」を決意していたことでもあり、日頃親しく平田邸に出入りしている福原に同道願うのはもっけの幸いだった。七月半ばのある日、福原と共に本郷区曙町（現在の文京区本駒込）の邸に参上して、早くからその著述に親しんで傾倒し、敬愛してやまぬ文人平田禿木に初めて会見することができたのである。福原は、この前後のことを『英語青年』第七四巻第一号（昭一〇・一〇・一「英学時評」）に次のように書いている。

> 島田謹治《ママ》君この夏休み中、東京に滞在して諸所の library をあさり、比較文學の資料を探す。昔の「文學界」の中の平田禿木氏の文章を皆讀んでみて、その先覺慧眼に感心し、禿木全集の出版を待望すといふ。かういふことがあるから世の中は嬉しい。（R・F・）

仙台時代に学び始め、講師として「カザミヤン研究」を講じてから五年、母校東北帝大英文学会の機関誌『試論』第一号に「Louis Cazamian 研究」を発表したのは昭和八年三月、この研究はのちに、臺北帝大文學會の機関誌『臺大文學』につづけての発表を見る。昭和一一（一九三六）年から翌年にかけ、「フランス派英文学」関連のこと、「比較文學」等の解説を『世界文藝大辭典』（中央公論社）のために書きながら、いよいよ、「フランス派英文学研究」はまとめられはじめて、前々年の「ベルジャーム教授の業績」につづき、二月には、『英文學研究』への寄稿第二弾「英文學研究法に関する一考察――仏蘭西派英文學研究について」を発表し、さらに、二ヶ月後、『臺北帝大文政學部文學科研究年報』第三輯に「佛蘭西派英文學研究――オーギュスト・アンヂュリエの業績」を明らかにした。その内容目次は次の通りである。

緒言　ソルボンヌ派とリール派
第一節　學匠以前
第二節　大學講師アンヂュリエ

第三節　『ロバート・バーンズ研究』
第四節　大學教授アンヂュリエ
結語

島田の動静をできる限り伝えようとする福原の気持は次のような文章（昭一二・六・一五『英語青年』第七七巻第六号「片々録」）にも表れている。

臺北帝大にゐる篤學者島田謹二氏から、氏の近業一包を恵まれたのは、これまた近頃の喜びであつた。島田氏は相變らず比較文學にうき身をやつしてゐる。うき身をやつすといふ言葉が又決して島田氏に相應しからぬものではない。島田氏はフランスの比較文學の學者の業績を精細に査べては、自分の研究方法の參考にしてゐるやうであるが、その自分の研究として、今まで最も多く發表してゐるのは、森鷗外、それから殊に上田敏についてらしい。平田禿木については可成り詳しく調べてゐるらしいが、未だ発表を見ない。夏目漱石についてはちつとも聞かないが、漱石門下なるものに遠慮してゐるのであらうか。島田氏の行き方は、さういふ人達の業績を通じて如何に外國の文化が日本へ輸入されたかを見るといふのであらう。さふいふ種類の人ではまだ、坪内逍遙、島村抱月など面白いと思ふ。

（R・F・）

昭和一二年八月一九日、島田は文理科大學英語・英文学関係者の座談会に招かれて、「わが國における英文學研究」について語った。この講演が翌年一月の『英語青年』（第七八巻第八号）に載ったことで、これまで「英學時評」や「個人消息」欄で紹介された「島田謹二」は、英文学界に躍り出て注目された。著述が『英語青年』誌上に掲載された最初である。「英文學研究方法考」（一月）「A・E・ハウスマンの手紙」（四月）「Venetian Night 脚注」（七月）と寄稿は続いた。福原は、これ以後も『英語青年』誌上に島田の動静を喜んで書き、交友をつづけた。戦争が激しくなるにつれて交信は絶え、再会するのは戦後、福原が本郷に島田を訪ねる昭和二一年三月二九日である。戦後の交友については後で記す。

平田禿木

英文学を修めるかたわら、森鷗外・上田敏関連のことを、専攻する特定の分野として精読し、上田敏の生涯に親しめば親しむほど、極めなければならぬ対象となったのは平田禿木（本名喜一、一八七三―一九四三）である。米沢時代に辻村鑑と語ってからすでに十数年、「英語・英文学の領域で、師とあおぐのは、平田禿木先生のお名前がまずうかぶ。（中略）そのおかげで、いろいろな作品の解明や作家の批評も、いつのまにか身につくように教えていただいたことはまちがいない。一九三四、五年の頃か、始めて現身《うつしみ》の先生のおそば近くうかがうことになった。わたしの生涯における一つのレベレーションであった。」（前出『英語と英文学』）と後年書いたように、だれよりも会見することを切望しつづけた人である。滞京中のある日、平田の書いた「新月――コンウォールの記」の影響から、「浜町河岸に舟を浮かべて、久方ぶりに見た夕焼けを世にも美しいと思うてから二、三日のち」（昭一八・一二『平田禿木追憶』所載「平田禿木先生を哭す」）、平田先生を訪ねた。島田は在京中両三度訪ねている。初めての会見のときを回想（昭四七・一『明治文学全集』第九〇巻附録月報六八「私の明治文人ことはじめ――明治文学随想（四）」）して云う。

外地から上京したある暑い夏の日の午後、そのころ禿木氏にはまるで側近のような位置にいたR・F氏のお手引きをわずらわして、白山のほとり、そのころ曙町といわれていたお屋敷に伺候した。夢に見るほど憧れた老文人は、かねての空想をはるかにうわまわるような立派な方であった。青年の頃の写真はよく知っている。もう晩年に近くなっていたせいか、いくらかふとりている。もう晩年に近くなっていたせいか、いくらかふとり肉で、ゆったりとかまえたあり方は、もう引退した銀行の頭取という感じ。色は白い。とても度の強いめがねをかけている。高雅な目付で温容あふれるような感じである。茶菓が出る。客扱いは手慣れたものである。あんなに客をこころからくつろがせるわざを身につけた先輩をわたしは知らない。あいうのが教養あり、伝統あり、礼儀のある都会人というものだろうか。ありふれた話柄のさりげないうけこたえのなかに、たえずこちらをためしている。気立てとか、ものの見方とか、学殖とか、いろいろなところに釣り針が降ろされていて、要点はみなかぎわけられる。じつにそつのない人柄でありながら、それでいてこわかった。（後略）

平田が、福原宛書簡で島田に触れているのは、訪問を歓迎してのことである。

急な暑さのあと冷気で――昨日などはこの庭にかなかなの声さへ聞きました――却て気味の悪いきがします。でも幸と身体ぐあひよく、いろいろの細かな文債まで督促されて日々机に向つてをります。台北島田氏こちらに訪ねてくれました。もう一度会ひたく思つてをります。（後略）

（昭一〇・七・二七）

平田は、訪問を受けた日のことを、好もしい印象を来客に持ったからであろう。「成功した藝談」と題する随筆の一隅でも島田のことに触れた。

大川端の空に夕焼けは消え、涼しい月が昇るとあつて、その午後恰度、台北から上京した若い東京の人から、昨夕船でわざわざあの辺の景色を見て来たといふ話を聞いたので満更でもなかつた。

（昭一〇・八・二四『朝日新聞』）

そして数日後、平田が福原に「島田氏も帰台途上にあること、思ひます」（八・二九）と書簡を送ったころには、任地に帰って、平田の「成功した藝談」を読み、これまでに経験したことのない感動的な出会いと語らいの余韻をかみしめていた。

一月ほどして、平田からの書簡が届いた。同封された開隆堂《かいりゅうどう》書店の宣伝誌『海龍《かいりゅう》』（一〇・一〇）の目次に、Colin Clouts come home againe を見たとき、訪問の折に交わした言葉が瞬時に蘇った。平田のエッセイは、対話の一瞬から英文学史上のエピソードを共感したことなどを綴って、語らいを喜び、大きな励ましを伝えるものであった。それは次のように書かれている。

この夏、臺灣から上京したS氏が、心にかけられ滞京中両三回この陋屋を訪ねてくれた。仏蘭西に於ける英文學の研究に詳しい人で、Paris の Sorbonne や Hugo の生れた、瑞西に近い Besançon 市の大學、Petrarch が学び、Casaubon が Montpellier 市の大學のことなど色々と聞いた。賜暇休養といつた歸京にも拘らず、氏は此處に近い帝大圖書館や上野の帝國圖書館へ通つて、鷗外先生や上田柳村君に關する文献を頻りと漁つてゐるのであつた。東京に生まれた人で、何といつてもこちらが懐しく、休み明けに近くなつても、何となく此地立ち去り難いやうに見受けられた。川開きかの前日かに、濱町河岸から獨り船を大川に浮かべて久しぶりでその夕景色を賞したと云つてをられた。

*　*

その最後の來訪の際、氏は小石川のF氏と連れ立つて見えた。種々雜談のうちに、自分はふと何氣なしに、お歸りになつたら、*Colin Clouts come home againe* といつたものでも出來ませんかしらと云つた。すると、氏は怫然色をなして（と自分には思へたので）、臺灣など先づそんなものかも知れませぬ、Spenser 當時の Ireland こそ實に、蕃地も同然であつたでせうからと來た。*Colin Clouts come home againe* は、一五八九年から九一年へかけての倫敦訪問後、Spenser がものした比喩譚風な牧歌なのである。Sir Walter Raleigh に dedicate して、滞京中の一方ならぬその好意を謝してゐる。詩は先づ比喩譚風に Raleigh が遙々 Ireland に彼を訪ねて、Cynthia として詩中に出てゐる女王陛下に謁すべく英吉利に來朝するやうに誘つたその顛末を語り、海を渡る美しいその航海談に移り、女王とその宮廷の華やかな様を具に語つてゐるのである。Raleigh その人は（the）Shepherd of the Sea として現はれてゐる。

*　*

エリザ朝の諸星綺羅星の如く並ぶうちで、詩歌に全く没頭して、渾身これに打ち込んだのは、Spenser 獨りであつた。他は皆宮廷に事へるか、冒険の旅に出るか、軍事に携さはるかで、詩歌はその餘技に過ぎなかつたのである。彼も他の華やかな青年と同じに榮達の道を計り、女王の眷顧を求めたの

書斎の禿木
（昭和10年８月）

であるが、やがて漸く被けられたのが遠き Ireland に於ける総督秘書の位置で、それはてもなく今日の印度への赴任と同じく、一種の追放にも均しく、流人のやうに全く孤獨で、寂しく彼はその壮年の日を送つてゐたのである。（中略）斯かる中に彼はその生を終つた。――急に暴動は起こつて、彼の屋敷を焼き拂ひ、散々に土地を荒らした直後に、斯く全然その友から遠ざかり、世を隠れた孤獨のうちにあの Faerie の大作も成つたのである。紆餘曲折したあの纒《ママ》絡も、全くこれから來てゐる。その背景の描寫にも、この Ireland の影響が著しく見られる。沼澤と森林、そこには物凄い瘴氣と殺氣が立て籠めてゐる。

Colin Clouts come home againe と不用意に自分が云い放つと、この光景が立ちどころに氏の胸に浮んだらしい。自分は氏の素養の程に感服した。打てば響くといふのは全くこの事である。

＊　＊

歸臺の際、折から海も荒れる頃であつたので、自分は潜かにその航海を案じてゐた。乗船間もなく瀬戸内海で風雨に會ひ、暫くそこの島影に船がゞりしたが、やがて凪になり、無事着との報に接して自分は漸く安堵した。今日の臺灣は決してエリザ朝當時の Ireland のやうなものではない。その文化的の施設は内地に優るも劣ることはあるまい。氏の周圍には會心の友も少くない。こちらの人だけに、唯何となく寂しくはあるまいかと察するのみである。同時にまた、その寂しさのうちに、あのエリザ朝の大詩人のやうに、氏がひたすらその専攻の道に精進されんことを祈るのみである。

一年後、平田は、『英文學印象記』（大三・一、アルス）を改題、それに一〇〇頁近い述作を加えて、『英文學點描』（昭一一・九、信正社）を刊行したとき、*Colin Clouts come home againe* を「臺北からの客」と改題して収録した。先の「成功した藝談」でも、「臺北よりの客」でも、島田の名を明記はしないが、「東京に生まれた人S氏として」、平田は会見を喜び、無限の親しみを込めて励ましの言葉を島田に贈ったのである。平田の著述を全部読んで、「先覺慧眼に感心し、禿木全集の出版を期す」と福原麟太郎に語った島田は、相会う前からの親しみと傾倒をさらに深くして、平田に対する敬意を持ち続け、「師の理想像平田さん」（昭五三・二・七『読売新聞』夕刊所載「自伝抄この道あの道」）を生涯にわたって語り続けるのである。「禿木訪問記」とその後の「臺北よりの客」に結びつく一通の書簡（昭一〇・一一・三）が残されている。

謹啓。今夏は御多忙中を度々お邪魔申し上げましたのさへ、申し譯なしと存じをりましたのに、わざわざ「海龍」誌上御懇篤なる御激勵の御言葉をいただき、何とも御禮の申し上げやうもございません。實は私の先生の御作品を愛誦拝讀いたしましたのは昨今のことではありませぬ。R・F氏は此夏「文學界」をはじめて通讀したやうに書かれておりますが、同誌に出ました先生の御作はすでに大部分いろいろな手段でよみつくし、此夏はそれに洩れたものを筆寫しに帝國圖書館に通つたのでございます。

よめばよむほど先生の偉大さをしるやうになりました。先生は英文學の眞の味解を日本人に教へられた最初の第一人者でおありになる外、「文學界」六号の記事によつても明らかなやうに燦犀鋭感な文藝批評家であられます。露伴、紅葉、鷗外諸家の作品が先生の御評によつてその眞價を明らかにされてゐることは、今夏時文を拝讀した結果、明確にわかりました。むしろこれまでの文藝史家がその事實に氣づかないのを不思議に存じます。先生はその鋭い眼識で眞贋を直覺的に判別されてをられます。先生が發見され推賞されたものは一つとして間違いがございませぬ。この事だけでも不思議な天才だと信じます。先生の眼は決してくらますことが出來ませぬ。かくのごとき偉大な才能が何といふ驚くべき婉美な表現につつまれてゐることでせう。その語彙、その語法、その構文、——先生の書かれたあらゆるエッセイはその表現にサートマス・ブラウンやウオルタア・ペイタアにみられるやうな細心と精緻、その想隨はミシェル・ドウ・モンテェニュやチャールズ・ラムのやうな豊かに深い人間性、その両者を兼ね備へて、また此種の藝術の未聞の典型ともいふべく、「神曲餘韻」以來、悉く文學史に登録されるべきものであり、事實そうされるものであると信じます。この一代の巨匠より御言葉を賜りましたことは、私の生涯を通じても最大の幸福であり、最上の榮譽であると信じます。誓つて御言葉に從ひ、生涯をこの途に献げて、せめて心ゆくものを一章でも書き上げたいものだと奮勵いたしてをります。それにつけても先生が益々御自愛斯道のために御加餐あらむことを祈る次第でございます。

敬具

十一月三日

島田謹二

平田禿木先生　侍史

この夏は、休暇をことのほか有効に使って、「上田敏と西洋文学」と題する年来の研究のために、柳村夫人悦子刀自、女婿嘉治隆一・瑠璃子夫妻を訪問して貴重な話に耳を傾け、未見だった資料を精読することができた。柳村の孫小堀玲子氏（聖心女子大学教授）は、幼き日、絽の袴で正装した島田が訪問して、言葉遣い丁寧に祖母や両親に対していた姿を鮮明に記憶していると親しく語ってくださった。東京帝大圖書館や帝國圖書館では、森鷗外、上田敏に関する文献をあさり尽くし、「譯詩集『於母影』の材源」や「上田柳村逸文抄」、「一刀三禮――上田柳村の推敲ぶり」を公にした。

四　台湾に取材した文学の研究

「禿木著作集」を切望

上田敏・平田禿木に精通する主任の矢野とは語ることが多く、いつも話が尽きない。矢野は、『文學界』から『あるの』（大九・七）に転載された平田の「神曲餘韻」を繰り返し読んだ感動を忘れず、師上田敏亡き後は、平田をさらに深く師と仰ぎ、その著述に親しんでいて、平田を訪問した経緯がある。

（前略）私がはじめて先生にお目にかゝつたのは大正十五年四月ちやうど外遊を前に控へてゐた時の事である。其時は誰の紹介状も持たず、いきなり田端のお宅に参堂したのであつた。

（昭一八・一二『平田禿木追憶』所載「平田禿木先生を憶ふ」）

矢野は、島田より十年以上も前に平田と会見していて、このことのみでも大先輩であり、学校で教えを受けたわけではないが、平田への早くからの傾倒者であった。勿論島田と相談してではあるが、平田にしばしば書簡を送って、著作を纏めてほしいと願いつづけている。

（前略）それにしてもわれわれは一日も早く先生の全集の刊行されることを切望してやまず、また先般來島田君とも度々話し合つたことですが、今迄お書きになつたものをまとめて一つ「英文學史」を御公刊下さつては如何かと存じます。島田君の如きは自分で取まとめ然る後先生の御校閲御加筆を願つてもいゝと迄申してをります昨今英文學界の行詰里状態を見るにつけても　此際さうした権威ある出版を切望するもの豈われわれのみならんやと愚考致します。

（昭一一・一一・二七本郷局消印、東京市本郷区曙二二平田禿木宛　台北市大正町二丁目十三　矢野禾積発信）

平田の著述が世に出るべきであること、出版のためには尽力を惜しまぬことを、島田と共に心に決めていると伝えた。

（前略）「英文學の話」と言つたもの御まとめの意志御あ里の由まことに慶賀の念に堪へません、年來御發表になつたものを御まとめにな里一編の inter chapter を添へお後を書き足せば直に一巻になる事と存じます。とにかく此頃のやうに notebook をそのまゝ印刷に付したやうな出物が頻出したのでは　冊数は如何に多くとも英文學界の進歩とは言はれず徒らに他の外國文學研究者の嘲笑を買ふに止ると存じます

又「全集」といふ事も或は困難かも知れませんが、「随筆全集」の如き名目ならば限定版で出す本屋もあらうかと存じます。「書窓」といふ雑誌を出して居る志茂といふ男は私同郷のものにて中學の後輩といふやうな関係もあ里ますので、不日機を見て勸めてみようかと考へてゐます（勿論先生に御異存無しとして）。編纂は御手數を煩はする迄も無く　島田君と私とにて大體當地にて出來ると思つてゐます。目下「百閒全集」大流行の由につき　先生の全集刊行欲も大にそゝられる次第であ里ます（後略）

（昭一二・一・一本郷局消印、平田宛矢野発信）

矢野・島田のこうした希望と期待は膨らむばかりであったが、平田の著作の刊行は思うように実現せず、刊行されたのは、矢野のたっての願いで進められていた『神曲餘韻』（『文學界』第五三号に掲載したものを一〇〇部限定）だけである。昭和一二年二月、西川満の媽祖書房から刊行された。装本は勿論西川満、装画は宮田彌太朗、本型は大極判（媽祖書房創定）、表装は麻布、布下は中華青聯紙、題簽は京都揉紙、見返は出雲薄青雁皮紙、口繪は酉の内紙、本文は土佐仙花紙、活字は三號組、印刷所は松浦屋印刷部で、印刷者は中村誠道。ケース（箱）の表題は「ひらたとくぼく・しんきよくよゐん・まそしよばうはん」と正方形のマス目の中に印刷されている。西川は次のように解説している。

『神曲餘韻』は矢野峰人の肝いりで、平田禿木先生の名文をいただき、ケルムスコットの飾りを使った。但し、全く違う感じにするため、色を卵にし、わたしが調合した。土佐仙花に絶妙な溶けこみを見せた。表紙は洋服芯地の麻。ボール箱は文人の街、土林で作らせた。

島田の平田への傾倒ぶりは、面晤を得た年月の隔たりはあるものの、日夜文学を語り、研鑽に打ち込む日々を送る主任の矢野に優るとも劣らぬ熱烈さである。こうした熱意は『臺大文學』（昭一一・一〇）にも現われていた。この雑誌が大学関係者を中心に「応問録（あんけーと）」で、「一、最近特に単行本として出してほしいと感じてゐられる書物、二、是非出版して欲しいと思ふ全集本」を求めたとき、島田は二頁にわたって回答を寄せ、一については、市河三喜博士の随筆集、土居光知教授の評論集、平田禿木の小品集、評論集と答え、平田の作品については、『文學界』や『明星』掲載の作品を列挙した上で次のように書いた。

観潮楼仕込みの専美的藝術觀が輓近體のイギリス派の批評

眼とよく渾融して、各種各様な作品の味はいに透徹し、想随と技巧とへの沈潜把握は、世にも珍しき逸品となつてをります。あれらの評論集は是非蒐集して、先生御自身の筆になる解説を加へられ、單行して欲しいと思ひます。（中略）實をいへば、平田先生の作品は當然全集として出されねばならぬもので、すでに、今迄に一軒位は、営利を離れて、此清明高雅な名匠の全集を出す書店があつてもよかつたのに、まださういふ企てがないといふ事は、日本出版界のレヴェルの程を見透かされて、私達は讀者としても残念でたまらないのであります。

禿木の死

矢野や島田が切望する平田禿木の全集か選集の刊行のことが、しばしば話題になりながら、実現には至らず、平田の著述をまとめる動きはついに具体化されなかった。太平洋戦争が激しさを増す中、平田自身が幼少時代から『文學界』創刊に至るまでの思い出をまとめて「文學界前後」と題する一書の刊行準備をしていたのであったが、完成を見ることなく、昭和一八年三月一三日、満七十歳で生涯を終えてしまった。全集や選集のことが話題になり出してから公刊されたのは、前述の『神曲餘韻』、『禿木随筆』（昭一四・一〇、改造社）、『雙龍硯』（昭一六・一一、七丈書院）のみである。

平田の没後、英語青年社編集部から直ちに執筆依頼があり、知友門弟の原稿が集められて、『英語青年　平田禿木追悼號』（昭一八・五・一五、六・一、『英語青年』第八九巻第四号、第五号）が出された。この追悼号への寄稿に、さらに多くの友人知己の思い出を加えて、『平田禿木追憶』（福原麟太郎編、研究社印刷所）が出されたのは一二月である。島田の「平田禿木先生を哭す」は、登張竹風、森田草平、土居光知、竹友藻風、矢野峰人、日夏耿之介、田部重治、齋藤勇《たけし》、工藤好美の「追憶」と並んで巻頭の部に掲載された。

直接に教室で教へていたゞいたわけではないが、御著作を通じていろいろと眼をあけて下さつたといふ因縁から、「師」と仰ぐやうになつたお方のひとりに、平田禿木先生がおいでになる。一體、さういふ述作を透して敬慕するやうになつた巨匠のうちには、生涯かけちがひ、ついにお眼にかゝれぬといふ、えにしの薄いお方がとかく多いのに、何といふ幸ぞ、平田先生には特に數回おそば近く參じて、その御高風に親しく接する機會を與えられたのである。（中略）昭和十五年の夏お目にかゝつたのを最後に、あゝとんでもない事になつてしまつた。この次の夏は、この次の秋はと心ひそかに賜暇上京の折を待つてゐたのに、つひのびのびになつて、そのうち戦争になり、塵事が山積し、おたよりもつひ手前にかまけて御無沙汰がちになり、相すまぬと心の中ではお詫びしながら一日一日を送つてゐるうち、思ひがけず悲しいおしらせを聞く身となつてしまつた。何もかも取りかへしのつかない氣持である。あきらめきれない氣持である。（中略）恐らくわが國に「英文學」といふものが本當の意味で導入されてからもう半世紀を越えると思ふが、名家巨匠雲のごとく輩出したなかに、平田先生ぐらひしみじみとその味はいの本質を體得せられた大家はほかに見出されうるとは考へられぬのである。まことに一代の宗師で在した。その先生を喪うたことは、斯學に携はるもの丶一齊に痛嘆するところであらう。況んや縁あつてその御高風の一端に接しえた身は、ありし日の御温容を思ひうかべつゝ、はるかなる海のかなたより、塚もうごけと泣きいざつのみである。嗚呼——

（昭和一八年六月一七日朝。臺北）

平田が「文學界前後」の用意をしていたことを近しく知っていた女婿竹澤啓一郎（一九一二—一九七五）は、平田をよく知る森田草平（一八八一—一九四九）、福原麟太郎と相談し、遺稿をまとめる計画を急速に進めて、平田の逝去より半年後、『禿木遺響　文學界前後』（竹澤啓一郎・森田草平共編、四方木書房）を刊行した。この直後から、しばらく途絶えていた「全集」か「選集」の刊行をという声が上がって、「平田禿木全集（選集）」のプランが立てられた。編集顧問には森田草平と福原麟太郎が、平田の長男春雄と竹澤が編集実務を、そして予定の出版社として、森田を通じ北原白秋の弟鐵雄のアルスか、福原を通じて研究社か、出版界への渡りとして、河盛好蔵（一九〇二—二〇〇〇）が、情報局への連絡はそこに友人が居るという平田春雄がというように役割がきめられ、著作集の構成について話し合われた。『文學界』（『うらわか草』と『明星』を含む）（一）（二）、『虚栄の市』『エリヤ随筆』などの翻訳（一）（二）、「現代随筆」（一）、「英文学随筆」（一）（二）、「明治随筆」（一）（二）、「英文学研究」（一）（二）、「評伝」と「書簡」（一）、の十二巻の全集案がつくられたが、戦時下であり、「標題には注意せよ」とか「イギリスに好意的なものは困る」とか、具体的には進捗せず、『文學界』関連の著述については、島田に一任し全面的に任せるということで、連絡を受けてから全力を傾けて用意したのであったが、戦況の影響で、積年の夢はむなしく消えてしまった。

全集（あるいは選集）の企画が立ち消えになってからも、島田は折に触れて「平田禿木」のことを語り書いた。そして、はるかに後年、矢野・島田がその編集に参加した『上田敏全集』（教育出版センター）刊行の企画が公けにされはじめると、上田とは深い縁のある平田のことが思い出されたのは自然なことであった。「平田禿木著作集」の話が具体化してきたのは、昭和五二年九月、島田が「『英文学への道』を読んで」を『不死鳥』第四三号（南雲堂）に書いた頃である。島田と小川和夫が、東洋大學に出講するたびに綿密に計画が話し合われた。矢野と島田が切望し、平田に「著作集」刊行の実現を勧めて協力を惜しまなかった時からすでに三十数年が過ぎて、矢野を相談役に、矢野の衣鉢を継ぐ小川が実務に当り、仕事は進められ、第一期『平田禿木選集』（島田謹二・小川和夫共編・南雲堂）第一巻「英文学史講話」、第二巻「英文学エッセイ」、第三巻「翻訳エリア随筆集」が昭和五六年三月に刊行され、第二期第四巻「英文学エッセイⅡ」、第五巻「明治文学評論・随筆」が刊行されたのは昭和六一年一〇月である。

木村毅

従軍記者として上海に赴いていた木村毅（一八九四―一九七九）を、内地に帰る前に大学に招き、「上海観戦談」を聴く機会を設けてくれたのは、木村とは同郷（共に岡山県出身、矢野が京都大学大学院時代に、木村は矢野の住まいを訪ねて、『海潮音』談義などをした旧知の仲）の矢野禾積である。昭和一二年の暮れ近くであった。恩師土居光知の推挽で、「岩波講座二五『世界文學』近代作家論」（昭八・一二）のために「ポオ」を書いたとき、木村が同じ講座に「近代ジャーナリズム發達史」（八・一二）を書いているのを知って、一度も面識がないのに、特段の親しみを覚えたのは、前述したように木村に肖り、筆名を「島田毅《き》」としたことがあったからである。東京外国語学校を卒業して、米澤高等工業学校の教壇に立ったときも、「ルッソオよりトルストイまで」（大一一・六、新文學講座、春秋社）を読み、仙台に移ってからは、『近代文學に現われたる神愛・自然愛・人間愛』（大一三・四、春秋社）や『小説研究十六講』（大一四・一、新潮社）を読んで、特に『世界文學の輪郭』（大一四・一〇、新潮社）と『文藝六講』（大一五・四、春陽堂）、『文藝東西南北――明治・大正文學諸断面の研究』（大一五・四、新潮社）には啓発された。そして、大学副手時代に手にした『明治文學展望』（昭三・六、改造社）を興味深く読んだのである。台北帝大に赴任してから読んだのは、『大衆文學とジャーナリズム』（昭六・四、三省堂）で、続々と公刊される評伝等を読みながら、木村の旺盛な執筆意欲に圧倒された。「上海観戦談」を聴いて以来、親交は深まり、内地に帰還してやがて東大教授となり、数年後東大大学院に比較文学比較文化課程を開設すると、大学に招いて学生たちに話をしてもらったり、木村の『日米文學交流史』の書評を書いたり、矢野、木村、島田、西川ともどもの交友はつづいて、前述した「山珍居」に集う常連であった。

昭和五一年九月二二日、神田の学士会館において、木村毅、高橋邦太郎、西田長寿三人を讃える会（日本古書通信社、明治文献、八木書店、雄松堂書房共催）が開かれたとき、島田は、木村を讃える祝辞を述べた。そのときのスピーチに筆を入れて、「わが師――木村毅先生」を『日本古書通信』第三九一号に掲載したのは昭和五一年一〇月である。

（前略）マスコミ関係で従軍し、凄惨な実情をこと細かに実見した木村氏の講演が、勤務先の大学で催された。これが私の氏を存じ上げた最初の機会である。（中略）型通りの紹介後、壇上に立つ演者は、大柄で、恰幅がよかった。戦塵にまみれたせいか、赫顔であった。血色はあざやかだった。目も大きい。顔の造作はすべて（いまはどうか知らないが）大きくはっきりしている。口辺にかすかに愛嬌のある微笑をた、えた全体の風貌は、俗にいう童顔というのか。ザンギリ頭だが、服装はちゃんとした洋装である。容貌魁偉だが、そのころの日本人の一般的標準からいって、中流の紳士とみた。いよいよ口を開くと、満場によく通る声である。あとで、ごく親しくされている矢野峰人博士から伺うと、その演説は有名で、「木村雷音」といえば、それこそ雷名周囲にあまねかったとか。噂は事実だった。思わず粛然として、耳をかたむけた。年譜をくると、この時、四十二、三の男ざかりか。心身ともに充溢して、しかも戦地から戻った直後である。油がのっていきおいがいゝなどという形容ではとてもつくせない。そうだ、少し老いた桃太郎が犬、猿、キジを連れずに壇上にあがったといえば、当年の木村毅氏の一面が伝わるだろうか。

　話題はたしか「上海観戦談」とあったろうか。とにかくそういう事情の報告である。みづから歩いてきた戦場を中心とした実景である。実情である。実感である。教室内のすみずみに良く透る声であった。それは野太い声ではなかった。大きいが清らかに冴えた声だったように思う。物語りゆくその話しぶりは、叙事、叙景、叙情、みんなを適宜におりまじえて、謹聴しているわれわれ大学の教職員および学生たちが、粛然として聞き入る重厚さをひそめながら、論旨は明瞭、要旨は簡潔、期せずして満堂を魅了し去った。文字通り万雷の拍手のなかに終ったその印象は、実にあざやかで、えもいえず快かった。（中略）

　びっくりしたというのが実感である。これは両刀使いだ。昭和の宮本武蔵だな。オレはまだろくなものを書いてはいないが、いずれは文筆の世界のお世話になるだろう。いや、今だって大学教師である。説くところは外国の文学だが、語るすべは、ふつうにみられるように知識に偏したり、理論になずんだり、おおよそあるべき話術を身につけていない。普通の大学教授のあり方はいただけない。どうしてもそれとは違う世界をひらきたい。それにはなんとかして雷音のような弁説を学びたい。それは、実見、実感、実情を正直に語ること。またちゃんとした筋道をそなえた構成の中につり合いを立派に持って、真情を吐露しながら語ること。そう悟った時から、私は大きく生れかわった。始めて、本物の説話術に開眼されたという意味で、木村雷音はまさしく私の先生である。

　後年、島田が文化功労者に顕彰されたとき、祝いの書簡（平四・一〇・二三）を寄せた稲村徹元は、ある日の明治文化研究会（木村は吉野作造、尾佐竹猛に次ぐ三代目会長）で、木村が、「島田謹二の将来性を予言した——先駆的な仕事をする、広い意味で比較文学の最初の大業をなす人物」と話していたことを添えている。

雑誌『讀書展望』

昭和二一年九月一日、木村は、出版の自由を守るべく自由出版協会を設立して『讀書展望』を創刊した。神田駿河台の主婦の友社別館に発行所を置く協会の会長は勿論木村であり、この雑誌の創刊に当っては、島田も趣旨に賛同して協力を惜しまなかった。同志の石田幹之助、賀川豊彦、佐藤垢石、柳田泉、坂西志保、高橋邦太郎、保坂弘司等とともにである。島田にとって、木村は因縁浅からぬ人である。島田の次男義夫（一九二二―一九九七）は、福島の高等経済専門学校（現福島大学経済学部）在学中に応召され、東京三宿の砲兵隊に入隊したが、終戦後は、木村のもとで『讀書展望』の編集に携った。福島時代の学友三瓶勝男氏の語るところによると、経済を学ぶ学徒にしては珍しいほど文学に精通していたという。島田謹二の書くもの、時に語るものを悉く吸収していて、寮生活の時代にも下宿生活の時にも飽かず詩や小説の話をした。漱石、鷗外、藤村、谷崎潤一郎、佐藤春夫等読書の範囲は広く、雑談の中でも上田敏、平田禿木、戸川秋骨、馬場孤蝶、北村透谷の作品を披露したり、「比較文学」という新奇な言葉を熱を込めて口にし、中河与一の『天の夕顔』とジイドの『狭き門』の比較を試みたりした。

幅広い読書は、一方で木村毅の影響啓発によるところが大きかったと、自らも語っているが、詩歌については、「親爺の好きな詩だったんだよ」と言って、「燕の歌」（ダヌンチオ作、上田敏訳）を誦したり、季節に応じて、藤村、白秋、啄木、光太郎、有明、泣菫の詩を吟じ、五月には、信夫山《しのぶやま》麓の通称ハイデルベルクの丘では、啄木の「不来方のお城の草に寝ころびて……」を、秋には、春夫の「秋刀魚の歌」を朗誦したこと、ポーやマラルメの詩、『海潮音』、『珊瑚集』、『車塵集』の詩はいつ、どこでも口をついて流れ出るようだったことが、印象に残って忘れがたいというのであった。離れ住んで、会うことが稀であったときにも、父と子は文学の世界では通じていたようである。

読書展望社が、駿河台から九段一丁目三番地にあった大橋図書館地階に移転してからも、島田は時々顔を出し、頼まれると、すすんで原稿を書いた。「明治文學と外國文學との交渉」（昭二二・四）や「ポウの『黄金虫』」（二二・五）である。木村のもとで、編集者としての力量を養いながら、義男氏は、時に原稿を書くことがあり、自ら編集する雑誌に「『ウェルテル』の日本譯十六種」を掲載して、何故『ウェルテル』が何時までも衰えない生命を保ち続けているのかについて、訳者と評者を挙げて見解を示したとき、「この稿をかくにあたって、一さいの資料と、助言は木村毅氏に仰いだ」という注記を読みながら、島田はうれしいと思ったという。しかし、『讀書展望』の廃刊後は、木村のもとを離れ、九段とは目と鼻の距離にある飯田町一丁目十七番地で、緑園書房を経営したが、昭和三〇年代の終わりにこれを閉じ、講談社出版部に転じた。筆者が会ったとき、氏は、講談社教育出版局体育出版部副部長の要職にあった。

華麗島文学志

比較文学、フランス派英文学研究に関する長大な論考「マラルメと英語英文學」、「現代佛蘭西の英文學研究――學派と學風」、「上田敏の『海潮音』――文學史的研究」、「ポオとボオドレェール——比較文學史的研究」、「譯詩集『於母影』の材源」、「英文學研究に関する一考察——佛蘭西派英文學に就いて」、「佛蘭西派英文學研究——オーギュスト・アンジュリエの業績」、「キャザミアン英文學思潮史——序論」、「王政復古期前後の英文學——Cazamian 英文學思潮史」、「古典主義時代の英文學——Cazamian 英文學思潮史」、「藤村詩集と西洋文學」等を続々と公にしながら、翻訳、評釈、解説、訳註、資料紹介、随筆等にも健筆をふるって旺盛な執筆活動を展開するが、昭和一〇（一九三五）年の暮れに、全く新しい分野のこと——明治・大正期に、台湾に渡った日本人の文学の意義とその実体の検討——を思い立ち、その研究に着手し、表題を「華麗島文學志」とした。「臺灣時代の鷗外漁史」（昭一〇・五『文化』第二巻第六号所載、二ヶ月後に『臺灣教育』第三九六号に再掲）を、台湾に北原白秋を迎えた折に読んでもらい、親しく語るうち、前記の表題を白秋から暗示されたのだという。「南島文學志」（昭一一・一〇、『臺大文學』第一号、一年四ヶ月後『臺灣時報』に再掲）と題し、台湾の文学成果の本土への報告として、歌集『臺灣』、白秋作「臺灣歌謡」、矢野博士訳「墳墓」等の紹介をしたのを皮切りに、「明治文學に現はれた臺灣」（上）（下）を書いて、本格的に「華麗島文學志」の掲載をはじめるのは、昭和一四（一九三九）年二月である。前人未踏の分野を開拓して毎月続々と研究成果を公表した。取上げた人物は、籾山衣洲、森鷗外、正岡子規、山田義三郎、原十雉《じゅっち》、岩谷莫哀、渡辺香墨、森槐南、水野大路、土居香國、横川唐陽、尾崎紅葉、広津柳浪、泉鏡花、押川春葉、山田美妙、遅塚麗水、内田魯庵、徳富蘆花、田山花袋、島崎藤村、伊良子清白、佐藤春夫、西川満等数十人にのぼる。これは、「外地文學雑話」と題する外篇の研究と合わせ、三年以上も種々の雑誌に連載する。

　この前後に留学の話が出ていたことが、「自伝抄（一〇）日本の外地文学究明」（昭五三・二・八『読売新聞』夕刊）に書かれている。

　一九三八年ごろ、関係者たちの肝いりで進行中のナポリ大学に派遣される案がだめになって、しばらく台北に居すわることに決めた。その時、旧恩師の一人は、外地にいるのだもの、任地の文学現象を調べてはどうかと諭《さと》してくれた。—現地に生きよ。現任地を大切にせよ。

　昭和一四年一二月、「華麗島文學志」として一本になるべき研究の執筆は三分の二以上完了していた。島田の構想（A5判七八百頁の大冊）によると、内篇一二章の本部は次のようになるはずであった。

緒論　一、臺灣の文學的過去に就て
　　　二、明治の内地文學に現われた臺灣
第一章　臺灣時代の鷗外漁史
第二章　領台直後の物情を詠へるわが漢詩
第三章　南菜園の詩人・籾山《もみやま》衣洲《いしゅう》

領台五〇年を機に、一挙に上梓するつもりで、昭和一六年には結論を書き終わり、その手はずになっていたのであったが、日米開戦となり、やがて敗戦。日本人の「華麗島文学志」という外地文学志は忽ちどこかに吹き飛ばされてしまった。内地に帰還して十数年後、「華麗島文学志」の出版助成金を申請する機会があり、学界にはその申請を強く推す貝塚茂樹（一九〇四―一九八七）や吉川幸次郎（一九〇四―一九八〇）のような碩学がいて、その交付を受け、かつて連載した一連の「台湾における日本文学研究」を諸雑誌から写真版を作成して作業を進めたが、出版の機が熟さず、公刊されることはなかった。その後、『日本における外国文学』下巻（昭五一・二、朝日新聞社）を上梓したとき、第四部「より複合的な諸問題」第二章「外地圏文学の実相」に「台湾の文学的過去」「籾山衣洲の『南菜園雑詠』」「伊良子清白の「聖廟春歌」」「佐藤春夫の『女誡扇綺譚』」「岩谷莫哀の『瘴癘』」を収録したが、「打込んで書いたものだから、本にしたい」という願いは変わらず、『アンドロメダ』第二二三四号（平一・二・二三）に「台北に於ける草創期の比較文学研究」を寄稿したとき、前述の幻の「華麗島文学志」について語ったのであるが、出版の実現を見ないまま時が過ぎた。漸く「日本詩人の台湾体験」という副題のもとに『華麗島文学志』（平川祐弘編、平七・六、明治書院）が刊行されたのは、領台五〇年を記念してと思ったときから五〇年の歳月が流れてからであった。刊行の経緯と諸家の評については後述したい。

花浦みさを

昭和一五年正月、台湾高雄に旅行する機会があり、当地で歌人赤堀梅子（筆名花浦みさを、一九〇〇―一九八六）の知遇を得た。初対面であるのに、詩や詩人、歌人、小説家について尽きぬほどの話をした。文芸の嗜みの深い人で、佐藤春夫（一八九二―一九六四）とその著書『女誡扇綺譚』と歌人石上露子（一八八二―一九五九）についても詳しく、殊の外話がはずんだのである。めぐり会いの経緯は、西川満の記述に詳しい。

　わたくしが「台湾日々新報」にいたころ、台湾の社交界の花とうたわれた女性が二人いた。一人は、台北帝大医学部の外科部長本名博士の夫人蝶子さん、今一人は文教局学務課長赤堀鐵吉氏の夫人梅子さんであった。

　まだ旅客機のなかった時代、インド洋を渡って渡欧、パリで相知り、無二の親友となった明るく美しく、教養ゆたかなお二人であったが、タイプはまったく違っていた。蝶子夫人は三浦環のようにふとった、妖艶な楊貴妃の型、梅子夫人は楚々とした、臈たけた虞美人の型であった。

　また梅子夫人は、仁科姓の娘時代「花浦みさを」のペンネームで活躍、明治大正の関西文壇で一、二を争う高名な閨秀歌人として知られ、かの竹久夢二ですら花浦みさをの歌には返歌せずにいられなかったほどなので、わたしはこころ魅かれていた。

　だから夫人に乞うて、「文芸台湾」にしばしば原稿をいただいた。そうした縁で、あるとき花浦夫人から、夕食に招待された。（中略）その後、夫君は新竹州の知事になられ、ついで高雄州の知事に栄転された。

　それは冬だった。この地の貴賓館は港の入り口を占める要衝の地にあって、とても風向のいいところ、ぜひ、おあそびにおいでください、と夫人から招待された。

　冬の高雄は季節風が吹き荒れる、とかねて聞いていたので、一度、木麻黄をそよがせるその風を見たい、と思っていたわたくしは、お言葉に甘えることにしたが、島田先生をお誘いしてみた。すると、先生は言下に同行する、とおっしゃる。（中略）知事官邸につき、先生はゆっくり夫人と挨拶をかわされたが、もう文学談がはじまった。驚いたことに、と言うより、当然のことながらというべきか、初対面なのに、先生は夫人の少女時代の活躍を掌をさすようにすべて知悉されていたのである。

　貴賓館はまことにすばらしかった。風が収まると、飛ぶ砂が静まり、浪がきらめき、対岸の岬は指呼の間、すぎる戎克《じゃんく》のひとの顔も、触れるかと思われるばかり。他に客はなく、夫人を中心に、先生とわたくしの三人のみ、話はつきず、夜半二時に及んだ。（後略）

（平五・九・二三『アンドロメダ』第二八九号所載「花浦夫人のこと」）

　島田は、佐藤春夫が台南の新聞記者だったという噂が流れていることに久しく疑問を抱いていたので、そのことを赤堀夫人に話した。

　談たまたま『女誡扇綺譚』に触れたとき、この問題も出、同行の人々も興を催したが、間もなく夫人はこのとき呈出された自分の疑問を解くために、在京のさる近親の方を通じて、親しく作者に当時の事情をたづねられ、その結果を自分に傳へて下さった。（中略）この問題の明らかにされるに至ったのは、紺青の空に日の光きららかなる海港のほとり、われらその才華に驚嘆したA夫人のご好意によるものである。そのことを想起するのは、さらに大いなる悦びであるといはねばならぬ。

（昭一五・一〇『文藝臺灣』第五号所載
「『女誡扇綺譚』の話者について」）

その人と作品に惹きつけられると悉く読破してしまう。赤堀夫人の歌も散文も味わい尽くした。三年後の昭和一八年、西川が主宰する『文藝臺灣』に、よみ人しらずの「わかれ」（八・一）、「母をおもふ」（八・二）の小品を、松風子の筆名で寄せ、解説を書いた。一方で、西川の求めにより、赤堀梅子は「落魄」（八・三）、「椿姫」（八・五）、「雪の山々」（八・六）等欧州各国を巡った一連の「旅の追憶」を同誌に寄せた。この秋、島田は日本の占領下にある香港の視察を委嘱されて当地に赴いて、折りよく赤堀夫人を厦門の総領事館に訪ね、久闊を叙してのち、詩人薛濤や石上露子等の文芸談に耽った。『文藝臺灣』に連載

花浦みさを
『かぎろひ抄』（平成13年2月 中央公論新社）所載

された、夫人の紀行文や随想が話題になり、西川の協力を頼みに、それまでに書いた諸作品をまとめて「詩文集」をという成り行きは自然であった。文芸の交わりは深く、時を忘れて語ったのである。

ある時の読書会で、佐藤春夫の「玉簪花」や「孟沂の話」について語ったとき、一首の歌を引いて次のように話したことがある。

海そひの墳にひびかふ潮騒や一本桃の影のしづけさ

ぼくは薛濤のような人に一度あったことがある。美しい人でした。四十一歳だったかな。この歌をぼくによこした手紙の中に書いてあった。人に見られないようにぐるぐる巻にして送られてきた。確か六首だった。墓が海のなげきの声をきいているこの土地をぼくは歩いた。また人力車に乗ってぐるっとまわった。薛濤に会いたいと思って。ぼくはロシヤ人経営のホテルの一角に滞っていた。薛濤の歌をよむとかならずこの人の歌を思い出す。

つづけて二首をくり返し微吟して「この人」を懐かしむ。

ユーカリの下葉もみぢす海沿ひの街道の丘は白きおくつき
薛濤の墳はいづくぞ桃の花咲きしづもりて夕あかる丘

歌はみな、「海邊の墓」（昭一九・一『かぎろひ抄』所載）と題した花浦みさをの歌であった。

『かぎろひ抄』

一別以来の再会は果されないが、昭和一九年一月、前年秋に赤堀夫人に約したことを実現、『かぎろひ抄』（花浦みさを詩文集）を編纂、西川満の日孝山房より刊行した。この詩文集は、和装本と洋装本の二種刊行されたが、刊行の思い出を西川が次のように語っている。

> 私は、詩や小説の限定本を、いくつも造ったが、歌文集は『かぎろひ抄』ただ一冊である。（中略）『かぎろひ抄』では、わざと装画を排した。なぜなら夫人の華麗な歌がそのまま絵なので、絵よりも色を生かした。リビエラの青を、それも染めずに平板印刷で和紙に三度かけた。今でもこの青は深みを示している。
>
> （昭六一・六『アンドロメダ』第二〇二号）

> （前略）さすがは名物の季節風、高雄の駅に降りると、空も地も、黄一色。どこを見上げても空はない。
>
> すると夫人は、運転手に何か命じた。車は寿山に上がった。頂上近くなると、驚いた。青、青、青、すばらしい紺碧だった。ひといろの黄は眼下に広がり、街も港も見えず、今はもう無限の青に包まれるばかり。
>
> この青の印象はすばらしかった。のち、夫人の歌集『かぎろひ抄』を上梓するにあたり、表紙をこの紺碧でつつみ、本文をすべて薄いブルーにしたのは、このときの感激がそうさせたのである。
>
> （前出「花浦夫人のこと」）

島田は、「『かぎろひ抄』の後に」と題して、夫人との出会いと、作品の解説と編纂の経緯をしみじみと語る。

> 波は紺青に陽《ひ》の光きららかな海のほとりの太守館《たいしゆやかた》に於て、はじめて花浦夫人を見参《みまゐ》らせたのは、もう何年前のことであらうか。
>
> 早くから文藝の道を歩まれたこの麗人は、大正の末から、ばつたりとその方面に消息を絶《た》つたが、少女《をとめ》の日に物された制作のかずかずを存じ上げてゐた自分には、その頃の趣ふかい筆名がいつまでも、卯月《うづき》の宵《よひ》の薔薇花《そうびくわ》のやうに、ほのぼのと思ひ出の中に匂うていたのである。夫人が過ぎし日のひとふしを問わず語りに洩されるのを、聞いたその時の印象は、由緒《よし》ある浪花風流《なにはぶり》を傳へて、美しき風貌、あえかなる才情、うるはしき相華、渾然として兼ね備へた佳人と感じた。
>
> その後、時におん目にかかる事があつたが、間《ま》もなく夫人は、みんなみの國を去つて、東の都に赴かれることになつた。そこは、事にふれ折につけて、しのばれる自分の故里であつた。雲煙は万里を隔《へだ》てたけれど、夫人が青鳥《せいてう》の使は絶えず、

いつの日であつたか、かねて宿約の一つであつた作品をまとめて、お送り下さつた。それはこの歌集の原形をなす部分である。さうして、何の見どころあつてか、自分の評語を求められた。佛説《ぶつせつ》によると、世には宿縁《しゅくえん》といふものがあるといふ。文藝のことについてもまた、同じ言葉が用ゐられるのではなからうか。夫人の制作は自分の平素から抱ゐている文藝上のこのみに合うたのである。これを宿縁といはずして、何と呼ばう。その少女《をとめ》の日の制作には、まだ稚醇《ちじゅん》ならうらみが處處《ところどころ》にあらうけれど、わが趣味のよみして、わが愛誦する作品はその數が少くない。更にまた、外遊中の作品の一節は、後に機會があつて、かなり精細に味ひ判ずる時を與へられた。そんなわけで、この歌集の一部については、自分の感じたまま、自分の考へたままを、つたない筆に託して申し上げた事がある。

その縁《えにし》のゆゑか、夫人は大陸の一角の、美しき館《やかた》に朝夕を送られるこの頃、この家集を印行するに當つて、再び、わが思ふところを序せよと仰せられる。本來、かういふ女人の制作に序を書くのは、一世に許された有徳《うとく》の學人《がくじん》でなくてはならぬと、信じてゐた自分は、才學識淺く乏しき身をかへりみて、一度は固辭したのであるが、更にまた考ふるに、皇國が全力を擧げて戰ひ、人みなその聖域を通じて、御奉公申し上げるべき今日、祖國の美の傳統を守護すべき學徒のひとりとして、その精粋の一つと信じうる制作につき、わが感懐の一端をしるすのは、しかく本務と離れることでもあるまい。さう思ひかへされるにつけては、序といふやうな、仰仰《ぎょうぎょう》しい形ではなく、ただ親しくわが知り、わが感じ、わが讃ずる、いくらかの點を擧げて、生面《せいめん》の讀者がために、夫人の制作に對する手びきを試《こころ》みてみよう。と考へなほして、おほけなくも、ここに筆をとることにした。美しき花に彩《いろど》るのあざけりは、もとより、わが甘受するところである。（中略）

思ふにこの集の表現は印象的感覚的で、時に暗示的象徴的に傾くが、それも直觀的に同感されるかたちをとつて、強ひて思惟の力に訴へねばならぬ分析的な物や、構成的なものを主にしない。ただどれをとつてみても、のびのびと自在に打ち出す流麗さが、前に述べた典雅ないひまはしと一緒になつて、その全體の印象は、甚だ常凡な言ひ方であるが、やはり、「美しい」といふ語でいひ現はすのが、一番當つてゐるかと思ふ。（中略）

更に思ふに夫人の感覺は視聽嗅觸運動の諸方面に亙つて纖細且つ鋭敏である。素材的に明るいもの花やかなもの上品なものに惹かれつつ、その感情はつねに一味の憂愁をただよはせてゐる。時に強烈熾盛な激情の現はれることがないとはいはぬが、全體の感じは、いかにもしつとりと落《おち》ついてゐて、きめこまやかである。（中略）きめこまやかで、優なるもの、雅やかなもの、纖《かぼそ》いもの、匂ふものに惹かれがちである。つまり普通に女性らしさといはれる要素は主になつてゐる。が、その花やかな明るい雅かなものの輝く裏には、高らかな笑ひ聲やユーモアが聞えず、どことはなしに吐息と憂愁《いうしゅう》とがいづこにかたなびいていゐるやうな感銘をうける。ああ、"Sois《ソア》 belle《ベレー》 et sois《ソア》 triste《トリースト》!"

　これは何故か。さまざまなところにその原因を考へえようが、人間生活上のことは今ここで直接の問題とせぬ。これを専ら藝術品として解釋せんとする自分としては、ただ一つ記《しる》しておきたい事がある。それはこの吐息、この憂愁の中に、心の若やかさが感じられるといふ事である。事實この集にあふれてゐるものは、よい意味のわかやかさである。青春の泉に浴《ゆあ》みしたものは常若《とこわか》だといふ西諺《せいげん》があるが、この集の中心をなすものは、まさにその常若の美しさである。呼べどかへらぬ「春」は過ぎゆく。そのさだめを嘆く人の子の愁ひである。（中略）この集にもまた全章を通じて、ゆく春を惜しむなげきと燃ゆる心のはかなさとが、なひまぜられて詠ひ上げられてゐるのである。更にまた思ふ、抒情詩とはいかなるものぞ。それは結局、刹那的な印象と詠嘆とのうちに精神を一擧に傳へんとするはたらきではないか。さうしてわれら日本人の文學はかういふ型の詩こそ、その藝術的天分を最もよく現はしえたのではないか。ところがこの種の詩は、畢竟するに「かぎろひ」ではなからうか。春の野邊に燃ゆるかぎろひの姿こそ、そのはかなさの中に潜むかぎりなき生命を暗示することによつて、詩的精神そのものの本質を最もよく象徴してゐるやうに思ふ。脆く見えてしかも美しいその姿もまた、われらの民族が風雅の道と通ずる點をゆたかにもつ。それからそれへ考へつづけると、「泣けば涙もかほる」この一代の才媛が、その家集を『かぎろひ抄』と題されたのは、いかにもふさはしい名前であつた。

（昭和一八年七月一三日しるす）

『かぎろひ抄』の歌や散文を、その作者を明らかにしないで、臺北高等學校時代にも、後年東大における比較文学講義の時にもとりあげ、美しくも儚い心の永遠のありようを語っている。立教大学英米文学会の *Holy Tower No. 4 (Jan. 1949)* に「わかれ」を寄稿したときも、「よみ人しらず」の詩として評釈した。さらに後年、佐藤春夫の詩や短編を集中的に講義した一時期には、突然酔うように幾首かの歌を微吟して、特に「李花吟」（花浦みさをの歌）周辺の歌とその世界を語るのを常とした。

「流水抄」

後年の話になるが、東京大学退官後、実践女子大学に招聘されて三年間、英文学及び比較文学を講ずるが、実践文学会が発行する『實踐文學』第五号（昭三七・三）に「流水抄」を寄稿したとき、編集子は、「島田謹二先生よりは、先生の亡友、松風子の遺稿をいただき、本号を飾ることが出来ました。」と書いている。『かぎろひ抄』中のいくつかの詩文を編み、作者との過ぎし日の心の交流を語ったもの、「かぎろひ」を「流水」と受けて、移り動き、定めしらぬはかなさを象徴する詩文集である。切々とした「はしがき」は次のようにはじまっている。

いとせめてながれての世をたのむとや
水にもの画くはかなさはこれ（よみ人しらず）

……その年の春より夏にかけてのことは、追憶するだに胸躍る心地す。何やせし、その頃のわれ？　夢に夢みる心地して、われはただ遠き海をこえて、人のたよりし給ふうたぶみに答へつ、さまざまなる思ひ出のなかにうかびくる言の葉を、ただそのままに書きとめしのみ。他人《よそびと》に示さんがためにあらず。そのひとひとりのために書きつけんとねがひにし言の葉は、長詩短歌とりあはせて十数章にのぼりしと憶ゆ。これに人の和《わ》し給へる詩と歌と、ときに消息《せうそく》のたぐゐ、ほぼ同数ありき。われはこれを五冊のノオトにあはせ集めて、三巻《みまき》に編《あ》み、篋底《きやうてい》に秘《ひ》めしが、国ほろび世はかはりにし夏の日に断腸の思ひ切《せつ》なく、ことごとくわが手もてみづから葬《はふ》りぬ。

戦ひは終りたり。南の海のあなたとほく離れ暮せしわれはいま、西人《せいじん》の築きなしたるある大都の一角に囚《とら》はれの身なり。なすこともなく時をおくるつれづれに、重陽《ちょうよう》とは名のみにて、菊も匂はず、あつさ朝夕いまだきびしきスタンレー半島のわび寝かさぬるうち、ひたに恋しきは、ふるさとのひがしのくにのことのみなれば、「もみぢ葉は散りみだれつつ山川の早瀬ましろし日本の秋」など、あこがれの歌くちずさみつつ、ひとりわづかに慰めくらしぬ。一日《ひとひ》ゆくりかに去年《こぞ》の秋、大陸の入江のほとりの館にて最後に相見しとき贈りたまひしさみどりのソレント手巾《ハンケチ》あらはれ出でぬ。このときのなつかしさ何とかいはむ。すぐる三年《みとせ》のみじかき逢ひの思ひ出は、わが身の生けらむかぎりえ忘れめや、おさへてもおさへても湧きあがりきたり、かぎりなくむすぼほるる連想にわが心ひたにうづきぬ。昔日《せきじつ》の観会《くわんくわい》はまぼろしのなかにつぎつぎとうかびいでぬ。事のあらましかきあつめ、はかなき一巻《ひとまき》になりとも編《あ》みてましと思ひ立ちしは、その日なりしとおぼゆ。秋更けてより移されしところは、岬角にありて、海凪《なぎ》わたり、時に三日月ほのかにうかぶなり。土地《ところ》なり。心情《こころ》なり。西の国の詩人《うたびと》がうたひおきし悲歌と哀詩《あいし》を、そのままにわが思ひとよみとりて、われは訳しつるうたくさいくつかとりあつめ、わづかに残れるひとがうたぶみの中に挟《はさ》みて、ひとともに誦《しょう》せる李後主《りこうしゅ》が詞《し》により（思ひいづ三年《みとせ》前の今日《けふ》なりき）、そのけざやかなる紅《くれない》の、花とまがふを指《さ》して語りたまひし言の葉にもとづき、この心おぼえをば「木棉花《もくめんくわ》」とは名づけぬ。

（後略）

亡友松風子は編者自身でありながら、「編者あとがき」には次のように書いた。

これは亡友松風子の遺稿である。

松風子とは二十年来形影相伴ふ仲であつたから、身辺の些事まで何くれとなく語りつ語られもしたが、こんな遺稿が残されてゐようとは、夢にも思はなかつた。恐らくこれは亡友が南方のわが領土に勤務していたころ、つづいて一時陸軍に関係してゐた外地生活直後のころ、書き残した制作であるに違ひない。かれは、終戦後数ヶ月の後に、荒海に血を吐きつづけながら日本に帰つて来た。気の毒なほど憔悴しきつていた。戦塵《せんじん》の疲れと傷心の嘆きとがかさなつたためか、湘南の海辺において療養の甲斐もなく、その後しばらくたつと武蔵野のかたほとりで、はかなくあの世に旅立つた。

ほとんどこれといふほどの遺品もなかつたが、そのうちに生前にはさだめしたいせつにしてゐたらうと推定されるノオトが数冊出てきた。終戦直後で物資も極度に乏しくなつてゐたし、インキもまるで水のやうに色がうすい粗末なものを使つて書いてある。所々に書き入れや訂正が加へられたり、ずゐぶん乱雑にほんの心覚えふうな記事も書きたされてゐる。かなり長い間の制作とみえて、筆蹟はさまざまに変つてゐる。中には誰の筆か判じがたいのも散見するが、ほとんど大部分は亡友みずからのそれにちがひない。亡友は、あまりきれいな筆蹟の持主ではなかつた。率直にいへば、汚い字体で下手に書いた方である。しかし全然読みわけられぬといふほどのこともなかつた。

試みに通読してみると、第一部は、女主人公の詩文を集めて、処々《ところどころ》に亡友が注釈を加へてゐる。第二部は、ある海港に移り住んだ女主人公の生活を語る消息を丹念にとりまとめたもので、そのをはりに女主人公が外遊の時の短歌を抄して、批評といふより讃頌の文を書き添へてゐる。精読してみると、この二つの部分は、それぞれ異なる土地において女主人公の書いたもので、判然と相違する世界でありながら、実は前後に連絡するものらしい。改めて読みかへすと、日本と中国と西欧と三つの文学と生活とが交錯してゐるし、女主人公の面影も夢のやうに浮かんでくるし、それに詩文を愛してときに寝食を忘れた亡友の人柄も見当つくし、そんな意味で、故人とはことに親しかつたから、心打たれたあまり、頼まれもせぬ編者の役目を買つて出て、この遺稿を編んでみたいと思ひ立つたのである。

亡友の遺稿には、またその前後のものかと推測される訳詩が数章残つてゐた。それがマリアンネ・ヴィレメルやマイケル・フィールドなど、みんな閨秀詩人の作品であるのも意味深い。ことによると、亡友は「女性の文学」といふ一つの主題を持つてゐて、この Correspondence の後日の巻きを編まうと考へてゐたかもしれぬ。そんなことを勝手に推測して、はしり書きの「はしがき」の趣旨にのつとり、かりに第三部として、まづそれらを並べ、たまたまノオトに散見する女主人公の短歌を加へたのち、亡友の愛誦歌ウィリアム・モリスの訳詩「海辺の庭園」を最後に据ゑると、体裁が一応ととのつた。さうすると、おなじやうにノオトに写されてゐたものから、序の詞や跋を添へたくなつて、此処にみられるやうな一小冊子が出来上つたのである。

女主人公のことについては、高貴な身分の教養ある詩魂の持主だといふことが見当つくだけで、何も知らぬし、あらためて美しき花に彩る必要はあるまい。その消息やその詩文がすべてを語つてゐるからである。願はくは、文芸を文芸としてそのまま語らしめよ！　その人の作品そのものに対しては、亡友の熱烈な讃美の言葉に、編者も同感共鳴するふしがあるとだけ言わせていただく。

　亡友が生きてゐたら、こんな詩文集を編むことは編んでも、果してそれを公にする気になつたかどうかはわからない。ただ、かれは生前自分に対しては本当に理解のある寛大な友情を示してくれた。幽明境を異にした今日もなほ以前として在りし日のやうな友情をもつて、この差出がましいやり方を、おほらかに許してくれるだらう。……そんな虫のいいことを心ひそかに期待もし、希望もして、文芸を愛する人々にこの小冊子を贈る。

（一九六一年歳晩編者）

時々花浦みさをの詩文集を語ってはいたが、『かぎろひ抄』を編纂して解説を書いてから一八年後、「文芸を愛する人々にこの小冊子を贈る」とて、花浦みさをの「詩文集」の解説を再録し、自らの訳詩をも加えて、この時期に「流水抄」を編んだのは、後に触れる『雅人』（長詩）や未刊の詩歌集『木棉花』の世界が忘れがたく、「石上露子集」や『かぎろひ抄』にはじまる「女性の文学」というかねてから持ち続ける主題にこたえるためであったのだろうか。「流水抄」を亡友松風子の遺稿とした意図は何だったのだろうか。それにしても、これを脱稿する八年近くも前に、粗々にではあるが「はしがき」と「あとがき」を合わせたような「編者はしがき」を大槻夏夫の筆名（戦後の一時期一部の人に対してこれを使い、書簡の宛名に見られる）で書いている周辺の謎は解らない。

伊良子清白

詩集『孔雀船』（明三九・五、左久良書房）一巻を以て、日本の詩壇に不朽の金字塔を建てた伊良子清白《いらこせいはく》（本名暉造《てるぞう》、一八八七―一九四六）は、明治一〇年鳥取県に生まれた。明治四三年三四歳の時に渡台、台中や台北の官立病院の医師として繁忙な生活を送った。在台中に取材して、「台湾」を主題にした作品が二つある。その一つ「聖廟春歌」を、島田が西川満の主宰する雑誌『媽祖』第三巻第二号に「伊良子清白の『聖廟春歌』」と題して発表したのは、昭和一二年六月である。二年後、「華麗島文學志」の一篇として『臺灣時報』に再掲した後、この研究をさらに補訂するために、この詩人を志摩半島鳥羽に訪ねる必要に迫られた。日支事変で国情も落ち着かず、これが家族揃って内地に帰れる最後になるかも知れぬと考えた昭和一五年夏、意を決して旅支度をととのえ、はじめは京都に落ち着いてから、伊勢神宮に参詣した。そのあとタクシーで渥美半島を目指し伊良子岬まで行った。七月の末である。浜辺に妻子を待たせて詩人と会見し、かなりの時間親しく話を聴いた。親しく語るにつれ、作者自らこの詩の霊感について語ってくれた。伊良子清白も奇しき縁で結ばれた詩人であると思わずにはいられない。日夏耿之介、西條八十、北原白秋等の絶賛を受けて、ただ一冊の詩集『孔雀船』が、臺北帝大に赴任する頃には梓書房から再版が刊行されて、詩界では話題になっていた。日夏耿之介による解説の文「詩史は次第に移り、詩家は時とともに變つたが、『孔雀船』に盛られた詩情の正しき後繼者はつひに出なかつた。この詩風たるや、人間すべての想像生活の展開に於て見られる普遍性ある必至のもので、この詩情に對する憧憬と要求とは、如何に世界と時代とが變化しても永代不易である」を忘れない。

『現代詩人全集』第四巻（新潮社）を繙いて、清白の詩を熟読鑑賞した。そして、「聖廟春歌」の意図するところは、聖廟「媽祖」を台湾のソールと見做し、「台湾」そのものを媽祖廟の姿の下に把握しようとして、聖廟の夕景、夜景、朝景の気分を紙上に取り込めようと構図したものと考えた。詩の聯を追って分析し、詩人の本性には「春昼」「歌行燈」の鬼才鏡花少史（泉鏡花）に共通する神秘ごのみの特性が潜んでいることを直感した。特に、第三聯の映像を「在来の詩壇に未曾有の写象」「希臘神話のアウロラの出現《あらわれ》を聯想させる東邦詩的換骨とも考えられ、作者の詩想を培《つちか》った西洋文学の素養がほのぼのと透いて見えるように思う」（平四・一〇『アンドロメダ』第二七八号所載「伊良子清白の聖廟春歌」）といった。

自分の考えでは、明治末葉の臺灣に来た日本人で、こういう東邦的世界を臺灣の中に発見し、それをこういう映像で、壮麗の詩句に盛り上げえたのは、新詩壇そのものに漲溢していた異国情調《エキゾチスム》の感化はいうまでもないが、実は彼が西洋文学、特に独逸浪漫派系統の文学、リュッケルトやハイネの「東方趣味」に親熟していた事が大きな地盤を成していたからではなかろうか。たとえば、彼はウーラントの「カール王航海」を翻案し、「盛衰記」、「曾我物語」などより用語を採択して、「七騎落」の詩を成した事が証《あかし》しているように、ハイネその他のオリエンタリスムはかなり深く色読していたので、それから開眼されたその種の骨法を、渡台後は、この島の風物の上に応用してみたのではあるまいか、と考えられる。

『女誡扇綺譚』

石上露子の詩文を発見して、それに深く関わるようになるとき、赤堀梅子との語らいがあったように、すでに興味深く愛読していた佐藤春夫の文学にも傾倒しながら、『かぎろひ抄』の著者との心交はつづいた。春夫の『殉情詩集』も『田園の憂鬱』も詩人気どりの青年期にむさぼり読んで、有名な序文や詩句はみな諳んじていたから、学窓を離れて米沢や仙台で暮したときも傍から離さなかった。台湾の地に赴任して暫く経つと、頻りに思い出されたのは、十数年前、憧れを抱いてしげく通い、親しく話をきいた時の詩人日夏耿之介の言葉である。春夫の詩や小説が話題になったとき、「春夫の文学、アレはいいものです」と日夏はいった。春夫の小説『霧社』（昭一一・七、昭森社）が刊行されると直ぐに購め、所収の「女誡扇綺譚」とそれに関連する「旅びと」や「かの一夏の記」に着目して精読した。かねてから主題と考えている外地文学、台湾に取材した「女誡扇綺譚」を「華麗島文學志」の一篇として、その土地に即して本格的に研究してみようと考えたのである。後年のことになるが、かつて臺北帝大で同僚だった前嶋信次（一九〇三―一九八三）と「佐藤春夫における東洋と西洋」（昭四五・八『三田評論』六九六号）と題して対談したとき、次のように語っている。

> 台北大学に勤務していた時に、「女誡扇綺譚」をよみまして、大変感動しました。フランスの大学でやっておるエクスプリカシオン・ド・テクストという方法を、日本の文学に応用したいという下心があったものですから、丁度いい材料だと思って「女誡扇綺譚」をとり上げてみました。

佐藤春夫（昭和10年）
春夫邸にて
佐藤春夫記念館所蔵

「女誡扇綺譚」を研究対象にしたとき、一つの疑問があった。「――佐藤氏は全然臺南の新聞に關係しなかつたものかどうか――これは自分の久しく抱いてゐた疑問であつた。」（昭一五・一〇、『文藝臺灣』所載、松風子著「『女誡扇綺譚』の話者について」）というのがそれである。『かぎろひ抄』の著者は、この疑問を人を通じて作者に尋ねましょう、と申し出たこと、また間接的にではあるが、そういう事実がないという教示を受けたことによって、作者のことが身近に感じられたのではなかったろうか。「佐藤春夫の『女誡扇綺譚』」――『華麗島文學志』」を『臺灣時報』に寄稿したのは、昭和一四年九月である。「華麗島文學志」の中では特に興味を持ち、力を注いで書いた論文の抜き刷りを携えて上京する日のことを思った。作者に会いたい、作者と話したいと思いながら、「華麗島文學志」に収める一連の研究に打ち込む日々が一年近くつづいた。昭和一五年夏、賜暇休暇を待ちわびてのち東京を目指し、在京中目白関口台の佐藤邸を三度訪ねた。

> たしか昭和十四年《ママ》の夏だとおぼえている。台北から上京した私は、文京区音羽の佐藤邸に参上した。先生はこのころ内生活上、機嫌の悪いことがあった。でもお会い下さった。先生は、私論の抜き刷りを私の目の前で、すぐ読みはじめた。恐る恐るどんなお言葉が飛びだすのかと案じていると、先生はこうおっしゃった。
> ――私は生まれてはじめて文士として本当の礼儀をもって待遇されたことをうれしく思います。いままで私のテクスト

を本当に読んでくれた人は実に少ない。たいていは上っつらをなでるだけです。それに好悪の感情がやみくもにつよく、なかには党派の手先で、からかうのやら、やっつけるのやら。文壇の批評というヤツは、どんな時代になっても、そんなものでしょうね。……それだのに、あなたは本当に読んで、考えて、思うところを率直に述べて下さった。少し自信のあった部分を、あなたはちゃんと認めて下さる。最後にこの物語の位置に関して、御指摘の点も承服します。学者が文芸の世界にはいってものをいうと、時々的を貫かぬことが多いようですが、あなたはそうではありません。こういうまじめなしかも作品のわかる読者にお目にかかれたのは、作者としてほんとうに幸福だと思います。この作品に対するあなたの学識と好意と評価とは、私にもう一度自信を与えさせてくれました。あなたは作者としての私の恩人です。

（昭五二・二『泉』一五号所載「わが師佐藤春夫」）

『日本読書新聞』（昭三九・五・一八）所載の「生涯三度の出会い——故佐藤春夫先生を憶う」でもこの事に触れている。

初対面のものに、こんなに心情をありのままに吐露するお方におめにかかったコチラは、ただびっくりしたというのが実感である。でもじつにうれしかった。その作品に深く打たれたから、傾倒し、畏敬する実感実情をただありのままにのべただけの仕事にすぎなかったのに……何とありがたいことだろう。

庭前には、詩人の好む凌霄花《のうぜんかずら》が咲き乱れていた。はじめて会い、はじめて語る数時間なのに、旧知の人といるような親しい気持があふれ、詩人の風姿に感じ入ったことをいつまでも忘れることができないと述懐した。仕事や研究に打ち込む決意を新たにして、豊かな想いを胸に台北に帰任したのは、八月二〇日であった。この時以来、暫く上京もかなわなくなって日は過ぎ、時局が厳しくなるにつれて、上京して親しく交歓した多くの人々との再会も果たせない。春夫に再会するのは、六年数ヶ月後、故国の敗戦をはさんで、幾多の山坂道を越えたあとである。戦後のことはあとに記す。

五　日本一の教師

臺北高等學校

臺北帝大に出講しながら、乞われて臺北高等学校にも出講したのは七年前であったが、高等商業學校で、島田の *Vague Thoughts on Art by Galsworthy, John* の講義を聴いた教え子たちが、「その講義はすばらしかった」と、微に入り細をうがった芸術についての説明に聞き惚れたことを広く伝えたことが高等学校講師の話に結びついたらしい。一年だけの出講であったが、昭和一五年になると、三月三〇日、臺北帝大講師兼任のまま教授に就任して、四月から本格的に英語・英文学を講じはじめた。谷本清心校長以下の教授陣も同じである。新しく迎える英語教師は学生たちの眼にどのように映ったか、また講義ぶりはどうであったか、当時の学生たちの記述は次の通りである。

当時、三兄弟が臺北高等學校で学んでいた長兄の氏家春水（昭和一七年九月文甲卒）の「華麗島物語」（昭五七・一二『南多摩』第一四号）には次のように書かれている。

（前略）昭和十五年四月、高校二年になって新任予定の英文学教授の話題に花が咲いていた。その時、私のすぐ横に座していた小田稔君が「今度来られる島田先生は比較文学の大家である」と明言した。小田稔君の父は台北帝大医学部の教授であり這般の事情に詳しかったのだろう。私はこの時初めて「比較文学」なる清新な文学用語を耳にした。島田謹二教授は、眼鏡をかけ背丈は普通ながら小太りで年の頃は四十才になるかならぬか？　如何にも学芸の士といった印象であった。着任されるや期待通り情熱的な活動を開始された。（後略）

神田孝夫（一九二三―一九九六、昭和一七年九月文乙卒）の回想（平六・七『比較文學研究』六五号所載「回想　台湾時代の島田謹二先生」）には次のように書かれている。

（前略）わたしは実は、台北高校で親しく先生に教わるようになる以前から、先生のお名前も存じあげれば、お姿をお見かけすることもときどきあったが、先生はいつでも和服に袴という装束でおいでであった。ときは既に昭和も十年代であったから、普通の大人は、私宅ではともかく、公の席、外においては、洋服を着用するのが一般だったが、この風潮のなかにあって、まだ少壮の先生は、羽織に袴という服装で押し通しておいでだったのである。これはその当時でもよほど特異で、それだけによく目に立ったが、わたしなど子供ながらに、そこに却ってダンディズムを感じてもいたものである。ところがである。わたしがいよいよ先生に英語を教わることになった最初の時間、われらの教室に入ってこられた先生を見て、わたしはそれこそ瞠目した。先生はなんと、おろしたての真新しい背広を着込んで、われらの前に立たれたのである。台北高校に就任されたことが、先生の心に一種の感懐を喚起したことは確かであると思われる。

その感懐がいかなるものであったかは、わたしには測りがたいが、いま思うに、台北帝大講師でいること既に十年、この間、孜々として刻苦勉励、先生の、いわゆるフランス派英文学の諸業績を、また比較文学の諸成果を、巨細にわたって読み破り、先生お好みの言葉で言えば、「断簡零墨に至るまで」よく漁りよく味わってきた先生は、ご自分の立てた当初の目標を、この頃までにはあらかた成就達成しておいでだったのだろう。そしてそのわが研究の上に立って、心機一転、充分な自信と旺んなる意欲とをもって、わが得たるところを、若い旧制高校生たるわれらに伝えようともされたのであろう。

（後略）

奥井潔（一九二五―二〇〇〇、昭和一九年文甲卒）は、「島田謹二先生への弔辞」（平五・一二『比較文學研究』六四号所載）で次のように述べている。

（前略）私は今から五十一年前、昭和十七年、旧制高校の一年生の少年時に、先生から親しく文学の手ほどきを受けた幸福な世代の学生の一人でありました。（中略）未だ四十の坂を越えたばかりの先生は、ダンテのテキストを高々と頭上に掲げて「君らが習う教材は世界一、教える教師は日本一、そして習う君らは台湾一、しかし君らは未だどんぐりの背くらべ」と申されました。この自負心に満ちた先生の覇気満々たる若い姿と張りのある朗々たるお声が、いまもありありと浮かんで参ります。思えば、先生はあの頃、台北の地で、長年に亘って一人孤独に研究を続けておられたフランスの比較文学、とりわけフランス派英文学の泰斗、アンジェリエやルグイやカザミアン、特にルグイのエクスプリカシオン・ド・テクストの方法を完全に吸収同化して自家薬籠中のものとされた成果を、私たち高校生を相手に実験的に応用しておられたのだと今は思われます。後年大輪の花となって次々に咲くことになる先生の全業績が、未だ蕾であった頃の初々しい姿を眼のあたりに見た私たちは、ひょっとしたら最も幸せな学徒ではなかったかと、今、思います。（後略）

「日本一の教師」については、ある日の授業中生徒が居眠りすると、「日本一の教授が世界一の文学を台湾一の生徒に講義しているのに眠る奴がいるか、恥を知れ」（平一・一二　泉新一郎著「想い出すことども」『蕉葉会報』五九号所載）と叱ったことでも知られている。それぞれの年度によって使用したテキストや語った人物には勿論違いはあるが、情熱的に語る講師の姿勢は変わらなかった。教え子たちの記憶に残るテキストは、アベ・プレヴォの『マノン・レスコオ』、上田敏訳『神曲』、カーライルの『衣裳哲学』、バリーの『ピーター・パン』、モリエールの『人間ぎらい』、ディッケンズの『炉辺のこほろぎ』、チャールズ・ラムの『エリヤ随筆集』、エマソンの『懐疑家モンテーニュ』、キップリングの『ジャングル・ブック』及び『印度紀行』、ヒレーア・ベロックの『海山帖』、スティヴンソンの『臨海楼綺譚』、モームの『五色のヴェール』、アナトール・フランスの小説（小泉八雲英訳）、石上露子の「小板橋」、秋山真之の「海戦捷報」、吉田松陰の「留魂録」等で、時々ダヌンチオの「燕の歌」、ワーズワース、シェリー、キーツ、ポオ、与謝野鉄幹・晶子、山川登美子等の詩や歌を独特の調子で朗読して評釈した。

臺北高等學校で教えた教材について少し触れたが、「シバさん、私は二二歳まで日本人だったのですよ」（『街道をゆく』朝日文芸文庫40、八二頁）と語った李登輝《りとうき》（一九二三―　日本統治時代に使用していた名前は岩里政男、昭和十八年文甲卒、最初の民選総統）は二年の時に担任の島田から『衣裳哲学』の講義を聴いた。

台北高等学校在学中、トマス・カーライルの『衣裳哲学』を英語の原書で読まれるという授業がありました。とにかく難しい英語で、戦後に出版された日本語訳を見てもかなり難解な文章だったということがわかります。（後略）

（平二七・八『文藝春秋』第九三巻第九号所載「日本人よ、武士道を見失うな」）

このころ、「華麗島文學志」等の執筆のかたわら、「英米文學語學講座」（研究社）のために「英米文學と大陸文學との交流」の執筆に専念し、第一部「英文學に流入せる大陸諸國文學　Ⅰエスパニア—Cervantes／Ⅱフランス—Racine／Ⅲドイツ—Goethe／Ⅳロシア—Ruskin」、第二部「大陸諸國文學に流入せる英文學　Ⅰフランス—Shakespeare／Ⅱドイツ—Shakespeare／Ⅲロシア—Shakespeare／エスパニア—Shakespeare」を書き終え、一年後に公刊した。

西洋文化研究會（一）

特記すべきは、課外に「西洋文化研究会」を開設したことである。部活動とは呼ばず、学生たちがそれぞれ指導教授を仰いで、「哲学研究会」「国語・国文学研究会」「南方研究会」「心理学研究会」「防空研究会」「西洋文化研究会」等を組織し、委員を決めて指導教授と相談を密にして運営するのである。「西洋文化研究会」にはA班（独逸文化研究会）とB班が島田が指導する「西洋文化研究会」（西洋文化研究会）の二つがあった。B班は単に講義や講演を行うだけではなく、懇談会を開いて意見を述べ合ったり、学生たちの読書報告を読んで批評し、すぐれたエッセイを校友会誌に推薦したり、常に自学自習の良風を身につけさせようとした。島田は、臺北高等學校に赴任して一年後の四月から、報国校友会の事業として、学生有志の学ぶ姿勢に応え、「西洋文化研究会」の講座を開講したわけである。目的とするところは、西洋文化が如何なる特徴を持ち、それが世界文化の中でどういう位置を占めているのか、これらの諸問題を理解し、批評することによって、日本文化の建設に寄与しようとする学生の養成を図るというものであった。正課の授業とは全く関係なく、むしろ高校生として是非持つべき広く豊かな人文的教養の獲得と修練とを志したものである。指導者と研究会の幹事との間で綿密な打ち合わせが持たれ、二月には既に予定案ができあがり、四月の開講を待つばかり、指導教授の方針で、一年を四期に分けた講義の内容が示された。昭和十六年九月の『翔風』（臺北高等學校報國校友會総務部編輯）の記事を見ると、総務部編輯員と「西洋文化研究會B班」の委員を兼ねる移川丈児、池ヶ谷健一等がいる関係からか、B班の活動状況が多く報告されているように思われる。先ずは、一年を四群に分けた講義の内容を示しておきたい（昭一六・七『翔風』第二二三號）。

第一群（四月より六月まで五回）は「西洋文化研究の基礎、即ち書物の讀み方」ということで、
第一回（四月一二日）　西洋の少年文學（アンデルセンの「童話集」）
第二回（二六日）　西洋の小説（プレヴォーの「マノン・レスコオ」）
第三回（五月一七日）　西洋の戲曲（モリエールの「人間嫌ひ」）
第四回（三〇日）　西洋の詩（ダンテの「神曲」の一節）
第五回（六月二八日）　西洋文學文化關係の必讀書について
第二群（九月より一〇月まで四回）は「西洋文化と東洋との關係、即ち我らの周囲」ということで、
第一回（九月一三日）　南海を描ける西洋文學（特にロチ、コンラッド、スチヴンソン、モーム等）
第二回（二七日）　臺灣、佛印及支那等を取扱へる西洋文學
第三回（一〇月四日）　日本におけるニーチェの影響
第四回（一〇月四日）　ゲーテの世界的意義
第三群（一一月より一二月まで四回）は「西洋文化の諸相、即ちわれらの目標」ということで、
第一回（一一月一日）　文學と思想（フロベエルとモンテーニュ）
第二回（八日）　哲學と道徳（プラトオンとカント）
第三回（八日）　言語と生活（ドイツ語の心理的、審美的、社會的特徴）
第四回（二二日）　教育と社會（西洋に於ける男性の理想）
第四群（一月より二月まで二回）は「西洋文化研究の過現未、即ちわれらの覺悟」ということで、（註・實際には、卒業繰り上げや情勢緊迫で調整のために年内に實施した）
第一回（二九日）　帝大教授矢野禾積博士の講演と座談
第二回（一二月六日）　帝國大學に於ける西洋文學文化の研究と今後に於ける我等の研究態度

西洋文化研究會（二）

合計一五回の講演及び講義で、校友会誌『翔風』第二二〜二三号（昭一六・七〜一八・五）に収録された学生たちによる研究会の報告は次の通りである。

博學宏辞ならびなき島田教授の指導とて、會員の集まるもの優に百名をこえ、立錐の餘地なき盛況であった。教授は先づ近代西洋文化の根底に南歐的なるものと北歐的なるものと

の対立あることを説き、それらの對立相違とが少年文學にいかに現はれてゐるかを、エスパニヤ、イタリヤ、フランス等南歐文化圈、イギリス、アメリカ、ドイツ等北歐文化圈のそれぞれに就いて明快に叙述し説明せられた。

（四・一二、第一回池ヶ谷健一）

プレヴォーの名作「マノン・レスコオ」についてほゞアンデルセンの取扱ひと同じ方法を施して解剖せられた。まづ梗概を説き、ついてその素材、その精神、その表現等主要な觀點を定めて、文字どほりに縱横無盡に論究し、説明し、批評するその話の面白いこと目が覺めるやうで、この時もまた百二十名をこえ、満員になつていた教室は、息づまるやうな緊張に終始し、最後は感嘆の声で一杯になつた。いかに讀むかといふ問題を、これ位實例――しかも會員が岩波文庫本によつてみんな讀んでゐる作品について説明するのであるから、裨益するところ實に大であつた。

（四・二六、第二回池ヶ谷健一）

テクストとしてモリエールの傑作「人間嫌ひ」を用ひた。先生は先づ開幕の舞臺の有り様から説明され始め、ついで前二回と大體同様に、梗概を述べ、素材を説き、精神を話されたのであつた。さうして、サロンを中心とした十七世紀のフランスの上流社會や紳士の理想、又この喜劇の喜劇たる所因なる種々の笑等を説明せられ、更に細かく立ち入つては作品中心の心理の解剖もせられ、その話は前回に優るとも劣らぬ面白いものであつた。

（五・一七、第三回神田孝夫）

第四回は五月三十日。西洋の詩歌について行はれたが、先づ第一にその音感音韻の美しさを知る爲に、帝大教授アラン・デル・デルレ先生にお願ひして、西洋各國の詩をその原語で讀んで戴くことになつた。島田先生の簡單な紹介及び讀まれる詩の解説に續いて、デルレ先生は、先づフランスの詩人ヴェルレエヌとヴィヨン、ついでイタリヤの詩人ダンテとパスコリとカルヅッチ、更にイギリスとアメリカの詩人シェリとパウンドを讀まれたのである。何分英・佛・伊三カ國語の詩を、その國の人たりその道の人たる先生に讀んで戴くといふ、本當に滅多にない機會のこととて、或る程度會員以外の傍聽をも許したため、教室は文字通り立錐の餘地なく廊下に溢れる様であつた。一同予め配られたプリントを見ながら、固唾を呑んで耳をかたむけ、デルレ先生のたくみな朗讀によつて耳に伝へられる韻語のいかに美しいものなるかを、眞にしみじみと感じたのであつた。

（神田孝夫）

先生は、予め配つてある西洋文學文化必讀書のリストを用ひながら語られ始めた。先づ背景として、語學、風俗、生活、政治、宗教、思想、美術等を知つて、綜合的、具體的なものの理解の必要を強調せられた。ついで古典として、古代、中世、近世の三つの文化、更に細かくは古代を希臘羅馬とヘブライ思潮に、近世を文藝復興と宗教改革、啓蒙思潮と浪漫思潮、寫実主義乃至輓近文學の三つに分けて、その各々に屬する古典を、上はホメロスから下はバルザックやトルストイ等に至る迄、歐州約三千年の中心的文化を解説せられた。第三に邦譯入門として、鷗外、敏等の譯詩譯文、ヘルンの講義やケエベルの隨筆等について述べられ、最後に現代の各國文化の研究、方法をクルチュウスやリクタンベルジェやシーグフリードをあげて解説せられて、わが研究會第一群の結末を付けるべき今日の講義を終えられたのであつた。先生の講義は實に四時間に亘るものであつたが、會員一同一語も聴き漏らさじと耳を澄まし終始緊張の裡に或は興奮し、或は感嘆し、終にはたゞたゞ感激、教室は異様な氣がみちみち、眞に第一群の締めくくりにふさはしい講義であつた。

（六・二六、第五回神田孝夫）

必讀書

第一群の報告の中で触れられた「予め配ってある必讀書リスト」は紛れもなく島田の几帳面な字体の直筆（移川丈児が保管するもののコピー）である。

■西洋文學文化參考必讀書

（一、背景　二、古典　三、邦譯入門　四、現代の研究法）

一、背景

1語學（英、獨、佛、拉丁、希臘語）2人種、地理、風俗、教育、生活一般、（「世界地理風俗大系」「列國現状大觀」）3政治、軍事、經済、宗教、思想一般、（箕作元八「西洋史講話」坂口昂「概觀世界思潮」）4建築、彫刻、繪画（「世界美術全集」正續）

二、古典

1古代文化

A希臘　羅馬思潮

（上田　敏―希臘神話）／ホメロス―イリヤス　オヂュッセイヤ／アイスキュロス―アガメムノン／ソフォクレス―エヂポス／ユウリピデス―ヒュポクリトス／アリストファネエス―鳥／（アリストテレエス―詩學）／（ニーチェ―悲劇の出生）／プラトオン―シュンポジオン　ソクラテスの辨明　國家／（ブチャアト―ギリシャ精神の諸相）／ヴィルギリウス―アエナエウス／ブルタルコオス―英雄傳／（天草本―伊曽保物語）／（アナトオル・フランス―タイス）／（クウランジュ―古代都市）／（坂口　昂―世界に於ける希臘文明の潮流）

Bヘブライ思潮

聖書（ルナン―イエス傳）／（ペエタア―エピクロスの徒マリウス）

2中世文化

（大類　伸―西洋中世の文化）／ロオランの歌　ニイベルンゲン　氷島サアガ／アビノオギヨン／マロリー―アアサア最後／ダンテ―神曲／ヴィヨン―大遺言書

3近世文化

A文藝復興と宗教改革

（坂口　昂―ルネッサンス史概説）／（ブルクハルト―イタリヤ文藝復興史）／メレヂュコフスキイ―レオナルド・ダ・ヴィンチ）／ボッカチョ―十日物語／マキャヴェルリ―君主論／ルウテル―マリア賛歌／モンテエニュ―エセエ／パスカル―パンセ／（サント・ブウブ―ポウルロアイヤル）／（ストロフスキー―フランスモラリスト）／シェイクスピアー―ロミオとヂュリエット　ヴェニスの商人　マクベス　オセロオ　リヤ王　ハムレット　テンペスト／セルバンテス―ドンキホオテ
B啓蒙思潮と浪漫思潮
デカルト―方法敍説／モリエエル―人間嫌ひ　女學者／（ベルグソン―笑）／スウフト―ガリヴァアの旅／ヴォルテエル―カンヂイド／ルウソオ―エミイル告白／ゲエテ―ウイルヘルム・マイステル　ウエルテル　ファウスト／カアライル―サーター・リザータス　フランス革命史／アンデルセン―童話集（ペロオ　グリム　クオレ）
C寫實主義及至輓近文學
（上田　敏―現代の藝術）／（厨川白村―近代文學十講）／（リヒヤルト・ムウテル―十九世紀フランス繪畫史）／ヂッケンス―デエヴィッド・コパアフィールド／サッカレエ―虚榮の市／バルザック―人間喜劇／スタンダアル―赤と黒／フロオベエル―ボヴァリー夫人／トルストイ―戰争と平和　アンナ・カレニナ藝術論／ドストイエフスキー―罪と罰　カラマゾフの兄弟／ワーグナー―樂劇／イブセン―ブラントナラ／ストリンドベリー―ダマスクスへ　稲妻／チエエホフ―櫻の園／（スタニスラフスキイ自叙傳）／（小山内薫―芝居の話）／ニイチエ―ツアラトウストラ／（西田幾多郎―現代理想主義哲學）

三、邦譯入門
1飜譯
A譯詩
森　鷗外―於母影／上田　敏―海潮音　牧羊神／永井荷風―珊瑚集／（蒲原有明）
B譯文
森　鷗外―即興詩人　水沫集　諸國物語　みれん一幕物／長谷川二葉亭―初戀　愛　血笑記／平田禿木―英國近代傑作集
2入門
ラフカヂオ・ヘルン（小泉八雲）―東京帝大に於ける文學講義／ラファエル・ケエベル―隨筆集／土居光知―文學序説／（モウルトン―世界文學）

四、現代の研究法
1フランス文化　Barstt-Wendell, Curtius, Feuillerat
2ドイツ文化　Windelband, Lichtenberger, Andler, Spenle
3イギリス文化　Cazamian, Dibelius

4アメリカ文化　Cestre, Michaud, Siegflied

西洋文化研究會（三）

第二群に入っての報告は次の通りである。

島田教授が吾々に大いなる影響を與えてゐる東洋に進出して來た西洋文化というものは、具體的に如何様に現はれてゐるか、そのあらましをオランダ・イギリス・ドイツ・アメリカ・フランス等各國別に語られ、その中で特に南洋關係の文學としてはピエール・ロチ、スチーブンソン、コンラッド等を注目せよといはれた。（中略）異色ある作家として現存のソマセット・モームをとつて、それを縦横無盡に解剖された。特に面白かつたのはモームの實地に臨んだ觀察による結論が、西洋人は南洋に於ては墮落するといふことであると指摘された點である。それから文學的作品として眺めるとロチ派のエキゾチシズム・リリシズムとモーム派の實験小説を合わせもつコンラッド系統を南海方面の文學の理想としてあげられた點である。（九・一三、第一回加村東雄）

二十三歳の島崎藤村がルソオの『懺悔録』に接して眞に西洋のリアリズムの洗禮を受けた事から始め、藤村の心の地を訪ねて、西洋藝術と東洋の風流心との流れを彼自身の素質と生活との中にさぐり、次いで彼の創作心理、讀書範囲、英語の讀書力、その讀み方を分析せられた。それより彼の作品の仔細なる檢討に移り、吾々に全くの創作と思はれてゐたあの數々の美しい作品が、西歐の作品を實に巧みに、驚くべき受容力と感受性とを以て、換骨奪胎したものであることを完膚なきまでに解剖されたときには、吾々一同唖然として口がふさがらなかつた。何しろシェイクスピア、ゲーテ、バイロン、ハイネ、テニソン、ロゼッチ、キーツ、シェリー、ワーズワースの原作と一々比較して微に入り細を穿つて研究されるのだから、一々もつともと肯かれ、しばしの間讃歎の溜め息が充ちひろがつて、教授の博識と慧眼とには驚かされるのみであつた。（九・二七、第二回加村東雄）

第四回「西洋文化と東洋文化の一般的特性」について島田教授の講演が行はれた。（中略）島田教授は西洋人の東洋研究、つゞいて日本研究について一應歴史的に語られてから、東西両洋の文化的特性の比較をこゝろみ、第一に自我といふ事について述べられた。即ち理性を主體に持つ、自己の自立的完成が西洋人の理想であるから、我々の考へるより如何に彼等の自我といふものが強靱執拗なものかといふことを強調された。第二に西洋文化の特色たる客觀的觀察、我慢強い實驗・推理等、ギリシャ（即科學）精神について詳しく説明され、第三に西洋文化を代表する文藝作品が確然たる型式を持ち、モチーフ・テーマと有機的な發展を行つて、きはめて構成的なる點を指摘し、それに對する東洋文化は概して西洋流ならざる個性の没却、自然との融合を志す神秘的「精神主義」無形式ともいふべき特異な調和感等を主とすることを説明され、最後にかく相違する兩文化の融合は可能なりや、

我々の進むべき道は如何—といふやうな根本問題を語られ、會員一同に深い感銘を與へられた。　（一〇・四、加村東雄）

第三群の報告は次の通りである。

第一回は十一月一日（土）午後一時より例の如く歴史教室にて「西洋文化の根柢」と題する島田教授の講演であつた。教授は先づ人類學・土俗學・言語學を包含する先史考古學の内容よりときおこされ、幾多西洋文化史上の興味ある實例を示し遺憾なくそのよつて來たる所を剔抉せられた。即ち我々はこの回に於て、西洋文化の最大構成要素として、科學と藝術との根源—理知と調和とを主とする古代ギリシャの精神と、ローマ帝國的法理的精神と愛と、ヒュウマニズムを主とするキリスト教精神との特徴と推移を學び得たのである。

各民族がそれぞれ如何なる文化を築いて行つたかその結果中世文藝復興期を經て如何なる世界觀に到達したかについて、主として佛英獨三カ國の文化をとりあげ、哲學的には第二回（十一月八日）田中教授の、文學的には第三回（同日）島田教授のお話により或る程度の見解が我々の前にも開けたのである。（中略）島田教授は十八世紀末より十九世紀初にかけて歐州一帯を風靡したロマンチシズムの特に抒情詩に表はれた國民的特徴と相違とをそれぞれ三國の藝術觀、自然觀、空想力に求められた。「近代西洋諸國の國民性と世界觀」なる課題に對し、兩教授が精緻博學なる蘊蓄を傾けられたこの兩講演はあはせて四時間を越えたけれど、會員の志學の念はますますあふれるばかりであつた。　（氏家秋果）

「英語の特性」と題する島田教授のお話が、十一月二二日第四回研究会として行はれた。この講演により我々は語學に對する觀念を根本的に改めざるを得なかつた。或は又初めて語學に關する正しい見方を體得したと考へてもよからうと思ふ。一つの言葉はみんな人間情意の象徴で、それはことごとく歴史をもつてゐる、その歴史はあらゆる國民的文化的特徴をふくんでゐるといふ事實を迂闊にも忘れてきた我々は、結局たゞ語學に於てさへも機械的な暗記のみを事として、その眞髓に感入することは出來なかつたのではあるまいか。第五回島田教授の「西洋に於ける男性の理想」（同日開催）は騎《ジュヴ》士《アリエ》、大宮人《コルテジアーノ》や君子《オネトンム》や紳士《ジェントルマン》についての要を得た説明から特に如何なる男性が日本に於て男の中の男であつたか、又今後我々日本男性は如何なる理想を打建てねばならないかといふ大問題を提出する意味に於て一時間の小講ではあつたが、我々の感銘は淺からぬものであつた。　（氏家秋果）

最後の第四群の報告は次の通りである。

第一回は十一月二十九日会議室で、帝大教授矢野峰人博士を圍む座談會とした。（中略）島田教授司会の下に會員は交々立つてお尋ねし、先づ矢野先生の高等學校時代の生活や當時の三校教授達の話、大學時代の樣子、卒業當時の文藝界、歐州留學の印象、日本文化への反省、更には臺灣の文化の考察等お話しいただいたのであつた。故岡本春彦氏らとの交遊、イエイツやA・Eとの會見、それらを矢野先生はポツポツと諧謔を交へつゝいかにも樂しげに語られて三時間にわたつてつきる所を知らなかつた。

（神田孝夫）

第二回いよいよ最終の研究會の日は來た。十二月六日——今までをあはせると十六回に亘る研究會の聴結論をつけ、且つは卒業する會員への激勵の言葉として、島田先生が語られたのは、「日本に於ける西洋文學文化の研究」についてであつた。この日、會員一同最終講として一語もきゝもらさじと緊張の耳をかたむければ、先生亦御自身の西洋文學研究に対する信念を語られて非常なる熱意を帯び、息づまる様な空氣の中に、先生の熱い強い聲が透り響いたのである。話は大きく二つに分れ、先づ過去の西洋文化の受け入れ方の歴史を語られた。坪内逍遙の文學論から、帝國大學と早稲田大學を中心として、この兩大學でいかに西洋文學が研究されたかを四期に分けて詳細に語られた。ついで今後我らのとるべき西洋文學文化研究の態度を語られた。即ち先生は今後の態度は、我々日本人がその獨自な分野を掘り下げていくのでなければ、西洋文學研究の必要は毫末もなしと断ぜられた。あくまでも日本人として西洋文學を見よといはれた。我々の眞に愛し得るものは日本のみであると斷ぜられた。あゝ！　先生は醇乎として醇なる日本人であつた。今日かうして論ぜられる先生の風貌の何と雄々しく尊く見えた事であらう。さういへば、過去一年十回に餘る先生の講演には、常に東洋殊に日本文化に對する郷愁の影がさしてゐた。「西洋文化研究會」でありながら、それは常に日本文化への飛躍を翹望してゐる様であつた。

（神田孝夫）

（昭一六・七、一二、一七・九『翔風』第二三二四号）

「即興詩人」講讀會

「西洋文化研究会B班」の講義とは別に、文化部が主催する連続的事業において、明治の一古典であるアンデルセン作、森鷗外訳「即興詩人」を教材に、西洋的なものと日本的なものとの相関を語った。そのはじまりは、昭和一七年六月一〇日である。九月の終わりまでは、毎週一回（水曜日）午後七時半より十時まで、鷗外訳本のおかしいと思われるところをアンデルセンの底本と照合し、またイアタリヤの風俗習慣を参照して解説し、各所に表れる思想内容に注意して進み、最後に各章ごとに総評を行った。全部を読み終えたのは、一二月二三日である。明けて昭和一八年一月二〇日、「鷗外訳『即興詩人』について」と題して全体の総評を聴く運びとなった。文化部委員の報告（昭一八・五『翔風』第二五号）は次の通りである。

先生は先づ譯者森鷗外の性格、生活體験をドイツ留學前と留學中に分けて話され、當時の海外生活の理解がこの本の成立に非常に重大な關係を持つことを日頃の深い御研究の結果として語られた。つゞいて帰朝後の活動を二期に分け、森鷗外の新文化啓蒙家としての偉大な働きを述べ、その中にこの譯本「即興詩人」がどういふ意義をもち、どういふ經過をとつて現れたかを詳しく語られた。鷗外初期の創作の延長即ち飜譯的創作といふのが先生の結論であつた。つゞいて譯文の檢討にうつり、鷗外自らアンデルセンの作品中の經験を味わつたことをいちいち留學當時の體験から常に推定しつゝ縦横無盡に解剖された。然し鷗外とアンデルセンとの思想や考へ方や、生活の違ひが如何にこの譯本の上に表されてゐるかを分解され、よき譯本といふ點から見ればかずかずの誤謬誤解がないわけではないといひ、例へばイタリヤ語の知識、イタリヤ風俗の理解の不足などを擧げられた。

又この譯本の我文學界に及ぼした影響として自然描寫特に寫生文の先驅、藝術家小説の先驅等の描寫と素材方面から、また流離といふ文字の使用法の變化を例證として所謂西洋のローマン派の考へ方の受け入れられたことや、我國の愛《リーベ》の考へ方の變つたこと等を後繼者の鏡花、藤村、勇等の作家を引いて一々證明された。その博識にして豊富な内容をもつたお話しはさながら明治文學史を一擧に核心に於て衝いた感があり、我々の得る所實に甚大であつたと思ふ。聽結論としては最後に譯者鷗外のこれを完成してからの心境を「青春の卒業」といふ文字を以て象徴され、本を讀むとき、特に飜譯を讀むときの態度のどうあるべきかを證し、譯者鷗外をも餘り過大評價をしてはならない、やはり欠點を認めて長所を敬愛すべくその眞の姿を見よ、と至れり盡くせりのお話に一同深い感銘を受けた。

石上露子集

台北帝大で英語・英文学、仏語、仏文学を講じながら、日本近代文学の研究にも打ち込んで、国文学研究室に完備された明治期の雑誌『帝國文學』、『早稲田文學』、『しがらみ草紙』、『文學界』、『明星』、『三田文學』等を耽読した。森鷗外や上田敏、島崎藤村の研究をすすめ、平田禿木の著述に親しみ、露伴や紅葉を味読する日々である。講義が終ると帰宅するまでの時間を、雑誌を熟読する楽しみの時間とした。この時、数年前からしばしば赤堀梅子夫人と話題にしてきた「明星」派の詩人の一人、白菊の花にたとへられた筆名「ゆふちどり」の歌や小品を味わいつくし、殊に短詩「小板橋」の世界に引き込まれた。思い返すと中学時代に、小林愛雄の『管弦』や『近代詞華集』、小原要逸（無弦）の『西吟新釋』、『ロセッチの詩』、『ユーゴーの詩』を愛読したころ、生田春月の『ハイネ詩集』や『ゲーテ詩集』も読み、春月編の『日本近代名詩集』（大八・三　越山堂）で心を躍らせた「小板橋」を再読したのである。この短詩の原形（明四〇・一二『明星』）を読み解くほどに、哀れ深い詩人の宿命について語らずにはいられない。日頃兄事する矢野教授にも、親しく交友する詩人の西川満にも語り、「明星」派の与謝野晶子、山川登美子、茅野雅子、石上露子の歌に精通する歌人の赤堀夫人には、殊更に自らの解釈と鑑賞を披瀝して意見を求めると、不思議と味わいの感想が同じであった。赤堀夫人の

24歳の石上露子
（明治38年）
『石上露子集』
（昭和34年11月
中央公論社）所載

「母をおもふ」や「わかれ」が、露子の「母を想ふ」や「おもかげ」に通じているのも不思議であった。来台した『美人傳』の著者長谷川時雨（本名康子、一八七九—一九四一）に親しく会い、露子についてさまざまのことを話してもらったのは昭和一六年一月で、いよいよ「明治期の文学資料の一補遺」として、「石上露子集」の腹案は成った。それまで誰も取り上げなかった明星派の歌人の「歌と日記」を詳しく評釈した。あまりにも薄幸なこの女人の芸術に心を惹かれていたので、幻にうつった石上露子の俤に従い、好みにあわせて作品を配列した。公表の前に、「編註」のすべてと「石上露子集の後に」の草稿と合わせて赤堀夫人に読んでもらうと、丁重な感想を届けてくれた。「石上露子集の後に」の中に表現されている「赤堀梅子夫人のあはれうるはしき感想」、編註の最後に掲げている「宿世をおもふ」（赤堀梅子）である。

物たりて心まづしき宿命《すくめい》に、みづから世をすね世を侘び、
にびいろのよそほひに尼めいておはしたといふこの佳人は、
その才《さえ》ゆたかさがゆゑ、一きはこころいたまれしことと思はれます。「世にそひて」「十とせへて」「なにすとて」など、母を想ふ歌には、そのかなしみのはじまりがもう浮かび出てゐるのではありますまいか。他人《あだしびと》にさへいだいて苦しいおもひを、生みの父、新しい母にいだいて生きねばならぬつたないすくせ——人の子として二重の負ひめにこの多感な君のなやみは、一しほふかいものがございましたらう。「かがるべき色絲しらず小手毬《こでまり》の白さに足れる春のまま児」——この歌など打誦《うちずん》じてゐるうち、いつかわたくしも泣いてをりました。何といふあはれに美しい継し児の歌でせう。ことにただ一人の妹ぎみを嫁がせてからは、玉琴かき鳴らす外には、うた詠《よ》みもの書くのみがただひとつのよろこびであられたとは！　あまりにもおほほしくたよりなげに暗いこの君の生涯を想ひうかべながら、「人は得てねがひは足りて」の歌を見出した時、やうやう一縷の明るみを覚えてほつといたしました。けれども一たびはこころあがりして「玉柱《たまぢ》おき千すじの琴と高鳴らむ」とまでうたひ上げたこの君が、えし人ゆゑにわが身よそほふ誇りと幸のうちにゐて、一筋の落ち髪にさへ心するといふをみなごころのあはれを詠はれたもののなかには、すくせ悲しき人のはやくも行末を案じる憂がほのめいてゐます。さうして「君が門《かど》をわれとおそれに追はれきて」とか「夜啼く音のわれを泣かするはぐれ鳥」とか「ああ思ふといかに傳《つ》てなむ」とかに打ちつづく心弱さは、かなしいかなしい諦めに通ひ、結句《けっく》かぎろひにさも似た幸《さち》かと、ひとごと

ならず、胸截られる想ひでございます。
石上露子集をよみ終へたとき、しみじみとわたくしの心に浮かんで参りましたのは、西のくにのそれがしの詩人《うたびと》が残したといふ言葉でございました。――Sois belle ! et sois triste !

「石上露子集」（松風子編註）が『愛書』第一五輯に掲載されたのは、昭和一七年八月であった。編集子は言う。

日本文化の一翼をかざる日本女性のこころの記録として立派な藝術的價値を持つ文献を掲げさせていただくことにした。『石上露子集』がそれである。これは今では全く隠滅した明治時代の閨秀詩人の集であるが、今回、松風子氏の綿密な注解を加えられて、はじめてここに公にされたわけである。本文に對する配列なり、考證なり、感想なり、批判なりに、文藝史的、思想史的さまざまな方面からの見方が施され、獨自な編纂法を示されてゐることは、一讀直ちに感ぜられるであらう。日本女性の精神史の一節をうかがふたよりになるといふ點からは、必ず後に傳わるべき文献として、自信を以て提供する次第である。編者の松風子とは、學藝の世界に著聞する臺北高等學校教授兼臺北帝國大學講師某氏の筆名である。
市村記

香港大學圖書館

昭和一八年秋、日本の占領下にあった香港の視察を総督府より依頼されて当地に赴いた。帰任したのは一一月上旬である。そして半年後、香港総督磯谷廉介（一八八六―一九六七陸軍中将）の要請により、陸軍司政官（現地任官）に任ぜられて香港大學圖書館管理（館長）のため任地に赴くことになった。陸軍省発令は「昭和十九年十二月二十九日補香港占領地総督部付」となっている。島田が後年文部省に提出した文書「当時の事情説明書」（昭三六・一一・一七）には次のように書かれている。

私は台北高等学校教授として勤務しておりましたが、昭和十九年六月頃香港総督府より台湾総督府を通じ、台北高等学校に対し、軍管理になった香港大学図書館蔵書が煩雑し手の施しようがないので、必要なる学者を派遣して整理せよとの命令が出され、校長は、私を指名された。その理由は香港大学蔵書は西洋の文献が多く、又特に古典及び文学書が多いので、その専攻学者が必要である。私の専門は西洋文学であるため最適任者と認めて校長は派遣リストに私の名前を記し、台湾総督府から香港総督府に送りました。私としてはこのまま教鞭を取りたく思い、校長に懇請しましたが、校長は香港総督府の命令であり、派遣しなければ校長が困ると反対に要請され、任務終わり次第再び教鞭を取れるようになるだろうとの見透しなので承諾、赴任しました。
私は現地で大佐相当の待遇を受ける陸軍司政官に任ぜられ、業務内容が煩雑している軍管理の図書の分類、保存、管理等を取扱っておりましたが、終戦と共に聯合軍捕虜として、五ヶ月収容され、かねてから念願であつた台北高等学校の教室にはもどり得ずそのまま内地に送還され、鹿児島上陸と同時に退官させられました。

香港に赴くことに関連して、『フランス派英文学研究』上巻の「はじめに」（一九九一年歳晩の或夜）には次のように書かれている。

戦火はとうとう外地にも伝わってきた。その戦争が酣《たけなわ》になった時、外地から対岸のもとイギリス領の大学図書館の事務取扱に転官を望み、もと西洋人のつくった土地で慣れぬ職務にホンの数ヶ月を送ったのも、フランスにおける英文学研究の実相に一歩でも近づきたいと思う一念からであった。

臺北高等學校教授の身分のままで香港に赴任している間に、昭和二〇年五月の空襲で、台北市福住町の自宅は爆撃のため炎上した。仏蘭西派英文学・比較文学関連の蔵書や専門雑誌、文献、膨大な量の草稿のほとんどが爆風で失われた。焼け跡に駆けつけた教え子の話によると、万巻の書物が燃えさかり、燻り続け、飛び散った多くの書簡が舞い上がる中で、詩人蒲原有明からの書簡が燃え尽きるのを凝視したという。矢野教授も、関連のことを「愛詩帖」の中に書いている。

昭和五・六年の事であるが、私の友人の一人は蒲原有明の詩集『獨言哀歌』が如何とも入手しがたきままに、遂に私の所蔵のものを全部寫し取つた。その後わが友が當時静岡に在つた詩人の隠棲を訪ねた時、この寫本を示したところ、蒲原氏も流石に深く感激し、立處に筆を執つて即吟一首をその扉に書き記されたさうである。然し、この本も、蒲原氏の感吟も、友人の家が臺北で直撃弾を受けて炎上したため烏有に歸してしまつた。

（昭三〇・四『去年の雪――文学的自叙伝』大雅書店）

島田は後年、貴重な多くの文献や蔵書が戦火で炎上する光景を夢にまで見たといい、無数の白い蝶が舞い立つような幻想におそわれたと、しばしば語った。

太平洋戦争の終結

昭和二〇年八月、日本の敗戦とともに日本軍の香港占領は終った。

日本人約三〇〇〇人はイギリス軍の基地がある英領スタンレー（赤柱）半島の集中営に収容された。高等文官であった身は「捕虜」ではなく「抑留者」である。勿論、陸・海軍軍人が収監されて味わった悲惨を極めた生活（英兵に小突かれ、痛め付けられ、粗末な食糧、独房、木枕付の寝台、古毛布一枚、ブリキ製の水呑み一個）ではなかったということだが、不自由な中で、三井物産の支店長だった人が日本人会会長として、抑留者への連絡などをして面倒をみてくれた。共に集中営で過した中尾金弥の話によると、島田は無聊の姿ながら端然として、もの思いに耽る様子だったという。そして、しばらくすると、僅かばかりだが、日本の古典を読むことを許され、『源氏物語』『謡曲』『俳諧七部集』『古今和歌集』を共に生活している人たちのために講じて喜ばれた。みんなからは「先生」とよばれて尊敬され、風呂は常に一番風呂をすすめられ、親しくなるにつれてラブレターを書いて欲しいと頼む者が現われると代筆したことなどもあったと語ったことがある。しかし、集中営で過す夜ごとに、楽しき日の想いが連綿と去来して、不自由な生活の中にあってある種の諦念が身を嘖んだ。そしてその後に、限りない詩想が湧いた。後年公にする長詩『雅人』の構想はこの時に胚胎した。未刊の詩文集「木棉花」草稿は、更に詳細に香港における生活の明暗を語るものである。『雅人』（昭二三・五、靖文社）の源流は、勿論島田が香港視察に赴いた昭和一八年に遡る。「木棉花」草稿の冒頭にその情景を見ることができる。

思ひ出づ、わが雲中より香江に降り立ちしは或る年の十月十八日なりき。その翌日かねてこころざしし研究のためみちびかれゆきし Bonhan Road の大學図書館にてはじめてその人を見き。秋の日の蝶とやいはむ、しかも気品《しな》高く凛々《りり》しくも婉美《うつく》しく……

言葉ぞ通《かよ》へ、こころなき異国《とつくに》びとの中《なか》にただ
ひとりなつかし、
ふるさとのわが國言葉《くにことば》みやびかに語りし女人《ひと》よ
美《は》しきかな。
ああ、夕月の清く澄む姿か？　かなし　鴛鴦《をしどり》の
片羽残れる愁ひゆゑ、
凛々《り》しとはいへ、秋の葉の薄き命を嘆かしむ。
縁《えにし》かや、木かげ小暗きその部屋に
わが求めゐし詩集《うたまき》を見出でし時のうれしさよ。
わがさし示す＊頼古堂《らいこどう》の詩《うた》よみかへし、
　　＊明治末期の詩人なり
その君は、「われまた愛《め》づ」と囁きつ、
わがためやさし、筆とりて、寫したまひき。
誰か思はむ、世をあげて今は戦《たたか》ひ、
ことさへぐ海遠《とほ》どほに渡り来し巷《ちまた》に
かくは情しる、風雅の友と相見んと……
おどろきは、いつか吐嘆《といき》に、歓喜《よろこび》に、かはりゆきしよ。
その君の佳《よ》き筆蹟《て》寫《うつ》し詩章《うたくさ》を、人こそしらね、
幾度か、秋の夜長き燈火の下にしみじみ
くりかへし、わが愛《め》でにけるこの思ひはや。

かへしうた
佳き人の佳き筆蹟寫しし佳《よ》きうたを佳しと愛《め》でつつ佳《よ》く護りなむ

まもなく、「これより往返の書簡織るるがごとし」とある。
一一月五日、香港滞在から廈門巡遊を終えて任地に帰ると、職

場の机上に一通の書簡を認めた。出張中に東西の文芸についてしばしば語ることのあった「気品《しな》高く凛々《りり》しくも婉美《うつく》しい」L女史からの来信である。

本意なくも飛機に乗じて東の國に歸りたるわれの手に、たれか思はむ、そのひとの寄せたまひたる律詩三章の天外よりおち来らむとは。忘れじ。降誕祭の前夜なりき。

三ヶ月後の翌年二月、香港総督から正式に委嘱されて、香港大學圖書館の管理に当るために再訪した。

その翌る年閏《うるふ》二月の末われふたたび公務を帯び飛機に搭じて香江を訪ふ。春山春水春風のうちに雅人と再會せり。

「雅人」と「木棉花」

香港の任地にあって、十数ヶ月の過ぎし日の点景を、国敗れて捕われの身となり、楽しかりし日を想うばかりに微吟し続ける。忘れじの人との再会を夢みて、出会いと誓いと別れとを詠って、苦悶の絶唱を紡ぎ出した。高等文官として大学図書館の管理の任にありながら、一朝目覚めれば自由を奪われた身である。戦争は二人の約束を踏みにじってしまった。一切を大いなる摂理の御手に委ねるにしても、詠わずにはいられない。「雅人」と詠われる女人《ひと》は、しばしば女苦力《クーリ》二人を雇って差し入れを続け、時には想いを伝える書簡を届けてくれるのであったが、昭和二一年の元旦、傷心の極みにある身に届けられた差し入れを最後に消息が途絶えた。差し入れの袋の底に忍ばせた書簡で述べる心情の一部は、『雅人』の最後に次のように詠われる。

「厭《いと》はしの戦ひや。
世《よ》界をあげて今は狂《くる》わへり。
戦ひの終《を》はりなむ時、勢《いきほ》ひの赴くところ、
心ならずしばし離れむ。
しかはあれ、信じてよ、
生死《しょうじ》なき、萬全《ばんぜん》の、わが愛をこそ。
人生きて歸りくるとも、
吾《あ》は家を捨ててゆかなむ、柳散る北の大都《みやこ》に。
この誓ひ忘れ給ふな、再會のこの誓ひをば。」
豈《あに》われの忘れむや、その誓ひ言《ごと》。
しかもああ、誰か思はむ、
夏の日もいまだ過ぎぬに、戦ひの直《ただ》に終《を》はると。
人と別れて捕はれのわが身かな！
《機械《エンジン》をとどろと鳴らし、》
《とどろと鳴らし、》
《貨物車《くるま》はいそぐ、貨物車《くるま》はいそぐ、》
《鏡なす大海《おほうみ》の傍《そば》、》
《緑濃き山路《やまぢ》を縫うて、》

《貨物車《くるま》はいそぎ、貨物車《くるま》はいそぎ、》
《登りゆく坂みちいくつ。》
《ついに見ゆ、白き建物《たてもの》。》
《抑留所なり！》
《最後《いやはて》にわが思ひにしこと。》
かの誓ひ、いつの日かわれのはたさむ？
平和來てふたつの國の相交る條約《さだめ》成るまで、
いかにして渡るべき、異郷《とつくに》の北の大都《みやこ》に。
何とせむ、われや悶《もだ》ゆる。
苦《くる》わし、この縁《えにし》の糸や！
胸うづく思ひ出千千《ちぢ》に
涙湧くわれのあけくれ。
何せまし、堪へがたな。
とやかくと思ひ煩らひ、
せむ術《すべ》のあらなくに、
われはつひに思ひさだめき、
古代《いにしへ》の賢人が智慧をさながら、
一切をあげて待たなむおおいなる攝理の御手《みて》に。
何事もただ神のまにまに。

「木棉花」草稿では更に深く、雅人の心境が語られる。

（前略）
厭《いと》はしの戦ひよ、呪はしや、
わが家を二つに割《さ》きつ、
肉親を別けて争ふ……
妹《つま》ふたり重慶に、
夫はそのため南洋に、
わが身ひとりはこの町に……
民國二十一年に東北の戦ひおこり、
抗日の氣勢にひとのふるひ立ち、われもまた憎みたる日の本は、
わが留學の國なりき。
新しき文藝と思想との盛んなるそのさまに惹かれつつ、
閨秀の作家たらむとのぞみにしこころゆえなり。
夫《つま》とともに歸國後《かへりて》のわれが願望《ねぎごと》——
中國を本然《ほんねん》の姿にかへし、
民草のみな安らけく世《よ》に生きむねがひなりしが、
嶺南《れいなん》に戦火ひろがり、わが家のちりぢりに別れ散《あら》けぬ。
嘆かひや、悲しみや、呪ひかずかず……
思はめや、憂ひののちに、故郷《ふるさと》ゆ夫ゆ裂かれむ運命を。
片羽なる鴛鴦《をしどり》のうらみも切に、日の本をいよよ憎みき。
豈思はむや、敵國の人のうちにも情《なさけ》しるまごころの君。
ゆくりなくわれ改めき、日の本を眺め見る眼《め》を。
豈われの思はむや、戦亂のなかに風雅の君を識り、
國と國とのにくしみをいつか忘れて、
人しれず君に許ししこのこころ……
ああ嘆かひや、戦ひの終はりにし今日のわが身の。

中國の勝利なり。うれしとはいへ、
世に悲し、日の本の敗れにし事。
日の本のために泣くわれならず。
君がため泣くわが身なり。
（後略）

『雅人』の草稿を見ると、著者は「よみ人しらず」とあり、「昭和二十年十一月三十日稿なる」とある。くりかえすが、集中営において一人になる僅かの時間、そして眠られぬ夜などに、めぐる想いをノートに書き留めてくり返し詩想を練った。詩も歌も次から次と湧くようにあふれ出たという。拘束の身を解かれて帰国してからも推敲を続け、『雅人』を上梓したのは、昭和二三年五月である。

第五章　祖国への帰還

一　第一高等学校の教壇へ

京都・真鶴

昭和二一年一月、香港英領スタンレー半島の集中営での生活から五ヶ月後、長年の任地である台北へは戻らず、直接帰国の途につき、鹿児島に上陸して内地の土を踏んだ。上陸と同時に復員完結、「一月十九日陸軍機密第三百六十九號により陸軍司政官を退官」となった。祖国への帰還とその後の動静と心境を、「敗戦の祖国に帰って」（昭五三・二・一〇『読売新聞』夕刊連載「自伝抄この道あの道」）の中で次のように語っている。

一九四六年正月末、アメリカの輸送船につめこまれて帰ってきた。上陸地は鹿児島である。雪が降りしきるなかに、桜島は噴煙をふき上げていた。メチャメチャに破壊された街路を女達が歩いている。みんなもんぺ姿である。兵隊は口々に、日本へ帰ってきたぞ！　ああ女がいると叫ぶ。

牛馬を運搬する貨車にスシ詰めにされた。バタンと戸を閉ざすと、もう真暗闇。再び祖国の土地をふんだ感動で、どんなものにふれても涙がうかぶ。停車中、久しぶりで新聞を見る。大小の活字がみんな動き出して、踊り出し、迫ってくる。目をはなすとまたスーッともとの形にもどる。有明海が見えた。あれは南の真っ青な海につづいている。

その瞬間また胸が一杯になる。爆撃のあとの生々しい北九州から西日本の幹線にかけて、半壊の都や町を通りぬける。同行者は一人かけ二人かけ、一人ぽっちになる。たずねてゆくあてもない、世話してくれる人もいない。リュックひとつで、着の身着のままのこじきの旅である。

京都で途中下車した。日本は滅びたが、山河は昔のままである。疎水の流れも、東山のたたずまいも、かわってはいない。……

また東を指してゆられていく。ふきさらしの窓から真鶴の夕暮れの海を見る。こんな姿になって、こんな気持で故郷に帰ってこようとは夢にも思わなかった。これからどうなるのか。でも、何万年も生きてきた日本は今でも生きている。この海。この山。この松の木。この風の音。何もかも昔の日本ではないか。その内部で泣きながら生きている祖国の魂へ帰ってゆこう。あらためて日本人であるより外にありようのないわが運命を自覚して生きよう。

白雪の降る小さな海辺の町を出て、三月のある夜東京につ

いた。見渡す限り一面の焼け野原である。（後略）

帰還直後のことを語るときは、国敗れて山河のみ残った日本に着のみ着のままで帰ってきた、とよく話した。鹿児島本線を北上し、山陽本線を上って、まず京都駅で下車、鹿谷《ししがたに》法然町四七番地に、大学の同僚だった神田喜一郎を訪ねた。その家族とは二年二ヶ月ぶりの再会、寒夜を語り明かした。それから、下京区高倉仏光寺下ルの長性院に妻の妹夫婦佐々木乾三・節子を訪ねて数日滞在した。その後は、妻の弟夫婦の住む鎌倉で疲弊した身体を養うことになるが、かつて東上するときに眺めた真鶴の海は、香港での日々を思い出させてしまうのだった。彼の地で深く識るようになった女人は日本に留学しているとき、真鶴に住んでいたのだ。香港にいて、喜びにつけ、悲しみにつけ眺めた海、今また落魄のうちに眺める海は思い出の東シナ海につながっている。思い尽きぬままに、滾々と湧き出る歌草を発露せずにはいられない。台北高等学校時代の教え子が編集する『北窓』第三輯（昭二一・四、氏家春水主宰、文芸新人会）に「海のなげき」を載せたのは、鎌倉から東京に出た直後であった。

ふるさとの東のくににかへるときひとりわが見しまなづるの海
きみを思ひひとり眺めしまなづるの海のなげきを知る人あらめや
きみを思ひひとり眺めし真鶴の海暗かりき山暗かりき
嘆けとや思ひ出千々《ちぢ》に胸うづく海暗かりき山暗かりき
紺青の野《の》・山《やま》・海《うみ》・空《そら》、美しきみなみの國にありしよわれの
ふるさとの國より美《は》しき野山なりわが見し人の忘らえなくに
まぼろしに浮くよそのひと、わが見てし世にたぐゐなきあてびと「雅人」
嘆けとてまた眼前《まなかい》にL《エル》雅人《がじん》、わが思ひ出の王座を占むる
北へ北へ車は走る、紺青の海山《うみやま》とほく離れゆくわれ
紺青の海山とほく離るとも心ひとつのえやは離れむ

福原麟太郎との再会

東京では本郷の東大正門前近く、台北高等学校出身者たちがいる新星学寮のひと部屋に起居して、不自由な生活ながらも教え子たちに囲まれて語ることが多く少しずつ元気を回復した。やがて、教え子たちと離れて生活をはじめた頃、吉田精一（一九〇八―一九八四）に同道して波多野完治（一九〇五―二〇〇一）にはじめて会い、それ以後、神田神保町の波多野巌松堂を繁く訪ね、これからの学問や研究の話を交わした。ある日波多野は、一階の古書部から「上田敏の『海潮音』――文學史的研究」と「ポウとボードレール――比較文學史研究」と「佛蘭西派英文學の研究――オーギュスト・アンジェリエの業績」が収録された『臺北帝大文政學部文學科研究年報』三冊をもって上がってきて、「シマダさん、あんたは一〇年以上も前から、先駆的な研究をまとめていたのだね……」と言った。帰りしなに

東京文理科大学で講義中の福原麟太郎

『英語青年』（昭和56年６月）所載

もらったこの三冊と、ＧＩ（特に第二次世界大戦中の米陸軍兵士）たちが読んだ所謂将兵本で、乾ききった読書欲を満たしているとき、仏蘭西派英文学研究再開への意欲が猛烈に湧いてきたという。

また、福原麟太郎との再会は殊の外うれしかった。「三月二十九日（金）朝、本郷森川町一二四に住む島田謹二君を訪問す。（中略）島田君自らの書いたものの版本その他借りにくる。」と日記（昭五七・九『福原麟太郎随想全集』８「日記・書簡」福武書店）に書かれているように、一二年ぶりの再会であった。島田の回想談から再現すると以下のような次第である。三年前に亡くなった平田禿木先生のことでは話が尽きず、この日夕刻に福原を訪ねてまた語り、東京文理科大学への出講を勧められた。それから、自分がかつて書いたもので手許にないものを貸してもらい、この時、『文學の世界』（福原麟太郎著、河出書房）を贈られもした。これを精読玩味し、やがて、『英語青年』第九二巻第一二号に書評を寄稿したのは昭和二一年一二月である。

　この書の著者は現代英學壇まれに見る老手である。淡々として語り出す口調は實にたくみなものである。それがまつたく初心の人が無邪氣に語り出すのとはちがつて、三十年の間筆陣に馳驅した veteran がすつかり「あく」を抜いた後に到達した調子であるだけに、玩味すればするほど「こく」のある表現になつてゐる。するりと書きおこしてゆくその婉轉自在な筆力は實にうつくしいほどである。びりびり横紙をひきやぶるやうな強引なところはほとんど感じられぬ。どこから書き始めるかはその時々で千變萬化である。正面から堂々と押してゆくときもあり、裏門からすつと入つて行く場合もあるが、どつちにしろらくらくとのびのびと用をたすことにかはりはない。無理じひや無理なせいのびをして傍人にはらはらさせるやうな不安と懸念とをおこさせるところはまつたく感じられぬ。へんな衒氣めいたものは著者のことに厭ふところか、その種のくさみはとんと鼻につかぬ。かういふ特色をあれこれと考へてゆくと、著者の文品は岡倉門でありながら、『呉岸越勢集《くれぎしえっせいしゅう》』の系統といふよりも、戸川秋骨などに近いものになつてくる。しかしながらよく味はつてみると、やつぱりこれは荻窪の大人ではなく、礫川の福原さんである。（中略）こんな風に考へてゆくと、著者が人品、才能、文技の諸點から見て、この書は現在の英學壇においてもつとも信頼しうる「文學論」のひとつだと言つてよい。かういふ良書がほんとに味はれて多くの讀者をもつやうになつた時こそ、日本が眞の意味の「文化國家」になる時なのである。（呉岸は、岡倉由三郎の筆名―引用者註）

福原と「平田禿木ついて」語ったことで早速行動に出たのは、遺族から依頼されているある要件を果すことと年来心がけている「平田禿木傳」の資料を集める目的から、山形県鶴岡に近い三川町三本木の阿部徳三郎方に疎開している禿木夫人を訪ねたことである。一〇月であった。「平田禿木に寄せたる上田敏の書簡」（昭二三・一一『季刊英文學』第一輯）の中でいう。

私の訪問は十分に成果をあげたといつてよい。その際未亡人の秘藏せらるる平田先生に宛てた諸名家の書簡百数十通を披見することをゆるされたのは、何よりありがたい御好意であつた。これによつて明らかにせられる文界の秘事や文藝の士の動向は一二にしてとどまらない。そこで私はこれを私ひとりの享けるべき賜物とせず、ひろく學界の共有財とすべく、美津子刀自に申上げてその御同意をえた。これから誌上に掲げる諸名家の書簡はさういふ因縁によつてここにはじめて公にせられるのである。

しかし、第二輯に「平田禿木によせたるフェノロサその他諸名家の手紙」と予告されたのであるが、ついに出ない。

島田は、阿部家を訪ねた後、台北時代に親交を深めた斉藤勇《いさむ》（一九〇四―一九八七）と柴田悳也《とくや》と再会した。齋藤は敗戦後故郷の山形に帰り、酒田北高等学校等の校長職にありながら、台湾時代に主宰した歌誌『臺灣』を『黄鶏』と改題して主宰し、作歌、評論、翻訳の執筆をつづけていた。旧知の島田が禿木夫人を訪ねてくることを、荘内中学の同窓阿部徳三郎からきいて、柴田と共に酒田市の高等学校図書館研究会での講演を島田に依頼したのであった。白秋の「片恋」が語られた。白秋の紹介で台湾に渡った齋藤にとって何にもましてうれしい講演だったにちがいない。三〇年に近い年月が過ぎてから、彼は、島田に纏わる二つのエッセイ「袴のすそ」（昭五〇・八）「詩人の幸せ」（五〇・九）を『黄鶏』巻頭に書いた。「詩人の幸せ」から一部を引く。

講演は一時間半にわたった。聴講者の間に深い溜息を交えたざわめきが、いい音楽を聞いたあとのような余韻をひいた。白秋の「片恋」、あかしやの金と赤とがちるぞえな、に始まるわずか六行の短章を主題にして、言葉のもつ響きとイメージ、音数の重ねと行分けの心理、言葉に新しい命と秩序とを賦与する詩人工房の秘密を、目のあたり見るかのように敍し

来り敍し去って壇をくだる講師の背に拍手がしばらく鳴りやまない。講師は島田謹二氏であった。（中略）

前記の講演を想起しても痛感されることは、島田氏の鑑賞の深く且つ切なることである。詩人の心中にひそみ入って作品の底に横たわる原情景を発掘し、それが表現に転成する経過を、言葉のいのちを、語義とひびきの両面から余すところなく説きあかす。氏の編集に成る新潮文庫本「佐藤春夫詩集」の解説の中の例をとれば「秋蚊帳」に於ける、五音、七音の使い方を精緻に分析し、「わが詩《うた》は」については、本文に拠りながら、「それはいのちを中空に托している春の夜のおぼろめく言葉だ。おおどかに言い残しがちに流れいさようしだらなさだ。ありのすさびのアナクロニズムだ。このことばそのものは、滅びるだろうが、そのもののこころは、永遠《とこしえ》に残るだろうと信じぬいている。この歌のリズムのしなやかさ、しどけなさ、わりなさを味わえ。蜘蛛が糸を織ってゆくような、かすかな、みごとさだ。あかく清く、ひたと迫る古語と、みやびやかなやまと言のはと、手なれた日常語の中に、「感情の流露」とか「観念の露出」とか「百年前」とか、漢語をひょいひょいとはさんでいく。伝統の詩感に訴えながら、ふしぎに新しいしらべを織り出す現代詩だ」と島田氏は書いている。詩に篤く語に審らかなひとにして始めていい得た言葉である。島田氏のような解説者を持つことのできた詩人の幸福が、いっそ妬ましい。

堀大司との再会

昭和二一年四月下旬のある日突然、本郷の住まいに堀大司（一九〇三―一九六八）が訪ねてきた。昭和一〇年七月一二日、東京帝国大学英文学会に招かれて「フランス派英文学研究」について講演したあと紹介されたのが初対面であったが、共に京華中学校、東京外国語学校英語科の卒業であることから親しく語り、三年後の一〇月一七日、日本英文学会第一〇回大会終了後数日して長い時間語って以来のことである。七年六ヶ月ぶりの再会であった。堀は、第一高等学校の同僚として教壇に立ってはどうかという勧誘に訪れたのである。その時の様子を次のように書いている。

（前略）戦後手不足の一高へ島田さんを迎へたいと考へていた私は廿一年夏本郷の下宿の一室にやっと島田さんを捜し出した。見違へるほどに窶れて、生死のほども判らない台北のご家族を案じてゐられる島田さんの姿を私は痛ましく眺めたが、食物さへ不足の香港での虜囚生活中にも「文学の事は一日も忘れなかった」と語られたときには、昔に変らぬ、否、肉体の衰への為か寧ろ一層デモニッシュな気迫が感じられ、他のコンテクストで他の人の口から出れば私の辟易したに違ひないその言葉もその場合当然島田さんの口から出るべき言葉のようにいかにも素直に自然に聞えた。（後略）

（昭三六・二『教養学部報』第九四号所載
「島田教授の停年に当って」）

それより以前、二度目に会った学士会館での互いの様子も少し紹介しておきたい。

昭和十二年の秋神田の学士会館でお目にかかった折のことで久しぶりに島田さんの謦咳に接し得る楽しさに朝からの雨に濡れた会館の階段を急いで上がって行ったのが九時頃で、二度食事を共にし夜八時ごろに辞去したと憶えてゐる。（こういう機会は二度とは無かった。同僚として島田さんと共に駒場で過した十五年間を振返ってみても用事以外に落ちついて話し合った記憶が殆ど無いのは寂しい）（中略）その折論じ来たり論じ去って倦むことを知らない島田さんの雄弁に時の経つのも忘れて聞き惚れたことは間違ひないが、今その内容を思いひ浮かべようとしても漠として取りとめがない。ただ、文学といふものに寄せられたあれほどの純粋で熱烈な愛情があり得るのだという直接の感触だけは永久に忘れ難いものとなった。（後略）

（前記「島田教授の停年に当って」）

（前略）神田一ツ橋の学士会館で昼食を御馳走になりながら、あれやこれや古今東西の文芸談に終始して、灯ともし頃になっても興尽きず、晩餐をともにしながら夜ふけまで語り合ったおもしろさを忘れない。話題が何であったかはもう記憶の外にある。ただ部屋の様子、話のおもしろさ、興に乗じて語りもし聞きもした十時間の愉快さだけがゆめのように残っている。筆者の生涯をつうじて一番楽しい一日のうちに数えてよかろうか。（後略）

（昭四〇・三『比較文學研究』第九号所載「堀大司教授のこと」）

「五月四日、第一高等学校令、英語講師ヲ嘱託ス（常勤）」と文部省に保管された記録にあるので、堀教授が、夏に本郷の下宿を訪ねたのは、教壇への勧誘ではなく、第一高等学校教授の辞令（内閣）の予告のためであった。教壇に立つようになると、杉並区中通町六五番地藤井種太郎方に居を移して、第一高等学校に出講した。乞われるままに、東京産業大学（現在の一橋大学）予科や日本女子大学にも出講、そして時には、水道橋の研数学館で受験英語を講じたりした。台北の地で孜々として学び、熱情溢れる講義を続けてきた身には、語ることが何よりの喜びであった。周辺に図書や雑誌などがなくても、かつて世に問うた貴重な研究業績の蓄積があり、愛誦した詩歌は悉く心に残っていた。時に、寂寥やるせない辛い気持に襲われることもあったが、情熱を傾けて語るうちに忘れるのである。そして、台湾時代の充実した生活の思い出がいつも心の支えとなって、新しい日本を背負うべき若者たちの教育に専心しようと思うのであった。「補第一高等学校教授　十九号俸下賜　任文部教官」（内閣、文部省）が発令されたのは、一二月二七日である。旧制第一高等学校教授に就任、英語・英文学を講じ、英詩の名訳と流暢な語りとで、忽ち「シマキンの英語」と呼ばれるほどに親しまれるようになった。

戦後、復員して一高に復学した安藤弘（昭二三卒）は次のように思い出（昭六二・九・二八『サンケイ新聞』所載）を語っている。

教科書もない戦後の物不足時代、カーライルの「衣裳哲学」やチャールズ・ラムの「エリア随筆」などをガリ版刷りにして熱心に進めた。学生を指名することはなく、教壇にも立たず、学生の机の上に腰をかけたり、横に立ったりしながら、朗々と読み上げた。ポーやシェリーの詩を訳し、うたうように読み上げた先生にわれわれは陶酔し、詩の真髄を体でしみ込まされていった。

後年、氏は桜台の居に師を訪ねて御馳走になり、そのまま泊めてもらい枕を並べて話を聞きながら寝んだことは、ありえないと思われる幸せだったと語った。

杉木喬

しばらくして、早くから島田の比較文学的研究法に関心と敬意を抱いていた杉木喬（一八九八―一九六八）は立教大学への出講を強く要請した。島田の心境は嬉しくもまた複雑であった。先に福原麟太郎の東京文理科大学への招請があり、つづけて堀大司の第一高等学校への勧誘があったからである。杉木の要請を入れ常勤講師として、復興し始めた池袋の地を踏みセント・ポール立教の英米文学科に出講したのは昭和二二年四月である。細入藤太郎、中川一郎、鈴木重威、根岸由太郎、福原麟太郎、神田盾夫、佐々木順三、金子尚一、番匠谷英一と交友した。立教大学に英文科が再興されたのを期に、福原麟太郎が出講〈「昭和二十一年、五月から立教大学教授を兼ねる。これは同大学に英文科が再興したためで、その再興第一回卒業生が出た二十四年三月末まで勤めた」（前出『福原麟太郎随想全集』）〉していたことはうれしく、語ることも常に楽しみにして出講した。ふとした時の回想談を紹介しておきたい。

杉木氏が、一高まで迎えに来てくれた。敗戦後復興し始めたとはいえ、池袋駅西口周辺から学校までは草ぼうぼうの道、狸でも出そうなところだった。駅を出ると、大学本館のレンガの塔が遠望された。出講すると、必ず図書館棟（のちにアメリカ研究所がおかれた）には顔を出し、杉木さんはじめ福原さん他の先生たち、学生たちと楽しく話した、その頃読んでいた『アダノの鐘』の話もよくした、練馬中新井に住んでいた岡倉由三郎先生を台北から帰京しているときに訪ねたことも話題にした。岡倉さんの息子の士朗さんは杉木さんと同級生で、その娘さんも杉木さんのお嬢さんも私の学生だった。縁だなあ、本庄君（本庄桂輔元立教大学教授、後に『學鐙』編集長　筆者注）も時々訪ねてきて、岡倉さんの授業の話をして面白かった、乱歩邸を訪ねたことも懐かしい、と時折語った。

『アダノの鐘』(John Hersey : *A Bell for Adano* 1943、杉木喬訳、藤田嗣治装幀、昭二四・五、東西出版社）の「譯者のあとがき」には、「翻訳にあたって、上智大学の土橋師、東京商大の竹澤啓一郎、立教大学のダグラス・オーヴァトン諸氏と共に、一高の島田謹二教授に厚く謝意を表する」と書かれている。

立教大学における講義は、島田の出講と同年に入学した、師恩を語りつづける五十嵐正雄（一九二七—二〇一五、元立教大学教授）の語るところによると、テキストは使用せず講義形式で学生にノートをとらせて説明した。一年次は、「翻訳文学について」と題して、文芸の学問。比較文学の輪郭。明治以降の日本文学と外国文学との交流。新声社（S・S・S・）の『於母影』。大学講師としての漱石と柳村。「海潮音」研究の一節。白秋の「片恋」評釈。日本文学に及びたる英文学の影響。二年次は、「近代英文学について」と題して、英文学にあらわれた東洋。Lord Byron。Dickens の小説。Robert Browning の宗教思想。三年次は、「近代英文学」の続講で、*In Memoriam* 研究。Egoist 研究。大学院修士課程では二年間、「英米文学研究方法論」でバルダンスペルジェ教授の『文学論』についての講義を、時々は学部三・四年生の講読の授業 S. T. Coleridge : *The Ancient Mariner*, W. Wordsworth : *Poems*, R. Browning : *Men & Women* の講義だった。島田は、うっとりするような流暢な日本語を駆使して情熱溢れる講義をつづけたという。「私は常に命を賭けて講義しているのだ」と語ったことは、「夏目漱石と上田敏——大学講師としての二人の英文学者」（昭和二二年二月、『文藝』所載）、「明治文學と外國文學との交渉」（昭二二・四、『讀書展望』所載）、「比較文學の輪郭」（昭二三・一〇、『國語と國文學』所載）や『飜譯文學』（昭二六・九、至文堂）の一部、『十九世紀英文學』（昭二六・八、研究社）に結実した。その講義が学会の発表や研究の執筆に直結していたのである。講師が語るように要約した「英文学にあらわれた東洋」（五十嵐正雄の記述）を掲げたい。

　オリエントという言葉から西洋人は何を思いうかべるか。エジプトか、バグダットか、千一夜物語の世界か。一切のものがすべて滅びゆく fatalism の国であり、あすをかえりみず、ただ今日をたのしむ欲望と官能の国であり、朗々と光り輝く夢の国、オリエントという言葉から西洋人が想像するのはだいたいこのようなものである。オリエントが英文学の中にどのようにあらわれてきたか。オリエントの影響が始めてあらわれたのは十八世紀後半のこと。浪漫主義の起こりはじめたときと期を一にしている。一九八七年 W. Beckford の *Vathek* の orientalism が表れたと見てよい。勿論それ以前にもイギリス人に東洋の国は早くから知られており、東洋を訪れ、旅行記や見聞記程度のものは、エリザベス朝、王政復古期、十八世紀前半にもあった。しかしこれらの筆者たちは外から東洋の世界に一瞥を投じているのみで、内部には浸透してゆかず、純粋のイギリス人そのものであった。十八世紀半ば頃からイギリスの思想界に大きな変化があらわれ始める。

従来のものより一段と眼に訴える絵画的、視覚的美観を求めて、次第に深い心理的なものに向う動きである。このようにしてイギリスの浪漫主義ははっきりした形をとり、Ossianの断片、Percy の中世民謡、Walpole のゴシック小説があらわれる。W. Beckford の *Vathek* もこの系列に属する。Beckford は巨万の富を持つ資産家の家に生まれ、少年時代から東洋の伝説や物語に興味を持ち、いつも imagination を東洋に向けていた。

Vathek の物語の梗概。この中では東洋的な人物が活躍する。R. Burns, W. Blake など romantic な作家たちが輩出した時代で、*Vathek* の英訳は大成功であった。R. Southy, L. Byron など *Vathek* の模倣者が続出した。一躍文壇の寵児となった Byron の *Childe Harold* の背景や道具立ては非常に東洋的な地方色をまき散らしながら、その人物は概してイギリス人風である。

一世を風靡した orientalism も、romantism が不評判になると、運命をともにした。それはなぜであろうか。形象(image)の美しさだけを東洋に求め、生命感溢るるものを持っていなかったからである。

近代のイギリス人は東洋に背景を求めたのはなぜか。Bible のもつ poetic な味わいは全人類的な広さを持つ。Bible を読んでいる中に、東洋的な景物がイギリス人の心に深く滲み込んだのである。

英文学が東洋から得たものは、exotic な形象の美しさである。従てその及ぼすところは、深くなく、イギリス人の魂を根本から揺すぶることがなかった。英文学おける orientalism は豪華で、逸楽的な空想の美であった。

昭和二〇年代から三〇年代にかけて、立教大学で島田の講筵に連なった人に酒向誠《あきら》、師岡（桑原）愛子、西村哲郎、福島震太、五十嵐正雄、川崎淳之助、長澤隆子、福田光治、緑川亨、森川隆司、牛山百合子、中里春彦、野々目晃三、宮澤泰、吉田新一、笠井剛、織田（杉木）美奈子、奥田俊介、後藤昭次、名取多嘉雄、鏡味國彦等がいる。『海潮音』講義を聴いた西村哲郎、福島震太、川崎淳之助、ポーの詩に魅了された織田美奈子は、熱をこめて語る名調子の流れるような講義が忘れられないと云った。

江戸川乱歩

昭和二二年三月八日午後一時、木々高太郎（本名林髞《たかし》、一八九七―一九六九）の紹介で、「探偵小説土曜会」第一〇回の会合に招かれて、「ポー研究」を語った。木々が、『ゆうとぴあ』（岩谷書店）に載った島田の「エドガー・ポオの詩」を読んだことがキッカケであった。この会の主宰者である江戸川乱歩（本名平井太郎、一八九四―一九六五）にはじめて会見した。ポオを愛好する乱歩の謦咳に接したいと長年望んでいたことが、講演を引き受けることで実現したのである。ひと月前の「土曜会」の予告は次のように出されている。

自宅土蔵内に於ける江戸川乱歩
『東京案内――澁谷特集』
（昭和29年10月　東京案内社）所載

探偵小説土曜會御案内
日時　三月八日（第二土曜）午後一時
会場　今回は京橋交差点、第一相互ビル
旧館七階、東洋軒（エレヴェーターあり）
会費　二十円（茶菓代・都合により従来の倍額）
話題　木々高太郎君の斡旋により第一高等学校教授、島田謙《（ママ）》二氏の専門家としてのポーに関するお話を伺ひます。尚当日は元警視総監、貴族院議員、長岡隆一郎氏も来会せられる予定、同氏は大の探偵小説ファンの由にて、来会せられれば色色面白いお話しがあると思ひます。前回は将棋の木村名人の飛び入りで非常に面白い会になりましたが、今回も右のほかに飛び入りがあるかもしれません。

（島田の名前が、オリジナルのガリ版刷りを精密に見ると、「謹二」と読めるのであるが、複製版を作成する段階で、「謙」と誤植になったらしい。なお、この予告を読みやすいように書いて送って下さったとき、「いかにも乱歩先生らしい予告です」と書き添えてくれたのは中島河太郎氏である。（引用者註））

乱歩自身がガリ版刷りで作成した「土曜会」の記録（昭三八・一『探偵作家クラブ会報』一八四号）は次のようである。

前回の土曜会は三月八日東洋軒にて開催、木下、木々、水谷、城、渡辺、大倉（燁子）、江戸川の諸作家のほか双葉十三郎、二宮栄三、稲木勝彦、吉良運平の飜訳家、新人作家、探偵雑誌編集者など四十名、新顔ではルパンもの、保篠龍緒、歴史小説の高木卓、評論家の荒正人、市川小太夫の諸氏が見へた。講演としては一高教授島田謹二氏のポー「黄金虫」に関する詳細なる研究発表があつた。作品構造の分析、ポー自信の過去の徑驗《（ママ）》がどんな形で作中に現れているかと云ふ事、作品の舞台の地誌的考察、黄金虫そのものの昆虫学的研究、忠僕ジュピタアの黒人英語の研究、作中の暗号と現代暗号法との対照、ポー散文作品中に於ける「黄金虫」の地位などについて詳説され、更にポーの日常生活、甚だ乏しかつた原稿料収入、「黄金虫」に与へられた賞金の額等に及び、非常に興味深いお話しであつた。

これに対して木々、二宮、城、渡辺、水谷、木下、江戸川等感想發言あり、更に一同の希望によつて島田氏はポーの作品が当時アメリカに於てほとんど認められずボードレールの佛訳によつて世界的に認められ、作品評價の逆輸入によつてアメリカ本国に於ても漸く大文豪として取扱われるに至つた径《ママ》過を詳しく解説せられ、ポーの性格と作品の真髄にふれたお話しを聞くことが出来、一同深い感銘を受けた。島田氏はこれを機縁に土曜会のメンバーに加はり毎回出席されることとなつた。

（昭和二二年三月、江戸川乱歩記）

乱歩との出会いは、木々を介してと前述したが、発端は内地帰還直後から親交を深めている波多野完治にあった。第二回土曜会（昭二一・七）に招かれた波多野が、木下宇陀児《うだる》、木々高太郎、城昌幸、江戸川乱歩、水谷準、野村胡堂とともに「私の探偵小説論」を戦わしたことから、波多野を通じても木々は島田を知っていたのである。早くから乱歩に注目していたのは、彼が、熱心なポー讃美者であり、たくみに「文学のラジウム」としてポーを評していることも知っていたし、谷崎潤一郎や佐藤春夫、芥川龍之介が創作した芸術的探偵小説に刺激された、このころ日本における探偵小説の第一人者であると認めていたからである。

『ポーとボードレール』

土曜会での講演につながった「エドガー・ポウの詩」（昭二二・二〜三、『ゆうとぴあ』）は戦後に書いたポーに関する初めての研究で、四月には二回目を連載し、三月の土曜会での講演をまとめて、「ポウの『黄金虫』」を『讀書展望』第二巻三号（讀書展望社）に寄稿したのは五月である。乱歩とその周辺の人々との交流が一気にポーについての執筆に駆り立てた感がある。「エドガア・ポウの物語」（一）（二）（『新小説』）、「二つの寓話　影・沈黙」（『黒猫』）、「ポーとマラルメ」（上）（下）（『詩學』）、『ポー選集』（実業之日本社）への翻訳収録、『ポー秀詞』（日夏耿之介譯）（『季刊英文學』）の書評、「ポーの結婚」（『風雪』）、「ポーの戀」（『時事通信』）、「ルイーズ（ポーの恋文）」（『世界小説』）の雑誌等への寄稿である。このころになると、何人もの探偵作家や探偵雑誌編集者を知るようになり、著書や雑誌の寄贈も受けた。その中の一人に雑誌『黒猫』を編集発行する伊藤逸平（本名武夫　一九一二―一九九二）がいた。ポー愛好者としては他に引けを取らぬ人物で、是非にとの話で十三年前に発表した「ポーとボードレール――比較文學史的研究」（『臺北帝國大學文政學部文學科研究年報』第二輯）を彼が経営するイヴニング・スター社から公刊した。ポーを読みはじめたのは、学生時代から数えると二十数年になるが、本格的に学んで一五年以上にも及ぶ研究である。「序文」に合衆国とフランス文学との交渉、諸外国のポー研究、この書の内容と著者の研究意図、「比較文学史」の成立、英・米・仏におけるポーとボードレールの研究書等に関する精細な説明が書かれている。『英語青年』第九五巻第一号（昭二四・一）の「新刊書架」でY・F・（富原芳彰）は言う。

（前略）本書の著者は、「学窓に在りし日に、これら、ポー・ボードレール・マラルメと連なる一系列の近代文学に傾倒して、一時は日夕彼らの章句を微吟し愛誦して止まなかつた」ほどの人であり、早くから『ポー・ボードレール・マラルメ』と題する著作を想定して絶えず研究を続けて来た人である。適任の人というべきである。マラルメ関係の諸研究は未だ著者の意に満たぬところがあるというので暫く割愛され、此の度はポーとボードレールに関する部分だけが纏められた。（中略）

ボードレールに於ける限り、そこにポーが滲透して行くその行方を事細かに見届けている。諸文献に対する態度は極めて愼重であり、著者自身直接行つた検証の跡も特に最後の影響を論じた章において顕著である。本書によつてポーとボードレールとの関係について、今日までに判明したところは大体われわれに傳えられたと考えてよいと思う。出発線が引かれたという意味である。

比較文学は一種の綜合学術である。各専門の分野に於てあげられた成果を綜合的に比較検討することによつて成立する。從つて各國の文学を専攻する研究者の協力が是非とも必要である。自ら設けた専門の殻の中にキョクセキし、そこから一歩出ることを邪道の如く考えるサナギ根性が支配する風土からは比較文学の花は咲かないし、世界文学など空念佛にすぎない。勿論各々専門的立場がなければならないが、ミイラとりがミイラとなるそしりも避けなければならない。となりは何をする人ぞ、ではこまる。本書あたりが一つの刺戟となつて、この種の研究がもっともっとわが國に盛んになつてよいと思う。

春夫との再会

昭和一五年夏、賜暇休暇を待ち意を決して台湾から上京、佐藤春夫を訪ねたのは七年前である。内地に帰還してすぐにでも会いたいと望みながら叶わなかったことが、疎開先の信州佐久の平根村を訪ねることで実現した。時は、昭和二二年四月である。詩人との再会の記は次のように綴られている。

一九四七年春のことである。思ひ立つことがあつて、それにY君の傳へるさしせまつた要件も加はつてそろそろ花も見ごろだという信濃の國に、慵齋《ようさい》先生を訪れることになつた。久しくおめにかからぬ詩人を、とほい高原の村里に探ねゆくには、まづ地圖を按じ旅程を考へる必要もあつて、はづむ心をおさへながら、何やかやと用意した。終戦後まだ二年とはたつてをらず、こみにこむ汽車の旅も心もとなく、宿のことも懸念されて、思ひ出すとほほゑまれるやうなさわぎであつたが、その時はまつたく大まじめだつたのである。（中略）

翌朝、岩村田の町に出て、平根村の入り口でバスを乗りすてた。白樺の林の中を通りぬけ、湯川の橋を渡ると、浅間が美しい山容を見せていた。火の見やぐらのあるあたりと教へられて、だらだら坂のぼりに、どうやら慵齋居に辿りついた。

井戸端で水仕事をされている夫人のお姿が見えたので、御挨拶を申し上げて、先生のところへ導かれた。朝寝で有名な先生ももう起きてをられた。一九四〇年の夏にお目にかかつたのが最後であつたから、この七年間にずいぶん多くの有為転變を見られた筈である。たしかに双鬢はいくらか白きを加へられたかと思ふ。が、天成の異貌は風霜を凌いでいよいよ冴え、その眼にその口元にいつか「長者」の俤さへ現はれてきて、一目見れば、「眞詩人」とはかくのごとき人をさすのかと直感させずにはおかなかつた。久闊を叙して話は昨今のかれこれに移り、ことに話題の豊富なY君のこととて、それからそれへと枝葉がひろがる。夫人がお心づくしの結構な御馳走をかこんで、主客の談はつきなかつたが、この頃別荘をつくつたから案内しようといふ先生のお言葉にいざなはれて、林の奥に分け入り、湯川の一角に降りて、せせらぎをききながら、詩想を練られるといふ岩の上にのぼつた。こんもりとしげつた木々にかこまれ、河せみの飛びかふ中に、しづかに水が流れゆく岩間の別天地である。風はまだいくらか冷たかつたが、よく晴れた午後のひざしがやはらかであつた。蝶に、蜻蛉、泉聲に象徴される「自然」のかぎりない美しさの意味、──永遠の相の下に眺められた古東洋の賢人たちが教へた風雅の世界は、口數少ない先生の暗示的な言葉によつて未熟な私にもしみじみと傳はつた。「田園の憂鬱」や「美しい町」の空想は、もう遠い雲煙のかなたにかくされてゐる。興にのつて私もまたアンシャン・レジームといはれる十八世紀の慕はしさから、風俗のゆるやかな唯美の世界のよみがへり、つづいて「明星」の光の中に歌つた詩人たちのロマンチックな生き方など……。私の饒舌は、生きた人生をよく知つているY君にさだめし片腹いたく思はれたらう。イロニイの鋭い針にとどめをさされてしまつた。日もうすづく、そろそろ家路につかうといふ先生のお言葉に驚かされて、ご案内をうけ近くの温泉宿にとめていただいた。何でも七八町もあらうか、山國のおぼろ月がひどく印象的な夕暮れであつた。赤いとんぼが數しれずとんでゐる小川のはてしなくつづく小道である。そこを一寸それると、野原の中に一軒めあての宿が現はれた。そこまで夫人が私たちの米を背負われてわざわざ御案内下さつたのには、ほんとに涙がこぼれた。Y君もすつかり感激してしまつた。温泉にひたつて、その夜のねむりはやすらかであつた。

翌日の午後またおみえになつた先生をかこんで私たちのある仕事に對する討論はつづけられた。先生はきちんと袴をつけて、談、文藝のことに及べば、威儀を正して語られる。そのまじめさには思はず頭が下つた。眞に文藝の大宗師を知つたといふうれしさを今更のやうに感じたのである。この日の夕暮れもよく晴れてゐた。仕事が終つてふつとみると、私たちの部屋の前に満開の櫻がふしぎに妖気をはらんでみえた。日本に歸つてきてから、はじめてしみじみと眺めた櫻である。その思ひ出がひどく悲しかつた。異郷ではあるが、同じやうに花が咲いていた。あの街のこと、あの頃のこと……樂しい晩餐を共にしてから、その夜遅く先生は夫人とともにあの川沿いの道を歸つてゆかれた。はるばると來た目的を果したせゐか、私の夢はまどかであつた。（後略）

（昭二五・一一『現代日本小説大系』第三四巻月報二九「佐藤春夫氏を訪ふの記」）

訪問記の冒頭「思ひ立つことがあつて、それにＹ君の傳へるさしせまつた要件」とは、吉田精一、島田謹二に宛てた佐藤春夫の書簡によると、やがて刊行のはこびとなる詞華集に収める作品についての意向を伝えること、またそのための相談のことである。

五月二六日、その「詞華集」のことと島田に触れて、春夫は北佐久郡平根村よこね（岩村田発信）より、新潟県高田市南城町三丁目の堀口大學宛てに次のような手紙を書いたことも、関連のこととして面白い。

（前略）小生このほど、吉田精一、島田謹二兩君と近代日本抒情詩選といふアンソロジイの編纂を思ひたち若干の訳詩と百篇ばかりの名作とを編んでみる事にしました。勿論大兄のものも三四篇を加へたく　凍星　冬日抄、生ひ立ちなどをと思ひ唯今研究中です。（中略）それはさておき島田謹二と申す仁、これは御承知かも知れませんが上田敏氏を理想としてゐるやうな学士、仙台出身の英文学士にて最も詩を好む人物、戦時には台北大学にありしも現在は一高に教鞭を執れり、彼、煙霞の癖あり御郷国の地方を旅行したき目的にて詩或は東西文学の交流比較などの題目を携へて錦地方を講演致し度由申す。講演の謝儀の如きは問はず、旅費を負担されたしとの条件にて錦地方の文化団体などにてこの肝入をしてくれまじきものかと相談有之、そんな機会あらば小生も大兄を訪ふに好機と思ふ。或は御面倒御迷惑な事かとも存じながら、ともかくも島田氏の希望をお伝へ申し置きます。然るべくお取計ひ願ひたし（後略）

（平一三・六『佐藤春夫全集』第三六巻、臨川書店）

堀口大學への依頼の経緯については、さかのぼれば東京外国語学校時代、詩誌『白孔雀』創刊号に訳詩を載せて、詩人とともに目次に名を連ねたこと、『昨日の花』を耽読してその世界に引きこまれたこと、さらには春夫と彼の親交を知るに及んで、是非にも親しく語りたい、今なら思いの丈を述べて語れると確信して、春夫に希望を託していたからであった。

調布下布田の家

香港大学図書館に着任してから半年で終戦、集中営での暮らしが五ヶ月続いて、日本に帰ってきたのが昭和二一年一月であったことは既に述べた。長い間の任地台湾には寄ることを許されぬままの帰還であったから、家族とは会わぬままである。鹿児島に上陸してまず京都を目指したのはいずれはそこで家族と落ち合えると信じたからである。申し合わせたわけではないが、家族が引揚げ先を京都（下京区高倉仏光寺下ル長性院）に決めたのと奇しくも同じであった。日時は判らないが、「京都はお花見の時期であった」（齊藤信子著『筏かづらの家――父・島田謹二の思い出』平一七・四、近代出版社）とのことだから、家族は二ヶ月ぐらいあとの内地への引き揚げだったのだろう。鎌倉に疎開している義弟から家族に、島田は無事であるとの報せがあり安心だったという。が、鎌倉で療養中に島田の身辺には何かがあり、のちに「雪の中に裸で放り出された」（前出『筏かづらの家』）と何度も言っていたらしい。島田は三月に上京し、やがて一高の教壇に立つころには本郷森川町の住いから杉並区中通り町六五番地藤井種太郎方にいた（前述）が、東京は食糧難であり、転入が難しいから暫く上京を見合わせるようにとの連絡を家族にはしていた。それでも、長男光彦の学校のこともあり、単身上京させ、つづいて長女信子を呼び寄せることになった。長女は、東京駅まで迎えに来た弟に伴われて、中通り町の藤井邸の二階に辿り着き、痩せこけて人相の変った父と対面したという。その後の様子は、「父の様子がおかしい。夕方、初めて会う叔父の妻が買い物から帰ってきた。暫く、針のむしろに座るような日々が続いた。」（前出『筏かづらの家』）と記されているが、その経緯は、数ヶ月前、義弟が連絡を受けて、島田を迎えるために妻を京都に向わせたこと、数日義妹の看護をうけてから鎌倉に落ち着いたこと、そしてやがて上京するとき本郷の新星学寮の生活に義妹を伴ったこと及びその延長にかかわることである。「父・島田謹二の思い出」には、「ほんの僅かでも、私達が一足先に帰っていたなら、悲劇は始まらなかったろうに、この一寸した時間のずれから、我家は残酷な運命を迎えることになるのである。」（前出『筏かづらの家』）とある。

やがて、ひと部屋の不自由な状況ながら家族五人揃って生活の出来る日が来た。それからそんなにも日を経ずして、一家は調布に移転する。家主である藤井種太郎が親戚の別荘を借りられるよう世話をしてくれたのである。モダンな二階建ての家だった。台北高等学校で学んだ旧学生たちや長男が大八車やリヤカーをひいて荻窪から北多摩郡調布町布田まで歩き、汗びっしょりで夕方にたどり着いた。雨戸をリンゴ箱の上にのせてテーブル代わりに夕食を共にしながらの談笑には、物資不足や食糧難の世の中でも、これからまたやり直しだという気概や希望が漂っていたという。「調布への引越し」（前出『筏かづらの家』）の描写と同じような話を、旧学生だった神田孝夫、奥井潔、氏家春水《はるみ》・秋果《あきみ》兄弟から聞いたことがある。麦畑の一軒家では犬も猫も飼った。前年には、戦後初めての単行本『臨海楼綺譚』（スティヴンソン原作 *The Links of Pavilion* の翻訳、昭二一・一二、新月社）を、このころには、『若き日の藝術家』（昭二二・七、真光社）を出し、雑誌社からの原稿依頼には、孜々として学び続けている平田禿木、夏目漱石、上田敏等に関する研究を開陳して応えた。江戸川乱歩との交友からポーについて書くことも多くなった。原稿料が入ると、市内の古道具屋で家財道具を、子供たちのために腕時計などを、そして伊勢丹で風呂（ドラム缶製）も買ったという。生活に少しずつ豊かさがもどり、ゆとりが出てきた。一高の講義も軌道に乗り、研究と講義にも余念がない。そして、この春佐藤春夫を訪ねて、想が練られた詞華集は『近代抒情詩選　花さうび』（天明叢書四）として天明社より刊行される運びとなった。これが戦後の日本における近代詩「詞華集」の魁となることが喜びであった。その喜びの最中《さなか》、敗戦後の心の痛みや予測しない体験等が重なり、自暴自棄となり学業も思うに任せず、心が荒れすさむままに、中原中也の詩を愛し、ヘッセの『車輪の下』を愛読していたという長男光彦は一八歳と数ヶ月の若さで二階の自室で自らの命を絶った。この前後のことを氏家春水が話していたことがある。「その後、一見、穏やかな生活が戻ったように見える日々であった。」（前出『筏かづらの家』）が、ある日、外出から戻った母と姉弟を待っていたのは、「父の家出」であった。「そのあと、音信不通、火宅の人となった。いったん消火した筈の火が、炎となり、炎の渦に溺れ狂ったのであろうか。」と『筏かづらの家』（前出）には書かれている。

二　学会の創設

『近代抒情詩選　花さうび』

この近代詩鑑賞の解説書が刊行されたのは昭和二二年一一月である。装幀は岡鹿之助、序は岡崎義恵、「凡例に代へて――吉田島田両學士に呈せし書」と序詩は佐藤春夫、目次、詩九四篇、解説鑑賞の順に構成され、著作者代表は佐藤春夫、発行者は天明社を経営する濱田義一郎である。佐藤の発案により書かれた「序」は次のようである。

（前略）西歐に比すると東洋は浪漫主義の故國であり、抒情詩のための緑野であつた。既に七八世紀の古に山柿李杜のごとき大家が現れて、鬱然たる東邦の抒情時代を示した。芭蕉が出て極東の一角に早く近代象徴の風を拓いたのは十七世紀のことである。短歌や俳句のやうな極微の藝術が最深の美を含むものとして廣く民族の間に愛撫される國は、西方にはありとも思はれない。

明治大正昭和三代に亙つて、西歐の抒情詩は極東の傳統を更生せしめ、新體の詩が文藝の沃野に奇しき華を開いた。西歐の詩が知性化し、思想化し、自然の母を忘れて人造の社会に窒息せんとする時、極東の水際に咲いたこの清き華は、久しく二人の誇らしげな姉の片蔭にあつて凋落せんとした運命から解き放たれ、自由な風と明るい日光を浴びることが出来たのではなからうか。

いま世を挙げて散文化の傾向は著しいやうに見えるが、かへつてその為に抒情的世界に還つて人間精神の処女性を保たうとする熱意も若い世代の胸に燃えてゐる。この時こゝに抒情詩に對する深い理解力と正しい鑑賞眼とを具へた三人の詩人學者の手によつて、優れた詞華集が編み出された。佐藤氏は現代第一流の詩宗であり、島田氏は西詩の鑑賞家として第一人者であり、吉田氏は日本近代詩の研究家として追随を許さない人である。この一巻が東方の「唐詩選」や西方の「黄金寶庫」にまさるものなることを私は期待する。この中から永遠の命の糧を求めるだけの力は若い世代にも失われてゐないのであらう。(中略)

ここに選び出された詩編は、文藝の三姉妹の中で最も美しく最も薄命であつた抒情詩のために、極東の天地が温かい愛の褥を与へたことを證するものである。抒情詩といふものが、日本の傳統から云つて不滅の生命を有することは容易に信じられるが、西歐知性の霜に枯れんとする運命からは免れ得るだらうか。それに對する答はこの集の中に求められる。近代文藝は果して抒情詩を葬つたであらうか。否と答へる声をこの集の中に聴く人は、來るべき世界文藝の中に、なほ我々の抒情の調べの鳴り響くべきことを信ずるであらう。

昭和二二年夏　　岡崎義恵

この書の中で、島田が解説を担当した作品は、『於母影』中の「花薔薇」(ゲーロック)「オフエリア」(シェイクスピア)「ミニヨン」(ゲーテ)の三篇、藤村の「おさよ」「初戀」「思より思をたどり」「こころをつなぐしろがねの」、與謝野晶子の「しら玉」、石上露子の「小板橋」、上田敏の「故國」(オオバネル)「よそ人のあざむが如く」(ダンテ)「五本の指」(ベルトラン)「日曜」(ラフォルグ)、泣菫の「ああ大和にしあらましかば」「望郷の歌」、有明の「静かにさめしたましひの」「茉莉花」「朱のまだら」「小曲」(ロゼッチ)、杢太郎の「街頭初夏」「物いひ」「むかしの仲間」「春の夜の大雪」、白秋の「天草雅歌」「角を吹け」「金の入日に繻子の帯」「片戀」、露風の「ふるさと」「梅檀」、大手拓次の「羊皮をきた召使」、春夫の「ためいき」「浴泉消息」「つみ草」の三二篇である。春夫から、漱石の訳詩、河上肇、呉茂一(一八九七―一九七七)、石井柏亭の詩も入れてはと提案されたのであったが実現しなかった。

全く同じ時期に刊行された「詞華集」に『近代絶唱詩集』(神保光太郎・中島健蔵共編、昭和二二年一二月、日本讀書組合刊)があり、神保光太郎の「序」(近代日本詩の道)、中島健蔵の「後記」「近代絶唱詩集詩人小傳」「作品出典表」が掲げられていて特徴はあるが、懇切丁寧な解説鑑賞は掲げられていない。二年後、『近代抒情詩選　花さうび』の普及版『鑑賞抒情名詩選』(二四・七、発行者濱田隆一、天明社)が刊行された。

『マノン物語』

昭和二二年七月、『若き日の藝術家』を刊行するとき、プレヴォー、ラマルティーヌ、スティヴンソン、ヘリック四人の芸術家の中で、『マノン・レスコー』の著者には一番多くの頁を割いて「若き日のプレヴォー」を書きおさめた。そして、このころから構想をまとめ、書き始めていたのは『マノン物語』(二二・一二、銀星閣)である。序詩に石上露子の「ひと夜ねてうつくしみぬる夢の國まぼろし人を忘れかねつも」を掲げたこの書の上梓までの経緯は、「あとがき」に詳しく書かれている。

アベ・プレヴォーが千古の傑作『シュヴァリエ・ドウ・グリェウ・レスコーの物語』を現代風に著者の言葉で書いてみた。讀者層の年齢と性質とを考えて、単に筋書きだけにならぬやう、いろい工夫したところがある。原本ははじめ千七百三十一年オランダのアムステルダムで公にされ、千七百五十三年改訂増補された。これがいはば定本である。今日これを精讀してみると、いはゆるフランス古典主義時代のものだけに清楚自然な筆致で一貫してゐるやうに見えるけれど、實はえもいえぬ優雅と強い情熱とが波うつてゐて、實に立派な作品である。十八世紀文學は多くの大作を世に送つたけれど、これ以上に渾成の藝術品を生まなかつたといふフランスの一批評家の言葉がしみじみと思ひおこされる。著者は当時の文藝思潮や恐らくプレヴォーの志したらうと推定される「物語風悲劇」の形態をたえず念頭に置きながら、筆をとつた。ひとり『マノン』の文章や構成ばかりではない、曲中人物の性格や心理も、プレヴォーの抱いてゐた思想、特に「神」と「人」と、攝理と意志と、の關係から、多くの問題を含んでゐる。そのうち最も大きな點は、この物語を書いたとき、果して作者がジャンセニストであつたかどうかといふことだらうと思ふ。これは從來多くの批評家によつてさう説かれ、比較文學の巨匠アザール教授などもさういふ意見を最も精細に代辨した一人であるが、今日は種々の根拠から推して、まだ再考の餘地があると考へられる。然しこの書の中には、讀者層の關係上、さういふことにはあまり觸れ難かつた。プレヴォーの生涯とあはせて、いづれは他日一巻の『マノン・レスコー研究』を書いて、この負債を果したいと考へてゐる。

廣津和郎氏の抄譯（大正八年。新潮社）と河盛好蔵氏の全譯（昭和四年。岩波文庫）とは、參照して教へられるところが多かつた。ことに河盛氏の忠實・精確な譯文は、著者の好みを加えつつ、その一節をこの書の中に引用させていただいた程である。厚く御礼申しあげたい。

最後に著者はわが友波多野完治氏に對しこころからなる感謝の念をささげたいと思ふ。何となれば、この書は同氏の示唆によつて筆をとる機縁を與えられたのである。『マノン』は著者がここ十数年來愛してきた女人ではある。然しわが友の慫慂がなければ、その面影をかうした形に映し出されなかつたらう。しかも絶望せず、曲りなりにも、最後まで稿を終へたのは、一に同情至らざるところなき氏の懇切なる援助の賜物である。筆を擱くにあたつて、著者は今わが友に感謝しつつ、しみじみと人の世の情を思うてゐる。

昭和二十一年八月一〇日　　東京　島田謹二

課外講義

堀大司との再会によって、第一高等学校の教壇に立つことになる経緯は前述したが、「課外講義」を紹介する前に、島田の回想を掲げておきたい。

（前略）思いかけぬ友人の世話で、一高教授の位地《ママ》が待っていた。さすがに天下の名門校だけあって、立派な教官が一杯いる。地方とはちがう。ことに雰囲気が外地とはまるでちがう。生徒たちも俊秀が多い。われを忘れて三年を送った。

戦後の物情は騒然としている。物資が足りない。物の流通が容易ではない。人身が険しい。一歩学外へ出ると、東京生れの私にはおそれいって動転するようなことばかり多かった。敗戦はこれほど生活をすさませるものか！

でも青年はやっぱり心の糧を求めている。文芸や学問に対する愛情や敬意が地を払ってはいなかった。課外講義を開くと、教室は満員である。本文に感動して講師の胸がいっぱいになると、そのけはいを察して、若い人々も一緒に泣いた。（後略）

（前出「敗戦の祖国へ帰って」）

「東大比較文学会」発足の項で後に記す「その淵源　島田教授の情熱」（昭三二・二『比較文学研究』改訂再刊第一巻第一号）にも「課外講義」のことが書かれている。

（前略）文芸と学問に対する激しい愛と献身、無償の努力は、昔から教授の活動を内外ともに精力的なものとした。今日の東大教養学部の前身、旧制第一高等学校においても、教授は夏休み冬休みの殆どを、挙げて悉く学生のための講義と講読に費やされた。敗戦後、無一物で外地から引揚げて来られた教授は、程なく旧制一高に奉職されたが、固より一介の語学教師ではあり得なかつた。深い学殖と蘊蓄に基く学芸への情熱に燃えて、教授は教室で英語の訳読を通じながら文学を講ぜられた。情熱に感ずること敏な生徒たちは、その講義に感じ入り、やがて教授に文学の講義を願つたが、爾来、教授は毎学年の休暇中を特別課外講義のために当てた。夏休み、冬休み、春休みさへ、この課外講義の時間となつた。戦後の荒廃と混乱の中で、教授の情熱と若い生徒たちの情熱が合して作りだした学芸の集いであつた。そしてここで、『花薔薇』をテキストにした近代日本詩研究、プリントで作つた『佐藤春夫詩集』の講読、鷗外訳『即興詩人』全巻講読、その他「比較文学ゼミ」と称する時間におけるバルダンスペルジェやジャン・マリ・カレについての講義等が行われた。（後略）

島田が語る「課外講義」はどのようなものだったのか、当時の学生芳賀徹が語るところを掲げておきたい。

昭和二十三年春、私は満十六歳の一高文乙の一年生だった。私のこれまでの生涯で、あれほどいっぺんにあらゆることがわが心身になだれこんで来た時期というのは、他になかったように思う。トーマス・マンも万葉集も、チェホフもマルクスも映画「巴里祭」も、みんなあの十六、七歳の一年間の出来事だった。（中略）

詩というものの異様な力を知ったのも、同じ年の夏か秋の頃だったろう。当時一高では、教師も生徒もみな貧しくひもじく、午後の授業は存在しなかった。そのガラあきの午後に英語教授の島田謹二先生が日本近代詩の私設セミナーを駒場の一教室で催していた。私も寮の同室の先輩に評判を聞いて、群がる生徒の肩ごしにその講義をのぞいたのである。

島田教授は、何調というのか今日にいたるまで正体のわからない独特の抑揚をつけて、森鷗外『即興詩人』を、上田敏『海潮音』を朗々と読み、ごく簡単な解釈をほどこしていた。佐藤春夫・島田謹二・吉田精一編『花さうび』という詞華集をテキストとしたこともあった。それまで「海ゆかば」や「椰子の実」や「愛国百人一首」ぐらいしか心得のない、戦後三年目の少年一高生にとって、この近代詩セミナーはまるで甘い毒薬を注ぎ込まれるような経験で、身も心も文字どおりクラクラとゆらめくような数時間であった。

青い芽の出たじゃがいもしか食べていない腹で、例えば次のような上田敏訳ダンテ・ゲブリエル・ロセティの「春の貢」を聴いたのである。

草うるはしき岸の上《うへ》に、いと美はしき君が面《おも》、
われは横《よこた》へ、その髪を二つにわけてひろぐれば、
うら若草のはつ花も、はな白《しろ》みてや、黄金《こがね》なす
みぐしの間《ひま》のこ、かしこ、面映《おもはゆ》げにも覗《のぞ》くらむ。
去年《こぞ》とやいはむ今年とや年の境《さかひ》もみえわかぬ
けふのこの日や「春」の足、半《なかば》たゆたひ、小李《こすもゝ》の
葉もなき花の白妙《しろたへ》は雪間《ゆきま》がくれに迷《まど》はしく、
「春」住む庭の四阿屋《あづまや》に風の通路《かよひぢ》ひらけたり。
されど卯月《うづき》の日の光、けふぞ谷間に照りわたる。
仰ぎて眼《まなこ》閉ぢ給へ、いざくちづけむ君が面《おも》、
水枝《みづえ》小枝《こえだ》にみちわたる「春」をまなびて、わが恋よ、
温かき喉《のど》、熱き口、ふれさせたまへ、けふこそは、
契《ちぎり》もかたきみやづかへ、恋の日なれや、冷《ひやゝ》かに
つめたき人は永久《とこしへ》のやらはれ人と貶《おと》し憎まむ。

これも、英詩 *Youth's Spring Tribute* としてよりは、敏の訳詩としてこそ今日に生きつづけている作品の一つであろう。これを読んで全感覚がいっせいに目ざめ、逆上したように騒ぎまわった十七歳の日のおどろき、ありありとよび返すことができる。「いと美はしき君が面、われは横へ、その髪を二つにわけて……」という愛のしぐさ、まして「仰ぎて眼閉ぢ給へ、いざくちづけむ君が面」という春の日ざしのなかでの大胆なうながしなど、少女も「恋」も「くちづけ」もまだ知らぬ私を動転させた。いったいどんな「君が面」の映像を結んだらよいのかさえわからぬままに、濃厚な甘い毒が全身にまわった。（後略）

（平九・二『詩の国　詩人の国』所収
「いざくちづけむ君が面」筑摩書房）

氏は、課外講義で『近代抒情詩選　花さうび』所載の石上露子の絶唱「小板橋」を聴いた思い出についても、著書『詩歌の

森』（平一四・九、中央公論新社）で語っている。島田が、「その作品は、王朝風な日本女性のあてにあえかな心情を歌ひ上げたもので、その美しさはあくまでも「女らしい」純日本風なものに終始してゐる」（『花さうび』）と解説した、珠玉のごとき抒情小曲「小板橋」を掲げる。

ゆきずりのわが小板橋
しらしらとひと枝のうばら
いづこより流れか寄りし。
君まつと踏みし夕に
いひしらず沁みて匂ひき。

今はとて思ひ痛みて
君が名も夢も捨てむと
なげきつつ夕わたれば、
あゝうばら、あともとどめず、
小板橋ひとりゆらめく。

日本比較文学会

教壇に復帰して講義が軌道にのってくると、究め抜いてきた「上田敏」「森鷗外」「北原白秋」「島崎藤村」等の研究を語り、前人未踏の分野である「フランス派英文学研究」に再度着手する。台湾時代にほぼ完成していた研究の草稿や刊行物を戦火で失い、一からのやり直しであった。少年時代から親しんできた場所——本郷や神保町の古書店を巡り歩いて、関係の雑誌や文献を渉猟した。これまでに身につけた諸外国の文学は、「世界文学」を標榜してきた島田にとっては文字通り全く自然な「比較文学」への道であった。学会の結成、諸所での講演等で多忙の日が続いた。日本文学と外国文学の関係についての研究は、従来の学界の重要な課題であった。そしてこの研究のためには、比較文学の新方法論の確立と、関係学者の緊密な連繋が必要とされながら、わが国ではこれを目的とする学会が未だ設立されていなかったのである。そうした学会の設立を思い立ったフランス文学者中島健蔵（一九〇三—一九七九）は、早くから「比較文学」に関する著述のある島田と国文学者吉田精一（一九〇八—一九八四）とに相談を持ちかけた。その経緯は次のように書かれている。

> ある日、東大フランス文学研究室を訪れてきた埼玉大学の松田穰が、国際比較文学会の仏文の「比較文学評論」を手にして、比較文学という学問の研究者が日本には数少なく、連絡機関さえも存在しない実状を嘆いていた。それを聞いて、私はたちどころに日本比較文学会の創立を思いたち、その場ですぐ、東大の吉田精一や島田謹二に電話をかけ、フランス文学研究室に来てもらって、新しい学会の創立を相談することになった。また、他の大学の国文学、外国文学の研究室にも交渉して参加を要請、さらに大学関係以外の文学者たちにも声をかけた。東大では、研究室が近接していた英文学の中

野好夫にも誘いをかけたのだが、彼は、世話役を引き受けることを承諾してはくれたものの、あまり興味を示さず、すぐに離れてしまった。文学者では、中村光夫、伊藤整などが賛同してくれた。かくしてその年の五月には日本比較文学会が結成され、さまざまな起伏を経て組織の規模も大きくなり、国際的な連絡もついて、学会としてりっぱに成長してきている。

（昭五四・一二『回想の戦後文学——敗戦から六〇年安保まで』平凡社）

昭和二二年秋、その議が関係有志の間に起こって以来協議が重ねられ、翌年四月、設立総会の案内と公開講演会への招待状が、「日本比較文学会創立世話人会」（東京大学文学部文学研究室気付）の名で、二二〇名の人たちに発送された。五月八日（日）、設立総会が東京大学法文経二九番教室で開かれ、三〇〇名が参会、「日本比較文学会」が設立された。学会代表者には中島健蔵が指名され、中島、島田謹二、吉田精一が常任幹事に就任した。早くから島田の著述に注目している人には改めて、初めて彼の話を聞いた人には、「比較文学の島田謹二」を強く印象づけた。

一一月には、一五七名の会員名を連ねた「日本比較文学会会員名簿」（昭二三・五作成）が配られている。島田とは学問上交友浅からぬ人が多い。

會田由、青木巖、青野季吉、青野賢太郎、赤木健介、秋山六郎兵衛、阿部知二、荒正人、諫武保夫、伊藤整、池田亀鑑、石山脩平、板垣直子、市河三喜、稲垣達郎、井上究一郎、伊吹武彦、臼井吉見、海老原光義、魚返善雄、小川環樹、小口優、小田嶽夫、小田切秀雄、小野協一、大塚幸男、太田三郎、太田咲太郎、岡崎俊夫、岡野他家夫、岡本謙次郎、岡山とみ子、落合太郎、小場瀬卓三、奥野信太郎、鹿地亘、加藤周一、風巻景次郎、柏熊達生、河内清、川上朗、河竹繁俊、河盛好蔵、木幡順三、工藤好美、久保田正文、厨川文夫、久慈龍作、呉茂一、桑原武夫、小出澤謙司、小阪博彦、小松清、小林正、小林英夫、高津春繁、後藤末雄、近藤忠義、佐々木基一、佐々木理、佐藤朔、佐藤輝夫、佐藤文樹、西郷信綱、齋藤勇、相良守峯、櫻井成夫、實藤恵秀、澤浩、山宮允、志賀勝、鹽田良平、鈴木信太郎、重友毅、島田謹二、神西清、壽岳文章、新庄嘉章、進藤誠一、神保光太郎、吹田順助、杉捷夫、杉浦明平、杉木喬、杉崎善次郎、瀬戸口正昭、瀬沼茂樹、田中於兎彌、高橋義孝、高村勝治、高沖陽造、龍崎安之助、谷崎精二、武内敏雄、武内英之助、辻直四郎、雅川滉、手塚富雄、暉峻康隆、土居光知、土井重義、土橋利彦、中島健蔵、中野重治、中野好夫、中橋一夫、中村眞一郎、中村忠行、永積安明、永田英一、成田成壽、新島繁、新關良三、西尾實、西川正身、西脇順三郎、根津憲三、野上素一、野間宏、波多野完治、花田清輝、原久一郎、原田義人、簗田忠世、林達夫、日高只一、久松潜一、土方定一、平岡昇、平田次三郎、福田恒存、福田清人、福田定良、福原麟太郎、堀大司、本多喜代治、本多顕彰、本多秋五、本間唯一、本間久雄、前川堅一、松村博司、松田穣、山村房次、山岸徳平、水野亮、大和資雄、松本威、山内義雄、吉川幸次郎、吉田精一、八住利雄、矢内原伊作、渡邊一夫、渡邊明正、橋本芳一郎、毛塚榮五郎

『季刊英文學』

『季刊英文學』第一輯を、矢野峰人との責任編輯で、京都の靖文社（発行者南方靖一郎）より刊行したのは、昭和二三年五月である。「編者の言葉」は次のように書かれた。

英文學がわが國に於て研究の對象として取りあげられるやうになつてから正に七十年を經た。今や新日本の誕生と共にわが英文學界も亦、新發足を必要とするのではあるまいか。わが國に於ける英文學研究が今後益々盛になるべきは言を俟たざる所であるが、それを正しき方向に向はしむることも亦、從來この道に携り來れる者の義務である。われわれは、斯かる氣運の醸成と斯學の一層健全なる發達とを念願するが故に、ここに季刊誌『英文學』を刊行することとした。

題して『英文學』と稱するものの、合衆國文學を包含することは言ふ迄もなきこと、英文學との連關において廣く大陸文學及び日本文學を取入れ、更に一般文學理論の研究、未知の文献、海外學界の動向の紹介等をも試みるつもりである。またわが國における文學研究の在り方を明かにするためには、斯界に於ける業績を回顧検討すると共に、他方眞劍なる學徒の研究に對しては、發表の機會を提供するのみならず、その眞摯なる著作をも常に眞摯なる態度を以て批評し、かくて讀者の價値判斷の參考に資したいと思つている。

さればわが國の英文學徒は勿論、一般文學の研究家、並びに愛好者も、その文學に對する熱愛の故に、われわれを支持し、所期の目的の達成に協力されんことを祈つて巳まない。

昭和二十三年四月一日

編輯責任者　矢野峰人
島田謹二

この創刊号を飾る執筆陣は、竹友藻風、志賀勝、堀大司、蒲原有明、上野直蔵、そして主宰者の矢野、島田である。島田は、一〇年前の一月、『英語青年』誌上のデビュー作「わが國に於ける英文學研究」を再考して、「日本に於ける英文學研究」をはじめ、「平田禿木に寄せた上田敏の書簡」「日夏耿之介全譯『ポオ秀詞』三十餘品」「鈴木信太郎著『半獸神の午後』其他」を掲載し、解説・批評の盛んなる述作をみせた。この『季刊英文學』刊行のそもそもの経緯について矢野は「編輯後記」で語っている。

事の起りは靖文社の木水彌三郎氏が島田謹二君と私との何か共著の出版を求められたにある。これより先、靖文社に於ては、季刊文藝雑誌刊行の意志あり、私もその議に與り、多

少提案する所もあつた際の事とて、それならば、それはそれとして別の體裁を取る事とし、季刊はいつそ『英文學』専門の雑誌として二人に任せて貰つたら如何かといふ事になつた。斯くて、一月上旬島田君を京都に迎へるに至つて議は頓に熟し、別計畫のものは『日本近代詩研究』三巻、邦譯『英文學詞華集』上下二巻および『世界文學』六巻として出版される事となり、本誌は不取敢四月創刊の豫定の下に編輯に着手されたのである。（後略）

第二輯には、志賀勝、西脇順三郎、日夏耿之介、竹友藻風、上野直蔵、矢野が執筆者に予定され、島田は「比較文学者の文学観」と「平田禿木によせたるフェノロサその他の手紙」を、また、第三輯には、中野好夫、西川正身、橘忠衛、濱田政二郎、呉茂一、厨川文夫、岡崎義恵、竹友藻風、上野直蔵、矢野が予定され、島田は「若き日の平田禿木」を掲載予定と、第一輯に予告されたのであったが、本誌の刊行が頓挫して期待された諸家の寄稿は実現しない。同じく、近刊抄として広告、紹介された矢野・島田編輯の『英文學詞華集』もついに出ない。島田の恩師岡崎義恵は、第三輯の原稿依頼に応えて「英文學と私」を書き上げていたが、未発表に終った。これが公刊されたのは、自らの古稀記念として刊行した『雑華集』（昭三七・一〇、宝文館）においてであった。

『英文學史講話』

平田禿木の女婿竹澤啓一郎に協力して禿木の著書をまとめ、『英文學史講話』上巻を京都の全国書房から刊行したのは、昭和二三年一一月である。これは、敬愛してやまぬ禿木が、折々に書いた英文学作品の解説や鑑賞の著述を、わかりやすく、英文学に接近できるようにと配慮して編んだものである。戦前に、禿木の著作をまとめて刊行したいと、禿木本人にも勧め促していたのは、他ならぬ矢野と島田であった。矢野が「序」を寄せている。

青少年學徒や一般讀書子から、日本語で書かれた適當な英文學史の推薦を求められる毎に、私は、遺憾ながらそのやうなものはまだ見當らないと答えるのを常とした。蓋し、外國文學の理解には、言語的障碍の克服は言はずもがな、特殊なる文學的生命に敏活に反應し得る纎鋭なる感性を具備して居なければならないからである。されば、若しこのやうな外國文學研究者があつて、一篇の作品の妙味一人の作家の特質を、古今に亘つて説いてくれるならば、専攻學徒の幸福は勿論、一般讀書子の歓びは果して如何ばかりであらうか。われわれは、斯かる理想的な鑑賞家、解説者を、英文學に於ける平田禿木先生に見出すのである。先生こそは英文學の理解にかけては、今後は知らず、少なくとも今日までの日本が産んだ至高の權威であり、英文學史を書き得る唯一の學者であつた。先生も曾ては英文學史執筆の意ある事を友人に對し洩された事もあるらしい。然し、元來が近代的風流人を以て自ら任じ、ただ精華をのみ摘む事を以て足れりとし、あく迄もおのが趣味に生きんとせられた先生にとつては、好悪愛憎の外に立つて一切に眼を通し、秩序立ててこれを論《あげつら》ふが如きこちたき業《わざ》は、性に合はなかつたものと見え、ついに一指をも染むるに到らずしてこれは立消えとなつたやうである。

然しながら、文壇學界の長老たる先生が、機に臨み折に觸れ、他より求めらるる儘に、英文學に就いて書かれた大小の文章はいつしか積つて山となり、縦には上チョーサーより、下は現代のハクスリー、ウルフ、ジョイスにおよび、横には詩・劇・小説・随筆等、批評を除いてはおよそ英文學の全ジャンルを蔽ふに至つた。故に、若し適任者あつてこれを統一整理したならば、よし古代・中世の部は欠くとするも、チョーサーに始まる好個の近世英文學史が出來上がるであらう。そして、斯かる書物を編む事は、既に述べたやうに、必ずしも故人の素志に背くものにあらざるのみか、苟も英文學に關心を有する本邦讀書界年來の渇を醫する事にもなる。

斯うした事實に鑑みられたのであらうか、先生の女婿竹澤啓一郎君は、泰西の文藝に造詣深く且つ個人の生活業績に精通せる島田謹二君の指導と協力とを得て、この『英文學史講話』編纂を企て、つひにこれを成功されたのである。われわれは、茲にはじめて、文學趣味豊にして信頼し得る英文學史の出現を見るに至つた事を心から祝福したい。（中略）

固より本書は、最初から一定の計畫を立てて執筆されたものでないから、厳密な意味に於ける文學史としては形整はず、當然觸るべき項目にして觸れずして終れるもの、或はその説明に繁簡宜しきを得ざる所など、必ずしも無しとしないであらう。編者が本書を敢へて「英文學史」と呼ばず「英文學史講話」と銘打つた眞意もその邊に存するのではないかと推測される。然しながら、すべては一代の碩《（ママ）》學の深遠なる学殖と蘊蓄とより迸りでたものである。これを繙くの人は平明流暢なる行文の奥に、著者の細やかなる感性を通して體得されたる英文學獨特の味に觸れ、安んじてこれを魅了される事であらう。

先生の如き大家の述作に、私如き後學の輩が序するなど、まことにおほけなき事で、心窃に分外の誹りを恐れるものではあるが、先生の御遺族並びに編者二氏の懇請もだし難きままに、先生の高徳を欽慕し遺業を鑚仰する者の一人として、本書に關する感想と信念との一端を茲に披瀝する事としたのである。

昭和二十三年三月十三日禿木先生五周忌の夜

矢野峰人謹識

『英語青年』第九五巻第四号（昭二四・四）の「新刊書架」でY・F（冨原芳彰）は『英文學史講話』とその著者を評して言う。

故平田禿木氏（中略）の女婿竹澤啓一郎氏は、故人の篤き理解者である島田謹二氏の協力を得て、この仕事を企て、その成果の第一冊としてわれわれの前におくられたのが本書である。（中略）眞に英文學を愛し、人を研究し作品を一つ一つ味い樂しんで行つた故人の俤は全巻を通じてしのばれる。シェイクスピアについての一文の中で著者はこう言つている。「要するに、自分は成るべく研究といふ桎梏からでたいのである、それを離れて真に原作をenjoyした人々の説に聴きたいのである。この数日讀みふけつた、詩人（Sh.）に關する下ること、下らないこと、取り交ぜての學者、教授の言説に散々に惱まされた末、自分はAs You Like It の一曲を取り出して、一氣にこれを讀了した。實に氣持のよいといつたらない。眞に一服の清涼剤である。……ソネットを云々して、Dark Lady が何うの、Southampton が何うのと言つたところで、“Full many a glorious morning have I seen” の一句すらも暗んじてゐないで何うなるものぢやない。」ここに禿木の面目躍如たるものがある。沙翁評論中、著者に「霊妙な光を点じてくれている」と言って尊敬しているのは、ラム、コールリッジ、スウィンバーン、ペイター、シモンヅ、イェーツ、メイスフィールドなどである。これなども著者が如何に自己の印象を主んずる主観の人であつたかを示す一つの側光のように思われる。著者はやはり英文學を讀んで味つては樂しんでいた鑑賞家と言うところに本領があつた。研究は鑑賞に直接役立つ時價値があつた。鑑賞家は好悪をはつきりさせる。自己の愛憎の外に立つて一切を客観的に叙述することを原則とする英文學史執筆の仕事は、だから結局、著者には性に合わないことであつたろう。

禿木の感覚を直ちにわれわれの感覚だとは言えないが、しかしどこかこの人に名人的なところがあるのは否定できない。

一二月、好学社で行われた「鷗外を語りつつ」の座談会に出席、佐藤春夫、久保田万太郎、吉田精一とともに、「鏡花と露伴」「鷗外について」「漱石」「三四郎と青年」「永井荷風」「藤村について」「作家としての鷗外」「學者漱石」「詩人としての漱石」「俳人芥川龍之介」「作家の俳句について」「再び鏡花について」「鏡花の未發表原稿」「細雪について」「あだばな」「最近の文壇」「現代俳句の位置」「芭蕉について」「鷗外の詩歌」「鷗外の飜譯」について語った。

三　東京大学教授

『佐藤春夫詩集』

信州の疎開先に訪ねて以来、春夫との親交は続いている。詞華集『近代抒情詩選　花さうび』については既に述べた。昭和二三年、続々と刊行される春夫の著書『荷風雑感』（國立書院）、『新編佐藤春夫詩集』（地平社）、『別れざる妻に與ふる書』（東京出版）、『文藝他山の石』（好學社）、支那詩選『玉笛譜』（東京出版）、『自然の童話』（丹頂書房）等みな熟読して感想を述べた。春夫が藝術院會員になったことも殊の外嬉しく、『女誡扇綺譚』（文體社）が続けて刊行された（ひと月後には限定出版）ことも、二人の出会いの機縁になった著書だけに歓びは格別であった。年がかわって昭和二四年四月九日、春夫の満五七歳の誕生日を祝う第一回の会が日比谷の陶々亭で開かれた。この日は、芥川賞が復活して、春夫が再び銓衡委員になった日でもあった。この会は、時に場所を変え昭和三九年四月まで続くが、主な出席者は堀口大學、西脇順三郎、奥野信太郎、坪田譲治、谷口吉郎、高田博厚、中西悟堂、井伏鱒二、富澤有為男、秦一郎、中谷孝雄、保田與重郎、芳賀檀、浅野晃、牧野吉晴、大鹿卓、淀野隆三、島田謹二、山本健吉、吉田精一、檀一雄、丸岡明、井上靖、柴田錬三郎、林富士馬、真鍋呉夫、巌谷大四、小田嶽夫、浅見淵、木山捷平、外村繁、青柳瑞穂、安岡章太郎、遠藤周作、吉行淳之介、庄野潤三、五味康祐、生方たつゑ、城夏子、加賀淳子、丹阿弥谷津子等で、春夫の郷里和歌山、疎開した長野、九州、関西、中国、四国各地方からも人々が集まって、毎回百数十人になったという。「春夫の誕生を祝う会」は、昭和二九年の会の席上で正式に「春の日の會」と命名される。

五月三一日、文部省発令、国立学校設置法施行に伴い、東京大学第一高等学校教授に補せられた。第一高等学校は東京大学第一高等学校となった。校長は麻生磯次、教養学部長は矢内原忠雄、教授陣は守随憲治、竹山道雄、菊池榮一、川口篤、市原豊太、呉茂一、前田陽一、氷上英廣、江口朴郎、市古貞次、小松清、岸邊茂雄等であり、島田は、新しい学制のもとに発足した東京大学においては、教養学科現代文化第二講座を担当することになった。英語関係の同僚には、堀大司を始め、酒井義孝、片山毅、齋藤光、朱牟田夏雄、上田勤、佐山榮太郎、渡邊精、松浦嘉一、神山正治、上野景福がいた。

このころ、一一年前、『英語研究』に載せた「夢物語」を時を経て考え直し、提言するために書いた「續「夢物語」――英文學研究家の協同作業」（昭二四・五『英語青年』第九五巻第五号）が注目された。

> （前略）私などこのごろは二十才台《ママ》の青年学徒に接して、その考へ方も知識も教養もまるで、昔とは違つてゐるやうに感ずることが多い。さういふ聴衆の変化といふことを考へれば、十年前の思案を今日またくり返して語ることもまんざら意味がないとはいへぬやうな氣がする。そこでこれから思ひきつてまた昔の「夢物語」をくり返さう。但しこれには十年前のものと違つて、その後に考へついたことを多少織り込んでゆくつもりである。だからこれには続「夢物語」といふ名をつけさせていただかう。（後略）

第一には、「協同飜譯」のすすめである。協同飜譯をして最も効果をあげうる作品を探し出す標準があるはずで、その標準に多少の特徴がみとめられる。このころ刊行された西脇順三郎教授の *The Canterbury Tales* 飜譯の立派な出來ばえを信じながら、協力事業として模範譯が、また協同飜譯の特長を発揮しうるものとしては、日本文に移された英文學の作品を抜萃配列

春の日の会集合写真

於日比谷陶々亭（昭和24年４月９日）
『新編図録　佐藤春夫』
（平成20年３月 佐藤春夫記念館発行）所載

した『英文學詞華集』がほしいというのである。芸術的才能ある研究家が抄譯したものを然るべく配列して、手ごろな型の単行本に編めば、学界の人々の協同作業の特に意味ある一つの分野が開ける。第二には、日本文學と英文學との交流関係を究める協同作業の提案である。我が國の文學に及ぼした英文學の影響をさぐることは、日本の研究者の担任すべき學的義務の一つである。それには、研究家がそれぞれの分業の精神を發揮して各自の担任をさだめ、その成績を照らし合わせるより外に方法がなく、ここにこそ英文學研究家の無私な協同作業が行われうる大きな分野がある。そして、昼となく夜となく夢みるのは、各研究家の成果を網羅して協同作業の美果を示す「日英比較文學書誌」の實現で、それを切望するという。第三には、多くの専門家の協力によって、事實の正確さはもとより、個々の項目の意味の解釈と批判とに重きをおいた『日本英文學辞典』をつくること、更に、英文學を孤立した「英文學」として見ないで、狭くは歐州文学、広くは全世界文學との關連に於いて眺める項目の數多かるべきを願うというのである。いずれの夢も、英文學界各員の無私の協力によらなければ決して成就されることはない、と強調した。

六月三〇日、文部省発令、一二級一号俸下賜、東京大学教授に補せられ、教養学部勤務を命ぜられた。

七月、「佐藤春夫の詩を検して、われわれは今日にまで降ってきた。ここでふりかへつてこの詩人はどんな詩學を把持して、どんな風にそれを實現しようとしているかを跡づけてみなければならぬ。」として、『佐藤春夫詩集』（新潮社）を編纂、刊行した。詩人自らがこの詩集に「はしがき」を寄せ、一詩を掲げた。

語に精しく詩に明かなる島田謹二教授は好んで海彼岸の詩を究むる傍、時にはわが小詩巻をも机邊に弄ぶとか。されば新潮社の申出に對しても快諾してこの編纂に當られ、惡詩二百あまりを日夜再三誦讀して、或は捨て或は拾い、行数をよんで紙員の要求を充たすに足る量を採り求められたるさへあるに、これを適當に分類裁量して讀者の便に供へ解説執筆の煩勞をも厭はず。小詩を遇するに世界の名家大詩人の典籍に對するが如き懇切鄭重の態度を以てせられたるは氏が學に對する熱意に出づるもの、必ずしも予個人に對する好意のみに非ざるは明かなりと雖、感謝に堪へず。菲才を省みて忸怩たるもの無きを得ず。乃ち採擇の小詩は、亦自ら聊か再考してテニヲハを改め句讀を加ふるなど在來の諸版を正すの用意を費し世に所謂決定版を稱するものになぞらへんとす。大方の讀者のもし小詩を見んとならば、庶幾す爾來この版に準據せられよと。

一詩あり、偶々成る。附記して島田氏に示し、知己の一粲を得んとす。

師は血をもて書け
水を交ふる勿れ　と教へたれども、
われはわがインキに
少量の熱き涙と冷き汗とを交へぬ

神はみ空に
その子は思ひ煩うて砂の上に
キイツは水の上に
數ならぬわれはつたなくも
枡形《ますがた》せせこましき紙の上に
年久しく書きて
名と錢とを得たるかな
末の世のめでたや

一九四九年一月下浣

北佐久山中にて
佐藤春夫記す

「佐藤春夫詩集のをわりに」で、まず詩人の生い立ちを述べ、出会った人々を語り、影響を受けた詩人や耽読書に触れ、収録した作品の特徴を明らかにした。先年、信州に疎開していた詩人を訪ねて以来、さらに親交を深めていて、詩集の編纂には心を配り、解説にも渾身の力を注いだのである。

昭和二十四年四月、双鬢漸く白きを加へた五十四才の彼は、戦火に焼かれた東京から信州北佐久の山村に逃れ來つて、今に至るまで悠々と自然の懐に抱かれたまま月日を送つてゐる。この地の季節の推移をしみじみと歌ひ上げたのが『佐久の草笛』（昭和二十一年九月）である。一見すると素淡にすぎる四行詩も、よくよく味はへば、東洋の文苑に有力な一系譜圖をなす「隠者」の文學として根づくところの深いのに驚く。それからまた「自然の童話」を歌はうとする老年の詩境が、中世室町の歌人たちの風懐や魔術師をうたふ近代ドイツの大詩人の智慧とつながるのを悟つて、今更のやうに感慨を加へる。本集にはそのうち十二章を抜いた。いづれも情は淡く、技は枯れて、それでゐてヘンにみづみづしい感動を與へる。心を澄まして、この詩境の高さを目測するとともに文藝に於ける傳統といふものの量《はか》りしるべからざる力を思ふべきである。（中略）「序詞」でねがつてゐるとほり、「神さまが雲をおつくりなさる」やうに打ち出したい。かういふあなたまかせの悲願に立てば、すべては同感と共鳴とが主題にならう。作品は誰のものでもよい。そこには作者もなければ讀者もない。否、作者は讀者である。讀者はまた作者である。これが彼のいはゆる「民謡」説である。かういふ考へ方になると、もう古來われわれの父祖の信じた文藝の道そのものになつて、生活と藝術との區別は何もこと新しく打ちたてる必要がなくなつてしまふ。佐藤春夫といふ詩人はいつかかういふ道を歩く人になつてしまつてゐたのである。

ポー一〇〇年祭

「探偵小説土曜会」の講演を依頼されて以来親しく話をしてきた江戸川乱歩が、『朝日新聞』誌上に「ポー百年忌に」を書いたのは、昭和二四年一〇月九日である。

（前略）死後の光栄と悲惨との対照、彼の如くはなはだしかつた作家を知らない。アメリカ最大の文豪の一人、銅像、記念碑、卑近な一例を言えば、彼の原稿の一片、初版本の一冊すら、生前の全収入に匹敵するほどの金銭価値を生じたことでも、それはわかるであろう。

詩では「大鴉」散文では「リジア」「アッシア家」「ウィリアム・ウィルソン」「黒猫」残虐とユーモアの不思議な組合せ「アモンチラドー」「ちんば蛙」人間心理の異様な断面「群衆の人」「天邪鬼」推理小説では「モルグ街」「盗まれた手紙」そのほかユーモアと風刺、科学と冒険、それらすべての分野において彼は創始者であり開祖であつた。各國の後の作家達に影響を與えた点でも比類がない。驚くべき文学的発明家、さんらんとしてあらゆる色彩に輝く偉大なる多面の宝石。

それにつけても思うのは、経験的リアルを追うの余り、小事凡庸に堕した小説界、こと日本のそれは、今一度ポーの意味のオリジナリティーというものを、振返つて見るべきではないかということである。

一一日には、讀賣ホールで行われた探偵作家クラブと読売新聞社共催の「ポー百年記念講演会」で、乱歩の「探偵作家としてのポー」、佐藤春夫の「ポー随想」、野村章恒の「精神病理学より見たポー」、徳川夢聲の「物語『黒猫』」、城昌幸の「『大鴉』朗読並に解説」、中野好夫の「英文学史上に於けるポー」、木々高太郎の「ポーの精神論」を聴いた。

新聞、講演双方の乱歩による指摘や感想には全く同感であった。乱歩の警鐘より一七・八年も前から、ポーの意味を認め、飽くことなくポーを学んでは、語り、書くことが多くなり、続々と研究の成果を世に問うてきたのである。丁度このころ、

『英語研究』（研究社）に「Edgar Poe の翻訳者 Charles Baudelaire」を、*The Mainichi* に *Poe's Influence on Japanese Literature* を、そして『詩學』（岩谷書店）には「若き日のエドガー・ポー」を執筆した。『英語研究』は、ポウ特集号で、「E. A. Poe の生涯」（富原芳彰）、「Poe のことども」（中野好夫）、「Poe の詩」（大和資雄）、「E. A. Poe」（齋藤勇）、「Poe の評論」（成田成壽）、「Poe の横顔」（松村達雄）、「詩人としての Poe」（皆河宗一）、「Poe の参考書」（佐伯有清）等の寄稿の中で、島田の「ポウの翻訳者ボードレール」は、一八四七年一月にボードレールがポウの作品に出会い、文壇を啓蒙するだけでなく、フランス人全部にポウを崇拝せしめなくてはやむまいと決心して翻訳に打ち込んでいく経緯、文壇の大家ティオフィール・ゴーティエやサント・ブーヴ等がその訳文に感銘を受け、讃美することによって、ポウの翻訳者としての名声を確立していく流れについて詳説したもので、特に注目された。

一九日には、立教大学英米文学会主催の「エドガー・ポー百年祭記念講演会」に招かれて、「日本に於けるポオ」を語った。この時、乱歩は「ポオと推理小説」、杉木喬は「ポオ雑感」、細入藤太郎は「ジャーナリストとしてのポオ」を語った。さらには、一一月五日、早稲田大学創立記念日に当り、英文科の催しの一つとして大隈小講堂で開かれた「ポオ百年忌記念講演会」でも、「日本におけるポウ」を語ったのである。加藤道子の「大鴉」朗読、村上菊一郎の「ポウとボードレール」、谷崎精二の「ポウの短編小説」、乱歩の「ポウの探偵小説」を聴いた後、またしても乱歩と同席して親しく語ったのである。

この日を思い出しての記述は、乱歩について、「文献愛など」（昭二九・一一『別冊寶石』第七巻第九号）の後半で次のように書いている。

一九四九年の秋ではなかつたろうか。早稲田大学でポオの探偵小説について講演されるのをうかがつた。大へんな気魄のこもつたものであつた。それも感情的に興奮させる、よくあるテのものではなく、十分に読みかつ考えて、理ぜめな論理でくみあげた知性的なお話だつた。ポオのテキストをよくよんでいる、参考文献もあさりぬいている。実作者としてのテクニツクで百年前のデュパンと対決もしている。あのアメリカの天才をまるで七擒七蹤するように自在に論じられた。あのお話しは文字通りに「大講演」であつた。すくなくとも私の今までにきいた日本人の講演のうちでは、第一級のものだと信じている。（後略）

ポーについての講演を、二度も共にした乱歩の記述も掲げておきたい。「池袋二十四年」（昭三二・一〇『立教』第二号）と題するエッセイは、立教大学に近接する土蔵付の邸が気に入って住むことになったことから、戦争中は町会の副会長や警防団の防空指導係長をしたことや、空襲で消失した周辺のことなどについての、当時の様子を知る貴重な内容になっているが、立教大学との縁を語って、講演の事実にも触れた。

（前略）敗戦となり、隣組が解消されると、町内の人々とつきあうことも少なくなり、神学院は焼けてしまつたので、そこの人々との交渉もとだえた。三年ほど前、わたしの息子が助教授として御厄介になることになつたので、佐々木さん（立教大学総長佐々木順三のこと　筆者注）とは今も懇意に願つているが、そのほかには、わたし自身、立教大学との直接の関係は何もない。しいて云えば、戦後の出来事として一つだけ思い出すことがある。昭和二十四年の十月だつたと思う。たしか立教大学創立何十周年か記念の催しの一つとして、文学部から講演の依頼を受けたことがあり、ちょうどエドガー・ポーの百年忌に当つていたので、「ポーと推理小説」という題で講演をした記憶がある。同じ頃雑誌「宝石」のポー百年記念号に「探偵作家としてのエドガー・ポー」という長い文章を書き、後に随筆集「幻影城」に収めたが、多分あれに書いてあるようなことを喋つたのだろうと思う。その翌月の十一日には、早稲田大学文学部の依頼で、やはり「探偵作家としてのポー」という講演をしている。両方とも現東大教授のポー研究家、島田謹二さんと一緒で、島田さんのあとか先かに話したのだと記憶する。（後略）

立教大学大学院の「フランス派英文学」講義をきいた折り、「一目置いて評価していた乱歩との思い出話」を乱歩邸を見下ろしながら語るのを聴いたことがある。乱歩の場合のみならず、交友のある作家、文人、学者を語るとき、個人的な思い出にはあまり力点を置かず、業績や人物の特徴を語るのを常とした。ポーのことが機縁で出会い、講演を共にしたことが、よほど印象に残っているらしく、乱歩は、「探偵小説の先輩知友」（昭二六・四『早稲田學報』六一〇号）を語るときにも「百年忌記念講演」のことに触れている。乱歩との関わりで「文献愛など」の周辺をすこし書き足してみると次のようになる。立教大学に出講したある日（昭二九・六）、氏を訪ねた。乱歩は、生涯に職業も住居もしばしば変えたことでよく知られているが、二度目の池袋生活で、立教大学とは道一つ隔てた校地続きとも言える住まいが気に入っていた。「平井太郎」と表札のかかる乱歩邸を訪ねた日のことを「文献愛など」（前述）で次のように書いた。

（前略）たれひとりほかに持っている人がないので、レジス・メサックの「探偵小説と科学思想」を拝借に一度池袋の御宅にうかがった。セントポール大学のキャンパスのすぐ前で、土蔵づくりのお邸がじつに印象的だった。メサックというのは妙な本で、よほどの専門家でないかぎり、あまり読んだ人を聞かない。こんないわば珍本に類するものまで集められている文献愛にはおどろかされた。そういえば、はじめてお逢いした席上で暗号の研究書のことをあれこれと話しだされそうになったのに、こちらが十分用意のなかったのが、今にくやまれる。このごろならもう少しはお相手ができるのだが（後略）

（前出「文献愛など」）

この「文献愛など」は、乱歩の還暦を記念するために岩谷書店、後の宝石社から依頼されて寄稿したものであった。刊行直後に届いた乱歩の礼状は極めて丁重なものである。

雑誌社からのお願いに應じられ小生についての御感想文を御投与下さいましたことを感謝いたします　御文熟讀いたし御過褒に対してはこれを恥じ　御叱りについてはこれを反省し　小生として甚だ得るところがありました　いずれ何かの機會に御文についての小生の感想など申し上げたいと存じて居りますが　とりあえず御筆労に対し深謝の意を表する次第でございます　敬具

昭和二十九年十一月　　江戸川亂歩

東大比較文学研究会

東北帝国大学在学中に学び始めた「比較文学の方法」は、後年台北帝国大学で実践され、その具体的研究の成果は早くも昭和八年ごろから続々と公刊されて知られるようになり、それから一六年、「日本比較文学会」を創立すると、明けても暮れても「比較文学」の日々となった。昭和二四年一〇月二八日、二九日の両日、日本学術会議講堂において「文学史の方法」をテーマに文学学術大会が行われたとき、二日目に人文科学委員会委員（第一部委員長辻直四郎、副委員長和田小次郎、委員会田由、泉井久之介、岩淵悦太郎、生島遼一、大山定一、小川環樹、小野忍、亀井孝、河野六郎、蔵原惟人、高津春繁、近藤忠義、佐藤晃一、杉捷夫、中島文雄、西川正身、野間光辰、堀正人、宮坂好安）を前に「比較文学史的方法」と題して講演し、その後、約一時間半の総括討論を行った。三〇日午後には、第一部文学部会に高橋義孝と共に出席して、杉捷夫、小野忍、蔵原惟人、高津春繁の四委員と話し合いをした。（昭二六・六、『人文特集号（二）――人文科学の分類［四―二］』編者文部省内人文科学委員会）

はじめは小さな動きでも大きなうねりになるキッカケは思わぬ所から始まるものである。積年の構想は次のように実現していく。「比較文学」という言葉を初めて耳にするような新入間もない四・五人の学生を相手に第一研究室において、数回にわたり「比較文学」の手ほどきをしたのは、昭和二四年も終ろうとする一二月であった。この学問の専門家である島田の指導によって、先ず「比較文学の方法」を体得すること、その上でこれを実体に適応しながらそれぞれの研究を進めていくことを目的に、学内学生団体として「東大比較文学研究会」が誕生し、そうした主張からプライヴェイトではあるが、公開ゼミナールを毎週一回継続して開講することになった。勿論講師は島田である。その第一回公開ゼミナール「海潮音」講義が始まったのは、昭和二五年新年早々の一月九日である。以上のあらましは、半年後の六月に発刊された『比較文学新聞報』第一号（編輯者＝小平照雄、絹村和夫）の「発刊の辞」や「東大比較文学研究会――成立と現状」に書かれている。「比較文学」の進むべき道を説き、この学問が取り扱おうとする分野に触れ、「日本比れている。

上で、使命感と決意を表明した「発刊の辞」は次のように書かれている。

較文学」が取り上げるべき大きな研究課題があることを認めた

（前略）更に「国際文学」とい、「一般文学」とい、「世界文学」という分野は文学の生命を一つの全体として促え、言語的な区別にあまりとらわれずに「文学の展開」をあとづけようとするところに大きな意味をもつ。これは視野を世界大に持つ点で、時には大きな困難を伴うけれど、すでに世界文化圏に入った日本人には重要な示唆を与える。つまり現代日本文学を世界的な視野から眺めるためには、どうしてもこの系統の学問を参照し斟酌し反省しなければならぬ。こゝにも「日本比較文学」の進み行くべき一方向があると思う。もちろんこれらの研究分野はそれぞれ独自の方法をもつ。それに欧米でも新興の学問だけにいろいろと欠陥や未熟な点が目につくかも知れぬ。それらの未だしき点を充分心得ながら、われわれはいつもこの国の作品を対象とすることによって実際的な効果を挙げるよう努めたい。

そのためには、各国文学の専門家の業績をたえず尊重しながら、それら先進の研究に教えられつゝ、それと連絡をとりながら、「日本比較文学」を作り上げて行かねばならぬ。東大比較文学研究会は、この主旨を実践して、学会の分野に応分の寄与を行い得るならば無上の光栄と考えている。「東大比較文学新聞報」はこの使命を果すために生まれた。もちろんまだ力よわく足どりもおぼつかないが、先輩各位のご教示を仰いで健全な発達を遂げたいと念じている。ねがわくは御支援を賜わらんことを。――編集者――

「海潮音」についていえば、これが「比較文学」の好材源であること、すでに一七・八年前に「上田敏の『海潮音』――文學史的研究」を公にし、その前後にも先駆的な研究を発表していること、そしていつでも語る用意があること、さらには、念願だった『海潮音』（編纂・解説、酣燈社）が日ならずして刊行される運びであることから、「海潮音」講義となったのである。この講義は七月まで続いて三一日に終了した。そして十月、冬学期の開始と共に、研究会主催のゼミナールは、佐藤春夫著『近代日本文學の展望』（日本雄辨會講談社）をテキストに使って開始され、翌年一〇月まで続いた。研究会最後のゼミナールは、一一月に、ルイ・カザミヤン著『近代英国』（創文社）講義を開始し、翌年つまり昭和二七年一〇月に終了する。そして、この研究会は一一月に、「比較文学講座」と企画を変え、一般の学生も聴講できる開かれた場となった。第一回の講義は、富士川英郎教授による「比較文学よりみたリルケ」であった。

『エドガア・ポオ詩集』

ポオについては連年書き続けている。『世界文学全集　十九世紀篇　ポー集　黒猫その他十七篇』（昭二五・五、河出書房）には、中野好夫、小川和夫、松村達雄、阿部知二、佐々木直次郎と共に名を連ねて、短篇小説「エリオノオラ」、散文詩「沈黙　一つの寓話」「影　一つの寓話」、詩「鴉」「鐘の歌」「アナベル・リイ」など一二篇の小説と詩を収め、『寶石』第五巻第二号のためには「マリー・ロジェ事件の真相」を書き、さらには、*English*（文化評論社）にも「エドガー・ポー詩抄」を寄稿した。そしていよいよ、昭和二五年五月、『エドガア・ポオ詩集』（翻訳・編纂・解説　酣燈社）を公にしたのである。これは、「若き日のエドガア・ポオ」「詩人としてのエドガア・ポオ」のあとに、「鴉」以下二〇篇の詩を配列し、詳細な「エドガア・ポオ詩集の注解」と「エドガア・ポオ詩集の略評（ステファヌ・マラルメ）」を収め、ポオの詩との出会いと打ち込んだ頃の回想を綴る「後記」があって、これまでには見られない特徴ある内容のものであった。ポオを学び始めてから三〇年にもなろうとする長い年月の研究を集大成した記念すべき出版であった。一連の詩を味わいつくし、その詩境を極め、物語や評論に精通して、一巻にまとめるまでの経緯を「後記」に跡づけたい。

　私がエドガア・ポオの詩をはじめて讀むやうになつたのは、ステファヌ・マラルメの飜譯からである。ああ千九百二十一年！　思ひ出はかぎりなくなつかしい。清純きはまりなき「碧」の美しさをそのまま象徴したやうな、コバルト色の表紙のこのフランス詩人自選の詞華集を手にした時、どんなに私の胸は躍つたことぞ。忘れもしない。一つ橋《ばし》裏のフランス書店三才社から取り寄せてもらつたのである。巻頭に出ていたアメリカ印象派の畫人ジェイムズ・マクネイル・ホイッスラーの描いたマラルメの肖像畫もよかつたが、本文をひらいて、「あらはれ」、「空」……「エロディヤッド」、「牧神の午後」と讀みすすんだ時の、あのわくわくするやうな感動は今になほありありと思ひ出すことができる。神田の裏町を照らし出すひざしのひどく明るい何でも晩春の午後だつたやうに覺えている。フランスの知識の覺束なさなどは、もう何の苦にもならなかつた。そこに浮き出している活字の一つ一つが、まるで旅に誘う海風のにほひをふくんで、美の神の御苑に立ちのぼる白百合の花の嘆きを耳もとにささやき、古塔の一室、そこの清げな姿見にみ入る東邦の公主の面影を夢のやうに現はしてくるのであつた。私はもう恍惚としてしまつた。「歡天喜地」といふ形容辭の内容をこの時ほどしみじみと體感したことはない。ああ"The good old times"——何もかも、すべてがよかつたあの頃よ。私も若かつた。青春の情動は詩文の妙《たへ》なる味はひを幾倍かにしてくれた。そのわくわくするやうな、ほんとに戀情そのものともいふべき氣分のうちに、私はその日はじめてポオの詩をよんだのである。（中略）

　千九百二十九年、空も海も山も紺碧な南の島の學府で、私はポオの物語と評論とをもう一度よみなほした。眞に「研究」といふ名にふさはしい氣持でもあつたし、環境でもあつた。（中略）

　その後まもなく東西の世界には至るところ戦雲が急にたな

びいて、私のやうな學究の研究にも方向や力點のおき方に今迄とは多少の相違が現はれざるをえなくなつてきた。ポオに親しむこともおのづと薄れた。（中略）そのうち思ひがけぬ異常な運命に直面するやうになつた。無情の世、有情《うじょう》の人、契は短く、思は饒《おほ》い「狂濤艶魂」の世界がいつかわが身の上に展《ひら》かれようとは、神ならぬ身の夢にもおもひみぬことであつた。

千九百四十六年一月、一切を失つて傷心の極ふるさとの東のくにかえりついた後、私の心中にはまた「詩」に對するはげしいあこがれが湧き上つた。再びとり出したポオ詩集に對して今度は何といふ親しみと近しさとの加はつたことぞ！今や私はわが生命の體験を通じてこの先人の骨法を會得し、その詩風を實感しうると信じた。窮迫や怨恨や憂愁や諦念や怜《（ママ）》持や別離や憧憬や――ポオの世界は即ちこれわが詩境である。かく感じて彼に接した。戦禍によつて一切の書物を失つた私はあまりよい譯文とはいへぬローヴリエールの佛譯本しか参照できなかつた。それによつて久しぶりに「アナベル・リー」をよみかへしたのである。（中略）わが『エドガア・ポオ詩集』はかくて千九百四十七年秋、絶望に近い鬱悶のうちに大部分が出來上がつた。思ひ出すと、一篇一篇、恍惚と戦慄とを伴はぬものはない。それから千九百四十八年の明るい夏に殘餘の分がかなり氣負つた興奮の裡になしとげられ、千九百四十九年のはじめに最後の仕上げが加へられた。（中略）

この一巻の『エドガア・ポオ詩集』をまさに上梓する日の近づくにつれ、今後記の筆をとりながらあらためて思ひ出すのは先輩同僚友人諸氏の御好意である。まづポオを憶ふごとに感謝されるのは矢野禾積、鈴木信太郎、樋口圀登など辱知の諸博士のいつも變らぬ激勵のお言葉である。斯學の先進たるこれら諸大家の温情が懶惰なすなき私をしてふるいたたせたことは幾度なるかをしらぬ。愛蔵のウッドベリ版を貸し與へて下さつた東大の同僚堀大司教授、慶應義塾大學圖書館のハリソン版を見せて下さつた厨川文夫教授の尊名もまた忘れてはならぬ。それから十五年來度々適任だといつておだててくれ必ず期待するといつてポオ詩の譯文を求められてきた詞友西川満君の溢るるやうな友情も忘れたことはない。最後にここ何年かの間私のポオ詩に關する拙《つたな》い講義をいつも悦んで聴いてくれた多數の學生諸君の好意もうれしいと思ふ。（中略）わが青春のはじめに、わが文藝への愛情のめざめとともに、私はポオをよみはじめた。その時から今にかけてもう四分の一世紀以上の歳月がたつ。いつのまにか四十八歳になつた私は、今宵もまた「アナベル・リー」の詩をこれから準備するところなのである。（後略）

先の文中に二度も登場する西川満は、後年この詩集について、「海のほとりの王領に」（昭四六・九、『人間の星』所載、平二・七、「エドガア・A・ポオの星――『海のほとりの王領に』の訳者にささぐ」として『アンドロメダ』第二五一号に再録）で次のように書いている。

それは、ただ一冊の本である。粗末な、紙表紙の無造作なポケットに押込むことのできる、小型の本である。その一冊が、戦後の索漠たるわたしの生活を、どれほど慰めたことか。まさしく、その一冊は、わたしにとって、エメラルドよりも、サファイアよりも、貴重な宝石であった。

その一冊、それは『エドガア・ポオ詩集』（酣燈社）である。（中略）「アナベル・リイ」の邦訳は、いくつかある、しかし、先生ほどの名訳は他にない。これこそ、わたしが待ちに待った訳である。（中略）二十年の長きにわたってわたしを慰めわたしを励ましてくれた、この座右の書を、いかに讃えたところで、讃えきれるものではない。

『英語青年』第九六巻第一二号（昭二五・一二）「新刊書架」でこの詩集について書くのはY・F・（冨原芳彰）である。

（前略）訳者はすでにポオに造詣の深い人である。ここには、*Annabel Lee* の最初の一節を原詩訳詩対照して、訳者の訳詩ぶりを紹介することにする。

It was many and many a year ago,
　In a kingdom by the sea,
That a maiden there lived whom you may know
　By the name of Annabel Lee;
And this maiden she lived with no other thought
　Than to love and be loved by me.

そのかみの、そのかみの昔がたりよ。
　海のほとりの王領に、
住みにけり、をとめ子ひとり。その御名の
　アナベル・リーに、君、あるは知り給ふらむ。
そのをとめ、その人は、われを慕ひつ、われにまた
　思はれむねがひをのぞみねがひつ、、ただ生きにけり。

原詩はその音楽美をもつて知られている作、訳者も原詩のしらべを訳詩の上に出すのに苦労されたであろうと感じられる。その他の訳詩も、声と同じような擬古的な文体を持つて、いわゆる詩らしい詩になつており、日本語の詩としての訳詩の存在を主張しているかにみえる。この詩集も、「楽しき文学」のよき日の思い出の一片のよすがとなるものであろうか。

日本英文學會の機関誌『英文學研究』第二七巻第二号（昭二六・七）で、この詩集に触れたのは大和資雄（一八九八―一九九〇）である。

島田氏のポオ譯はよく洗練されている。文語體としては、この譯の上に出ることはむつかしかろう。ことに「イズラフェル」は佳調である。しかし現代語の詩化ということは、

詩人のみならず譯詩家の任務でもある。口語には文語に劣らぬ力があり美がある。氏の才をもつてこの新しい方面に貢献されたならと惜しまれる。巻頭の若き日のポオ、詩人としてのポオ、巻末の注解とマラルメの評語など極めて親切で行き届いた解説である。

島田は、二年前の「『ポー秀詞』三十餘品」（日夏耿之介全譯）の書評に

「いまその譯詩ぶりを窺ふに、全篇とりどりにすぐれてゐるが、中にも評者が最も感嘆したのは「鈴鐸歌」である。（中略）恐らく後進の何人ももはや「鐘」の邦譯については日夏譯と競はふとはしまい、實に後人をして氣をののき膽消ゆるの思ひあらしめる。」と書き、『エドガー・ポー詩集』の「後記」にも、同じようなことを書いたのであるが、「とまれこの集は、眞に原詩の境地の或物を解した詩人の筆になる絶唱を含んでいるから、ポオを味はむほどの人にはこれから不斷の醍醐味を惜しむまいと思ふ。かういふ珠玉の傍におかれると、私の瓦礫は恥かしい。ただひとついくらか頼むに足るのは、たえず原義を考へながら、ポオ詩の内容を逐語の句法で移さうとしたといふことだけである。既出の「ポオ詩集」の中にあつて私の作品がどういふ位置に置かれるかは、一に歴史の審《さば》きにまかす。」

と考えて、*The Bells* の訳も収録したのであった。

ポオ・シェイクスピア講義など

「Edgar・A・Poe のこと」（昭二三・四『英語青年』第九四巻第四号所載、『エドガア・ポオ詩集』の「後記」に再録）でも書いた「今宵もまた *Annabel Lee* の詩を明日の講義のためにこれから準備するところなのである」と言っているように、東大でも立教でもくりかえし「ポオの詩」について語った。東大文Ⅲに入学して、「ポオの詩講読」を聴き、その非常に独特な朗読法に驚愕し、魅惑されたという圓子《まるこ》千代の「心象点描——ある講義の思い出」（昭四八・一『共立女子大学文芸学部報』第一七号）を紹介しておきたい。

（前略）私は芸術体験ならぬ衝撃体験を書いてみたいと思います。それは大学に入ってはじめての英文学の講義であり、講師は比較文学の泰斗島田謹二教授でした。先生は教壇の端に立たれ緑陰深い窓外にしばしば目をこらし、熱のこもったさびのある声でおもむろに語り始められました。「かの不遇なる詩人エドガー・アラン・ポーは——」ややあってきびすを返し、教壇の反対側に行き、天井の一点をひたとみつめてつづけられます。「ボストンはホリス街三十三番地に生まれ——」名僧の読経にも比すべき独特の抑揚にまず度肝を抜かれました。さらに、先生のリズミカルな教壇の往徠につれて、テニスの観客のように眼球を左右に振動させれば、心もいつしか不安と期待にあやしく揺れ動き、一種の催眠的空白状態に陥ってゆきます。そこへ神託さながらにアナベル・リー、

鐘の歌、大鴉などがふりそそぎ魂の底まで深く泌《（ママ）》み込んでゆくのです。それまで文学的感動は活字と眼との孤独な対決のなかからのみ生まれうるものと思いこんでいた私には、この感動の新奇な伝達はまさに青天の霹靂でした。大学とはすごいところだ、大学教授とはえらいものだ、あー、大学へきてよかった！　と、正直そう思ったものです。その後、今でもなお、ポーの詩を読むとき、どうしてもあの御詠歌ふうな島謹節（学生は先生に「島謹」なる愛称をささげ、先生自身もそれを容認しておられたようです）から逃れられないほどに、それは強烈な滲透力でした。

◇

　後にこの名教授が、他の多くの級でも、しかも幾年にもわたって、同じ熱狂をもって同じ講義をされると聞いたときは、二度目の衝撃をうけずにいられませんでした。一回かぎりの、まさに一期一会ともいうべきあの講義をくりかえし行うなどはとうてい人間業とは思われなかったのです。一体熱狂は持続と反覆とに耐えうるものでしょうか。京都や奈良の観光坊主の眠たげな節まわしを思い出すだけで答えは明らかなようです。しかしあの講義から若干の演技をさしひいたとしても、なおあまりあるほどの情熱と魅力が確かにありました。それは先生の生そのものと分かちがたくむすびついた文学へののめりこみだったのでしょうか。思いきり感情をこめた朗誦、ひとつの言葉ひとつの表現への心底からの驚歎《（ママ）》――そこには、「いとほしむ」としか言いようのない言葉へのかかわりかた、地熱のように深く永続的な美への陶酔、いささか下世話にくだけて言うなら、文学への深情けがありました。それこそ私がこの衝撃体験から学んだ一番大きなものなのです。（後略）

　このころの講義について、平川祐弘（一九三一―）も書いている。

　（前略）島田先生は昭和二十年代の半ば、東大駒場キャンパスでブラウニングの『男と女』を教えられた。先生は東大二年生に *'By the Fireside', 'Childe Roland to the Dark Tower Came', 'The Statue and the Bust'* などのプリントを配布されたが、御自分は教壇で煉瓦色のフランス製の本を持って、それは見事な訳読を独演された。（中略）大学一、二年の時、先生の英語の授業はポーの詩も、ラムも、『マクベス』も、全部出席した。先生の講釈には熱気がこもっていたから、それに惹かれて私は大教室の必修の講義はほったらかして先生のクラスに片端から勝手にもぐって出たのである。人間十七、八歳のころは感じやすい。自国人の教師にはあの年齢にいちばん感化されると思う。先生は一般教育演習で漱石『文学論』をとりあげたが、明治の帝大生が夏目講師その人から習ったよりずっと面白かったのではないかと確信している。というのは私たちは第一に『文学論』というテキストを目で追うことができたし、第二にそれに加えて、鋭い島田解釈も重なっていたからである。（後略）

（平七・八『フランス派英文学研究』下巻
「複眼の学者詩人、島田謹二先生」南雲堂）

「ポー講義」も課外講義「近代日本文學の展望」も聴いた堀孝彦（一九三一—）は、書き込みを入れた『近代日本文學の展望』（佐藤春夫著）を下さり、当時の思い出を語ってくれたうえに、父豊彦が台北帝大時代に矢野、島田とは同僚で交流もあったから、後年、京都嵯峨野の落柿舎うらに住んでいる矢野を訪ねたことがあり、偶々島田も居合わせて親しく話をしたことなどについても話してくれた。

若き日に、島田の「シェイクスピア講義」を聴いた小田島雄志（一九三〇—）は、島田の講義ぶりと語った事柄とを深く心にきざみ長く忘れずにいた。ある日の講義風景を眼に見えるように、また声が聞えてくるように鮮やかに描写している。

（前略）

一九五〇年四月、二年生になったぼくたちのクラスの英語講義の一つを、島田謹二先生（そのころシマキンとよんでいた）が担当されることになった。テキストはシェイクスピアの『マクベス』。四月二十一日、先生は廊下のドアから入ると教壇を素通りし、窓に行き、駒場キャンパスに開きはじめたツツジの花を見やりながら第一声を放たれた——

「四月と言えばシェイクスピア、シェイクスピアと言えば四月、いいですなあ！」

ぼくはキョトンとした。なぜ四月と言えばシェイクスピアなのか、見当もつかなかったから。その二日後の四月二十三日がシェイクスピアのおそらく誕生日であり、確実に命日であることを知るのはあとになってからであり、島田先生がもしかしたら彼の劇的風土のロマンティシズムに春四月の風を感じとられたのかもしれないと推測できるのはさらにあとになってからだった。

しかし、敬愛する先生がシェイクスピアに惚れてるな、とその瞬間に感受することはできた。シマキンともあろう人が惚れる以上、シェイクスピアにはなにかおもしろいところがあるにちがいない、と。こうしてぼくはシェイクスピアの原文にふれることになった。

島田先生の授業は、読んで訳すだけではなかった。各行をスキャン（弱強のリズムをつけて読む）された。シェイクスピアの文体には三種あり、散文をのぞく無韻詩と押韻詩はアイアンビック・ペンタミーター（弱強リズムを五回くり返して一行とする）であることも教えてくださった。フェニン・エンディング（弱強五回のあと、行末にもう一つ弱強音節がつく場合。たとえば、ツー・ビー、オア・ノット・ツー・ビー、ザット・イズ・ザ・クェスチョン——傍点が強音節）のとき。先生は、「弱強・弱強・弱強・弱強・尾骶骨！」とおっしゃった。

『マクベス』第一幕第三場。魔女3が、「太鼓だ、太鼓だ、マクベスがくるぞ」と言うところでも、先生はリズムをとり、

「ア・ドラム、ア・ドラム、マクベス・ダス・カム」と躍るような口調で朗誦なさり、「太鼓のリズムが聞えるようでしょう！　これがシェイクスピアだ」と言い切られた。ぼくはテクストの余白に、「これがシェイクスピアだ」と書いた。
　英文科に進んで、中野好夫先生が『マクベス』を講読されたとき、ここまでくると、「魔女のシーンはシェイクスピアじゃなく、ほかのやつが書いたんだろう」とおっしゃった。ぼくは、「これがシェイクスピアだ」の下に、「ほかのやつが書いたんだろう」と書き加えた。両先生それぞれのアプローチの仕方がおもしろかったのである。
　島田先生はシェイクスピアをいわば「詩作品」のように、ことばのリズムやイメージから入っていって楽しまれた。それがそのころのぼくには嬉しい方法だった。そのころ、ぼくは詩人だった——

（平一一・六『半自伝　このままでいいのか、いけないのか』白水社）

東大をはじめ、青山学院や立教での講義に打ち込みながら、「上田敏研究」や森鷗外、平田禿木、佐藤春夫に関する研究や英詩の翻訳、解説、編纂、書評の執筆に余念がない。春夫の慶應義塾での公開講座「近代日本文學の展望」は毎回欠かさず聴講した。後年、「『近代日本文學の展望——佐藤春夫氏の署名本』」（昭五三・二『日本古書通信』第四三巻第二号）と題して「愛蔵本について」書いたとき、次のように結んいる。

　筆をとらせればあれほどの名文家であつた先生は、いわゆる講演の名手ではなかつた。第一訥弁である。つつかえる。時々思考だけが回転して、言葉が迅速についてこない。時々間に沈黙が入つてくる。でもその実体といおうか、話の中味は近代文学史論として、創見に満ちたもので、心から敬服した。連れていつた学生たちが、はたしてどんな印象を得たのやら、それはわからない。私はあの講演の思い出を生涯忘れることはないだろう。私の意見や解釈を、先生一流のうけとり方で、自由自在に消化して語られたからである。

　秋には京都に赴き、日本比較文学会第一回関西支部大会の前日、天理図書館講堂で行われた記念講演会で「日本におけるポー」「比較文学の現状」と題して講演した。中島健蔵、矢野峰人、太田三郎、吉田精一、吉川幸次郎、竹友藻風等との講演は「人気を呼び、立錐の余地もないほどの盛況であった」と当時関西支部の幹事として進行に携った中村忠行（昭和一三年三月台北帝大国文科卒）は、『山邊道』（昭五一・三、天理大学国語国文学会）で語っている。文字通り東奔西走の日々であった。
　このころ、喜ぶべき事は『日本現代詩大系』（日夏耿之介、山宮允、矢野峰人、三好達治、中野重治編、河出書房）第一巻（創成期）が公刊されたことである。この巻の月報に「『新體詩抄』と西洋文學」を書き、早速「有益な編纂　日本現代詩大系」を『毎日新聞』（昭二五・一〇・二七）に寄稿した。

たいへん有益な編ざん物である。こんど配本された第一巻をみてもなかなかみられない詩集がたくさんのせられているのがありがたい。詩史的に重要なのを全部のせそれほどでないものを抄したやり方は、紙数の関係上やむをえなかつたのだろうが、できればそつくり出してもらいたかつた。私としては『新體梅花詩集』に感服した。出来ばえも立派だが、近代文學史上の謎である幸田露伴の位置づけを傍証するものとして一そう面白かつた。それから荒けずりだがやつぱりずばぬけている北村透谷の外には湯浅半月と宮崎湖処子だ。優雅に流れすぎたり、しらべが軟弱だつたりするが、二人のもつ意義は深い。

第六章　若く美しい学問

一　比較文学研究の実践

『飜譯文學』など

『日本の文学』（伊藤整編、昭二六・一、毎日新聞社）に「日本文学における欧米文学の影響」を執筆したとき、「序説」のおわりに次のように書いた。

（前略）これから取扱おうとする「日本文学における欧米文学の影響」という課題は、今日恐らく満足な解答を与えうる学者が余りおるまいと思われるほど、新しい学問である。私にそんな能力がないことはいうまでもない。ただそのなかのある部門や、いくつかの特殊問題などをいくらか手がけてきているから、そういうところを骨子にして足がかりをつくり、他は先輩たちの仕事を参照しつつ、私は私なりの考えを一つ書いてみよう。

「啓蒙期における影響」「英米文学の影響」「森鷗外の果たした役割」「フランス自然主義およびドイツ・ロシア・北欧文学の影響」「大正、昭和期への影響」の項目をかかげ、時代と人と作品についての幅広い見解を披瀝したのである。この書の「あとがき」には、「本書の構成と編集にあたっては、伊藤が原案を作り、それをさらに島田、吉田、平野、伊藤の四人が協議して訂正し、かつ各項の執筆者を決定して依頼した。（後略）」とあり、伊藤整、瀬沼茂樹、吉田精一、中村光夫、平野謙、荒正人、島田謹二の名が執筆分担順に掲げられている。公刊直後に編者から届いた葉書（昭和二六・一・一五）によると、一四〇〇〇部に検印したという。

前略　毎日新聞社の文学史については、御援助をありがたく存じました。本の題や中の見出しは大体出版者側の意見により、組み合せは小生の考でいたしました。特色のある本になりましたが、改版を出すかも知れませんので、お気づきの点をお知らせ頂ければ幸に存じます。（後略）

編者は、巻頭「近代日本文学の理解のために」と第一部――その歴史に、五「戦後の文学」を書いているが、文中「近代日本文学を見直そうとする意志をもった仕事」を列挙したあとに、島田にふれている。

島田謹二は、鷗外、敏、漱石、白秋らの近代作家と、かれらに影響するところのあった欧州各国の作品との比較研究の連作において、矢野峰人などが開拓した分野で新しく困難な仕事を継続中である。

四月、東大での講義は「西洋文学入門――ダンテから現代まで」と「翻訳文学の研究――森鷗外の訳業」について語り、五月からは教養学部ゼミナールで「現代文学の源流」講義を開始し、九月一一日まで続けた。立教大学の講義は、英米文学科第二講座で、三・四年生共通の選択必修「英米文学特殊研究」を、大学院英米文学研究科英米文学専攻（修士課程）が設置されたのを機に、「英米文学研究方法論」を担当した。

六月二八日、立教大学英米文学科主催の講演会で、福原麟太郎の講演「シェイクスピアについて」――を聴き、その翌月には『英文學六講』（福原麟太郎著　昭二五・六刊、金子書房）の書評を『英文學研究』第二七巻第三号に寄稿、シェイクスピアの「ハムレット」とラムの「エッセイ」を語る著者の、深く幅広い力を高く評価しながら感想を次のように述べている。

> 外務省研修所というのは、外務省のお役人方が勉強するところなのだらう。きっと大學程度の法科系の卒業生たちとおもへばまちがいないところか。そこで「英文學」の「特質」をまとめて、わかりやすく、しかも要點を傳へる役目といったら、なみ大抵の人にはちょっと出来ない藝当である。まづ「英文學」がよくわかってゐなければならぬ。それからその「特質」についてepitomiseする力がなければならぬ。そうして専門家でない、いはば一般の知識人たちにカンドコロをすぐのみこませる、よい意味の「コツ」のやうなものをもってゐなければならぬ。――これらをあはせ備へるのは容易でない。學者、しかも或型の文學史家で、一種のphilosopherで、特にある種の「要領居士」で、……云々といふやうな非常に複雑な資格を持たぬと、かういふ難業ははたせない。それを考へると、さすがに外務省はぢつに炯眼なものである。在京の英文學者たちを物色して（かどうかはしらないが）、著者に白羽の矢を立てたのは、まづ第一歩から企劃すでにあたれり、成功期して待つべしといふ感を與へる。（後略）
>
> 恐らくこの書は一種の名著だといってよからう。一般教養人を相手にした入門としては、所期の目的を實にあざやかに達してゐるから。この「英文學の特質」には「近代の英文學」といふ三章がついてゐて、これはこれで重寶なものであるが、この二部を併せ収めたために、いくらかまとまりがそこなわ《ママ》れたやうに感ずる。著者は「英文學六講」と銘うってゐるから、何も「英文學の特質」だけを説かうとしたのではあるまいけれど、評者などの希望を申し上げれば、やっぱりはじめの三章だけで打ちきってもらひたかった。それはこの種の書物はやっぱり一つの藝術みたやうなものだからである。ただ親切にあらゆる方面からもれなく説くといふやり方の外に、もつと一つの印象をはっきりさせて讀者に純粋な感動を

與へるといふことも大切だからである。さうしていはゆる「英文學界」の中で著者こそはさういふ點のよくわかり、且つそれを實行しうる才能を持つ少數者の一人だと信ずるからである。「同じ曲を二度彈いて」と著者もかすかにその點をあんじてゐたのではないかと思ふ。妄評死罪。

この同じ『英文學研究』に、前年五月、『エドガア・ポオ詩集』にふれる記事が載ったことは前述した。「英詩の和譯」として、『バイロン詩集』の「カイン」にもふれている。『バイロン詩集』中の「カイン」は、前年一〇月島田が翻訳した。後年これを岩波文庫（昭三五・三）に収めたとき、「まえがき」でこの時のことに触れて次のように述べている。

一九四九年の春、一度共訳の形で「カイン」を訳したことがある。あらためて再読してみると、意外にあやまりのあるのに気づいた。ぜひ改訂したい箇所もいくつかあった。本稿は新訳である。ただ前訳を参照したため、おのずから訳調などに、おなじ響きをのこしている部分がところどころにあるかもしれぬ。御諒解を得たい。

英文学の名著の解題を書いたり、「比較文学」関連の論考を公刊するのに加えて、このころ、杉並区和泉町四八九番地に独居（「大槻夏夫」の宛名で半年ほど書信が届く）して天明社の濱田儀一郎と会合し、「名詩選」英米篇の執筆を促されて多忙を極め、また、亡友松風子の遺稿集を「木棉花」（前出）と題する詩歌集に編むべく打ち込んでいる。やがて、長年に亘って語り、研究してきた森鷗外や上田敏の研究をまとめて、至文堂の「日本文學教養講座」の一冊として『飜譯文學』を刊行したのは、昭和二六年八月である。「緒言」、（前出）「目次」は以下の通りである。

みられるような内容である。私はまつたく「比較文學」の精神と方法によつて、この一冊を書き上げた。切支丹文學研究もないし、幕末蘭學者の飜譯から書き始めるという定石もふまなかつたし、きつと不滿をおぼえられる方々があるかもしれぬ。然しそれらについては、新村出《しんむらいづる》博士や村岡典嗣教授以下の立派なお仕事、又木村毅氏や柳田泉教授などの著書によつて補うことができる。この書はそれらの諸先進とはいくらか異なる道を歩こうと思つたのである。

本文の五章が中心であるが、はじめの二章はまつたくの素描圖にとどまる。他日精細な研究を出すスケッチとしてみていただきたい。（後略）

序章

一　飜譯文學研究の理由

二　飜譯文學研究の現状

第一章　『新體詩抄』の出現

第二章　長谷川二葉亭の飜譯文學

次のような「新刊紹介」が『學苑』（二六・一二、昭和女子大學内光葉會）に載った。

　日本文學教養講座中の一巻として、「飜譯文學」が出た。この場合飜譯文學は明治以降に出た西洋文學に関するものを意味するが、明治、大正、昭和の所謂現代文學を研究しようとする時、飜譯文學研究はその鍵とも云えよう。又飜譯文學の立場から現代文學を更めて眺める時、創作と呼ばれているものゝなかに飜案的な創作がありはしなかつたかと著者は比較文學の立場から究明される。（後略）

この書の折り込み「編集室より」には、「この一編によって、比較文学の新しい方法は、日本の近代文學の一つの方法としてではなく、絶對不可缺の方法であることが明らかにせられていると思います。本教養講座がこの一編によつて更に重きを加え得たことと信じます」とある。

亀井俊介（一九三二―）は、若き日に『飜譯文學』をくり返し読んだ頃のことを語っている。

　もうふた昔以上も前、「日本文学教養講座」というものの一巻として出された島田謹二著『翻訳文学』（一九五一）を読んだ時の興奮を、私はいまだに思いおこすことができる。木曽の山の中からはじめて東京に出てきて、大学の先生や都会育ちの友人から西洋の文学、文化の話をきかされ、目くら《ママ》めくほど驚くと同時に、自分の無知を知っておどおどし、とりあえず岩波文庫の赤帯本を買いこんできてせっせと読みふけり、さりとてあまり面白いようにも感じられぬものだから、ひょっとしてわが身の知力か感受性のどこかに欠陥があるのではないかと、焦燥の思いにかられていた。その時、偶然、島田謹二著『翻訳文学』を手にしたのである。そしてその第一ページに、「世界文学的視野から大観すると、現代文学は日本人がヨオロッパの文芸的特性を我が物としてもがきにもがいた苦闘の歴史ではなかろうか」という言葉を見出し、山出しの猿の私も、ようやく自分を「日本人」の一人として感じることができだした思いだった。多分、明治や大正の日本人も、いきなり大都会にほおり《(ママ)》出されて、あこがれと不安の中に身をおいたのであろう。しかも彼らは山の中に逃げ帰らなかった。西洋という大都会と四つに組んでわたりあった。翻訳文学（特に西洋文学の翻訳）が、近代の日本文学で重要な地位を占めざるをえないのも、その辺に理由があるのであろう。と、そんなふうに、著者の言葉を勝手にわが身に引きつけて理解しながら、私は『翻訳文学』を読みふけった。

（昭四八・一、島田謹二・富士川英郎・氷上英廣編『比較文学読本』研究社「翻訳文学の読み方」解説の一部）

島田は、この書の月報巻頭に「芥川龍之介と飜譯文學その他」を寄せ、アナトール・フランスとディケンズ、芥川とラフカディオ・ヘルンにふれて、授受関係を暗示しながら新進學徒の精究をうながしている。

『十九世紀英文學』

二年ほど前から立教大学で講じ始めた「近代英文学」（「ロード・バイロン」「ディケンズの小説」「ロバート・ブラウニングの宗教思想」「インメモリアム研究」「エゴイスト研究」）に詳細な解説をつけてまとめたものが『十九世紀英文學』（二六・九、新英米文学講座、研究社）である。「小序」を控えめながらやや開き直りの口調で次のように書いた。

「十九世紀英文學」という題である。ところがこの講座の書目でみられるように、十九世紀については、ローマン派の詩も、ヴィクトリア朝の詩も、思想も小説全般も、ほぼ大たい何もかも、それぞれ専門家の権威者によつて書かれることになつている。それらに漏れたものを書かされるのでは、たまらない。というて、十九世紀のイギリス文學全部をひとつひとつ論評するだけの能力は、もちろんもちあわせている筈がない。とんだ貧乏くじを引いた形である。そこでいろいろと考えあぐんだ末、何か今までにないものを出して、全體にも亙り、特殊問題も明らかにするような書き方をこころみたいと思つた。そこで考えついたのは、これまで日本の學界に紹介されていない「フランス派英文學」の「十九世紀英文學」觀を傳えてみようという思いつきである。（後略）

「我が英學壇俊英聽動員執筆に成る研究の集大成！」と初版巻末に宣伝の文言とともに掲げられた全二四巻の執筆予定者は、「専門家の権威者」と表現された厨川文夫、中西信太郎、中野好夫、大塚高信、齋藤勇、福原麟太郎、竹友乕雄、大和資雄、工藤好美、山本忠雄、近藤いね子、矢野禾積、石田憲次、杉木喬、中島文雄、平井正穂、志賀勝、西川正身、成田成壽、豊田實、西脇順三郎、佐々木達、岩崎民平のほとんどが同僚だったり、学会等で交友関係にある人たちである。『十九世紀英文學』は、「新刊」（『英語青年』第九七巻第九号）として紹介され、これを読み抜いて書評（『英語青年』第九七巻第一二号「新刊書架」）を寄せたのは小川和夫（一九〇九—一九九四）である。

第一章に於て十九世紀英文学を概観し、第二章以下に本世紀の中心的文人を捕え、たえず十九世紀文学全般に目を向けながら、その各々の本質を異なる見方から解明した野心的な著作である。

この本は「フランス派英文学」の「十九世紀英文学」観を傳えようという意図のもとに作られている。（中略）コスジュル、ドラットル、ピエル・ベルジェー、ルネ・ガラン等、フランス英文学者、特にリール派諸家の所説を紹介しながら、十九世紀英文学の諸特質を明らかにしようと試みている。リール派という名はもとより、これらの学者の多くについても、評者は寡聞にして知らなかつたが、これは本誌の大部分の読者についてもおそらく同じであろうと思う。つまり、島田氏は我々のために、全く未知の領域を開いて見せてくれたのであつて、我々の感謝は大きい。氏は「私はただの紹介者であり、移植者であり、編纂者であるにすぎぬ」と序文で述べているが、これだけのものを「編纂移植紹介」するためには、その背景に並々でない造詣を当然予想させるのである。

イギリスにおける英文学研究とフランスのそれとの方法や態度の差異ということは、そのいずれについても無知に近い評者が論じ得ることでもなく、また各学者個人でそれぞれ違うものを大ざつぱに各國の学風にまとめることも出來ないであろうが、たとえば Oliver Elton の Survey などをところどころ時々窺いてみると、たとえ評者がいまの三倍ほど勤勉になり七度生まれ來て英文学を読み考え継いだにしても、こんな該博な学識と精緻な鑑賞眼の足もとにもよりつけぬという感じを受ける。ところが島田氏の紹介したドラットルのブラウニング論やベルジェーの *In memoriam* 論（この本ではこの二章が特に卓抜だと思われた）を読むと、その分析的解明の精細なことに驚嘆しながらも、エルトンの場合のような重圧感を覚えない。これは対象へのフランス的な近づき方が我々の態度と似ているためかも知れないが、今の評者には学風を云々する力はない。

（中略）説くところはなはだしく透明である。そしてこの線に沿つてこの詩人の宗教思想がはつきりした浮彫になつて浮びあがつてくる。ドラットルに拠つた島田氏の筆は冴えている。

そして、最後に、この本を読むと、自分もこのような態度で研究してみたいという氣になるから不思議である。評者のごときも、改めて Browning や Tennyson を読みなおして、およばずながら自分の意見を述べてみたい氣を起した。こういう読者を鼓舞するような点が、おそらく島田氏のこの本に数多くある長所のうち、最大のものかもしれない。

一〇月二〇日、日本比較文学会第七回東京大会が東京大学において開催され、中島健蔵司会のもとに「比較文学よりみた藤村詩集」と題して講演した。一一月、東大比較文学研究会の公開ゼミナールで、ルイ・カザミヤンの『近代英国』講義を開始する。一七日（於同志社大学）一八日（於大阪朝日講堂）に行われた日本比較文学会第二回関西大会では、前月の講演を更に練りなおして「比較文学よりみた藤村詩集」を再度試みた。

大会終了後、谷崎潤一郎の招きをうけ祇園で歓談の一夕をすごした。前年同様、中村忠行の伝える比較文学会関西支部大会関連の記録は次の通りである。

この年の比較文学会大会は、同志社大學と大阪朝日講堂で行はれたが、共に大変な盛況で、朝日講堂では記録破りのものと、社の人から聞かされた。後藤末雄氏の斡旋で、中島・波多野・島田・板垣・太田の諸氏と共に谷崎潤一郎氏に招かれ、祇園の料亭に歓を盡した楽しい想い出がある。

（前出『山邊道』）

一九日午後は、奈良女子大学で講演し、大学の招待でこの夜は日吉館に宿泊した。二八日には、青山学院大学の英米文学・語学研究講座第一〇回の講師を依嘱されて出講、「フランスに於ける英文学研究」について講演した。

一二月、啓蒙的論集として刊行された『比較文學序説』（中島健蔵・中野好夫監修、著者代表中島健蔵、「序」は中野好夫、河出書房）には、「比較文学の成立と現状」「西洋に於ける飜訳文学の歴史」「ヨオロッパ大陸に於けるシェイクスピア」「英仏に於けるゲーテ」「ロマンチシズム前後」「日本に於ける翻訳文学の歴史」「ポオ、ボオドレール、マラルメ」を執筆した。他の執筆陣は中島健蔵、小林正、吉田精一、水野亮、富士川英郎（一九〇九―二〇〇三）、太田三郎、西川正身、松田穣である。

この年（昭和二十六年）には、「比較文学」（『世界文学辞典』）、「最近の比較文学研究の諸論文を読む」（『比較文学新聞報』）、「比較文学史の方法に就て」（『文学史の方法の諸問題』）、「比較文学の参考書」（神田秀夫共著『国文学　解釈と鑑賞』）、「比較文学――或比較文学者の文学観」（『文学講座』）等、雑誌や叢書への寄稿でも、「比較文学」に関する著述を精力的に公にした。「合衆国における比較文学」（昭二六・一二『英語青年』第九七巻第一二号）では、アメリカの現状を詳説してから、次のように結んでいる。

かえりみるに、ここ二十年来の日本の「比較文学」は期せずしてフランス派比較文学の方法に従つて来た。専門研究としては、当然な動向だろう。今後の問題のひとつは、このアメリカ流の「比較文学」にある。特に世界文学の概説と現代文学の世界的動向を取り扱う部門こそ、新しい制度の下では、現代的教養と学生の要望とから考えて、何とかせねばならぬ Program の一つである。これは岩波文庫その他信頼すべき翻訳書を教材とすることが行われるとき、いよいよ以て緊急時となろう。これに対する対策の一つは、広い意味の「比較文学」の研究の中に求められる。すでにジャーナリズムはこの動向を直覚しているが、学界もまたこれに根抵《まま》ある専門家を送つて、協力せねばならぬ。「比較文学」の領域はいよいよ廣きを加えて、新しい問題を続出してきた。一國文学にのみ没頭せぬ若い学徒の奮起を待つ所以である。

『新編退屈讀本』など

昭和二七年度東大での講義は、「比較文学入門」「英米文学と日本文学」、教養学科のためには「十九世紀英文学史」講義も開始した。文学部英文科から講師の依頼もあり、本郷にも出講、「Poe 研究」を語った。（東京大学発令、兼職　東京大學文學部非常勤講師　兼職期間昭和二十八・三・三十一迄）立教大学では、「英米文学特殊講義」を、大学院では、「英米文学研究方法論」を講じ、青山学院大学では、文学部二部で「文学概論」を、この年度から開設された大学院では「比較文学講義」を担当した。多忙を極める日々ではあるが、講義に打ち込み、解説、書評、翻訳等の執筆に追われながらも、時には講演や集中講義の求めにも応えている。青山学院に出講して、日夏耿之介と語る機会が多くなったことはうれしく、『日本文学大辞典』（新潮社）に「殉情詩集」「土居光知」「比較文学の研究」等の解説を書き、さらに佐藤春夫の『新編退屈讀本』（昭二七・四、創元社）を編纂刊行できたことは大きな喜びであった。刊行の経緯を佐藤春夫は「自敍」で次のようにいう。

退屈讀本はわが壯時の雜文集である。だから文はみな三十年ばかり前の舊稿ばかり。往年ジャナリズムの酷使に應へて書きなぐつたわが雜稿の雜然として書齋の塵に埋もれてゐた一束を授けて集としたものであつた。もとわが心頭の雜草、文苑の埋草のわが文庫の邪魔物處理にしか過ぎなかつた。談話筆記あり、斷片あり、未定稿あり。手あたり次第に悉く收めて厖大な量に達したから、當時の單行本としては四六版に珍しく二段組みの體裁を選び、それを辛うじて一冊に纏め上げたものであつた。

三十年前の舊稿が今更何の用もありさうに思へないが、さまざまな話題にふれてゐる點が無駄話めいて面白いとでもいふのであらうか。當時もよろこばれ、今までに時々覆刻の話もあつたが内容體裁全部原刊本のままでなければといふ條件で問題ともしなかつたが今度は文庫本ではあり、とてもその一冊には收録しきれない分量だから適宜に抜萃改編したいといふ交渉に對して、選抜編纂には畏友島田謹二氏を煩はした。蕪雜な舊稿を整理するのはものぐさなわが性に合はないばかりかあれは雜駁なところが面白かつたので、自分には取捨の標準も立たないやうな氣がしたからである。（後略）

島田は、次のように解説を書きはじめた。

佐藤春夫の随筆集『退屈讀本』を出したいが、ページ數が多すぎるので、いくらか手かげんしたい。ついてはその選をたのむと、編集部から申し出された。今までいろいろ弱つたことは多いが、この時ほど弱つたことはない。

何しろはじめて出たときの原著をごらんになつた方は、よく知つてゐる筈である。書中の各文章のをはりにのせられてゐる年代はみな「大正」であるから、その方々はいま五十歳前後のはたらきざかりだらうか。とにかく一度眼を通したかぎりのものが、たれもかれも異口同音に名著だと感嘆しぬいた讀後感をつたへてゐる。じつさい、こんな充實した隨筆集は、少なくとも明治大正を通じて、わが文壇史上に、さう數が多いとは思はれぬ。

その充實感を反省してみると、いろいろなものがはいつてゐるのに氣づく。

（後略）

その取材から分類して、佐藤春夫の人となりや生活や日常身辺について、「わが戀愛生活を問はれて」と「大杉榮」の二作品は、温雅と清秀と熱情と聰明とを兼ねそなへたふしぎな文人の内面的記録が圧縮して書き出されていると語る。佐藤氏一流の芸術論や文学論や詩論については、「初歩の疑問」は作家の創作心理を吐露したもの、「風流論」は着眼、見識、推論、表現から見て本格的な日本文芸学の礎石の一つを寄与する、本質にふれた大論文であり、「東洋人の詩觀」は今後に期待される「比較文學」に与える暗示であると書いた。また、批評家佐藤春夫の天分は「秋風一夕話」にもっともみごとに発揮されているると言い、「あさましや隨筆」「月下の一群」「夜ひらく」などの書評は、古今東西の詩文を微妙に味はいぬいた文章で、書中一番あざやかな部分であるとも書いた。

解説の後半は次のように続いている。

取材だけからみても、こんな多様な隨筆のむれである。その一つ一つをとつてみると、ただの知識と見識と趣味とを温雅に語つてゐるだけには終つてゐない。どれもみな著者の眼と心と頭とのはたらきを微妙に俊敏に、才氣と誠實とを以て伝へてゐる。これをよむとき、讀者が何ともいへぬ充實感をうけるのは當然だらう。

こんな名著は、そつくり原形のままで出すべきだと思ふ。できることなら、その一篇一篇に解説をつけられたい。――かねてさういふ希望をもつてゐたので、これからえらんでほしいといふ編集部の申し出をきかされたとき、弱つたわけもわかつていただけるかと思ふ。しかし文庫の體裁上、どうしても創元社側の要望をまげられなかつたので、慵齋先生に萬事御指導を仰いで、どうやらこの一冊にまとめてみた。じつに冷汗ものである。あらためて著者に對して、多くの名篇玉論を失つた選び方のいたらない點をおわび申し上げたい。さうしてこの文庫ではじめてこの書の存在を知つた若い讀者に對しては、ぜひ原著をみつけて精讀せられることを希望しておきたい。（後略）

白水社の文庫クセジュの一冊、ジャック・フェルナン・カーン原作『アメリカ文学史』の翻訳に着手したのは昭和二六年一二月二五日朝、訳了は翌年一月一五日、刊行したのは四月である。「訳者まえがき」として、一三頁にも及びフランス人のアメリカ文学研究の歴史について詳述し、後半の部分を次のように書いた。

この書は《クセジュ叢書》の体裁上、簡略を旨としている。そのために、たとえば第十七・十八世紀を論ずる一章など、やや物足りない。十九世紀にはいっても、シドニー・ラニア、W・G・シムズ、ラフカディオ・ハーン、二十世紀になると、ロビンソン・ジェファーズ、ソートン・ワイルダー、オール・レールヴァーグなど、是非その名を挙げるべき作家詩人たちが逸せられている。またその重点のおき方も、時にすべての人をうなづかせないかもしれぬ。例えば、がいして散文、とくに現代小説に力がそそがれていることは、よまれるとおりである。これは現代のアメリカ小説を世界第一のものとみなしているフランス人一般のうけとり方をよくあらわしているけれど、その反面一九一〇年代以後のアメリカ現代詩のもつ大きな意味がやや正しくとらえられていないのではないか。そんなところにも多少不安を感じる。しかし、これくらい文芸に精通している教授の書いた、視野の広い、味解のあざやかな、表現のきびきびしているアメリカ文学入門は、アメリカ、フランスを通じて、そう数多くないだろう。アメリカの学者の書いたものは、えてしてただ文学史的な知識のかきあつめに終始する時もあるが、そういういわゆる《アカデミック》なくわしい知識をあさる人は別として、とにかく社会史を背景に文学を文学としてながめることをねがいながら、アメリカ文学に一通り通じようとする日本の読者、とくに学生諸君にとっては、たしかに役に立つし、おもしろくもよめる手引き書だと信じている。（後略）

福原麟太郎が、『英語青年』誌上「片々録」で「クセジュ文庫（白水社）に「英文学史」ルネ・ラルー吉田健一訳と、「アメリカ文学史」ジャック・フェルナン・カーン島田謹二訳とが現われた。アメリカの方は、いま受取ったばかりだが、アメリカ文学の専門家の話によると、よく出来ているということだ」と触れた。この『アメリカ文学史』は、昭和四三年四月までに一〇版を重ねて広く読まれることになる。

五月には、『英米文學概論』（英語・英米文學講座第一巻、著者代表福原麟太郎、河出書房）に「日本文學と英米文學――福澤諭吉から平田禿木まで」が収録された。「新刊書架」（『英語青年』第九八巻第八号）でこれを評するのは小川和夫である。

島田教授の「日本文学と英米文学」は、幕末から明治中葉――末期頃までの、日本文学に與えた英米文学の影響のあとをたどつている。ある部分では物語的な話術を駆使し、ある部分では堂々たる論陣を張り、比較文学という我國では未踏の分野に進んでゆかれる同氏の筆は、今後ますます大きな期待を抱かせるものである。藤村の「秋風の歌」を論じた個所の精緻な鑑賞と、比較文学の方法の卓抜な実践に驚かれた読者は、進んで同氏と吉田精一氏共著の「藤村名詩鑑賞」に就くべきである。（後略）

六月、「チャイルド・ロオランド獨白」（ブラウニング原作）を『英米文學』（立教大学英米文学研究室）第一四号に寄稿した。「小序」に言う「四十歳のロバート・ブラウニングは、獨白體二百四行のこの詩を、一八五二年一月三日、パリでわづか一日の中に書きあげた。」というこの作品については、ブラウニングと同じような心境のうちに、想うところあって翻訳したもの、と後年しばしば述懐した。「小序」のはじめで、物語の流れについて語り、解説の筆を進めている。

この主人公は、あきらかに象徴である。「暗黒塔」をめあてにする、その旅も、また象徴である。その意味が何であるかについては、讀者の想像にゆだねられている。作者はこれに對して特別に明確な意義を與えることを望まなかった。思うに、「暗黒塔」は、靈的運命に對する恐ろしいわなのきわまるところである。敵視する「生」から精神の名譽をもぎとろうとすれば、いやでも直面せねばならぬ恐ろしいものの中心である。作中にみえる恐怖を誘《いざな》うさまざまなものは、われらの内部の實在から生まれ出る幻影である。（中略）詩は始めから終わりまでこの恐ろしい幻覺の研究に終始する。作者はすべて見慣れたものの輪郭をわざとくづし、ゆがめて、ことさらに悪魔的なもののけをほうふつさせる。この詩の教訓は、あきらかに内部の靈の力を禮讃することにあるが、「理想」の巡禮――騎士は精神のうみだすあらゆる怪物にみちみちている「生」の中を突き進んでゆく。もつとも深い靈魂の力によつて、かれは宿命をやぶり、信仰と直觀によつて救われる。そう解すれば、この獨白は、バニヤンの『天路歴程』と同じ精神にたつものといえよう。（後略）

この翻訳に注目して、日本詩人クラブ會報『詩界』第一二號（二七・七）の書評欄で紹介したのは編集人正富由太郎である。

「チャイルド・ロオランド」獨白（島田謹二譯）ロバアト・ブラウニングの象徴詩を、わかり易く、暢達に譯して居る。ブラウニングの譯詩が比較的少い今日、譯者は、なほこの詩人の他の詩篇にも、譯筆を馳せるといはれた。なほ續々、出ることを希望して止まない。（非賣品）

（汪洋）

二　後進の育成

世界文藝を語る

このころになると、講演や集中講義を依頼されることが多くなり、昭和二七年七月、早稲田大学教育学部国文科夏期講座の講師を委嘱されて、「比較文学の成立」「比較文学の方法」「比較文学の実践例」について語り、九月には、長野県英語教育研究会の会長をつとめる東京外国語学校の先輩宮島染江の慫慂を入れて、長野県立伊那北高等学校における研究発表や公開授業のあとに、「現代のポウ学」について講演した。また、一〇月には、愛知県高等学校英語教育研究会の三河支部会からの依頼で、蒲郡に赴き「比較文学」について講演したり、一八日から一年間、愛知学芸大学の臨時講師に併任されて出講し、「比較文学」を講じた。月末には、年明け早々に刊行される『珊瑚集仏蘭西近代抒情詩選』（新潮文庫）のために解説を書き、「『魔海の冒険児』（ポー原作）の序文」（カバヤ文庫）、「ヴィクトリアニズム――英米文学の常識」（『ユースコンパニオン』）、「外国文学のよみ方」（『読売新聞』）、「『海潮音』解説」（創元文庫）の用意をした。一一月になると、日本比較文学会第三回関西大会に出席して「最近の比較文学」と題して講演するという多忙ぶりである。NHK第一放送からの依頼では、学校放送高等学校の時間のために、「世界の藝術」（奥田敏章企画）を第一八回から七回担当した。

「ルネッサンス時代の文学（一）（二）」（一〇・二四、三一）では、ヨーロッパの社会史を背景とする文学の大勢を説明し、ペトラルカ、ボッカチオ、セルバンテスに言及しながら、モンテーニュ、シェイクスピアを中心に語って、講義の後半で『ヘンリー四世』（坪内逍遙訳）第二幕第四場を教材とした。

「近世クラシシズムの文学」（一一・七）では、フランスのルイ一四世の時代とイギリスのアン女王の時代の特徴を語り、コルネイユ、ラシーヌ、モリエール、ボワロー、ポープ等の詩人、パスカル、ヴォルテール、レッシング等の思想家、デフォー、スウィフト、フィールディング、リチャードソン等の小説家について概説し、ラシーヌの『フェードル』（吉江喬松訳）を教材とした。

「近代の文学（一）ロマンチシズム、（二）リアリズム時代、（三）象徴主義の時代」（一一・一四、二一、二八）では、近代文学の最初期、一九世紀半ばごろまでのロマンチシズムの時代について語り、過去をよみがえらせ、未来をよびおこして、はじめて真の「描写」を実現したルーソー、ゲーテ、シラー、バイロン、スコット、シェレー、キイツ、ユーゴオ、ミュッセ、プーシキン等多くの大家を挙げ、特にゲーテを例に説明した。

近代文学の第二期、主観的なロマンチシズムにはあきたらなくなって、客観を尊重し、真実を追究する写実主義の時代を語り、フローベル、ゾラ、モーパッサン、ゴーゴリ、ツルゲーネフ、トルストイ、ドストエフスキー、イプセン、ヘッベル、ストリンドベルヒ、ルコント・ド・リール、テニソン、ブラウニング等に触れ、バルザックの『ウージェニイ・グランデ』（椎名其二訳）を教材とした。

近代文学第三期、種々雑多な傾向が共存する中で、理性偏重の傾向を脱して、感情以外に感覚も本能も重んじ、高度に主観的な要素を帯びた時代を語り、ニーチェ、ベルグソンに触れ、ヨーロッパ的な共通の文学の中心にある象徴主義の運動の特色を示すボードレール、ランボー、マラルメ、ヴァレリー、リルケ、イエーツ、エリオット、メーテルリンク、クローデル、ショオ、プルースト、ジイド、ジョイスを挙げた後、メーテルリンクの『ペレアスとメリザンド』（堀口大學訳）を教材とした。

「現代の文学」（一二・五）では、今日の西洋文化人が文学を見る規準について、唯物史観の文学論、哲学者の芸術観、作家の個性と誠実を重んじる立場のあることを語り、あらゆる文学現象を正しく裁断する規準はないとして、「クラシックとしてのちの世のモデルとみられ、いつも読者が存在する作品はどんなふうに選ばれるものか」という問いに答えることは文化の永続性の根本をつくることになるとし、それへの暗示を説いた。リルケの『マルテの手記』（大山定一訳）を教材とした。

参考文献として掲げたのは、矢野峰人・呉茂一・成瀬無極共著『世界文學史概説』（角川書店）、ヴァン・ティーゲム著、小林正訳『近代ヨーロッパ・アメリカ文學史』上巻（評論社）、渡邊一夫・中野好夫・手塚富雄・神西清・中島健蔵編集『世界文學辞典』（河出書房）、呉茂一・島田謹二監修『世界文學辞典』（學習社）であった。

大学院比較文学比較文化課程

東京大学教養学部の senior course で「比較文学」を講じてきた島田は、昭和二十八年四月に創設された「大学院人文科学研究科比較文学比較文化課程」の初代主任となり、後進の育成に着手する。（東京大学発令、五月十一日、大学院人文科学研究科比較文学比較文化課程担当を命ずる。大学院人文科学研究科比較文学比較文化課程主任を命ずる。大学院人文科学研究科委員会委員を命ずる。）「東大比較文学会の沿革と近況」（前出『比較文學研究』改訂再刊第一巻第一号）に以下のような記録を見ることができる。

> 第二次大戦の戦火が収まり、世界が再び平和と国際的關聯とを回復したとき、比較文学は各国において大きくクローズ・アップされてきた。わが国も亦その例外ではなく、比較文学という名は、戦後俄に世人の注目を浴びるに至つた。文学を世界大の規模に立つて、国際的視野の下に究めることの意義と必要、そこに働くユマニテの精神が更めて認識せられた。
>
> 昭和二十八年（一九五三）四月、東京大学は、その大学院人文科学研究科に比較文学専門課程を新設し、研究室を駒場の教養学部に置いた。わが国最初の、正式の研究機関であり、かねて教育機関である。（中略）いま東大の大学院に、正式の講座が置かれることによつて、日本の比較文学は、始めて確実な学問的礎石を据えるに至つた。わが国最初の、この講座を担当することになつたのは、夙に昭和の初年からこの学問に深く打込み、その見地に立つて既に数々の研究をものされていた島田謹二教授であつた。（後略）

この年、国際関係論、比較文学比較文化、西洋古典学、文化人類学、相関理化学、科学史・科学基礎論の六つの大学院専門課程が開設されたが、比較文学比較文化課程第六代主任となる芳賀徹は、「駒場の大学院――比較文学比較文化課程の二十周年に際して」（昭四八・九・二五、『教養学部報』第一九九号）の中で次のように述べている。

（前略）よくもあの昭和二十八年という年に開設されたものだとあらためて思う。いや、かえってあのときでなければ開設されなかったかも知れない。大学内でも、こんどの紛争も及ばぬほどの大きな変動期であり、新鮮な国際主義的な雰囲気が満ちていた時代だ。当時の矢内原忠雄学長をはじめ関係教官がよくその時代の動きをとらえて英断を下したものである。だがそれも、当時駒場には、すでに、島田謹二教授という日本比較文学の草創の父の一人である大学者が存在し、熱烈な教育と鮮やかな研究の実績をあげていたからである。

「比較」の初代主任となった島田氏のアカデミック・モンスターぶりは、当時から今にいたるまで変わりはなく、ある人々を瞠目させ、ある人々には辟易されたが、その研究上の進展ぶりも巨大戦艦なみの力強さであった。はじめ上田敏や島崎藤村の研究に耽っていたのが、たちまち廣瀬武夫や秋山真之を中心とした明治ナショナリズムの研究に進み、比較文学は氏自身の手によって国際文化関係論ともいうべきものにまで広まっていったのである。（後略）

この年度の大学院講義の担当者と講義題目は次の通りである。

富士川英郎	リルケと仏蘭西
菊池榮一	ゲーテと世界文学
川田熊太郎	トマス・アクイナスの演習
岸辺成雄	比較哲学の方法
江上波夫	比較音楽学
前田陽一	社会と文化の類型について
小林　正	文献批判学特殊研究
島田謹二	比較文学の方法論
矢野禾積	比較文学者の文学論
	藤村詩集研究
	日本近代詩の諸問題

昭和二八年四月三日付の書簡、島田の研究社編集部宛の近況報告（昭二八・六、『英語青年』第九九巻第六号「個人消息」）には、並々ならぬ秘めたる意気込みが認められる。

東大大学院に博士、修士の両過程を含む「比較文学」コースが創設されました。その開設準備に多くの時をとられています。図書や雑誌を購入したり、研究室を整備したりするほかに、講義や演習の準備もいたさねばなりません。大学院の学生は大部分が東大教養学部や文学部の卒業生だろうと思いますが、よそから志望するものも多少はあるかも知れません。今までも東大教養学部では、三年生四年生の senior course を教養学科というて、そこでは毎年「比較文学」の講座を私が担任していました。だからそこで手ほどきを受けた学士諸君が、主として大学院に來るわけであります。さしあたって今学年、私の受持つのは講義一つと演習一つであります。講義は「比較文学者の文学論」で、Baldensperger の理論を研究いたします。演習は「藤村詩集」をテキストに使い、ヨーロッパ文学とこの日本近代詩人との関係を精しく究めてみるつもりであります。教養学部 senior course の「比較文学」では、「Poe の藝術と運命」、junior course のゼミナールでは前学年にひき続いて「日本に於ける Rossetti」を話します。なお「比較文学における材源の問題」と題し、今までの業績の一部をまとめて、近く東大の紀要として公にする運びになっております。これは近代日本の詩人や小説家にみられる、ヨーロッパ文学の材源とその取り扱い方とを実例に即して研究したものであります。ブラウニングの独白体抒情詩の飜訳もつゞけております。（一九五三・四・三）

『比較文學』の刊行

大学の講義、学会での発表や講演において、「比較文学の島田」としてつとに知られていたのは、「比較文學」というタイトルを付けた著述を公にしてから既に二〇年、先駆的な研究を続々と世に問うてきたからである。『飜譯文學』（至文堂）、『十九世紀英文學』（研究社）につづく単行本の刊行は、数年前、学術会議人文委員会で講演したのを機にまとめた『比較文學』（要選書四三）であった。内容目次は以下の通りである。

はしがき
第一章　比較文学とはどんなものか
第二章　比較文学の現状
第三章　ある比較文学者の文学観
第四章　ヨーロッパの自然詩に見られる「秋」の変遷
第五章　外国におけるシェイクスピヤの運命
第六章　ロマンチック抒情詩の民族的特性
第七章　ニーチェとドストエーフスキー
第八章　「海潮音」と「珊瑚集」
第九章　日本における英文学の影響
第十章　初めて比較文学をおさめる人のために

「はしがき」には次のように書かれている。

一九四九年十月上野の学士院で文部省の人文科学委員会が開かれた。それは「文学史の方法」に関する報告を主にしたものであった。その席上、私は私の解する「比較文学」の歴史とか、その目標とか、その特性とか、その限界とかを語ったが、その席の空気から、我国の学界一般には未だこの学問のあり方がよくのみこめていないという印象を受けた。その原因の第一は「比較文学」という名前がとにかく誤解を招き易いためらしい。そのために漢字面から判じて、斯学の実体とは大分違うものを空想されているむきが多いように思われた。つまりある作品や作家群や各国文学の特性などを——それも必ずしも歴史的関係のないものについて——互いに比較しあうこととのみ解されていることが多かった。こうした作業は、今日の「比較文学」がやらないわけではない。最近ではアメリカやドイツの「比較文学」は、そちらへもう一度出てきそうな気配さえ感じられる。しかし少なくともフランス派の人々はこの方面の研究にそれほど力を入れてはこなかった。その原因の第二は我国の西洋文学研究が未だ充分に進歩していないためらしい。それで研究者達は専門とする国の文学研究に打込んで、とかく他をかえりみぬ。そのために、その国の国文学界の特性を至上とする動向に支配され、他国文学の観念を異端視したり、またその交流や関連を考えないという傾向が強い。つまりイギリスやドイツやロシアやフランスやアメリカや、それぞれの学問的特性をそのまま信奉して、やや大げさに云えば、他を伐ち平らげようとする。そのためにそういう文化的先進国のそれぞれが「比較文学」というものに対する態度がそっくりそのまま日本の学界に反映しているように感じられた。要するに「比較文学」に対する我々の考え方の混乱は、我々の現状が学問上の或る段階にとどまっているところから来ているのが多いのではなかろうか。

こう書くと、私だけがひどく学問的に独立した見識を持っているようで、人からきっと笑われると思う。が、ことわるまでもなく私にそんな偉い見識のあろうはずがない。ただ「比較文学」というものが一部の人の考えるほどつまらない見込みのないものなら、今日のヨーロッパや、殊に戦後恐ろしい勢いでいろいろ新しい研究を試みているアメリカの学界がまるでこれを問題にすることもあるまい。それら各国の現状がわかれば、この学問に対する世界的な潮流も見当つき、我々の判断も安んじてたてられるというものである。今までは海外と連絡がとれないためそういう事情もわかりかねたが、最近は雑誌や単行本も入手できるようになったから、各国学界の消息も大分はっきりと伝わるようになって来た。それでこれからわかり得たかぎりの知見を下にして「比較文学」の現状を物語ろう。——こういう素志を体してこの小さな書物は書かれた。（中略）

この頃は「比較文学」を学ぼうとする人がずいぶんいて、いろいろな質問をうける。そこでこの人々の手引きとして「比較文学」とはどんなものかということ、その研究は各国で今はどんな風に行われているかということ、またこの学問をおさめるためにはどんな本を読んだらいいか、どんな特殊な知識をもつべきか、どんな心構えが望ましいかというようなことを、第一、第二、第十の三章のうちに述べておいた。東大の講義や公開講座の折などいろいろな機会に話したことを書きしるしたので、あるいは不十分なところも目につくかもしれない。ただ「比較文学」のおよその輪郭を学ぼうとする若い諸君のためには、大体のことを伝えているかと思う。

学問の世界は日進月歩である。その変転はじつにめまぐるしい。ことに、「比較文学」はもっとも新しい学問の一つに数えられているから、その研究の対象も方法も、まだ十分に確立されたというところまではいっていない。現に私がはじめてこの学問に志したのは今から約二十年前のことであるが、その頃はフランス派の「比較文学」がほとんど唯一のものであった。今日は大戦後に盛んになったアメリカ流の「比較文学」が多くの新しい問題を提げて起って来ている。ドイツの学問もまた意味ふかい見地をひらこうとしている。これらはみな現代日本の今おかれている立場から、どれもみな真摯な考究の対象になりうるものである。今春から発足する東京大学大学院の「比較文学」コースは、この方面の学徒を育成することを目標として、設けられた。いずれ有為の学士諸君が、この「若くして美しい」学問をめざしてぞくぞくと登場してくるだろう。

さらにまた視野をひろげれば、新しい大学の制度の下では、学生はみな現代教養を要望している。その面からは、近代文学の国際的動向を取扱う部門が、今までよりも一そう重要な意味をもってくるだろう。これに対する対策の一つは、広い意味の「比較文学」の研究の中に求められる。すでにジャーナリズムはこの動向を直覚しているが、学界も又これに根底ある専門家を送って協力をせねばならない。「比較文学」の領域はいよいよ広くまた複雑になって、新しい問題は続出して来た。一国文学にのみ没頭せぬ若い学徒の奮起を待つゆえんである。

文中「今春から発足する東京大学大学院の「比較文学」コースは、この方面の学徒を育成することを目標として、設けられた。いずれ有為の学士諸君が、この「若くして美しい学問」をめざしてぞくぞくと登場してくるだろう」と表現した予測と期待に応えて、このコースに第一期生として入学したのは、青木範夫、岩村行雄、芳賀徹、平川祐弘、七字慶紀であった。『英語青年』（第九九巻第九号「片々録」R・F・）誌上でこの書にふれたのは、福原麟太郎と太田三郎（一九〇九―一九七六）である。

比較文学研究が近年、非常に盛んになつたことは、日本比較文学会の五周年記念、東大教養学部における比較文学講座の開設などをはじめとして、種々の方面に現われている。福田陸太郎氏が、クセジュ文庫で訳した、ギュイヤール（Guyard）の「比較文学」は明快な解説書である。島田謹二氏の「比較文学」（その現状と方法）（要選書）は、Essential Shimada Kinnji の如きもので、その広さと深さ、熱情と雄弁を、如実に物語つている。比較文学とはどんなものか、に始まり、外國におけるシェイクスピア、ロマンチック詩の特性、ニーチェとドストエーフスキー、「海潮音」と「珊瑚集」、日本における英文学の影響などある意味では、著者の比較文学的自叙傳であるとも言える。（福原）

戦後の環境は比較文学 Comparative Literature 研究を刺戟した。これに應じて比較文学の手引きが刊行されているが、本書は、著者の二十年余にわたる研究が基礎になつていて、文学研究上の一つの方法としての比較文学の概貌を理解させてくれる。文学研究の本質と價値とをわかりやすく解説している。（中略）ヨーロッパ系文学の研究は、とくに、わが國においては、研究條件の上からとかく物知り的になりがちである。もし、イギリス文学が受けいれた各國文学の影響とまた逆に外國文学へあたえた影響とを知れば、イギリス文学についてずつと廣い視野に立つ一層深い理解がえられよう。本書の第四―七章はこの点について示唆するところが多い。また、日本では、ヨーロッパ系文学の独創的研究は不可能に近い。たとえ深くきわめえても、その努力が日本人全体の血肉とならなければ、いささか宙に浮いた知識の感がある。日本の文化人が現実の日本から遊離しがちなのもここに一つの原因があろう。しかし外國文学研究家がその知識により日本文学の中へ及んでいる外國文学影響の跡を明らかにし、日本文学の性格を説明しえられるなら、外國文学研究が直接われわれの文化生活に密接にむすびついてくる。これは外國文学研究家の果しうる最大の寄與の一つである。本書の第八―九章はこの意義を著者の研究の実例によつて示している。更に第十章にあげられた資料は研究の手引きとして貴重なものである。（太田三郎）

「影響を受けた本」（昭四八・九『英語文学世界』第八巻第六号）としてこの書にふれたのは亀井規子（一九三二―一九九〇）である。

（前略）この本にとびついた理由。つまりそのときの精神状態を、今少し深く考えてみると、どうもこういうことであるらしい。戦後の日本には、一種独特の雰囲気があった。日本人であるのに、日本人であるということだけでなにか悪いような気持、日本人であるだけでもう人間としてだめなのだというような気持を、多くの人がいだいていた。わたくしもその一人だった。ところが、わたくしが高等学校の三年生の時である。修学旅行で奈良にゆき、仏像の美しさに目をみはり、日本にもいいところがあるのではないかと思えてきたのである。こうして日本の伝統的な文化に魅せられつつも、日本のものだけでは満足できず、大学ではたいした学力もないままに英文学を学び、岩波文庫の赤帯本を乱読していた。気持が二つに分裂しつつ、その両方を支えていたのだ。こうしておくった大学生活の四年間も終わりに近づいたとき、これからどう勉強をつづけていけばよいのかという大切なところが、いっこうにわからなかった。そうしたときこの本に出会ったのである。

一つの新しい視点を教えられたということなのだ。異国の文化のことを考えることが、自分自身の文化のことを考えることにつながるということをしらされたのだ。

集中講義、講演で相変わらず忙しい。弘前大学文理学部から講師の依頼があり、昭和二八年六月から七月にかけて「比較文学」について語り、八月に信州浅間の温泉で休養してからは、一〇月一〇日、岩手県下の英語教員の団体岩手英学会主催の「単位認定講習会」の講師を委嘱され、一八日には、母校東北大学文学部の日本文芸研究会の依頼で仙台に赴き、島崎藤村の「うすごほり」について講演し、三〇日には、関西学院大学英文科、国文科の学生たちのために「日本文学に対する英文学の影響」を語り、特に英文科の学生のためには「ポー学のことなど」座談会形式で特別講演をした。翌三一日には、立命館大学英米文学講演会で「エドガア・アラン・ポーについて」語るという東奔西走の啓蒙活動である。著述方面では、外國文學研究紀要（東京大學教養學部外國語科編、第二巻第一号）『比較文學における材源の問題』（東京大學出版會）を公にして、近代文学におけるヨーロッパ的材源について論究し、島崎藤村の「椰子の實」、北原白秋の「片戀」、佐藤春夫の「女誡扇綺譚」をとりあげて比較文学研究の実例を示した。『英語青年』（第九九巻第一一号、比較文学特集号）には「ラフカディオ・ヘルンと日本――比較文学からみた或る『媒体』の意義」「比較文学書誌――日本の比較文学・イギリス・アメリカ」を寄稿して注目された。

『比較文學序説』につづく二冊目の比較文学入門書『比較文学――日本文学を中心として』（日本比較文学会編、矢島書房）の刊行に際しては、日本文学と英文学との関係を比較文学風に百枚たらずでまとめてほしいという依頼に応えて、前篇は「日本におけるユーモア」、後篇は「日本におけるギッシング――『ヘンリー・ライクロフト』を中心として」（小池滋共著）を執筆した。他の執筆陣は、中島健蔵、吉田精一、神田秀夫、麻生磯次、富士川英郎、松田穣、伊狩章、昇曙夢である。

この『比較文学――日本文学を中心にして』（昭和三二年までに三版を重ねる）は、昭和二九年、『朝日新聞』（昭二九・一一・一八）に「外国文学の影響を年代別に」として紹介された。

比較文学は文学史に従属する学問なのか。それとも比較文学そのものとしての研究目的をもつものかという疑問がいつもついてまわる。本書は、中国、西欧の文学が日本文学に与えてきた影響を年代的に扱っており、その限りでは、一応目的もはっきりしているし、資料的にも有益である。ただ、古代を扱った神田秀夫の論文などのように、古代文学が文学として実現されてゆくための本質的な問題に迫っているものもあるが、全体としてモウラ（網羅）的な概説になっているためか、比較文学というものが、まだ外側からもちこまれているような感じがないでもない。日本文学の研究の上で出会っている具体的な課題の追求から、比較文学の考察が展開されるならば、比較文学はもっと大きく文学研究の共通の広場に出られるのではなかろうか。（後略）

東大比較文学会

昭和二六年六月に第一号を発刊した東大比較文学研究会の機

関誌『比較文学新聞報』は、昭和二九年三月までに通巻一三号を刊行した。前年四月には、大学院比較文学比較文化課程が開設されて「比較文学」を専攻する学生の入学が続くことから、従来学生を中心とした「東大比較文学研究会」は、教官と学生両者による「東大比較文学会」に発展的解消することになった。「その沿革と近況」（前出、改訂再刊『比較文學研究』第一巻第一号）には次のように書かれている。

（前略）いま新しくこの会が組織された所以は、学科関係者の親睦や交流もさることながら、その真の目指すところは、雑誌の発刊、研究会、講演会の開催等を通じて、会員の研究成果の発表とその促進を計ることだった。じっさい会員は殆どいずれも、ふだん教室で顔を合わせ研究を共にしている。たゞ単に会員の交流のためならば、更めて会を組織するまでもない。研究会や機関誌によって日頃の研学の成果を発表してみたい――こういう願いから、この会は生まれたのである。

（中略）

それにしても、東大比較文学会のこの発足は、その時期を想えば、早すぎるほど早く起された歩みのように見える。講座が開かれてから僅かに一年、まだ卒業生も出ていない。講座専任の教官は島田教授ただ一人。とすれば、これは余りにも早急に過ぎはしまいか。しかし、これは単なる一時の思いつきから、騎虎の勢いで起された歩みではなつた。むしろ、それは漸々にその水流を増してきた一つの流れのおのづからなる帰結であり、いま一段の発展として新しく発足したのである。（後略）

東大比較文学会の発足は昭和二九年四月である。島田謹二、菊池榮一、杉捷夫、前田陽一、富士川英郎、小林正、矢野禾積、橋口稔、大学院比較文学比較文化専門課程学生一一名と英文、独文の大学院生など八名の合計二七名の会員であった。会長は島田、幹事は橋口稔、青木範夫、岩村行雄である。「その淵源島田教授の情熱」（前出、改訂再刊『比較文學研究』）は、旧制第一高等学校時代からの変らぬ風姿を伝えている。

学会という語は一般に、抽象的な一つの組織を聯想させる。確かにそれは組織であるに違いない。しかし忘れてならないものは、主体となつてこれを動かす人間である。いかに大きな学会にせよ、要するに個々の研究者の集まりであり、これを一つに組織したものに過ぎない。互いに相呼び相集う研究者たちの精神が、一つの精神をつくるのであり、その精神の運動が即ち学会の活動である。少なくとも、本来の意味での学会は、こうしたものでなければならない。

東大比較文学会は、いま上に云った通り、東大比較文学課程を基盤に成立している。既にして《ママ》一つの学科という学制上の組織に依存するために、これに基く学会は、その制度上の組織に頼つて、機械的に構成されたもののようにも見える。しかし単に専門の学科が存し、研究室が存るという、外面的な事情だけでは、到底かうした学会が生まれることはなかつただろう。この歴史も伝統もない比較文学科の関係者たちが、開講僅か一年の後、相結んで、機関誌までもつ学会をつくつたのは、制度上の組織を離れて、学科に係わる諸教官や学生たちの間に、生きた精神の聯関が存したからである。制度上の組織を離れて――正しくさうだ。

この精神的連関は、確かに、大学院に比較文学の課程が設けられる以前から、既に存していたのである。東大教養学部の一角には、既にもう数年前から、比較文学を目指す一つの運動が起されていた。大学院における専門課程の設置は、この運動を更に補強し、これに拍車を加えたものとも云える。ところで、この運動の源泉をなし、終始その推進力となつていたのは、現にこの学科の主任、この学会の会長たる島田教授の情熱だつた。

ただ一度でも教授の講筵に列したことのある者ならば、誰しもその情熱に溢れる雄弁な講義を忘れることはないだろう。歯切れのよい明快な言葉で、文字通り古今東西にわたる諸国の学芸を縦横に扱いながら、教授は文芸の妙味を説いて倦むところを知らない。その声は若く調子は熱を帯びている。言葉は雲のように湧き出で、滝川のように流れ下る。時に諧謔と風刺を混じへながら、明晰な論理と警抜な比喩とによつて、歴史と文学についての博大な知識を自在に駆使し、美しい言葉と深い感動をもつて教授は語る。それはまことに絢爛華麗な、精気溢れる情熱的な講義である。

この熱のこもつた講義は、いうまでもなく夙に昭和の初年から自覚的に比較文学の途を択んで研鑽に努められた長年の蘊蓄、世界大の文学的知識と精緻な学殖に支えられているものではあるが、同時にまた、文芸と学問に対する激しい愛に基いている。教授の豊かな感性と旺盛な知的好奇心、美しいものに対する憧憬と正確を期する学的良心とは、学芸の世界を求めて止まず、しかもわが味到した文芸の妙趣と発見した認識の歓びを、他人にも頒ち伝えないではいられないのだ。そこには、いかにもして詩章の妙味を、文化の構造を、学芸の流れを、聴く者に感得せしめ、わが愉しみの境位にまで引き入れずには措かないという、昂揚した魂の躍動がある。学芸は教授にとつて、いはゞ一種の宗教であり、講義は即ち宣教である。滔々たる雄弁と共に懇切細心な指示にも欠けぬ所以である。学芸のためであるなら、いかなる労苦も教授は厭はないだろう。自らの研究に際しても、また周囲の人々に対しても。（後略）

岩波講座『文學七』

東大比較文学会が発足し、大学院に第二期の学生岩崎力、山名規子、大野朗子、野田徹、平井照敏をむかえて、初年度にもまして「比較文学」講義に熱が入った。「比較文学入門」「比較文学者の文学論」「ぽるとがる文《ぶみ》講読」「日本近代文学と西洋文学」の講義において、学生たちを指導する意気込みは「読み込む演練の道場」と題した回想（昭五三・二・一四『読売新聞』

夕刊連載「自伝抄この道あの道」）に語られている。青山学院大学、立教大学における講義でも「文学概論」「十九世紀英文学」「比較文学教授の文学論」「フランス派英文学研究」を語って、学生たちへの情熱的な取り組みはかわらない。四月一七日には、昭和女子大学を会場に行われた、山宮允《さんぐうまこと》教授華甲記念文集『近代詩の史的展望』（河出書房）刊行祝賀会に出席して、堀口大學、川路柳虹、豊田實、尾島庄太郎、服部嘉香《はっとりよしか》、西村稠《しげし》、正富《まさとみ》汪洋《おうよう》等と懇談した。五月に公刊された『文學七　文學の方法』（伊藤整、猪野謙二、桑原武夫、西郷信綱、武内好、中野好夫、野間宏編、岩波書店）の「比較文学」を執筆した。題目と内容は次の通りである。

一、現代の比較文學
二、日本の比較文學
三、比較文學から見た『藤村詩集』（1）
四、比較文學から見た『藤村詩集』（2）
五、比較文學から見た『藤村詩集』（3）
六、比較文學から見た『藤村詩集』（4）

本論の『藤村詩集』（1）～（4）は、かつて日本英文学会で研究発表した内容を精練し、数年前に、比較文学会第二回関西大会で講演したものをまとめたものである。東京大学に比較文学の専門課程を開設して一年、「日本の比較文學」の項で現状と将来のことに言及した。坪内逍遙、畔柳芥舟、上田柳村、夏目漱石、高安月郊、阿部次郎、土居光知、後藤末雄、吉江喬松、辰野隆、太宰施門、新關良三、本間久雄、木村毅、柳田泉、日夏耿之介、矢野峰人、豊田實等が西洋との関わりからそれぞれが残した業績を説いて、日本における「比較文學」の歴史を振り返ったあと、次のように書いた。

（前略）われわれの文学は明治以前は中國文學と、明治以後はイギリス、ドイツ、フランス、ロシヤなど西洋文學との交渉關連が非常に多い。ある意味では、その問題をのぞくと、日本近代文學のうごいていった實相がつかまえられない。そんなわけでとくに西洋文學をおさめたものが、明治以降のあたらしい文學を反省してきたとき、そこに「比較文学」に手ごろな對象と分野とを見いだしたのはあたりまえのことだろう。この種の見地に立てば、日本の近代文學は國際文學史の一環としてあつかわれることになるからである。

げんにこの方面の仕事に興味をもつ若い人はすこしずつふえてきて、「比較文學」研究はようやくさかんになってきた。これは最近十年來の世界的体勢であるから、けっして流行のような一時現象にはおわるまい。ことに一九五三年春から東京大學は、新制度の大學院に「比較文學科」をもうけ、専門の「比較文學者」の養成に力をそそぎはじめた。すでに四年前から「比較文學」講義は教養學部のシニヤー・コースのなかにひらかれ、これを専攻しようと希望する學生たちを育ててきた。いまや「比較文學科」の誕生とともに、名實ともに専門家とみとめられる若い人々がぞくぞくと生まれかけている。

現在そこでおこなわれている講義と演習は、「比較文學」の理論や方法論を中心にして、それをゲーテやリルケや日本近代詩の世界文學的意味づけで實證しようとしている。文獻批判の實際のテクニックも説かれ、比較文化や思想史の講義にも力をいれている。そこで訓練された専門家の卵たちは、一方ではフランスの學者たちのやり方をうけついで、「日本におけるゲーテ」の運命や「日本におけるフランス思想」のあり方をきわめたり、一方ではいままであまりとりあつかわれなかった「漱石と英文學」の關係などを調べはじめている。

このように西洋と東洋と日本とをふくむ、實に廣い範圍にわたる學問だけに、語學の點からも、文學を味わう能力からも、思想や文化にわたる理解力の程度からも、文獻を博捜する努力からも、さまざまな困難は山積している。前途をそう簡単に樂觀できない事情もある。しかし關係者一同は力を結束して、一つ一つ問題を着實に解きほごそうと努力している。日本における「比較文學」の學問的設備はいまや基礎をおきかけたといえるだろう。（後略）

『比較文学研究』

直ちに研究会・講演会を幾度か催し、六月には機関誌を発刊した。徐々に研究発表機関としての意味を強くしていた「新聞報」の研究誌的性格を一層明らかにするために、「新聞報」を「比較文学研究」と改めて紙面の充実を図り、新しい機関誌とした。『比較文学研究』の創刊である。第一号は、季刊の意を含めて四～六月号とし、「藤村詩研究特輯」とした。Ｂ５版四四頁、謄写版印刷で二〇〇部限定印刷、編集者は岩村行雄、発行者は島田謹二である。「後記」の「『比較文学研究』第一号を送る」には次のように書かれている。

「比較文学新聞報」は一九五一年「東大比較文学研究会」の季刊誌として発刊された。Comparative Literature Newsletter にならつて名づけられたこの「新聞報」は主として information を目的とするものであつたが、会員の間に研究がみのるにつれて「新聞報」は専ら研究発表の場となり、本年三月をもつて通巻一三号をかぞえた。（中略）われわれとしてみれば「新聞報」の発行に重ねられた学生達の苦しい努力を想い、この「比較文学研究」も通巻第一四号として送りたいという気持もないではなかつたが、誌名も改められた今日、新風を注入する意味で本号を以て第一号とすることにした。（後略）東京大学教養学部比較文学研究室内（岩村）

発刊の経緯は前述の通りであるが、第四号から本格的にこの学会誌に係わる神田孝夫の語るところ（「東大比較文学会とわたしと」）を参照して、『比較文学研究』刊行の経緯をながめてみたい。

第一巻第二号「バルダンスペルジェ特輯」（昭二九・七～一

二）まではガリ版刷の横組左開き、二〇〇部の印刷だった。第二巻第一号（昭三六・六、第三号「特輯＝ゲーテと世界文学」）から活字印刷になり、縦組右開きに改められ、寄稿者も増え、第一巻第一・二号に比べると、遙かに学術誌としての内容に相応しいものになったが、今日までの原型が出来上がったのは、第四号（昭三〇・一二「矢野峰人還暦記念号＝日本文学と西洋文学」）の大幅変更からである。第五号（昭三一・六「フランス比較文学」）は第四号の体裁を踏襲して刊行され、第六号（昭三二・一二「特輯＝森鷗外と西洋文学」）では、旧来の欧文タイトルが表紙から消え、新たに欧文の裏表紙と欧文レジュメが附加された。また、表紙の『比較文學研究』という文字は、当時の修士学生小野二郎の製作でかわった。この第六号刊行の前後に、第一号（昭三二・二「特輯＝『若菜集』研究」）、第二号（昭三三・六「特輯＝バルダンスペルジェ研究」）の「改訂定本」が再刊された。第一巻第一号と第二号の内容は大きく充足され、新企画を盛り込んだものである。第六号までの六冊（改訂再刊の二冊を入れると八冊）は、日本における最初の「比較文学雑誌」として、その陣容を整えたものとなった。第一巻第一号（改訂再刊一号）の巻頭言「日本における比較文学」で次のように書いたのは、機関誌『比較文学研究』の使命を表明し、将来の展望を述べたものである。

日本の比較文学の途は、素人たちが考えているように容易ではない。いわんやジャーナリストの望むような大綜合への道にはまだ遠いところにいる。ただその専門家たちの手掛けている特殊な具体的な問題が数多く究明されればされるほど、日本の「比較文学」に求められる大きな目標もすこしづつは実現されてゆくことになるのである。われわれはこのとおい前途にのぞみをかけて、同好同学の人々とともに、われわれの及ぶかぎりの努力をかさねて、斯学の発展と深化とに応分の寄与をなしたいと思う。

しかし、改訂再刊された第二号の編集後記に、神田孝夫は「本誌の既刊分（六冊）は完全に印行された。恰も、東大大学院に比較文学の課程が設けられてから、満五年である。この間、四十一名の入学者をみたが、うち既に修士をおえて博士課程に進学したもの十二名そして海外に赴いたものは、今年出発する人々を入れると六名になる。発足当初に比べれば、よほど賑やかなものになつた。今後は各人それぞれ立派な仕事をあげてゆくのが、大切な課題であろう。この五年という一区切りのときを迎えて、本誌も今後は規則的に年二回の刊行を続けることを約束したい」と表明したのであったが、これ以後第七号の刊行までに何と五年以上の空白期を迎えることを余儀なくされる。

『比較文學研究』（第一〜五号までは『比較文学研究』）通巻第六号までの島田による寄稿（座談等も含む）は次の通りである。

第一巻第一号（昭二九・二）　藤村作「うすごほり」補説

第一巻第二号（昭二九・九）　バルダンスペルジェについて

第二巻第一号（通巻第三号昭三〇・六）ジャン・マリ・カレ著『イギリスに於るゲーテ』批評

第二巻第二号（通巻第四号昭三〇・一二）佐藤春夫訳『ぽるとがる文《ぶみ》』／「矢野博士比較文学対談」／ハーヴァード大学の両教授（松風子）／バルザックと荷風の演習／駒場の秋（松風子）

第三巻第一号（通巻第五号昭三一・六）ボードレールの孤独（アザール原作）／比較文学雑誌の読み方／カザミヤン先生の演習・ミルズ教授の来訪（松風子）／「日米文学交流史」（木村毅著）をよむ（松風子）／フローベルと東洋（松風子）／「詩に遊ぶ」つどい（松風子）

第一巻第一号（改訂再刊　昭三一・二）日本における比較文学／『若菜集』の成立／比較文学入門／『近代比較文学』を繞る座談会

第四巻第一・二号（通巻第六号昭三二・一二）若き鷗外と西洋演劇／ドイツにおける比較文学（前半は神田孝夫）／「菊池榮一教授を迎えて」／フリッツ・シュトリッヒ著「ゲーテと世界文学」（松風子）／ヴォルフガング・カイザー（筆名松風子）／シャクンタラー姫の化身（松風子）

第一巻第二号（改訂再刊通巻第二号昭三三・六）バルダンスペルジェ先生の日本来遊／「座談会　ソルボンヌ学風の今昔」／鏡花の『歌行燈』／エミール・ルグイの訳詩「マイケル」について（松風子）

『改訂近代日本文學の展望』

この年一一月、『改訂近代日本文學の展望』（佐藤春夫著、河出文庫）の刊行を喜び、明治一四（一八八一）年から昭和一八（一九四三）年までの関連年表を掲げて精密な解説を書いた。「改訂普及版はしがき」で著者は先ず島田にふれて言う。

本書はもと講演速記録である。僕、生來訥辦、辛うじて加筆によつて意の足らぬを補つた。加之《のみならず》、老來、疎懶にして且つ健忘、講演に當つても一片の手記を用意することなく細部は悉く記憶によつて説いた結果、往往誤のあるところを自ら知り、加筆に當っては速記の誤を正す以外、特にわが記憶の疑はしいものには細心の注意を拂つた。然も折から山居して身邊に參考書乏しくまた教を請ふ師友もなく疑はしいのをそのままに看過し、或は遂に自ら氣づかぬ誤も亦尠くなかつたのを、畏友島田謹二教授が懇に拙著を檢して示教するところ多多あり。この版本を大に改訂することを得た。然も更につぶさに見ればまだ不完全の憾《うらみ》も必ずや多からう。

ただ所説の骨子となるものに聊か獨自の見解の他山の石として玉を攻《みが》くに足るものあるを信じ、細部の缺點は島田教授の如き專門の學士の是正を期待し拙著の益益世に行はれるを望んで茲にこの改訂版を敢て上梓した。

後學の君子幸にわが誤を宥し之を正すに吝ならざらんことを。

本文の誤を指摘せられたるのみならず、更に解説の一文を艸し年表の製作さへ助力された島田教授の友愛に對して深謝する者である。

昭和甲午十月上旬　　佐藤春夫記す

この頃は、文學をまるで抽象してしまい、思辯でかためた何か學問のようにとり扱う行き方もでてきた。それにはそれ相應のわけもあって、無下にしりぞけられない意見もふくまれているが、やっぱり文學のエッセンシャルな味は創作の士から學ぶのが一ばんよいと思う。壺中の消息をもっともよく知るものは作家だからである。ところが困ったことに、創作の人でこの間の關係を反省し、その微妙な消息を理路にのせて萬人のうなずく境地へひきだして來られる人は案外少い。さらに自分一個の心境にとどまらないで、千紫萬紅とりどりな他者の世界を客觀できる人になると、もっと少い。いわんやひろく文學全體の見識をかねそなえた史觀の持主になると、ほとんど五指をくっするにも足りない。それもまたむりはない。第一に立派な作家で、かねて批評がちゃんとでき、くわえて文學史的に大觀できるという人なら、文學を説くのに第一級の存在と崇めていい筈であるから。

西洋の近代文學史をひらいてみても、この三拍子揃った人はそう多くいない。まずゲーテが、つづいてやや弱いがサント・ブーブが、それぞれ短所をともないながら、思いだされる程度である。明治以降のわが文學もまたその例外ではない。ところがこの書の著者は、この三要素が多少の過不足はあるにしろとにかくそろっている、世にもまれなタイプの文人なのである。本書を讀んでいただけば、この言葉が決して溢美でないことがわかるだろう。

この書の根幹は近代日本文學の展開を「日本文學の世界文學化」にありとみる、根本思想でつらぬかれている。つまり異質の文化の接觸と影響の關係を原理に即し、史實に考えて説く雄大な規模をもっている。（中略）

この著者の意見に教えられてこの書を通讀し終わるとき、讀者の胸中には日本文學への新しい視野が開けて、文字通り「近代日本文學の展望」臺に立つ思いがするにちがいない。

しかしこの展望はあくまでもユニックな展望である。このユニックな著書は、著者の個性に立脚して、觀察し解釋したところから生れる眞に獨創の書である。與論と稱する公約數をだれにも通ずる淺いところで、年代的に編むありふれた文學史の類ではない。だからこういう書物にはおのずと異論もたてられる。しかし誠實な疑惑から生れるかぎり、異論はいくら出ても差支えない。讀者は正直に著者の意見と自説とをつきあわせて、ここに提出された各種の問題をそれぞれの立場から誠實に考えてみるべきである。それこそ著者ののぞむところであって、著者と讀者とが同じ問題を取扱い、「理解」の上に立つ友情を示しあうときこそ、著者は讀者を一人の批評家に仕立て上げたときだからである。

（「解説」一九五四・九・五）

三　悲しみを越えて

神田孝夫と奥井潔

若き日の神田孝夫
『比較文學研究』70
（平成９年８月）所載

昭和三〇年四月、東京大学教養学部外国語科英語科所属として、「比較文学比較文化専門課程」の専任助手に着任した神田孝夫（一九二三—一九九六）と島田の生涯の交わりには縁浅からぬものがある。父喜一郎（一八九七—一九八四）と島田が台北帝大の同僚であったから、少年の頃に島田を知り、台北師範学校附属小学校から台北高等学校尋常科に進んで、文科乙類に入学すると、二年続けてチャールズ・ラムの「エリヤ随筆」やカーライルの「英雄崇拝論」の講義を受けた。的確な翻訳、該博な知識、よく解る批評には感嘆し、時には英語から全く離れた詩文の評釈を聴いて魅了された。島田が課外に主宰する「西洋文化研究会」にも欠かさず出席し、熱心に聴講して講義内容の報告記事を書いたり、自由に読んだ作品の感想を「文学寸感」とか「読後鈔」として校友会誌『翔風』に寄稿して注目された。昭和一七年七月、文科乙類同人誌『凡』に「卒業に際して」感懐を書き、大学受験のために上京した。

（前略）二年半の高校生活を僕は島田先生なしには考へ得ない。先生への感謝は限りない。僕の精神は殆ど全てを先生に負ってゐるといっても過言でない。たゞかういう言い方が却って先生に対して礼を失することになりはしないかと恐れる。が兎に角私淑し心酔する先生を持ち得たと云ひ得るならば誠に僕は幸いである。先生が高等学校に居られなかったら現在の僕とは余程違った僕になってゐただらうといふことは確かであらう。然し僕はこゝで先生のことを話さうとしてゐるのではない。先生への感謝を述べようといふのでもない。たゞ先生なしに僕の高校生活は考へられないといふことを云っておきたかったのだ。（後略）

昭和一七年一〇月一日、東京帝国大学文学部美学美術史学科に入学して、本郷での生活が始まるが、一二月一日、兵役のために休学、一〇日、第四期の兵科予備生として舞鶴海兵団に入団した。翌年六月、海軍予備少尉任官、即日招集されるが、八

復員した頃の奥井潔（23歳）
『古希記念エッセー集』
（平成7年3月
学術図書出版社）所載

月一五日、霞ヶ浦の第十航空艦隊司令部で終戦を迎えた。一〇月一日、召集解除となり復員、生家のある京都鹿谷法然町西部四七番地に帰った。明けて一月の寒夜、香港から鹿児島に上陸して帰国した恩師の島田が突然訪ねて来て、家族と共に一夜を語り明かしたことは前述した。三年数ヶ月ぶりの再会であった。復学して本郷の生活に戻ったのは一一月、台北時代の友人たちが起居する本郷の新星学寮（現在の文京区本郷六—六—一一）に偶々島田がいて、ここでやはり島田の台北高等学校での教え子で東大英文科生、復員復学していた奥井潔（一九二五—二〇〇〇）を知った。二人は、島田の翻訳の下訳や休稿再刊の浄写などの手伝いをし、旧制一高の校舎にしばしば島田を訪ねたが、島田が杉並区中通りに転居した頃から、「世の中も乱調、身自らも大いに苦悩憔悴し、強度の神経衰弱に陥って、いろいろのことを忌避し、先生からも離れた」と神田は語っている。大学を卒業したのが昭和二六年三月二九日、このころ島田と同じ杉並区に居て、攻玉社高等学校（第一部）講師として英語（後には主として世界史を）を教えていたことが、僅かにわかる動静である。攻玉社との縁は、大学三年の時からここで英語を教えていた奥井の紹介で生まれた。終生の友となる奥井は、島田が「比較文学比較文化課程」（正式名称は「現代文化第二講座」）の主任に就任したことを伝えるとともに、この課程の専任助手として迎えたいという島田の懇望を伝える使者ともなっていた。人柄も学力も熟知していたかつての教え子に白羽の矢が立てられ、四年間攻玉社学園勤務の後、昭和三〇年四月、東大教養学部外国語科英語科所属として比較文学比較文化課程の専任助手に着任する。九年間の勤務後のことになるが、比較文学比較文化課程の非常勤講師をしながら、東洋大学助教授に就任してドイツ語を講じたり、駿河台学園高等予備校の講師として世界史を講じたりするのも奥井潔との深い縁につながってのことである。昭和四四年四月からは師弟が、東洋大学英米文学科で同僚として共に長く英文学・比較文学を講ずることになるのであるから不思議なえにしと思わざるを得ない。奥井の風貌を、島田の「師—友—書」（昭四二・一二、『英語と英文学』二六号　研究社）から紹介しておきたい。

友といえば、やっぱり身近かにいて、時々は会って談笑し、談笑の間に、気がつかぬうち何かしら尊いものを残していくことが望ましい。そんな意味では、なつかしい人柄と直言をはばからぬ勇気とを合わせ持つことが、なくてかなわぬ条件だろう。年齢は自分より若い方がいいかもしれない。同学の士の中には、意外にそうした人が少ない。こう書いてくると、奥井潔君《おくいきよし》の顔がうかんで、笑いかけてくる。やっぱりいた。アイツがいたと思う。四分の一世紀以上の付き合いだから、何もかもわかっている。わかっていないかもしれないが、わかるような気持になれるのが不思議だ。この時は神様に近い気持で、それぞれ相手の欠点や短所をちゃんと心得ていながら、それを許す見方が理屈なしにわいてくるからだろう。あの人間的誠実と、あのすなおな直感力と、あのタフな実行力と――わたしにまるでないものが、そっくりそのままあらわれて、今さらのようにしっかりしろ、と励まされる。世にもありがたい同学の友とは、この人のことか。

穂高に愛児を失う

昭和二九年一二月二四日午後四時から、駒場で、「比較文学入門」と題して講演した。講演の内容とこの時の様子は、山名規子と大野朗子の「研究会報告」（昭三〇・一～六『比較文学研究』第二巻第一号所載「東大比較文学会の近況」）に記録されている。

一九五四年を送るにふさわしい大盛況で、東大、他大学の学生を中心とする聴衆は百数十名。広い一号館三八番教室を埋めつくし、尚席を得ない人々が多かった程である。

講演は、近代ロマンチシズムの母胎となる英、独の文学が、フランス大革命によるフランス移民貴族を媒体にして、如何にしてフランスに流れ込み、又こうした文学の交流を通じ、如何にして十九世紀のロマンチック詩歌が成立するに到ったかの過程を、明快に分析解明するものであった。そして、このようなローマン主義文学の交流現象を例として、全く孤立的な各国文学研究は昨日のものだ、真に文学を理解するためには、国際的に横の連関を取扱い、こうした文学的連関の上に立った研究をすることが必要であることを強調された。即ち文学上の世界主義の見方に立って、文学の交流現象を研究しない限り、近代の文学は正しく把握出来ない。そうした二カ国三カ国相互の交流研究は、更に押し進めて広く西洋文学内部の交流と共通性を掴まえる方向に向い、かくて、一つのヨーロッパ文学という大きな文化圏の特質をとらえ、また東洋と西洋との連関にまで研究を進めねばならない……。こう述べて、最後にこの東洋と西洋との連関研究は、特に日本の比較文学の大きな目標の一つであり、又世界の学界に貢献する重要な課題の一つであると結ばれた。

この会終了後、第二本館の一室で、特に招待した他大学学生と東大大学院学生計四十名が、島田教授を中心とする比較文学科の諸教授を囲み、たのしい夕食を共にしながら語り合った。この席には、後藤末雄博士、橘忠衛明大教授、澤田卓爾日大教授、井上東京女子大教授の諸氏も出席され、明治、大正文壇の裏面談などに花を咲かせ、夜の更けるのも忘れた忘年懇親会であった。

この日夜、次男敏彦が西穂高岳で、一二月二一日に遭難したとの報せを受けた。家に戻ると、顔色を変えた人々の伝える急報が待っていた。二四日午前一〇時一五分頃、立教大学山岳部寺畑哲郎チーフリーダーら一五人が遭難現場を通りかかり凍死体を発見した。二五日の各新聞は、「高校生四人西穂高で遭難――二死体だけを発見」と伝えていた。四人は、一七日上高地を出発西穂山荘に一泊、二人が上高地へ荷揚げのため下山。一八日愛児ともう一人が西穂山頂の偵察を行った。一九日風雪強く西穂山荘に泊まり、二〇日独標（山頂より一〇〇メートル下の標高二八五〇メートルにある附近）まで荷揚げする。二一日晴天、山頂直下二〇メートル附近の岩陰に装備の一部を埋めてシートをかけ、西穂の山頂をきわめてから、稜線の飛騨側に昼過ぎテントを張った。この日午前一〇時一五分、西穂高主峰を目指して登る四人と頂上近くにいる立教大学山岳部員の一部を、平木靖カメラマンは撮影している。平木氏は約三〇分四人と談笑して別れたという。午後風雪、風速二五メートル以上、三時ごろ強風が吹き始め夜半には瞬間風速四〇メートル、積雪二メートル、気温零下二八度が記録された。遭難は二一日の夜から二二日の明け方にかけてではなかったかという。

茫然自失の状態が続いて、涙も流さず、ただぼんやりと一人居間で座っていて気をしずめようとしても落ち着けない、どうしたらよいのかまるでわからない、とその時の心境を綴っている。一五日の夕方、揃って食事をとった時、愛児は一〇日以上不在になるというので、かなり精細な日程表を預けて縷々計画を説明し、元気に出かけて行ったのだが、今までがどうやら無事にやってこられたから、まず今度も大丈夫だろうかと楽観して、「十分注意して行け」とだけ戒めたことが思い返されるのだった。

関係当局の通報に動転しながらも直ちに現地に直行した。戸山高校のＯＢを中心とする捜索隊と一緒に生まれて初めて雪と氷の世界に分け入った。夏休みに山へ行こうといった子供との約束を子供がいなくなってから極寒の最中に果すことになったのである。二九日の午後、上高地の予定地点に着いた。着ていたアノラックのネームから遺体の一人はわが子と報道されたが、それは誤報であった。氷の城のような西穂山頂の状況から、行方不明の二人の捜索は大晦日でうちきられ、五、六月の雪解けを待って行うことに決められた。子供が愛用したピッケルと手袋だけを形見に胸に抱いて帰京した。

年が明けても正月どころの騒ぎではない。沈痛の日が続く中で依頼されていた原稿に遭難した子供のことを書くことにした。他のことには全く筆が動かなかったからである。『毎日新聞』夕刊（昭三〇一・二〇）第一面「茶の間」欄に「山」が掲載された。

子供が西穂高の山頂で遭難したというしらせをきいて、アルプスに急行した。だれでも好きなものは身近な人々に分けようとする本性があるらしい。子供も山を愛する趣味を父にもたせようとして、いく度か一緒に登ろうとすすめた。上高地あたりなら夏はバスもあるし、まるで銀座をあるくようなものだ、それでも山の美しさは十分味わえる。ぼくが登っているあいだにお父さんはホテルで山をうたったスコットランドの詩でもよんでいらっしゃい、といってくれた。だが、夏休みもぎっちり研究の予定がつまっていたし、貧乏暇なしでもある。ついうかうかしているうちに、こんどの訃報である。

（中略）

社会をさわがして御迷惑をかけたことは申しわけなく思う。でも子供の心になってみよう。あれほど好きだった山の中で清らかな短い生涯を終ったことは、やっぱり本望だろう。いまかれは生前もっとも愛したもの——純浄素白な「大自然」と合体して、しずかに眠っている。世にもまれな美しい死だ。

子供よ、やすらかに眠れ。父はお前と同じようにいまは山が大好きだ、お前と一緒にいつまでも山の話ができるはずだと、つぶやきながら、泣きながら……。

二月になると、「山」を読んだ記者に依頼されて「冬山に子を失う——西穂高の雪の下に眠る子に」を『婦人公論』に書いた。「アメリカ民謡集『ポール・バニアン物語』」（レイチェル・フィールド編、坂入香子訳）の書評を、「読んで楽しいお話」と題して『毎日新聞』（二一・二二）に載せた。訳者は、評者には面識がなく、大先生の書評を頂いて本当に驚きましたと語っていた。訳書の書評を書くことで何か慰められるものがあったのだろうか。いよいよ、語ることや書くことに集中して失われた子供への想いを収斂させようとしたのだろうか。翌月には、「『アトランティード』をめぐる『比較文学』論議」を『世界大衆小説全集』第五巻の月報（昭三〇・三）に書き、「穂高に我が子を弔う」を『文藝春秋』（昭三〇・三）に寄せた。親交を深くしている佐藤春夫は、「幽明——この小篇を島田謹二氏にささぐ」（昭三〇・二、『別冊文藝春秋』）を手向けてくれた。

比較文学・奥の細道の旅

子供を山で失った傷心を抱きながら、四月忙しく第三期の学生たち青柳晃一、池田健太郎、小野二郎、亀井俊介、寺内ちよ、佐藤史郎、高木良男、渡邊央允、玉蟲左知夫を迎えた。東大での講義は、「比較文学の諸問題——ゲルマン学・ロマン学概説その他」「フランス派英文学研究」「比較文学演習」で、青山学院の大学院では、「比較文学者の文学論」を、立教大学大学院では、「Shakespeare と藤村詩集」「Edgar Poe 研究」を講じた。忙しくしている中、広島県福山市の誠之館高等学校外語研究部の求めに応じて、部の機関誌 *SINCERITY* に「始めて読むべき英文学史」を寄稿し、英文学のわかった人の書物を読むのが一番ためになるとの観点から、エミール・ルグイの *A Short History of English Literature* を薦め、理由を書いた。文末には、他の寄稿者同様に、掲げた名句は、ホイットマンがうたう、リンカーンに対する哀歌の冒頭 When lilacs last in the door-yard《(sic)》 bloomed の詩章である。福原麟太郎との交友から、氏の母校（誠之館高校の前身は福原が卒業した旧制福山中学校）の外語研究部長から頼まれたのであった。

四月末、比較文学「奥の細道の旅」と銘打って、神田孝夫助手、芳賀徹、大野朗子、山名規子、亀井俊介、仙北谷晃一、学外の稲垣、松本の両嬢と総勢九名で、昼行組と夜行組とに分れてまずは仙台に向った。目的の第一は、以前から比較文学に強い関心を持っているという東北大学の学生たちと交歓して互いに理解を深めること、第二に、ここ二年間を費やして研究した『若菜集』が島崎藤村の仙台時代に書かれたものであるから、その遺跡（自らの学生時代にかなり踏査しているが）を学生たちと共に探ること、そして第三には、日本に於ける比較文学の重要なテーマである夏目漱石の蔵書が東北大学にあるので、それを閲覧することにあった。仙台では、まず最初に恩師岡崎義恵を表敬訪問してから、松島を訪れて瑞巌寺を観、それから静かな湾内を船でまわってから、日本的風景のモデルのような塩竈神社の境内で夕べの刻を過した。翌日は、東北大学の図書館で漱石文庫、ケーベル文庫などを見学し、午後には、東北大学大学院の学生たちと座談会を行った。司会をしたのは、島田の東北帝大時代の恩師で文学部長の小林淳男（一八九六―一九七八）で、はじめに島田が、「東大比較文学科の現状」を説明し、その後に双方の学生が盛んに意見を交換した。夕刻からは、島田が東北学院大学に招かれ、二〇〇人余の聴衆を前に「比較文学とは何か」について講演し、さらにその後に聴衆の一部と座談した。夜にはまた、一行が東北学院大学に集まり、藤村関係の文献を閲覧した後、晩餐会まで催してもらい歓談は尽きず、宿に帰ったのは九時頃だが、深夜までも話を続ける人たちもいた。旅の発端から仙台の巻の主な流れは「比較文学蕃紅花湯《さふらんとう》」の記録によって紹介（昭三二・二『改訂増補版比較文学研究』第一巻第一号）されている。この蕃紅花湯が亀井俊介の匿名であることが判ったのを幸いに、氏の「草創期」（昭六三・三・七『朝日新聞』夕刊所載「しごとの周辺」）と題するエッセイを掲げておきたい。

私は文学部の英文科を卒業したが、大学院は比較文学を専攻した。古い伝統をたたえた本郷の英文科研究室になれていた者には、駒場の比較文学研究室はまことにチャチだった。建物も安っぽいが、学問の歴史も浅い。

私は第三期生で、先輩も少なかった。しかしそういうことが、むしろ幸いした。平川祐弘、芳賀徹といった威勢のいい一期生たちは相ついでパリ留学にたち、残った二期生はおとなしい人ばかり。三期生は入学早々から我が物顔に振る舞うことができた。いつも偉そうに学問論を戦わせていた。

島田謹二先生が永井荷風訳『珊瑚集』の演習をもたれ、富士川英郎先生がリルケの『ドイノの悲歌』を読んで下さった。すべてが新鮮だった。そして文学作品を言葉に即して正確に深く味読する、エクスプリカシオン・ド・テキスト（本文解明）の面白味を知った。

主任教授の島田先生とともに、よく旅行もした。仙台を訪れ、島崎藤村『若菜集』の背景をさぐり、東北大学の漱石文庫を見学したのは、いつのことだったか。夜、宿で、先生はお酒を召し上がらぬが、私たちは呑んだ。そんな学生たちに、先生が「――君」（と一人ひとりの名を呼び）「比較文学をになうのは君だよ」と熱っぽく話しかけられた。多くの教祖がそうであるように、先生は偉大なアジテーターだった。

　私はアカデミズムの伝統に絶大な敬意をもつ者だが、新しい学問の草創期に参加できたことを非常に幸運だったと思う。あの頃の若々しい気持ちは、いつまでも大切にしたい。

　所用のため帰京する神田、亀井と別れて、一行は平泉、盛岡、秋田、山形と巡るが、それぞれの記録は分担者によって綴られている。「平泉から盛岡をへて秋田の巻まで」は、「比較文学きつつき」（仙北谷晃一）、「秋田の巻」は、「比較文学三角術」（山名規子）「比較文学しそまき」（大野朗子）二人の、そして最後の「秋田から山形の巻」が、「比較文学梅月堂」（芳賀徹）の記録（昭三〇・六『比較文學研究』第二巻第一号所載「比較文学『奥の細道』」）で、みなまさに散文の詩を読むような描写であるが、旅の終りの感懐を綴る芳賀の記録の最終の部分を掲げるにとどめたい。

（前略）

　上野行快速列車は秋田平野を雄物川に沿い、又離れて走り、軈て横手盆地にはいる。車窓は雨となる。豊かではないが決して言われたように悲惨《ミゼラブル》ではないみちのくの田園である。果樹があちこちに白い花を盛上がらせているゆえの感じか。背景に迫りだした山脈と農業の集落と道と田畑と森と花とが余りに静かに調和し美しい秩序を保って息づいているからである。（中略）私と稲垣嬢は、老年の叡智と青年の情熱を共に籠めた島田教授の熱い言葉を聴きながら、「比較文学奥の細道」がまさにここに極まるのを感じている。先生は全生活を比較文学に捧げている、その過去の体験と未来への夢を語る言葉が脈々と流れ込み、学問と人生への激励となり、私の脳裡に大きな美しい虹をかけずにはいないのだ。車窓はすでに晴れ、私たちは右手に銀雪輝く鳥海山、月山の美峯を嘆賞し、やがて最上川に沿って林檎の花盛りの村山盆地に入っていった。（中略）

　山形は私の生まれ少年時代を過した故郷である。しかし残念ながらこの町を語る余白を最早もたぬ。私たちは夕暮れ近ず《ママ》く大通りを縫ってこの町の中央にあるレストランへと向った。この町はどの街路に立っても、きっと青々と連なる山並みが道のはずれに見えている。美しいおみやげ屋で先生も共にこけしを選んで、その隣B堂の二階に昇ればその大きなガラス窓には一杯に奥羽山脈が望まれるのである。私たちは一隅に席を取って、ゆるやかに町と山脈の上に降りくる黄昏を見つめながら、ビール、チキンソテー、サンドヰッチと先生の御馳走にあずかった。シャルル・ゲラン「暮方の食事」か。レニエ「仏蘭西の小都会」の一節か。古風な木造りの県庁の尖塔が、木立の彼方に暮れかかる。山脈は淡い紫色の靄の中にたゆたいながら沈んで行く。そして島田教授はいまや私たちの人生の師でもある。美しい一時だ。旅の終り、日の終り、研究と友情と体験とに満たされた私たちの奥の細道もここに閉じよう。

六月になると、『英語青年』に、研究社の「新英米文學評傳叢書」（監修福原麟太郎・中野好夫・西川正身）第一期二四巻の予告が掲載され、『研究社月報』（三〇・六）でも

我が英學壇の精鋭を動員した英米文豪の人と藝術物語。正にこれ比類を見ぬ列傳體大英米文學史、果然、斯界獨歩の名著として各方面に反響を呼ぶ。

と宣伝されて、毎月一巻ずつ第一回発売の「ヘミングウェイ」（高村勝治）から、「ディケンズ」（海老池俊治）、「D・H・ロレンス」（中橋一夫）、「ポープ」（矢野禾積）、「スコット」（大和資雄）とつづけて刊行されたが、「ワーズワス」（加納秀夫）が一ヶ月遅れ、「フィールディング」（朱牟田夏雄）の刊行は翌年になり、「A・ハックスリ」（成田成壽）、「T・S・エリオット」（西脇順三郎）、「モーム」（上田勤）、「エマソン」（志賀勝）、「ブロンテ姉妹」（阿部知二）、「ミルトン」（平井正穂）、「フロスト」（安藤一郎）、「ヂョンソン」（福原麟太郎）はかなり遅れての刊行となり、企画から一七年近く経った昭和四七年一月、一五冊を刊行してこの企画は打ちきりになってしまった。「ポー」（島田謹二）、「シェイクスピア」（中西信太郎）、「バイロン」（中野好夫）、「G・エリオット」（工藤好美）、「ハーディ」（大沢衛）、「J・ジョイス」（伊藤整）、「メルヴィル」（小川和夫）、「ドライサー」（杉木喬）、「フォークナー」（西川正身）の実現は見られない。

五月三一日、東大比較文学会主催の木下杢太郎記念講演会（昭三〇・一二『比較文学研究』第二巻第二号所載、青柳晃一記）が開かれ、日夏耿之介の講演を聴いた。講演後、杢太郎ゆかりの人々、太田賢治郎（杢太郎令兄）、小堀杏奴、野田宇太郎、西川満、笹淵友一、矢野禾積、菊池榮一、富士川英郎がそれぞれ詩人の思い出を語った。島田は、二〇年前仙台に恩師杢太郎を訪ねたとき、『三田文学』に載った作品（筆名きしのあかしや）のすべてを熟読したことを語ったこと、一つ一つの作品について「どこが面白かったか」「あそこはどうか」等と身を乗り出すように語りかけられたことを思い出しながら、この詩人の面影と「杢太郎文学の本質」について語った。

「イギリス浪漫派の汎神論的直感」

六月三〇日、『英文学思潮』第二八巻第一号（青山学院英文学会）に寄稿していた「イギリス浪漫派の汎神論的直感」（*L'intuition panthéiste chez les romantiques anglais: essai d'interprétation positive*）が公になった。専攻の学問によって、子供の冥福を祈ろうと決意して翻訳したものである。カザミヤンの少壮時の論文と経歴を紹介し、イギリス浪漫派の活動から

生まれた「自然詩」の基礎になる汎神論の実体を学問的に分解し解明しようとする、この論文の主旨を述べ、翻訳完成したもので、それまでの苦しい体験を「あとがき」にしるしている。

訳者は一九三〇年その任にあった台北大学でカザミヤンの研究にうちこみ、次々に接する彼の作品に感嘆これを久しくしていた。この論文の真価も日本人としておそらくもっとも早くみとめた一人かと思う。けれども当時のおぼつかない学力では、果してどこまでカザミヤンの真意を理解していたやら、心もとない。ただ憑かれたもののようにその難解なフランス語と格闘した。その苦闘の跡は当時書いた小論文の中に残っている。

日はうつり、月はすぎた。一九五四年の末、青山学院大学院の英米文学科で再びカザミヤンのことを論じて、訳者はこの論文に説き及んだ。（後略）二十五年来心がけていたこの翻訳は、ついに成就された。山を愛して山に眠るわが子の霊前に、あらためてこの論文を捧げようと思う。父が専攻の学問にうちこむのを、何よりもうれしく思っていたあの子の霊は、おそらく在りし日と同じようにやっぱりやさしくほほえんで、明るい笑顔の中にこれを受けとってくれるだろうとおろかな父は信じている。

昭和三〇年、年が明けて五日に起筆し、一〇月一四日に稿了した「穂高に眠るわが子を憶う」（昭三一・三『太陽の子よ星の子よ』保健同人社）には次のような心境が綴られている。

三月。記念の日。あの子を失った父のために、佐藤春夫氏が『幽明』一篇を手向けられた。さらに一段と心境を深めるようはげまされた作品である。その厚意に感泣した父は、専攻の学問によって、あの子の冥福を祈ろうと決意した。あんなに山を愛し山に打ちこんだわが子の心理をおくればせながらも学問的に理解してやろう。それには山を愛したイギリス詩人たちの心理と生理を究めた、フランスの学者ルイ・カザミヤンの論文を翻訳してみよう。今まで誰も手をつけなかった難解の研究だが、父は今度の冬山行の体験を生かして、あらためてこの論文を理解しようと心ひそかに誓った。ちょうど学年末である。公務が重なって、目がまわるように忙しい。その間を縫うて断続しながら研究をつづけ、とうとうその月末に業を了えた。

四月。新しく比較文学を専攻する大学院学生が沢山はいってきた。それらの学生たちをつれて、父は月末から、昔の詩人のあとを慕う『奥の細道』の旅に出た。若い男女の学生たちの屈託のない笑い声で終始したような楽しい見学研究の旅であった。五月八日予定の行事をおえて解散した。最後までいっしょにいたH君は、秋にはパリに留学する筈になっていた。その日の夕、かれに送られY駅で文字通り一人になったとき、父は車窓にもたれて人目をしのんではげしく泣いた。同じ学問をしたいといっていたあの子の不幸が思い出され、

愛児敏彦
『太陽の子よ星の子よ』
（昭和31年３月 保健同人社）所載

思い出されて仕方がなかったからである。（中略）

夏学期の講義と演習を終えて、記念の訳業を、お世話になった方々に送ろうと用意していたとき、子供の遺骸が発見されたという報せが届いた。七月一五日午後である。夏休みとお盆で身動きもできぬほど混む夜汽車で現地に向った。飛騨側の柳谷《やなぎや》の下部に、友人とは一五メートルぐらいの間隔を隔てて父の記念《かたみ》の革帯を自分のもののように腰に巻き付けて、冬装束のまままうつぶせに倒れていた。遺体の搬送は困難を極めて、終えたのは一九日午後、七ヶ月前に二人の友人を荼毘に付した場所で恩師、友人、遺族一同立会のもとに火葬した。そして、一〇月八日正午、捜索隊を指揮した人や山の友人たちが集まり、梓川の石を運び河原の砂を盛って、玄文沢の一角に子供たちの遺骨を仲良くいっしょに埋めて墓を築いた。その日の午後、恩師、友人、遺族が集まり、心からの香華を手向けて子供たちが生前愛誦していた歌をみんなで合唱した。その墓の上に、島田が碑文をしるして、思い出のよすがとなる追悼碑を立てた。

追悼碑

独協高校三年　金子隆司　十八歳
戸山高校三年　伊豆野英二　十八歳
戸山高校三年　島田敏彦　十八歳
戸山高校二年　今井康夫　十七歳
昭和二十九年十二月二十一日西穂高岳山頂下にて遭難す
玄文沢に水はせせらぎ紅葉再び山を染む。目を輝かし、黒髪をかき上げし姿、憶ひは盡きせず、山に生き、山に逝きし子等を偲びて

昭和三十年九月　遺族一同
友人一同

「イギリス浪漫派の汎神論的直感」を贈られた松浦嘉一は、「必読の書にて、正確な邦訳が遂に出ました事は学界のよろこびに堪えません」（昭三〇・九・五）と礼状を書き、上林暁（本名徳広巌城、一九〇二―一九八〇、小説家）は、「全然学問から遠ざかってゐますので、ルイ・カザミヤンといふひとのことも何も知らないので、却て好奇心をおぼえます。殊に御子息の霊との交感のうちに成った御仕事と知って、内容への入り込み方も一入深かったことと御想像申上げてゐます」（昭三〇・八・

三一）と書簡を送っている。

「遭難」のことは脳裡を離れることがない。数年後になるが、高村武次著『遭難　谷川岳』（三三・三、日立出版）を読んで、「胸に迫る登山者への警鐘」（昭三三・三・二六『読売新聞』夕刊所載）を書いている。

新聞をみると、春夏秋冬、山に関する記事が毎日のように目につく。たまにラジオのスイッチをいれると、世界中のどこかの山でうちたてた記録が伝えられ、体験談がながれてくる。現代はまるで山岳時代だ。一種の跛行《（ママ）》（はこう）文化のばっこにたえかねて、若い人々のロマンチシズムが、本能的にそういう健康な方向をとるからだろう。

登山は大いによろしい。心身はたんれんされ、モラルはおのずから身につく。大自然の神秘の前に人間ほんねんの姿もしみじみと反省される。登山は大いにすべし。しかし「けっして山で死んではならない」――山に登る若い人々の胸に、この一句はいつも刻みつけておきたい言葉である。

ところで、岩場を主体とする谷川岳は、東京から近いという地理的な事情も手伝って、その魅力はかくべつだ。それだけに、この山で遭難した若い人たちの数はずいぶん多い。なんとかしてその数字をへらしたいという尊い願いから、この本は書かれた。

まず谷川岳の歴史と地誌が粗描される。うつりゆく四季の美しいたたずまいが、急変する天候の恐しさが、実感をこめて語られている。谷川のよさも、おもしろさも、手にとるようにわかる。つぎに、山登りの季節から、山登りのさまざまなあり方、まもるべきモラルまでが、しんせつに述べられている。最後にこの本の主眼とする「遭難」を貴重な体験やなまなましい聞き書きを主にして、記録的に説いている。遭難の原因を追及して、どうしたらそれを防げるかをこんこんと教える著者の熱意とヒューマニズムには、ふかく打たれる。

（後略）

この年昭和三〇年後半の動静は、「矢野禾積博士比較文学対談」を行った（七・五）こと、東大アメリカ研究セミナーの文学部門で、来朝中のハーヴァード大学の Harry Levin 教授を囲んで「アメリカの批評について」の講演を聴いたあと、"Japanese Comparative Literature" と題して英語による講演をし、「比較文学研究の歴史と現状」を語り、「東大比較文学科の組織」を説明した（七・二二）こと、さらには、大学院生たちと東大総合図書館を訪ね（八・二九）て、「鷗外文庫の来歴や見学方法」を説明したこと（昭三〇・一二『比較文学研究』所載、玉蟲佐知夫記）であった。こうしたことに加えて、昨年の平川祐弘につづいて、フランス留学の途につく芳賀徹を横浜港に見送った（九・四）り、東北英語英文学大会に出席したり、外語時代の恩師片山寛、大橋榮三両先生の謝恩会に出席した（一〇・二九）り、昭和女子大学創立三十五周年の式典（一一・四）に招かれて、正宗白鳥、武者小路実篤、木村毅、幸田文、内藤濯、成瀬正勝、太田三郎とともに講演（「鷗外と敏について」）をし、その他雑誌への寄稿などで多忙を極めた。

第三部　円熟期（一九五六〜一九八五）

第七章　比較文学の確立

一　比較文学研究の成果

ある日の講義

昭和三〇年年末から年度末にかけての日々は例年にない忙しさであり、愛児のことが念頭を離れず却って何かに打込んでいなければならなかった。依頼されることにはおおむね応じたと云っていいのかも知れない。十二月刊行の『比較文学研究　矢野峰人還暦記念号』第二巻第二号（通巻第四号）では、この機関誌初めての企画「対談会」を開催して、富士川英郎、神田孝夫、大学院生たちと親しく矢野教授の話を聴いた。平井照敏が次のように報告している。

（前略）一同暖かき火のほとりに倚つて円くすわつた。先ず神田さんの開会の辞の後、島田教授は立つて、真情あふれる懐旧の言葉ではじめられた。台北大学に於ける矢野博士との交情を語り、その学徳をたたえ、ひいては博士夫人のことにまで及び、きくものをして当年の先生の面影をありありとしのばせたのち、このたびめでたく還暦の賀を迎えられたのを祝い、今後の御多幸と比較文学界のため一層の御加餐あらんことを祈つて、滔々数千言、同席者一同にふかい感動を与えられた。（後略）（昭三一・六『比較文学研究』第三巻第一号）

この後に、一、比較文学に入る径路　二、英文学と大陸文学　三、京都大学諸教授の学統　四、近代作家あれこれ　五、比較文学の研究の実践　六、後進に望む　というテーマで対談はつづいた。青柳晃一による記録は『比較文学研究』第二巻第二号（通巻第四号）に掲載されている。

一月一〇日、立教大学文学部に日本文学科が創設されるのに際して、やがてこの科の教壇に立つ池田亀鑑（日本文学概論、中古文学）、塩田良平（作家論）、時枝誠記（国語学）、福田清人（近代文学）、麻生磯次（近世文学）、矢野禾積（近代詩）と大学側の松下正寿、杉木喬、細入藤太郎、番匠谷英一、金子武雄、長野嘗一、中川重雄、宇野義方との会合に出て意見を交わした（昭六一・一二、立教大学日本文学会発行『日本文学』所載、宇野義方著「創立の頃の回想」に詳しい）。昭和女子大学の『近代文学研究叢書』（金子健二、坂本由五郎、上井《うえい》磯吉、辻村鑑、内藤濯《あろう》、池田亀鑑、山宮允、人見円吉、石森延男、太田三郎、荻原井泉水、片桐顕智、木俣修、笹澤美明《よしあき》、玉井幸助、成瀬正勝、保坂都監修）の刊行にも参画した。第一巻（ベッテルハイム、森有礼、中村正直、Ｓ・Ｒ・ブラウン、成島柳北、新島襄を所収）の刊行を見たのは一月二〇日、「Ｓ・Ｒ・ブラウン」の校閲を担当した。以後、「上田敏」、「小林愛雄」等も校閲する。二一日には、内藤濯が主唱する朗読教室主催の「詩に遊ぶつどい」に招かれて、佐藤春夫、矢野禾積、深尾須磨子、野田宇太郎とともに講演をし、学生たちが上田敏、木下杢太郎、佐藤春夫、深尾須磨子の詩を朗読するのを聴いた。また、二年半ぐらい前から協議を続けてきた高等学校外国語科用教科書 *BRIGHT ENGLISH FOR PRACTICAL USE* 三巻（矢野禾積、池田義一郎と共著）、*BRIGHT READERS* 三巻（矢野禾積、石田幸太郎、西島正、小倉兼秋、保田哲夫、春木一共編）を、特に読本については、高校生のための英語教材を考え、物語、小説、劇、紀行、科学、スポーツ、詩、随筆と内容を均衡よろしく配置し、教材選択にかなり特徴を持たせて実教出版株式会社から発行した。はじめての教科書編集の仕事であった。

この月、『新簡約英和辞典』（編集主幹岩崎民平、研究社）が刊行発売されたのを機に、研究社は『辭書』第一二号（昭三一・二）で「新簡約英和特集号」を編み、英語・英文学界の権威八〇人の絶賛、推薦の言葉を掲載した。当然の事ながら、島田の恩師、同僚、友人知人がことごとく名を連ねている。島田は「主幹のお人柄」という文を寄せている。

岩崎民平というお名前をみただけで、もう安心する。絶対に正確だということ。綿密無類だということ。加えて日進月歩だということ。「不易・流行」という言葉は、どこかの国の大宗匠のありがたい御託宣であるが、この両極を併せもったようなのが、主幹のお人柄で、それがそのまま今度の新版にそっくり出ている。それにまた辞典は、その性質上とかく固苦しくなり勝ちだ。それがこの主幹の編まれたものだけは、何ともいえぬ不思議な味を具えている。その味は、やっぱり昔ながらの「ユーモア」というえたいのわからぬ言葉で現わしたらいいのだろうか。そんな奇蹟のような書物があるものかと不審に思うお方には、「論より証拠」である、岩崎民平先生主幹の「新簡約英和辞典」を使ってみていただきたい、とだけ申しあげる。

こうした動きの中、まさに昭和三一年度を締めくくるにふさわしく一年にわたる連続講義「フランス派英文学研究」を終了した。玉蟲左知夫の報告は次の通りである。

二月九日、一年にわたる島田先生の連続講義「フランス派英文学研究」が完結した。毎週木曜日午前十時半から十二時までここ一年間の一〇三号教室の内外が思い出される。外にはぎらぎらと夏の陽光が照りつけ、一同白い開襟シャツやＹシャツ姿で謹聴した頃から、みんなで苦労しながらストーブを焚きつけ、あたたかくした教室の内で外套を着たままという無礼講すがたで拝聴していたつい最近まで、二十八回にわたる講義であつた。大体二十四回の予定といわれていた回数をずつと上まわるほどの充実ぶりで、先生は文字通り一回一回あふれる情熱を傾けて話しをすゝめられた。ベルジャム、アンジェリエ、ルグイ、カザミヤンと、テーヌ以来のフランス派英文学を代表する一代の大家たちの人柄と学風とが次々と生命をあたえられ見事に浮彫されてゆく。このごろの日本では、学者といえば、何か現実の生からは遊離した存在である。かれらの書くものから、何の味わいもない無味乾燥などいう印象だけがのこる。それだのに深い精密な学識をその底に秘めながら、清澄なユマニテの光と美と秩序への静かな憧れにつらぬかれて、その作品は芸術のような肌ざわりをもつというフランスの学者の学風は私たちにとつて異常に新鮮な感銘だつた。

精緻周密を極めた学識と婉雅な趣味性とが見事に調和していたというベルジャムの学風。学者であると同時に情熱的な恋と孤独の詩人で、その文章はフロマンタンの美しさを思わせるといわれるアンジェリエの人柄。鋭い聡明な、それでいてやさしくためらうようなデリケートなまなざしで、人と文芸の本質を静かに見透してゆくといわれるルグイの学風。また、鋭い知性で歴史的社会的視野から文学現象を分析し、人間集団の中にひそむ心理的リズムを大きく把握しようとするカザミヤンの学風。先生のお話は、今年の聴講者一同の念頭を永く去らないだろう。若き日のルグイの友人、ジュラール・テリエの姿も忘れ難い。

最後の三回には明治以降の日本における英文学研究の歴史を批判的に回顧し、その将来について、学問としてそれがこれから国際的な価値を主張してゆくためには、フランス派英文学のように日本人としてもつとも独自な見方を育てゝゆくか、あるいは独自な分野を切り開いてゆくか、この二つの道を並行させることが必要であるという、貴重な示唆を与えられた。

この講義は、そのうち一本にまとめて、刊行される筈だときく。外国人による一国文学の取扱い方が歴史的に辿られ、それと日本の学問との連関をつくられるこの講義は、比較文学者にとつて一つの礎石をきづいてくれた。このやり方は、いずれこの比較文学学科出身の若い学者たちにうけつがれ、フランスにおけるゲルマン文学研究、ドイツにおけるロマンス語系文学研究などにまで発展してゆくにちがいない――芳賀徹氏の学位論文がそれを示しているように。

（昭三一・六、『比較文学研究』第三巻第一号所載）

『近代比較文學』

昭和三一年度、大学院第四期の学生山本香男里、私市保彦、小谷幸雄、仙北谷晃一、田代慶一郎、森谷美知子、秦裕子、南尚夫、岡三郎を迎えた。東大での講義は、「比較文学入門――ポール・アザールのこと、その他」島崎藤村の『夏草』、シェイクスピアの *Venus and Adonis*、森鷗外訳『折薔薇』、レッシングの *Emilia Galoti* を使っての「比較文学演習」、特別演習は、木下杢太郎の「古都のまぼろし」で、特殊講義は、「文芸にあらわれた日本女性——江馬細香・石上露子・与謝野晶子」「近代文学におけるポーの運命——詩人としてのポー」「日本近代文学と西洋文学」であった。青山学院大学の講義は、比較文学の具体的な演習を試み、テーマは、「英米近代詩の日本に流入してくるあり方」で、明治の新しい詩歌をとりあげて説明した。この年から東京都立大学大学院講師を委嘱された。四月九日、「春の日の会」が赤坂の京稲で開かれた。『毎日新聞』夕刊（四・五）には「地獄極楽」を寄稿して、夏休み頃から学年末にかけての悲喜交々を語っている。

毎年夏休みから、大学教師の受難期がはじまる。論文を書くからテキストを見せろとか、研究書を貸せとか頼みにくる。こちらがもっているものを見たいというのは、まだいい。何という雑誌の第何号にこれこれの論文があるはず。お前の研究室になければ捜してきてくれと、まるで大英博物館や、パリの国民図書館とまちがえたような高飛車な要求をもちだすエライのもいる。書き方まで頼む心臓型も、時々やってくる。

いよいよ論文と銘うって、教師の机の上にうず高く積まれると、大へんだ。時間の大半は、ほとんどみんなそれに食われてしまう。年の暮から新年にかけて、楽しかるべき休暇も何もあったものではない。それが学年末までのべつ幕なしにつづくのですよ。

どれもみんな心血をそそいだというのだから、いいかげんには見られない。タイプできれいに打ってあるのはありがたいが、字も乱暴にきたなく、文章もよくわからないのに出あうと、まったく泣きたくなる。おそらく筆者が費やしたであろう時間よりもっと多くの時間をかけて、その論文を読み直している時など、われながら情ない。たいていは中身も書き方も千篇一律で、コマギレに類する。これではノイローゼにかからない方がどうかしていますね。

それに学問の世界は日進月歩だ。教師も研究のテーマはそう広きにわたれない。どんな論文もすみのすみまで批評しつくせるものではない。

けれども、中には、よく調べたとか、うまく書けているとか、思わず頭の下がるものにも出くわす。そんな時には、「受難」どころか。まさに教師の極楽だ。

六月、『近代比較文学 日本における西洋文學定着の具体的研究』（光文社）を刊行した。中扉には、献辞「穂高に眠る敏彦にささぐ　父」があり、内容は次のように構成されている。

（この本の構成）

序の章　私の比較文学修業

第一部　日本文学と英米文学

第一章　二つの世界

第二章　愛のおしえ

第三章　翻訳から試作へ
第四章　自覚から教育へ
第五章　青春と恋愛
第六章　神秘と象徴
第二部　日本における西洋文学の受けとり方
第一章　日本におけるユーモアの系譜
第二章　日本におけるシェイクスピアの一波動
第三章　日本におけるヨーロッパ文学者
1ハインリッヒ・ハイネ
2ウィリアム・ワーズワース
3エドガー・ポー
4ボードレール伝来の最初期
第三部　日本における翻訳文学の研究
第一章　森鷗外《もりおうがい》訳『即興詩人《そっきょうしじん》』
第二章　上田敏《うえだびん》訳『海潮音《かいちょうおん》』
第三章　佐藤春夫《さとうはるお》訳『ぽるとがる文《ぶみ》』
第四部　日本近代文学におけるヨーロッパ的材源
第一章　島崎藤村《しまざきとうそん》の「うすごほり」
第二章　北原白秋《きたはらはくしゅう》の「片恋《かたこい》」
第三章　佐藤春夫《さとうはるお》の『女誡扇綺譚《じょかいせんきだん》』
第五部　比較文学をおさめる人のために
第一章　比較文学研究書の読み方
第二章　「比較文学雑誌」の読み方
あとがき
項目索引、日本人名索引、外国人名索引、日本書名索引、外国書名索引

三年ほど前、「『比較文学』問答」を『教養学部報』第一九号（昭二八・二・二三）に書いてから、内容を補充して同題で何かの雑誌に掲載し、さらに増補してこれを、第五部第一章に収録する予定で原稿も完成していたが実現を見ない。刊行までの想いは「あとがき」に語られている。

（前略）「序の章」でよまれるように、この書の内容は、ながいあいだにおおやけにされた、あるいはかきためられた、著者の研究にもとずいている。今ここにまとめてみると、このていどのものしかできなかったことは、はずかしい。でも、著者はその時その時、著者の周囲にいた多くの恩師や先輩や友人や学生たちから、教示や激励や援助や暗示を受けなかったら、この程度のものさえなしとげることはできなかったろう。つつしんでお礼を申しあげる。

この書を出版するには、神吉晴夫《かんきはるお》氏を首脳《しゅのう》とする光文社の方々に大へんなご迷惑をかけた。ことに糸原周二《いとはらしゅうじ》氏は、この書のために、文字どおり数年間の尊い月日をささげてくださった。その心労をもっともよく知るものは、いつも著者のそばにいた亡児敏彦《としひこ》であろう。一九五四年の真冬、西穂高《にしほたか》のいただきで、猛吹雪のなかに遭難した現場には、この書の進捗状況を父に問うた糸原氏のハガキが発見された。それは、

かれの心づかいをよく語っていた。いつであったか、そのことを氏と語りあって、たがいに暗然としたことがある。この思い出が忘られぬかぎり、この書が世にあるかぎり、氏の名前は著者の胸のなかにきざみこまれている。

発行者神吉晴夫（一九〇一―一九七七）は、東京外国語学校時代、仏語科に在籍して島田（一時期仏語科にも籍を置いた）とは共に学んだ仲で、いずれは島田のパイオニア的な業績を出版したいと願っていたのであろう。この書が刊行される一年ぐらい前と思われるころ、原稿の一部に目を通した感想を送っている。

無理なお願いを申しあげまして拝借いたしました「近代比較文学」のお原稿、予期以上の新鮮な魅力に富んだお原稿で、非常に欣んでおります。

承りますれば、あれを三倍の分量にして、その上に手を入れて磨き上げてくださいます由で、完成のあかつきの壮観さは目にみえるようにぞんじます。

お見せいただきましたお原稿は、時間がなく三章の神曲までを拝見いたしました。

その読後の感想の一端は、糸原を通じてお耳に達したこととぞんじますが、私がもっとも目が覚めるような思いをさせられましたのは、プロヴァンスの詩物語フラメンカの章でございます。

かの若き日、フランス文学をかじった私も、はじめて読み、非常に興奮をおぼえました。あれは、もっともっと詳しく書いていただいて日本に紹介して頂きたいと存じます。などと、私自身が一読者の立場になって情熱を感じております。よろしくお願い申しあげます。

なお、第三章の神曲は、先生の新訳文をお入れいただくわけにはいきませんでしょうか。その辺のことは、糸原から申しあげることと思いますが、お考えくださいますようお願い致します。

この「比較文学」は、日本の読書界に、日本の文学愛好者間に、日本の学界に、新風を吹き込むものになる、という大きな期待をもっておりますので、出版者としての私も、出版界に驚嘆の声をまきおこせる出版になることと、今からはりきっております。

先生の蘊蓄とみがきあげた文学批評眼を、この一書に全部うちこんでいただきたく、切にお願い申しあげます。

いずれ夏休みになる前に、一度お目にかからせていただき、何かとお願い申しあげるつもりでございますが、読後の感激をつつみきれず、その一端を披瀝いたしたしだいでございます。

六月二十三日　　　光文社
神吉晴夫

島田謹二様

伊藤整

『日本の文学』（毎日ライブラリー、毎日新聞社）の刊行にあたっては、吉田精一、平野謙と一緒に、編集者の伊藤整《せい》（本名整《ひとし》、一九〇五―一九六九）が作る原案を協議したり、執筆者を決定する相談にあずかったりして昭和二六年一月に刊行したこと、初版は大いに売れて読まれ、一一月には再版を出すほどであったことは既に述べた。伊藤は、島田との親交を続けながら、『近代比較文學』の刊行を待ち続け、まとめられた大著の校正をいち早く一読して感嘆した。その直後に書いた「喜びと推奨の言葉」が著書のカバーの折り返しに掲げられている。

戦後の日本に出現した新しい学問
――専心二十年の業績の集大成――
作家・英文学者　伊藤整《いとうせい》

世界各国の文学は、それぞれ孤立して、国語と国境によって限定されている、というのは、今日では古い考えである。各国の文学は絶えず影響しあい、交流し、ヒューマニティーという共通の血液を通して滋養をとりあっている、と言っていい。その交流や相互影響のあり方を研究するのが比較文学である。

比較文学という学問については、戦前の日本では耳にすることが、ほとんどなかった。日本では、いわばこれは、戦後に出現した新しい学問である。この七、八年のあいだに、近代日本文学についての比較文学的研究は、ひじょうな進歩をした。比較文学の学会が各地にでき、東京大学の大学院にその講座が置かれるようになった。

日本におけるこの新しい学問のもっとも大きな担い手の一人として、東大の島田謹二《しまだきんじ》氏をあげることに異存のある人はないと思う。この書物は、比較文学という学問が日本の大学教授たちの関心の外にあった二十年前から、この学問の新分野に専心してきた島田謹二氏の業績の集大成である。

近代日本文学の研究は一歩もすすめないこれを無視しては、

森鷗外《もりおうがい》の翻訳は原文とどのような関係を持ち、何を生かし、何をかえてあるか、島崎藤村《しまざきとうそん》は某々の外国作家から何を学び、それをどのような形で自分のものにしたか、というような疑問がおこるたびに、私はまず島田謹二《しまだきんじ》氏の数冊の本を読みあさり、氏の研究のあとをたどることにしている。近代日本の文学者たちが外国文学から受けた影響を知ろうとすれば、島田氏の研究を無視しては一歩も進むことができない、というのが実情である。

島田氏のこれまでの研究や考え方をまとめて一本《いっぽん》にすることができれば、近代文学の研究者や比較文学の学徒にとって、どんなに役にたつだろう、と私は考え、数年前に光文社《こうぶんしゃ》の人びとに話したことがある。ところが、その時すでに光文社はその仕事を氏にお願いしてあった。それから約三年をへて、大著『近代比較文學』がここにまとめられた。私は校正《こうせい》を一読して、改めて氏の業績に敬意を表し、かつ学問のためにも祝いたいと思う。

『近代比較文學』評

「比較文学の厳しさ示す」という評を『京都大学新聞』八四八号（昭三一・七・二）に書いたのは、林憲一郎である。林は、矢野峰人の著書を「老学究の現役的労作」と評して、二著を対比しながら書評を書いた。

日本の比較文学界は、ここ数年のうちににわかに活況を呈してきた。われわれがそのことを意識するばかりではない。世界の比較文学界の二大勢力たるフランスとアメリカが、わが国の動向に注目しはじめたことは、両国の学界《（ママ）》誌にあきらかである。その活況を証拠ずけるものとして、今年になって二つの記念すべき著述が公にされた。一は百頁余の小冊、矢野峰人著『比較文学』（南雲堂）であり、他は五百頁の大冊、島田謹二著『近代比較文学』（光文社）である。

矢野博士は人も知る如く、わが比較文学界の大先覚である。還暦を迎えた同氏に、後輩たるわれわれが、先覚の称を捧げる《（ママ）》は当然としても、氏自身はこのような名誉称号をかならずしも喜ばれないかもしれない。それほどに博士はその学的精進においていまなお現役であり、この著書もまさに現役的労作だからである。氏をよく知るものは諄々として倦むことなくいかにも楽しげに語り説く、あの老教授の風貌に限りない親しみを感じる。該博な知識が巧妙な話術によってあざやかに解きほぐされて行くとき、聞くものは博士の言葉の節々に思わずうなずかずにはいられない。そうした語り人の姿がそのままに現われているのがこの書である。初心者はこの書にとって比較文学のいかなるものかを十分に理解できよう。しかもこれはけっして初歩のためのものではない。「専門家ではない」「我流である」などという言葉は著者の謙遜の辞であるにすぎない。

この書を読みおえた人は島田教授の「近代比較文学」に移るがよい。五百頁は大冊であるが、全冊にみなぎる著者の学への熱情が読者を惹きつけて離さない。「比較」という誤解されやすい言葉にある種の先入見をもつ人は、この書によって比較文学研究がいかに厳しいものであるかを徹底的に教えられるであろう。ひとくちに各国文学相互の影響交流の研究といっても、それはまずおびただしい文献との格闘であり、その格闘に耐えうるためには、いくつかの外国語に精通していなければならない。この書は著者のすぐれた研究成果の集大成にはちがいないが、その成果をうるための血みどろの格闘がいかになされたかが烈しい迫力をもって語られているところに特異性がある。獅子はその愛する児を断崖から突き落とすという。もしこの書を読みとおしえぬものがあるとすれば、その人は教授から落伍者の烙印を押されたことになるかもしれない。前者を「情」の書とすれば、後者は「熱」の書といえようか。

『英文学研究』第三三巻第二号（昭三一・三、日本英文学会）には、福田陸太郎（一九一六―二〇〇六）の「批評紹介」が載っている。

島田謹二著『近代比較文学』は同氏の二十余年にわたる比較文学研究の成果である。従来公刊された多くの業績を集大成した大冊であって、同氏の言うこの〈若くて美しい学問〉が、わが国で初めての大きな実を結んだことを示すものである。本書は「日本における西洋文学定着の具体的研究」という副題をもっている。序の章の末尾で著者が「学問上の基礎を十分に持ちながら、『詩』を読むような研究があっても、よいのではなかろうか。」といっているのは、この本に含まれた諸研究を手がけたときの著者の意図であったにちがいない。全く、この序の章「私の比較文学修業」からして、こういう固苦しい学問の本にしては、型破りともいえるほど、読者に親しみを覚えさせる書きぶりである。ただ、本論の方にはいると、も少し抑制した表現を用いた方が、かえって読者の印象を深くするのではないかと思われる箇所もないではないが、これもこの著者の若々しい情熱の発露だと思えば、それがまた一種の魅力でもある。そしてこの一見たのしい書物であるこれらの論考のうちには、実に多年の間島田教授が読破されたおびただしい文献や徹底的な調査、探訪の労苦がかくされているわけである。今後の比較文学研究がどのような方向をとるにせよ、ここに、より所となる一つの大きな仕事がまとめられたことは喜ばしいことである。（後略）

小玉晃一（一九三〇―）は、『文学・語学』第七八号（昭五二・六、全国大学国語国文学会編）所載「比較文学」の中でこの書にふれている。

島田謹二の大著『近代比較文学』は戦後十年たって、でるべくして出た著者の二十年にわたる研究の集大成である。序の章「私の比較文学修業」は氏が英語を学びはじめてからフランス派英文学にたどりつき、そこから比較文学へ旅立った経路がこと細かに記されており、さながら比較文学的自叙伝である。それに巻末の「比較文学をおさめる人のために」と題する章で研究書と比較文学雑誌の読み方を説いているが前者とあわせて内容は二十年後の今日でも新しさを失っていない。（後略）

『朝日新聞』（昭三一・六・一〇）には「香り高く、楽しい内容」という見出しで紹介された。

比較文学は、戦後さかんになった新しい学問であり、研究方法である。著者は二十年もまえからこの分野の開拓者とし

て苦労をかさねてきた。いまこのような大著で報いられたのはよろこばしい。（中略）

この本には「日本における西洋文学定着の具体的研究」といったいかめしい題がついているが、内容は、文学への素朴な情熱に裏づけられた研究で、知的な読物としても愉しい。ただ、比較文学の土台になる理論が弱い。比較文学が学問としての本質を論じられていないまだけに物足りない。もっとも、この書物の長所はそういった方法論よりもむしろ、香り高く、甘い味の内容なのだろう。近代文学を志す学生たちにすすめたい。

刊行祝賀会

昭和三一年九月一八日、渋谷の寿司店「大寿司」で比較文学研究室の内輪の出版を祝う会が開かれた。この会について語るのは仙北谷晃一である。

（前略）矢野・富士川両先生を除けば、いずれも明け暮れ比較文学研究室に出入りする若い学生ばかり。それはいわば親父の仕事の成果を祝う息男息女たちの集いにも似て、日本の畳だけが醸し得るアトホームな雰囲気が、終始この記念会を支配した。一度芸術的感動の触発さるや、その感動を押さえ兼ね、夜の更けたるも厭わず、夜露を踏んで矢野先生の門を敲いたという若かりし日の先生――矢野教授と神田さんとがこもごも語られる台北時代の思い出は、五十余年の先生のライフの自ずからなる結晶ともいうべきこの大著の祝いには、真にふさわしく思われた。又、論ずるあり、談ずるあり、はては演ずるまであつた学生各自の思い思いの祝いのことばは、日頃先生の膝下に教えを乞う人々の偽らざる感謝の告白でもあつた。（中略）

これら一人一人の衷心からの祝辞に答えて、先生も又、「私の半生がたつたこれだけの業績しか私に許さなかつたのは恥かしい限りですが、思えば私の半生――それは実に幸福な時代でした。私これまでに実に多くの人を愛しました。そしてそれらの人々に愛されました。私は人を愛することによつて幸福になりました。」という衷心からの告白は、並み居る一同の心を打つた。汚濁と喧噪のこの世の中に裸なる心と心とがかくも清らかに触れ合う瞬間は、そう多くあるものではない。先生は更に学問の未来に思いを到し、「皆様の好意と激励に応える意味に於いて私は残された天命の尽きざる前に、必ず次の仕事を成し遂げます。」と「フランス派英文学研究」「華麗島文学志」「佐藤春夫」「近代文学におけるエドガー・ポーの運命」等いくつかの題目を数え挙げられた。この時の先生の上気した面・また心もちはずんだ語調の中に、私は久遠の青年のイメーヂを見出たのであつた。先生はまだ若い。我々と共に若い。そしてこれからも若いだろう。学芸のミューズと共にある限り――。そんな安心感と共に、私達の一人一人は出来得べくんば「我ら又後に続かん。」の決意を新たにした。思う、芸は長く命は短きことを。さすれば、先生のライフを永生たらしめる道はこれ以外にあり得ない。折から月も満ち心も満ちて師弟一如の美わしき夜に、一人一人の心になされたこの決意がやがて一つ一つの業績となつて未だ暗き比較文学の杜に蕾み且つ花咲かん日を私は信じて疑わない。

（前出『比較文學研究』第一巻第一号）

九月二二日には、佐藤春夫、矢野禾積、富士川英郎、小林正が発起人となって、虎ノ門の共済会館で出版記念会が開かれた。集まったのは千葉勉、岡崎義恵の両恩師をはじめ、本間久雄、後藤末雄、豊田實、手塚富雄、尾島庄太郎、成田成壽、国松孝二、井上究一郎、会田由、伊藤整、小林英夫、波多野完治、西川満、堀大司、前田陽一、橘忠衛の同僚、友人、それに森鷗外、平田禿木、上田敏、北原白秋などの明治大正の文壇の巨人や学匠たちの遺族や教え子たちである。前出『比較文學研究』第一巻第一号所載の記録から、出席者たちが語る「島田の風姿」を紹介しておきたい。

（前略）併せて総て四十名。令嬢と並んだ島田教授を中央に、これら当代の碩学・詩人が一堂に会する盛大な会であった。学者と芸術家と、文字通り学芸の士が会同するところは、著者の人格、学風をよく反映し列席の諸教授の専攻は日・英・米・仏・独・西の諸国の文学、また言語学・心理学と多彩な変化に富んでゐて、比較文学の会にふさはしい。

会は、小林正の開会の辞ではじまった。矢野博士が発起人を代表して挨拶し、『近代比較文學』刊行の意義を語り、併せて台湾時代における島田の勉学の様子について述べた。東京外国語学校時代の恩師千葉勉の主唱により一同乾杯、次いで先生は、島田の在学中の様子を語った。俊敏の才分を発揮し、将来あるを想わせたこと、その後も注目していたが、果して今回の出版を目の当たりにして喜びに堪えない、と述べた。

富士川英郎の司会で諸氏のスピーチが始まった。明治文学研究の泰斗本間久雄（一八八六―一九八一）は次のように語った。

今日の比較文学研究の状況をみると、（中略）三つの形がある様である。トリヴィアルな事実の詮索のみをこととするもの、理論のみを振廻すもの、芸術への深い愛に発するもの、島田教授の研究は、厳密な事実の精査に基きながら、その根本は芸術への愛に発し、芸術の理解と学問的誠実を綜合して、まことに見事な美しい研究である。教授が更にこの道を歩んで立派な仕事を続けられれば、わが国の比較文学は、海を超えて世界の比較文学として広大な影響を及ぼすだろう。

上田敏の女婿嘉治隆一（一八九六―一九七八）は、島田が台北帝大講師時代、はじめて和服姿で来訪されたこと、謹厳で熱心な若々しい学者の姿を見出されたこと等を話した。森家からは、森於菟《おと》（一八九〇―一九六七）、小堀杏奴《あんぬ》（一九〇九―一九九八）が出席し、於菟博士は、台北帝大医学部在勤の頃来訪をうけ、所持しているレクラム本『即興詩人』を貸したことが機縁で、爾来しばしば話す機会に恵まれた。戦時中のことでもあり、警報が発令されると燈を消さなければならない。不思議なことに、教授が来訪される晩には殆どいつも警報が出て暗くなる。その暗がりの中でも、『即興詩人』を読み続け語り次いで止められなかったと話した。

この日、胃痙攣の不予を押して出席したという佐藤春夫は、戦前はじめて来訪をうけた折り、一人のモノズキがいるものだと感じたが、話を聞き研究を読むに及んで、得難い周到な学者であること、堪能な語学力や綿密な考査は、文芸への愛と相俟って、立派な研究であること、教授の研究を纏めて一本にした出版社は、さすが商売の目が高いことを話し、最後に馬場孤蝶先生の博識と師に対する敬慕の念を語って、先生健在なりせば、出版の快挙を知ってこの祝賀会に真っ先に出席し、快弁をふるわれたにちがいない、自分には、孤蝶先生がご臨席のように思えてくると語った。

国文学に対して島田の目を開いた岡崎義恵は、三〇年前の東北帝大時代、外遊から帰朝直後のある日、島田がフランス詞華集を借りるために、また詩の話をするために訪ねて来たこと、フランス象徴詩に熱中するあまり、マラルメを演習で取りあげてほしいと熱望されたこと、希望を入れてマラルメの訳詩をテキストとし、併せて原詩を参照して学んだこと、特に忘れえぬ思い出として、『奥の細道』の演習における島田と他の学生との白熱した議論を興味深く見守ったことについて話し、最後に、天才肌の島田が、中道にして才に溺れることなく今日の大を成したことを深く慶賀すると共に、今後一層自重自愛して他との連携を緊密にし益々大成することを望むと結んだ。

大学の後輩で明治大学教授の橘忠衛、日本英学史の権威で比較文学でも大先達の豊田實（一八八五―一九七二）、フランス文学フランス流比較文学をいち早く紹介した後藤末雄（一八八六―一九六七）のスピーチに続いて、伊藤整は次のような話をした。

『日本文壇史』を書いているが、島田教授の研究には非常にお世話になっている。自分は学究ではないから、諸学者の研究を参考に、多少文献を漁りながら書くのだが、ウッカリすると明らかに間違ったことを書いたり、資料に使った文献の記載がその筆者の想像だったりして、いろいろな方から注意を受ける。いつぞやもここに隣においでになる佐藤先生から御注意があった。精密な学者の研究が少しでも多いことは、自分のようなものには大切で大変有難い。それにつけても、これを志す人々が増えてきた際、島田教授のような方が、これらの人々をよく導いて下さると自分も仕事が楽にできて嬉しい。

言語学者の小林英夫（一九〇三―一九七八）は「島田教授の研究が多くの国の言葉と文学を扱いながら、言語学上の誤りなく、極めて厳正なものである」と語り、著書の労作たることに敬意を表した。心理学者の波多野完治は「昭和初年、田辺寿利先生の許でうわさをきいて以来、互いに敬意を抱いてきたが、戦後、リュック一つで引揚げてきた島田教授を迎えてはじめて親しくなった」と、出会いとその後の交渉についてユーモラスに語って、親しい友人のもつ身近な愛情と敬意とに満ちた話を続けた。

教授の人柄は、一度学芸の世界に入るやデモーニッシュな力と閃きを発揮されるが、世俗のことに戻ると幼児にひとしく、心理学上のプロブレム・チャイルドといった風がある。心理学的にみると、これが対症療法は、ただただ仕事をして世間に打って出ることなのだが、この度の「近代比較文学」の出版は、さういふ意味からも喜びに堪えない。

華麗島の詩人西川満は、「台湾在任中詩を書いていた頃、矢野・島田両先生に激励された。近頃小説を書く必要から易に深入りしているが、先日島田先生の易を占ってみたところ、末は上々吉と出ました、皆さんご安心下さい」と語った。

堀大司は、東京外国語学校での後輩になるが、その時代の思い出から話し始め、渝らぬ友情と敬意に支えられた長年の交友、殊に、戦後引揚げてきた島田を一高に招いたときの苦労と喜び、これが学校のためにいかによかったかを詳しく語り、同僚として、列席の各位に親友への変らぬ支援をお願いした。やはり、友人にして同僚である前田陽一（一九一一―一九八七）は、島田の業績と学殖を讃え、大学院に比較文学比較文化課程を設けたときの内輪話をし、今日における比較文学の意味と必要について見解を述べた。

刊行をめぐる座談会

一一月六日午後、東大大学院比較文学演習室で、『近代比較文學』を繞る座談会が開かれた。島田を囲んだメンバーは矢野禾積、富士川英郎、神田孝夫、高木良男、仙北谷晃一、私市保彦、青柳晃一であった。青柳による記録が、前出『比較文學研究』第一巻第一号に掲載されている。司会の神田孝夫は「文学への情熱と感動」というテーマのはじめに次のようにきり出した。

（前略）先ず矢野先生から、あのご本が今日の日本の学界、或いは一般に文学研究の現状の中でどういう位置をしめているのか、又島田先生のこれまでのお仕事のうちで、どういう意義を持つているのか、そういう点についてお話願えたらと思います。

これを受けて、矢野博士は次のように話しはじめる。

島田君のあの大著は、著者にとつては云わば一つの精神的自叙伝でもあり、又あれ自身著者の精神的遍歴に一つの時期を劃したものとして大変重要な意義を持つものですが、一方客観的に今日の学界の中において考えてみても、日本の比較文学研究が行きついている水準を見事に示す、モニュメンタルな業績だと云えるでしょう。私はあの中に収められている個々の研究は、古いものも新しいものもその時々に読んでいるわけですが、この書物の前後に新しく書かれた「私の比較文学修業」と「比較文学をおさめる人のために」という、云わば序論と結論の部分は特に読者に熟読玩味して貫いたいと思います。あの二つの章は、題もさりげなくつけられていて、初心の読者からはうつかりすると見逃されてしまうけれども、あそこには、いやしくも文学、少くとも外国文学を研究するものが第一に反省しなければならない根本的な問題が沢山出してある。あの二つの章を読むと、この本が初学者にとつてはこの上ない入門書であると共に、専門の外国文学研究者にとつては、一つの反省の頂点を示すものであるという気がします。そんな意味であの二章は非常に重要な、同時に興味深い部分だと云えるでしょう。全体を通読して思うことは、語学力の充分な訓練と資料の倦む事なき博捜という、凡そ比較文学を修めようとするものにとつては絶対的とも云える二つの要請を、著者が物の見事に実例によつて果たしているということです。しかも、この二つの条件を備えても、文学の研究はまだ全きものとは云えない。つまり、客観的に証明できないことも、対象の本質に肉迫してそれを把握する一種の直感的能力が必要です。その本質を把握する直感力があの本の到る所に感じられる。語学力と資料の博捜と直感的把握力。島田君の大著は、比較文学研究に不可欠なこの三要素の兼備による実践を示すと同時に、人々にも奨めている。そういう点、たぐい稀な書物だといえましょう。まず、ヨーロッパ各国の学者の業績や著作を紹介している最後の章は、欧文で発表しても日本の学者の達している水準の高さをヨーロッパの学者に知らせるのに充分なものですね。世界の学界の動向や水準を語つてあれだけのものが書けるのは、けつして一朝一夕にして出来ることではなく、長年にわたる結果だと、たゞたゞ感服の外ありません。資料の博捜の点について云えば、上田敏鷗外文庫の余白の書き込みの綿密な調査もそうだが、上田敏先生を研究するに当つて、わざわざ上田家の遺族を尋ねて先生の使つたノートを借りて迄研究の完全を期している。自分の読んだ本、又読もうとしている本などについて記した上田先生のノートを頼りに、「上田敏」の学問の発展の後を一歩一歩たどつて行く。可能な限り、相手の読んだ本をも全部読んで、少くも学問の上では先生と同じ高さに立つて対象をためつすがめつ考えようとする。恐らく文学研究の場合、対象を鑑賞したり批判したりするには、こういうのが一番本当のやり方と云えましょう。

外国の学者を研究する場合にも同じことが云えるわけですが、こゝでは更に、すべてが、外国文学の研究者にとつて最も根本的な反省に導かれて進められています。日本で、英文学を文字通り「外国」文学としておさめなければならない著者自身、その著者自身の生きた導師という観点から、ベルジャムやルグイやアンジェリエやカザミアンが次々に研究されて行く。彼等フランスの学者の業績を年代を追うて精読し、その方法を自家薬籠中のものとした後で、改めて日本の文学研究の実情に説き及び、その功罪を剔抉しようとする。おそらく、著者を比較文学という新しい学問の分野に赴かせたのも、外国文学研究は可能なりや否やという根本問題についての反省の結果だつたに違いない。「私の比較文学修業」という序論に書かれていることは、すべての外国文学研究者が反省しなければならない問題を、最も誠実に考え続けた一人の学者の一つの生きた実例として、是非精読されて欲しいと私は思うのです。（後略）

矢野博士につづいて、富士川教授が話しはじめる。

（前略）私が何よりも感服することは、島田先生の研究が、いつも研究の対象に対する大きな感動に支えられているという点です。たとえば上田敏や鷗外の研究にしても、芸術としての彼等の作品に先ず感動して、その感動そのものの本質を見極めようとする。自分の感動の由来を詳しく研究することによつて、更に感動を一段と高めようとする。この、いつも感動にもとずいてこれを研究の出発点とも到達点ともするという点が、島田先生の御本を他の乾燥無味な多くの研究書と、著しく違つたものにしている一番肝心な理由だと思われます。最近ドイツで、エミール・シュタイガーあたりが中心になつて、Interpretation ということを云い出して学界の注目の的になつていますが、私近頃このシュタイガーの本を読んでみて、面白く思つたのは、この学派の説く「インタープレタチオン」が従来の「注釈」（Erlauterung）と異なる点は、何よりも原作についての感動を基として、その感動の本質や由来を調べることがその主眼となつているということです。つまり従来のドイツ文芸学が非学問的要素として斥けていたものを、新しく学問的に基礎ずけようとする。シュタイガーのこういう主張を読んでいて、私は図らずも島田先生の、この御本のことを思い出したわけです。芸術的感動をきわめようとする熱情、それがすべての研究の基礎になつているのが何と云つても先生の御本の一番の特徴という気が致します。豊かな語学力と史実についての博い知識、これ等も先生にあつては芸術的な感動と熱情とを回転させる油のような役割を果たしています。更にもう一つ、先生が該博な知識を自家薬籠中のものとして対象を自由に取り扱おうとされる場合、研究の成果を発表する表現が又大変すぐれたものだと云えましょう。先生の雄弁は有名なものですが、文章も達意明晰で、云おうとすることを余す所なく読者に伝えている。更に乾燥極まる世の学術論文と異つて、表現の上でも一個の芸術品を創り上げようとする配慮や態度が到る処に感じられます。この点についてもシュタイガーは、文学研究はそれ自身一つの芸術だと云つて、表現の重要性を強調していますが、島田先生の御本にも、そういう芸術品としての豊かな表現がみちみちていて、それが読む者を倦かせないのではないのでしょうか。

「外国文学研究のアポリヤ」をテーマに富士川教授は言う。

（前略）「外国文学の研究は果たして可能なりや」の設問。これは昔から、外国文学を学ぶ者が一度は通過しなければならなかつた難問の一つで、私のような研究者の悩みもこゝにあるわけです。飜訳や紹介にも勿論大切な意義があることは云うまでもありませんが、さてそこから一歩出て、本国人が読んでも意味のあるような研究が果たして外国人である私達に可能であるかどうかという、外国文学研究の最初につき当るアポリヤ。島田先生もこの問題から出発して、先ずフランス派英文学に行かれた。外国文学の研究は可能であるということを、見事な業績によつて証明したフランスの英文学者達に、範をとられたということは、確かに外国文学研究者が取るべき一つの道であると思います。島田先生はこの道に身を挺して打ち込まれ、その成果は今日見事に実を結んだと云うことが出来ましよう。「序の章」には、こうした根本的な問題が沢山あつて、学生諸君もよろしくそれ等を読みとるべきだと思います。所で、島田先生が比較文学にお入りになられたのも、一つには今述べたようなアポリヤに導かれた結果だつたわけですが、外国文学研究は比較文学に行きつく以外にこのアポリヤを解決する道はないか。こういうことになるとそこに色々な問題が出てくるわけで、その点を一つ……。

これをうけて島田は一気に言う。

実はあそこの部分には、色々説き残しがあるのです。外国文学研究のレーゾン・デートルという問題は、おそらく研究者が第一に逢着する難問であると同時に、実は生涯にわたつて、様々の形で繰り返し出てくる疑問とも云えます。私の学問的生涯も、その半分はこの疑問に答えるために費やされて来たようなもので、私はそれについて近いうちに「フランス派英文学研究」というかなり大きな本を書こうと思う。これはこの問題について、これ迄反省し又研究し続けて来たことの一つの学問的成果であつて、そこに私は、私なりの解答を明らかに示すつもりです。そして「外国文学の研究は可能なりや」という問題に対する私の解答の結論を出します。それは「可能」ということですね。しかも今日とられているやり方を以てして、それは可能なのです。私はこれを正攻法と名附けていますが、比較文学はこれに対して或る意味で奇襲法と呼ぶことが出来るでしよう。たとえば富士川さんのリルケ研究などは、正攻法によるすぐれた業績の一つです。しかし、正攻法が本当の成果を挙げるには多くの時間がかゝる。外国の文化や文学に対する透徹した理解は、長い時間の間に始めて結晶するもので、無私の研究が親から子へと伝えられ、受け継がれて始めて、外国文化の正しい理解が実を結ぶのです。こゝに私が正攻法二百年説を説く所以もある。ドイツの文学を云わばドイツ人と同じように理解しようとする、この正攻法の態度は、恐らく一朝一夕に効果は上がらないでしょうが、極めて意義あることで、これは是非續けなければならないことです。だが、正攻法の外に、奇襲法という道もあつてよいのではなかろうか。奇襲隊の拓いた突破口が意外に難局を打開して、一転して局面を有利に展開させることもあるのではなかろうか。私はこゝに比較文学の存在理由があると信ずるのです。ドイツの文学をドイツ人のように、という正攻法の意義は勿論どんなに高く評価しても高すぎることはない。けれども、世界の幾つかの文学を、本国人とは別の仕方で体験したものが、そういう広い体験から一つの文学を考えてみるのも意味あることではなかろうか。ドイツの文学を研究する場合に、ドイツ人の習俗や伝統や精神を熟知しようとするのが正しい態度であることは言を待ちません。けれども、ドイツのある文学を研究する場合に、フランスの文学を読んだ体験や、イギリスの文学を読んだ追憶に助けられて、それらの幾つかの文学の意味と歴史的関係をたどるということも又大事な態度ではないでしょうか。国文学本位の正攻法が、一つの文学や民族の魂の本質に深く没入することを目指すなら、比較文学という奇襲法は、共通で普遍的なユマニテというものへの信頼に基きながら、様々の文学についての自らの体験に広く根ざそうとする。そのどちらもおなじように意味あることだと私には思えます。特に比較文学で、自国の文学に一つの足場をおく時には、安心してやり得るという効果もあるわけです。その場合には、自国の文学は他の何人よりも熟知しているという安心感がある上に、外国文学に対する態度も、受け身や防禦の姿勢でなく、積極的で攻撃的な態度がとれるわけで、安心感も一そう強いことになります。とにかく、従来のような各国本位の研究方法を我々は充分認めるのみならず、その正攻法が時を重ねて益々熟して行くことを期待すると同時に、正攻法の精神や方法では捉えられぬ分野や側面があることを信じて、そこに私は比較文学の意味をみとめるのです。更に、各国別の研究と比較文学の研究とは云わば唇歯輔車の関係にあるものであつて、一方の進歩は他方の進歩にとつて不可欠の条件だということを見逃してはならないでしょう。フランス派の比較文学が、フランス国文学研究の偉大な成果をまつて始めて発展したということは、我々が忘れてはならない教訓だと思います。

『近代比較文學』を繞るこの座談会は、「文学への情熱と感動」「外国文学研究のアポリヤ」につづいて「日本文学と外国文学」『即興詩人』『女誡扇綺譚』「片恋」など「比較文学を学ぶものの心得」とテーマをかえて進行するにつれ、学生たちも発言し、矢野、富士川両教授の貴重な意見と感想に対しては、著者自身の説明があり、また著作の秘密も開陳される場面もあって、島田の学問的生涯を目の当たりに学ぶ絶好の機会となった。

「古都のまぼろし」の演習に引き続いて Genaral Literature の一例として、「文芸にあらわれた日本女性」を四回にわたって講じ、江馬細香、石上露子、与謝野晶子、よみ人しらず（花浦みさを）の女流詩人の作品をとりあげ、美しくもはかない心の永遠のあり方について語った。玉蟲左知夫はある日の講義を次のように報告している。

（前略）十一月二二日の最終回には、よみ人しらずとして、先生はとりわけ深い愛情をこめて、ひとりの女性の歌と詩を講ぜられた。「母をおもふ」「白そうび」「懺法」「船出」「ナポリ旅情」「セーヌ河岸」「ピサのみ寺」「チャガルテン」「海辺の廃園」また「うつそ身」と、それはその題の名もゆかしく、人の目からはかくれてこんなに美しい心があつたのかと、こんなに美しい心と言葉との伝統がいまは失われようとするのかと嘆かれるような、きよらかに高雅な歌の数々であつた。美しくもはかない、一瞬の印象や詠嘆のうちに、心の永遠のあり方を捉えようとするのが、日本人の、とりわけ女性の特性だとすれば、「文芸にあらわれた日本女性」の典型として、特に詩人たちが選ばれた理由もうなずかれよう。General Literatureというものの実体を、僕たちははじめて窺い知つたように思う。

（前出『比較文學研究』）

昭和三一年も終り近い一二月二六日午後、日本放送協会教養課の鈴木光男が研究室を訪ねてきて、一連の話を録音した。年明け早々から三月にかけて毎週火曜日朝、ＮＨＫ教養大学（第二放送）で「比較文学入門」として放送される連続講座のためであった。「比較文学とはどんなものか」（一・一八）、「日本における比較文学」（一・一五）、「現在の諸問題」（一・二二）、「比較文学の解釈」（一・二九）、「比較文学者のおもかげ（ポール・アザール）」（二・五）、「森鷗外とカルデロン」（二・一二）、『珊瑚集』のボードレール解釈」（二・一九）、「『若菜集』と英・独文学」（二・二六）、「芥川文学のロシヤ的材源」（三・五）、「近代イタリアに対する外国文学滲透の形態」（三・一二）、「ヨネ・ノグチの日本詩歌論」（三・一九）、「東洋と西洋」（三・二六）である。

奥野信太郎（一八九九―一九六八）は、「きき応えのある朝の番組――比較文学入門、中国思想史など」（昭三二・二・二四『朝日新聞』）としてこの講座にふれている。

『田園の憂鬱』

年度末の昭和三二年三月二四日、卒業生、学生たちと一緒に熱海に一泊旅行、坪内逍遙（一八五九―一九三五）の落柿舎を観た。比較文学「奥の細道の旅」、「日本のイタリア――伊豆縦断記」に次ぐ研究室の三回目の旅である。「熱海の一夜」（昭三二・一二、『比較文學研究』第四巻第一・二号）で島田を語るのは大野朗子と山名規子である。

（前略）そのうち先生は誰にともなく逍遙の話をぽつりぽつり始められた。独特な見解による「坪内逍遙秘話」に一同忽ち魅せられ、いつとはなしに円陣を作つて先生を囲む。進むにつれて段々と面白くなつて行く話に時の移るのも忘れた。先生の話の魔術は怖ろしい程であつた。根岸に遊んだ若き日の逍遥も、中年のころ文芸協会の紛乱のいきさつも、体験に基いて、逆なものを後輩にもとめたあの道徳観の心理的背景も、又この水口村に隠棲し、名誉心や物欲から解脱し、自然のうちにゆうゆう自適した晩年の境地も、それらすべてが血の通つた人間の心と結びついて彷彿として来るのである。今ではあまり読む人もない「当世書生気質」などお話を伺ううちに読んでみようという気持ちになるのだから不思議である。先生は、また日本に初めて西洋流の「文学」を移植した人、ボズネットのComparative Literatureに「比較文学」の訳語を当てた人として、博士は私達の大先輩にも当たることを述べ、こゝで若い比較文学者たちが卒業祝いの一夜を過ごすのはじつに意義深い、と結ばれた。（後略）

昭和三二年度は、大学院に第五期の学生相川治子、荒木亨、吉田正和、木村絹子、坂口ふみ、龍田俊夫を迎えた。現代文化第二講座担当を命ぜられ、四月、東大での講義は、F. Baldensperger: *Andre Gidé antigoethéen*, W. Wordsworth: *Michel*, 泉鏡花の『歌行燈』、伊良子清白の『孔雀船』を使っての比較文学演習、特別演習として「近代文学におけるポーの運命——物語作者としてのポー」を語り、特殊講義では、佐藤春夫の『田園の憂鬱』をテキストに「日本近代文学と西洋文学」を講じた。テキストの舞台を実際に見るために、比較文学研究室「田園の憂鬱」研究会の主催で、著者佐藤春夫とともに、作品の舞台神奈川県都築郡中里村字鐵《くろがね》を訪ねたのは、五月二十三日である。そのあと、夕刻横浜に出て、中華街の「牡丹園」で会食した。前後数年の間の学生たちとの旅行や実地調査等について、島田自身が回想する「自伝抄　この道あの道——学生たちと心触れ合う」（昭五三・一一・一五『読売新聞』夕刊）にこの時のことが書かれている。

演習で使う用書は徹底的に読みぬこう。文芸としてその味のどんな細かいものも、とらえよう。日本の作品を学ぶのは、素直に読むこと。素直に読むには、実景を体得することから入る。地理をともなわぬ作品はない。土地の魂と文芸とを結びつけるのは、われわれの願いであった。

日本の中の日本、伊勢の姫路山をふり出しに、大和の国原をさまよう。ゆかしい千年の歴史を背負う洛中、洛外を存分に歩く。桂と修学院を拝観する。野々宮の前にぬかずく。志摩の日和山の澄明な光、犬山城の険しい美しさ、みんなその土地で身に浴びる。『奥の細道』のあとを慕って平泉から秋田につづく道をたどる。野花の点々と咲く山道……山の中の静かな生活、白く輝く月山の遠望……熱海の書屋を訪れると、逍遥の秘事が語りかけてくる。鷗外文庫をしらべると、ミュンヘンで読んだドイツの短編小説集がつみかさねられている。ある時は『田園の憂鬱』の作者と一緒に、神奈川県中里村の

跡をあちこちと動きまわって、作者の口から往年の生活と感懐を一々ききとった。(中略)
　北から南へ下り、東から西へ横切り、たてよこ十文字に旅して、日本の景物を眺め、人情にふれる。その旅路の体験は、どれも文学の素材に新しく生命をふきこみ、文芸の生まれる機微な消息を合点させた。教師と学生との心はいつの間にか通い合った。年輪と閲歴と出身の相違をいつの間にか忘れて、日本という大きな故郷の中に、共通する基盤を一斉にもつことが実感された。(後略)

『田園の憂鬱』の著者が語る前後の様子は「舊園の薔薇」(昭三二・八『心』)の冒頭に見ることができる。

　東京大學教養學部の比較文學研究室の主任島田謹二氏はわが親友であるが、今學年は學生のために「田園の憂鬱」を讀むに就いては、豫めその現地――現在の横濱市港北區の西北隅(であらうと思ふ)もとの都築郡中里村鐵――を見て置きたい。島田氏自身は既に一度歩いた事もあり、おほかたの見當はついてゐるが學生一同を率ゐて案内するにはまだいささか不案内だから、同行して案内役ともなり、また學生たちの質問に應じてほしいと、わたくしの意嚮を問ふので、わたくしも久しく見ないあの土地の近況を一度見たいと思つてゐた折からではあり、同行してもよいと答へて置いてあつた。
　その後一月あまり經つて計畫が熟し、いよいよ實現することになつたと時日の都合の問ひ合せかたがた連絡のあつたのは五月の十日ごろでもあつたらうか。(中略)
　數日前に島田氏から日取の確定した電話の通知があり、つづいていよいよ明日といふ日、島田氏がこの企畫に盡力した横濱の牛山嬢(といふのは教授の助手兼秘書らしい)を帯同して再び來訪しての話では、同行の希望者は約五十人、觀光バスを一臺借切つて、正午すぎ出發、踏査がすみ次第、横濱に出て牛山嬢の令兄が見つけてくれた南京町の一樓で同勢揃つて晩餐をすまして、おそくも八時ごろまでには歸宅の豫定といふ。(後略)

　後年、牛山百合子が「思い出」(平九・一『佐藤春夫記念館だより』第三号)に添えた一枚の写真によると、四一名の顔が見える。比較文学研究室の学生たちのほかに台北高等学校時代の教え子や他大学で教えている学生等様々の面々である。

　此処に一枚の写真がある。
　ラフなジャケットズボン姿にハンチングをかぶり、ステッキを突かれた春夫先生を中央に、右隣にお若い頃からの御友人沢田卓爾さん、その右は富士川英郎先生、左隣に島田謹二先生。そのお隣は『田園の憂鬱』に登場する「村で唯一人の女学生」だった金子美代子さん。そして後に居並ぶのは、当時東大比較文学研究室に集まっていた島田先生直弟子の面々。その中に混じって島田先生にお親しい詩人、西川満さんのお

昭和32年５月23日田園の憂鬱の地見学集合写真
『佐藤春夫記念館だより』（平成９年１月）所載

顔も見える。

　あれは島田先生の発案で、その頃講義されていた『田園の憂鬱』の現地を、著者と御一緒に見に行こうという企てだった。（後略）

　この日の忘れ得ぬ感動をしるしたものに、西川満の「旧園のバラ」（昭三二・六・二三『朝日新聞』、昭三二・一二『比較文學研究』第六号再掲）、荒木亭の「『田園の憂鬱』の背景を訪ねて」（同上『比較文學研究』）、井村君江の「『病める薔薇』の背景を佐藤春夫先生と訪れた日」（平八・九『定本佐藤春夫全集』第七巻月報六所載）があるが、澤田卓爾も、「若き日の佐藤春夫さん」（昭三九・一『日本現代文學全集』五九月報四〇講談社）を寄せたとき、谷崎潤一郎、佐藤春夫との交友を語りながらこのことにふれている。

　最近のことであつたが、比較文學の大家島田謹二先生の催しで、春夫さんを主賓として帝大《ママ》文科の學生らを引率する文學散歩が實行されたが、私も一行に參加して、鐵村に「田園の憂鬱」の跡を見物した。（後略）

　六月一八日午後、東大大学院比較文学研究室で、ドイツ留学を終えて帰朝した菊池榮一教授を囲む座談会が開かれた。話題は、「日本におけるゲーテ」「ドイツにおける日本文学の現状」「イタリヤ紀行」「市民社会の生活」「戦争の傷痕。東と西」についてであった。

（座談会の記録は、『比較文學研究』第四巻一・二号に掲載）

尾張・伊勢・志摩の旅

　昭和三二年一〇月二八日、比較文学科の、泉鏡花の『歌行燈』と伊良子清白の「海の声」の世界を歩く旅ということで、東京駅を発ち名古屋に向かう。翌二九日朝に夜行組と合流、総勢二一名で「愛知県綜合文化財展」を見学し、昼には成瀬正勝教授（一九〇六―一九七三）が当代の城主である犬山城を訪ねた。そのあと大型の舟に乗って木曽川下りを楽しみ、この日は宇治山田市の門前町の宿に泊まった。三〇日は、伊勢神宮にお参りし、そのあと二見ケ浦をみて、午後鳥羽に向かい、ここでは日和山の頂に登って美しい志摩の海と島々の鳥瞰図を楽しんだ。夕映えの頃賢島行きの車中の人となり、この夜は美しい英虞の入り江が一望できる「賢島荘」に泊まった。最終日の三一日は、賢島山頂の真珠研究所を見学してから、多徳島に渡って御木本工場を見学し、夜行列車で帰京の途についた。この旅については、「東大比較文学会の近況」に「比較文学『真珠抄』」としてその行程と風景と人事が眼に見えるように鮮やかに描かれている。参加者の岡三郎、高木良男、仙北谷晃一、龍田俊夫、山名規子の記録を芳賀徹が編んだものであるが、島田に言及するところを紹介しておきたい。先ずは旅立ちの様子について。

一九五七年十月廿八日、幸さきよい秋晴れの午後、比較文学科はこの年二度目の旅に東京駅を立った。行先は――日本の中の日本へ！

島田教授、神田助手以下、博士・修士両課程の男女学生十二名。快適な車内での交歓は、研究室での高等駄弁とちがってまた楽しい。先頭に立って小瓶（ウイスキー）の口をあけるのは亀井・荒木の両酒豪。寺内嬢たちは早速、伊良子清白「孔雀船」の豪華版を囲んでさざめく。神田助手のまわりには「集合論」を語る芳賀、青柳の一派もある。そしてフランス渡来の本物ベレーをかぶって大黒様のような島田教授が、席をあちこち移しながら、人生から学問におよぶ学生の質問に、しきりに打ち出の小槌をふられる様は、われらの学科の変わらぬ車中風景である。（後略）

名古屋の宿「柳荘」で。

（前略）われわれの案内された室は廿余畳、天井は洋式の花模様、観音開きのドア――鹿鳴館《（ママ）》とも診察室ともつかぬ異様な構造である。ゆで栗とお茶をたのしみながら先生を囲む車座も、「比較文学研究」の将来の編集計画から、この蒸し暑い怖ろしげな部屋の雰囲気に圧倒されてか、しだいに怪奇物語へとせばまつてくる。ホフマン、メリメ、コリンズ、そして露伴の「土偶木偶」へと夜は更ける。「前生に於いて男の為に情に死し、怨気欝結して転成して聾唖となつて結ばれる」女の物語は、島田教授の口からわれわれの身に迫った。合間に遠く半鐘が鳴った……

「賢島の夜」の記述の冒頭で。

日は麗らかに志摩の国
空に黄金《こがね》や集ふらん
風は長閑《のどか》に英虞《あご》の山
花や県《あがた》をよぎるらん……

車中、数冊の「孔雀船」をうばいあいて《（ママ）》読みながら、みなそれぞれにくちずさんだ。そしてこの詩句のあたへる

evocation は、そのまま車窓の実景となつてくりひろげられていつた。一日の満ち足りた疲れは、花やいだ夕焼けにむかつて吐息する。詩を語る教授の眼鏡も青年たちの頬も、その映えに美しく染められていた。志摩の国だ……総勢なぜとはない恍惚のうちに賢島着。

「真珠のひかり・海の声」の記述で。

（前略）きらめく潮風は、どこからか「海の声」の朗誦をはこんでくる。

見ずやとも辺《べ》に越賀《こが》の松
見ずやへさきに青の峯
ゆたのたゆたのたゆたひに
潮《しほ》の和みぞはかられぬ

日本の島ばらの美しさ！　誰しもの眼底に、魂に、この澄みきつた空と海の秋の色はながれこむ。島々の調和は語りかける。僕らの全情調の根柢には、まさにこのような、内的な連続をふくんだ緻密な調和感がひそんでいるのではなかろうか。海の色は砂浜に近づいて薄くなり、砂の色は岩の色と移りあい、やがて巌の頂の松が空に触れて溶けあうまで、物は互いにその縁《ふち》べりをにじみあわせて連続する。この連続が眼界内に円をえがいて感じとられるとき、日本的調和はなりたつ。和具の海も大王崎の海岸も僕らにそれを実感させた。

（中略）

それこそゆたのたゆたのたゆたいに、和やかにゆたかにつづいたこの旅も、波切《なぎり》の村から三十一日の夕べ鳥羽に舞い戻つて終結した。珍海亭で島田先生におごつていただいた最後の晩餐は、満足と名残が交錯して、総勢幸福な雰囲気につつまれた。青柳・高木の両幹事のご苦労にもみな感謝した。この旅で得た体験と知識と友情を、僕らのなかの海に深くのみこんで、いつかあの光うつくしい真珠の玉を僕らの内部から創り出そう。そんなことを考えながら帰京する三十一日の夜行列車に、月はこうこうと冴えていた。

（昭三三・六、改訂再刊『比較文學研究』第一巻第二号）

島田も、「鏡花の『歌行燈』」の冒頭と前出「自伝抄――この道あの道――学生たちと心触れ合う」の中でこの旅のことに触れている。

尾張路、伊勢路、志摩路と旅を重ねて、土地のにほひをしみじみと感じた。景物も、風俗も、人情も、とりどりに面白い。ある日の朝は、鼓ケ嶽《つづみがたけ》の松風と、五十鈴川の流れの音に目を覚ました。ある日の昼さがりには、日和山《ひよりやま》の頂から、うららかに浮かぶ志摩の島々を夢のようにみはるかした。そして帰るさには、霜月一日の初夜に、月影をあびた桑名の駅を通りすぎた。これだけ道具だてのそろつた旅をしてきてから、「歌行燈」を開かなければ、よほどどうかしているにちがいない。

（前出『比較文学研究』第一巻第二号）

ある年の旅は、『孔雀船』をテクストにした。やまとぶりうるわしい海をうたう世界を、土地そのもので読む。学徒は現実との親しい交わりを身に帯していなくてはならぬ。現地へ旅すると、それが体験できる。日本にいるのだもの。日本を知らないではすまされぬ。志摩の「海の声」は、真珠を生み出す明るい海面の輝きの上を伝わって聞こえる――

「見ずやとも辺に越賀《こが》の松／見ずやへさきに青の峯／ゆたのたゆたのたゆたひに／潮の和みぞはかられね《（ママ）》」……日本の島々の美しさ、その類いない調和美をまのあたりにすると、「ゆたのたゆたのたゆたひに」という声調がリクツなしに正体を現して、そこの風物のエッセンスがうかび上がってくる。

詩人は低誦《ていしょう》する。――「日は麗らかに志摩の国／空に黄金《こがね》や集ふらん／風は長閑に英虞の山／花や県《あがた》をよぎるらん」……この詩句からうかぶ印象を、われわれの旅の印象とならべみる時、作者の詩技は一段とはっきりする。

（前出「自伝抄」）

昭和三二年一二月五日（木）午後六時～九時、東大大学院比較文学研究室で、「ソルボンヌ学風の今昔」と題して、比較文学対談会が開かれた。出席者は島田謹二、小林正、神田孝夫、芳賀徹、高木良男、玉蟲左知夫、渡辺央允、青柳晃一他。話されたのは、「パリの生活」「フランスの大学」「ソルボンヌの教授たち」「東洋と西洋」「比較文学のあり方」についてで、筆記は青柳晃一が担当した。記録は前出改訂再刊『比較文學研究』第一巻第二号に掲載されている。

戦前にナポリ大学に派遣される話があったにもかかわらず実現しなかったことは先にふれたが、『近代比較文學』（光文社）が刊行されてしばらくすると、アメリカへの留学の話が出たらしい。詳細を詳らかにはしないが、このときも実行されなかった。推薦の文章の下書きを仮に（A）（B）として読んで見ると、業績は『近代比較文學』まで記されているからこのころまでの話として立ち消えになったのかも知れない。未完であるが、明らかに自身によって訂正された（B）を掲げてみる。

I should like to recommend Mr. S. as one of the candidates to go over to the United States. Mr. S. is one of the leading Japanese scholars in foreign literature relations studies. In 1901, he was born in Tokyo. In 1928, he graduated himself with distinctions from Tohoku-University, English Literature department.

From 1929 to 1945, he was a lecturer in Taihoku University (Formosa), in English and French literature departments. During those long Formosan days, he has devoted himself to the study of Comparative Literature, especially that of Japanese and Anglo-Saxon Literatures.

His solid and brilliant works have been recongnized by the Japanese specialists as the first important works that have

laid foudation for comparative literature studies in Japan.
In 1949, he has been appointed as professor in Tokyo University, where he holds the chair of Comparative Literature, that is the only official University chair in Japan. He exerts great influences on the rising generation.
His most important works on Comparative Literature are 近代比較文学、(Modern Comparative Literature Studies 1956) ポーとボードレール、(Edgar Poe and Charles Baudelaire 1948) 日本における英米文学、(English and American Literature in Japan 1953) and 日本におけるエドガー・ポー、(Edgar Poe in Japan 1950) etc.
He is a distinguished and attractive lecturer, so many able University students gather around him and attend his eloquent lectures in Tokyo University. He may be of great use to promote American Japanese relations.

二　春夫との心交

春夫を語る

昭和二四年ごろから、新年には、佐藤春夫邸に年始に伺うのが恒例になっている。島田に数回同道した芳賀徹は、後年佐藤春夫記念館を訪ねた折、その頃を回想して「春夫邸の客間の一隅で」を書いている。

（前略）いまからもう四十年近い昔、私は二、三回、ここに島田謹二教授に連れられて参上し、春夫大人《たいじん》にお目にかかったことがあったのだ。あれは、昭和三十三、三十四、三十五年（一九五八―六〇）というころの正月元旦、私たち東大大学院比較文学の学生四、五名は、主任の島田先生と茗荷谷で合流して、まず大塚久堅町の後藤末雄先生のお宅に御年賀にうかがい、ひとしきり賑やかな歓談のうちに御馳走にあずかると、こんどは同じ群れのまま、そこから遠からぬ佐藤邸に推参したのである。

あのころ、この応接間はもっとずっと広いように感じていた。島田教授だけが佐藤大人の畳敷の玉座近くに坐り、私たち学生は板の間の隅近いあたりに座布団を借りてかしこまっていた。私たちのほうに眼鏡をむけて会釈して下さった大人のお顔も、何人かの先客の肩ごしに見えただけだったような気がする。私達は大人と教授との親しげなやりとりに懸命に耳を傾けていたはずだが、そのなかみはほとんどなにもおぼえていない。ただあるとき、私の左前に、袴をはいた檀一雄氏が端然として座っていたことだけは、妙に印象深い。

当時、私たちは大学院の島田教授の比較文学演習でもっぱら佐藤春夫の作品を読んでいた。（後略）（平九・九『新潮日本文学アルバム　佐藤春夫』）

昭和三三年度、大学院に第六期の学生安食功、新田義之、岡田愛子、清水孝純、田中真砂子を迎えた。四月、東大での講義は、「明治ナショナリズムの文学」で、「佳人之奇遇」「浮城物語」「秋山真之書簡」を、「比較文学演習」では、森鷗外訳「玉を抱いて罪あり」と「地震」、謡曲「山姥」、ダンテ「神曲」を、特殊講義「近代文学におけるポーの運命」では、Brooks-Warren : *Understanding Fiction*, L. Spitzer : *A Re-interpretation of the Fall of the Home of Usher* を、「日本近代文学と西洋文学」講義では、佐藤春夫の「李太白」「美しい町」「F・O・U」をテキストに使っての講義であった。青山学院大学でも、「比較文学」講義で、後期は、佐藤春夫の「田園の憂鬱」（テキストは角川文庫に限る）を講じた。立教大学での講義は、昨年に続き日本文学科選択必修（三年生対象）の「比較文学」で、現代の文学研究法一般から説きおこし、比較文学のしめるべき位置をまず語り、これに必要なエキスプリカシオンの具体例「佐藤春夫の詩」を演錬した。つづいて日本近代文学に絶えず例証を求めながら、比較文学研究の実体を示し、最後に国文学と外国文学との相関関係を図式にし、東洋と西洋との対立と融合とをもって結びとした。大学院修士課程の講義「英米文学研究方法論」は、三〇年の年月をかけて打ち込んできたフランス派英文学の研究法を語り、文学研究一般の在り方から、外国文学の取り扱いについて論じ、その最も成功せる例としてパリ大学を中心とするフランス派英文学を、ベルジャム、アンジェリエ、ルグイ、カザミヤンの四大家の仕事によって明らかにした。日本における英文学の過去、現在、未来を、この論述から批評して結論とした。佐藤春夫についてつぎつぎと語るのは、前年「田園の憂鬱」の舞台を訪ねたことでも拍車がかかっているからである。二年前に出講し始めた東京都立大学大学院の「比較文学講義」でも、佐藤春夫を語った。ほかに講じたのは、上田敏、森鷗外、北原白秋、広瀬武夫、秋山真之、また「俳諧七部集」「エロディヤッド」「牧神の午後」「源氏物語」「神曲」等であった。この年、島田の講筵に初めてつらなり、五年間欠かすことなく聴講した武藤脩二（一九三六―）は、「アメリカ文学研究半世紀」（平一九・八『私たちの履歴書――東京外国語大学英米科昭和二十九年度入学者の軌跡』編集者代表武藤脩二）で次にように感想を述べている。

外語卒業と同時に東京都立大学大学院英文科に入学した。（中略）比較文学研究の大家であった島田先生は東大教授のかたわら都立にも非常勤で教えていたのである。講義の初回から魅せられた。学識の深さ、文学愛の強さ、語りの迫力。先生からは文学研究のイロハから全てを学んだ。文献の探索法、研究の方法、複眼性。そしてテクストの読みそのもの。全て流行を超えた不易のものである。先生の手にかかると、テクストは生き生きとして聞く者の頭に心に染みこんでくる思いがした。こうした読みが僕の生涯の目標となった。（中略）

島田先生の教えに従って読んだのが、たとえばアウエルバッハの『ミメーシス』やシュッピツアーのテクスト解釈の実例であった。それは短いテクストを言葉、型式、文学史、文化的背景などの綿密な解明からテクストが内包する豊かさ

を締め木に掛けるようにして抽出する、と要約できるものである。（中略）

島田先生は文学研究をそれ独自のものとして、たとえば単なる印象批評的な姿勢を排したのだったが、実はご本人は人一倍鋭敏な印象力、感受性の持ち主であった。（中略）

比較文学者島田謹二先生から教えられたことの一つは、国境を越え、ジャンルを超え、時代を越える、融通無碍な研究である。一九世紀のナショナリズムの超克であり、文学のナショナリズムの打破であった。小説も演劇も書簡も同じ研究の対象としてよい、ということである。（後略）

また、『東京外国語学校史――外国語を学んだ人たち』（野中正孝編著、平二〇・一一、不二出版）にも、武藤の「比較文学者としての島田先生には、文学ジャンル（詩、小説、演劇等）を超えること、時代、国家の境界をこえることを教えられた。そして先生の文学研究の根本的方法はフランスの「エクスプリカシオン・ド・テクスト」である（中略）それも「詩心あるものが詩を解する」のであるから、誰にでも可能というわけにはいかない。しかしこれは文学研究のあるべき道である。……」が引かれていて、氏は、「ぼくの幸運は若いときにこの道を体現した大家に出会えたことだろう。先生はフランスの文学史家のランソンの言葉・le mot, la chose, et la l'ame・をよく引かれた。「言葉、物、そし魂」。テクストを読む際に、言葉を正確に究め、背景となる事物を悉知し、そして「作品の魂の底」に至る、という意味である。事実先生の言葉へのこだわりは強かった。「今考えてみると、先生は外語的痕跡以上の外語的伝統を立派に示されていたのである。詩人であり語学の人でもあった。」と「島田謹二先生と堀大司先生」（未公開）に書いてもいる。

春夫の講演

編纂して解説を書いている『佐藤春夫詩集』（新潮文庫）は、五月に第一四刷（三〇〇〇部）、八月には第一五刷（三〇〇〇部）と二度の刊行で、彼の詩が広く読まれていることがまた一段と研究心を高めている。春夫との親交は深まるばかり、一一月、同人誌『心』（編輯人辰野隆、発行人小宮豊隆、発行所生成会）の宣伝のために、春夫が「近代日本詩の進歩變遷」と題して講演をこころみたとき、三越劇場に馳せ参じて親しくこれを聴いた。この講演筆記は、『詩の本』（昭三五・六、有信堂）に「詩風の變遷發達」として収録されている。講話では、はじめに明治一五年の「新體詩抄」と明治二二年の「於母影」にふれ、「於母影」から八年後の『若菜集』に言及した。収録された講話のタイトルは、「藤村の「草枕」を讀む」である。講演中、しばしば島田の名前が上がる。

近代の日本の詩についての連續講話のやうなものを二三時間やつてみたいと思ひます。その第一回として、まづ藤村の詩を讀みそれについて語ることにしました。

私は藤村の詩の勝れたものを選んで、簡単な解説を加へた書物を出したこともありますけれども、本日讀まうとする「草枕」といふ詩は、藤村の詩選を出したときには省いた一編であります。ここに持つてきてゐるのは島田謹二氏らの出してゐる「比較文學研究」といふ雜誌でありますが、これに若菜集の研究といふ特集號がありまして、主宰者の島田謹二氏が「若菜集の成立」といふ長い研究の中で「草枕」を讀んでゐるのをみつけました。ここではそれによつて「草枕」をゆつくり讀んでみます。（中略）一時は私もとりあわないで捨てて置いたこの作品を島田氏に教へられてここに採り上げて讀む氣になつたわけであります。この「比較文學研究」といふ雜誌はごく少部數を刷つて、一部の人だけに配つてゐる研究的同人雜誌ですからご覧になる方も少ないだらうと思ふし、私はこの島田氏の研究で「草枕」に新しく目を向けた關係もありますから、今日はこの島田氏の研究を參考にしながら私の考へも少々加へてご説明申し上げやうと思ひます。

春夫は、「草枕」の序曲ともいうべき第一聯から二五聯まで讀み、評釈して、詩句についてところどころの島田の見解を取り上げている。第三聯は

芦葉《あしば》を洗ふ白波の
流れて巖《いは》を出づるごと
思いひあまりて草枕
まくらのかずの今いくつ

新古今の歌を讀むやうな調子です。島田氏は「若者の悲哀を表現していかにも美しく清らかな感じがよく出ている」といつて、「流れて巖を出づるごと」を若者の若々しい、清らかな表現でいいとほめてをりますけれども、私はこれをさういふ點ではよいといつてもいいと思ひますが、「芦葉を洗ふ白波の流れて巖を出づるごと」といふのは、詩的な表現として少し不自然をまぬがれないと思ひます。芦といふものは、岩などのあるところには生えず、川尻の方を感ずるので、「芦葉を洗ふ白波」と「流れて巖を出づる」とでは場所的イメージからいつて無理があると思ひます。それで、島田氏が感心してゐるほど私には感心できない。（中略）

第十三聯は、

都のかたをながむれば
空冬雲《そらふゆぐも》に覆はれて
身にふりかかる玉霰《たまあられ》
袖の氷と閉じあへり

空を覆つてゐる冬雲から霰が降つてきたのでせうが、空には冬雲が覆つてゐるやうに、自分の袖には涙の氷が閉じてゐる。これは少し誇張したいいひ方で、筆先の技巧にすぎた、表現の過剰で、キーツのやうな繊細な表現が成功しなかつた。「玉霰袖の氷と閉じあへり」といふのは近松巣林子の「冥土

の飛脚」からとつたさうです。島田謹二教授は、この表現は筆先の技巧にすぎる、と私と同じやうな評をしたあとで、「観念の結合の豊富な詩人であつたとは言へるであらう」といつてゐる。「色彩なき石」を「花」と結びつけたところは観念のひらめきがあつて、その結合を、みせてゐるもので、藤村が観念の結合の豊富な詩人であるには相違ありませんが、この聯は縁語を使ふといふ在來の日本語の使ひ方で、島田氏は外國文學の研究家で、國文の表現を思ひつくよりも、外國語の表現をすぐ思ひ浮べたのでせう。その評はいはゆる力負けの買ひかぶりといふものではありますまいか。

第十四聯は、

みぞれまじりの風強《つよ》く
小川の水の薄氷
氷のしたに音するは
流れて海に行く水か

東北の冬の寫生です。みぞれまじりの風が強く、薄い氷の下から、水が音を立てて流れて行くのがみえるやうです。繊細な表現で、觀察の細かいところをおもしろいと思ひます。「流れて海に行く水か」――今に海が出てくる前觸――伏線のやうなものだといふことがわかりますが、島田氏はかう書いて居ります。『後半部に「海」を出すためにここでコールリッジ風に、限りなくつづく地下に聲なき大海を、暗示的にしめしている』、とコールリッジ風とあるのはもつと説明の要があるがわたくしにはその能力もない。今度島田氏に教を請おうと思ひます。

第二十五聯は、

暦《こよみ》もあらぬ荒磯の
砂地にひとりさまよへば
みぞれまじりの雨雲の
落ちて汐《うしほ》となりにけり

私、これは非常に好きな句なのです。「暦もあらぬ荒磯の」――「暦もあらぬ」は春夏秋冬の變化も何もないといふことを、非常に簡潔に、要領よくいひ得たと思ふ。（中略）「落ちて汐となりにけり」――海中に落ちて潮に變る。非常に大きな景色で、描寫もあられが打つやうな力があり、いいと思ひます。島田氏によると、これはシェリーの「雲」といふ詩があつて、雲が空と海を循環する詩のやうですが、その「雲」のエッセンスを奪つたやうな悠大な表現だとして居ります。シェレーは知らないけれども、私もこの句を喜ぶ點まつたく同感であります。（後略）

二人の詩人

東大をはじめ青山や立教、都立大学での講義のかたわら雑誌や講座への執筆で多忙であるが、明けても暮れても「佐藤春夫」という印象は否めない。初冬のある日、築地の料亭「山喜」に佐藤春夫、堀口大學の両詩人を招待して、「語る夕べ」の時を持った。同席したのは、神田孝夫、芳賀徹、青柳晃一、牛山百合子である。芳賀は、この日のことを「詩の現場へ――故島田謹二先生の教導」（平五・九『英語青年』第一三九巻第六号）に次のように書いている。

それは島田謹二教授が催した座談会の席であった。賓客は佐藤春夫、堀口大学の両大家である。お二人の何れにも親しい島田先生が司会役となって、御両人に慶応同期の若いころの思い出から、日本近代詩、訳詩のこと、とくに『月下の一群』や『車塵集』のことなどを自在に語っていただくという趣意だった。それを同席の青柳晃一氏が筆記にとって、東大比較文学比較文化研究室の機関誌『比較文学研究』に掲載するということになっていた。（中略）

料亭の静かな一室に私たちが早目に着いて待っていると、やがて両詩人が同時に仲よく部屋の入り口に現れた。御両人とも見あげるように恰幅がよく、いわゆる「詩人」とはおもえないほど立派な美しい顔をしておられた。私は驚き、ほとんど威圧されるような思いでいたことをおぼえている。御両人は離れて、机をへだてて向かいあうような席に座られた。堀口詩人はたまたま食卓の角に坐っていた私のすぐ隣に来られた。そのとき、お二人とも和服すがただったが、堀口氏の羽織や袴はきしきしさらさらと鳴った。何か、衣服のいい香りさえしたような気がする。

御両人の作品はいうまでもなく、その人生歴についても熟知する島田先生の、こういうときの合いの手の入れかたというのは、巧まずして実にうまいものであった。ほとんど三者鼎談という感じで、この初冬の夜の一席は進んだ。和気藹々、島田教授が両詩人を敬愛しているばかりでなく、両詩人もまた島田氏を敬愛し、その博識と批評眼に一目も二目もおいているらしいことがよく感じられた。私もときおり生意気な口をさしはさんだかもしれない。しかし、なによりも、現役のなま身の大詩人にこうして接し、わが恩師がその詩人たちといかにも楽しげにやりとりしているさまを目の前に見ることが、二〇代後半の学生である私には嬉しくて、誇らしくてならなかったのである。

堀口大人の署名は、この夜の宴のあとに、私がその日のために持参した本に頂戴したものであった。佐藤大人にもいただいたかもしれないが、それがどの本であったのか、いまは見つからない。

このようなことを思い出していまここに書くのも、島田先生によるこの種の「詩の現場」へのイニシエーションが、文学志向の若い大学院生にとっていかに身にしみて忘れ難い体験となるものであったかをいうためである。島田先生には、私が旧制一高の生徒であった十六歳、十七歳のころから、自己形成と学問の上でのあらゆる教導を受け、つねに強烈な刺激と激励を与えられてきた。その中の一つに、大正昭和の文化をつくりあげ、それを支えてきた詩人たち、あるいは学問の大先輩たちの生きるすがたに私たちをじかに触れさせようと云う、このような深いあたたかい配慮もあったのである。

それは島田流であるから、比較文学比較文化の初代主任教授としてこのような指導方針を定めて、それを実践する、などという体系的なものではなかった。もっと先生御自身の自然体の要求と情熱から発する行動と思われた。しかし、いま「詩の現場」という言葉を使ってみると、それは、先生が最初から最後まで御自身の、そして比較文学のほとんど唯一の研究法として唱道してやまなかった、文学作品の explication de texte ということと、実はぴったりと表裏をなすものであったことに気がつく。先生の上田敏訳マラルメの「嗟嘆」や北原白秋の「片恋」などの評釈、私は教養学科学生として比較文学の授業ではじめて聴いたのであったが、それは精緻をきわめながら評者自身のいきいきとした想像力の働きかけであって、まさに詩というものの生成の現場に私たちを立ち会わせる底《てい》のものであった。詩とはこのように読むものか、このようによんでもいいものか、と眼がさめるような思いがしたのである。（後略）

四月九日、「春の日の会」（第一部は東をどり総見）が築地の金田中で開かれた。二七日には、東京都立大学人文科学研究科講師を委嘱されて出講（月曜日一時限）し始める。矢野禾積が同大学総長の任にあり、人文科学研究科委員長兼人文学部長の小場瀬卓三から是非にと招聘されたのであった。

この月の執筆は、「英米文学の翻訳と日本文学——具体例ホイットマン」（亀井俊介共著）を『国文学』（学燈社刊）に寄稿した。五月、旺文社英文学習ライブラリーの第一弾として、『スケッチ・ブック』（W・アーヴィング作）を訳注刊行し、作家アーヴィングの生涯と文業については、巻末の「作者・作品解説」で詳説したが、『スケッチ・ブック』がいつごろから、どうして日本人に読まれるようになったのか、明治期の文人等との関わりを紹介して「はしがき」を書いた。

アーヴィングは、アメリカ文学史の最初にあらわれる作家である。イギリスで得た名声がそのままアメリカに伝わって、生前すでに古典だった。文章は上品だし、長くもないから、教室で教えるには一ばんふさわしい教材だった。ことに「スケッチ・ブック」は、多くの教師に愛用された。これはヨーロッパ大陸でも、同じである。「スケッチ・ブック」を教科書ふうに編んだものの数はおびただしい。

明治以来、この本はずいぶん読まれた。アメリカ帰りの人々が、この小品を新しい日本文学のモデルにせよと説いた。それは若い坪内逍遥に対するハーヴァードの卒業生金子堅太郎（後に政治家となり、法・農相を歴任）の言葉でも見当がつく。木村熊二（島崎藤村の師。小諸義塾の創立者）の翻刻本も、やっぱりアメリカみやげの一つだったろう。漱石山房の蔵書目録にも、*Tales from Washington Irving.* Tokyo：Z.P. Maruya & Co. 1895 という翻刻抜粋本がのっているくらいである。新しいものにすぐ飛びついた山田美妙（明治の小説家・詩人）は一八八六年に、二四〇行の長詩「リップ、バン、ウィンクル」を書いている。

森鷗外が、レクラム本でドイツ語に訳された Karl Theoder Gaedertz の *Skizzenbuck* からリップ＝ヴァン＝ウィンクルを「新浦島」として日本訳したのは、一八八九年五月であった。のちに「美奈和集」（1892）におさめられて多くの人に喜ばれた。

若い夏目漱石は、一八九五年春から松山中学校の英語教師として、「スケッチ・ブック」を教科書に用いている。

浅野和三郎（英文学者。戸沢姑射と沙翁全集を共訳）は一九〇一年、最初の「スケッチ・ブック」全訳を公にした。そのころは日本人で英語を学ぶ者は、必ずこの書物を手にしたといわれる。ちょうど昔の漢学書生が、文章軌範や唐宗八大家文を必読書にしていたように……。

思うに「スケッチ・ブック」がこんなにひろく深く読まれたのは、このアメリカ小品文のもつ味わいが、どことなくもののあわれと、もののおかしみとを伝えていて、伝統的な日本人の趣味生にうったえたからではないか。さらに作家その人のブロークン・ハートのロマンスも、日本人になつかしい心をおこさせたにちがいない。明治末期に、そのころの反動文教政策から「スケッチ・ブック」の一部が禁止されたことは、今から思うと日本人の感情史の一節を語ってすこぶる象徴的である。

この対訳本のテキストは、一八四八年のいわゆる revised edition によった。注は岩崎民平教授が苦心された英米文学叢書本に負うところがすこぶる多い。しるして厚くお礼を申し上げる。日本訳はつとめて原文のもつおもむきを出そうとこころみた。ところどころに長い古風なスタイルが目につくのは、もとの文章の感じをだすためである。すべて昔の作品に対しては、読者の方でもいくらかゆるやかな親切な読み方をしていただきたいものである。

一九五九年二月　　東京　　島田謹二

山の文学

島田が「アルプスとワーズワース――ある詩人の山岳体験の物語」を『アルプ』（責任編集串田孫一、創文社）に寄稿したのは昭和三三年一月であった。七月には、「アルプス山中のふたりの詩人――山の文学の物語」を『理想――山を想う』（佐々木隆彦編集兼発行、理想社）に寄稿し、イギリス・ロマンチック詩人シェレーとバイロンの山の文学について語った。これと、数ヶ月後に公刊する「詩人シェレーの『モン・ブランのうた』――山の文学の物語」（昭三四・一一、『立教大学日本文学』）は、三年前に公にした「イギリス浪漫派の汎神論的直感」研究の余滴であるというが、山を愛した愛児を忘れないために刻みつけた無限なる想いの結晶であった。

日本文学科の雑誌に、西洋の山のぼりの話や、山をみて感じた西洋詩人のうたの翻訳をのせるのは、どうも気がひける。まるで無縁の人に物語るのが心づまりなように、どうにも心がはずまない。

と書き始めながら、山に対するヨーロッパ人の考え方の変遷を説き、ジャン・ジャック・ルーソーの『新エロイーズ』に触れ、シェレーとモン・ブランのことを興味深く語り、そして、トマス・ハッチンソンの編集した『シェレー詩集』（一九五三年版）によって、第一聯から第五聯まで一四四行の詩「モン・ブラン――シャムニーの谷間で書いたうた」（翻訳）を載せた。「イギリス浪漫派の汎神論的直感」の「あとがき」の一部を「穂高に愛児を失う」のところで引用したが、次のようにその文章は続いている。

（前略）このとき訳者は、生まれてはじめて見わたすかぎり雪と氷の世界にわけいった。平地では想像もつかぬような山嵐と吹雪とに胆を冷やして、あえぎあえぎ目的地に登って行った。長靴には雪止めをし、杖を手に、積もる雪を踏みわけて行った。はじめてみる焼岳の壮観はじつに圧倒的だった。大正池を前景にする上高地の雪の神々しさには胸が浄められる念いであった。西穂高の主峰をのぞみたときには、思わず粛然と襟を正した。山頂が吹雪のため、発見された遺体をおろすことさえなかなか困難であったが、お二人の遺体は二十九日の夕方、上高地まで運んできた。玄文沢の一角でしずかに荼毘に附した。晴れわたった夜空である。星かげがとてもきれいだった。粉雪が舞った。白樺の林が慟哭した。はらわたを断たれる思いだった。心ばかりのお通夜に故人たちの冥福を祈った。その時味った神々しいまでに冷たくすきとおった梓川の水といっしょに、忘れようとしても忘れられぬ一夜である。

その夜、この山中の体験の異常なのに深く感動した訳者は、わが子が眠っている雪の山のわびしい宿の中で、「愛する子供よ、安らかに眠れ。父はお前と同じように、今は山が大好きだ。お前といっしょにいつまでもいつまでも山の話ができるつもりだ。」とつぶやきながら、この体験を通じてあらためてカザミヤンの論文を理解しようと心ひそかに誓った。あんなに山を愛し、山にうちこんだわが子の心理を、おくればせながらでも学問的に理解してやるのが、故人の冥福を一番よく祈るゆえんだと思うたからである。（後略）

その後、一連の著作を集めてB6版一八〇頁ほどのルイ・カザミヤン著、島田謹二訳『「イギリス浪漫派の汎神論的直感」――山河を愛する人々に』（いま一つの案は『山の文学』）の刊行を計画した。その内容は以下のようなものであったのだが実現を見ない。

序の章　穂高に眠るわが子を憶う
本論　ルイ・カザミヤン「イギリス浪漫派の汎神論的直感」註解（固有名詞への略註など）
附記　アルプスとワーズワース
附記　アルプス山中の二人の詩人
参考　シェレー作「モンブラン」のうた
参考　マイケルフィールド作「落葉」
あとがき　ルイ・カザミヤンのことその他

昭和三四年度、大学院に第七期の学生新居嗣郎、市川浩、入江光子、佐々木昭夫、川西瑛子、国嶋一則、小堀桂一郎を迎えた。東大での講義は、昨年に続いて「明治ナショナリズムの文学」では、ヨネ・ノグチ（本名野口米次郎、一八七五―一九四七）、志賀重昂《しげたか》（一八六三―一九二七）を語り、「比較文学演習」では、P. Hazar: Maman, 芭蕉の「冬の日」、「建礼門院右京太夫集」を、特殊講義「比較文学の諸問題」では、H. Levin: *Criticism in Crisis*, H. Peyre: *Avant-Propos sur Leo Spitzer*、柳田國男の「雪国の春」を、「日本近代文学と西洋文学」講義では、佐藤春夫著「のんしゃらん記録」「風流論」「掬水譚《ものがたり》」を、それぞれテキストに使って講義した。この春に開設された青山学院大学大学院文学研究科英米文学専攻博士課程では、はじめに「比較文学」について、それから木下杢太郎の「古都のまぼろし」、謡曲「山姥」、佐藤春夫の『更正記』とつづき、ダンテの「神曲」（地獄篇）を読んで、文芸的解読を行い、現代に於ける文学の研究法を語るものであった。このとき島田の講義を聴いた手塚リリ子と吉住京子は「大学院の生活について」（昭三五・四『青山学院英文学会会報』第一号）次のように書いている。

（前略）最初に授業の紹介をしよう。それは講義と演習とに分れる。前者より順を追って見てゆくと、月曜日にはまず、島田講師の比較文学講義がある。木下杢太郎の「古都のまぼろし」を皮切りに、白秋の「雪の上野」、謡曲「山姥」、ダンテの「神曲」等を対象になされたエクスプリカション・ド・テクストは、私達に詩と小説、あるいは古典と現代文学の味わい方を教え、且つ外国文学研究の今後のあり方について多くの示唆を与えた。（後略）

二人は、後年、カザミヤンの『イギリス魂――その歴史的風貌』（昭四六・二、社会思想社）を翻訳したとき、「訳者あとがき」でさらに詳しく述べている。

（前略）島田謹二教授の下では、『源氏物語』、芭蕉、謡曲などの古典や日本の近代文学の作品が次々と取り上げられ、エキスプリカシオン・ド・テキストの訓練を徹底的に教え込まれた。先生の講義から受けた深い感銘と畏怖の念はとうてい言葉で表わすことは出来ないだろう。それまでは闇雲に模索していたわれわれに文学研究の厳しさと喜びを教えて下さったのも先生であった。外国人であり、本質的には本国人にはなり得ないわれわれが、難解な西洋文学を理解し把握するにあたっては、外国人としての文学研究の方法がある筈だと説いて下さったのも先生である。外国人ということにおいては同じ立場にあるフランス人の英文学研究を紹介され、その最も成功した例として、ベルジャム、アンジェリエ、ルグイ、カザミヤンの研究方法を手に取るようにわれわれの前に展開して下さった。（後略）

編纂・解説の『佐藤春夫詩集』（新潮文庫）は広く読まれて、三月には第一六刷（四〇〇〇部）の発行となった。講義や研究に勢いづいている。立教大学の「比較文学」講義でも『田園の憂鬱』と「殉情詩集」を講じた。「殉情詩集自序」にはじまり、「幼き歌」の「夕づつを見て」「少年の日」「ためいき」、「同心草」中の「水邊月夜の歌」「海べの戀」「うぐいす」「別離」など、景情がそのまま鮮やかに眼に見えるような、切ない気持ちが心と重なるような講義をつづけた。「憂いの日にありて楽しかりし日を思ふばかり悲しきはあらず」など、その時々に語った数々の名句は聴講した者の心を離れることはない。

前年の暮れに、「イタリア」を収録した『講座近代思想史』（弘文堂）には、年が変ってすぐに（一九五五年）、「ロマン主義1文芸」を収録、プロローグとエピローグを執筆、「イギリス」（青柳晃一）、「フランス」（芳賀徹）、「ドイツ」（寺内ちよ）、「ロシア」（山本香男里）については愛弟子たちが担当した。そして、前年から東大で講じてきた「ナショナリズムの文学」についても、この『講座近代思想史』にまとめて掲載することになるのである。

ナショナリズムの文学

一五歳の中学時代から、雑誌『海軍』に「帝國軍艦解説」を連載したことは既に述べたが、その連載中、第一三巻第六・七号が「合併特別倍大號　故秋山海軍中将追悼紀年號」だったことを忘れない、と島田は時々語っていた。このころから「秋山」が念頭から離れないのである。台湾時代、台湾日日新報社講堂で講演したのは二十数年前である。必読の書について話を求められると伝記として挙げたのは、『提督秋山眞之』（櫻井眞清著、昭八・二、秋山眞之會）であった。日本歴史明治篇を飾る多くの活人の中で、秋山がその光芒最も鮮やかな存在であると語り、その後も台北高等学校の生徒たちには、日本海海戦時の「本日天気晴朗ナレトモ浪高シ」の報告文や海戦捷報についても何回も話していたし、秋山の生涯に精通すればするほど語る用意があって、後年東大で講ずるに際しては、近代日本文学史を眺める時、近代日本文学史が文壇史の類型にはまってしまうことがわびしく、これ以外の見方も可能ではないのかと、少なくとも一八六〇年代から半世紀以上の文学現象に対しての取扱い方を考えていたのであった。その文壇を中心とする見方とはちがう取扱い方を考えて始めたのが「明治ナショナリズム文学」の講義であった。文学上、政治小説とか、国権小説とか、戦争文学といわれるジャンルである。東大での講義で取りあげたのは、これらは民族的社会基盤の中枢的動向の文学的あらわれであるから、民族的「生」そのものと結びついたところをとらえたいと考えたからである。先に、「イタリア」や「ロマン主義」を寄稿した「講座近代思想史」の第九巻「Ⅳ近代日本の学芸」（昭三四・一〇）に、一〇日足らずの間に書き上げた「明治ナショナリズムの文学」を掲載した。ナショナリズムという言葉、そのもとになる Nation という観念が西洋で一般化した時代や日本のナショナリズムの動向について説き、ただの文学者ではない政治家や軍人や志士によって書かれた作品が、読者の共感を得て読まれ、その与える感動の実体は高度の文学的範疇にはいると考える、と述べた。柳田泉（一八九四―一九六九）の研究によってすでに明らかにされている、東海散士の『佳人之奇遇《かじんのきぐう》』と矢野龍溪の『浮城《うきしろ》物語』の二書を挙げ、つづいて、日本ナショナリズムの全盛期にはいる、一八九四年夏から一九〇五年夏の日本海海戦にかけて、秋山真之（一八六八―一九一八）が書いた手紙と報告を「海戦文学」として第三の書とみないわけにはいかぬ、と書いて、この三篇を解明し、それぞれの特色を述べ、「明治ナショナリズム」の実体を明らかにした。「附記」には次のように書かれている。

> 明治ナショナリズムの文学は、これで第一部を説き終えた。これからそのナショナリズムの魂となる日本民族の宗教、美術、文学の本体をあきらかにした人々を論ずる第二部がつづく。更にその日本におけるナショナリズムの民族的、社会的特性を反省し、批判し、深愛した人々を研究する第三部が、そこから展開されねばならぬ。さしあたってはこの三部をあわせて、はじめて一つの見方が立体的にうきあがってくるであろう。
>
> 要するにこのエスキスは、もう一度明治の文学の一面を見直そうとした、ささやかな試みの一つにすぎない。もちろん完備した文学史を書くつもりはない。いわんや、帰らぬ過去をなつかしみ、どんなにその過去がりっぱでも、それを至上なものとあがめる気持ちをもっているわけでもない。これはただ、過去を過去として現前させ、日本人の民族魂そのものに即して、今迄よりはいくらか立体的な、かつ複合的な綜合をめざした一つの可能な解釈の試みのほんの一断片にすぎないのである。

廣瀬武夫

秋山真之を調べれば調べるほど、ますます秋山と親交の深かった広瀬武夫を深く知りたいという衝動に駆られた。小学生の頃から親しんでいた憧れの軍人の銅像を、中学生になるといつも眺めながら通学していたのであるから、一気に広瀬にのめり込んだように思える。その経緯は次のようであった。

一九五九年秋の一日、東大図書館の書庫で雑書をあさっているると、なにげなくひらいた一冊のフライリーフの上の捺印が異常に心に沁みた。「武夫」という二字をあざやかにうきだたせた朱肉が、均等な力をもって捺されている。はっと胸つかれるように心がさわいで、その下をよくみると、「広瀬武夫蔵書」の六文字が篆書という奇異な字体ではっきりうつされていた。戦前、神田須田町の広場にそびえたって、少年の日からみなれていたあの銅像の主人公がこんな書物をもっていたのかと思うと、何ともエタイのわからぬ感動だった。それとともに、武勇一途の軍人といういままでの通念だけでは律しきれないものがうかんできた。書物を愛蔵する好学の士であったのか。あの勇士は蔵書印を捺すほど、書物も相当数もっていたのか。ことによると、ただ好学の士だけではなく、かねて外国事情に精通する文化的エリットだったのではなかろうか。……そう考えすすむと、さっきの得体のわからなぬ感動の源がもとづくところあるように思えてきた。この明治武人の正体をもう少しくわしくつきとめてみたい。そういう好奇心がむらむらとわいてきた。

ちょうど数年来「明治ナショナリズムの文学」を講じていたから、いくらか下地はあった。時代の背景も多少きわめていた。時代の思想も、輪郭は推定していた。しかし広瀬自身の生涯も行実もよく知っていたわけではない。いわんや広瀬の性格の特徴も心理のうごきも、何ら理解してはいなかったのである。

それから広瀬の伝記を手にしうるかぎり集めて、よんでみた。（中略）

こうして自記した文献をもとに、伝記をさぐり、逸話を考えて、綜合的に広瀬像を一応つくってみると、もうこちらの視野が明治と大正と昭和とをくぐっているだけ、従来の考え方をことさらにこわそうとしたわけではなかったけれど、いままでの広瀬像、いままでの広瀬伝説とは必ずしも相容れぬ解釈が生まれてくるのをどうしようもなかった。その解釈をたぐってゆくと、大体これから見透そうとする志向が明瞭に現われてきた。それはただ武人としてだけではなく、ロシヤ研究にうちこんだ明治の Russisant《リュシザン》 の一人《ひとり》として広瀬をみることである。その研究の重点は、一八九七年秋から一九〇二年春まで足かけ六年にわたる広瀬のロシヤ生活におかれる。その六年間の広瀬の行実の全部をなんとかして探りたい。それもできるだけ詳しく調べたい。広瀬の生活した環境、周囲の自然、旅行した地方、逢った人間、読んだ書物、出会った出来事の一切をしらみつぶしにきわめ尽《つ》くしたい。広瀬の人間と広瀬の思想とは、日本をはなれて、ちがった環境にはいることによって、かなり変ったのだろう。その変化のあとを、具象的に、立体的な変化の実相にそくして、そのまま辿ってみたい――この目標が明らかにされれば、はじめにしりたいとねがった広瀬の正体がよほどはっきりしてくるはずである。

（中略）

著者は、明治三十年代の一日本人の海外生活の記述と描写と解明とを志して、ただ過去を過去として再現することをいつも目標においていた。ねがわくはそのねがいが到達されて、一九〇〇年を境にしてその前後数年の日本とロシヤの気風や生活や思想が、広瀬が生きたように本文のなかにあらわれてくることを切に望む。それだけが著者の願いであつて、著者はそのねがいを果たすのに終始したつもりであつたから。（後略）

（昭三六・六『ロシヤにおける廣瀬武夫——武骨天使傳』「まえがき」）

後年、『読売新聞』夕刊（昭五三・二・一六～一七）に掲載した自伝抄「この道あの道」にも「広瀬武夫蔵書の霊感」と題して、先に引用した内容に加え、次のように書いている。

（前略）おそらく日本を離れて違った環境に入ることによって、かれの人柄はちがってきたのだろう。その変化の跡を具象的に、立体的に、生きたようにたどってみたい。その実体を明らかにするすべはないものか。

その実体は、文字通りに「神来」とか「霊感」とかいう形で私をおそうた。日本に回帰して山川や人間や文化の意味を考える研究がいくらか緒についていた、その真っ最中である。結びつかずにいられようか。

助けてくれる人があとからあとから加わった。目をつむると、帝政期のロシヤの景物がうかぶ。人情が語りかける。生活がよみがえる。外国に住む日本人の暮らしは、私のかつて送った生活を語ることである。原稿はぐんぐんはかどってゆく。これくらい心のはずんだ仕事は、今まで一度もなかったといえるだろう。『ロシヤにおける廣瀬武夫』として公にすると、比較文学、比較文化というとかくするとはなれがちな二つの部門が、この書物の中には融合して、綜合されていると評価する人があった。（二・一六）

『ロシヤにおける廣瀬武夫』は、比較文学者として、はじめて総合的に志した日本研究の一例である。これが東大在職中の仕事のしめくくりとなって、定年をむかえた私は、一九六一年の春退官した。（後略）（二・一七）

一〇月八日、『石上露子集』（松村緑著、昭三四・一一、中央公論社）の開版を待たずに、石上露子（本名杉山孝子、一八八二—一九五九）が急逝したことを編者から知らされた。二〇日には、恩師阿部次郎が死去、『讀賣新聞』夕刊（一〇・二三）に「生命感あふれる学風——阿部次郎先生を悼む」を寄せた。アメリカに住む恩師にも想いを馳せ、「ラルフ先生のこと——知識の差をこえ、ことばの壁をこえて……」を『PHP』（昭三五・一〇）に掲載して少しすると、やはり東北帝大時代の恩師山田孝雄先生の訃報を、そしてその一ヶ月後には、東京外国語学校時代から指導と庇護を受け続けていた大恩師千葉勉先生の訃報を聞いた。

春夫との旅行

昭和三五年新年早々に、力行会報徳社（野木稔弥理事長）の依頼に応えて福島県平市に赴き、「一日本人の肖像――広瀬武夫」と題する講演をした。ここ数年、大学で「明治ナショナリズムの文学」を語っている余響である。三月二五日、佐藤春夫夫妻と共に九州旅行に出た。二六日、門司に着いてから、戸畑の婦人会主催「子供はどんな風に育てたらよいか」という座談会に出席した。その後、八幡製鉄所を見学して、幹部社員のために「広瀬武夫像について」話した。春夫は、「火野葦平について」講演した。二七日、若松市内に火野家の遺族を訪ねた。延岡市では、市の公会堂で前日と同じような講演をした。二八日、青島、子供の国をまわり、小林を経由して霧島に入った。二九日、串木野の詩人萬造寺斎の詩碑除幕式に列席、春夫の後に祝辞を述べた。その後、市の小劇場で故人に関する講演「作家の運命について」語った。佐藤春夫撰、矢野峰人書の、萬造寺斎の詩碑「望郷歌」は串木野羽島崎にある。ここを訪れたときのことは、『萬造寺斎選集』全一〇巻（菅原杜子雄編、謙光社）の書評「極めて純真な詩魂――望郷の詩人の選集を読む」を『週刊読書人』（昭四〇・一・二五）に寄稿したとき、詳しく述べているので、その中からこの時の思い出を少し引用しておきたい。

（前略）一九六〇年の春のことであったと思う。先生御夫妻のお伴をして、九州の南を、日向の方から霧島の山越えに、鹿児島湾へぬけて出た。さすがは南国で、まだ三月というのに、菜の花はまっ黄色だ。東の都では五月でなければ見られないような美しい花が、いたるところに咲きみだれて、人を喜ばせる。桜島の煙を見返りながら一夜をあかした温泉宿では、もうカヤをつらずには眠れなかったことを憶えている。空は青く澄んで、日の光が痛いように強い。その激しい光をあびて輝く真青な海は、水平線まで限りなくうねっている。ビンロウ樹にあたる風もやや激しく、民家では大きな石垣をつんで風をよける部落もみられた。

その海辺の町をふるさとにして、海風を聞きながら、日の光をあびて、暖かい自然のふところに抱かれ静に眠っている一人の詩人の墓がある。佐藤先生がめざしてきたのは、そこ串木野《くしきの》の町の海につきだした岬のほとりであった。その詩人をとこしえに記念するために、ふるさとの人々にたのまれて、先生の選んだ歌をほりつけた立派な記念碑が立ったからである。道行く人に、静になつかしげにささやくその歌は、三首――

行かまほし悩みいたづき振りすてて南の海辺
遠きふるさと
ふるさとや海のひびきも遠き世のこだまの如し
若き日思へば
ふるさとの浜の砂原小石原生きてふたたび
踏まん日なきか

萬造寺斎詩碑除幕式後
（昭和35年３月29日）

生きとし生けるひとの苦しみ悩む心身の病も老も、わがふるさとの南の海に赴けば、たちまち癒えて、老いたるわが身は再び青春をとりもどすだろう。思い出は、浜の砂原のように数限りなく沸いて、現世《うつしよ》は夢にかよい、夢の世は現世の中に浮かんでくる。人がみな望んでやまない地上楽園は、わが夢の中においてこそ現実に立ちあらわれる。ふるさとなつかしやという心を、このうたは寓したものと思う。生きとし生ける人の苦しみを救うとこしえの夢を、実際生きて、また作ってみて、そのために苦しみもし、そのために救われもした人の感動が、南の海のようにおおどかで、深く、しかもしみじみと歌われているではないか。（後略）

三月三〇日、鹿児島ＮＨＫでラジオ放送を行い、指宿の宿に入った。三一日、特急「はやぶさ」に乗り帰京の途につき、翌日帰京した。『佐藤春夫全集』（講談社）第一二巻附録月報第一二號のために書いた「佐藤春夫先生の九州旅行――思い出すままを日録ふうに」（昭四三・三）からも少し、その冒頭などを掲げてみよう。

一九六〇年の春。三月も末の五日。佐藤春夫先生御夫妻のお伴をして、九州をぐるりと廻つた。まだ新幹線の完成していない頃だから、明るく、穏やかに暮れかかる四時過ぎに、東京驛をたつ特急「さくら」？ に乗つた。寒波が來るというのに、車中は暖かい。たずさえもつて行つたロシヤ海軍軍令部の極秘本戦史をくりひろげる。佐藤先生の方は、私の譯本「カイン」をお讀みになつていた。バイロンの劇詩には特別に興味がおありになつたから、何かものいいたげな御様子であつたが、別にこれという御批評はなかつた。（中略）

八日をこえるこの長途の旅行中、先生は令夫人ともどもいつも御元気で、御機嫌がよかつた。快談、珍談、奇談、逸談は、無盡蔵！

昭和三五年度、大学院に第八期の学生福田君江、倉智恒夫、篠塚眞木、小田川方子、菅原清太を迎えた。四月、東大での講義は、「明治ナショナリズムの文学」で岡倉天心（一八六二―一九一三）を語り、「比較文学演習」では、広瀬武夫書簡他、

Sophie Mereau 書簡、Dorothy Wordsworth の日記を、特殊講義「比較文学の諸問題」では、阿部次郎の「比較文学序説」を、演習「日本近代文学と西洋文学」では、佐藤春夫の「掬水譚」を、特別演習では、バルダンスペルジェの「文学論」を、それぞれ講義し、この年は『源氏物語』の「御法の巻」の特別講義もした。青山学院大学の比較文学講義は、広瀬武夫の書簡、川上常磐の小品を解読するものであった。立教大学の講義は、英米文学科・日本文学科の「比較文学」で、前の学期にイギリスの詩人シェレーの『いましめを解き放たれたプロミシウス』（岩波文庫）を講じて下地をつくり、後の学期に謡曲「山姥」（観世流能楽書林本）を比較研究し、最後に文学研究法一般に及ぶ、と「履修要項」で予告したが、ほとんどの時間を、ツルゲーネフの『その前夜』（米川正夫訳、岩波文庫）を講じて終わった。大学院英米文学専攻では、先学年のエミール・ルグイの英文学研究法につづいて、ルイ・カザミヤンの英文学研究法を語り、個性心理的・審美的なルグイの研究法に対して、社会的・集団心理的なカザミヤンの研究法の特質を近代英文学に例証をとって語った。

廣瀬神社

昭和三五年四月九日は恒例の「春の日の会」、この年は港区芝の般若苑で行われた。二日後に筆をおこした「ロシヤにおける広瀬武夫」が、七月末に予定の三分の二ほど書き終えたころ、大分県竹田市の深田發子《ふかだのぶこ》（当時青山学院大学大学院学生）から、広瀬神社所蔵の文献や手紙や遺品を調べた様子を知らせる電報を受け取った。電文には「タカラノヤマナリ。フミ」とあった。電文の発信人である彼女は、その直後さらに詳細を速達で知らせ、「スグウカガウ、レンラクヲマテ　シマダ」という返電を受け取るのである。そして二日後の八月七日、東京から一八時間、特急、ローカル線を乗り継いで到着した島田を、豊後竹田駅頭に出迎えることになった。深田の回想によると

市の中心の田町通りを抜け、正面大鳥居から百十三段もある石段を汗だくで登って、広瀬神社社務所に直行した。宮司の佐藤次比古氏の案内で神殿に入った。ギーッと扉が開かれると、にわかに光が差し込んできて、檜の香りがひろがった。中央に宝物の納められている古びた柳行李が安置されており、歴史につながる遺物のオーラを放っていた。その一週間前、初めて神殿に入った深田氏が総毛立つ思いで触れた広瀬中佐の軍服、書簡、すりきれた革表紙の手帳などが、次々に取り出された。一行は再び社務所に移動し、テーブルに三脚でカメラを固定して資料の撮影にかかった。膨大な数の手紙、葉書の中には消印が不鮮明で順序ばらばらに束ねられているものもあったが、それぞれの内容をさっと読み取り、あっという間に日付順に並べかえていく島田先生の神ワザには驚嘆した。この作業に二日を要した。

そのあと、資料の調査に立ち会った氏と、東京から随行した細越和子（青山学院大学大学院生）、福田君江（東京大学助

手（ママ）両氏の四人で熊本県阿蘇の内牧温泉に向かい、一泊した。先生は昼間の興奮がさめやらず眠れないらしく、漢詩を朗誦したり、何事か独語したり、ふすま越しに隣室の同行者たちに大声で話しかけて資料のことで同意を求めたりと、精神高揚状態が続いた。

　翌日は大分市に出、サル山（高崎山）を観光、サルの所作に大笑いするなど、すっかりリラックス、地元名物のフグ料理店では、「フグ食うは無分別、フグ食わぬは無分別」と何度も前置きして、戦々恐々でフグの肝に挑戦、料理を満喫して、上機嫌でその日帰京の途についた。

　以上は、「島田謹二先生を偲ぶ会」（平一五・四・六、於上野精養軒）における深田のスピーチの一部を要約したものである。深田は、大学院の講義で島田の熱い語りに魅了され、広瀬研究への並々ならぬ意気込みに感じ入ったこと、『ロシヤにおける廣瀬武夫』の執筆が再開して、口述筆記の手伝いを頼まれ、東大駒場の研究室に一ヶ月通ったこと、この時期の様子については、島田が「文骨天使」を自称し、「武骨天使」広瀬武夫に自分を重ねながら、終始、楽しげに、熱く、朗々と口述されたこと、さらに著書中の二人のロシヤ人女性（アリアズナ・コヴァレフスカヤとマリヤ・フォン・ペテルセン）の記述について、限られた資料から、島田の想像力と推論が、多少の試行錯誤を経ながらも次第に二人の人間像を浮き彫りにしていくスリリングな過程をつぶさにみて、評伝の創作現場に臨む得難い経験をしたことなど、興味深い秘話をまじえて、爽やかに話してくれた。

タカラノヤマと対面した時の感動は、『ロシヤにおける廣瀬武夫』の「まえがき」に記されている。

　（前略）出た、出た。まづロシヤ留学の時用いた革の手帖がでてきた。一八九七年八月出発してペテルブルグへ着くまでの事情も略記されていた。一九〇二年一月下旬帰東するとき、モスクワを立つ迄の三日間の動静もしるされていた。それから「意の向う処筆の随う処」と題する随録も発見された。これはフライリーフに「硯海の底より浅き心をば筆の水棹《みさお》にかきみだすあと大日本武夫」としるしてあるとおり、B6版五六ページの日記と手紙の控《ひかえ》であつて、時々ロシヤ詩の漢訳もはいつている。これによつて一八九三年頃から一九〇四年三月十九日までの広瀬の心境の一面を断続してうかがうことができた。特に尊いのは、広瀬自身の主として父にあてた手紙三百数十通が保存されていて、それが出たことである。（中略）現存する四百通は、大体広瀬の手紙の背骨となるほど重要なものを含む。ロシヤ時代のものだけでも、百二十通ちかく出てきた。恐らく逸しているものは、海軍省あてなどの公用の手紙と、ロシヤ人関係にあてた極めて私的な手紙ではなかろうか。逆にロシヤ側から広瀬にあてたものが出てきた。コワレフスカヤ関係のものはただ一通ではあるが……一九〇二年七月十九日づけ兄嫁にあてた手紙の中に「コ氏令嬢ヨリ昨今一封ノ信書ヲ手ニ「入レ」申シ候タメ先ヅソノ荒増《アラマシ》ヲ訳シ武夫ノＮヲ御一覧ニ供シ申候」とある。（Ｎとは「悩み」の略語ではなかろうか。）そのアリアズナの文《ふみ》がわかつたのである。マリヤ・ペテルセンが丹精こめて広瀬のために集めた古切手一六三五枚も、保存されていた。広瀬の戦死後一九〇五年一月十五日兄嫁にあてたマリヤの胸うたれる悔み状もでてきた。パブロフ家が広瀬に贈つた餞別の品物もみんな出てきた。ボリス・ヴィルキッキーの写真も発見された。八月七日、九月一日の二回にわたつて竹田を調査した結果は、電文の通りまさに「タカラノヤマ」であつた。（後略）

タカラノヤマの資料発掘から四五年になろうとする、平成一七年四月末日、豊後竹田を訪ねた山根良司によって、感動の場面が再現されるような一つの資料がもたらされた。氏は、島田とその門人たちの著書の長きにわたる愛読者である。広瀬神社の佐藤夫人は「島田先生をようく存じております。先生が書き残してゆかれた記事をお見せしましょう」と言って、書冊のその箇所を開展してくださり、撮影を許可された。この地を訪れて貴重な発見をした喜びと感動を、広瀬武夫に想いを馳せて墨書した独特の書体に読みとることができる。

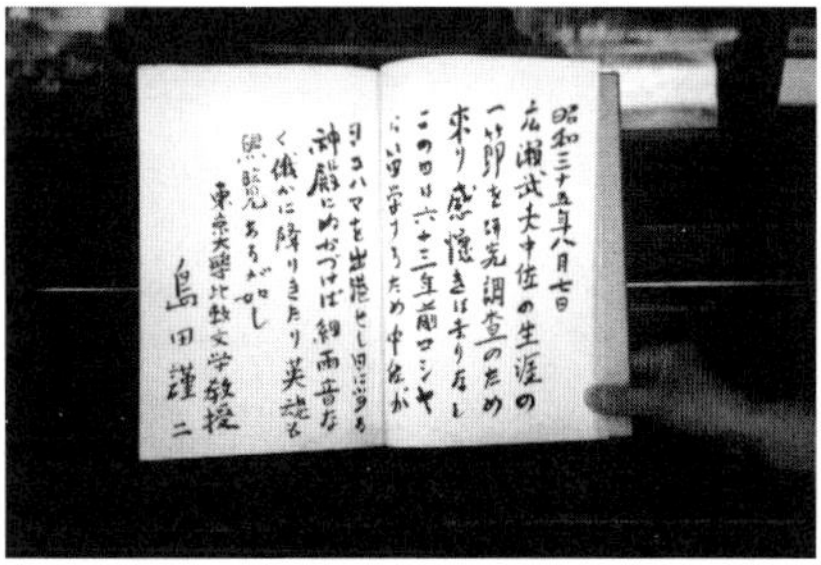

佐藤次比古宮司から資料を見せてもらい，
感極まって墨書したもの
於竹田市廣瀬神社（平成17年４月）

昭和三十五年八月七日
広瀬武夫中佐の生涯の
一節を研究調査のため
來り、感懐きはまりなし
この日は六十三年前ロシヤ
に留学するため中佐が
ヨコハマを出港せし日に当る
神殿にぬかづけば細雨音な
く、俄に降りきたり英魂も
照覧あるが如し
東京大學比較文学教授
島田謹二

九月一日、二回目の広瀬神社所蔵の広瀬武夫文献調査に赴き、一二日には、大垣に広瀬本家を訪ねて、広瀬末人《すえと》・馨子夫妻に会い多くのことを教えられた。そして、一〇月二三日夕、「ロシヤにおける廣瀬武夫」を一応書き上げた。佐藤春夫が文化勲章受賞の栄に輝くし、『佐藤春夫詩集』（新潮文庫）はこの年も二度目の出版、第一八刷（三〇〇〇部）が刊行されて、喜びの日が続く。

この月八日午後六時から帝国ホテルで行われた佐藤春夫の文化勲章受賞祝賀会に出席して祝辞を述べた。一二月一〇日午後二時、昭和女子大学温考館で行われた日本詩人クラブの例会でも、文化勲章受章祝賀会が開催され、佐藤の「漫談 門弟三千人」と題する講演につづき、「佐藤春夫の詩」と題して講演した。檀一雄は「『師匠』の話」をし、服部嘉香《はっとりよしか》、山宮允《さんぐうまこと》、中原綾子等が祝辞を述べ、朗読教室のメンバーが春夫の詩を朗読した。講演「佐藤春夫の詩」は、日本詩人クラブの『詩界』第六五号（昭三六・一〇、編集人正富由太郎）に収録されている。講演の終りのごく一部を掲げたい。

戦後、先生は次第に自然を愛する詩人になってゆく。愛情という一本の道を歩んで行くとおのずとこうなるのである。しかしその愛はもう具象的なものにかぎられていない。自然のうちに存在するひそかな魂を愛する境地に出ている。最近作の「抒情新集」は、この自然を愛するという一ばん高い境地をよく示した作品集であるとおもう。この世界は女・男・友愛・戦争・自然と、順次歩いて、うつぜんたる境地に達し得た東洋の大詩人としての心境を示す。この詩集のなかに「みやまをとめ」の詩がある。わずか十二行ぐらいの短い作品であるが、女性即ち自然をうたって幽玄である。みやまおとめは、在るかと思えば在り、無きかと思えば無き存在である。自然そのものである。天地間の万象に、風に、桜に、水に、みやまをとめの俤はいつもうつっている。をとめと詩人との相思は、天に地に心に弥漫《びまん》して、小宇宙、大宇宙の霊妙なおよび声が、ここでみごとに捉えられている。これはまた芸術の極致が、そのまま宗教の境地に至ったものといえよう。宗教そのものならば、言葉は必要でなくなる。しかしこれは言葉で宗教の世界をあらわしえた芸術作品である。「極楽から来た」が書かれる十年前、「みやまをとめ」という一詩篇において、先生は早くも法然上人の悟りに似た境地をわがものとしておられたのである。恋愛・友愛・戦い・自然――それらを体験しつくして、先生は至奥の境地に参ぜられた。しかしこのうたは世にも微妙なもので、受けとる人が受けとって、はじめてわかるのであろう。一ばん日本的な詩人の心を垣間みることの出来るすぐれた作品である。由来、西洋の詩は客観的で、こう読むべきだとの正しい視点を要求する。しかし日本の詩はえてかってなもので、どう読んでもよいものである。よみ方は極端に主観的でよいのである。しかし読む人が詩人にならねばならぬ。ときには詩人すらわからぬものを読みとるのである。読む人が百人いれば百通りのよみ方がある。読みは千差万別である。だから百人が、それぞれいつ、どう読んでもよいのである。こうして読んでみたとき、世評にのぼらぬ「抒情新集」は、高く評価せらるべきものをもつと思うのである。

ついにこうした境地にまではいられた大詩人の先生に、私は跪坐し、敬服し、賛美の情を捧げたい。今日、文化勲章を得られたことも当然と思われる。心からお祝い申し上げたい。

芥川龍之介

昭和三五年一一月、この夏、実践女子大学で行われた公開講座「日本文学と外国文学の交流」(Ⅲ)での講演に手を入れた「芥川龍之介とロシヤ小説」が『實踐文學』(実践文学会代表守随憲治)第一一号に掲載された。これより先には、「芥川龍之介のロシヤ的材源」(昭三二・三・五、NHK教養大学連続講座)と「近代文学にみられる外国思想のうけいれ方――芥川小説のロシヤ的材源」(昭三二・四『理想』第二八七号)があるが、中学時代に読みはじめた芥川文学の研究が公になりはじめるのはこのころからである。その経緯をながめるとおおよそ以下の通りである。芥川にふれた著述では、「芥川龍之介と飜譯文學その他」(昭二六・八、日本文学講座XIII『飜譯文學』月報第一〇号)が最初であり、六年後には前述した「NHKの連続講座」があって、翌月の『理想』への寄稿とつづいた。『實踐文學』への寄稿から七年の時を経て、広島大学文学部における集中講義(昭四二・一〇)で「芥川龍之介とロシヤ小説」を語った。一年後、二度の講演の前段(実践女子大学)と後段(広島大学)をあわせて起筆したのが、昭和四三年一月上旬、稿了は三月二〇日ということで、この決定稿が「芥川龍之介とロシヤ小説」(昭四三・九『比較文學研究』第一四号)である。この二ヶ月後には、「芥川龍之介と英文学」(立正大学大学院英文学教養講座「比較文学を語る」講座)を語り、「芥川文学のタネ」(昭四四・一〇、『諸君』第四号)を書き、さらに一年後、決定稿「芥川龍之介とロシヤ小説」は『芥川龍之介』(昭四五・一〇、有精堂)に収録された。これ以後は、主として講演で「芥川龍之介と外国文学」(昭四六・一〇、上野学園特別講義)、「芥川龍之介と英文学」(昭四七・五・二、南山大学における日本英文学会特別講演。これは昭四八・二、岡崎義恵・島田謹二監修『日本文学と英文学』教育出版センター刊に収録)、「芥川龍之介と外国文学」(昭五七・八・二七、札幌商科大学夏期集中講義。昭五七・一二『札幌商科大学論集・人文編』に収録)とつづいた。

まとめられた芥川文学の研究は、後述する研究の集大成『日本における外国文学――比較文学研究』上・下巻(昭五〇・一二、昭五一・二、朝日新聞社)に収録されている。

三　定年退官

東大を去る

昭和三六年度、大学院に第九期の学生井田進也、井上公子、大久保直幹、中村友太郎、三浦安子を迎える準備をした。先に、東大比較文学会の『比較文學研究』が第五号を出してからしばらく刊行の運びにならなかったことに触れたが、空白の理由は二つあり、一つは、島田が精究し続けた「佐藤春夫研究」が、構想を練り過ぎ、あたためすぎたために、稿がならなかったことで、『田園の憂鬱』をはじめとする佐藤文学に精通する第一人者の島田にしてはあるまじく、ある日、呻くように「出来ぬ、時間をかけ過ぎて腐ったのだ……」（神田孝夫著「東大比較文学会とわたしと」）と言ったというのである。それに今ひとつは、島田の定年と還暦記念論文集刊行の事業が重なり、また、比較文学比較文化課程の新情勢への対応で時間が足りなかったためである。これまで島田を支え、諸教授のスムースな潤滑油となり、学生たちのよき助言者としてこの課程のために尽力した神田孝夫の心労も大きな原因であった。島田の退官後、最初期からこの課程を支えた富士川英郎が第二代の主任となり、神田は菊池榮一、堀大司両教授の変らぬサポートをうけ、第一期生の芳賀徹の適切な配慮や活動の協力を得て課程の運営を支えたのであったが、にわかに本誌の再刊に取り組める状態ではなかった。

『比較文學研究』第七号（昭三八・九）には「島田謹二教授の退官」が掲げられている。

東大大学院比較文学比較文化課程創設以来、八年間、主任教授としての重責を果してこられた島田謹二教授は、一九六一年二月九日、『源氏物語』御法の巻のエクスプリカシオンを最終講義として、三月、惜しまれつつ定年退官された。

教授は、全く無より出発した研究室を整備して、日本に唯一の比較文学専門のインスティチュートとして恥ずかしくないものに仕上げられ、情熱をこめた授業をもつて学生をインスパイアーされ、東大比較文学会を組織し、また本誌を刊行して、幾多の俊秀を育て上げられ、更に御自身の研究著作に縦横の活躍をして、「我が学界に於ける比較文学的研究をはじめて本格的な学問として確立」された。まことに類稀なるものと言えよう。（後略）

東大比較文学会が、鎌倉市紅葉谷の臨済宗の古刹錦屏山瑞泉寺に島田を招き送別謝恩会を行ったのは三月一二日、富士川英郎が、同じ瑞泉寺で送別の宴を主催して、呉茂一、堀大司、菊池榮一（一九〇三―一九八六）、上野景福、矢野禾積とともに歓談したのは四月七日であった。

島田の東大退官に纏わる風景を、若き日に島田のシェイクスピア講義を聴いた小田島雄志（一九三〇―）の『半自伝　このままでいいのか、いけないのか』（前出）から引用しておきたい。

一九六一年三月、東大教養学部英語教室から通知がきて、定年で退職される島田謹二先生を送り、新任としてこられる橋口稔さん（一年先輩）、小田島雄志さん、青柳晃一さん（一年後輩）を迎えるためのコンパに出席してほしい、とのこと。指定された小田急・登戸駅から行く店に着いてみると、橋口、青柳両氏は都合により欠席、という。そこで、床の間を背に島田先生とぼく、両側にずらり諸先生が並ぶ形になつた——中には学生時代ぼくに可をつけてくださつた先生もいた！

やがて、開宴。まず島田先生にひとことご挨拶を、とうながされた先生は、目の前の膳をそつと横にずらすと、畳の上を滑るようにツ、ツ、ツー、といちばん下座のところまで行つてふり返り、正座、一礼なさると、感情のこもつた声で話し出された、「思い起こせば駒場（旧制一高→東大教養学部）にまいりましてから十数年……」それは聞くものの目頭を思わず熱くさせるようなスピーチだつた。

では次に小田島君、と言われて、困つた。いまさら畳の上をツ、ツ、ツー、というわけにはいかない。やむをえず、「高い席から失礼します……」というようなことをつぶやいたと思うが、そのあとは憶えていない。（後略）

東大を去るにあたって、『教養学部報』九四（昭三六・三・九）に「比較文学者として十年を語る」を寄せ、来し方を淡々と語った。

東大教養学部は一九四九年春に創立された。二年後に専門課程が発足した時、比較文学の講座が開かれた。更に二年後に東大大学院比較文学比較文化課程が設けられた。その制度が運行されるようになつてからでさえ、もう八年たつた。比較文学講座が出来てからだと十年になる。大学院は、修士二年、博士三年の合わせて五年の一サイクルになつているが過去八年間に収容した学生数は五三名。そのうち博士課程に進学したもの二二名。この間フランス・ドイツ・アメリカの諸大学に留学したもの一四名。博士課程の卒業者六名大部分はだいたい大学講師になつている。この新コースの目指すところは、従来細分されてその間の連絡をあまり強調されなかつた言語と、文学と、思想とを綜合して東西の文学・文化の実体とその連関関係とを、力の及ぶかぎり研究することにある。

このコースをあずかつて一ばん苦労したのは、ほとんどが東大の出身であるが、教養学科出あり、文学部出あり、少数ながら東大以外の出身者もある。それらの学生の専攻する外国語もフランス、イギリス、ドイツというようにさまざまに別れ、時にエスパニヤ語の出身者あり、また国文学出身者も少数ながら加わつている。さらにそれが全部専攻するテーマをめいめい別にもつている。文字通りてんでばらばらとはこのことだろう。

このように学生の出身も研究テーマもさまざまであるが、しょせん比較文学研究は作品の根本理解の上にきずかれる。この基盤が薄弱だつたり、不十分だつたりすると、その成果はおのずとどこかもの足らぬものとなる。そこでこのコースの指導法の中心をなによりもまずエキスプリカシヨン・ド・テクスト、すなわち作品の読みの訓練におくことにした。こうすれば、とかくばらばらになり勝ちなこの学科のあり方に共通の基盤が与えられる。

そのおかげで各国の文学作品を精読することが出来た。とくに日本の作品を精細に味読することが出来た。外国語で書かれたものは、言語も風俗も、思考も歴史も、伝統もなにもかも違つているからとり扱いにくい。むしろそうした障害のない自国語の作品を、共通の基盤としてまず学ぶべきだという考えから、日本文学の特性を、生き方考え方、現わし方などの特徴にそくして心得（しんとく）しようとした。（中略）この十年間に「日本」なるものの特色を長短ともに味解反省する機会をめぐまれたことは、比較文学教授のおかげであつた。いくら感謝してもしきれない。

　日本の生命（いのち）が文学的にどんなふうに今日まで生きているにせよ、現代には現代の問題が待つている。その点でもつとも intimately に教えてくれたテキストは、小品だが複雑で奥行きのある木下杢太郎作「古都のまぼろし」であつた。（中略）

　ここ十年間、じつにいろいろなヨーロッパの学者のテキストを用いたが、さてふりかえつて最もためになつたと思うのは、やつぱりバルダンスペルジェの「反ゲーテの徒アンドレ・ジイド」であつた。この小論文には文字通り悪戦苦闘した。ゲーテとジイドと両者に通じた上、バルダンスペルジェ自身の考えをものにしていなければ、到底理解できないからである。しかし悪戦苦闘のし甲斐はあつた。ジイドのゲーテへの接近度とその根本的無理解、両者の生き方と考え方における相違、文芸観、女性観、悪魔観の相違を根元からえぐつてみせられたからである。これによつて、ヨーロッパ文学の高い峰の二つを対比して理解する方法をはつきり教えられた。それとともにこの論文は、大著「フランスにおけるゲーテ」の続編であることが次第に理解出来てきた。これから日本におけるゲーテをきわめるのに、大きな拠点の一つがこれで出来たと思う。またこの研究によつて次のようなことを学ぶことも出来た——即ち一人の作家の波動、および影響というものは、その作家自体を細密に究めることによつて内から自然につかめてくるのであつて、ただ外から二者をつきあわせても、その関係は真に把握できぬということが……（後略）

同じ『教養学部報』九四に、送る人堀大司の「島田教授の停年に当つて」が掲載されている。

　此度駒場を去られる島田教授について筆を執る光栄は私の予期しない処であつた。卓抜な資質と精力に加ふるに更に不断の意欲と精進を以て比較文学研究に専念邁進せられる教授の存在は私のやうな不肖の後輩にも常に強い刺激であつたが、その研究が愈々精しく愈々広くなり行くと共にあまりにも不肖に過ぎる私は到底追躡《しょう》の遑も無く、ひたすら畏敬の念を以て迥《はるか》に瞻《あお》ぐのみとなつてから既に久しい。

　今教授の定年退職に当つて公に教授の真面目を伝へ功績を称へ餞《はなむけ》の言葉を呈する人は数年来教授を援けて同じ研究に励まれた同僚の中に求められることと信じてゐたので、私が偶々最も古くからの友人であるとの理由で編輯者から執筆を依頼されたとき直ちに辞退し再度の依頼も極力お断りしたが容れられず、最早閉切直前で準備も推敲も出来ず已《ママ》むなく思ひつくままを書流して責を塞ぐといふ最悪の仕儀となつた。ラジオの講演で時間が残り少なくなつたことを放送局員が紙に書いて講演者島田謹二教授に見せようとしても三昧境に入ると瞑目する癖のある教授には通じないで困つたさうであるが、教授にはもう一つものごとに熱中すると意《おも》はず独語される癖がある。私にはまことにほほゑましく懐かしい癖であるが、教授の講演や文章はそれと反対に眼に見えない無数の聴衆や読者の理解納得を求めようといふ気構へで言葉の端々まで隙間なく張りつめてゐる。（中略）

「新詩論」特輯「マラルメ研究」（昭和八年、アトリエ社発行）T・S・エリオットの「ポウとマラルメ」の翻訳と共に寄稿された「マラルメと英語英文学」および「英文学評伝叢書」中の「ロバート・ヘリック」が多分私の最初に読んだ島田さんの研究であつた。そのころまでには詩に無縁の人間であることを自覚せざるを得なかつた私にはいづれも豚に真珠ながら、島田さんのすべての研究を貫く特質、きめの細かさ、homoion homoioi（似た者は似た者に「つねに近づく」―引用者注）とも称すべき真の sympathy のみの達し得る――敢て島田さんの言葉を借りれば――「読みの深さ」吾が仏尊し流の理想化に凝固することを防ぐ周匝《しゅうそう》精密な吟味、対象を完全に自己のものと化して後始めてこれについて説く潔癖な独自性、時折熾んな燃焼に高まる不断の熱、さういふものは、テーマに対する私の無理解にも拘わらず、私なりに感得することが出来た。実に圧倒的な力である。（中略）

島田さんは受けるより与えることでより幸福な人であらう。これは私が島田さんに何一つ受取つて頂けるものを献じ得なかつた申訣ではない。私は島田さんが喜んで私に恵まれようとした多くのものを何一つ受取ることの出来なかつた自分のつたなさを慨いているのである。だが、島田さんという稀有な人物に親しい友として遇せられ屡々その心に触れ得たことを私が自分の幸運に数えて十二分に満足していることは島田さんも知つてゐられるに違ひない。「我が影の吹かれて長き枯野かな」、この漱石の句が特に近頃身近かに感じられる。この一すじにつながると自ら定めた途をまつしぐらに進む人の見馴れた懐かしい姿が遠く霞んで行くのを私は枯野に佇つてながめている気持である。それは私の行けない途である。私はもう暫く枯野をあても無くうろつくだけである。私は頓に身辺の寂寥を感じてゐる。

実践女子大学

昭和三六年四月、本間久雄（一八八六―一九八一）の招聘によって実践女子大学文学部英文科教授（英文科長として）に就任した。教授陣は、小倉皐《たかし》（研究室主任）、本間久雄、坪内士《し》行《こう》、三木春夫、山脇百合子、金田真澄である。

はじめに、「何はともあれ、大学に入学された以上、大学の要求する学生にふさわしい学力を養ってほしい。それには基礎となる英語などの語学力はいうまでもなく、その他必要とされる科目は一応も二応も準備して、十分力をつけていただきたい」と話して女子だけの大学での講義は始まった。英文学をおさめるために必要な心構えや、研究の仕方や、参考文献などについて語り、必読の書として、シェイクスピア、ミルトン、デフォー、スウィフト、ポープ、フィールディング、リチャードソン等の作品、バイブルを挙げ、英文学史成立の経過を講ずるものであった。そして、学生たちに講義の内容をくりかえし味読させるために、「英文学入門」として講話したことが、「第一ユマニテとフィロロジイ、第二英文学の学び方」として『實踐文學』第一三号（昭三六・六）に収録された。およそ二年後には、英文学そのものを学ぶのに、ぜひ通過すべき道筋や、究めるべき作品や、思想や、人物や、さまざまの問題について語ったものが、やはり『實踐文學』第一八号（昭三八・三）に「英文学入門」として収録されている。在職三年の間には、折々に講演を頼まれたり、時には学生たち、若い先生たちと日帰り旅行をこころみたり、愉しい日々だったようである。青山学院大学や立教大学では「比較文学講義」を続けながら、この月からは数年来集中講義をしてきた東洋大学には専任講師として出講、専任教授矢野禾積、瀬川重礼、吉川美夫と共に英文学・比較文学を講じた。青山学院では「ロシヤにおける廣瀬武夫」を講じ、具体的な文学研究の方法を例証するため、「明治ナショナリズム」の一側面を取扱い、あわせて、一八九七年から一九二〇年までのロシヤの社会事情を考慮に入れながら、広義の比較文学的視野を養うよう心がけた。立教ではドイツの女流詩人ゾフィー・メローやイギリスのロマンティック詩人たちを助けたドロシー・ワーズワースを語り、日本の女流歌人たちの世に知られない作品をテキストにして、人生と文学を論じた。英米文学専攻では、「カザミヤンの若き日の英文学」につづいて、「活動期に入った英文学研究」を、あわせて「近代英国の社会と文学の展開」を論じ、リチャードソン、カーライル、ワーズワース、トムソン等特色著しい作家たちの作品の分析を行った。「私の『源氏物語』」を書いたり、日本ゲーテ協会からの依頼で「フランスにおけるゲーテ」について講演したり、シェイクスピアやヘリックの詩を評釈して雑誌へ寄稿するなど多忙を極めている。

数年先のことも含めて、実践女子大学の紀要等への寄稿について触れると、前述の「英文学入門」二つの他に、「流水抄」（昭三七・三『實践文學』第二二号）、「小碓命《おうすのみこと》の最後」（昭三九・三『實践文學』第二五号）、「フランス派英文学研究——エミール・ルグイの業績」（昭三九・三『実践女子大学紀要』第八集）がある。「流水抄」は、亡友松風子の遺稿となっている。ほとんどが『かぎろひ抄』（前出）の詩文集であり、その著者との心の交流を語って余すところがない。「かぎろひ」を「流水」と受けて、移り動き、定めなき儚さを象徴するもの、無量の想いを語るものである。これを脱稿する八年近くも前に、「はしがき」と「あとがき」を合わせたような「編者はしがき」を大槻夏夫の筆名で書いている周辺の謎は解らないが、「編者あとがき」の一部を掲げると次の如くである。

これは亡友松風子の遺稿である。

松風子とは二十年来形影相伴ふ仲であつたから、身辺の些事まで何くれとなく語りつ語られもしたが、こんな遺稿が残されてゐようとは、夢にも思はなかつた。恐らくこれは亡友が南方のわが領土に勤務していたころ、つづいて一時陸軍に関係してゐた外地生活直後のころ、書き残した制作であるに違ひない。かれは、終戦後数ヶ月の後に、荒海に血を吐きつづけながら日本に帰つて来た。気の毒なほど憔悴しきつてゐた。戦塵の疲れと傷心の嘆きとがかさなつたためか、湘南の海辺において療養の甲斐もなく、その後しばらくたつと武蔵野の片ほとりで、はかなくあの世に旅立つた。

ほとんどこれといふほどの遺品もなかつたが、そのうちに生前にはさだめし大切にしてゐたらうと推定されるノオトが数冊出てきた。終戦直後で物資も極度に乏しくなつてゐたし、インキもまるで水のやうに色がうすい粗末なものを使つて書いてある。所々に書き入れや訂正が加へられたり、ずゐぶん乱雑にほんの心覚えふうな記事も書きたされてゐる。かなり長い間の制作とみえて、筆蹟はさまざまに変つてゐる。中には誰の筆か判じがたいのも散見するが、ほとんど大部分は亡友みづからのそれにちがひない。亡友は、あまりきれいな筆蹟の持主ではなかつた。率直にいへば、汚い字体で下手に書いた方である。しかし全然よみわけられぬといふほどのこともなかつた。

試みに通読してみると、第一部は、女主人公の詩文を集めて、処々に亡友が註釈を加へてゐる。第二部は、ある海港に移り住んだ女主人公の生活を語る消息を丹念にとりまとめたもので、そのをはりに女主人公が外遊の時の短歌を抄して、批評といふより讃頌の文を書き添へてゐる。精読してみると、この二つの部分は、それぞれ異なる土地において女主人公の書いたもので、判然と相違する世界でありながら、実は前後に連絡するものらしい。改めて読みかへすと、日本と中国と西欧と三つの文学と生活とが交錯してゐるし、女主人公の面影も夢のやうに浮かんでくるし、それに詩文を愛してときに寝食を忘れた亡友の人柄も見当つくし、そんな意味で、故人とはことに親しかつたから、心打たれたあまり、頼まれもせぬ編者の役目を買つて出て、この遺稿を編んでみたいと思ひ立つたのである。

亡友の遺稿には、またその前後のものかと推測される訳詩が数章残つてゐた。それがマリアンネ・ヴィレメルやマイケル・フィールドなど、みんな閨秀詩人の作品であるのも意味深い。ことによると、亡友は「女性の文学」といふ一つの主題を持つてゐて、この Correspondence の後日の巻を編まうと考へてゐたかもしれぬ。そんなことを勝手に推測して、はしり書きの「はしがき」の趣旨にのつとり、かりに第三部として、まづそれらを並べ、たまたまノオトに散見する女主人公の短歌を加へたのち、亡友の愛誦歌ウィリアム・モリスの訳詩「海辺の庭園」を最後に据ゑると、体裁が一応ととのつた。さうすると、おなじやうにノオトに写されてゐたものから、序の詩や跋を添へたくなつて、此処にみられるやうな一小冊子が出来上つたのである。

実践女子大学時代の一風景は、相良守峯《さがらもりお》（一八九五―一九八九）の『茫々わが歳月』（昭五三・五、郁文堂）のジャーナル「昭和三八年」に見ることができる。

九月十四日、島田謹二氏が、実践女子大学の使いと称して来訪され、十一月から「ドイツ文学概論」の出講を頼まれる。土曜日の午前ときめる。

十一月九日、今日の午前、実践女子大学で最初の講義をしたが、英語科長島田謹二氏が学生に対し、私の業績について三十分も詳しく紹介してくれた。こんなところにも同氏の綿密な学風があらわれているのに感心した。普通なら三十秒、いや十秒で済ますところだ。島田氏は東大定年後この女子大に移っているが、来春は東洋大学に転任して比較文学の講座をつくるらしい。

教授の卒論

東大定年退官の三月に刊行をと目指して書き上げた研究は、なかなか日の目を見ない。六月になってようやく、明治ナショナリズム研究の成果である第一弾『ロシヤにおける廣瀬武夫――武骨天使傳』（弘文堂、発行者＝中村正夫、印刷者＝川上胖）の刊行をみた。「教授の卒論」第一作として学界・読書界に提出したのである。執筆に至る動機等については、「広瀬武夫」の見出しのところに、著書の「まえがき」から引用したが、著書の刊行から二年後に、「私の「比較文学」」（昭三八・七『英語青年』第一〇九巻第七号）を寄稿したとき、総合研究を目指して『廣瀬武夫』を書き上げた実践報告と秘かな感慨を次のように記している。

（前略）東洋と西洋（フランス、ドイツ、イギリス、アメリカなど）。その両洋の中間に位置しているようなロシヤ「帝国」。そこに足かけ六年くらす、教養も志向も人格も典型的な一日本人、異邦の環境と生活とが長い歳月のあいだにおのづとその日本人の上にもたらす変化の立体的実相。――その日本人ののこした公用文書や私用の手紙をよみぬいて、日本とロシヤとにおける「人間」のあり方を再現し、その人の残した「文学」を考え、できるだけその世界をいわば内面からいきいきとつくり上げてみること。――それがわたくしの比較的新しい総合研究のめざした目標である。

いままでに学びえたと思われるものを一つに打成（だせい）して、「ロシヤにおける広瀬武夫」というテーマを解明するとき、はじめて長年手がけていたものが、いくらか形をとってきた――ともかくわたくしらしいと思われる形を、あの程度の結果しか出せなかったが、研究歴からだけいえば、すでに三十年はこえていた。

さらに七年後、決定版『ロシヤにおける広瀬武夫　無骨天使伝』（昭四五・四、朝日新聞社）を刊行したとき、初版刊行の頃を回想して、「まえがき」に次のように書いた。

おこがましいが、とにかくこういう目標とこういう書き方で、一九六一年夏、『ロシヤにおける広瀬武夫（武骨天使伝）』の第一版を公刊した。公刊してみたら、意外に世評をよんだ。主題が主題だし、見方が見方だし、取扱いが取扱いだし、書き方が書き方だしするから、著者の方では「意外」だと思うほどの受取られ方だった。最も筆をとっている間は、多少の自信がないわけではなかったが、それを上回る程の好意ある感想や批評が公に寄せられた。それから一、二年たらずの間にあわせて三版が世に行われた。著者としては文字どおりに「うれしかった」というのが実感である。

『広瀬武夫』評（一）

この書に「武骨天使傳」という副題を与えた佐藤春夫の言葉が帯に掲げられている。

広瀬武夫は男の中の男である。軍神の美名の下に軍国日本と共に葬り去るにはあまりに惜しい。何故にいかに彼が異邦の若い貴婦人にまた同胞の異性たちに敬慕されたか。またいかに、何故に先輩や同輩後輩から信頼されたか。そんな人格がどうして形成されたか。などの秘密を捉へ、人間広瀬に関する内外公私の文献一切にこれを徴し追求し得た答案を、ここに小説的手法で立体的に再現し、読者を時には主人公とともに帝政ロシヤに生活させ、また明治時代に拉し去り、心ある万人の胸にはこの武骨な天使を、真に男性の理想像と、永遠に懐かしく美しく焼きつけるであろう。

春夫は、ある会合で宮柊二に会った折、『ロシヤにおける広瀬武夫』を話題にし、「あれはいいものです」と心から褒めていたという。（昭四五・五・五、島田宛宮柊二書簡）

『朝日新聞』（昭三六・七・一四）は、「人間としての『軍神』」としてこの書を紹介し、「著者と一時間」には「底を流れる人道主義――二つのイメージに疑問」と題するインタビュー記事を載せた。

（前略）いままでの広瀬武夫伝が彼の「軍神」性を強調することに傾きすぎていたのにくらべて、この本が人間広瀬の性格、そのロシヤにおける生活、研究、交際をくわしく伝え、あわせて彼を中心とする日本の政治家や軍人の往来を通じて、当時の日本の政治ないし軍事事情を明らかにしているのは、明治文化史の研究上、高く評価されよう。（後略）

――比較文学といえば、上田敏の「海潮音」とか、鷗外の

「舞姫」などを研究するもの、とばかり思っていました。

「著者も、三十年前の比較文学発足当時は、おっしゃる通り純文学ばかりを対象に致しまして、軍神広瀬を取りあげるなどはユメにも思っていませんでした。ただいまの比較文学は、文化現象全体に当るとでも申しましょうか、ロシヤにいた一日本人が、ロシヤ文化によってさまざまな変わり方をする、という点で、本書も広い意味で比較文学にはいるのでございます」

――特に軍神広瀬に目をつけられたのは？

「偶然見かけた広瀬の蔵書印と、少年時代に見たあの軍神の銅像と、このふたつのイメージがあまりにも食いちがうのでして、一体どちらが正しいイメージなのか、できるだけさまざまの面から、ありし日の広瀬を復元したい、というのが著者の願いであったのでございます」

――その結果は？

「広瀬は武人だけではなかった、という推定が解明された、と、いささか著者は自負しておるのであります。彼の蔵書から見ましても、彼がアレクセイ・トルストイ〔＊アレクセイ・トルストイは詩人・劇作家・小説家 Aleksei Konstantinovich（1817-1875）のこと　引用者注〕をよく読んだことや、レフ・トルストイの『戦争と平和』を熟読いたしまして、作中の人物の心をよく理解しておったことも、はっきりするのでして……。忠君愛国だけでは、旅順港のヘイソクの説明はつかないではありませんでしょうか。身ヲ殺シテ仁ヲナス、という基盤のほかに、トルストイ的な人道主義があったなればではないか。広瀬はその生き方において、広い意味での詩人であった、とすらいえるのではないでしょうか」

――軍神として祭り上げられた伝説が破られた、のですね？

「男らしい男という広瀬の魅力が、はぎとられた伝説のベールの下から現われた。と思うのは、著者の自己満足でございましょうか、大分県の広瀬神社は、資料の宝庫でございましてね、本書は広瀬神社のお力によるものと、感謝しておるのでございます」

『圖書新聞』第六一二号（三六・七・一五）〈こういう本こういう人〉欄に「『ロシヤにおける廣瀬武夫』を書いた島田謹二氏」が掲載された。「〝情感豊かな武人〟――ロシヤ女性の目で裏返す」と題する紹介文は、著者と語った早川淳之助が、インタビューのエッセンスをまとめたものである。

――書名を見た時、随分変った本だと不思議に思いました。

「そうお思いになるでしょう。昨年九州へ行ったら、別府で東大教授ともあろうお人が今時何だといわれた。こうこうこうだと説明したら、成程、東大教授だ、といってくれました」

こうこうこうとは、一昨年の秋、東大図書館で何気なく開いた一冊の本、『ロシヤ帝国海軍』という洋書の見返しの蔵書印を眼にとめた。〝広瀬武夫〟という篆書の蔵書印。「これに惚れました。落ちついた字で不思議な感動を誘いましたね」

武勇一途の軍神と横文字の取り合わせ？　広瀬中佐の伝記の収集、そこにしぼられているのは少年の日から見馴れた神田須田町の威風堂々の銅像さながらの忠勇無雙の軍人像だ。だが図書館のホコリから海軍史だけでない、武夫印の捺されたオペラの台本・文学書など二百冊の洋書が出てきた。……一つの仮説、軍神ヒロセはロシヤ研究に打ち込んだ明治期 Russisant ではなかったか。海軍駐在員としての六年間の滞露生活、氷と雪の国で彼が送った歳月は……

「この写真（帰朝直前の広瀬の写真）を御覧なさい。この眼を見てどう思いますか。悲しみを知った男の眼です。初期の広瀬の写真と較べて御覧なさい。」

氏は文献をもとに、綜合的な廣瀬像を作った。彼の呼吸したロシヤの環境・自然、出逢った人々、読んだ書物、それらは武骨なエトランジェにどう作用したか。

「この写真の眼は、恋を知って恋が成らなかった人間のトリステスです」

外国の資料で、広瀬は恋愛を体験し、相手はロシヤ女性らしいことがうかんできた。異境ペテルブルグの良家の娘。彼はプーシュキンの詩をいくつも漢詩訳した情感豊かな武人でもあった。だが帰国命令が出て、恋は成立しない。

「この本の目標は、過ぎてしまった日本とロシヤの一九〇〇年前後の、過ぎてしまったものを何処まで復元できるか、それが一つです。広瀬の心でそれを掘り返したことです。また一面ではロシヤ女性の心で見た廣瀬像です」

――この小説を読みますと、女性の心の動きまで記述されていて、その点では伝記と違う、しかし小説でもない、何と名付けていいですか。

「そうお思いになる、意図してやったのです。小説は空想です。ここでは空想のようだが、ドキュメントです。広瀬の書簡に私の部屋に櫛がなかったと一行ある。この一行、他の資料からも判断して、模型のように個人の内部を組み立てるのです。一行の描写に確かなデータがあるが、それは明記しなかった。西欧の文学研究、十年来の動向は、ヒストリカル・ファクトを盛んに使うが、研究者の主観の形で消化します」

「広瀬の人間像ですか。東洋倫理的なアイデアリストが西洋のリアリズムの洗礼を受けた。周囲に愛され、女性に愛されたのは、サー・ウオーターローリのようなナイトに近かったからだと考えます。晩年の彼はトルストイアンだった。『戦争と平和』のベズーコフのように、旅順港を閉塞した後、単身敵将と会ってロシヤ人と日本人の命を救おうと決意していた、この気持が当時の誰にも理解できない、彼がトルストイアンだったからです」

〝杉野はいずこ〟にもないこの書物、「比較文学の方法のア

プライ」として研究家の間だけで読まれるには惜しい。（後略）

『ロシヤにおける広瀬武夫』に触れた記事は、「広瀬中佐の人間像――強い印象を与えるその誠実さ」（昭三六・七・二四『毎日新聞』）、「『人間像』を浮き彫り――島田謹二著『ロシヤにおける広瀬武夫』をめぐって」（工藤欣二著　昭三六・八・二三『大分合同新聞』）もあるが、広瀬の郷地大分の新聞人工藤欣二は、パブロフ博士一家とヴィルキッキー候補生と広瀬武夫の写った一九〇二年元旦の写真を掲げて次のように書いた。

最近『ロシヤにおける広瀬武夫』（弘文堂）という本が出版され、話題を呼んでいる。実のところ「いまさら、広瀬武夫でもあるまい」というのが今日の常識的な感想ではあるまいか。彼は豊後竹田に生まれ、日露戦争は旅順港閉塞隊に参加し、杉野の生死をあんじて壮烈な最期をとげた。いらい広瀬の人間像は典型的な日本武士のかがみ。軍神として教科書に載せられ、神社も建てられた。それだけに、また、広瀬の名は敗戦とともに国民の間にすっかり忘れられてしまった。

ところが、一昨年の秋、著者の島田謹二氏（当時は東大教授・比較文学研究）は東大図書館でなにげなく開いた一冊の露書におされた広瀬武夫という蔵書印に不思議な感情を誘われ、これまでの広瀬伝説についての再検討が始まる。昨年の夏、二度にわたる広瀬神社での現地調査と近親者、その他関係者のもつ広瀬に関する手紙、日記、遺品、それらの史料を総合して判断した結果発表されたものが本書であるという。

（中略）

本書を読むとこれまで忠勇無双一辺倒の軍神広瀬像を抱かされていただけにまさに青天のへきれきで広瀬神社に宮司佐藤次比古氏（広瀬と従兄弟の間柄）をたずね著書の資料となっている数々の品々の観覧をこうたのである。示される一つ一つの品々はなるほど著者の主張の正しさを認めさせるに足る証拠の連続であったし、同時に感動の連続でもあった。「意の向う処筆の随う処」（日記・手紙の控え、またプーシキンの詩の漢訳もある）。三百数十通の少年時代からの父にあてた書簡。黒い革の手帖（日・露・英語で記されている）。ロシヤを去るとき告別の記念に贈られたピョートル大帝像のある黄金づくりのサジ（パブロフ家の四人のこどもの名が彫られてある）。「親愛なるタケニイサン」とサイン入りの記念写真、彼をひたすらに慕い続けたと思われるマリヤ・オスカロバナ嬢の千六百余枚にのぼる古切手のコレクション、彼女が彼の死をいたんでとくにドイツ語でしたためた切々たる悔やみ状等等。さらに帰国後、広瀬のひざに抱かれたこともあった佐藤氏の記憶によると、彼はロケットと「また会うまで」と彫まれた金具を大事にハダ身離さず持っていたという。まさに、これは彼の三十六年余の短い生涯の中で、歓喜と苦悩にあふれた最大の瞬間を象徴するものであった。ロケットの贈り主はだれだろうか。佐藤氏も記憶はない。しかしペテルブルグでの恋愛の対象がアリアズナであると証明されるうえは、ロケットの中の写真もアリアズナに違いない。これらの記録や記念の品が示すように彼は周囲の人々からこのうえなく信頼され、愛され慕われたのである。当時の複雑微妙な日露関係を考えるとき奇跡的とさえ思われる。彼はもともとが東洋的モラリストである。しかもそのうえ素朴で誠実な性格の持主でもあっただけに彼の発する愛情は人の心を打つものがあった。

広瀬が「杉野はいずこ」と愛する部下の死をあんじて、ついにわが身まで犠牲にした行ないは武士のかがみであるとして国民は賛嘆した。彼の絶筆はなるほど「七生報国」に違いなかった。しかし彼の胸にはアリアズナのロケットがあったということを忘れてはならない。決死的行為もロシヤとの戦争も軍人としては本懐であった。しかし、彼はロシヤですでに人間として洗礼を受けていたのだ。彼の心のうちは、これまでの広瀬伝説にあるほど単純なものではなかったと思われる。彼もまた人間である。末長く生きたかったし、戦争が終わり運命が許すならば、アリアズナとの愛情を成就したかったに違いない。なぜなら、彼は愛する部下杉野を求め三度沈没しつつある福井丸とボートの間を往復している。三度の往復はなにを意味するのか。これこそが彼の心のなぞを解くかぎではなかろうか。アリアズナー杉野と彼の心は迷いに迷った。その間を振子のように揺れ動いた。だが眼前に残っている杉野の危機に目をつむることを彼の人間的良心が承知するはずがなかった。この二つの相克こそが彼の生涯における人間愛の最大の表現であり、彼の偉さの集中的表現である。杉野への愛をたんなる封建的主従関係や忠君愛国の面だけにしぼって強調しようとするとき、きわめてしめっぽい浪曲調の軍神像が誕生するのである。これまでの広瀬像においては軍国主義的風潮に迎合するあまり軍神性が強調されすぎて、とかく一面的になりがちであったし、それだけに「ロシヤにおける広瀬武夫」は意識的にぼかされねばならなかったといえるだろう。

いずれにせよ本書によって誤れる歴史の落とし子「軍神広瀬像」がうちくだかれ「人間広瀬像」が誕生したことを喜びたい。ただ大分県の郷土史家がこの仕事をしなかったことは残念であった。

『広瀬武夫』評（二）

九月二一日には、東京赤坂のドイツ文化研究所において「廣瀬武夫を語る夕べ」（出版記念会）が開かれた。この日のことを伝えるのは芳賀徹である。

（前略）その主旨からいつても、約七十名の出席者の顔觸れからいつても、近來他に例のない珍しい集會だつた。片や舊日本海軍關係現存の最長老で、日本海海戦の經驗者、當年八十四歳の山梨勝之進元大将、片や、一昨年あたり安保反對の旗もふつたにちがいない男女大學生たち。両極端の間には半世紀以上、六十年ほどもの歴史の差があつたろう。その間に廣瀬家の遺族や、舊海軍關係の方々や、比較文學・英獨佛文學・歴史學さらに數學の諸教授、防衛大學の教授、佐藤春夫氏、木村毅氏、それに一般讀者もおられる。世代も世界観も異なるこの參會者がこもごもに立つて「廣瀬」を語り、それをめぐつて、日ごろ秘めたるそれぞれの日本觀を吐露し對質するにいたつた――それは重苦しいほどの史的感動に満ちた會合だつた。

それに揺さぶられながら私たちの廣瀬武夫像はさらに確かめられ、奥深く刻まれていつた。たしかにこの明治武人のうちには、ゲーテを研究していようと、ラ・フォンテーヌを讀んでいようと、なにを専門にしていようと、日本人たる以上ひとしく強い愛着と敬愛をよびおこされずにはいぬ普遍的な人間の美しさ、天真の魅力が輝いていた。それは一言に彼の人柄ともいえようし、責任感や節度や一種宗教的な精神力による死生の脱却など、一がいに古風とはいえぬ舊日本的美徳のあらわれでもあつたろう。だがそれとともに、比較文學者島田謹二教授が主力を注いで明らかにしたように、五年のロシヤ生活の間に徐々にめざめ洗練されていつた西洋風な人間愛が、彼の人格の根をたつぷりとひたしてもいた。「杉野はいずこ」という彼のあの悲壮な最期も、単なる勇氣や責任感の發露であるより、むしろあわれみの深さ、トルストイ風な愛の發露であつた。嚴冬のシベリアを單騎横断してきた廣瀬をウラジオストックに迎えて、ある日本夫人は彼のうちに、「日本の騎士」ともいうべき錬磨された人間の氣高さを感じとつたのである。このような明治海軍軍人は、今日でさえ、いや今日こそその深化が光をおびてくるような、日本人の理想像のひとつといえるのではなかろうか。――山梨大将は舊海軍の代表として皆さんに禮をいうからとて、五時間にわたる全スピーチを終始端座して聴かれ、最後に、聴く者の間に静かな圧倒的な感銘をおよびおこしながら、いわれた、「廣瀬さんのごとき人間は海軍の誇りであり、日本の誇りであるばかりでなく、人類の誇りとも云うべきでありましよう。」

（後略）

（昭三七・三『新潮』所載「日本海軍と比較文學」）

この一年後、芳賀は『比較文學研究』第八号（昭三九・七）に書評を寄せ、比較文学研究の二つの方向について詳説してから次のように書いた。

戦前日本の国民的理想像の一つとして、さらに銅像の「軍神」として、歪められ偶像化されることもっともはなばなしかった広瀬中佐――その硬くこわばった軍神を再び人間に還元するには、まず精密な事実の調査によって、かれをもといた水のなかにもどさねばならない。そしてかれが再び水中花のようにみずからを開示し息づき始めるのを待たねばならない。言うは易く行うは難いこの方法を島田教授は徹底的に実践した。（中略）

広瀬関係の既刊史料および東京外語大や東大の図書館に分散する広瀬旧蔵書、財団法人史料調査会保存の日本海軍資料、日露関係人物の既刊未刊の遺稿や伝記、それが隈なく検討されたのはいうまでもない。さらに、本研究進行中に竹田市広瀬神社で発見された広瀬の未公開書簡、日記、手帳、写真、ロシア友人《(ママ)》からの餞別品などの包は、数多い未知の事実を提供し、彼の人間像の奥深くまで照らしだすこの上もなく貴重な資料となった。それら直接一等資料の読みにこそ教授練達のエクスプリカシオン・ド・テクストは自在に適用され、その含蓄を余すところなく汲みとるのである。そしてこの操作の背面からの保証には、「スタニスラーフスキイ伝」の訳者でもある教授の、ロシヤの地誌・歴史、また当時のロシヤ社会の政治的文化的雰囲気に関する深い知識があった。この両面から、彼我の具体的詳細は、普通なら見落とすような点まで、もはや広瀬と一つのものになったとしか思えぬ著者の目と息で補足され、生き生きとした連関の中に意味づけられる。そして密度の高い独特な叙述をとおして、ロシヤにおける広瀬武夫の人間像とその行動は、肉付け豊に微細な陰影をおびて深い奥行きの上に浮かび上がってくる。

すなわち、さきにもいったように、明治一海軍将校の発した西洋世界への「返答」が、その知性の面から魂の内部、心理の襞にまで立ち入って究明されるのである。広瀬の此のロシヤへの返答には、強いて分ければ次の二つの面ないし段階があった。一つは野本綱明や八代六郎につづく明治海軍のロシヤ研究家〝Russisant〟として、ロシヤの挑戦にたいして発した返答。（本書第一・二部）。二つは西洋風の「人間愛」にめざめた「日本の騎士」としての、ロシヤの呼びかけへの答え（ほぼ第三部）である。（中略）

江口教授は「島田教授の横綱相撲」と本書を評されたが、まさにそのような真向からの力作であると同時に、これはまたまことに感動と魅力に満ちた芸術品でもある。外国語ことにロシヤ語に訳して、この広瀬という日本人をひろく今日の世界に知ってもらいたいとも思う。本書によって日本比較文学はさらにユニークな強固な学的存在理由を現実に築いた。

（後略）

『ロシヤにおける廣瀬武夫』は、初版刊行の翌年九月に、改訂版第一刷が出され、昭和四五年四月には、朝日新聞社から決定版が出された。そして、昭和五一年二月に上巻、三月に下巻とそれぞれ第一刷発行で、「朝日選書」として刊行され、年を追う毎に版を重ねていく。手にした本が弘文堂の初版本か改訂版か、朝日の決定版か朝日選書かの違いはあるにせよ、この書について語った人は多い。島田とは親交三〇年にも及ぶ福原麟太郎は、親しく島田にふれて次のように云う。

友人の中の読書家を考えてみると、そういう博読型と専門家型とたしかに区別がある。双方を兼ねている人も、もちろん多く、例えば、島田謹二氏とか下村寅太郎氏とかの如きで

ある。（中略）

島田謹二君は、名だたる比較文学の学者であるが、文学的には佐藤春夫のお弟子だと思っていたこの人が、やはり数年前還暦に達した折には、ロシヤにおける広瀬中佐の伝を大冊の立派な本にして、それを私も頂く栄誉を与えられたのであった。この本がまたすばらしい研究でもあってこの本に注目して、単なる記念出版ではないことを、たちまち世間は注目した。するとたちまち私の頂戴した本をとりあげた紳士がある。私のいま勤めている大学の同僚、高橋邦太郎氏で、高橋さんに、島田君の広瀬中佐伝お持ちでしょうと言われた途端、私はもうこれは当然高橋さんに献上すべきものであると、直感したほどにこの人は、本好きで博学多才である。しかも下村、島田両君とひとしく、凝り屋で、何か文献を集めはじめると、草の根を掘り石を起こしても探し出す根気がある。私の辱知三大読書人だが、こういう人たちに較べると私など、何をしに生まれて来たといわれることであろう。浅ましき次第である。（昭四二・五『読書と或る人生』新潮社）

『ロシヤにおける廣瀬武夫』に注目して、刊行（昭三七・九・三〇、改訂版第一刷布装）後すぐに読んでいた司馬遼太郎（本名福田定一、一九二三―一九九六）は、朝日新聞社から改訂新版（昭四五・四）が刊行されると、ほどなくして『サンケイ新聞』夕刊（五・一八）に「ユニークな視点から明治の大教養人を発掘」と題して書評を書いた。

戦後、あたらしい文学研究の分野として比較文学という学問ができたが、著者は日本でこの分野に最初のクワを入れた人である。

ヨーロッパの各国語圏でさまざまな文学が成立したが、ヨーロッパ的環境のなかでは孤立ということはありえず、かならず相互影響があった。それを研究するのがこの学問だが、日本語世界という孤立した環境のなかで比較文学研究がどのようにして研究されるのか、正直なところ私には疑問であった。芥川は外国作家のだれの影響をうけ、志賀直哉は外国文学の影響をより少なくしかうけなかったという影響論的研究に堕しやすく、それでは好事的で学問にはなりにくい。

が、この島田謹二氏という開拓者が、「ロシヤにおける広瀬武夫」という独創的な場所に視点をすえ、それを堂々たる学問の分野にひきいれたということ自体、戦前の学問が発想法まで多分に外国のまねであったことをおもえば、発想からしてすでに驚異である。私は昭和三十七年、この本の旧版が出たとき、いちはやく読んで、大げさにいえば戦後日本の大きな可能性を思った。戦前にはなかった着想であった。

広瀬武夫というのは、日露戦争のころの海軍中佐で、旅順閉塞隊を指揮して戦死した軍人であるとしか一般の認識はない。広瀬に大教養人を発見したのは、おそらく島田謹二氏がはじめてであろう。広瀬は、武士階級の漢学的教養の相続者であるとともに、英語と海軍を通じてヨーロッパの思考法を知っていたという点で、典型的な明治知識人であった。その広瀬が、ロシヤの駐在武官になり、帝政末期の宮廷文化のなかに身をおくのである。そういうロシヤ宮廷文化にとって異質な広瀬が、その異質をめぐってどのように教養上の化学変化をおこすかを追求したのが本書で、その変化の触媒としてある貴族令嬢に広瀬が想いを寄せ、両者のあいだに華麗な手紙の往復がおこなわれる。この劇的な課題を、本書は島田謹二的な幅ひろい世界のなかで比較文学として確立させた。しかも学術論文のような固苦しさはなく、通勤電車の中でも読めるという叙述と構成をもっている。私は戦後の名著の一つではないかとおもうのである。

これ以前にも、『波』(昭四二・四、新潮社)に「維新前後の文章について」坂本竜馬や西郷隆盛の手紙、ゴンチャロフの『日本渡航記』(井上満訳)のことを書いたとき、『ロシヤにおける廣瀬武夫』についてふれている。

司馬遼太郎
朝日新聞社提供

私は最初、島田謹二氏の『ロシヤにおける廣瀬武夫』という名著にふれるつもりであった。島田教授は比較文学の課題として明治的教養骨格をもつ廣瀬武夫を素材にとりあげ、広瀬がロシヤの駐在武官になり、日常生活のなかでその人文に触れ、それによって彼の文藻がどのように触発されたか、ということをこの労作で追求しておられる。私としてはこれほどおもしろい書物を近年読んだことがない。その広やかなおもしろさのほんの一部に、維新を境に重大な試練台に立たされた日本の文章語と文章的教養の問題の側面が、これほど鮮明に提示された研究収穫に接したことがなかった、ということも入っている。

また、氏は、昭和四三年四月二二日から足かけ五年にわたって、『サンケイ新聞』夕刊に「坂の上の雲」を連載するが、一年半後の一〇月三日、四四五回「旅順」(一七)に、露都駐在時代の広瀬武夫を登場させ、広瀬をはげしく慕うアリアズナ・ウラジーミロヴナと広瀬の往復書簡のことを書き、島田にふれた。

(前略)彼女がロシヤ語で詩を書いて送り、広瀬がそれに対し、漢詩で返事をし、ロシヤ語の訳をつけたりした。この万葉の相聞歌のような往復書簡を比較文学の対象として研究されたのが前東京大学教授島田謹二氏で、「ロシヤにおける広瀬武夫」という名著がある。

さらに後年、『広瀬武夫全集』上・下巻（島田・高城知子・司馬共編　昭五八・一二、講談社）を編纂したときには、特別エッセイ「「文学」としての登場」（上巻所載）を寄せて、『広瀬武夫』の著者について大いに語っている。その一部を掲げたい。

> 広瀬武夫については、私どもは多くを島田謹二教授に負わねばならない。
>
> 日本での比較文学という学問の分野は、戦後、島田教授によって興されている。
>
> 氏を語るのに私の記憶はあやふやだが、かつて芳賀徹氏にうかがったところ、戦後、氏が第一高等学校に入ったとき、世間は窮迫し、かつ食糧難の時代で、多くの生徒は食うこともできなかった。このため授業は正午までしかなく、午後はアルバイトにゆく生徒のために解放されてすべて休講になっていた。
>
> ただ親許を東京にもつ生徒のほとんどはアルバイトの必要がなく、このため無聊だったらしい。島田教授はたれからたのまれたわけではなく、午後、空いた教室で数人の生徒のために、内外の文学についての講義をしておられたという。いわば同好会というべく、同好の生徒がふえるにつれて講義の内容も充実してきた。島田教授は専門の英文学のほかに仏、独、露などの文学を併せつつ、明治、大正の日本文学をこれに加えて受講者に美学的共感を得るという講義の仕方だったが、やがて単なる観賞から底を突きやぶるようにして、文学の比較という人文科学的な分野を展開されるにいたったらしい。
>
> やがて学制改革とともに旧制第一高等学校は解消し、東京大学教養学部という新制度のもとに発展したが、仄聞したところでは、教養という学問などありうるか、という異見が多かったらしい。また制度の「教養学部」を是認するとしても何を内容とすべきかという疑問もあったといわれる。そのとき、
>
> ――島田さんが課外でやっているああいう分野を中心に考えてみればどうだろう。
>
> という意見があり、こういうことがあって、新制度についてのおおよその指向がきまったという。（中略）敗戦後、焼跡の日本にひきあげて来られたときの述懐を、ほとんど精神の色彩まで感じられるほどに熱っぽい話し方で語られたのを、筆者は比較文学会の一支部の会場で聴いたことがある。
>
> 右、教授みずからが語るべき閲歴について無作法ながら触れたのは、広瀬武夫の再発見にかかわるためである。（後略）

出版の事情

『ロシヤにおける廣瀬武夫』は、多くの人に注目され、広く読まれるようになったが、刊行に至る経緯は必ずしも順調なものではなかった。教授の卒論第一作として、東大定年退官の三月を刊行の時と希望して出版社に当たったが、すみやかに引き

受けてくれるところがなかった。芳賀徹は、後年島田が菊池寛賞を受賞したとき、「島田謹二先生の受賞を喜ぶ——日本人文学の「横綱」」（平二・一二『文藝春秋』）で次のように書いている。

「やっぱり、出版はむずかしい」
大手出版社に勤める友人はそういって、私に大きな風呂敷包みを返した。いまから三十年余り前のこと。風呂敷の中味は、積むと五十センチにもなるような島田先生の『ロシヤにおける広瀬武夫』の原稿だった。私が先生に頼まれて、その友人に託し、検討して貰ったのだが、当時は明治軍人の評伝といえども軍事物にはまだまだタブーが強かった。それなら俺が引き受ける、と胸を叩き、一年余り後にほんとうに本にしてしまったのが、弘文堂に就職して間もない同門の故小野二郎だった。（後略）

芳賀がいう「大手出版社に勤める友人」とは、中央公論社に勤務していた粕谷一希（一九三〇—二〇一四）である。粕谷は、原稿を読み、技術的に感じた点が二・三あり、また最もよい形で読者に提供するには多少の圧縮が必要ではないのかと考え、駒場に島田を訪ねて相談したいと葉書を書いた。その会見希望の日時は、昭和三五年一一月二九日午後一時ころということであった。面談でどんな話が交わされたのかは知るよしもないが、結果は「やっぱり、出版は難しかった」のである。「ロシヤにおける廣瀬武夫」の原稿が粕谷の会社から刊行の運びにならなかった理由を筆者が尋ねたのは、本が世に出てから五〇年以上も経ってからであるが、粕谷氏は御手紙をくださって、大学時代に文学を語る島田の人気のある講義を聴いたこと、島田の「比較文学」についても考えたこと、そして、今一つその仕事を好きになるに至らなかったことから、件の原稿を引き受けなかった、と御丁寧に教えてくださった。それゆえに「広瀬武夫」は新しい出会いを待たねばならなかった。

その出会いは、思いの外早く訪れた。比較文学比較文化課程で島田に学んだ小野二郎（一九二九—一九八二）が弘文堂に勤務していて、同門の青柳晃一の薦めで企画した『講座近代思想史』の編集を手がけていた。そして、この叢書には島田をはじめ、門下の芳賀、青柳、山本香男里、寺内ちよも執筆したのである。昭和三四年一〇月には、島田がかつて講義した『浮城物語』『佳人の奇遇』「秋山真之」等の研究を纏めた「明治ナショナリズムの文学」が収録された経緯もあった。風呂敷に包まれた「廣瀬の原稿」が先の出版社に運び込まれたり、返されたりする二年近くも前のことである。このような流れのあと、小野は、恩師島田の本格的な「明治ナショナリズム研究」の出版に一肌脱ぐ決意をしたのではなかったか。

『大きな顔——小野二郎の人と仕事』（昭五八・四、晶文社）に「小野二郎君を憶う」を寄せて島田は云う。

「武骨天使伝」と副題をつけた『ロシヤにおける廣瀬武夫』

という小著がある。あれは一九五九年ごろから手をつけて、六〇年中に根幹がかたまり、六一年三月、私が定年で退官したとき原稿が全部できていたのではなかったか。しかし、出版界の消息にくらい私は、どちらに話をもちこんだらいいのやら、まるで検討がつかなかった。その時すでに卒業してある出版社に籍を持っていた君が、ヨシ引受けた、私にやらせてくれといって下さった。戦後まだ間もなく、戦前の反動から広瀬武夫などというのは、ただのミリタリストと錯覚されていた。名を出すだけで爪弾きされかねない人物とみられていた。さすがに小野君の才弁を以てしても、首脳部にスムーズにのみこませられたものかどうかをあやしむ。が、同君のお力であの著書は世に出ることになった。いわば小野二郎君が保証人に立ってくれたから、広瀬武夫はもう一度日本の読書界の前に歩けるようになったのだと思う。

小野君の直観と洞察とはものを云った。初版はすぐに売り切れた。いまから省りみると意外と思うようなうけとられ方であった。幹部も考え直したらしい。再販を出したいから、ともちかけてきた。その時はこちらも態度が少しかわっていたらしい。なんだかんだのいざこざがあった末、結局再版が出た。いやそれだけでなく三版もすぐそのあとに出させてほしいと切望された。

私の著作の中で、世間がいちばん高い点をつけてくれるあの作品は、全く小野君の侠気のおかげで日の目をみたのだ。いわば小野君は私のある一面の最初の発見者であった。最初の推挽者であった。当年のいきさつを振り返ってみると、私の小さな歴史の中において、小野二郎君は私の恩人である。ただの師弟などとはいわぬ。なんという有難い因縁のお人であったことか！（後略）

『広瀬武夫』評（三）

朝日新聞社から決定版（昭四五・四）が出されてからも続々と書評や関連の著述が公にされた。「女性への愛に人間味」（岩間徹、五・四、『東京新聞』）、「〝文武両道〟とはいかなることか？——島田謹二教授『ロシヤにおける廣瀬武夫』の軍神観」（村上一郎、昭四五・一二、『初原』）、「廣瀬武夫とアリアズナ」（昭四九・一二、横田富佐子・横田敏一著『帝政ロシアの女性風俗』）、「敵軍の友に送る一掬の情」（昭四九・一二、板坂元著『日本文学三六五日』上巻）、「もののふ・廣瀬武夫」（昭五四・六、藤野順著『放浪読書学——定年からの旅立ち』山手書房）、『明治の人　廣瀬武夫』（服部松斉著、昭五五・七、金龍山大圓寺）、「奇想天外から落ちる人物——上泉徳弥」（松野良寅著、昭五七・四『潮騒』）等である。

『初原』創刊号（内村剛介編集　現代思潮社）に寄稿した村上一郎（一九二〇—一九七五）は、かなり長い「広瀬中佐体験」を綴って次のように書きつづける。

実に昭和三十六年、人生に何度もない感慨をもって、島田教授の『ロシヤにおける廣瀬武夫——武骨天使伝』（弘文堂）

に出会ったのだった。その時の喜びは、あたかもこの優れた伝記文学の泰斗が、東大のいちょう並木を歩みつつふと手にした洋書の扉に「武夫」という捺印を見いだし、これぞ広瀬中佐の蔵本にちがいないと直観なさった、その出会いにも負けぬ感慨ぶかいエアレーベンなのであった。

世の中に、とりわけアメリカに破れた日以来の日本に、こういう伝記文学をものされる方がおられたのか……。私は当時弘文堂から『久保栄論』というほとんどはじめての評論書を出してもらった関係、また食いはぐれて弘文堂で校正をさしてもらった関係なんぞあって、島田教授の教え子・小野二郎氏なぞと知っていたので、小野氏の同僚たる旧友の塩沢清君なぞ共共、この喜びを分かち合ったのだった。教授の別の教え子と知り合い、共に小さいが特色のあった多摩芸術学園の教師となり、この日本書籍文化の誇りといってよい本について学生に講義した覚えもある。別の友人と「島謹さんて大した人だねえ」と噂し合ったこともあった。実にこの本は、読めば読むほど味わいのある、最上等のスルメのような文体をもっていた。また食いしんぼうないやしい形容で恐縮だが、ビールなぞ一杯やりつつ塩マメやピーセンや木の実を食い出すと、やめるにもやめられなくなる、そのような本であった。文体は九〇度でぐっときりこんでくるのではなく、一五〇度くらいでくるのだ。

わたしはこの本を本当の枕頭の書として何回も何回も読んでは涙し、ふと笑い、ブツブツと口のなかで低誦しつつ、たゆむことなかった。とりわけ、第二部のはじめに掲げてある、広瀬中佐の漢詩訳によるプーシキンの詩、

詩人ハ真詩人タルヲ要ス
管スルナカレ喧囂タル世間ノ評ニ
世評翻覆ス雲マタ雨
昨日ノ盛名今声ナシ

……………

なんぞ、原詩と少々意味がちがっていようが、いまいが、日本武人の誇りたる名訳と思って、むしろ中佐の創作という に近い文体とさえも感じられ、低誦するごとに涙がわいてくる。そんな夜ごと、わたしは島田教授のこの名著を己が文武の道の一つの範として、いねがての夜、またためくり返して三嘆するのであった。（中略）広瀬中佐研究の補完に努められ、その御苦労のありさまは、このたび朝日新聞社から補完の上ほとんど面目を新たにして出された本と、前の弘文堂版を一々比べればよっく判る。わたしがひとりの力でカードなぞとりつつ、たしかめた限りで、いやしくも改悪なんぞといえる個所は一つもない。むしろ無尽蔵の宝庫のなかにさらにまだ何かある、まだ何かあると思わせられる。（中略）島田教授のこの本は、あくまで「ロシヤにおける」広瀬の伝記文学的作品であって、その限りでは小説『坂の上の雲』とも異質であるし、かつて「日本最高の伝記文学」とかコシマキに銘打って出された『岩波茂雄伝』なんぞとは比較できない。月とスッポンなのだ。しかしもし敢て『岩波茂雄伝』が自称

「日本一」というのなら、教授の広瀬武夫と秋山真之とはほんとうに教授の血肉と化した力作で、これは「極東一」の伝記文学とでもコシマキをつけてもよい。（中略）島田教授のこの筆力、迫真力、描写力は、芥川賞・直木賞なんぞ年々もらっている二、三の人が、半分以上ダメになってゆくありさまのなかで、どんな賞に当たるのかしらないけれど、ノーベル賞に数歩か十数歩というところだと思う。むろん、かならず英訳、露訳、仏訳、独訳化されるべき、国際的なスタンダード活動といってよい。（後略）

この書評のコピーは、島田の手元にあったものである。掲載誌を確かめぬまま、長い年月が経ってしまっていたのであるが、それがつい先頃、桶谷秀昭氏にお尋ねする機会を得て、前述の『初原』が判ったばかりでなく、『志気と感傷』（昭四六・八、国文社）にも収録されていることをご教示いただいた。

親しく師を知る平川祐弘、亀井俊介、芳賀徹、小堀桂一郎諸氏による評を掲げておきたい。「《座談会》比較文学と比較文化」（昭五一・三、『比較文学の理論』東京大学出版会）の「日本比較文学の先達」を語るところで、平川は次のように述べた。

（前略）日本人の西洋体験そのものが大切なのだという自覚が、日本の比較文学者の間に生じてきて、島田謹二先生が『ロシヤにおける廣瀬武夫』とか、あるいは『アメリカにおける秋山真之』とかいう研究をされたのですが、これは日本の比較文学者が外国の比較文学者より先に新しい領域を開拓した例ではないかと思うのです。（中略）島田先生が比較文学に半生を打込まれた挙句『ロシヤにおける廣瀬武夫』というような研究に踏出したところが実は私には非常に啓示的でした。それでもって日本の比較文学の地平線が急に広くひろがって、おもしろく自由自在になったのじゃないかというふうに、ぼくは感じたのですが。

また、平川は後年『書物の声　歴史の声』（平二一・一二、弦書房）を公刊したときには、『ロシヤにおける廣瀬武夫』と島田について次のような評を述べている。

（前略）島田謹二先生は戦後東大に新設された比較文学課程の初代主任だったが、会心の仕事をされたのは東大を去る年になってからのことで、比較研究者として丁字戦法にも似た方向転換を行った。それというのは外国の影響を探るフランス派比較文学の方法を、文士に対してではなく、海軍軍人の外国体験の分析に応用したのである。そうすることで「男の中の男。軍神の美名の下に軍国日本と共に葬り去るにはあまりに惜しい」廣瀬武夫のロシヤでの生活がはっきり見えてきた。これによって島田氏は日本の比較研究者として自己確立することができた。

亀井は、前記の《座談会》で、次のような感想を述べた。

（前略）島田先生の二大著でぼくがいちばん惹かれるのは、いろいろな文学理論をいったんぜんぶ捨ててしまったところだろうと思うのです。対象の人物のライフに即して、なんというか島田先生の内部のもやもやみたいなのがずっと盛られている本だと思うんですね。

小堀は、比較文学比較文化課程で学んでいるとき、「廣瀬研究」をつづける島田の私設助手として資料探索等に協力を惜しまなかった。マリア・ペーテルセンが廣瀬の兄嫁に宛てた書簡を、島田に頼まれて日本語に翻訳したこともある。氏は、少年時代に読んだ『廣瀬中佐』（講談社）の中のエピソード（廣瀬が故国のある子供に約束通りロシヤの郵便切手を送ったという話）を鮮明に思い出し、島田の綿密な調査に驚いたというのである。

（前略）多くの友達と同様私もこの約束の郵便切手の話は大好きであった。そしてこの立派な軍人からこれほどまでに立派に約束を果してもらった、その果報な子供とはいったい何ものだろう、といった強い羨望を混へた好奇の念の押へ難いものがあった。ところが、それから二十年余の後、島田謹二博士の名著『ロシヤに於《(ママ)》ける廣瀬武夫』が出現し（しかも私はこのお仕事の成立過程をその間近に見守ることを得るという光栄に浴したのだが）、この間の事情を見事に解明して見せ、その幸福な子供の名前をもずばりと指摘されたのであって、その時の嬉しい驚きと感慨とは、今思い返しても胸の熱くなるのを覚えるほどである。

（後略）（昭五八・一二、『廣瀬武夫全集』別冊月報所載「「軍神廣瀬」に纏はる思ひ出」講談社）

初版刊行から一五年後の昭和五一（一九七六）年三月、『ロシヤにおける広瀬武夫』は、昭和四五年刊行の決定版（朝日新聞社）をうけて、「朝日選書」上巻（五七）・下巻（五八）として刊行されたことは先に触れたが、その解説の筆を執ったのは芳賀徹である。

これは不思議な魅力に満ちてかがやく本である。『ロシヤにおける広瀬武夫』と、思えばずいぶんぶっきらぼうな題名がついてはいる。だが、その題名が思わせるかもしれないような、固苦しい、こむつかしい、世のいわゆる「学術専門書」とは、まるっきり雰囲気がちがう。

一八九七年正月のことである。当時の「大日本帝国海軍」に山本権兵衛《ごんべえ》という海軍少将がいた。年齢はちょうど四十六才。身の丈は一メートル七十あまり。肩ははって前方を直視しながら歩く。みるからに剽悍《ひょうかん》で……

と、「むかしむかし、あるところに…」と同じ語り口に誘われて、「序の章」からこの本の世界に入りこみはじめると、読者はもうたちまち話の魅力にとりつかれて抜け出られなくなる。いつのまにか、息をもつかず、著者独特の話法の熱風圏のなかでひたすら広瀬という男の歩みを追っている自分に気がつく。そして、外はもう白々と夜が明けかかっている。

………

ふと、なにか当惑か疑いめいたものが頭をかすめるとしたら、それは、いったい学者の本がこんなに、司馬遼太郎の小説のように面白くていいのだろうか、ということぐらいである。大体、研究対象である人物自身が、その当の研究書のなかでこんなふうに直接話法で語ったり笑ったりしている文学研究とか、歴史研究とかの本は、古今東西、これまであったためしがあるだろうか。この書物では、主人公広瀬を中心とする談論風発のつどいがしばしば出てくるが、それはみな現在形の会話体でいかにもいきいきと再現されているのである。これはむしろ、奔放な空想のおもむくままに舞文曲筆した小説の一種なのであろうか。

そこに疑いを感ずる人は、本書の長い重要な「まえがき」と、巻末のこれまた充実した「マージナリア（傍注）」とを丹念に読みなおしてみればよい。そこに述べられているように、著者はおよそ「ロシヤにおける広瀬武夫」に直接間接にかかわりある限りの史料、文献は、遺品の類にいたるまで徹底して調査し、多大な新資料を発掘し、それらをくまなく見つくしている。

断簡零墨にいたるまでを見たというだけでは、まだ言い方が足りないかもしれない。著者は人一倍強く豊かなその知と情のありたけを傾けて、それらの文献をまるで撫でさするように読み返し、また熟読し、そこにおのずからな緒口を見つけて解釈し、批判し、推測した。それでも不足なところは、敢えて想像力によって線や面を補っても、主人公の全体像に肉薄しようとしている。直接話法の会話体にしても、話者たちの固有なものの考え方や口調まで研究して、構成されている。それは調査の不足を空想でごまかしたのではなく、逆に最大限の博捜の上に提示された、一つのおのずからな、自信に満ちた解釈だったのである。

だからこれは、詩的な直感力や構想力にも力をかりた歴史研究であり、歴史小説ではないが小説のように面白い文学研究なのだといおうか。ロシヤの広瀬を中心に、明治日本の精神と国際政治の状況のなかにはいりこんでいって記された一つのドキュメンタリー、一つの「歴史ドキュメンタリー」とも呼ぶべきものなのであろう。既往の学問のいくつもの分野にまたがりながら、どの分野からも自由に気球のように宙に浮游している、不思議に美しい学術作品である。（中略）

名ごり惜しく本書を閉じた後には、巻頭に題辞としてかかげられていた著者秘愛の女流歌人石上露子《いそのかみつゆこ》の歌も、身にしみてわかる。このような武人を「軍神」として祭った昔の日本人の本当の気持ちもわかってくるような気がする。そしてこの本を身近な若い友人たちに生涯必読の書としてすすめたくなる。ここにはあらゆる学問的作業の上に、おのずから近代日本の理想的男性がみごとに描き示されているからである。

　この本は歴史学者ばかりか小説家さえタブー視して触れようとしなかった日本軍人の研究にあざやかな突破口を開いたのみならず、日本の国文学・外国文学・歴史学の研究、さらには著者自身が最先端に立って指導した比較文学研究の分野にまで、画期的な新展開をもたらした一冊であった。

　この本に心動かされた人は、本書の姉妹編というべき『アメリカにおける秋山真之』（朝日選書）、また島田氏の比較文学研究の集大成である『日本における外国文学』（朝日新聞社）をも、あわせよまれることをおすすめする。またまた面白くて眠られぬ夜が続くことは請うけ合《あ》いだからである。


芳賀はさらに後年、『毎日新聞』（平一一・八・一）日曜版に「この人・この三冊」（芳賀徹選）を寄せて、島田の著書『ロシヤにおける広瀬武夫』（朝日選書）、『アメリカにおける秋山真之』（朝日選書）、『日本における外国文学』（朝日新聞社）の三冊を紹介し、『ロシヤにおける広瀬武夫』については次のように書いた。


　『ロシヤにおける広瀬武夫』が「武骨天使伝」という副題をそえて、一九六一年夏、初めて公刊されたとき、日本の学界、論壇にはいまから思えば一種異様なセンセーションが走った。第一に、これが当時なお圧倒的に強かったタブーを破って、明治日本の海軍軍人、それも「軍神」とまで謳われた男を肯定的に精細に描く評伝だったからである。第二には、島田謹二（一九〇一―一九九三）といえばもっぱら北原白秋や上田敏、またポーやボードレールなど耽美派の詩文を研究する、一風変わった英文学、比較文学の東大教授として知られていた。その学者が思いもかけず「明治ナショナリズム文学」の研究と称して、海軍大尉広瀬の五年間（一八九七～一九〇二）のロシヤ留学時代の全体験をしらべあげたからである。

　第三には、この書物がむやみに面白く、読みだすとやめられぬ語りの魅力をそなえていたからである。著者はほとんど広瀬その人になりきってロシヤの軍人や貴族たちと交わり、風雲急な帝国主義の世界を探索した。武骨天使広瀬を「タケオサン」と呼んで慕ったロシヤ少女との恋も、この本ではじめて明らかになった。そして第四に、この著は文学研究の概念を一挙に押しひろげ、比較文学を日本研究を枢とする比較文化研究へと打ち開いたからであった。（後略）

『文藝春秋』第六五巻第一号（昭六二・一）は、新年特別企画「アンケート特集　戦後の名著ベスト一〇」として、井上ひさし、山崎正和の「対談　本に見る戦後史」を載せた。「私の一〇冊」を挙げ、感想を述べるのは饗庭孝男、青木保、阿川弘之、阿部昭、粟津則雄、安野光雅、飯島耕一、飯田経夫、池田満寿夫、猪木正道、伊藤憲一、巌谷大四、上前淳一郎、大城立裕、桶谷秀昭、小田切秀雄、尾鍋輝彦、亀井俊介、栗田勇、河野多恵子、小堀桂一郎、佐伯彰一、佐多稲子、猿谷要、白州正子、高田宏、高橋健二、高橋英夫、田中千禾夫、百目鬼恭三郎、永井道雄、中河与一、中里恒子、長洲一二、西尾幹二、野田宣雄、平川祐弘、三國一朗、三田誠広、向井敏、山下肇である。「戦後の名著ベスト六二」が三八位まで得票順に挙げてあるが、『ロシヤにおける広瀬武夫』は、梅棹忠夫『文明の生態史観』、大岡昇平『レイテ戦記』、川端康成『山の音』、北杜夫『楡家の人びと』、島尾敏雄『死の棘』、花田清輝『復興期の精神』と同順位の一一位とあり、「本書を推す」欄には、『ロシヤにおける広瀬武夫』について、諸家の言葉がある。

比較文学者による実証研究の頂点を示す業績（板坂元）
日本人の外国研究として空前の傑作（小堀桂一郎）
戦後の軍人研究へのタブーをはじめて破って生まれた評伝。比較文学研究の枠を一挙にひろげた（芳賀徹）
比較文学は戦前からありましたが、あまり盛んではありませんでした。この人のおかげで日本に根づきました（波多野完治）
明治の軍人の生き方を如実に調べ上げた研究でありかつ読み物として（平川祐弘）
戦後にきりひらかれた新しい学問世界の瞠目的な豊饒を開眼させる名著（山下肇）

対談「本に見る戦後史」では、「このアンケート結果から見えてくるのは〝三つの戦後〟だ」と井上と山崎は、本と人と時代を縦横に語るが、〝戦後の名著〟は三つくらいに分類できそうだとして、おおよそ次のように述べている。

第一に、戦前の都市文化、大衆文化をじーっと持ちこして、戦争をエピソードとしてやり過ごし、戦後に生き返ってきた作家たち（谷崎潤一郎、川端康成、永井荷風、斎藤茂吉など）。第二に、戦後のあの混乱と苦痛と恨みとにコミットして、とにかくその時代と一緒に寝た人たち（埴谷雄高、大岡昇平、花田清輝、坂口安吾、丸山真男）。そして第三に、思想的にいえば第一と第二のあとにくる人たち。これは必ずしも年齢の問題じゃない。学際的であり、共産党畏怖とは無関係であり、近代というものを大きな流れで見て、それに肯定的な目を向けている人びと。文明史的な戦後——その変化を先取りするが、同時代的に観察してきた人びとです。島田謹二さんは明らかにここにはいる。名前のあがった人でいえば、梅棹忠夫、司馬遼太郎、永井陽之助、中根千枝、江上波夫……。この人たちは、七〇年代の変化を先取りしたかたちで、六〇年代からぽつぽつ登場してきたことになります。

『ロシヤにおける廣瀬武夫』の波動は広く及んで、この著書はドラマ化もされた。昭和四五（一九七〇）年一二月四～二七日には、日生劇場で松竹現代劇「日本の騎士」が上演された。阿川弘之原案、遠藤周作脚本、芥川比呂志演出、芥川也寸志音楽、金森馨美術、勝忠男制作、配役は芦田伸介（廣瀬武夫）、岡田茉莉子（アリアズナ）、池部良（八代少佐）、原保美（伊木少佐）、金田龍之介（コヴァレフスキー少将）、仁木てるみ（マリア）、宇佐美豊（ミーチャ）、春川ますみ（ナターシャ）、大森義夫（チュトルフ男爵）、山本學（瀧廉太郎）、西沢利明（栗田少尉）のスタッフである。昭和五一年には、NHK・FMラジオドラマで「遙かなるペテルブルグ」が、昭和五二年には、TBS長時間テレビドラマ「海は甦る」（江藤淳著）が放映された。そして、昭和六一年一〇月二五、二六日には、広瀬武夫の郷地大分県で、大分県民演劇制作公演「アリアズナの恋・廣瀬武夫」（作・演出　中沢湟）が県立芸術会館で上演され、一一月三〇日には、NHK大分教育テレビで二時間、三幕全舞台が放映されたのである。

島田と中沢との交信は続き、「アリアズナの恋・廣瀬武夫」公演の前から、中沢の「文人広瀬武夫」（昭六一・一〇・七『大分合同新聞』第一回連載）が送られ、島田は興味深くこれを読み、取材で廣瀬の郷地に赴いた頃をしばしば懐かしく思った。それゆえに、公演の招待（一〇・一八）には応じたいと願いつつも、公演当日に中沢の元に届いた二通目の葉書には次のように書かれていた。

大分まで伺い、皆様と共に喜びを分けあうべきでありますが、目下健康をそこね、娘の家に寄寓して療養に務めている身の上で思うにまかせませぬ。明日の開幕の御盛況を信じ、御成功のほど祈りあげます。

「柔道」余話

『ロシヤにおける廣瀬武夫』には、廣瀬が講道館柔道の有段者でその鮮やかな技《わざ》ぶりが描写されている。島田は、他の調査と同様に「柔道」についても綿密な観察と調査とを行っていた。講道館四天王の一人西郷四郎をモデルにしたといわれる『姿三四郎』（富田常雄作）を読み、映画も見た。広瀬の師嘉納治五郎（一八六〇―一九三八）にも精通した。『嘉納治五郎』（昭三九・一〇、講道館）は勿論、多くの著書を繙いて、教育者としての「人と業績」にも通じ、少年時代に日本橋から浅草に転居して住んだ浅草区北松山町から近いところにある永昌寺に講道館を設立したことも知って身近に感じた。島田は、敬愛する平田禿木（本名喜一）と嘉納との師弟関係からも深く追求していたし、アーネスト・フェノロサをめぐる関連からも究めていたから、「嘉納治五郎」には詳しかった。講道館四段の猛者《もさ》広瀬を、広瀬像を広く知らせる格好の材料の一つとして見のがさなかったのである。なにしろ、自身の中学時代、海軍に憧れて軍人を志した頃、文武に通ずるために勉学に励むかたわら、柔道着、剣道着を身につけて稽古したこともあったというのであるから。

旧仙台第二中学校の輝ける星として政界で活躍する愛知揆一が第二次岸内閣の法務大臣に就任したお祝いに出席したときか、同校創立六十周年記念の式典に出席したときかに、共に講演した同校卒業生の三船久蔵（一八八三―一九六五）と親しく話をした。水道橋の講道館に三船を訪ねてさらに親しく語ったのは数ヶ月後のことである。嘉納履正館長とも講道館創始者のこと、広瀬武夫のことについて話をした。その後道場に案内され、無心に乱取りをする老若の柔道家たちの練習風景を見た。しばらくして一瞬、道場の一角に目を向けると、赤帯を締めた小柄な人と身の丈二メートルを越すような黒帯の外国人が現われて対峙するのが眼に入った。小柄な人は三船十段であった。つい先刻まで話をしていた人が、まるで畳の上を飛ぶように動いて、巨体の相手を数メートルも投げ飛ばすのを見た。三船は多くの新しい技をあみ出した人として知られているが、この時、その真髄とも云える隅落《すみおとし》（別名空気投げ）を披露してくれたのであった。かくあった講道館訪問の成果は『ロシヤにおける廣瀬武夫』の中に遺憾なく生かされたといえるだろう。

また、地理等に関する描写についての余話も掲げておきたい。昭和五八年六月八日午後、東大比較文學會創立三〇周年にあたり、『比較文學研究』（「特輯　東大比較文學會三十年」）の「三十年の回顧」（懇談会）のために、小堀桂一郎、川本皓嗣両教授が、大学院学生たちを連れて桜台の居に島田を訪ねた。小堀教授が話の引き出し手となり、「創立当時の思い出」「創立当時の抱負」「学科運営上の苦心――学生の選抜」「質疑応答」「現在の研究室への希望」について話はすすめられ、「質疑応答」の後半には一例として「先生の御著書についてお伺いしたいのですが、『ロシヤにおける廣瀬武夫』などの中に見られる風景描写は、どのようにしてお書きになられたのでしょうか。たいへんすばらしい風景描写が強く印象に残っているのですが実際にロシヤにお出かけになられたのですか」（菅原克也）という質問が出たのに応えて島田は云った。

いいえ、あの本は、ロシヤを見ずに書いたのです。地図や旅行案内を参照し、数多くの紀行を読みました。あとは想像力で補いました。実際の光景が目の前にはっきりと浮かび上がってくるのを待って書いたのです。とにかく、紀行文学はずいぶん読みましたね。

（昭五九・四『比較文學研究』第五四号所載「三十年の回顧」）

世界中の地理についての興味と見てきたように語り書くすぐれた才能に驚く人は多いが、因って来たるところは、歴史書や紀行文、小説等を読むとき、山も海も、街の通りも、河川も橋も、天象や風景、列車や船舶の時刻までそこに生きているように接し感じている上に、現地を知っている人に会えば、事細かに尋ねるという姿勢は変わらなかった。習性として、台湾時代の数十年前からベデカー（一八〇一―一八五九）発行の旅行案内書（Baedeker）やギッド・ブルー双書（les Guide bleus）に目を通し、地図の上で旅をするようにトーマスクック（Continental Timetable Railway and shipping services guide）等を参考にしていたのである。

島田教授還暦記念会
於西銀座の風月堂（昭和36年７月７日）

還暦記念論文集

昭和三六年七月七日（金）午後五時、島田の還暦を祝う会が西銀座の風月堂で開かれた。集ったのは、福原麟太郎、朱牟田夏雄、堀大司、菊池榮一、木村健康、矢野禾積、匂坂正美、平田久雄、竹澤啓一郎、後藤末雄、市原豊太、西川満、奥井潔、森亮、篠田一士、小川和夫、愛知揆一、阿部吉雄、小林英夫、小林正、呉茂一、佐藤春夫、橘忠衛、平岡昇、尾島庄太郎、はたのかんじ、鍋島能弘、成瀬正勝、橋口稔、厨川文夫、番匠谷英一、中原綾子、北原隆太郎、波多野勤子、佐々木満子、森常治、富士川英郎、荒木亨、牛山百合子、井村君江、青柳晃一、小野二郎、吉田正和、篠塚眞木、井上公子、子安美知子、渡邊央允、平井照敏、井田進也、岡田愛子、中村ちよ、倉智恒夫、大久保直幹、芳賀徹、市河浩、平川祐弘、津川リリ子、神田孝夫である。

この月、『島田謹二教授還暦記念論文集 比較文學比較文化』が同刊行会より刊行された。巻頭「捧げる言葉」は以下の通りである。

> われらが学芸の良き師友にしてまた文芸のすぐれたる解説者たる島田謹二教授には、今年三月二〇日を以て目出度華甲の寿を迎へられる事となった。われら平生氏の学風を欣慕し、その学恩に浴せるの徒、これを機とし、氏が専門たる「比較文学」に因ある論考三十二篇を集めて氏に贈り、以てこの賀筵を飾るに応しい花束たらしめん事を企てたところ、幸に諸賢の熱誠なる賛同を得て、事は頗る順調に運び、茲にその成果を見るに至ったのは、真に氏が学徳の賜として同慶の極みである。
>
> われわれが島田教授に於て常に驚嘆し且つ尊敬措く能わざるものは、その旺盛にして衰へを知らざる、学芸に対する情熱と、それを結実せしめるに必要な清新なる感性との、稀有なる結合である。前者は飽く無き氏の求知心を動かして直接

源泉に就いての徹底的探求を行はしめるのであるが、氏は如何に瑣末なる資料の煩雑なる調査と雖もその困難を毫も意とせず、寧ろその労苦を楽しめるかに見える。また、後者は、常に処女の如く生鮮にして繊鋭なる感受力と、印象の悉くを能く整然たる形にまとめて示す組織力となつて現れる。氏が一度壇上に立ち快弁を揮つて縦横に説き来たり説き去る時、常に忽ち満堂の聴衆を魅了するのは、氏自ら体験せる深い感動を微細の点に至る迄余す所無く、如実に再現、理路整然と伝達するからである。

然し、氏は単なる理論家ではない。氏は所謂「理論」の枠を有せず、また敢へてこれを作らうともしない。氏が何物よりも尊重するのは体験である。氏はそれの咀嚼・玩味を楽しむが、その間、真贋・優劣の鑑別は自ら行はれ、氏の舌頭には、真のすぐれたるもののみの醍醐味が残る事になる。氏がこの妙味を伝へんとして語り出づる時、一切の体験は忽ち生色をおびて甦り、電流の如く対者の胸に通じ入って其処に躍動する。これ氏の講義や講演が、常にインスパイヤリングと評せられる所以である。

島田氏に見る此の天賦の飽く無き求知心と真・善・美の追求こそは、おそらく、氏を駆つて、数個国語の習得と東西古今の文学研究とに向かはしめたものであらう。これを想へば、氏が、我が学界に於ける比較文学的研究を、はじめて本格的な学問として確立したのは、まことに当然の帰趨というべきであらう。かくて、氏の比較文学の唱道と実績とは、動もすれば孤立主義に傾き独善主義に安んぜんとする嫌の有る我が文学研究家に対する一大警告として重視せらるべきものと信ずる。

島田氏は、既述の如く、ここに還暦を迎へた。然し、これは、氏の体験が豊かになり、学殖が深まり、識見がますます円熟の度を加へ来つた事を物語るに過ぎず、決して感性の老衰や求知心の減退を意味するものではない。氏こそは、学芸に対し、いつ迄も青春の情熱を捧げて歇まざる「永遠の青年」である。

今や氏の第二の人生といふべきものが、新しく展けて来た。われわれは、単に氏一人のためのみならず、ひろく我が学界、否な世界学界のために、切に氏の自愛加餐を祈るとともに、我等も亦驥尾に附して一層大なる慶祝の花束を贈り得る日の到来を信じて已まない。

昭和三十六年正月吉日　　島田教授還暦記念会発起人代表

矢野禾積

佐藤春夫

長年にわたる学界に対する大きな貢献を讃え、学恩を謝して、長寿を祈念するための論文集刊行の予定は数ヶ月遅れたが、予告通り、知友門弟による東西の文学文化論を集めて予定を上まわる七四五頁の論文集が完成した。目次は次の通りである。

目　次

捧げる言葉
影響をめぐる諸問題　矢野禾積
Archaism について　鍋島能弘
デデヤン教授の方法
——そのネルヴァル研究によって　大塚幸男
仏英詩の批評とヴァレリーの詩論　荒木　亨
作家の心理——女流作家の色彩語を中心に　波多野完治
ジュスランと英国の中世　石田憲次
『白魔』と少年使節　堀　大司
ローマのファウストとメフィストーヘレス
——「森の洞窟のばあい」　菊池栄一
スタンダールとバイロン　小林　正
エドガー・ポオ頌
——ウィリアム・ウィルソンについて　奥井　潔
フローベールとアフリカ　平井照敏
『ハックルベリイ・フィンの冒険』の解釈について　亀井俊介
ホーフマンスタールの詩 Manche freilich… について　富士川英郎
エリオットのシェイクスピア　橘　忠衛
蕃薯頌　前嶋信次

異郷の涙　佐藤春夫
明治維新前後に於けるナポレオンの影響　後藤末雄
明治初期一知識人の西洋体験
——久米邦武の米欧回覧実記　芳賀　徹
バーサ・クレーと明治文学
——私の思い出を通して　木村　毅
「文学界」同人とゲーテとの出会い　岩村行雄
明治中期翻案小説に関する一考察
——ゾラ作「テレーズ・ラカン」の場合　成瀬正勝
『海潮音』小論——訳述法と文体をめぐって　森　亮
島村抱月とグラント・アレン　本間久雄
木下杢太郎の象徴的戯曲　岡崎義恵
パリ時代の杢太郎の詩「怨言」　平川祐弘
〈イタリヤ紀行〉考察　玉虫左知夫
エリオット一斑　青柳晃一
森鷗外とE・V・ハルトマン　神田孝夫
メーディアとメドウーサについて　呉　茂一
『パンセ』の一断章のテキストについて　前田陽一
CROCE-VOSSLER 往復書簡集を読む　こばやしひでお
G. M. Hopkins の詩 The Windhover について　小野二郎
島田謹二略年譜
島田謹二教授著作年表

第八章　明治ナショナリズム研究の発展

一　秋山真之にとり憑かれたように

「秋山」を語り始める

毎年のように『佐藤春夫詩集』（新潮文庫）は増刷されて、新年早々第一〇刷（六〇〇〇部）が刊行された。いよいよ春夫の作品に精通して語ることも、書くことも多い。春夫の古稀を祝う「春の日の会」は芝白金の柳生で開かれた。政治公論社無限編集部より、初版復刻本アントロギア・ポエティカ叢書の一冊として『海潮音』（別冊解説）刊行の話があり、応ずる用意はできていたが、『与謝野晶子・みだれ髪』（別冊解説牛山百合子）、『啄木・一握の砂・悲しき玩具』（別冊解説仙北谷晃一）が刊行されただけで、『海潮音』、『於母影』（別冊解説富士川英郎）、『月に吠える』（別冊解説西脇順三郎）、『思ひ出』（別冊解説井村君江）は続刊予定として『図書新聞』等に予告されたのであったが実現しない。三七年度は、実践女子大学教授、青山学院大学、立教大学、東洋大学、昭和女子大学、慶應義塾大学の講師と掛け持ちの出講もあり過密のスケジュールであるが、意気盛んであった。実践女子大学では、Bible について、Authorized Version の後世への影響、英文学の作品研究では、Oliver Goldsmith の *The Vicar of Wakefield* を講義、時々『源氏物語』の「浮舟の巻」を語り、青山学院と立教では、「比較文学」講義で、「日本人の肖像」と題して、アメリカ留学中の秋山真之を「マハン大佐」「米西戦争」「カリブ海の兵要地誌」「ジョミニと孫子」「アメリカにおけるロシヤの海軍研究」の観点から論究し、秋山の眼光と頭脳を再構成した。西脇順三郎の強い要請を容れて出講した慶應義塾大学の大学院修士課程では、英文学専攻の学生たちに「ヨーロッパ比較文学」を講じ、厨川文夫、岩崎良三、安東伸介、西脇順三郎（名誉教授）、井筒俊彦、辻直四郎、池田潔、大橋吉之輔、ニコラス・バガーンと交流した。

『ロシヤにおける廣瀬武夫』は、一般の読者に意外と思われるほどに歓迎され、初版がすぐに売れて再販の話が持ち出された。政治家や、防衛庁の幹部や、旧海軍の軍人や、現役の自衛隊幹部候補生の間でも随分読まれ、新装改訂版第一刷が決まったある日、山梨勝之進（一八七七―一九六七元海軍大将）から来信があり、海上自衛隊幹部学校で講演をするので時間が許すなら、出向いてみては如何かとの案内を受けた。もとより、『ロシヤにおける廣瀬武夫』の出版祝賀会では、他の誰よりも喜んでスピーチをしてくれた元大将からの誘いである。「一七九七年英海軍の反乱」、「一八〇七年の英海軍のデンマーク海軍艦船の押収と本国連行、国際中立無視の暴挙」と題する話を興味深く聴いた。このことがキッカケで海上自衛隊幹部学校から講演を依頼され、以後何回も講演し、時には、資料の閲覧や借用のために戦史室や図書室にも出向き、多くの専門家の面識を得た。

『ロシヤにおける廣瀬武夫』については、執筆当時からいつも著者を励ましてやまぬ佐藤春夫から題簽を賜って改訂版（昭和三七年九月）を出したのであるが、小改訂を加えただけではもちろん意に満たぬものがあり、秋から六十日の長きにわたって、昼夜を問わず、前著に思う存分の斧鉞を加えたのである。

「源氏物語」を読む会

昭和三五年度、東大における比較文学特別講義で『源氏物語』「御法《みのり》の巻」を講じはじめたころ、「どんな文学をどんな風に読むべきか、何を読んだらよいか教えて頂きたい、日本の古典を読みたい、国文学者でない先生に是非講義をおねがいしたい」という強い要望を受けて、「それなら、本の読み方を一緒に学ぼう」と、「源氏物語――総角《あげまき》の巻」をテキストに、高円寺の住まいで始めた読書会を、二年後、新宿の中村屋に会場を移して新しくスタートさせた。これ以後、「『源氏物語』を読む会」「源氏を読む会」「源氏の会」と簡略な名称で長く続くことになるが、そもそもこの読書会がいかにして始まったのか、島田の語るところによると、おおむね次のようである。

東大の比較文学・比較文化課程の卒業生と自分とのプライベートなインティマシイを重ねる意味で、いつ集まるともなく集まりまして、当時高円寺にありました私のところで読書会めいたものを始めたのでありまして、二年ぐらい続きましたでしょうか、やがてよその方もお見えになりましたので、東大の卒業生だけでなく、他の人たちの御来会を願おうというので、中村屋に会場を決めました。二週に一回土曜日の二時ぐらいから六時頃まで、テキストを読んで、あとは帰る方は帰り、懇談を望む方は九時頃まで話をするという形で続けてきたわけであります。

読書会のおおよその流れは、数年後になるが、一時期この会の世話をしてくれた江村洋（一九四一―二〇〇五）の記録（昭四六・一『比較文學研究』第一八号「編集後記」）に見ることが出来る。

「源氏を読む会」についてお知らせしておきたい。島田謹二教授を講師に迎えて、隔週の土曜日の午後、新宿で行われている『源氏物語』の読書会については、会員諸氏の御承知のことであろうが、もともとこの会は、比較文学比較文化課程の卒業生が同教授の私宅に参上して、雑談をしながら、少しずつテキストを読んでいったものであった。それが現在では同教授の学風を慕う者が各方面からつどい、きわめて盛会である。『源氏物語』のような古典を読むにも、西洋文学をよく理解している者が読む場合には、国文学者の読み方とはおのずから異なるものがありうるはずであり、特に比較文学の研究者には独自の視野があるはずである。この読書会の参加には何の条件もないのであるから、時間の余裕のある方、ことに、東大比較文学会の生みの親である島田教授の学風に親しむ機会の少ない若い会員の方達には、参加することを是非おすすめしたい。（江村）

長い間に会場は何回も変わった。中村屋は昭和四七年春までで、その後四年ぐらいは、駒場の比較文学演習室で、時には青柳晃一教授の研究室を借りて行ったこともある。それからは、氏家春水の紹介で参宮橋の東洋信販の研修室を借り、ここが使えないときには、中村屋か青学会館で二年ぐらい続き、昭和五三年秋からは、渋谷区氷川区民会館で六年ぐらい続けた。昭和五九年六月九日、『隣の女』（尾崎紅葉）を読了したところで休講し、一年半後に『冷笑』（永井荷風）を読み始めたが、練馬文化センター、練馬区貫井図書館で数回行い、入院後の静養のため、またしばらく休講し、西大井駅前のメープルセンターで再開したのは、昭和六二年一月であった。平成四年一一月まで続いた。そして、短期入居したヴィラ哲学堂にいるとき、中野区鷺宮の真崎邸で行った、平成五年四月一〇日の読書会が最後である。

読書会で取り上げた作家や作品は多く、古典では、会の名が示すように「源氏物語」が多く、「和泉式部集」、「芭蕉俳諧七部集」、「近松浄瑠璃集」、蕪村の「春風馬堤曲」など。近・現代文学では、『たけくらべ』（樋口一葉）、『春昼・春昼後刻』（泉鏡花）、『土』（長塚節）、『天彦』（吉井勇）、『わが輩は猫である』（夏目漱石）、「土偶木偶」「貧乏」『露團々』（幸田露伴）、『乱れ髪』（与謝野晶子）、『死の勝利』（ダヌンチオ作　生田長江訳）、『東海遊子吟』（土井晩翠）、『隣の女』、『冷笑』等で、単発的には、講師が日頃愛唱するもので、「小板橋」（石上露子）、「赤光」「おひろ」（斎藤茂吉）、「道のおく」（竹久夢二）、「雪の上野」「千社札」（北原白秋）、「ああ大和にあらましかば」（薄田泣菫）、「木の国の五月半ばは」「望郷五月歌」「糸満譚詩」（佐藤春夫）、よみ人しらずの「かぎろひ抄」（花浦みさを）中の歌、「凱旋上奏文」（秋山真之）、「リジーア」（ポー）、「秘蔵寶鑰」等（空海）、『虚空遍歴』（山本周五郎）等を語り、晶子に関連するところで、鉄幹の「登美子を悼む歌」を、節に関連しては、子規・左千夫・茂吉を、春夫関連では生田長江やニーチェを語った。原稿の執筆や講演の準備として語ったのは、秋山真之、夏目漱石、鉄幹、白秋、有明、禿木、耿之介、八十、周五郎等であり、「キーツの手紙」「芥川龍之介と西洋文学」「イギリス・ヨーロッパ旅行印象記」「日本の英文学研究はこれでよいか」「カザミヤンの偉大さ」等であった。講師が特に親炙した春夫については、折々に語ったが、「車塵集」「天女流離」「何故に女を殺したか」「なぞなぞ」「幼児の夢」「Francis Conford の詩」「孟沂の話」「海辺の恋」「淡月梨花の歌」等を「詩の味わいのコツ」として連続して講じたこともある。時には、テキストを離れて、「芸術について」「読む、理解する、感激する」「日本文芸総覧」「書物の社会的運命について」「ラシーヌのことなど」「謡曲について」「近代日本文学について」「本居宣長などの日本研究について」「総合的日本観」「私の日本研究」「友情・愛情・恋・仕事・人生」「サント・ヴーブとテーヌ」「和歌の起源」「学問を語る」「日本文学に及びたる西洋文学の影響」と題する講話もあった。

後年，源氏の会で佐藤春夫を語る
於西大井メープルセンター（平成３年４月ごろ）

テキストを読んで、作家の故郷や作品の舞台を歩いたこともある。「春昼」を読んでいるとき、鏡花の世界を歩こうというので、夜行列車で金沢に向ったのは、昭和四八年二月四日である。石川近代文学館を訪ね、新保千代子（一九一三―二〇〇四）館長の話をきき、その後一緒に市内を巡り、犀川、浅野川辺を散策し、卯辰山《うたつやま》からの眺望を楽しんだり、鏡花の墓所を訪ねたり、また松任《まっとう》まで足をのばして、摩耶夫人《まやぶじん》の像も見学した。山城温泉で一夜を過し、翌日は安宅《あたか》の関跡を観た。『土』を読んでいるときには、長塚節の生家を訪ねて、その周辺を歩いた。昭和四九年三月一七日、上野に集合して常磐線に乗り、取手から関東常総鉄道で茨城県結城郡（現・常総市）石下町に向かったのは昼近く、鬼怒川の河川敷で昼食をとり、いよいよ節の生家がある岡田村国生《こっしょう》に歩み入るとき、講師は節の歌碑の前で朗々と数首の歌を吟誦した。紫峰筑波を遠望しながら、常陸の風土と節の歌に深い感慨を持った様子であった。見はるかす山も川も、田園も、そこをわたる風も、みな講師にとっては父祖の地のものである。幼少の頃、祖父助右衛門に連れられて一度父祖の地（現在の常総市福二町）を訪ねたという。そのころは関東常総鉄道はまだなく、取手から延々と馬車に乗って鬼怒川の近くにある家にたどり着いた記憶があるといった。

ある年の夏には、徳富蘇峰（一八六三―一九五七）の旧居・大森山王草堂に集まり、「日本文芸のエッセンス」を語るとて、蘇峰翁の『近世日本國民史――信長から西郷まで』を語ったこともある。若き日、詩友たちとともに日夏耿之介邸に日参したのは、ここ大森山王であった。庭園をそぞろ歩いてからしみじみと回想した。いつの場合でも、その時講師が打ち込んでいるテーマが話題になり、仕事の進捗状況を語ったり、心境を語るのは自由であった。来る人があれば去る人があるのが常であり、長い間には聴講者も変わった。しかし、聴く人が、たとえ一人でも語るのだという講師の姿勢は一貫して変わらず、仕事や旅行、療養などで休講することもあったが、語る熱情は三〇年以上も変わらなかった。「集まるともなく集まってはじめた読書会」は、語ることを喜ぶ講師の熱情と熱心な聴講者の意気が合い、講師が数え年九三歳の四月一〇日まで続いた。最後の日に語ったのは、「正しい生活」（高橋一起）、「わが生い立ち」「パリ大学における講義の想い出」であった。

『春夫詩集』の増刷

書いてきたように、『佐藤春夫詩集』は、昭和二四年七月にはじめて編纂刊行して解説を書いたが、新潮文庫に入ったのは二年後の三月である。さらに二年後の五月には改装版を出した。文庫本は毎年増刷し、昭和三八年八月には二一刷（五〇〇〇部）の刊行を見た。通算すると四六〇〇〇部である。岩波文庫の『春夫詩抄』は、この年二四刷で、昭和一一年三月第一刷発行以来、「解題」の執筆者は小島政二郎（一八九四―一九九四）であったが、二四刷改版発行を機に、島田が新しく「解題」の執筆を依頼されて、『殉情詩集』が出るまで――いわば「若き日の詩人佐藤春夫」の真髄を究める解説を書いた。一一月には、『佐藤春夫文芸論集』（編纂・解説　創思社）を刊行している。著者が語る「『文芸論集』自叙」から読んでみたい。

文芸論集といふ書名は、たしか、柳村上田敏の著書にあつたかとおぼえてゐる。まことにかういふ堂々たる書名は柳村先生のやうな学匠の著書にして、はじめてふさはしいものなので、無学無識なわが放談に類する雑稿の集には決して似合はしいものではあるまい。

しかし一寸の虫にも五分の魂とか、わたくしとても分相応な管見や一家の偏見ぐらゐはある。そこでこの書の題名も文芸管見とか、わが一家言とか、それとも五分の魂とでもしてはどうかと考へて、それを提言したものであつたが、著者の名を冠して文芸論集と題する簡明直截なのに如かずと言うのが書肆側の動かしがたい意見であつた。

どちらにしても売れさうにもないのは同じである。それならば著者の我意を押しとほして不成績なのよりは書肆の意見を尊重し、これに従つて結果の思はしくなかつた時の方が著者としての責任は軽からうと、書名の過分、僭越をも顧みず、唯々諾々として書肆の意に従ふことにした。

編々みな管見であり、偏見であつて、公論ではない。それ故にこそ、これを精読の労を惜しまないならば、わたくしの文学観は、はつきりと知つてもらへると思ふし、たとひ深遠なものではないとしても、現代の文壇常識に囚はれてゐる後進をいささかは啓蒙するぐらゐな役には立たうかともうぬぼれられないでもない。然らば己を大に利するとともに他をも少しは利することもできさうなものである。これが蕪稿を集録し上梓する理由である。

これを編むに当つて、永年、書きなぐり、書き捨てて既に書斎の塵に委ねながら未だ焚きもしないでゐた蕪稿の取捨に迷つた著者は、その取捨選択、編纂の順序方法から更に解説までの一切を、畏友島田謹二教授に請ひ得て、幸いに許諾するところとなり、教授はもとの学生でかねてから、拙著や拙筆のある紙誌類まで広く蒐集して書誌の作成を企ててゐる牛山百合子嬢を助手として事に当られ、暑中休暇中の清閑をさへ専らこれに空費して、過褒敢へて当らぬ溢美、懇切な解説を与へられた友情は、牛山嬢の無償の好意とともに深く感謝する。この書の成るは、実にこの好学の師弟の賜と言はねばなるまい。

一九六三年新涼の虫声を促すころ

東京関口台の山房にて

藤老春誌す

早くから文芸評論に異彩を放ったという著者を熟知する解説者の至れり尽くせりの「解説」も掲げなければならない。

この「文芸論集」に修められている十四のエッセイを、どんなふうに読んだらよいか。初学の人はきつとそういう問を発したくなるだろう。それに対して著者は必ずそれは読む人の勝手だ、好きなように読んでよいと答えるだろう。こう読まねばならぬなどというキマリも、制約も、どこにもあろう筈がない。そんなことを考えて書いてもいないし、編んでもいないと答えるだろう。

それに違いない。その通りである。でも、年少の、文字通りに初学の人がいて、押してこの書の読み方を問うとすれば、筆者はこころみに一案を以て答えてみよう。著者がそれに同感してくれるかどうかはわからない。やつぱり学校の教師だな、と苦笑する様子がアリアリと目に浮かぶようであるが、それは著者の心裡のこと。読み方も見方も味わい方もまるで違うらしい今日の年少者のための一つの解説として、筆者は、臆面もなく、次のような読み方を述べて参考に供したい。

知識階級と云われる日本人の読者なら、わが国の文学は誰だつて読んでいるにきまつている。然し、読むとはどういうことか。外国語で例を出すと、単語のいわゆる意味を知り、それを文法的に結びつけ、文全体の意味を知的に解く。それでよしとするタイプの教育が、外国語の場合にはしばしば行われている。文章全体の知的な外面的な意味は一応わかる。わかればもうそれでよい。文章の心持には入つてはみない――感嘆も、反語も、その他いろいろ、すべて言葉として示されていない内容も含まれているだろうが、そんなところには手を出そうとしない。だから文章の知的概念的な解明だけでよしとして、心持の世界には入つてゆかない。これは今日の年少の読者が共通にもつている特徴のようにみえる。外国語の教育はただ一例であるが、国語国文の方でもそういう傾きがありはしないか。つまり、今日は文字を解し、その意味を知識的に受けとるだけ。うつかりすると、タテのものをタテのままに読みとばすだけ。――そういう傾きがかなり強く出てはいないか。だから、若い読者は、日本の文学を読んでいると云つても、古典と近代との別なく、すべてコマギレ的の部分を、いわゆる文学史的に教えこまれて、知識として図式的概念の枠の中に入れられた評価を外から教えこまれて、それをやみくもに信奉し、自ら眺め、解し、味わい、判ずるという訓練が弱いのは、ざんねんながら実際らしい。これではならない。何とかせねばならぬ。それにはまず、テキストそのものを自らの眼と心と頭とで読むこと。自らの責任において、自らの人格的反応を通じて、読むこと。――そうしたよみ方を教えこむ以外に、文学をものにするやり方はありよう筈がない。その具体例を、この文芸論集はしんせつに教えてくれるのである。こんなにありがたい教本は外にないだろう。（後略）

これらのエッセイは、どれもこれも一切の粉飾をすてて、文字通りに「自然」に帰つた自然人の自然な心を自然の声で伝えたものと云つてよい。心情を幼児のごとく吐露して、そのまま真実をおのずと現わすこと――それこそこの作家のかねてからの願いであつた。これらの評論は、それを志向として語つているが、今やこの文芸の大宗師は、その志向した境地に自由自在に出入しているのを実作についてみられたいと希望して、この解説の筆を措く。

一九六三年八月二一日東京　　島田謹二

この年九月、五年三ヶ月ぶりに刊行された『比較文學研究』第七号（昭三八・九）に「永井荷風の『珊瑚集』――比較文学研究」を掲載した。一〇年前に、『珊瑚集 仏蘭西近代抒情詩選』（新潮文庫）の解説を書き、昭和三〇年度から二年、「日本近代文学と西洋文学」（演習）を講じての精細綿密な研究の公開であった。これまでには、「ある訳詩について」（三一・九、『言語生活』六〇号）、「『珊瑚集』のボードレール解釈」（三二・二・一九、NHK教養大学連続講座）以外の著述は見られないようであるが、若き日から愛読してきた荷風の訳詩の解明を果したわけである。『東京新聞』夕刊（三九・五・一〇）「大波小波」に「比較文学研究の雄編」（五月晴記）として次のように紹介されている。

島田は「永井荷風の『珊瑚集』」（比較文学研究）と題する論文を完成している。珊瑚集の訳詩とフランス語の原詩を対照させ、それぞれについて実に精密な批評を行いながら、両者の異同をつまびらかにしている。島田はすでに「海潮音」について同種の試みをほどこしているが、今度の「珊瑚集」の方に評者のより深い詩心が認められ、文句なしに日本比較文学研究の記念碑的業績とみなしていい雄編である。

実践女子大学を離れる

恒例の新年祝賀に関口台町の春夫邸を訪れるのは一月二日である。前年九月に刊行された春夫の『美女日本史』（河出書房新社）や『受難華』（大雅洞）のことが話題になり、また、前年六月と十月の北海道旅行の話につづいて、四月に『北海タイムス』夕刊に連載が始まる「わが北海道」のことで話がはずんだ。出講して三年、実践女子大学を離れて四月からは、博士課程が新設される東洋大学文学部英米文学科大学院に出講することも話題に上った。実践女子大学を離れるに当って、「フランス派英文学研究——エミール・ルグイの業績」を『実践女子大学紀要』第八集に、独白体の劇詩「小碓命《おうすのみこと》の最後」を『実践文学』第二一号に寄稿して記念とした。「フランス派英文学研究——エミール・ルグイの業績」の冒頭には、リヨン大学英文学教授ピエル・ルグイ先生に献ずとあり、目次は次のようになっている。

「フランス派英文学研究」に打込んだ経緯が「あとがき」に書かれている。

フランス派英文学の実態をさぐろうとして、この三十年ぐらい学んできた。いわばその中心にくらいするベルジャム、アンジェリエ、カザミヤンらの業績については、いままでにいくつかの研究を公にしたが、かれら三大家をつないで、事実上この派の総師とみられるエミール・ルグイに関しては、まだまとまった研究を出していなかった。ここにそれをいくらかはたしえたことをうれしいと思う。

ただこんな形である。三十年も学んでいながら、何という非力か。書きながら、幾度もいやになって、筆はねがうように進まなかった。山は高くそびえている。霧が立ちこめている。道はけわしい。一歩一歩と辿るわが足は重い。ときどき案内人があらわれるが、すぐ見えなくなる。だいじな個所に、ついていてくれたことはめったにない。ときどき不安になって、引き返そうとしたが、何ものかに憑かれて、ヘトヘトになりながら、どうやら登ってはみた。あらためて、わが身の力の程度を知って、冷汗をかいている。

もともと筆者がひそかに志し、ひそかに夢みていたのは、もっともっと独自な解釈をもって、ルグイに対しうる研究の集積であった。その夢と、その志とは、ほとんど全く実現できていない。かえりみて、さびしい。

さびしくもあるし、はずかしくもある。それはその通り。

ただこれを書きながら、いくつかの副産物をえた。しいていえば、それらだけが、この研究の途上において、筆者の真に獲得したものになるだろう。それは外国文学の研究の志向と水準とに関する、そこばくの自得と、自恃とである。これはうれしい。そしてこの点での収獲が、自他にとって意味なしとは、どう考えても、考えられぬ。それを唯一の口実にして、このはかない小研究を、人に示す。

この仕事をすすめるのに、お世話になった恩人は何人かいる。ここ三十年来筆者がフランス派英文学にかぎらず、この種の問題をいろいろと呈出し、質問し、お教えを仰いだのに答えて下さった方々は、みなありがたい存在である。ここに一一尊名をあげがたい。ただしかしこの研究の対象たるエミール・ルグイの令息――現在リヨン大学英文学教授ピエル・ルグイ先生の御名だけは、逸することをゆるされない。筆者がこの問題を研究の途上、つかれて、しばらく抛棄していた時、文字通りに空谷の跫音のように、とつぜん人に問うて、フランスから書を寄せ、筆者をはげまして、蕪稿をつづけさせたのみならず、多くの貴重な資料を贈って下さった。何というありがたいことだろう。本稿がまがりなりにも、完成したのは、一にピエル・ルグイ先生の御力によると、筆者は信じてうたぐわない。ねごう、わが感謝の微衷を受けられんことを。

一九六四年一月二六日夜　　東京　　島田謹二

この著作にいち早く着目して感想（昭四一・三『比較文學研究』第九号）を述べたのは平川祐弘である。

「フランス派英文学研究――エミール・ルグイの業績」（実践女子大学紀要第八集）は、島田謹二教授が過去三十年にわたってその実態をさぐってきたフランス・アングリシザンの総帥 Émile Legouis の人と業績について、教授がその蘊蓄を傾けて執筆した論文である。そこにはルグイの人柄も、彼の研究の持味も、英詩・仏詩の特性の差異も、味いふかく語られ、親しく説かれている。島田教授は若年、英文学研究に志向した当時、外国文学・文化研究者が直面する種々の疑問の解決を、同じく外国人研究者として英文学に対しているフランス・アングリシザンの諸先輩に求めた。その学者としての真摯な半生が島田教授を比較文学の方向に導いた経緯を考える時、教授半生の労作ともいえる「フランス派英文学研究」は、比較文学者のみならずひろく日本の英文学者の注意を引いてしかるべき一成果かと思われる。その学問的視野がアングロ・サクソンの世界に局限されている間は、英米文学者は比較文学者とは見なされ得ないようである。（後略）

もう一つの寄稿、創作「小碓命《おうすのみこと》の最後」は、処は伊勢の桑名郡、一つ松の付近、雪をいただく鈴鹿山脈を左方に遠望して、右に伊勢の海、風景は荒涼としていづこともなく寂寥感がただよう中で、小碓命（三〇歳）が、数カ所に矢傷を受け、血痕班々、顔色蒼ざめ、刀を杖つき、息苦しげに独白する、二百八十行の劇詩である。記紀によれば、景行天皇の皇子日本武尊《やまとたけるのみこと》が東国の蝦夷《えみし》を鎮定しての帰途、近江伊吹山の賊徒を征伐の際、病を得て伊勢能褒野《のぼの》で没したと云うが、伝説上の人物の最後に身自らを投影させてなにかへの決別をあらわそうとこころみたのであろうか。これは、先にふれた「流水抄」のように筆名での寄稿ではなく実名である。劇詩のおわりに執筆年月を（一九××年二月十七日深更）と記しているが、草稿には一九六三年に書き上げたとある。

東洋大学

「長年、非常勤講師として御出講下さっていた島田謹二先生も、四月一日付を以て、文学部の専任教授となられ、大学院のみならず、学部の講義にも、その一翼を担当されることになった。島田教授は衆知の如く、日本比較文学界の巨星であり、又、英文学界の泰斗」（昭三九・四、『白山英文学』第一〇号「編集後記」奥井潔）と紹介されて、東洋大学文学部教授に就任し、学部にも出講、増設認可された大学院博士課程では、矢野禾積とともに「比較文学」講座を担当しはじめる。同僚には、吉川美夫、瀬川重礼がいた。フランスの比較文学者エチアンブルの著書「比較文学の危機――比較は理ならず」（芳賀徹・岩崎力・倉智恒夫共訳・解説　東大教養学部『比較文化研究』第四輯所載）をテキストに使って、比較文学の現状を分析しながら、英文学と関連する講義を始めた。青山学院大学では、比較文学とは何か、どんな分野があるか、どんな研究方法があるか等について、慶應義塾大学では、『海潮音』をテキストに東西の詩を、立教大学では、佐藤春夫の詩や上田敏の訳詩を語り、「英米文学専攻」では、「フランス派英文学」を講じた。

　般若苑で開かれた第一六回の「春の日の会」（四・九）に出席、春夫がますます元気であることを喜び、その上に記念出版の『能火野人十七音詩抄』（大雅洞刊）を賜わった。春夫の「わが北海道」を面白く読み終えたし、『春夫詩抄』（岩波文庫）は第二五刷の刊行と続いてよろこばしい。嬉しいことが続いた。恩師土居光知から『文学の伝統と交流』（岩波書店）を贈られ、求められて書評を書いた。第一部から第三部までの内容を紹介する前に、まず次のように述べている。

　書物のうちには、多くの読者に読まれるしまた読まれなければならないものがある。しかし、ある書物は、ふつうの読者にはとても手が出せぬ。知識の分量から、解釈の特色から、考え方の特異性から及びもつかない、だから、かりに読みはしても、ほんとの意味はわからない。その真価は判定がつかない。この書は、そういう種類のものだと思う。学が浅く、識も薄い筆者の感想なども、しょせんは一般読者のみるところの域は出られない。著者としては、心ゆくまで論じてほしいだろうが、著者ほど深く、ひろくこまかく、こういう分野を手がけている学徒があろうとは思えぬ日本の学界の現状では、さびしいことだが、それが先覚者のうけるべき運命というものか。

（昭三九・四・一二『南日本新聞』所載
「興味深い〝比較文学〟」）

第二部の論考三つのうち、島田は「比較文学的にみた日本上代文学」がもっともおもしろかった、と書き、第三部の「現代イギリス文芸思想」を論じての作品群には、深く教えられるものがあり、総じてこの書は「学問的にたいそう刺激し、暗示する面をもつ」という意味で、「めったにない、高い水準の、たいへんえらい書物である」と結んだ。

春夫の死

四月九日、元気いっぱいの春夫と「春の日の会」で語ってから、その風姿が胸に焼きついている。「童心の世界」(1)(2)（昭三九・四・一九、二六『朝日新聞』PR版）が妙に身に沁みた。「Venus de Milo を待ちつつ」（昭三九・一・五『朝日新聞』PR版）を読んでいたから、「ミロのヴ（ママ）ナスを見る」（未定稿）昭三九・五・三一『朝日新聞』PR版）が待たれて、ふしぎに春夫と話がしたいと思ったというのである。しかし、春夫は、森鷗外記念館創立世話人会に出席して帰宅後、朝日放送の「一週間自叙伝」の録音が予定されており、その録音中、心筋梗塞のために急逝したことを知らされた。愛用の机に向ったままの姿勢で、いかにも文人らしい最期だったという。昭和三九年五月六日午後六時一五分である。この日の突然の出来事については、「回想 佐藤春夫」（昭三九・七『文芸』第二巻第七号）の座談会（井伏鱒二・檀一雄・中谷孝雄・安岡章太郎・山本健吉）がはじまる前の雑談として次のように記録されている。

檀　ラジオ放送の録音中に、中学時代の思い出を語りながら、「私は幸いに…」というところで切れたのでしたね。しかし録音は、奥さんが入って来て「どうしたの」と言ったところまで入っている。テープを聞くと、はじめのうちはハアハアと苦しそうな息をしながらそのまま切れたので、大熊君（プロデューサー）がびっくりして、どんどん中から戸をたたく。「たいへんです、たいへんです、あけて下さい」と言っているけれども、外にはなかなか聞えない様子なんだ。何分か経ってから、奥さんが外側から開けて…

安岡　そんな厳重なことをしていたのかね。

山本　鍵をかけているのですか。

檀　録音中にいきなりだれかが入って来てはいけないということだろうがね。

安岡　自宅の場合は、入ってもいいわけでしょう、音はね。

檀　きっと、うるさいからと思ったのでしょう。

山本　いっぺんに七分くらい分で、二十分近くだね。

檀　あれは十四分三十秒くらいですから…七分くらいずつくらいですから、約二十分近くなりますか。しかし、ちょっと呼吸が荒いように思いましたね。ふだんもマイクの前だと、フッという呼気が聞えるけれども。
中谷　そう、まえからですね、呼吸の荒くなっていたのは。
（後略）

この夜、故人の枕辺で通夜、春夫の縁者である佐藤良雄（一八九九―二〇〇三）と共に詩人の生涯と文学を語り明かした。佐藤良雄は、この日のことを次のように書いている。

春夫急死の日の夕方、拙宅では家人が台所からテレビを音だけ聞いていたが、「ただいま佐藤春夫がなんとかいっていましたよ」。

家人の言うままに、私はテレビを見た。まさしくそれは春夫の死を伝えるものであった。（中略）

その夜の九時頃になると、弔問通夜の客は、ひとりまたひとり、二階に上がっていった。

私は、となりに坐っている島田謹二氏にむかって、「御通夜というのは、文字通り夜を通して遺骸を守ることである。遺骸上には短刀でも何でものせて、悪魔がさらって行くのを警戒する。」という意味のことをのべ、私は今夜眠らないで朝までこの枕元で坐っているんだと言った。島田氏も私に同調して、徹夜をきめた。

さてはじめて、二人きりになってから、私は、島田氏が私より一年上級生で、若い頃市河十九というペンネイムで物をかいていたことを話し、島田氏の同級生の名を次々に挙げていった。島田氏もはじめて相対する私がにせものでないことを知り、そのあとは胸襟をひらいてそれこそ腹蔵なく語り合い、五月六日の夜はいつのまにか白んできた。

死者は息絶えても、五六時間は脳が死なない。そういうから、春夫のあの大きい福耳は、明け方近くまで両人の談をきいていたであろう。申すまでもなく島田氏ほど春夫文学を理解している人はいない。（後略）（平一・八『日本古書通信』第七二一号所載「思い出すままに」（一九））

この日のことを、春夫とは旧知の小泉信三（一八八八―一九六六）も「佐藤春夫」（昭四一・七『座談おぼえ書き』文藝春秋）の冒頭に書いている。

五月六日の夜、別室でものを書いていると―それは或る友人のための弔辞であったが―テレビを見ていた妻が、私を呼び、

「佐藤春夫さんが……」

という。佐藤君がテレビに出ているというのであろうと思い、「どれどれ」とその部屋に来て見ると、あの通りの次第であった。突嗟に丁度一年前、久保田万太郎君の死がやはりテレビを見ていた妻によって知らされたその夕のことを思い、「何ということだ」といいたくなった。その久保田がやはり何年か前の、同じ五月六日に、十五代市村羽左衛門が死んだとき、

おもかげをしのぶ六日の菖蒲かな

と詠んだことなどが、一瞬の間に心をかすめて過ぎた。

佐藤君と知り合うことは久しい。明治四三年、私は慶応を卒業して助手に採用されたその年に永井荷風を主幹として「三田文学」が創刊され、やがて佐藤も久保田も水上滝太郎も共にそれによって世に出たといえるのであるが、この年の佐藤は、一年級か二年級か、兎に角まだ予科生であったから、私とは数年へだたりがあった。それから半世紀以上の今日、佐藤君との交わりはずっと親しいものとなり、先き頃も夫人同道で広尾の家に遊びに来てくれた。（後略）

島田は、小泉の「佐藤春夫」だけでなく、『座談おぼえ書き』に収録されたエッセイや書評「パリ燃ゆ」「日本海海戦」「夏目漱石」「茶の本」等を読んで話題にしていたことを思い起こし、縁を想って先の文章を掲げた。

春夫追悼

連日、目白台の佐藤邸に詰め、声なき詩聖に衷心からの誠を捧げた。一〇日、青山斎場にて葬儀が執り行われた。一三日午後七時三〇分、春夫が死の直前まで語っていた約一三分の声を中心に、生前親しかった文学者の話や、詩の朗読をまじえて、「佐藤春夫をしのぶ――最後の録音を中心に」（文化放送）があり、檀一雄、奥野信太郎、和木清三郎、平野謙等の話をきいた。

「私の名作鑑賞――『田園の憂鬱』」を『現代文学大系』（筑摩書房）第二七巻月報一一のために、また「生涯二度の出会い――故佐藤春夫先生を憶う」を「日本読書新聞」（昭三九・五・一八）に、『三田新聞』のもとめに応じては、「詩人の思い出（一）透徹した見識――佐藤春夫氏を語る」（五・二〇）「詩人の思い出（二）命がけの恋の世界――春夫の詩の味わい方」（五・二八）「詩人の思い出（三）独特の淡い詩情――春夫の小説の味」（六・三）「詩人の思い出（四）「なつかしい」世界に入る――春夫の晩年の境地」（六・一〇）を連載した。原稿は、慶應義塾大学『三田新聞』の女性記者が島田の高円寺の住まいに訪ねてきて口述筆記したものである。休憩の時など、島田は、春夫や谷崎潤一郎のこと、自分自身の人生観や女性観を縦横に語ったという。四日間も密着取材した当時の記者は、学生時代の忘れ得ぬ楽しい想い出としていつまでも心に残ると語っている。

この月二五日、『佐藤春夫詩集』（新潮文庫）第二二刷（一二〇〇〇部）が刊行された。七月には、「佐藤春夫の文学」を『群像』（佐藤春夫追悼特集）に、「信州の文学」を『毎日新聞』夕刊（九・二五）に寄稿した。「佐藤春夫の文学」（前出）では、詩人の生涯とその文学を大観して、独自の表現による詩人像を明らかにし、真髄に触れたあとで、最後に次のように書きおさめた。

どんないのちをもつものも、いずれはおとろえ凋み、いつかは滅んでしまう。あれほどねがった幸福でさえ、それを生きてみれば、「時」のたつにつれて、褪せてゆく。それはもう體驗ずみだ。永劫不變のものを求めれば、風月の外にたずねがたい。そうとわかれば、有限な「人生」と無限の「自然」とをむすびつけて、兩者の交流する結節點に立とう。現實は夢をはらみ、夢は現實に依存する。生命は流れて流れて流れ流れゆく水に浮く水泡にすぐぬ。流れて流れて流れて盡きぬ水も、みなとこしえの水泡にすぎない。永世と瞬間とは別々で、それぞれ獨自なけじめをもつているわけでもない。人間のいのちは、瞬間の永遠相である。それはまた永遠の瞬間相ともいえる。だから瞬間に生きることが永遠に生きるゆえんで、永遠に生きようとねがうものは、この瞬間にいきる以外に道がない……

こんな心がまえだから、この瞬間の、この永遠の人生で、かれは世俗の人々に理解されぬもの、無視されるもの、忘却されるもののために、それらをとりあげて明らかにしたいと思う。

八月、信州小諸で開かれた第一回波多野母親乃学園（昭四一ファミリー・スクールと改称）で「藤村詩集の読み方」を語った。一〇月にはいると、「佐藤春夫全集」刊行のための第一回編集委員会が講談社で開かれ、石坂洋次郎、井上靖、柴田錬三郎、檀一雄、富澤有為男、中谷孝雄、保田與重郎、島田謹二、山本健吉、吉田精一、有本勉、大久保房男、早川徳治、牛山百合子が集まった。全集刊行の発端と編集委員会が開かれるまでの経緯等について、牛山百合子は次のように書いている。

本年三月、最終巻を刊行して、全十二巻の『佐藤春夫全集』は完結した。第一巻を出したのは、昭和四十一年四月である。満四年、足かけ五年の歳月であった。長い長い気の遠くなるように遙かな道のりであった。重い重い途中ですわりこんでしまいたくなるような大荷物であった。何処までも平坦に白く伸びた一本の道を、一匹の蝸牛は這っている。書棚に並んだ『佐藤春夫全集』を前に、相半ばする喜びと悔いを噛みしめながら、そんなふうにこの五年間の自分のあり方をふりかえる。

昭和三十九年、佐藤先生が亡くなられてから暫くして、石坂洋次郎、井上靖、柴田錬三郎三氏のご尽力で、『佐藤春夫全集』は講談社から刊行される事に決まった。あれは夏であったろうか。その話し合いをするために、パレスホテルの一室で、講談社側と御遺族をかこむ門弟友人の方々三、四十人の集まりがあった。その席上、体裁内容などに就いての意見がいろいろ出たが、結局、概算五万枚のすべての作品を収録する事は不可能とされ、日記書簡を除く全作品の中から選択し、当時流行していた枕型（枕になりそうに分厚い形）全六巻に収める。詳細は編集委員に任せるとして、十二名の編集委員が選ばれた。全集に関する私の仕事は、この概算五万枚の計算から始まっていた。（中略）その時決まった事は、全六巻―内わけは詩及びそれにちなむもの一巻、評論一巻、小説四巻―とし、四千枚とする。十二名の中から更に実行委員を選び委託する事とし、島田謹二、中谷孝雄、山本健吉、吉田精一四氏が実行委員となり、私が助手の形で参加する事になった。

（昭和四十五年八月刊『三田評論』六九六号所載「『佐藤春夫全集』の編纂を終えて」）

この月二一日には、鷗外記念図書館と鷗外記念会の共催で前年七月以来続けられてきた第六回講演会に於いて「鷗外をめぐる人々」と題し、「佐藤春夫」について語った。

二　教授の卒論第二弾

秋山真之研究

五年前佐藤春夫夫妻と九州を巡ったとき、詩人萬造寺斎の郷里串木野を訪ねたことが縁で、『万造寺斎選集』（菅原杜子雄編）評「極めて純真な士魂――望郷の詩人の選集を読む」を書いたのは、昭和四〇年一月二五日（『週間読書人』）である。詩人とその選集の編者とを高く評価して次のように書いた。

（前略）

この忘れがたい詩人の選集十巻は、故人の晩年の門弟とみずからとなえる、九州柳河の詩人によって編まれた。膨大な遺稿を、よく読み、よく調べ、よく考えて、編んだ労作はたいへんなものであったろう。近代詩史の中に当然名をとどめるべき、この薄幸な作家の主な業績は、ともかくこれでわれわれの読み、考え、評し、学びうるものとなった。評者はこの作家を詩魂きわめて純真なものと認（みと）める。自他をいつわらずに、裸（はだか）で生きようとした真心（まごころ）の人と考える。才人雲のごとく出た新詩社の中にあって、その人柄のまことにユニークな作家だったと考える。少くとも中年から晩年にかけてのその歌は、礼儀を失わずに直言したいくつかの批評とともに、近代文学史上不朽であろう。

二月には、秋山研究の余滴として「宗方小太郎のこと」を『展望』第七四号（昭四〇・二）に寄稿した。

宗方小太郎は、今の私がひどく興味をそそられている人物である。この人のことについては、わかるかぎり何もかも知りたい。ほんの僅かばかり聞き知った話でも、とてもおもしろい。単行された伝記がないらしいのは残念である。（中略）宗方は、色の白い、おとなしい人だった。人に会う時は穏やかで、ていねいである。酒はまったく飲めなかったが、健啖家で、うなぎ飯は三人前くらいペロリとたいらげた。普段は辮髪をたれて、ゆったりとシナ服をつけている。見たところは品格の高い読書人という風采である。

この人となりと、この生活と、そしてこの志望とが、宗方をまた詩人にした。専門家の見方からすると、いろいろな批評がありうるだろう。しかしシナ研究に生涯をささげた志士の作品という背景を読むものには、また別の見方が開かれる。いわれるように、当時一般的だった、ありふれた感懐の表現かも知れぬ。しかしその感懐のうしろに、この人特有のものがどこかに流れている。多くも見ないその作品をくり返して味わったが、私は身につまされて、そぞろに宗方の風懐をしたわしく思った。（後略）

秋山真之の竹下勇《いさむ》宛書簡（一八九八年一月一五日）の「此の東亜今日の形勢に付、小生の密に感ずる処は、かの宗方小太郎氏の観察が今日東洋における現象に照らして能く其先見を誤らざりし事にて、」に教えられて、この人物に精通し、宗方小太郎（一八六四―一九二三）の動静とその生涯を、「明治期日本人の一肖像――アメリカにおける秋山真之」（東洋大学大学院紀要第二集）に詳述するのは半年後の九月である。

四月、東洋大学大学院での講義は、前年に続き、エチアンブル著「比較文学の危機」をテキストに使っての講義。青山学院大学の講義は、「比較文学研究」で、「源氏物語」は西洋人にわかるか、比較文学研究の課題として語るものであった。慶應義塾大学の講義は、佐藤春夫著『田園の憂鬱』をテキストにして、比較文学研究の一例を示した。立教大学の講義は、「比較文学では最初に佐藤春夫著『上田秋成』（桃源社）をテキストに使い、日本の古文学の学び方、解釈の仕方、味わい方を論じ、西洋近代文学の名作の一、二を例証にして、比較文学の実体がおのずとわかるように仕組み、東西両洋の文学の特性の相違を語った。「英米文学専攻」では、ルグイ、カザミヤンの『英文学史』をテキストに、英文学史上で必読の大作家である Chaucer, Spenser, Shakespeare, Milton を英文学研究法が浮かび上がるように、講師みずからが読み、解し、評し、論じた。

四月二〇日、芳賀徹の案内で、来日中のフランス人比較文学者R・エチアンブル教授、J・J・オリガスと共に小晩餐会のひとときを過した。

『ロシヤにおける廣瀬武夫』の改訂版第一刷を出す前後から「秋山真之」関連の寄稿が始まったが、「日本海軍の知将秋山真之」（上）（下）を『自由』（自由社）に寄稿している間に、ようやくここ一〇年来考えてきた一つの比較文学研究「明治期日本人の一肖像――アメリカにおける秋山真之」（昭四〇・九、『東洋大学大学院紀要』第二集）を公けにした。A五版二段組五二五頁の大作である。明治ナショナリズム追求の立場から行う遠大な研究は、一八九七年夏より一八九九年までの、アメリカにおける秋山真之の生活と思想と述作とを語り、論じたものである。この著述にふれる「島田謹二の硬文学」が『東京新聞』夕刊（昭四〇・一〇・一〇）「大波小波」に掲載されている。

「海潮音」や「珊瑚集」の綿密きわまる研究で決定的な業績をあげた比較文学者の島田謹二がこのごろ、方面をぐっとかえて明治ナショナリズムについて、前人未踏のおもしろい

研究を行っている。（中略）

こんど、第二の成果ともいうべき「明治期日本人の一肖像」（東洋大学大学院紀要）が発表されたが、紀要というものの優に一冊の単行本になるくらいの分厚いものだ。副題に「アメリカにおける秋山真之」とあるように、日本海軍きっての戦略家秋山がたまたま米西戦争のさなか留学生としてアメリカに滞在し、そこで、なにを経験し、なにを学びとったかを、さながら一巻のすぐれた伝記小説のように仕立てて、こと細かに追跡しているのである。

星亭や小村寿太郎、あるいは子規、さらにマハン大佐や海軍次官シオダー・ルーズベルトなどが登場し、思いもよらぬ日米交渉史のひと幕が明るみに出され、老練な比較文化方法と海軍についての島田の豊富な知識がみごとに実を結んでいる。（中略）

この論文はさきごろから問題になっている硬文学論を進めるための重要な意味合いを持っている。（観客席）

前年の「エミール・ルグイの業績」と「明治期日本人の一肖像」を公にした後、嬉しいことが続いた。「明治期日本人の一肖像――アメリカにおける秋山真之」を贈られた吉住京子（昭和四十七年四月十九日刊『日本経済新聞』所載「ピエール・ルグイ先生」の中で「リヨン大学文学部に学ぶ教え子」として触れている）は、留学先のリヨンで礼状を書き、ピエール・ルグイ教授の消息を伝えたのである。（一九六五年一〇月二五日リヨン発信、杉並区高円寺五の八〇九島田謹二宛）

（前略）十月十九日、リヨン大学の入学式があり、私も初めてのこと故、出席いたしました。円形劇場型の講堂の二階から、緋や、赤や、黄のガウンで埋まった名誉教授席を見下ろし、もしやこの中にルグイ先生はおられるのかも知れぬと、エミール・ルグイ先生のお写真から想像して、この方ではあるまいかと、一人一人探しているうちに、学長の演説も終わったらしく、皆全く乱れて立ち去ってゆきますので私もあわてて外に出ました。

私がノートルダムに移って二日目、朝食をしておりますと、ここのディレクトリスである黒衣のマメールがあわただしく食堂に現れ、リヨン大学のプロフェスルからお電話だと伝えてくれました。私は驚くやら喜ぶやらで、気もそぞろに電話室に走り込みました。

その日の午後、ルグイ先生におめにかかれたのです！私の喜びと、先生への感謝の気持ちを何と言葉で表わしたらよいでしょうか。

朝の電話の様子から察しますと、ルグイ先生のお耳はかなり遠いようだし、その上しかも、私の英語もフランス語も普通の耳を持っている方でさえ、二度や三度は問い返すのが常ですので、あらかじめ、お話ししたい内容を六，七枚の紙にざっと書きとめておきました。それは丁度夏休みを終えた小学生が校長先生の前に出る時のようでした。

ルグイ先生は、大変やさしい、わたくしにでもわかるような英語で本当のことを率直に話して下さいました。今年度は多くを望んではいけない、まず第一に、私が早く、生きたフランス語を修得してしまうことだ、英文学は、フランスでの研究の仕方を参考にし、その後ひとりの作家を中心に研究すべきだと語られました。私自身、リヨンに着いてから、他の外国人、例えばドイツ人などに較べて、何をするのにも、二倍の時間がかかるのを見出し、ヨーロッパに少なくとも二年は滞在しなければならぬと思うようになっておりました。

又ルグイ先生は英文学の各教授の御専門などくわしくお教え下さいました。話の中途で、私が例の紙をとり出しますと、先生は眼をきらきらさせて、それは何かとごらんになるので、私の言葉の不完全なためと、あまりの感動のため、話したい事を忘れてはならぬと書きとめたメモですと説明いたしますと、いかにもおかしそうにお笑いになり、手にとってお読みになりました。

ここには、島田先生がいかにフランス派英文学を私たちに紹介なさり、私たちがどんなにそれに深い感銘を受け、その学問をしたいという気持ちになったかがかいつまんで書かれておりました。

ルグイ先生は、秋山研究を完成なされたことに大変興味を覚えられ、手もとにあるかとお聞きになるので、一ヶ月後、リヨンにまいりますので、そしたら早速お渡しすると御返事をしました。

又島田先生が心臓がお悪かったというくだりでは眉をしかめ、深く溜息をつかれ、心をお痛めになっている御様子でした。全部眼をお通しになると、紙を半分におり、これをいただいてもよいですかとポケットにお入れになったので、私はかなりあわててしまいました。と申しますのは、この筋書き通りにお話しをすませたらと思っていただけで、先生がお手にとり、しかもお宅にまで持ってかえって読んでいただくようには書いてありませんでしたので。

カザミヤン教授のことをおたずねすると、二ヶ月前にお亡くなりになり、お葬式にもお出になられたとのことです、最後には「もう生きたくない」とおっしゃられたと静かに申されました。カザミヤン先生は八十九才におなりだったそうです。ルグイ先生御自身にとってはそれにもまして大きな痛手は数年前、コスズル先生を失ったことですと、より深い溜息をおもらしになりました。

それから席をおたちになり、英文学教室や図書館にまで御案内下さいました。「昔はこの一角だけで英文学をやったものです。今は学生も大分増え、二つの建物を使います。」私はエミール・ルグイ先生もここで教鞭をとられたのですかと問うと、ほんとうに嬉しそうに、ほんとうになつかしそうに、「いいえ、ここではありません。」と腕をずっと高くあげられましたが、試験でごったがえす学生の群れに遮られ、私は知りたい場所を見失いました。又通路で出会ったアメリカ文学の Gonnand 教授を御紹介下さり、（今年はポオをするとのことです、大変ブリリアントな教授だとおほめになっておられました。）もう一つお約束があるらしく、急いでおたちになりました。長いことご研究を続け、机に向かう生活をなさっておられたせいか、かなり前こごみではおられますが、しっかりした足どりででていかれました。先生は今、Ecully という郊外にお住みですが、リヨンから数十キロ離れた田舎で殆どおすごしとのことです。（後略）

吉住京子

十月二十三日

島田謹二先生

『佐藤春夫全集』

昭和四一年度、東洋大学大学院での講義は、「比較文学特論」で、比較文学に関する解釈及び演習を担当した。青山学院大学の講義は、前年に続き、「源氏物語」は西洋人にわかるか、を更に深め、広げるため、アナトール・フランスの「紅い百合」やワーズワースとシェリーの詩集、「源氏物語」の「夕霧」と「浮舟」の巻等に説き及んだ。慶應義塾大学の講義は、聴講者に岩波の日本古典文学大系『上田秋成集』（中村幸彦校注）、佐藤春夫著『上田秋成』（桃源社刊）、*Uéda Akinari, Contes de pluie et de lune. Traduction et Commentaires de René Sieffert*; Paris, Gallimard. を用意させ、秋成の『雨月物語』を読み、比較文学研究の具体例を示した。立教大学の講義は、「比較文学」では佐藤春夫著『上田秋成』をテキストにエキスプリカシヨンの実例を示し、その間に比較文学に関する各種の講話を織り込んだ。英文学専攻修士課程では、前年につづき Legouis 教授の「英文学史」を使って、Edmund Spenser, John Milton に主力をそそいで講じつつ、かたわら文学研究方法論に触れ、博士課程では、Cazamian 教授の「英文学史」をつかって、Semi-romantists や Realism や Victorian Poetry を説いた。

「佐藤春夫全集」については、全作品の中から選択して全六巻の刊行を決めたのは、春夫の没後数ヶ月してからであったが、昭和四一年四月はじめに、「定本佐藤春夫全集」の監修者（志賀直哉、武者小路実篤、谷崎潤一郎、小泉信三、堀口大學）、編纂委員（島田謹二、中谷孝雄、山本健吉、吉田精一）、「全集」を推す人たち（井上靖、石坂洋次郎、鹿島守之助、武田泰淳、平野謙、安岡章太郎、江藤淳）の言葉や随想（坪田譲治、丹阿弥谷津子、今藤長十郎、花柳寿美）や全集の内容等が掲載された冊子が刊行され、第一回配本予定が四月二五日であることを知らされると、講談社版予約限定出版は全一二巻の予告となっていて、ひと月も経たぬうちに『佐藤春夫全集——第一巻——全詩集』は刊行された。春夫が亡くなって二ヶ月後、『群像』（佐藤春夫追悼特集）に「佐藤春夫の文學」を寄稿して次のように書いた切なる願いが実現し始めたのである。

世はかわり、時潮は動く。立場がちがえば、賛否は各自の自由であろう。佐藤春夫の文學についても、論ずるもの評するものがあとをたたない。ただ多年これにしたしみ、これを敬愛した一讀者の立場からいわせていただくなら、まずなにはともあれ、細大もらさずかれの書きのこしたものを網羅した全集がほしい。現代文學の上からも、もつとひろくは日本文學史の上からも、この人の文學のもつ意義をほんとに學びたいと思うからである。

全集の刊行年月と内容及び担当者等は次の通りである。

昭和四一・四　『第一巻』（詩・短歌・俳句）　解説・島田謹二
昭和四一・五　『第二巻』（長編小説一）　解説・山本健吉
昭和四一・六　『第十巻』（詩論・紀行）　解説・島田謹二
昭和四一・一〇　『第三巻』（長編小説二）　解説・山本健吉
昭和四二・一　『第四巻』（長編小説三）　解説・中谷孝雄
昭和四二・五　『第五巻』（長編小説四）　解説・中谷孝雄
昭和四二・九　『第六巻』（短篇小説一）　解説・吉田精一
昭和四三・二　『第七巻』（短篇小説二）　解説・吉田精一
昭和四三・七　『第八巻』（短篇小説三）　解説・島田謹二
昭和四三・一一　『第九巻』（短篇小説四・翻訳・現代語訳・童話）　解説・島田謹二
昭和四四・五　『第一一巻』（評論・随筆一）　解説・吉田精一
昭和四五・三　『第一二巻』（評論・随筆二・補遺）　解説・吉田精一
校注（全巻）・牛山百合子　年表・牛山百合子

大学や読書会でも「佐藤春夫」を語り続けることに変わりはなく寄稿も盛んで、全集の刊行と並行しながらの執筆は、「佐藤春夫の『殉情詩集』」（昭四一・一）、「『佐藤春夫全集』第一〇巻解説」（四一・六）、「『佐藤春夫』解説」（四一・一〇）、「『殉情詩集』初版について」（四一・一一）、「天才佐藤春夫」（昭四二・一一）、「『佐藤春夫全集』第八巻解説」（昭四三・七）、「『佐藤春夫全集』第九巻解説」（四三・一一）、「佐藤春夫の『殉情詩集』——創作過程を主にする解釈と批評」（昭四四・一一）と数年続く。とりわけ、全集の解説は追随を許さぬほど精細を極めたものであった。昭和四五年三月、『佐藤春夫全集』刊行の完結と『三田文学』創刊六〇年を記念して、『三田評論』は八・九月合併号を「佐藤春夫特集」にあて、島田謹二と前嶋信次の対談、井上靖、牛山百合子のエッセイ、竹田龍児が寄せた「春夫の未発表書簡」を載せたが、井上靖（一九〇七―一九九一）は「『鷺江の月明』讃」の終わりに、「以上、佐藤春夫先生の若き日の傑作について、甚だ独断的なことしか書けなかったと思う。講談社版佐藤春夫全集第十巻において、島田謹二氏が「南方紀行」について、みごとな解説を載せておられる。それによって私の欠を補って戴きたいと思う」と書いている。

年末に近いころ、動脈硬化症と診断されて東大病院に入院、しばしの加療を余儀なくされた。

司馬遼太郎

年末からの休養のために、極力執筆を控えているが、いくつかの原稿は求めに応じなければならない。「近代日本文学と近代西洋文学と——若き日の上田敏の学び方」を書き終え、「日本海海戦を待つ我が連合艦隊」にとりかかった。寄贈された書物や雑誌に目を通しているとき、新潮社の広報誌『波』に目が止まった。司馬遼太郎が、「維新前後の文章について」の中で、『ロシヤにおける廣瀬武夫』にふれ、「私としてはこれほどおもしろい書物を近年読んだことがない」（前掲）と書いていた。「風の武士」「古寺炎上」「関ヶ原」（『週刊サンケイ』連載）や「尻啖え孫市」（『週刊読売』連載）「国盗り物語」（『サンデー毎日』連載）「北斗の人」（『週刊現代』連載）を早くから読んでいたし、昭和三七年六月二一日から『産経新聞』夕刊に四年近く連載された「龍馬がゆく」は一回も欠かさずに精読していた。「なかなか面白い」と云って、その作品を読みぬき、徹底的に知りたいとひそかに思っていたその人が、自分のことを書いていた。あとでわかるのだが、司馬が、『ロシヤにおける廣瀬武夫』だけでなく、この時より一年半前に書いた「明治期日本人の一肖像——アメリカにおける秋山真之」（既出）もしっかり読んでいたことに感激するのである。

四月、東洋大学大学院での講義は、「比較文学特論」で、シェイクスピアのユーモアについて講義した。青山学院大学の講義は、一昨年来とりあつかってきた「源氏物語は西洋人にわかるか」の話。慶應義塾大学の講義は、前年につづき、『雨月物語』を例証に比較文学研究の具体例を示すものであった。立教大学の講義は、前年同様「上田秋成」を、つづいてポーの詩などをプリントして配布し、文学研究の根本になるエクスプリカシヨンを演習して比較文学の具体例を示した。英米文学専攻修士課程では、Legouis 教授のルネッサンス英文学史を読み、英文学、特にシェイクスピア前後の詩人と劇作家たちを研究し、文学研究の方法論に導入した。博士課程の英米文学特殊講義では、Cazamian 教授の英文学史を読んで、R. Browning 以下の近代詩人たちと、G. Meredith 以下の近代小説家たちと、W. Pater 以下の近代批評家たちを語り、講じた。八月、昭和女子大学の公開講座で、キーツの詩「秋」を語り、一〇月には、広島大学文学部ドイツ文学科集中講義で、「比較文学の諸問題について」一二月にかけて十回講義を行った。

十月には、「私の講義1——西脇順三郎集」の書評を『無限』に寄稿し、第一週から三〇週まで、詩論、文学論、芸術論等の講義集を読んだ感想批評を述べた。第一三週の「脳髄の日記」という文学的自叙伝に興味を惹かれ、特に二四週の、雑談のように見えながら、実は滋味あふれる、内容的には堂々たる研究「イギリス精神」には全部ごもっともと同感した。さらに、二六週の「シェイクスピア文学」は圧巻で、専攻の学者が繰り返して読むに値する大家の一家見、深い心に溢れている、本当の詩人の読み方であると絶賛した。この「シリーズ私の講義」（大門出版）は、池田弥三郎、中屋健一、福田陸太郎、和歌森太郎が編集委員となって、第一期全一八巻の刊行を目指したものである。「刊行のことば」に名教授の名講義を実際に聴きたいのは、まじめに学問に志す者、誰しもの願いであります。しかし現実には、名教授・名講義で知られる先生方のさまざまの講義に接するということは、まず不可能です。しかしこのシリーズの刊行によって、その願いは果たされました。この紙上で読者はあこがれの名教授の名講義に学ぶことが出来、その声にまで接することが出来ます。本シリーズの完成は、学生諸君ばかりでなく、広く学問に関心を持つ各方面から感謝されるものと信じております。

を掲げて、「西脇順三郎」「福原麟太郎」「島田謹二」「手塚富雄」「星野慎一」「福田陸太郎」「成瀬正勝」「金田一春彦」「矢崎源九郎」「桑田忠親」「和歌森太郎」「中屋健一」「西岡秀雄」「村井実」「気賀健三」「中村菊夫」の「名講義」が予告されたのであったが、刊行されたのは、「西脇順三郎」「矢崎源九郎」「桑田忠親」「西岡秀雄」「中村菊夫」の五巻だけである。「島田謹二」は、第二回の配本ということで写真入りの刊行予告で紹介されたのであるが、遂に実現しない。

一一月半ば、島田の「日本海海戦を待つ我が連合艦隊」（昭四二・五『世界の艦船』）を読んで感銘を受けたという長尾正和（産経新聞社文化部長）から原稿を依頼する丁重な電話があった。そして、後日届いた書簡によると、面識も得ていないのに原稿をお願いしたが、快く引き受けて下さり有難い、標題は「明治における軍人（殊に海軍）の教養と才質」、紙数は四〇〇字原稿三～四枚、上半身の写真を添えて、年が明けて一五日頃までに送っていただきたい、と具体的な依頼の内容であった。書簡の後半に、司馬遼太郎の名前があった。依頼の原稿は、司馬の新しい小説の前宣伝になるので嬉しく思う、というのである。

司馬遼太郎は、昭和三五年一月、産経新聞社文化部長となるが、執筆に専念するため、翌年三月には、出版局次長をもって退社し、何本もの連載を抱える執筆生活に入っていた。そして、五年数ヶ月、一三三五回の連載「龍馬がゆく」を終えた頃である。後任の文化部長と、次なる連載の構想を語り合ったのであろう。前記書面の文中には、「司馬氏の新小説は題を未定でございますが餘程の大作と相成るべく天下を沸かすこと必定と存ぜられます」と書かれていた。「題を未定」は程なくして明らかとなる。

「坂の上の雲」

昭和四三年度、東洋大学大学院での講義は、前年に続き「比較文学特論」で、シェイクスピアのユーモアについて。パリ大学英文学教授ルイ・カザミアンの論文をテキストに使って、イギリスのユーモアの特性、英文学の特色、シェイクスピアの味わい方を究めた。慶應義塾大学の講義は、昭和三八、九年度の「海潮音」講義を拡大して、若き日の上田敏を例証に「日本人がどんなふうにヨーロッパ文学の研究を試みたか」、その具体的な進め方、着眼点及びその業績を跡づけた。立教大学の講義は、講師の考えている「比較文学」について、東西古今の文学を例証して作品の読み方を語った。英米文学専攻修士課程では、研究方法論として Legouis 教授のルネッサンス英文学に関する諸研究を対象に、英文学研究の具体的方法を説いた。主として C. Marlowe, B. Jonson, T. Browne, J. Webster, R. Herrick を取り扱った。博士課程では、Cazamian 教授の「英文学史」の近代編の内から、主として十八世紀の Great Figures を扱った。

四月一一日、産経新聞大阪本社に送っていた原稿が、「明治海軍将校の教養（中見出しは「海軍の精髄を結晶――秋山らの海軍大学校講義」）」の題下に掲載されて、一〇日発行の『サンケイ新聞』（大阪版）が送られてきた。第一面上段に、司馬の「明治の若者の気分（「坂の上の雲」連載予告）」が、下段右側に、島田の「明治海軍将校の教養」、左側には、桑原武夫（一九〇四―一九八八）の「明治文学雑感」が掲載されていた。「坂の上の雲」という標題は、広く多くの読者の知るところとなった。司馬は次のように書いている。

小説を構想しているとき、構想が熟してくると、それについて次第に無口になる。なにを書くのかといわれても、いますぐ答えようがないのである。

いま、私のあたまに、一つの情景がある。正岡子規についてである。（中略）

子規は文学的には早熟な少年だったようで、むろん、この方面では先達であったであろう。この友人の名を、秋山真之という。（中略）

秋山真之については、すでにごぞんじであろう。ロシアのバルチック艦隊を完全ゲームのかたちでうち沈めた東郷艦隊の作戦をことごとく立てた人物であり、かれをわれわれの歴史が持たなかったならばよほど国の事情はかわっていたかもしれない。兄の好古は日本の騎兵集団をひきい、世界でもっとも強い軍隊といわれたコサック騎兵に対する戦法を考え、これを満州の野にやぶった。この兄弟を主人公にして書こうとする場合、当然、筆者は日露戦争そのものに立ち入ってくるであろう。

私は、このために日露戦争についてここ五，六年来、できるかぎり調べてきたつもりであるが、正直なところまだすこししか自信がない。しかし毎日、これらの資料をみることによって自信のようなものができはじめてはいる。乞うご期待、といいたいところだが、まだいまのところ臆病である。とりあえず臆病な表情のまま、よろしくとあいさつします。

島田は、「明治海軍のあり方」「外地の将校たち」「明治日本の代表作」の小見出しを掲げ、取り上げた海軍の将星は、秋山真之、佐藤鐵太郎、山内萬壽治、川島令次郎、八代六郎、廣瀬武夫、山本英輔であった。

この直後、司馬と島田は電話で旧知のように話をした。この時は、原稿執筆への礼を述べてから話に相づちをうつ司馬と、廣瀬、秋山、子規の話になると堰を切ったようにとまらなくなる多弁の島田とは対象的であった。そしていよいよ、司馬が、

「明治期日本人の一肖像――アメリカにおける秋山真之」を面白く読んだことを話すと、双方の話は一段と弾んだ。「司馬さんとは初めてなのに何回も会って膝をまじえて語ったような錯覚に陥った」と後年語っていた。

『産経新聞』朝刊（四・一八）の第一面に、「新しい新聞小説――四月二二日から」ということで、「作者のあいさつ」が掲載されたのを読み、わがことのように喜んだ。

読者に私事を申し上げるのは恐縮だが、私は二十代から三十代にかけての人生のもっとも大事な時期にサンケイ新聞で働いた。かつて「龍馬がゆく」を連載したとき、自分の青春のふるさとともいうべきこの新聞に小説を書くことのできる幸福をおもった。なぜならば、私は読者の顔を知っている。ふるい知人に自分の小説を読んでもらえるような、そういう親しみをもって小説を書きつづけることができた。

いま、この「坂の上の雲」を書こうとするにあたっての気持も前回と少しもかわらず、それ以上にみずみずしい。私はこの小説で、小さな明治の日本でおこった大きな話を書こうとしているのだが、いまそのスタートにあたって気持の昂揚をおさえきれない。ぜひよろしくと申し上げるのみである。

『産経新聞』夕刊（四・二二）に、「坂の上の雲」（挿絵・下高原健二）の連載が始まった。「龍馬がゆく」以来、満二年ぶりの登場で、前の準備に五年以上の歳月をかけての、足かけ五年にわたる長編連載の始まりである。好評をもって迎えられる「坂の上の雲」の連載を楽しみ一度も欠かさず熟読して「面白い」といった。四四五回目といえば、連載から既に二年半もの歳月が過ぎているが、舞台は旅順（一七）になり、露都駐在時代の廣瀬武夫の登場のところで、司馬が、『ロシヤにおける廣瀬武夫』にふれたことは前述したが、このころ、司馬の評を頻りに思い出し感動を新たにした。

詩誌『無限』

四月、昭和二七年四月の刊行以来一六年にわたって読み継がれた『アメリカ文学史』（クセジュ文庫）は第一〇版を以って絶版となった。五月、「有明詩の一源流としてのロゼッチ」を『日本現代文学全集』月報のために書き、『有明集』の中の「豹の血」や「霊の日の蝕」はロゼッチの「柳の森」から脱化したのではないかと推測する根拠を述べた。六月、「井村陽一父子を憶う」を『陽』（大門出版）に寄稿、七月には、谷崎精二著『エドガア・ポオ――人と作品』（研究社）の書評を『英語青年』のために書いた。

この月、季刊詩誌『無限』第二四号は、創刊一〇周年として「現代詩の回顧と展望」を特集した。「現代詩と歌曲」を語る座談会の記録が二八ページにわたって掲載されたが、福鎌忠恕《ふくかまただひろ》司会のもとに、勝承夫《かつよしお》、中村千尾、慶光院芙沙子（本名安山三枝、一九一四―一九八四『無限』発行・責任者）と共に語るものである。この座談会を始めるに当たって、島田は前置きとして次のように話した。

詩はなんらかの意味で生の表現である。生の感動のあらわれである。直観といったり想像力といったり感情といったり空想といったり、それを名づけることばはさまざまであるが、しょせんは人間の欲求―根源的要求の所産である。

どういうものか人間が根源的な状態に復帰するとき、そこには必ずリズムが生まれる。それは歩行のときの足どりにも出る。心臓のうちにも宿っている。そして魂のあり方にも、必ず広義の音楽が聞こえる。

詩歌は音楽とは離れてはありえない。

*

詩歌を今日わかりうる源までさかのぼらせてみると、その楽声ははっきり外に聞こえるほど単純明瞭であった。その喜びが個人を越えて集団にまで及ぶ。踏歌が生まれた。ルフランがくり返された。声をあげて合唱するバラドが作られた。誰かが作ったにしろ作りぬしは忘られて、集団の感動を代わってうたいあげる。

芸才のずぬけた特殊の個人――詩人が初めて社会的に登録された。その時から今に至るまで三千年。

叙事詩が壮麗な調べをなりひびかす。抒情詩が美しい階音を織り出しはじめる。より集団的に従ってより少なく個性的であるにせよ、より少なくより集団的でより多く個性的であるにせよ、叙事詩も抒情詩も新しい文化の仰ぎ見られる産物であることに相違はない。

そのうち音楽が声楽と器楽を合わせて、おそろしい勢いをもって独立してきた。ここ二百年以来の出来事である。

詩が音楽に吸収されたのか、それとも音楽が詩と合体し終ったのか、と怪しまれる近代詩の時代がここ八十年来全世界の芸壇を風靡した。ある意味の反動として、イメージに力点をおき黙読することによって魂の音楽を暗示しようとする新傾向が今は汎濫している。詩が本来あるべきあり方からみて、この現象はどう解釈されるべきものなのか。それを語りあおうとして、この小さな座談会は開かれた。

島田謹二

このところ、『英米詩集』（昭四一・一〇、西脇順三郎編、白鳳社）に訳詩を載せたり、『エドガア・ポオ――人と作品』（昭四三・七、谷崎精二著、研究社）の書評や『モルグ街の殺人事件』（昭四三・九、佐々木直次郎訳、角川書店）に「エドガア・アラン・ポオ――人と作品」「収録作品について」解説を書いたり、ポオ関連のことから離れることもない。無限編集部が「特集――エドガー・ポー」を企画することから、島田謹二と佐藤朔が編集部に賛加することになり、『無限（特集――エドガー・ポー）』第二五号が刊行されたのは昭和四四年三月である。この誌の巻頭を飾って、「エドガー・ポー入門」を寄稿、長年にわたる研究の成果を詳説した。五〇年以上前から読み始め、折々に語り、書き続けて、二〇年ほど前に『エドガア・ポオ詩集』（酣燈社）として公にした研究を、さらに深く考察したものである。内容は「エドガ・ポー入門」につづき、次のようになっている。

一、ポーの生涯
二、文芸批評家ポー
三、詩人ポー
四、物語作家ポー
五、宇宙論の散文詩人ポー
六、没後のポー

訳詩は、「アル・アーラーフ」（永井詔子）「ヘレンに寄するうた、古代ローマ円形闘技場、眠る女人、夢の国、ウラルーミ（譚詩）」（島田）、「エドガー・ポー管見」として、「ポーの芸術」（井村君江）、「ポーと近代」（八木敏雄）、「ポー詩のエキスプリカシオン」（大久保直幹）、「ポーの創作態度——短篇小説について」（佐々木昭夫）、「「アッシャー家の崩壊」について」（レオ・シュピッツアー作　青柳晃一訳）、「地下生活者の手記」（ハリー・レヴィン作　岡田愛子訳）、「エドガー・ポー談義」で、島田の司会で語る人は、青柳晃一、江口裕子、岡田愛子、奥井潔、小川和夫、永井詔子、平井啓之である。語られた内容の小見出しは、「アドレッセンスの文学か否か？」「サンボリスムからのアプローチ（一）（二）」「ポーにおける実存の問題」「ポーにおける芸術と実生活との関係」「ポーの批評意識」「ポーをアメリカでよみなおす」「ハーヴァードのポー解釈」「「アメリカ人」の典型？（一）」「ポーにおける良心検証」「『アメリカ人』の典型？（二）」「宇宙論の系譜、ポーの言語学」「ポー評価のそれぞれの出所」「現代のポー学」「ポー学今後の課題」である。それから、「エドガー・ポー随筆」とつづいて、「萩原朔太郎とポー」（富士川英郎）、「青鞜とポー訳文」（牛山百合子）、「ポーの庭園」（吉住京子）、「ポーとホイットマン」（亀井俊介）、「ポーについて」（奥井潔）である。「『エドガー・ポー特集』『無限』二十五号を読む」（昭四四・四・一四『東京タイムズ』）では次のように紹介された。

詩の研究と発表の機関としては、おそらく世界に比較がないほどの豪華な本である。

年四回の季刊、B5版三百ページ、四月の第五号は、焦点をエドガー・ポーにしぼり、島田謹二氏の「ポー入門」と題する長編解説のほか、訳詩、座談会、随筆等にわたって二百余ページを費やしている。おそらく、ポー研究の文献としては、後世に残るものであろう。（岡村）

この月、二年ほど前に刊行された『世界の児童文学』（国土社刊）に続く企画として、波多野完治と共に監修した「物語・世界めぐり」の一冊『ドイツの物語1』（子安美知子・杉田弘子訳）が研学社から刊行された。この「物語・世界めぐり」は、第一期全九巻『アメリカの物語』（亀井俊介訳）、『フランスの物語』（私市保彦訳）、『イギリスの物語1』（井村君江訳）、『イギリスの物語2』（大久保直幹訳）、『ドイツの物語1』（子安美知子・杉田弘子訳）、『ドイツの物語2』（子安美知子・杉田弘子訳）、『北欧の物語』（中村千代訳）、『ソ連の物語』（柳富子訳）、『南太平洋の物語』（亀井規子訳）の刊行が予告されたのであったが、『アメリカの物語』（亀井俊介訳、四月刊）、『イギリスの物語』（井村君江訳、五月刊）の三巻のみの刊行で他の五冊は実現していない。

四月、東洋大学での講義は、「英米文学史I」では、昨年度の講義「ルネッサンス英文学」を受けて、「十七世紀英文学」を取り扱い、晩年のシェイクスピアから説きおこし、演劇、詩歌、散文にわたり、王政復古期前後までを説いた。従ってバイブルも、ブラウンも、ダンも、ミルトンも取り扱った。立教大学の講義は、前年同様「比較文学」「英米文学特殊講義」で、都立大学の「比較文学史」講義も同じであった。この月、「オーギュスト・アンジェリエの業績」「堀大司氏のサー・トーマス・ブラウン研究」を『比較文學研究』第一五号に寄稿した。五月、「日本における英文学研究」を『英語青年』に、「『青春怪談』を読む」を『獅子文六全集』月報一三のために書き、六月、「比較文学」を『講座日本文学一二　日本文學研究の諸問題』（三省堂）に収録した。

『アメリカにおける秋山真之』

昭和四四年七月、一〇年ほど前に「明治ナショナリズムの文学」で本格的に書きはじめた「秋山真之研究」をまとめて、『ロシヤにおける廣瀬武夫――武骨天使傳』に続く「明治ナショナリズム文学」の研究第二弾として、『アメリカにおける秋山真之――明治期日本人の一肖像』を朝日新聞社より刊行した。二年後に、「思い出の著書」（昭四六・六『出版ニュース』上旬号）について寄稿を求められたとき、二十数年前のことにふれて、「壮年期に秋山の伝記の出たとき、書評を書いたことが、いよいよこの人に私を近づけた」と書いたことは前述した。

「壮年期に云々」とは、台北時代の昭和一二（一九三七）年三月、台湾日々新報社講堂で、読書週間の催しとして、講演会が開かれたとき、講師を依頼されて「秋山真之」について語ったことである。『提督秋山眞之』（櫻井眞清著、昭八・二、秋山眞之會）を興味を持って読んでいたので、台北高等学校の寮委員から「必読の書を教えてほしい」と頼まれたのがキッカケで講演したもので、台北帝大、台北高校の学生たちが多く聴講した。文理科に共通してあまり専門にわたらぬものという条件ですすめた書物は、吉村冬彦（寺田寅彦）の随筆集、阿部次郎の『三太郎の日記』（昭七・六、岩波書店）、木下杢太郎の『地下一尺集』（大一三・三、叢文閣）、『野口英世』（昭八・七奥村鶴吉編、岩波書店）、『提督秋山眞之』であった。日本人に近しい先輩の中から、後進を激励指導する実社会の活人の伝記として、第一に日本歴史明治篇を飾る多くの活人の中からその光芒最も鮮やかな存在である「秋山真之」を挙げた。海軍少年だった頃に、その事蹟に精通していた将星の中で最も敬慕してやまぬ海軍中将秋山は、東京外国語学校受験に際して、その不撓不屈の精神と新日本に独自な戦術を創始しようとしたその智見とで、よき模範として努力した（前述）のであったから、語らずには居られなかったのである。秋山真之は「海戦文学」の輝かしき代表者であると力説したこと等である。

（前略）従來無名の彼をして一躍「海戰文學」の巨擘《きょはく》たらしめたものは、三十七八年の海戰報告であった。三月投下の駆逐艦の壮烈な「舷々相摩して」戦況を報じたものから、俄然として秋山の文名は高くなった。爾後續出した彼の報告は、いづれも簡潔明快で、打てば響くやうに張りきつたリズムをもつものが多いが、特に忘れられないのは「敵艦見ユトノ警報ニ接シ聯合艦隊ハ直チニ出動コレヲ撃滅セムトス本日天氣晴朗ナレドモ波高シ」といふ五月二七日午前發の報告である。これは恐らく興隆期の明治人の心理をそのままに象徴する最も緊迫した力感に充てる雄偉の大文章である。否、明治期のみに止まらず、日本史あつて此方《このかた》、有數の大文字中に數へられるであらう。

（昭一二・三『臺灣教育』第四一六号所載
「『提督秋山眞之』のこと」）

秋山真之の命日墓参
於青山墓地（昭和44年２月４日）

八年前、『ロシヤにおける廣瀬武夫』を刊行する以前から、東大の比較文学講義で「明治ナショナリズムの文学」を語って、「秋山真之」をとり上げていたし、『ロシヤにおける廣瀬武夫』の中で、秋山のことを書いていたので、廣瀬に次いで秋山を広く知らせたいという意識は働いていた。『ロシヤにおける廣瀬武夫』の出版を機縁に知り合った人が、秋山のサンチャーゴ観戦の報告を見つけたことが大きなキッカケになって、いよいよ「秋山」を書こうと思い立った。昭和三七年四月から、青山学院や立教大学における「比較文学」講義で、「一日本人の肖像」と題して語り始め、雑誌社から依頼されると、「アメリカ公使星亨」「ネルソン」「マハン大佐の一日」などを寄稿して、秋山関連のことを書き始めた。また、防衛大学校の求めに応じては、「秋山真之――明治武将の人間像」と題して講演もした。それからは、「明治期日本人の一典型」を連載し、「秋山研究」を具体的にすすめ、やがて、「日本海軍の知将秋山真之」の連載になり、これまでの著述を拡大してまとめ、「明治期日本人の一肖像――アメリカにおける秋山真之」を『東洋大学大学院紀要第二集』に公表したのは、既に云う昭和四〇年九月である。翌年の春からは、前年死去した佐藤春夫の全集刊行に関わるとともに、快心の交わりを結んだこの詩人について書くことが多く、秋山関連の著述は「日本海海戦を待つ我が連合艦隊」以外には見られない。しかし、先の「明治期日本人の一肖像──アメリカにおける秋山真之」を増幅し、『アメリカにおける秋山真之──明治期日本人の一肖像』として刊行したのは、三年数ヶ月後の昭和四四年七月であった。刊行一ヶ月後に六刷を出すほどに歓迎された。

『秋山真之』評（一）

公刊後の書評は以下の通りである。『北海道新聞』（昭四四・八・四）の「行動の裏の思想も──明治天皇の秘蔵史料使う」では、「秋山のちょう報活動の記述には、〝００７〟シリーズもヒントになっている」と語りながら、次のように応えている。

（前略）これは評伝といえるものだが、世にいう評伝が、一人の人物の生涯を、一定の紙数のなかに凝縮してみせるのであるのに対し、本書は逆に、二年という短日月の生活行動を、可能な限り拡大し、それこそ秋山の一挙一動まで復元するばかりか、その行動の裏にある秋山の思想や感情まで復元してみようという野心的な試みである。時間こそ二年と限られているが、読者の目には、活字に見えない秋山の生涯像までが浮かび上がってくるところに特徴がある。（後略）

『朝日新聞』（昭和四四・八・一二）には「名参謀の生活を再現」として紹介された。

ぎっちり二段に組んで七百ページの大冊だが、その内容は、題名にいう通り「アメリカにおける秋山真之」の約二年半の生活、ひたすらそれだけに集中している。（中略）

この著者は、わが国の比較文学の長老的な存在で、もともとポーやボードレール、上田敏や佐藤春夫など唯美的な作家に心ひかれていたが、もっと広い歴史的な背景に、さらには広い意味での明治ナショナリズムの系譜に関心が次第に移ってきた。文学をあまりに文学的にとらえることに不満を覚えはじめたともいえよう。前著『ロシヤにおける広瀬武夫』がそうした最初の収穫で、本書はそれにつづくものだ。主人公の行動や内面のみならず、周囲の人物の動きにもたっぷりと筆を費やすのが特色で、星亨、小村寿太郎、正岡子規、またアメリカの戦術家マハンその他異色ある人物が次々と登場して、やや陰影に乏しいうらみはあるが、日米双方の資料を存分に駆使した、わが国に珍しい複合的な伝記、また内的交渉史の試みとして重厚な業績である。

合宿中の山中湖畔でインタビューをうけた「著者と一時間」（八・一二）で、島田は次のように語っている。

私は秋山を明治ナショナリズムの象徴的な人物と考えております。（中略）この秋山は、すぐれた武人であると同時に、すぐれた詩人である、というのがいいじゃないですか。（中略）士魂文才あわせ持つ、この代表的日本人の内面をきわめたいと考えて、私はこの本を書いたのです。学生に卒業論文があるなら、大学教授にも卒業論文があってよい。大学教授は退官の際、ライフワークの一部なりを発表する義務がある、と私は考えます。この持論に従って、八年前東大教授をやめる時に、明治ナショナリズム研究の第一作『ロシヤにおける広瀬武夫（九百枚）をまとめました。こんどの本が第二作。このあと『ロシヤ戦争（日露戦争）前後における秋山真之』を書きついで三部作とする計画です。この『アメリカ……』は二千枚、参照した内外の文献・史料は数千冊になりましょう。第三作は三千枚の予定で、完成までに七、八年はかかりましょうな。これからが本当の実力の発揮どころで、秋山の目と心になって、日本海海戦をあったがままに再現したいと思います。この三部作は、いってみれば日本の比較文学者としての私の卒業論文。完成の暁には、必ずや日本の比較文学に新しい領域を切開いた仕事に成るであろうと、まあ、このように自負しております。

『読売新聞』（昭四四・八・一五）には「〝硬文学〟発掘の試み」として書評が書かれた。

（前略）富国強兵を国是とする、当時の民族的生命と結びついた文学は、むしろ政治家や軍人の日記・書簡・報告などに脈々と生きており、ナショナリズムの視点から、それを採り出そうというのが、著者の意図である。この考え方は、現在の衰弱した文学にも、ひとつの暗示的な方向を示している。河上徹太郎の言葉を借りれば、「硬文学」発掘の試みということができる。（後略）

『世界の艦船』（昭四四・九）BOOK GUIDE には匿名の書評が掲げられた。

内容はまことに多岐にわたって精細を極め、主人公の行動や思考だけでなく、周辺の人物や事象にもたっぷりと筆を費やしている。（中略）さらに司令官、参謀の経歴、人物にいたるまで、ほとんど執拗と思われるほど精密に書き込まれている。しかも厖大な史料を綿密に解釈して書かれたものであるから、これだけで立派な一個の戦史たりうるものである。（後略）

「なぜかかる人が一見専門外とも思われるこの種研究に並々ならぬ情熱を注ぐのか」と、『朝雲』八三一号（昭四四・一〇・一二）で、「海軍名参謀の足跡」と題して紹介するのは永井昇（水交会理事長）である。

（前略）旧海軍軍人でもほとんど未見の海軍関係の貴重な資料を発掘駆使して当時の国際その他諸般の情勢、各国海軍

の実情、関係人士の動静などを詳述してある。（中略）

なにぶん七百ページの大冊ではあり、当時の文章の引用など難解の点もあると思われるが、自ら読み方をくふうし反復がん味すれば、自衛官とくに海上自衛隊の幹部にとっては、本務の研賛《ママ》自得するところ多大であろう。（後略）

『朝日ジャーナル』（昭四四・一〇・一二）で「ナショナリストの精神」と題して紹介、批評するのは芳賀徹（一九三一―）である。

日本の比較文学はここにまたひとつ記念碑的な業績をえた。二段組みで七〇〇ページの大著である。八年前に書かれた『ロシヤにおける広瀬武夫――武骨天使伝』につづく、著者のいわゆる明治ナショナリズム研究の第二作である。（中略）多様な学生と接触をかさねるうちに、ある日、島田氏はひとつの疑惑にとらえられたのである。従来の国文学史にならって比較文学も、その対象をこのような詩人や小説家や劇作家など、狭い文壇内の文人のみに限ってよいのか。いつまでも、福沢諭吉も陸奥宗光も幸徳秋水も登場しないような、あるいはせいぜいマージナルなものとしてしか扱わないような近代日本文学史であってよいのか。（中略）日ごとに複雑化し、きびしさを増す国際環境のなかで、自国の政治的そして文化的独立を守るために進められた「近代化」――その広い意味でのナショナリズムの運動を近代日本の基本的なダイナミックスとして認識しながら、直接それを担い、指導した知的精鋭を問題にせず、いわゆる文壇文学のみに対象を限るのは、比較文学者としてむしろ無用の自己卑下であり、知的怠慢なのではないか。（中略）

このような反省に、さらに島田氏の場合には、明治生まれとしての自覚と自信、また少年時代からのなみはずれた海軍熱もよみがえってきて加わったらしい。（中略）このたびの『アメリカにおける秋山真之』は、もっと非情で大規模な歴史叙述に、いわば文化的国際関係論の究明といったものに徹底してきている。魂の人広瀬と智の人秋山とでは資質もちがい、留学先のロシアとアメリカの国情もちがう。それに応じて著者のアプローチも変わってきたのだ。（中略）日露間の緊張ももちろん高まりつつあった。それらの外交・軍事の動きはすべて直接間接に秋山の鋭敏なアンテナにとらえられていたものとして、その一連の複雑な相互作用のプロセスが、本書をつらぬいて表になり裏になりして活写されている。

なかでもキューバ沖の米西艦隊の海戦は、秋山が観戦武官として直接に見聞し、戦略家としてもっとも貴重な学習を積んだ経験であったから、彼我の資料を駆使したその記述は驚くほど精細をきわめ、まさに本書中の圧巻である。（中略）読み終えて巻をとじると、「吾人一生ノ安キヲ偸（ぬす）メバ帝国ノ一生危ウシ」と、ひたすら日本海軍の近代強化を計画し、近代海戦の戦略を工夫し、海外情勢を査察するナショナリスト秋山の俊敏なまなざしと姿勢であり、その背後に揺れる明治日本の相貌にほかならない。

『中央公論』（昭四四・一〇）の「人物交差点」には、「飛角」（平川祐弘）の評が見られる。

島田氏の研究法の特色はフランス風のエクスプリカシオン・ド・テクストから出発していることであろう。わが仏尊し流の理想化に凝固することを防ぐ周匝精密な吟味が行われ、対象を完全に自己のものに化して後初めてこれについて説くという潔癖な独自性が見られる。『アメリカにおける秋山真之』は副題「明治期日本人の一肖像」が示すように明治ナショナリズム研究の第二作だが、同時に米西戦争と当時のアメリカ史研究としても日本のアメリカ研究者の追随を許さぬほど綿密なものである。これからアメリカへ渡る留学生、技師、外交官なども読んで参考になること多大だろう。この大河史伝は一日本人の西洋体験という複合的な伝記なのである。

『秋山真之』評（二）

『ほるぷ新聞』第四九号（昭四四・一一・五）に載った書評は「近代日本の武人――巨細なデータ追求に圧倒される」と題している。

比較文学を専攻するうちに、文学をつつむ情況に魅入られ、ひとりの卓抜な近代日本の武人に打ち込んでいく、といったケースが起こってしまった。（中略）他国の文学との比較を志す者が、ひとりの具体的な、文学的存在を追求したからといって、むげに文学外のことであるとしりぞけるわけにもいかぬ。いや、そこまで踏み込んではじめて〝比較〟が成立するのではないのか――そのようにあらためて思わせるものが、英文学者島田謹二氏による『アメリカにおける秋山真之』である。（中略）わたしたちは島田氏の巨細なデータ追求に圧倒されがちである。だが一巻の読みものとして一気に読ませるから、島田氏の博識は別段気にならぬ。いや、そもそも読んでおもしろくないといったものは文学ではなかろう。島田氏の比較文学研究自体が一個の文学なのであるとわたしはいおうとしているのだ。文学を内発的に解するものが武人の文学について書いたものとして、この本は秋山・島田両者にとって幸運な出会いがあったのだということを認している。いつでもこういう出会いがあるというわけにはいかぬのだから。

『国文学　解釈と鑑賞』（昭四四・一二）に書評を掲げたのは小堀桂一郎である。八年前に公刊された『ロシヤにおける廣瀬武夫』誕生の経緯を熟知する立場から次のように述べている。

（前略）広瀬研究はもともと無から有を生じたとでも言うほかはない。一種奇蹟的な成果であった。かかる資料がなおこの世のどこかに残存しており、それが研究者の手に入り得ようとはほとんど信じられないような状態から出発し、その信じられないような事業を現実に成就してしまったのが著者の広瀬研究であった。著者がアメリカにおける秋山真之の事蹟を探求し始めるに当たってこの前回の経験が指針となり、また自信の裏づけとなっていなかったはずはないと思われるのである。（中略）しかし秋山真之の場合、そのような「奇蹟」は遂に起こらなかった。（中略）常識的に言えば、これを以て秋山のアメリカ時代の伝記的再現は要するに不可能であるとの結論が出たとしても仕方がない。しかし著者はこの絶望的な条件に果敢に挑戦し、見事にこれを解決した。著者は秋山その人の行動を直接に追跡することをあきらめ（それは文字通りに不可能なのだから）、秋山が見たはずの風土、聞いたはずの風聞、会った人、読んだ本、経験した事件を、彼の居た場所と時間とに密着しながら綿密に追っていった。それは取り立てて称すべき新奇な方法ではない、と言う人もあろう。だがこの著者本来の奔放な想像力と、まさしく秋山その人に乗り移ったかのような精細な感情移入の力を以てするとき、これはやはり一つの新しい方法の発見というべきものになった。我々はここで独自の伝記文学の型に遭遇したと言ってよい。（中略）

念の為言っておかなくてはならないが、資料を発見し手許に揃えただけでしかし歴史的研究が成就しうるわけではない。人はその蒐集した資料について、そのいずれが信憑するに足り、いずれが敢えて捨て去るべきものかを弁別するだけの批判力と、その前提となる広い知識とをそなえていなければならない。次にそうして篩にかけた資料を解読し、そこから新たな歴史的生命を喚び出すために逞しい想像力に裏打ちされた緻密な解釈力をそなえていなくてはならない。この批判的学識と文献読解力とは言うまでもなくどの研究者もが一朝一夕にして身につけうるような能力ではない。この点に関してこそ、島田謹二氏の文学研究者としての多年の学問生活の厚みがこの書において最大限に発揮されたのだと言える。「終りの章」に語られている氏の資料の博捜ぶりとそれにかけた情熱——むしろ執念はたしかに読者の感嘆をさそいはするが、それはしかし例えばしかるべき指導者と組織の力を以てすれば必ずしも他人には全く不可能といった業ではあるまい。そこからさきの事業、文献の批判と読解を通じての史実再現におけるほとんど創作家のそれにひとしい想像力の強靱さこそはこの研究のまことに以て独自な、そして画期的な成果であり、容易に他の追随を許さぬ力業である。明治ナショナリズムの動向に精神史的関心を有する人には言うまでもなく、評者はこの書を一つの方法的成果として、およそ文学史的研究に志向を有するほどの人に一読を勧めたいと思う。

小堀は、昭和五〇年一二月〜五一年二月、『アメリカにおける秋山真之』上・下巻（朝日選書）の刊行にあたって、島田が「秋山研究」に深入りするに至った経緯と払った努力に対して深甚の敬意を持ちながら、著者と著書の神髄に迫る精緻な「解説」を書いた。後年、この「解説」は『アメリカにおける秋山真之』上・中・下巻（平二一・一一〜一二　朝日文庫）が刊行された時、下巻に再録された。

『アメリカ学会会報』第一六号（昭四五・二・二五）で、新刊紹介「精密な人物論・動的な文明把握」を書いたのは亀井俊介（一九三二―）である。

本書は副題を「明治期日本人の一肖像」というが、これは明治ナショナリズムの精華たる、士魂文才あわせもった人物の"a portrait"ではなく"the portrait"だと思う。一人の「人」を形成するいっさいのこと、およびその「人」が発揮するいっさいのことが、ここでは語られるのだ。アメリカ研究者は、秋山真之を通して、当時のアメリカ文明の姿をきわめて動的につかみうるはずである。この時代のアメリカ海軍史とか海戦史とかとしても、本書ほど豊富な資料を駆使して、しかもいきいきと描いた書物があろうとは思えない。だがそれ以上に、たとえジャーナリズムの実態、民心の動向、国際関係などの推移なども、目の当たりに見るように書かれている。もっとも、何らかの主義による割りきった解釈を求める人は、本書に失望するかもしれない。

歴史とは「人」が作るものだと認識し、しかもその「人」なるものの複雑な局面に興味をもつ人に、本書は最上の歴史書であるだろう。更に、精神史とか文学史とかの研究者は、秋山の手紙や報告を「ナショナリズム文学」の観点から説きつくす著者の筆のさえに驚嘆することであろう。アメリカ文学史は従来も時にこういったものを文学の範疇に入れて考えていたが、日本文学史はいわゆる純文学だけをもって文学と考える傾向が強かったのである。

こうして、著者の姿勢はきわめて総合的かつ有機的である。基本的にロマン派的情念の持主と思われる著者が、現実的打算を身上とする問題に取組んで一歩もひけをとらず、学問的に厳密に構築された歴史的世界へ読者をぐいぐい引っぱっていく力は、叙事詩的でさえある。その意味で、本書の志向を語った序の章は、文学や歴史研究の方法論としても、熟読玩味に価する大文章である。

本書にも一つ不満がある。それはこの「肖像」は日露戦争における秋山真之までいたらなければ、――一般読者には――完成とはいえないであろうということである。続編の完成が心から待たれる。

『秋山真之』『廣瀬武夫』の二著にふれる記事も見られた。『読売新聞』夕刊（昭四五・五・二三）「東風西風」で言及するのは保田與重郎（一九一〇―一九八一）である。

島田謹二元東大教授が、『ロシヤにおける広瀬武夫』の増補新版を出された。旧版は名著であるが、新版の補修に私は感動した。人の努力を天恵が助ける、正しく努力している者には、神が先方から訪れてくる。これは人道の文明をささえた信念である。

島田博士《ママ》は「アメリカにおける秋山真之」をさきに上梓(じょうし)された。これも驚くべき著作である。この精密深重な実証的方法から、日本および日本人文学のあり方が、漠然(ばくぜん)とわかる。しかし簡単な結論としてこれをいうことは出来ない。何かもやもやしたものが、創造力をかき立ててくれる。こういう熱気にあふれた著述は、まことに「文学」の名にふさわしいものである。

この著を導いた著者の「方法」は、真に混沌《こんとん》の常態のもので、若い人がそこから概念ならざる何かを感得すれば、その人の「文芸学」というものの輪郭がうまれるであろう。改版についての島田氏の気魄《きはく》に私は驚嘆した。これにくらべうる元気は、今や青春の人にも少ない。後世に誇るべき二つの名著である。(後略)

『幹部学校記事』第一八巻第二〇七号(昭四五・一二　陸上自衛隊)で二つの著書を紹介するのは吉武敏一(元陸将)である。

この二つの本はそれぞれ在露、在米生活を明らかにするだけでなく、それによって二人の海軍軍人の生涯をもかたりつつ多くの夢をさそうものである。(中略)

この二人の在露、在米生活はそれぞれユニークである。しかし、その二人の公用の報告文や書信の今日伝えられるものをみるとき、諜報任務の達成にその責任を果たすことに、如何に二人が忠実であったかがわかる。また二人ともよくもこんなに手紙を書いたものだと思わせるほどであり、その文章は二人とも書簡文家の列に入るという。情の広瀬、理の秋山、相通ずるところの多いのに驚く。陸上自衛隊幹部としての心構えとしても、これに学ぶところが多いと信じて疑わない。

中曽根康弘(一九一八―　第七一～七三代総理大臣)は、かつて『ロシヤにおける広瀬武夫』を愛読書の第一にあげて閣僚に勧めたというが、『アメリカにおける秋山真之』については次のように述べている。

米国の戦史家マハン大佐との公私の交流が織りなすロマンの中に日露戦争の作戦主任参謀をつとめた秋山提督の戦術眼の成長が如実に記されて興味しんしんである。

(昭四四・一〇・九　『日本経済新聞』)

ある日、『朝日新聞』に連載中の「天皇の世紀」を精読している時、朝日新聞社の先崎譲一記者を通じて、大佛次郎(一八九七―一九七三)からの伝言が届いた。

ご著書『秋山真之』をありがとうございました。さっそく読破いたしました。大変面白く読ませていただきました。さっそくお礼状をと思いながら、今日になってしまいました。ありがとうございました。

子規曽遊の地

「秋山真之研究」に一区切りつけてホットした気持から、昭和四四年八月二五日、岩手に旅行。平泉を歩いてから、北上市（旧黒澤尻）を経て、和賀郡湯田町（現在の西和賀町）湯本温泉の善作こけし工房を訪ねて一泊した。一夜の宿りのひととき、夕餉に出た山菜料理から、露伴の小説「土偶木偶」の話をし、一四年前にもなる「比較文学奥の細道の旅」の思い出を懐かしそうに語った。また、西行、芭蕉、子規、禿木、藤村等の奥羽行脚の旅の文学の系譜から「みちのく」を語って夜が更けた。

『アメリカにおける秋山真之』が公刊された直後であり、秋山や広瀬の話につづいて明治ナショナリズム研究の第三作目の構想なども語った後、平泉を共に歩いた一学徒（島田の意に添い、齋藤實《まこと》記念館の千田館長と密に連絡をとり、齋藤宛の多くの書簡や蔵書の複写等に尽力した）のために、著書に署名して献じたのは、次のような即興の詩章であった。

君とわれと一夜《ひとよ》かたりし秋山が
　若き日がたり
　　こころしてよめ

盛衰存亡、一場の夢
帝国のあとかたか？
愁に沈む青草の
大野にひとり立ちつくす
影いまさらば消えしめよ……

　一九六九年初秋

みちのくへの旅の始めから、正岡子規（一八六七―一九〇二）が念頭にあった。

みちのくへ涼みに行くや下駄はいて
秋風や旅の浮世の果て知らず

西和賀町湯本、この温泉地は、正岡子規が一二〇年近く前に曽遊した土地である。子規は秋田県大曲《おおまがり》に一泊して六郷から笹峠を越え、岩手県に入り、下前《したまえ》、清水ケ野《しみずがの》、湯田の小村を通り、前年の大火のために宿泊施設も十分でなかった湯本で一夜を明かした。翌日、勿論徒歩で湯本から川尻に出、平和街道（この名称は秋田県の平鹿《ひらか》郡と岩手県の和賀郡を結ぶところから）を杉《すぎ》名畑《なはた》、和賀《わが》仙人、江釣子《えづりこ》等を辿り黒澤尻へ出るのである。島田が、黒澤尻から自動車で逆の行程で湯本温泉に入ったという違いはあるが、季節は同じ八月であった。山も川も周辺の自然は子規曽遊の頃とほとんど変わらないであろうと思われる。子規の「はて知らずの記」（明二六・七～八）の終わりの部分に「湯本温泉」の様子が次のように書かれている。

（前略）十六日六郷より岩手への新道を辿る。あやしき伏屋にやう〳〵午餉したゝめて山を登ること一里餘樵夫歌馬の嘶き遙かの麓になりて巓に達す。神宮寺大曲りを中にして一望の平野眼の下にあり。山腹に沿ふて行くに四方山高く谷深くして一軒の藁屋だに見えず。處々に數百の牛のむれをちらして二人三人の牛飼を見るは夕日も傾くにいづくに歸るらんと覺束なし。路傍覆盆子《ふくぼんし》（苺＝引用者注）林を成す。赤き實は珠を連ねたらんやうなり。急ぎ山を下るに茂樹天を掩ふて鳥聲を聞かず。下り〱てはるかの山もとに二三の茅屋を認む。そを力にいそげども曲りに曲りし山路はたやすくそこに出づべくもあらず。

蜩や夕日の里は見えながら

日くれはて丶麓村に下る。宵月をたよりに心細くも猶一二里の道を辿りて、とある小村に出でぬ。こ丶は湯田といふ温泉場なりけり。宿りをこへば家は普請にか丶り客は二階に満ちて宿し參らすべき處なしとことわる。強ひて請ふに臺所の片隅に爐をか丶へて疊二枚許り敷きわが一夜の旅枕とは定まりぬ。建具と丶のはねば鼾聲《かんせい》三尺の外は温泉に通ふ人音常に絶えず。

白露に家四五軒の小村かな
山の温泉や裸の上の天の河
肌寒み寐ぬよすがらや温泉の臭ひ

秋もはやうそ寒き夜の山嵐は障子なき窓を吹き透して我枕を襲ひ、薄蒲團の縫目深く潜みて人を窺ひたる蚤の群は一時に飛び出で丶我夢を破る。草臥の足を踏みのばして眠り未だ成らぬに。

一七日の朝は枕上の塒《ねぐら》の中より聲高く明けはじめぬ。半ば腕車の力を借りてひたすらに和賀川に従ふて下る。こ丶より杉名畑に至る六七里の間山迫りて河急に樹緑にして水青し。風光絶佳雅趣掬すべく誠に近國無比の勝地なり。三里一直線の坦途を一走りに黒澤尻に達す。家々の檐端《えんたん》には皆七夕竹を立つ。此日陰暦七月六日なり。（後略）（ルビは引用者）

島田は、二六日、朝を迎え木々の間から燦々と降り注ぐ朝の陽を浴びながら、両手を高く上げて何度も深呼吸をした。茅屋にくつろいで、「この佇まいは、『緑の館』の世界だ」と言った。『緑の館』は、W・H・ハドソンの小説（一九〇四年）の標題である。後刻、秋晴れの山里を散策して、子規の句碑「山の温泉や裸の上の天の川（ママ）」の前に立った時、「はるばると来たのだな」とつぶやいた。小さな村を一回りし、和賀川の清流や周囲の自然を楽しみ、往時には県下一と謳われた「山室橋《やまむろばし》」の上に立ったとき、上流に和賀岳《わがだけ》を遠望して、「まさに、後朝川《きぬぎぬがわ》の世界だ」と言ったのは、泉鏡花の世界（「きぬぎぬ川」『新小説明治三五年四月』）を思い出してのことだった。午後、陸中川尻から横手に出、山形（上山《かみのやま》温泉に一泊）を経由して、二七日夜帰京した。時間が許せば、佐藤春夫が「美しい海べ」で書いた八戸の種差《たねさし》海岸まで足をのばしたいと言っていたのであるが実現しない。（ルビは筆者）

九月以降も執筆は盛んである。「日本の比較文学四分の一世紀」を『サンケイ新聞』（九・五）に、一〇月、「芥川文学の夕ネ」を『諸君』に、「鴉その他の詩」と「ポー小伝」を『ポー、ホイットマン』（平凡社）に、一一月、「わが蔵書　蔵書の昨今」を『群像』に、「フランス派英文学に打ち込む」を『英語研究』に、「佐藤春夫の『殉情詩集――創作過程を主にする解釈と批評』」を『東洋の詩　西洋の詩　富士川英郎教授還暦記念論文集』（朝日出版社）に、そして一二月には、「プーシュキン街の二人の日本人――八代六郎と広瀬武夫」を『潮』に、「日本文学に及ぼした英米文学の影響」を『學鐙』に、「英文学入門――シェイクスピアの読み方」を『白山英文学』に寄稿し、「記念碑的な鷗外研究――『若き日の森鷗外』（小堀桂一郎著　東大出版会）」を『サンケイ新聞』（一二・五）に書いた。

一二月一六日NHK青山荘で行われた祝賀会で、比較文学比較文化専門課程初の文学博士号を受けた愛弟子の論文の完成と刊行を喜び島田は次のような祝辞（四五・七、『比較文學研究』第一七号所載、三浦安子記「『若き日の森鷗外』刊行記念会」）を述べて絶賛した。

> かつて私はフランス派英文学研究者たちに学んだが、彼等の主要な研究はみな著名詩人・作家の若い時代を扱ったものであった。これは、大詩人・大作家の傑作の萌芽はすべて若い時代の作品にうかがわれるがゆえに、その文人の若い時代のものが、後年の大作の作風を予測させる、という考えのもとに立っている。小堀氏の本論文もこの線上にあるものであって、内容的には綿密な考証、分析とそれを表現する文体の美事さとが相俟って、一つの、統一ある、完成度の高い研究となっている。これは今日まで日本の学者が、なさんと欲しつつもよくなし得なかった学問の高みに達したものであって、この研究の方向を示唆した私としては、まことに欣快にたえないのであります。

後年の回想からも言及を掲げておきたい。

> （前略）本格的に材源研究を手がけたのは、鷗外漁史の『美奈和集』からである。昭和八年か九年か。夏休みに本郷の東大図書館の書庫に入室を許されて、ハイゼ・クルツ共編のうず高いドイツ原典の山を手にした時の驚き。つづいて漢文でしるされた書き入れを知ったときの感動！『於母影』は、そんなにラクに復元されなかったが、とにかくドイツ語の詞華集は本を見つけた。恐らく鷗外最初期の比較文学的作業をほどこしていると感じた時の喜びは、今日もまざまざとよみがえる。小堀桂一郎君が今日のそのモノの本格的な Forscher だ。この人が創《ひら》いたりっぱな大道のホンの末端のかすかな小径に、わたくしの些《ささ》やかなこころみがつづいている。わたくしの『即興詩人』への研究などは、その道のおのずからな延長にすぎない。思えばはるけくも来たものである。
>
> （昭六三・一二『比較文學研究』第五四号所載
> 「台北における草創期の比較文学研究
> ――矢野峰人先生の逝去にからむ思い出」）

三　司馬遼太郎との交友

『歳月』評

『小説現代』に連載されていた、司馬遼太郎の「英雄たちの神話」が、『歳月』（講談社）と改題されて刊行されたのは昭和四四年一一月、連載の時に読んでいたものだが、島田は一気に再読し、「明治草創期の大叙事詩――『歳月』評」を『潮』一二二号（昭四五・二）のために書いた。

（前略）本当に男を描き得た作家があるのか？これは「文学にあらわれた日本男性」というテマトロジーが十分成立していない今日、確答は与えられない。「大胆小心」の秋成《あきなり》などは、小型だが、男の友情や理想や葛藤（ママ）を描いた一人のように思われる。漱石も、明治の男の悩みやいら立ちや苦しみをいくらか描くことができた。指折り数えると、男性特有の世界をとらえ、そこでちゃんとした仕事をした作家は意外に少ない。なぜか？　そういう実際世界に生涯をささげるのは、文字通りに man［men（修正）］of action である。あくまで実行界に生きる人物である。かれらはわが行為をふかく反省したり、いわんやこれをあざやかに表現する力を概して持っていないのではないか。

この活人物と、この表現者との本質的な背反は、どこの国にも共通らしいが、日本はことにその割れがはなはだしいのではないか。この点［文人として（加筆）］一番高い点数をつけられるのは、露伴か。将門《まさかど》や頼朝や氏郷《うじさと》らの人間研究が、何よりこの作者の男性理解を見事に証《あか》している。あれが男の世界というものである。あれが男というもののあり方である。今日の司馬遼太郎は、この系列に立つ人のように見える。氏の近作「歳月」は男性的エネルギーの思い存分火花をちらす明治草創期の大叙事詩というべく、世にもありがたい贈り物である。

（中略）全編を通じての圧巻は［、（削除）］征韓論における両陣営の巨人たちの言葉を生けるがごとく描き出すところ。そこの三章は、この大叙事詩のヤマをなし、人間戯曲を描くその発辣とした史筆は他の追随を許さない。落人《おちうど》となった主人公が薩摩土佐にふるうさしもの雄弁が神通力を失って、ついに捕えられる末段までくると、よむ者の心も細く泌みわたる詩美にすすり泣く。終曲――この英雄児を助けたいと身悶えする善意の人々の心づくしは、残忍酷薄な政敵の大権力を笠にきる悪どい追求とうらおもてを成して、日本の道のべに咲く草花のように、可憐、哀切、忘れがたい……語りくちはきわめて適切なテンポのなかに進む。日本人である以上誰でも素直に同感できる構成が、序破急の形で見事に展開される。ちゃんと間合いをとって敵手に一歩一歩迫りゆく達人の剣技か。読後感は、不断の緊張のうちに潜む無尽《むじん》の爽やかさとでもいおうか。結語。――露伴の大作「運命」よりも、より少なく bookish で、より多くわれら日本人の心意にしみじみと訴えてくる。まだ中年をさしてすぎてはいない筈のこの作家は、この一作を書き上げたことにより、何人をも承服させる鬱然たる巨匠になった。賀すべし！

［　］内は、半年後、『白山英米文学』（昭四五・七、卒業論文特集一号）への再録の際に加筆修正、削除した箇所である。「大学英米文学科にいて卒業論文を書こうとする諸君諸嬢のために」（『白山英文学』所載）の中で、英米文学に関する話の他に日本文学の作品や作家にも触れ、『歳月』の書評の前書きで司馬遼太郎を次のように語っている。

司馬遼太郎は、このごろめきめき頭をもたげてたくさんの読者をもっている人気作家の一人である。この人は、ことに日本史――中にも幕末維新前後の人物や、時潮に対する解釈が深く根づくものを持っていて、根元から人を動かす見識の持主である。日本の文壇は西洋文学の風潮に追随して、ただやみくもに、いわゆる新しいものを追いかけすぎてきた。我が風土に根をおろし、我が生活と伝統に立脚した歴史観は意外に深くない。こうした弊風を、さながら身をもって是正するかのように大阪出身のこの作家は立ち上がった。司馬氏が斉藤道三の人間を解釈し、坂本龍馬の行動と理想とを描き、乃木希典の殉死の真相に筆を進めてゆくと、それらの日本人がみんな、よみがえって、ありし日のありのままに現代の我々にも伝えてくれるような気がする。何という見事な解釈と文技であろう。

東洋大学での講義は、前年に続き「英米文学史Ｉ」を担当し、アングロ・サクソン時代から説きおこして、チョーサーではっきりした輪郭を持った英文学が、シェイクスピアで大いに笑い、大いに飲みながら深いものをひらく素地を作ったことを話した。「英文学特講Ｉ」では、詩人シェレーの「放たれたプロミシュース」を、「英文学特講Ⅱ」では、ヴァージニア・ウルフの小説『歳月』を講じた。立教大学での講義は、今年度は大学院のみで、修士課程では、ディッケンズ、ディズレリ、キングスレーを取り上げて、「イギリス社会小説」を、博士課程では、スウィフト、ポープを講じた。

春夫に関する執筆はつづいて、昭和四五年も年頭から「佐藤春夫と上田秋成」（昭四五・一）、『佐藤春夫全集』第一二巻月報には「佐藤春夫先生の九州旅行」（四・三）、「佐藤春夫の『雨月物語』観」（昭四五・六）、「「心の廃墟」再読」（昭四五・七）と、「佐藤春夫における東洋と西洋」（前嶋信次との対談、昭四五・八）、「――佐藤春夫先生を語る――誠をつらぬいた文士」（檀一雄との対談）のふたつの対談が喜び迎えられた。檀一雄（一九一二―一九七六）との対談（四五・八『現代の日本文学』第一三巻月報一九、学習研究社）は、「充実した晩年の生活」「真に思いやりのある人」「感受性の鋭い野人」の小見出しで、春夫を一番よく知っている二人だからこそ言えることが語られていて興味深い。

檀　晩年は円熟して神仙に遊ぶくらいの意気ごみでおられましたね。（中略）文士にして、もし誠を貫くとしたら、先生のああいう生き方だと思わせる。すばらしいものでした。しかし、あのころまで、恋に関してはとめどなくてね（笑い）

島田　極端にいうと、会ったかぎりのどんな女の人も、先生にはみんな恋人だったんじゃないですか。

檀　そうでしょう、きっと。

島田　蝶や花や雲を愛したように、女を愛した人ですね。

檀　そうなんです。とめどなく愛しました。それはもう。奥様は非常に大事にしましたけどね。

（中略）

檀　（前略）本当に、門弟三千人だったですね。先生はイソギンチャクとおんなじで、そこに座られたら、前を通過するものは、男なら弟子、女なら恋人、そう思っておられたんじゃないかな（笑い）。

島田　あれくらい自由闊達に生きたお方も少ないですね。あれがほんとうの自由人というものでしょう。

一二月一二日、慶應義塾大学日吉校舎で「日本の英学」と題して講演した。高梨健吉（一九一九―二〇一〇）が司会をつとめた。氏は、講演の前後に『日本事物誌』（チェンバレン著、高梨訳、平凡社）が話題になったこと、後年、「英文学叢書」の復刊を喜ぶとして、『英語青年』（昭五七・七）に書いた「日本英文学研究の源流」について、「いちいち同感です」と島田に言われたことを忘れることはないと云った。

この月、「比較文学とは」「藤村と外国文学」「作家と注釈書」「漱石とメレディス」「文明批評家・漱石」「無我の精神」「日本研究の焦点」「文学と兵学の差」「明治の典型的人物」「日本人像を描く」という小見出しをつけた「お茶の間放談　漱石文学は〝模倣〟である」（談話）が、『文藝春秋』に掲載された。これを評して、「出色、必読の文章だ」（昭四五・一一・二七『サンケイ新聞』夕刊）と書いたのは村上兵衛氏である。

エッセイスト・クラブ賞

『アメリカにおける秋山真之』の好評にのって、執筆を依頼された「秋山真之の兵学談義――兵理としての天・地・人」（昭四五・四『批評』第一九号）、「円戦術と丁字戦法――山屋他人と秋山真之」（昭四五・八『創文』第八七号）は、さらなる「秋山研究」への用意であるが、それぞれ喜んで読まれた。「廣瀬」や「秋山」執筆の関係から、財団法人三笠保存会の評議員（任期二年）を委嘱されたりして、頓に関係方面から声をかけられることも多くなった。四月に、決定版『ロシヤにおける広瀬武夫』（朝日新聞社）が刊行されたことは、『アメリカにおける秋山真之』が喜び迎えられていることと連動しているようであった。昭和四五年六月、『秋山真之』は、第一八回日本エッセイスト・クラブ賞に決まった。『読売新聞』（昭四六・六・二二）「人間登場」の見出しは、「私は今、明治36年の人　伝記の人を生きる」で、藤村健次郎記者のインタビューを受けて次のように語っている。

秋山真之を描くためには、故人の心にならなくてはなりません。わたしは、このため現代から離れ、明治三十五、六年に生きておるのです。

前作『ロシヤにおける広瀬武夫』の執筆のときは、わたしは広瀬でありました。ドキュメントを集めて、妥当な客観的方法で整理する人もいるが、私の方法は故人になりきると言うことが大切……

わたしは国家主義といういいかたがきらい。明治のナショナリズムは、パトリオティシズム（愛国心）であると思います。偏狭な、ローカルなものではなく、あらゆる文明国家に共通した尊い気持ちですよ。一八七〇年から一九二〇年までの五十年間は、世界の文学を輪切りにして、パトリオティズムという視点で共通に論ずることができます。広瀬武夫にしても、秋山真之にしても、わたしは海軍軍人の伝記を書いたのではなく、世界大の規模から明治の人間を研究したのです。

そうでなかったら、わたしは海軍将校に興味を持つはずがない。

『東京新聞』（昭四五・六・二五）「ぷろふいる」にも「第18回エッセイスト・クラブ賞を受ける　島田謹二」として、語ったことが紹介されている。

明治百年で日本がなしとげた一番の功は日本海軍をつくったことです。今日の日本の進歩的、モダーンでベターなものすべての基礎は海軍がつくったといえる。世界一の造船業、鉄鋼業、電機器の部品などの基礎も海軍です。また精神面では、それまで海に出なかった日本に、自然へ順応し、自然を乗り切って行くシーマン・シップというか人生の根幹を吹き込んだ。秋山真之や広瀬武夫はその海軍の代表的人物だと思う。

長い学者生活のなかに出会った人で大きな心の人は佐藤春夫、あったかい人は北原白秋、深い心の人は平田禿木だった。いずれも志高く、自分を越えようとしていた。私にはそのような日本人の理想があり、私を秋山真之に向かわせるのも、そういう男が男にほれるといった関係です。

七月四日午後二時、受賞が決まったことにより、東京馬場先門の東京商工会議所スカイルームで、クラブ年次総会の後、贈呈式が行われた。クラブ賞審査委員会全員の意向により、今年度ははじめて四人の受賞者で、江上フジ審査委員長の挨拶、各審査委員から審査報告があり、千葉雄次郎会長から仲田定之助、芥川比呂志、菊池誠（夫人が代理）三氏と共にクラブ賞を贈呈された。波多尚委員が、「独特の境地を開く『アメリカにおける秋山真之』」（昭四五・八『日本エッセイスト・クラブ会報』第二二号）と述べて紹介した一部は次の通りである。

（前略）この七百ページに及ぶ島田さんのライフ・ワークともおぼしき作品――そういっていいかどうかわかりませんが――は単なる日本人をこえ、日本海軍なり、世界に対する日本の姿勢、その構え方の根底となる認識、思想というものが、とことんまで追求されている点に、私、非常に敬意を表すると共に、その筆致、読みものとしての描写の仕方にも強い魅力と感動をおぼえました。

（中略）この本だけでも島田さんが資料を集めて研究し、掘り下げ、体系立てるのに五、六年を費されたもので、才能に任せて一夜にして書き上げたというものではありません。まさに苦労と努力の結晶でございましょう。それはどうも単なる記録とか、歴史とかいうものでなく、明治人のバックボーンと、ロマンチシズムというものが脈々と流れている、文壇人でない人の書いた広い意味の文学といってもいいのかもしれません。しかし私どもからみれば島田さんはエッセイというものに独特の境地を開かれたということで敬意を表して然るべき本だと考えた次第でございます。審査員一致の推薦によってここに賞をお贈りすることを光栄に思う次第でございます。

氏は冒頭で、「比較文学ということと、この本とどういう関係になるのか、実はどうもはっきりわからないのでございます。もしご説明いただければ幸いと思います」と、投げかけたのに対して、「生涯の仕事として取り組む――明治ナショナリズム四部作」と題して、自分が考えている比較文学とはどういうものか、その比較文学からいうと、広瀬武夫や秋山真之のような人が重要なヒーローとして登場する理由、自分が志している日本研究とは何か、比較文学者が絶対に条件にすべき、われわれの基盤とは何か、を説明し、語り尽くした。講演の一部は次の通りである。

（前略）要約いたしますると、私たちの日本研究というものは、第一に明治、大正を考えると、日本を守った人をもう一ぺん学んでみたい。それから、日本を、守るに値した宝物を持ったところと考えて、その宝物をきわめた人々を、もう一ぺん体験してみたい。また、日本を愛した人は必ず日本の現状に不満を感じたであろうか――大きな文明、あるいは国のあり方についてトコトンの疑惑を持った人を学びたい。この三つを合わせたものが私の日本研究であります。

その最後に出てきましたところが、日本のナショナリズムの研究という分野でありまして、日本を守る人を調べていきますうちに、私は明治百年の大きな仕事として、日本海軍というものを見ずにはいられなかったのであります。それで、広瀬武夫とか秋山真之というものに非常な興味を持ちました。

（後略）

受賞のあいさつの後、一時間近く専攻の比較文学論を語ってから、明治人らしい心意気を見せた。

なんとかして夢みております明治ナショナリズム四部作を完成したい。それが私の比較文学者としての、日本に対する奉公であると思います。

受賞後に共同通信社を通して配信された一連の執筆には、「私の仕事――生活・思想・文芸あわせ持つ存在」（昭四五・七・四『京都新聞夕刊』）、「わたしの仕事――いつもかえりつく日本」（七・八『山陽新聞夕刊』）がある。

喜びはつづいて、愛弟子の研究が『近代文学におけるホイットマンの運命』（亀井俊介著　研究社）として刊行され、七月五日、NHK青山荘で行われた出版記念会に発起人筆頭として出席し祝辞を述べた。

古　稀

『アメリカにおける秋山真之』刊行以来、執筆を依頼されることが更に多くなり、新年早々から新聞や雑誌への寄稿が続いた。同じ内容ながら、「比較文学から見た日本人」（昭四六・一・五『北海タイムス』夕刊）、「運・不運という言葉」（一・八『山形新聞』）、「人生に運・不運はあるか」（一・一七『北日本新聞』）、「捨てよう運・不運ということば――比較文学から見た日本人」（一・一七、『神奈川新聞』）等を寄稿し、「比較文学の目標」（一・八、『公明新聞』）、「文学にみる乃木将軍像」（一・一六〜一七、『読売新聞』）、「宮居のあたりをそぞろ歩いて」（四六・一、『パレス』第九八巻第一号Palace Hotel）、「明治の海軍・軍神の素顔」（四六・一、『サッポロ』第四八号）を書き、全く別分野の研究「東方世界の大説話集――続『千一夜物語』雑考」を『比較文學研究』第一八号に載せ、二月には、「若き日の上田敏」を『東洋大学大学院紀要』第七集（四六・二）のために書いた。

三月一五日、一六日の両日、東大比較文学会主催の「島田謹二教授古稀記念セミナー」が八王子大学セミナーハウスで行われた。『比較文學研究』第二〇号所載「島田謹二教授古稀記念セミナー」（庄村佑子記）から大要を伝えると以下のようである。初日は、学者である島田にふさわしい祝賀会ということで、小堀桂一郎司会のもと、池田美紀子の「上田秋成とエドガー・A・ポオ――コンパレーゾンの試み」、新田義之の「国語国字問題」の研究発表があった。夕食後八時過ぎからは、「比較文学の先達たち」というシンポジウムがあり、芳賀徹の司会で、太田雄三の「内村鑑三」の話につづいて、島田は「上田敏」の話をした。比較文学比較文化研究は日本研究でなければならないと強調したあと、上田敏と夏目漱石の西洋文学の学び方を対比して語った。そのあと、氷上英廣の「和辻哲郎」、富士川英郎の「原勝郎」についての話があり、司会者の指名で討論が進められ、平川祐弘、佐々木昭夫、中山佳子、神田孝夫が感想や意見を述べた。古稀の祝宴が始まったのは一一時近い頃で、乾杯、プレゼントの贈呈につづいて歓談となった。島田の語りかけで、平川祐弘、荒木亨、佐々木昭夫、川本皓嗣、柳富子がスピーチをした。司会者の忠告で一応散会したのは午前一時過ぎであったが、それでも話に興じて談笑する人たちがいて、明け方に宿所のコッテージに帰った人もいた。

　翌一六日、島田は「比較文学者としてのわが生涯」と題して講演し、来し方を語った。若い頃、それまでの外国文学研究に飽きたらず、その方法を模索しているとき、フランスの英文学者の書を読んで眼を開かれて学んだこと、その後本格的な研究生活に入ろうとして、学校で学んだもの、ノート類をすべて焼却して、一端は師を捨てたこと等を語った。しかし全く師が存在しなかったわけではなく、英文学では平田禿木、詩心で相通じた北原白秋、人生を教えてくれた佐藤春夫の三人を師と仰いで生きてきたことをエピソードを織り混ぜて生き生きと語った。日本文学にふれては、鷗外、漱石、鏡花、一葉について説き、さらには、『ロシヤにおける広瀬武夫』と『アメリカにおける秋山真之』を公にした理由として、比較文学研究は日本研究でもあるべきとの考えから、日本を愛する心を持たねばならぬこと、それには日本を守った人と批判した人を研究しなければならないとの信条を述べた。

　三月一八日から五月一日まで、「名訳詩の鑑賞」と題して、『公明新聞』（昭四六・三〜五）に二〇回連載し、鑑賞、解説を書いた。

三月一八日　上田　敏　①断章（サッホー）
　　二〇日　②花くらべ（シェイクスピア）
　　二三日　③小曲（ダンテ・アリギエリ）
　　二五日　④床《とこ》（ホセ・マリヤ・デ・エレディヤ）
　　二七日　⑤賦《かぞへうた》（ジャン・モレアス）
　　三〇日　永井荷風　⑥憂悶（シャルル・ボードレール）
四月　一日　⑦ましろの月（ポール・ヴェルレーヌ）
　　三日　⑧ロマンチックの夕（マチュウ・ド・ノワイユ）
　　六日　堀口大學　⑨水上奏楽（アルベール・サマン）
　　八日　⑩ミラボー橋（ギヨーム・アポリネール）
　　一〇日　⑪鎮静剤（マリー・ローランサン）
　　一三日　⑫馬来乙女の歌える（イヴァン・ゴル）
　　一五日　佐藤春夫　⑬春のをとめ（薛涛《せっとう》）
　　　よき人が笛の音きこゆ（黄氏女《こうしじょ》）
　　　ほほ笑みてひとり口すさめる（呂《ろ》楚卿《そけい》）
　　　思ひあふれて（子夜《しや》）
　　一七日　⑭受難華（ハインリッヒ・ハイネ）
　　二〇日　森　鷗外　⑮ツウレの王（ゲーテ）
　　二二日　⑯ミニヨンの歌（ゲーテ）
　　二四日　坪内逍遙　⑰オフェリヤの歌（シェイクスピア）
　　二七日　竹友藻風　⑱秋への讃歌（ジョン・キーツ）

二九日　蒲原有明　⑲ルバイヤート（オマル・ハイヤーム）

五月　一日　富士川英郎⑳山（ライナー・マリア・リルケ）

昭和四六年度、東洋大学での講義は、「英米文学史Ⅰ」では、前年のチョーサー、シェイクスピアの講義につづいて、ミルトンのピューリタニズムを語り、これと並行して、現実生活をそのまま伝えるピープスの日記から説きおこした。イギリスが西洋中心の文明を消化した一八世紀が続いてくる、婉雅なアジソンたちの随筆文学、白銀の毒矢を無数に吹きかけてくるポープの社交詩、幽妙なスターンのユーモア小説などを順々に語りながら、スコットランドの田舎のことばで独立独歩の自由人の理想を高らかにうたうバーンズの泣き笑いを語った。「英米文学特講Ⅰ」では、数年前から講じている、詩人シェレーの「放たれたプロミシュース」の想像もつかぬほど大きな宇宙詩について語った。「英文学特講Ⅱ」では、ヴァージニア・ウルフの小説『歳月』を講じた。立教大学大学院の講義は、前年度の後半期に語ったルイ・カザミヤンの「カーライル研究」を通して、フランス人の英文学研究の特質を明らかにしつつ、ヨーロッパ比較文学の一面を辿るものであり、その方向を更に徹底させた。すなわち、カザミヤンのモリス、バトラー、ショー、メレディス等に関する研究を読み、かつ評した。

耿之介の死

東京外国語学校時代に師事した日夏耿之介先生が、六月一三日午前〇時一八分死去したことを知らされた。享年八一歳。数ヶ月前、浸下性肺炎に罹り一時危ぶまれていたのである。自らゴシック・ロマン体と称する荘重幽玄な象徴詩の詩人として、またポー、キーツ、ワイルドなど耽美派の英米詩人の訳詩家・研究者として特色のある存在であった氏には、半世紀にも近い交流において目をかけられ、親しく指導を仰ぎ、色濃く影響も受けた。後年、文学研究の集大成である『日本における外国文学』上・（昭五〇・一二、朝日新聞社）を公刊するが、上巻の中表紙の後には、献辞「穂高にねむる敏彦にささぐ　父」の裏に、敬愛し続けた詩人日夏耿之介の詩を収めている。

あはれはれ　知死期《ちしご》どき　八十隈《やそくま》の坊門《ぼうもん》の
蜘蛛手《くもて》なす煩瑣学問《はんさがくもん》に無情を感じ
道を去り年紀《よはい》を忘れ家業《いへ》を癈《す》て　恬《てん》として
呪語《じゅご》を束《つか》ね耿耿《かうこう》と解尸《かいし》を念《ねん》ず
こころよさ　なんだぐましさ　はしたなさ
薄志弱行《はくしじゃっこう》の美爵《びしゃく》かな

――薄志弱行ノ歌

穂高にねむる愛児と学問研究に打ち込む日常は、常に重なっていて離れない。日夏先生と愛児とを結びつけて常に忘れないこと、それは「穂高に眠るわが子を憶う」（昭三一・三『太陽の子よ星の子よ』所載、保健同人社）によれば、次のことである。

（前略）一度父のお使いにいってから、『黒衣聖母』の詩人がすっかり好きになってしまった。帰ってくる早々「お父さん、H先生というのはいい男だな」と突拍子もないことをいって、父を面喰らわせた。これは容貌秀麗な好男子だという意味でもあるが、"a fine fellow"とか「好漢」とかいう心をも含め、それに合わせて頂天立地、一個独立の立派な人物ということもはいっている複雑な言葉だったらしい。「ヴォアァ・アノンム《（ママ）》」を、あの子一流の訳語であらわしたつもりだろうか。（後略）

（「ヴォアラァ・アンノム」（ここに男あり）は一八〇八年、ナポレオンがゲーテをみたときの言葉である。筆者註）

『日本における外国文学』上巻発売日の前夜、新著を手にして、前掲の日夏の詩文の話や愛児のこと、将来改訂版を出したいことなどについての話は尽きなかった。

共同通信社を通して、「幽妙な表現の詩――日夏耿之介氏を悼む」が『神戸新聞』（一四日）に、「日夏耿之介氏を悼む」「日夏耿之介氏を悼む――幽妙な表現に盛られる詩」が『東京タイムス』『京都新聞』（昭四六・六・一六）に掲載された。

日夏耿之介氏がなくなられた。若いころから氏は独自の見識と一家言を持つ詩人であった。一時北原白秋に親しんだ気配があるが、詩眼をひらいたのは、ダヌンチオの戯曲からで、ワイルド、イエーツ、シモンズなどが氏の指南番であった。氏は美青年であった。人並みの享楽から身をかわしたわけではなかろう。人生も、女人も、芸術も、読書も、氏の内部生活をそれぞれつちかったに違いない。

そのうち生家の家運が傾き、氏自身おもい病に苦しんでから、急展開した。氏は寛闊（かんかつ）なダンディの身ぶりをすてて、内部にうごめく霊魂の叫びに耳をかたむけ、密林の奥にわく泉に神の声をきく神秘家となった。その新しい世界は「転身の頌」（一九一七）の中に直写されている。大宇宙と小宇宙は微妙に照応する。あらゆる存在がたがいに秘密のことばをささやきかわす。その啓示を伝えようとするから、氏の詩は今まで日本の詩人のだれもがくわだてなかった幽妙な表現の中に盛られることになった。（中略）

氏はまたはっきりした好悪をもってテキストに対する博読の読書人であった。詩作の体験と反省は、明治・大正の詩人たちに対する独特な見方を生ませた。上田敏が礼拝された。泣菫や有明が高い位置に置かれた。清白が再び見直された。

その評価は氏独自の好みに依存しているだけではない。博読の間に積みかたった一種の基準がはっきりとひとをうつから、今だに読者を納得させる力を持つ。（中略）学究としての代表作は、氏が「美の司祭」とよんだ「キーツのオードに関する研究」（一九三九）である。わが作詩の体験から異国の詩人の心境と刀技のあとを追うて、しみじみとした評語の中に一家言を盛る。英語そのもののニュアンスの受けとり方はともかくとして、日本人が外国文学をどこまで学びうるかの能力と限度を示した力作である。（後略）

『明治文学全集』（昭四六・六、筑摩書房）月報にも「明治文学随想」を掲載し始めて、「私の明治文学ことはじめ――明治文学随想（一）」（明治への視点六五）がその第一回の寄稿であったが、その前半で、詩人日夏耿之介を語り、若き日に訪れた大森山王の邸は「なかなか意味の深い古今東西にわたる藝術學校だったろう」とも書いている。

特別講義・講演

ここ数年は、『比較文學研究』に大部の論文「芥川龍之介とロシヤ小説」、「オーギュスト・アンジュリエの業績」、「堀大司氏のサー・トーマス・ブラウン研究」、「童話文学の一大源流――『千一夜物語』雑稿」、「東方世界の大説話集――続『千一夜物語』雑稿」、「アラビア民話の文芸的解明――続々『千一夜物語』雑稿」を掲載し、『文藝春秋』誌上では、「漱石文学は〝模倣〟である」を語り、『エドガア・ポオ――人と作品』（谷崎精二）、『若き日の森鷗外』（小堀桂一郎）、『檀流クッキング』（檀一雄）、『与謝蕪村』（安東次男）、『新版　芭蕉その詞と心の文学』（安東次男）等の書評を書いた。来し方を語る「明治文学随想」を書き始めるなど、分野は広く、執筆意欲は益々旺盛である。安東次男との出会いはまた格別意味があるようであった。『与謝蕪村』を読んで、特に「「澱河歌」の周辺」と「「春風馬堤曲」新釈」に感心し、話したくて居ても立ってもいられず、いきなり氏を訪ねるほどに親近感を持ったのだった。「突然、大先生が訪ねてこられたのには驚いた」と、安東氏が話していたことがある。『新版　芭蕉その詞と心の文学』（筑摩書房）の評「才・学・識・芸・道あわせおさめた著書」（昭四六・一〇、本書附録）は以下のように書かれている。

この「芭蕉」は二度読んだ。グリーンベルト・シリーズに出たという広告で求めたのだから、六年前のことか。のっけから意表をつく意見がちりばめられているのにおどろいた。見識のある人だということはすぐわかった。博引旁証する立派な評家だが、そのヨミはただの学者のそれではない。芸道のしおりを支えるのはただ固いいわゆる思想史ではない。芸道のしおり、風雅の道がいたるところに隠見する。ひとことでいうと、容易ならぬ書物だと判断した。（中略）

こんどまた読んで、前回よりもっと深い敬意を感じた。（中略）

芭蕉にかぎらずすべて文芸の作品を読む極意が、「才」も「学」も「識」も「芸」も「道」も、ことごとくおさめた身についている言葉で語られる。ヨミはこうあるとき、はじめて客観に徹する。

結論――今の世に多いいわゆる学界の詮索家のたんなる考証でもなければ、好事家の気ままな鑑賞でもない。これは蕉門の一名家が昭和の現代によみがえって、先師の風雅の真髄を明快に語った作品とでもいおうか。わがこの言をうたぐう者は、この書を読め！

東洋大学英文学会の講演を皮切りに、例年になく集中講義や講演などを依頼されて忙しい日々となっていたが、昭和四七年初めの一九日、うれしい報せが届いた。秋山真之ゆかりのアメリカ海軍大学校マハン・ライブラリーにおいて、校長シム中将、副校長テイラー少将、図書館長シュワス教授等列席のもとに、『アメリカにおける秋山真之』の寄贈式が行われたというのである。使者に立ったのは、海上自衛隊二等海佐沖為雄であった。翌日の『ニューポート・デイリー・ニューズ』（四七・一・二〇）にその記事が紹介されている。

三月一〇日、『若き日の森鷗外』、『近代文学におけるホイットマンの運命』の出版から数年、愛弟子の著書の刊行がつづいて、NHK青山荘における『和漢洋才の系譜――内と外からの明治日本』（平川祐弘著　河出書房新社）刊行祝賀会に出席した。会のはじめに次のように述べた。

平川氏のこの著書で扱われた中心人物森鷗外に与えた西園寺公望の讃辞『才学識』が、そのまま平川氏のこの著書に当てはまる。普通の学徒に欠けているのは、「識」、識見である。識見豊かな学徒を待望していた私にとって、この本の出現は実にうれしいことだった。

（昭四七・九『比較文學研究』第二二号）

この年度も大学の講義には殊更に打込んでいて、東洋大学での講義は、「英米文学史」は英文学の背景を説くことを前半とし、ピープス、コングリーブ、アディソン、ポープ等の作品を評釈した。「英文学特論・英文学特論Ⅲ」は「エドガー・ポーの研究」でポーのテクストそのものをとって、ポー自身の語るところをきく。ひとつは、劇詩「ポリシアン」、もうひとつは、宇宙詩「エウレカ」。英文学演習は、「シェイクスピア喜劇の研究」で、これまで打ち込んできたユーモアそのものの研究から、そのユーモア理論を用いて、シェイクスピアがもっともはなやかだった時代の喜劇群の笑いの意味を解明した。「英文学特講Ⅰ」では、イギリスの詩人シェレーの「放たれたプロミシュース」を、特講Ⅱでは、イギリスの小説家ヴァージニア・ウルフの「歳月」を講じた。立教大学大学院の講義は、前年からつづくカザミヤンの英文学研究で、サッカレー、エリオット、メレディスに関する研究を読み評釈するものであった。その間にも、「広瀬武夫と秋山真之」（昭四六・一二『東郷』東郷会）、「私が歩いてきた道――国際的視野からの文学研究」（昭四七・一『中学教育』小学館）、「藤村とシェイクスピア」（昭四七・二『風雪』教育出版センター）、「カザミヤン教授の「ユーモアの機構」研究」（四七・三『東洋大学大学院紀要』一八）、「ニーチェとドストエーフスキイ」（昭四七・三、『氷上英廣教授還暦記年論文集 ニーチェとその周辺』朝日出版社）等健筆ぶりをみせて溢れるように書いた。

語ることも書くことも楽しくてしかたがない。『日本経済新聞』（昭四七・四・一八）には「ピエール・ルグイ先生」を寄せた。

ここ四十年ばかり、わたしはフランス人の英文学研究を精密にきわめている。いつの間にかその知らせが、フランスの学界につたわったものらしい。フランス派英文学の王者エミール・ルグイ（一九三七年没）の長男にあたるピエール・ルグイ教授が、スコットランド・エジンバラのある学界に参じた某日本人に、父のことを詳しく調べている日本の学者がいるそうだが、とたずねかけられた……。

このことをわたしに伝えたのは、福原麟太郎氏であった。戦前はずいぶんお世話になっていたのに、久しくうちたえていた。それを突然お電話で、その旨を告げられたときは、何というありがたいご厚志かと福原さんの寛厚なお人柄に、あらためて感激するばかりであった。リヨン大学のピエール・ルグイ氏との文通がはじまった。質疑には親切な返事がくる。めずらしい資料が送られてくる。今では入手しがたい学術雑誌にのったルグイ教授の研究が数多くみられるようになった。長いこと志していたが、停滞していたわたしのフランス派英文学の研究も再び緒につきはじめた。故エミール・ルグイ先生旧蔵の「ゲルマン評論」十年間分を譲られてから、私のルグイ研究は輪郭が整って、第一稿はすでに公にされた。リヨン大学文学部に学ぶわたしの教え子を通じて交渉はいよいよ深まった。相会うことがないのに、これほどの好意に浴し、援助をかたじけなくしたのは、えらい英文学者であった父君に、共通な敬意のためではあるが、やっぱりそのお人柄のせいだろう。

父子二代にわたっての学恩に浴するなどとは、まさに学者冥利（みょうり）につきるものというべきか。

このところの講演や集中講義を列挙すると次の通りである。

昭和四六年
三・一六　比較文学者としてのわが生涯　古稀記念セミナー八王子セミナーハウス
七・　二　「芥川龍之介と英文学」　白山英文学会　東洋大学
七・一二　「明治の英学」　山形大学人文学部　一二、概論／一三〜一四、上田敏／一四、平田禿木／一五〜一六、夏目漱石／一六〜一七、島崎藤村／一七、芥川龍之介
九　「外国文化との関連から見た日本文化の特質」日本大学文理学部特別講義
一一　「芥川龍之介と外国文学」　上野学園大学特別講義
昭和四七年
五・二一　「芥川龍之介と英文学」　日本英文学会特別講演　南山大学

六　「明治日本史の一面――ある講演の一節」　税務大学校

七　「比較文学講義」　ノートルダム清心女子大学国文科集中講義

「明治百年の回顧」　海上自衛隊幹部学校

「若菜集と英文学」　島崎藤村生誕百年祭記念講演　明治学院大学

「北京の五十五日」　海上自衛隊幹部学校特別講義

一一・三　「私の日本観」　拓殖大学紅陵祭

「ロシヤ戦争直前の日本海軍の動静」　外務省資料館

「近世軍事史について」　防衛大学校人文科学教室

「日本における外国文学の影響」　日本大学文理学部

一二　「比較文学講義」　ノートルダム清心女子大学国文科

こうした忙しい中で、『東京新聞』夕刊（昭四七・一一・二二）「風信」欄に「わたくしの昨今の仕事」を寄せて、三年後と一九年後に実現する大著の構想をすでに語っている。

私の昨今の仕事は、次のようなものです。

一、東大教授時代にとにかく精魂を注いだわたくしなりの比較文学研究をとりあつめて、改訂増補いたしております。そんなものに打込むようになった経路を辿（たど）ることから、わたくしなりの比較文学観を書くのが序論です。本論第一部は、「西から来た人、東から学ぶ人」という題で、両半球のそれぞれの文学的交流の先駆者たちを語ります。第二部は、「翻訳文学」の世界で、「即興詩人」「海潮音」「珊瑚集」「ぽるとがる文《ぶみ》」を論じます。第三部は、近代詩文における西洋的材源を考え、「若菜集」や「東京景物詩」や「地獄変」や「田園の憂鬱」を分解します。第四部はより複合した諸問題に及んで、最近百年の英米文学と日本文学、東半球の文化圏を辿った人々、ユーモアの系譜と機構などにふれ、外国関係から見た日本近代文学観で終わります。第五部は、比較文学者の育成に関する諸問題に終始しました。いずれ「日本における外国文学」という題で、単行されましょう。

二、そのかたわら、明治ナショナリズム研究の第二巻「ロシヤ戦争前夜の秋山真之（さねゆき）」にとりくんでいます。一九〇〇年の拳匪（けんぴ）の乱から、ロシヤ帝政期の満州進出問題にからみ、日英同盟に結果する国際関係が大きな意味をもつことを実感すると、諸外国の文献を微にわたり、細をうがって調査する必要が生まれ、それに追われて、秋山そのひとの兵学研究そのものの進展がじつに遅々としているのを恥じています。

第九章　ヨーロッパ各国・アメリカへの旅

一　研究の集大成に向けて

『比較文学読本』

数年来、比較文学をどのように学んだらいいか、教科書となるべきものをどうするかと考え、相談していたことが実を結んで、これまでになかった新企画が実現したのは、昭和四八年一月『比較文学読本』（島田謹二・富士川英郎・氷上英廣共編　研究社）の刊行を見たときである。そのほとんどが見馴れた著作物（作品）をテクストにして「読みかた」「視かた」を懇切に伝えようとする試みで、目次は次の通りである。

与謝野晶子の歌　糸賀きみ江
〈宗教文学〉
法然上人一枚起請文　板垣正夫
『歎異抄』　青柳晃一
『ぎやどぺかどる』　荒木　亨
〈書簡・報告文学〉
日蓮の書簡　板垣正夫
頼梨影の書簡　富士川英郎
日本海海戦報告　島田謹二
〈伝記文学〉
『折りたく柴の記』（新井白石）　芳賀　徹
『蘭学事始』（杉田玄白）　富士川英郎
『澀江抽斎』（森鷗外）　小堀桂一郎
『福翁自傳』（福沢諭吉）　神田孝夫

第三部　翻訳文学の読み方
解　説　亀井俊介
天草版『伊曾保物語』　井村君江
ダンテ『神曲』（平川祐弘訳）　平川祐弘
シェイクスピア『ハムレット』（坪内逍遙）　奥井　潔
ゲーテ『ファウスト』（森鷗外訳）　岩村行雄
ポー「眠る女人」（島田謹二訳）　福田陸太郎
ディケンズ『デイヴィッド・コッパフィールド』（平田禿木訳）　亀井規子
アンデルセン『即興詩人』（森鷗外訳）　玉蟲左知夫
ホイットマン『草の葉』（有島武郎）　亀井俊介
ドストエフスキイ『罪と罰』（北垣信行訳）　木村彰一
ニーチェ「秋」（生田長江訳）　氷上英廣
モレアス『賦』（上田敏訳）　島田謹二

第四部　比較文学的読み方
解　説　氷上英廣
〈日本文学の比較文学的意義〉
『古今和歌集』の歌について　岡田愛子
『源氏物語』の巻々　島田謹二
能とイェイツ　大久保直幹
「秋成とメリメ」（堀大司）　佐々木昭夫
〈日本文化思想〉
『文明の庫』（幸田露伴）　小野二郎
『代表的日本人』（内村鑑三）　太田雄三
『茶の本』（岡倉天心）　佐伯彰一
『日本詩歌論』（野口米次郎）　亀井俊介
『歸朝者の日記』（永井荷風）　小林　正
『故國』（木下杢太郎）　新田義之
『短歌に於ける寫生の説』（齋藤茂吉）　小堀桂一郎
『日本文化の問題』（西田幾太郎）　青柳晃一
〈西洋人の見た日本〉
ウィリアム・アダムスの手紙　平川祐弘

エルヴィン・ベルツの日記　　新田義之
ラフカディオ・ハーン「日本人の微笑」森　亮
ブルーノ・タウト「日本間と西洋間」　菊池栄一

執筆者紹介

「新刊書架」（昭四八・六『英語青年』第一一九巻第三号）でこの本を紹介批評するのは、立命館大学の石田幸太郎（一八九四―一九八七）である。

率直に言って、この本の題名は『比較文学者の視点から見た文学鑑賞入門』としたほうが、より正鵠を得ている。すくなくとも、そう副題をつけたほうがいいのではないか。比較文学的研究を導入することを強く意識して書かれた、日本文学――外国文学でさえ、ここでは翻訳という形で日本文学になり切っている――の鑑賞のしかたが、この書を掩う姿勢であり、内容である。

この種の編著は、従前にはなかった。最も新しい企画であり、三十数名の気鋭の比較文学者を総動員した陣容は、壮観といっていい。菊判四百数頁が、八ポイントと七ポイントの活字でほとんど埋まっているので、質のみならず、量においても、人を圧倒するものがある。しかも執筆者は、みなその分担の作品に真摯に取組み、その解説には全力を尽くしているかに見える。亀井俊介氏の言う〝気負い〟があって、読者を説得せずにはやまぬという気迫がみなぎっている。そこに長所もあり、短所もある。時とすると、〝背伸び〟の観を呈する場合さえある。（中略）

本書は、総論（島田謹二氏）、第一部文学作品の読み方（島田氏編）、第二部文学作品の新しい視野（富士川英郎氏）、第三部翻訳文学の読みかた（亀井俊介氏編）、第四部比較文学的読み方（氷上英広編）の五章から成り立っており、それぞれの章に編者の簡にして要を得た解説がある。その視野は非常に広く、万葉集の長歌とその返歌、伊勢、源氏等々の古典から、ハーンの「日本人の微笑」、ブルーノ・タウトの「日本間と西洋間」のような西洋人の日本の観察にまで及び、五七編のテクストに詳注を掲げ、委曲を尽くした解説を施している。そのテクストの選択は、ほぼ首肯し得るが、いくらか編者、筆者の好みに偏している嫌いがなくもない。ロマンティックな方向にかたむいていて、日本の各種のイズムを網羅しているとは言えない。しかし、また一方、露伴、天心、西田幾多郎等の日本既往の文化思想の基盤をなしたものを取上げ、新井白石、福澤諭吉等をも忘れることなく、又宗教文学を高く評価している点は推服に値いする。

「第三部　翻訳文学の読み方」で、アメリカの文人エドガー・アラン・ポーの名作「眠る女人《ひと》」（島田謹二訳）の「解説」を担当しているのは福田陸太郎である。解説者は、死んだ恋人を悼む第四連までの内容を記述し、「眠る女人《ひと》」の訳筆は、原詩の気分情調を伝えて余すところがない、といい、更に原詩のリズムと訳文の技巧にふれながら、次のように書いている。

このすぐれた邦訳の成り立ちについて、幸運にも私が訳者から直接に聞いて知り得たことは、この訳が初めマラルメ Stéphane Mallarumé（一八〇九―九八）によるこの詩のフランス語訳 'La Dormeuse' に触発され、その訳詩から日本語訳されたということである。ポーについての権威である島田氏が、そのマラルメ訳を読み、それがポーのふんいきを極めてよく伝えていることに心を惹かれ、それを邦語に移す気持になったのである。しかもこの詩はポーの詩法を、「大がらす」の詩以上によく例証する、という島田氏の主張である。（中略）

今、マラルメの訳したいくつかのポーの作品中、「眠れる《ママ》人《ママ》」に限って、フランス語と原語とを比較してみると、実に正確な翻訳であって、片言隻句もおろそかにされていないという印象を受ける。（中略）

いずれにせよ、邦訳「眠れる女《ママ》人」の成功は、訳者がフランス語を通したにせよ、先ずこの詩の情調に惹かれたことが第一の原因だと私は見たい。そこにすぐれた訳詩――それは創作に匹敵するものだが――の成立する秘密があると考えられる。いくら語学的に正しく訳しても、魅力のある翻訳はできるものではない。このような名訳の生まれるためには、他の条件――作品のふんいきに没入する感受性や、豊かな詞藻といったものが、大きく働くことを、このポーの「眠れる女《ママ》人」は如実に証明していると考えられるのである。（後略）

特任教授

昭和四八年三月三一日付をもって東洋大学教授を退任、四月から大学院文学研究科特別任用教授を委嘱された。担当するものは殆どかわらず次のような講義をした。「英米文学史I」は、一八世紀イギリス小説から語り始める。すなわち、「ロビンソン・クルーソー」、「ガリヴァー旅行記」を先駆として、一七四〇年以降、「パミラ」、「クラリッサ・ハーロウ」、「トム・ジョーンズ」、「トリストラム・シャンディ」、「ウェークフィールドの牧師」と相次いで花開いたイギリス小説の全盛期について、作品本位に評釈した。講義は、単に時代の背景や風俗を説くだけでなく、外国文学作品の味読の方法を語り、後半では、グレイ、コリンズ、クーパー、バーンズ、ブレイクなど一八世紀をかざるプレロマンチスムの詩人たちにも言及した。英文学特論・英文学特論IIIは、昨年に続き、ポーの宇宙詩「エウレカ」を研究。英文学演習は、昨年度までの「シェイクスピア喜劇の研究」を承けて、暗い喜劇に入り、四大悲劇に迫った。演習参加者が各自の責任で二週間に一曲ずつ受け持って、各自の研究を発表したものを総括した。

慶應義塾大学の講義では前年につづいて「ヨーロッパ比較文学」で、カザミアンの『英文学史』をテキストに「ウィリアム・ゴドウィン」「メアリ・ウォールストンクラフト」「フランス革命について」語った。やがて、『比較文学読本』を使った「比較文学講義」をきいて、「文学が息づく時」と題して思い出を綴るのは森田清子である。

当時、東洋大学の島田謹二教授は、この慶応大学で、比較文学の講義を持っておられた。七十二歳の島田教授は、背すじをピンと伸ばし、少数の学生を相手に、顔を少し紅潮させながら、よく通る声で熱っぽく講義をなさった。

おそらく、その場に居合わせたどの若い学生よりも若々しい情熱に燃えておられたと思う。御自分の学問、研究、思想を若い私たちにぶっつけずにはいられない一途な情熱に。そして相手が、それを受けとめる能力があるかどうか疑ってみる余裕もないほどに。

私は最初、「比較文学」という耳なれない学問にとまどいを覚えた。まるで対岸の見えない河のようで……いや、それが一体、河なのか海なのか、その水際さえも認識できなかった。

しかし、この紅顔の美老年（?）といった風体の島田教授は何度もおっしゃった。「比較文学の基礎訓練は、文学に親しむことにある。いままでの学徒は文学をただ知識的な研究の対象としていた。そうであってはならぬ。作品を味わい、楽しみ、把握し、なかのいのちにまみれ、生命そのものと合体する。その時、解釈とか批評とかは、自ずと中から生まれてくる。」

まず、文学作品を味わい鑑賞すること、それなら私にもできそうだ。扉が次々に開かれていくのを感じた。『古今和歌集』、『和泉式部日記』、『源氏物語』。衣ずれの音が聞えてくる。灯りがゆれる。香のかおりまでもが感じられる。古典文学との新しい出会い。次の扉をあけると、見事な論説文がそびえていた。情緒の揺れや、過剰の思いいれのない簡潔な文章の美しさ。論説文が美しいなんて初めて知った。次の扉をあけると、アンデルセンの〝即興詩人〟があり、また森鷗外の〝渋江抽斎〟があった。

まるで手品のようだった。無声映画の弁士のような島田教授の講釈を聞いていると、さまざまな文学作品が、息づき出す。それは私にとって、帽子の中からハトが飛び出すより、ライオンが空中で消えるよりも驚異的なことだった。いままでこんなふうに文学作品を読んだことはなかった。こんなふうに文学に接したこともなかった。島田教授は文学作品に、じかに手でふれて、鑑賞することを教えてくださった。比較文学の本当の入り口の段階で、文学に対しての認識が確かに変わったのだった。（後略）

（平三・三『私が聴いた名講義』南伸坊監修、波乗社）

「秋山真之」の連載

『アメリカにおける秋山真之』刊行から数年、次なる「秋山研究」第二作のために力溢れる執筆の姿勢を見せている。話題にはすぐ「秋山」が口をついて出る。「私の思い出の書「アメリカにおける秋山真之」――徹底的に資料を調べつくす」（昭四六・六、出版ニュース社刊『出版ニュース上旬号』）を寄稿し、「秋山真之の結婚」（昭四六・七『政治公論』政治公論社）、「明治海軍の諸人物」（昭四七・六『心』生成會）、「明治百年の回顧」（昭四七・五、七『海幹校評論』）「義和団の乱――列強争覇時代の中国」（昭四七・一〇『自由』自由社）、「廣瀬武夫と明石元二郎」（昭四七・一一『文藝春秋臨時増刊五〇』）を書いた。みな「秋山研究」をまとめるための周到な準備である。昭和四八年一月、いよいよ、雑誌『浪曼』（藤島泰輔編集、浪曼社）に「秋山研究」の連載が始まった。「イギリスにおける秋山真之（一）（二）（三）」、「フランスにおける秋山真之」（一）（二）（三）と進んだ頃、「近況欄」（昭四八・六・二五『朝日新聞』）で「仕事はまず進行」と語っている。

子猫（こねこ）二匹、兄はパン太郎。妹は大臣（おとど）。それに老猫ゴロンボウが通勤してくる。庭には紫陽花（アジサイ）が花ざかり。

仕事は、とにかく進行している。資料をさぐり出すこと。読むこと。考えること。書くこと。主題の一は、『明治ナショナリズムの研究』第二巻――『ロシヤ戦争前夜の秋山真之』。一九〇〇年夏の拳匪（けんぴ）の乱にはいりかけてきた。主題の二は、「フランスにおける英文学」。手がけてからもう四十年を越えるが、細部の傍証が十分にかたまっていない。重層する外国文学の研究というものは、こんなに長い歳月がかかるのかと、われながらおどろく。やっとカザミヤンの業績までたどりついた。

「ドイツにおける秋山真之」（一）（二）（三）（四）、「帰東をいそぐ秋山真之」（一）（二）（三）（四）（五）（六）（七）（八）（九）（一〇）、「帰東直後の秋山真之」（一）（二）（三）（四）と、昭和四八年五月から書き継いで二四回、二年を越す連載である。その間には、「拳匪の乱と北京の五十五日――北清事変と帝国海軍」（昭四八・三『海幹校評論』）、「秋山真之の兵学思想」（四八・一〇『講座比較文学二』東大出版会）、「日英同盟と日露戦争への影響」（四八・一一『海幹校評論』）、「世界史的に見た日露戦争――そのパワー・ポリティックス」（昭四九・五『歴史と人物』）、「海軍大学校教官としての秋山真之」（四九・一一『海幹校評論』）を寄稿し、「ルイ・カザミヤンの「英国研究」――「フランスにおける英文学研究」の一章」を『東洋大学紀要』第一〇集に掲載して盛んな執筆意欲を見せた。積年の比較文学研究の集大成『日本における外国文学――比較文学研究』上・下巻（朝日新聞社）と『アメリカにおける秋山真之』上・下巻（朝日選書）、『ロシヤにおける広瀬武夫』上・下巻（朝日選書）が、連載の数ヶ月後に刊行されることが何よりの励みになっているように思われた。

堀口大學

「秋山」研究に打込んでいても、究めている分野は広く、石上露子のことも、佐藤春夫や平田禿木、日夏耿之介のことも並行して書いた。「秋山」を連載した『浪曼』新年号は、「〈シリーズ〉浪曼派の人たち（七）堀口大學」を企画、座談会「堀口大學・エロスの世界」を開いたのは、昭和四八年一一月であった。特別ゲストは堀口大學、語るのは林房雄（司会）、吉田精一、佐藤朔、島田謹二である。「エロスなくして詩たり得ない」「新しい日本語のスタイルを作る」「アポリネールとの出会い」「今も悔やまれる日夏耿之介との決裂」「幸せな星を抱いて」を語る座談は続いて、島田は最後に話を求められて語りおさめた。

佐藤春夫先生の晩年二十年間に、たいへんお近しく願うことができましたんですが、いつでしたか、堀口先生のお噂が出ましてね。「あれは島田先生たいへん偉い詩人になりました」とお勧めになった。その時『山嶺の気』ですか、これを読んでみてくれとのお言葉だった。「僕は堀口を大詩人だと認めるが、友情で客観を曇らせていてはマズイ。あなたは真実を尊ぶ学者だから、学者のほうからも堀口の詩をよんでみて、何か異見があれば言って下さい」と。それで、精読いたしました。私の読み方は朝読み昼読み夜読むのです。繰り返して全部暗記するまでやります。舌頭に千転してまろがして味わうのです。理屈だけでは読みません。

それまで、私の堀口観というのはたとえば佐藤さんのように長年親炙したご友人とは違います。系統が違うんです。私はいわゆるアカデミーのほうに属する。まあ、「文字を解する学徒」にすぎないのです。それが『山嶺の気』を読んでみると「闊達」、「清朗」、「清爽」、いかにも山上の大気が、白雪を含んで清らかに肺に入ってくるような気になった。偉いもんだな、と思いました。従来日夏耿之介氏の一口評で、われわれがぼんやり影像を持っていた堀口大學氏と、全然違うイメージが出て来た。それで、佐藤先生に「私はこれはたいへんりっぱな詩だと思います。学徒としての私の結論も『堀口大學、大詩人説』であります」とこう申し上げた。それがきっかけで、それからぞくぞく拝読した。そのうち、ご縁がありまして、お宅へ伺うようになった。お近く願って第二の驚きは、何というりっぱな紳士だろうということでした。紳士という言葉は西洋でも、もう無くなりました。ところが、堀口大學という人格の内に、私は紳士の実体を認めた。親切で、正直で、礼儀正しくて、しかも見識があり、見るものはちゃんと見抜いている。

二十代に若い人同士が親しくなるのは分かりますけれど、私はその時四十を越えていたと思います。人間は四十を越えると、どこかに垢が付いたり、汚れが積ったりして、相手を真心から敬愛することは、なかなか出来ないと思います。何しろ批評する力をいつか持たされていますから。とかくすると、相手の弱点とか、短所とか、物足らないところとかに、気が付くようになります。ところがそんな目と頭を通り越して、あらゆる意味で予想以上でした。私は、これは偉い人だと思った。その次に好いたらしい男だと思った。こういうりっぱな男性が、この貧して、鈍して、さもしくなった日本にもいられるのかと思った。これは有難いことだ。嬉しいことだ。これが私の、堀口先生に対する偽らざる気持です。

（昭四九・一『浪曼』第三巻第一号）

四月、東洋大学での講義「英米文学史Ⅰ」は、一九世紀に入り、いわゆるヴィクトリ朝の英文学を講じた。大きく二つに分け、前期は時代の大勢から説きおこして、マコーレー、カーライル、ニューマン、ラスキン、アーノルド等、散文の大家たちの思想を評論した。後期は少しさかのぼり、スコットの歴史小説を起点にして、リットン、ディズレリから、ディッケンズ、サッカレー、ブロンテ姉妹、ジョージ・エリオットまでの小説を説きかつ評釈した。この講義は、英文学入門をかねるもので、英文学の作品を硬軟両面にわたって、読み方、味わい方、批評の仕方を語るものであった。英文学特論・英文学特論Ⅲは、「ルイ・カザミヤンの「英国研究」」で「英文学史」から「イギリス魂」と「大英国」の地誌研究までを説き終わった。英文学演習は、昨年度扱った問題喜劇と四大悲劇を中心とした論究をもとに、シェイクスピア最晩年の「冬物語」と「テンペスト」を取り上げた。そのあと、シェイクスピア劇全体に関する見方を示して、「ヘンリー四世」と「ハムレット」の、特にユーモアを詳しくあとずけた。この演習の目指すところは、英文学のエッセンスを学び取る方向を明らかにすることに主力を注いだものである。

欧州旅行

昭和四九年七月から八月にかけての「詩聖のふるさと・英文学のメッカヨーロッパに伝統と美を求めて」の旅行の行程が決まると、早速に便りを送ったのは、会見したいと思い続けているカザミヤン夫人に対してで、八月五日付の返信を受けとったのは八日であった。

親愛なる先生

もし私たちに会いにサンアオン（St. Haon）までいらっしゃることができるなら、娘たちと私は八月一九日か、二〇日のお昼をご一緒できたら非常に嬉しいです。パリ（リヨン駅）を七時五〇分に出発する列車はロアンヌに十一時三十分に到着します。途中サンジェルマン・デ・フォセでの乗り換えは簡単です。娘がロアンヌまでお迎えに伺い、もし午後のリヨン、もしくはパリ行の列車がご希望でしたら、またお送りいたします。いらしてくださるのを心から楽しみに致しております。

M・L・カザミヤン

心はもうパリの空の下にあり、さまざまの想いを巡らすのであった。八月一〇日午後、予約していた個人タクシーで羽田に向い、井村君江、橋口育子、牧野茂、川手眞實、鈴木友子、高橋るみ子、青木仁子、小池マサ子、松浦妙子、松浦田鶴子、姫路公子、広瀬栄子、塚本道枝、塚本明子、林一郎、岩田譲、熊谷晋、熊谷詔子、五井渕典子、新沢江里子、鈴木敏子、奥田喜八郎、小林信行、コンダクター林茂行の一行二四名とともに結団した。三週間の予定で、イギリス、フランス、ドイツ、イタリア、ギリシャを訪ねる旅である。古都エジンバラ、湖水地方、バーミンガム、ストラトフォード・アポン・エイヴォン、オックスフォード、ロンドン、カンタベリー、パリ、リヨン、ミュンヘン、ローマ、フィレンツェ、ベネチア、ナポリ、アテネと周遊する、やや詳しい行程は次の通りである。

八月一〇日、(土)午後九時五〇分、羽田発フランス航空二七五便ジャンボジェット機にて、アンカレジ経由パリに向う。

一一日朝六時五〇分、パリ、オルリー空港着。一〇時四五分、英国航空〇〇七便にて、ロンドン、ヒースロー空港着の後、一一時四五分、英国航空五六九二便にて、エジンバラに向かい、一四時五分着。この日、エジンバラ城、聖ジャイルズ寺院、国立美術館などを観る。ノースブリティッシュホテル投宿、夕食後、薄暮の街を散策し、ウオルター・スコット記念碑などを観る。夕食後八時四五分から「エディンバラ城について」語る。講話は、旅行中ほぼ同じ時定で続けられる。

一二日、早朝から雨。朝食の時、井村氏から英国をめぐる間の案内役をしてくれるマロリ・フロムを紹介された。専用バスでエディンバラを出発、ワーズワース、コールリッジ等詩聖のふるさと湖水地方国立公園に向かい、詩人の霊境を訪ねた。ワーズワース兄妹のダヴコッテイジ、墓地、聖フィリップス寺院を観る。この日、ウィダミア湖遊覧の後、湖畔のハイドロホテルに泊まった。この夜は「ワーズワース等について」語った。

一三日、朝食を終えるとお茶を飲みながら、戦艦「三笠」の話をした。「六六艦隊計画」(戦艦を六隻、装甲巡洋艦を六隻配備する計画)の一環、その最終艦として「三笠」をヴィッカース社に発注し、バロー・イン・ハーネス造船所で起工したのだと。起工、進水、公試、引き渡し式等の場所も月日も、本国への回航委員の山梨勝之進海軍中尉の詳細も、というように語り出したら止まらない。バロー・イン・ハーネスの近くまで遙々やって来て一夜を明かしたのだから、と感慨深げに語って慌ただしく出発の準備をした。ウィンダミア出発、バーミンガムに向かい、途中、ボローデル渓谷、ガウバロー公園、ワーズワースの生家、ラスキン美術館を観てから、ラスキンの墓に詣でた。バーミンガムでは、市立博物館と美術館を訪ね、P・R・B・(プレ・ラファエライト・ブラザーズ)の絵画を観た。マグナムに泊まった。この夜は「ジョン・ラスキンとP・R・B・等について」語った。

一四日、バーミンガム出発、シェイクスピアの故郷ストラトフォード・アポン・エイボンを訪ね、詩人の生家、記念劇場を観る。公園を散策してから、グラマースクール、トリニティチャーチを観て、昼食をとり、大学都市オックスフォードに向かい、夕刻に到着。薄暮の時、ボドレアン図書館、モーダレンカレッジを観る。ランドルフホテルに泊まった。この夜は

ルイ・カザミヤンの墓

「シェイクスピアについて」語る。

一五日、オックスフォード出発、ロンドン着後、市内観光。ウェストミンスター寺院、ピカデリーサーカス等を見学、ハムステッドのキーツハウスも訪ねた。夕刻には、ロイヤルホースガードホテルに泊まる。この夜は「オックスフォード大学について」語る。

一六日、午前中はカンタベリー寺院を訪ねて過ごし、五日間行動を共にしたマロリ・フロムと別れる。午後に大英博物館を観る。テートギャラリーを観た後、前日同様古書店街を歩いた。

一七日、フランス航空八〇一便にてロンドン出発、パリへ。ノートルダム寺院、サンシャペル、ナポレオンの墓、凱旋門、エッフェル塔、ロダン美術館、サクレクール寺院等を訪ねた。モンパルナスのシェラトンホテルに泊まる。

一八日、高木良男氏の案内で、一日パリ市内見学。ソルボンヌ大学を訪ね、ブーローニュの森を歩き、その後高木氏宅に招かれて歓談した。午後はルーブル美術館、印象派美術館を観る。シェラトンホテル泊。この日、八月五日にカザミアン夫人から受けとった手紙とほぼ同じ内容の確認の手紙がホテルに届いていて、夜これを読み、翌日伺いたい旨の電話をした。

一九日朝パリ発、リヨンに向かう。途中リヨン駅で、クレルモン・フェラン行の急行列車に乗って、フランス中部の沃野を走り、ロアーヌで支線に乗り換え、指定の小駅に降りると、カザミヤン令嬢マルグリッドが出迎えてくれた。サン・タン・ル・シャテルのカザミヤン別荘に案内され、カザミヤン夫人マドレーヌに会見した。会見の模様は次の如くである。

ルイ・カザミヤン夫人マドレーヌは、長いこと人を介して筆者の名を知っていたから、旧知のごとくである。ただもう老齢なので、ひどく弱っていたのがいたいたしかった。でも令夫人と令嬢二人の心づくしの昼餐を饗せられ、故ルイ・カザミヤン教授のことを中心に、歓談数刻。故先生の別荘を隅から隅まで参観。遺愛のウオルター・スコット集に書き入れのあとのはっきりのこっているのに胸おどり、書棚に飾られたマッシーヨン僧正の全集に何かと感じ入ったり、仕事につかれると逍遙したという庭園の一角——西方のなだらかな丘陵を正面に見る隅を、故先生を偲びながらブラブラしたり、この村里に建てられた令夫人がご自慢の外祖父ジャン・ジュール・ジュスラン大使の記念碑に参詣したり、心ゆく半日をフランスの片田舎で送った。

（平二・三『ルイ・カザミヤンの英国研究』「緒言」）

夕刻、リヨン着、Hotel des Beaux Arts に泊まる。

二〇日、カザミヤン教授がかつて教鞭をとった、ローヌ河畔のリヨン大学文学部の傍らを散策した後、丘上にあるノートルダム寺院を訪ねた。夕刻、パリに戻り、夕食までの時間モンパルナス墓地周辺を散策、ボードレールの墓に詣でた。シェラトンホテル連泊。

二一日、パリ発、フランス航空七五〇便にて、ミュンヘンへ。ミュンヘン市内見学。国立美術館、国立博物館、ニュールンベルク城を観、ホッフブロイハウスで夕食。ホリデイインに泊まる。

二二日、ミュンヘンを南下、バイエルンの高原を経て、ヴィースの教会、ノイシュバンシュタイン城を見学して、ガルミッシュへ。ゴルフソネンビッヘルホテルに泊まる。

二三日、アルプスを眺めながら朝の散歩をしたあと、ガルミッシュを出発、インスブルックを経由して、水の都ベネツィアへ。ホテルプラザ泊。この夜は「若き日の森鷗外と「うたかたの記」等について」語る。

二四日、ベネツィア市内見学。サンマルコ広場、サンマルコ寺院、パラッツオドウカーレ、嘆きの橋等を観、午後、アペニン山脈を経由して、花の都フィレンツェに向かった。ミネルバホテル泊。

二五日、終日フィレンツェ市内見学。はじめに、ミケランジェロ広場からフィレンツェ市の全景を展望したあと、花の聖母寺院、洗礼堂、ウフィッツイ美術館、ピッティー美術館、メディチ家礼拝堂、サンタクローチェ寺院などを観る。マルチェロ博物館では、「若き日のダンテの肖像」を観た。この夜は「日伊関係、『即興詩人』について」語る。ミネルバホテル連泊。

二六日、フィレンツェ発、太陽道路を南下、ローマへ。フォロロマーノ、パラテーノの丘、パンテオン、コロッセオ、カラカラ浴場跡、カタコンベなどを観る。リッツホテル泊。

二七日、バチカン博物館、サンピエトロ寺院、ボルゲーゼ美術館などを見学。スペイン広場近くのキーツ終焉の地を訪ね、その後、シェリーとキーツが眠るプロテスタント墓地に詣でて、そこで暫く過ごした。ローマでは、テルミニに近いコンチネンタルホテルに泊まった。この夜は「西洋と日本について」語る。

二八日、ローマ発フランス航空七〇〇便で、トルコ、イスタンブールを訪れる予定であったが、当地政情不安との理由で旅程が変更された。ナポリ、ポンペイに日帰り旅行となる。ポジリポの丘からナポリ湾を眺め、ベスビオス火山も遠望したあと、ポンペイの遺跡を見物した。コンチネンタルホテル連泊。

二九日、午前中は市内の自由見学。午後三時、ローマを出発してアテネへ向かった。この日、セントジョージ・リカッベテイに泊まる。

三〇日、終日アテネ市内見学。快晴の下、国立博物館、ピロパポスの丘、アクロポリスの丘、パルテノン神殿、憲法広場などを観る。セントジョージ・リカッベテイに連泊。この夜は、とりとめなく「旅をふりかえる」話をした。

三一日、夕刻一五時三〇分、フランス航空一九〇便ジャンボジェット機にて、アテネ出発、南回りの航路で、アブダビ、デリー、バンコク、マニラを経由して帰国の途についた。

九月一日午後九時四五分、羽田空港着、二四時近い時間に桜台の家に戻った。

イギリス見聞談

比較文学比較文化課程につながりのある四〇名を越える人たちが、本郷の学士会館に集まり、島田のヨーロッパ旅行歓送会を開いたのが七月一〇日で、東大駒場の比較文学研究室で「イギリス・ヨーロッパ旅行印象記」を聴いたのは一一月二一日である。

今度の旅行で感動したのは、湖水地方を歩いたときの印象です。ちょうど日本でいうと、真昼のさなか――八月一二、三日でありましたでしょうか、トーキョーにいたら暑くてたまらない時です。それがスーッと肌寒い。小雨が時々降ってきます。それが晴れると、青空が浮いて来て、それに白い雲が顔を出す。そうした天象の中に、お昼前後の日ざしがなんとも言えず柔和なおもちで小雨の中から我々にやわらかい光線を送ってくれる。あの雨とあの雲とあの日の光とあの山と。そして日ざしのかげんでか、雨のためにか、あるいはもともとそういう印象を人に与えるようなふしぎな力を中に潜めているためか、周囲の自然はたえず千変万化する。さっきみた山々の印象が三十分のちには別のものとして見えてくる。湖面の水の色が変わってくる。静止とか、沈黙とか、みんな消えてしまう。万象が語っている、動いている、移っている、走っている。こちらは静かに眺めたり、あるいは何気ない話をしたり、あるいは仲間といっしょに歩いたりしているのですが、どう歩いていても、我々はしょせん静の世界の存在です。ところが四辺はあるがままの存在でも、絶えず動いている。変わっている。うつっている。動と静との微妙なつりあい。その中で生きていた時の印象が忘れられません。（中略）ここの自然そのものが生み出す不思議なフェアリー・ランドの雰囲気に恍惚となりました。その恍惚を生む根源は何だろうかと思いめぐらしたところ、これはやっぱりイギリスの山水の精気がかもし出すのだという解答を得たのです。（中略）ここ五六年は毎年シェイクスピアを講じ、演習に用い、あるいは人の批評を紹介する仕事をやっているためでしょうか、このシェイクスピアの故郷を歩いて、シェイクスピアの半分はここにあると実感しました。ああ古びたトリニティ・チャーチの姿。この詩人の遺骸が眠っている、おくつきどころ。その上を観光客が歩いて通るエピタフの文字。囲りにひるがえる白楊樹。そそり立つ尖塔の美事さ。それはみな何ということはなく「シェイクスピアの故里」という感動を伝えます。エイヴォン河の畔に立てば、水量は豊かで、色は青く、多少黒ずんでおります。決して濁っていない。その上に白鳥があちこちに泳いでおります。いたる所に柳また柳。『オセロー』のバラッドの中に出てくる柳、柳が風に吹かれて声なく泣いている。それからいたる所の園生にバラ。またバラ。芝生が美しい。小雨の多い国ですから、緑をたっぷりと吸っている爽やかさ。足にからまる感覚は、女性がやさしく引き止めているのと同じです。その青々とした芝生。空気は、なんというのでしょう、あれが澄んだ空気というのでしょうか。英語にlimpidという形容詞がありますが、なるほどあれが、limpidだったかと実感させるのです。なに気なくぶらぶらしておると、どこからか声が聞える。やっぱりフェアリーはいるらしい。シェイクスピア芸術は、味わってみると、半分はフェアリー・ランドの消息を伝えてくれる。そこがすばらしいのです。理屈ではない、人間を魅了する不思議な呪法を心得た幻術師——そのシェイクスピアの魔力の実体は、フェアリー・ランドの消息を語る角笛の中にひそんでいる。それはかすかな笛のしらべになって、どこを歩いていてもきこえてくる。（中略）

学都オックスフォードの石だたみのしきつめられた由緒ある街を歩きながら、まわりをみわたして考えました——イギリスはお寺から今日の教育する場が生まれたのだと。ある学寮の一角に立てば、そこはかつて学生だったグラッドストーンが額づいて祈ったに違いないところ。一寸外に出れば、そこはかつてアディソンが意味ありげな顔をしてゆっくり木かげを散策していた散歩道。ある寮の中に戻ってみれば、すぐぶつかるのはペイターがギリシア語の史書を読んでいたという部屋。どの寮も、青々とした美しい芝生をひかえて、その園生を見下して、彫刻品の粋を競う、いろいろな様式の建築。何もかも物思わせます。

私に英文学を教えて下さったのは平田禿木という方でありました。私は大学で英文学を修めたのですが、ほとんど何もえたところはなかった。それは当時の私に学ぶ力と心とがなく、学ぶやり方を間違えたためであります。大学を出たのち、初めて英文学を改めて学びぬこうと考えた時、自分の師と仰ぐ方を求めて、平田（禿木）先生の門を叩いた。平田先生は一九〇三年冬、文部省留学生としてオックスフォードに赴き、一九〇六年まで学ばれた。先生は、名も風雅なローズ・レーン（ばら小路）にお住まいでした。モーダレン・カレジまで出ますと、すぐその前がローズ・レーンでした。私の手をとってはじめて文学を教え、私をわが一門とみて、何ら取柄のない私なのに、いつも推挽して下さったあの日本英文学で無双の大家は、まだお若いころ、三年の間ここの小径を往来されていたのかと思うと、胸がいっぱいでした。その小路をねほりはほりほっつき歩こうなどという気にはなれません。私はただO! ROSE LANE! ROSE LANEとくちずさむだけで満足でした。そこがモーダレンの名だたる塔を前にしているという地理を知っただけでみち足りました。そうだ、ある年の如月のさむい夜おそく、モーツァルトのオペラをみての帰るさ、ここの本町を外套の衿を立てながら、靴音をならしてローズ・レーンの宿に戻れば、一椀のあたたかなココアが待っている筈だとしるされた文章を思い出しました。さっきまで見ていたオーストリヤの古都の歌劇から、はしなくも日本にいた頃アメリカ人教師を案内した梅若の舞台が反射的に思いおこされ、日本も西洋も、芸術の一番本質的な境地はそのままおのづと出はいりしていると悟られたことを夢のように思い出しました。その先生の教えを忝なくした不肖の弟子が何十年かののちに先生の歩かれたところと同じ所に立って、先生の文章を幻のように思いおこし、先生の書かれたことの真義をいまやっと了解したというのは、われながら鈍根あきれるばかりですが、それもこの学都を歩いたおかげだと思えば、ここの石だたみ、小さな切石を一面に敷きつめてある、能率よりも効用よりも風情を主にしたゆかしい学問と芸術の都が昔からの旧知のように思われてきました。ここに暮らして芸術を愛し、学問に打ちこんだ本当の学徒たち、というより道士たちとでもいおうか。それはヨーロッパの文化を双肩に担いながら、少しも気負うところなく、一日の生活を一日の生活として、真面目に打ちこみ、精進しぬいた。その過去の在り方を限りなくなつかしくゆかしく慕わしいと思いました。（中略）バーミンガムの美術館でP・R・Bの画を見てまわりました。あそこはご存知のようにバーン・ジョウンズの故郷で、バーン・ジョウンズの焼いたステンド・グラスとか、かれの筆になる画とか集まっています。バーン・ジョウンズはもちろん結構です。かれはみごたえのある、私などの好もしいと思う大家であります。その美術館の一室で、私の目、私の心、私の注意は吸い込まれるように、ある画に、引かれてゆきました。私の聞いたことのない名前です。おそらくイギリス絵画史、美術史に精通している方はご存知でしょうが、私にはまったく初見の名前でした。――アーサー・ヒューズ（Arthur Hughes）の画は若い女性を描いている。賦色はグリーンとブルーとヴァイオレット。その若い女性が庭園に立っている。その若い女性のおもかげは恋する女性のそれです。恋がこんなに清らかにあらわれるものかと思うほどでした。肉とか魂とかの識別はもうない。たしかに肉身をもっている若い女性ですが、彼女の魂は生き生きと躍動している。その目、その口、その鼻、その手足。その着物――それらと彼女の肉霊とはみごとにつりあっている。（中略）ヒューズの画のようにあの通りみごとに流露する世界を、私は外にあまり感じませんでした。

あの画はやはり画材になったものがあるのかと考えると、ハッと思い当たりました。あれはテニソンです。（中略）ヴィクトーリア朝の詩人たちは maiden を賛美した。それを賛美した第一人者です、テニソンは。その詩壇第一人者のうたったみごとな詩境を、画家アーサー・ヒューズはみごとな画に仕立て上げた。あれはアーサー・ヒューズにすばらしい画才があったというより、画材になったテニソンの詩がすばらしく立派だからではないでしょうか。これから推測すると、テニソンというのは、じつに偉大な詩人なのでしょう。そのことをバーミンガムなりロンドンなりの美術館内に陳列されていた作品に触発されて、イギリスのポエジーの高い意義に目をひらかれた。これまた今度の旅で文字通り啓蒙された一つの体験でございます。

（昭五〇・六『比較文學研究』第二七号）

ヨーロッパ旅行に同道した井村君江（一九三二―）は、旅における島田について次のように書いている。

昨年夏初めてヨーロッパ旅行を試みられてもさして大げさにも苦にもなさらなかったのは、東京下町曳舟町の白壁と水のほとりを日和下駄ふうに散策した文学旅行のヨーロッパ版だったかもしれぬ。本の中で積み重ねられていた豊富な知識がその国を実地に踏むことですぐさま立体的となり、例えばつねに心におありのアンデルセン『即興詩人』の跡を各地に辿り、詩興に感ずれば、なんでもない町角や家のたたずまいが立ち所に素晴らしく意味ある世界となって再現出してくるという風に重層的な体験を得られる様である。随行したわれわれもその恩恵の一端に浴し嬉しかったが、その土地その国で新しく見聞するすべてに興味を示されること若者の如き旺盛さであられた。

（昭五〇・一・二三『アンドロメダ』六五「島田謹二博士　プロフィル」）

この旅行から二年数ヶ月後の昭和五二年一一月、大英博物館を訪れた印象を「壮麗なり、ギリシャ古典美――エルギン・マーブルがまきおこした感動」と題して書き『世界の博物館六　秘宝と人類文化の遺産　大英博物館』（講談社）に収録した。「近世イギリスの思想界とギリシャ古典の教養」を「典雅な古典趣味の流行」「英訳されたギリシャ文学の影響」「『ユートピア』の思想」、「エルギン陳列室をみる」を「建築に付随した彫刻品」「古代芸術の輝きと驚き」「絶品は西の切妻壁」、「フィガリア室からエフェソス室へ」を「激闘をあらわすフリーズ」「リズミカルなフリーズ」「アルテミスの神殿の彫刻と建築」「古代人が愛用したもの」、「古代美術の近代芸術への影響」を「ギリシャ美をしたうキーツ」「五つの「頌歌」」とそれぞれ小見出しをつけて懇切に解説し感想を記した。

成瀬正勝

東大教養学部で七年間同僚だった成瀬正勝（筆名雅川滉《つねかわひろし》、一九〇六―一九七三）が死去したのは昭和四八年一一月一七日である。その一回忌を前に令息からおくられた「家を焼くの記」（遺稿抄）を繰り返し読んでいて、「成瀬正勝君を憶う」（昭四九・一一『比較文学研究』第二六号所載）を書いた。

君は、学んだ中学校を私と同じくする。同窓ではあるが、私の方がいくつか上級だったので、中学生としての君の動静を語ることはできない。

＊

君の名をはじめてきいたのは、大学を出て、台北に流寓し何年かたった後のことである。或日、そのころ往来していた某君から、「この間総督官邸に来遊していた成瀬正勝君と会ったよ。何でも、安東総督の親類とかで、ひどく威勢がよかった。その時君の名をあげて、どうしているかとたずねられた。」と伝えられた。それは、君が新進の評論家としてうり出しかけた直後ではなかったろうか。どうして私の消息をたずねたのか？　それは、私が森鷗外の仕事に打ちこんでいて、初期の鷗外宗だった君の注意をひいたためかと思われる。（中略）

＊

生き身の君をはじめて見たのはいつであったか？　いまは思い出せない。おそらく一九五〇年よりあとのことではないか。こう書きつけている私の思い出の中には、ある橋のそばの陋屋がうかんでくる。ある年の冬のこと、わずか一間の、ろくろく火の気もない惨めな部屋の中で、こたつをさしはさんで語りあう君の面影がうかんでくる。君は、尾張藩の家老だったという名門の血をうけているせいか、立派な容貌と立派な体格を持つ立派な男ぶりであった。何よりも好ましかったのは、嫌味のない風格である。その話しぶりは落ち着いている。言葉は、はぎれのよい標準的な日本語で、メリハリが明晰である上に裏には情感がいつも豊かに流れている。私のもっとも好むタイプの話し相手であったといおうか。（中略）

＊

そのころの君は、まだ東大にむかえられていなかったのではないか。私の記憶のなかには、あの日の教授会の様子がうかんでくる。それは人事を議する席上だった。うつらうつらしていた私は、君の名前があげられるのを耳にしてハッとした。今度教授としてきていただくことにする。御審議の上、御賛成を願いたいと提案していたのは、守随憲治さんである。この先輩のあの日の口調や、その場の雰囲気が、いまもそのまま目にうかぶ。よほど深く印象の中にきざみこまれているのだろう。あの歌舞伎研究の大家が、独特のユーモラスな調子で、君がかつては堂々とした大邸宅に住んでいたのに、いまはその屋敷も草ぼうぼうと生いしげっていると語るのをききながら、過日の訪問を思いおこして、私もまた感無量であった。いつかわが身の上を反射的に振り返ったためらしい。（中略）

＊

鷗外から学芸の本道にはいった君は、その師父の暮らし学んだベルリンをみたいと長年切望していた。新しいつとめ先の勤務が一段落して、閑暇をえた時、君は令夫人をともなって、ヨーロッパをひとまわりしてきた。その観光談を聞くために、私は君の家をおとずれた。君は青年のように目を輝かせて、ドイツを中心とする風物と、生活と、思想とを礼賛して、話はつきなかった。あのように心高らかに明るく語る君をみたのは、はじめてである。たしかに、君の学的な生涯は、鷗外という一本の赤い糸で貫かれていた。何というふかい因縁であろう。

この縁の糸はさらに長くつながっている。君が亡くなる年のいつであったか、鷗外観ののった雑誌を君は突然送ってきてくれた。電話で謝意をのべると、あの論旨は、あなたにはきっとわかってもらえると思った。ぜひみてほしいというその時の言葉使いは、淡々として悠揚迫らず……。この調子なら、もう全快かとひそかによろこんでいたが、まもなく君の訃報を聞く身となった。

＊

君をめぐる交友を憶うと、わずかに二十年。歳月は長くないが、因縁は深い。瞑目すれば、語は情をつくしていない……

君よ、やすらかに眠れ！

秋から年末にかけては殊更に多忙な日々を過している。「秋山真之」の『浪曼』への連載が始まったし、かつて親交のあった同僚のために「デル・レ氏追憶」と「成瀬正勝君を憶う」を書いた。東大駒場の比較文学研究室で、「イギリス、ヨーロッパ旅行印象記」（昭四八・一一・二二）を語り、日本大学文理学部特別文化講座では、「秋山真之」（昭四八・一一・二六、一二・三）「樋口一葉」（昭四八・一二・一〇）と題して講演をした。つづいては、八王子セミナーハウスにおける第六三回全国大会（昭四八・一二・一五）で、「日本文学の新しい研究法」と題して全体講義をし、二一日から三日間はノートルダム清心女子大学に出向いて集中講義「シェイクスピアの喜劇」「現代のイギリス小説」を講じ、『茶の本』（岡倉天心）『故國』（木下杢太郎）『日本詩歌論』（野口米次郎）を説くという極めて意欲的な動きである。

竹久夢二

昭和五〇年一月二五日、「源氏の会」での『土』（長塚節）講義は二七回を以て読了した。次の予定は、『天彦』（吉井勇）をとのことであったが、二月八日には東大駒場で、竹久夢二（一八八四―一九三四）の「道のおく」を語り、「明治・大正・昭和を総覧して」という話をした。なぜ急に「夢二の話」をしたのか、いささか疑問であったが、それはすぐに解けた。劇作家青江舜二郎（一九〇四―一九八三）の『竹久夢二』（昭四六・一〇東京美術）を読んで、早い頃からの夢二好きに火がついたのである。電話をして感想を述べ、出来栄えの素晴らしさを話したのは二月五日である。青江からは、『ロシヤにおける広瀬武夫』の話が出た。そしてその翌日受けとった手紙には次のようなことが書かれていた。

先生もうお忘れかと存じますが十何年か前、『ロシヤにおける広瀬武夫』を拝読、もともと私は広瀬ファンでしたのであの本にすっかりいかれてしまい（中略）私が「夢二」を書く時たえず頭にあったのは先生の「広瀬武夫」で、鷗外の考証伝記もの以来、あれほどのものを読んだ記憶がなく、できれば先生のあとを追いかけたい気持ちであれを書いたのでした。それがまったく思いがけず先生のお目にとまり過分のおことばをいただいたことはもうありがたくてどうしていいかわかりません。

会って話したいという気持ちが両方から高まり、日時を決め、二人は示し合わせた場所で食事をしながら長い時間話をした。「広瀬」や「夢二」の話が中心であったが、青江の『龍の星座内藤湖南のアジア的生涯』（昭四一・一一、朝日新聞社、増補改訂版『アジアびと・内藤湖南』昭四六・三、時事通信社）、『石原完爾』（昭四八・一二、読売新聞社）、『宮沢賢治　修羅を生きる』（昭四九・一、講談社）、『狩野亨吉の生涯』（昭四九・一一、明治書院）等を読んだ感想も述べた。小山内薫や久保田万太郎のこと、また、共通の知友手塚富雄や成瀬正勝の話も出た。このころは、夢二や湖南に関する書を多く読み、木村毅の『竹久夢二』、青江の『内藤湖南』を読むようにすすめて貸してくれたり、司馬遼太郎の『街道を行く』シリーズで「秋田県散歩」に書かれた「内藤湖南」に感心しては話題にしたり、京都学派のこと、狩野亨吉や幸田露伴を語ることが多かった。

島田の「夢二好き」は中学時代に遡る。「小夜曲SERENADE」（大四・三）や「ねむの木」（大六・三）を読んだのは中学二・三年の時、特に心惹かれた作品は卒業近くに読んだ「山へよする」（大八・二）であった。青江も秋田中学の時代から夢二の作品に心酔し、気に入った絵は模写するほどであったという。夢二をめぐる女性たちの中でも、笠井彦乃（一八九六―一九二〇）にひかれる度合いには隔たりがあったようであるが、話は尽きなかった。話しながら、島田は三〇数年前花浦みさを（赤堀梅子）との出会いによって再び夢二の世界に引き込まれた日のことを思い出していたのではなかったか。台湾時代に親しく語った花浦みさをの「落魄」（昭一八・三、『文藝臺灣』二九号）には、夢二の歌の思い出や、ベルリンのモッツ・シュトラーセの日本人会で開かれた夢二の展覧会を見たこと、夢二をそば近くに見たことなどが書かれていた。花浦は、昭和八年三月から欧米を旅行して、六月、ベルリンでは偶々夢二と同じホテルに滞在していたという。そして、日本人会の図書室で故国のニュースに読みふけっているとき、隣の椅子に人のけはいを感じて、それが夢二であると直感したが、ものを言いかける勇気がないままにその場を離れたことなどについて書いていた。

夢二さんは、白髪の目だつ長髪を額際に亂して、憔悴し切つた侘びしい横顔を見せて、あまりにも艶かな晩春の光りの中に凝然として座つてゐられた。それは老いたボルゾイのやうに、それは病める白ばらのやうに、はかなげな姿である。わたしは先日の疲れ果てたこのゐだくみの畫布を今一度見るやうな心地がした。中空に遊ばせたこの人の瞳、その瞳のみは昔からあらゆる美しいものに對してあんなにも鋭く豊に優しく注がれたであらう。その眼《め》のみは、今もこの落魄のゐだくみの心の崇《たか》さを偲ばせる唯ひとつのもののやうに、清らかで若々しかつた。

何とかして口を切らうと、空しい努力をつづけながらも、あまりにいたいたしいこの人の姿に、口をきけば、それと同時にせきとめた涙がどつと溢れさうな衝動に驅られて、わたしはわれにもなく席を立つた。わたしの乙女の日の花束は無惨にも色褪せ、伯林《ベルリン》の白晝夢の裡に砕け散つた。（中略）

さりげなく會釋して立ち去りゆくわたしに、何事もしらぬ夢二さんはつとしたやうに椅子から立上がつて、鄭重な答禮をなさつた。

源氏の会（読書会）では、某日、水道端傍らの某古書店で手に入れた直筆の原本からコピーしてテキストをつくり、『夢二歌集　五月の旅』（昭一六・二　書物展望社）から「道のおく」の一四首をひいて、くりかえし微吟低唱し、笠井彦乃との関連から夢二の心境を解明した。

つかれはてゆく山川にねむれども心は風の音《ね》にもおどろき
みちのくの花巻の山あかあかとあきつとびかふ秋のたかむら
わが経てし日と夜と遠き山川をほのしらしらとわたる秋風

折ふしこの地方の旧の盆祭であった。

みちのくの盆の祭にゆきあひて赤き燈籠かけておもへる
いまはなき人をまつるとみちのくの旅籠の窓に燈籠をかく

おしのへ心ばかりのたむけをした日、玉葉の死をきく。

玉葉とおしのが交の深かったことも哀傷をますたねである。

君死すと風はたよりをもたらしぬ山川遠きみちのくにして
見残せし都の夢のほのほのと岩木の山にかかるあさつき

京の風物を久しく見ず、八坂をゆくといふ人へ

八坂なる風鐸の音《ね》のよろしきを言越す人をうらみこそすれ
八坂なる風鐸の聲いまははやきくすべもなき妹なるものを
いつの世に道をはぐれしわれならむなにをたづねてゆく旅ならむ
三十路すぎはじめて恋をするわれがわれならなくに山をながむる

北国から女名前の手紙がついた。傍らに彼女はそれを見てゐた。

誰ならばかくながながとかきおくる人はとすこしねたみてとへる
妻らしくふるまふこともある宵は憎まずいたく抱きけるかな
人問はば風と答へむみちのくの道はしらじらすすき萱原

それからは、夢二を扱った多くの著書に目を通して話題にし、彦乃に対しては殊更に関心を持った。とある日、本郷通りを駒込吉祥寺の方へ散策していく途中、何気なく立ち寄った高林寺で「彦乃の墓」をみつけたので、すぐに訪ねて報告すると、寺の場所、そこへの交通、墓のたたずまいなどを細かく訊かれたが、二・三日して訪ねると、開口一番「昨日高林寺へ行って来

笠井彦乃と竹久夢二（大正７年）
板原冨美代所蔵

たよ」と云った。また、ある夕時に訪ねると、大阪から上京した森亮教授と「夢二談義」の最中であった。夢二が描いた「彦乃」（掛け軸）をみながら、夕食時に一献かたむけて語り、食後にも話はつづいた。

「竹久夢二の「道ノ奥」」と題して、無限アカデミー現代詩講座（於絵画館）で語ったのは、源氏の会での話の数年後（昭五四・一〇・一三）のことである。島田は、「秋山真之研究」に没頭しながらも「夢二と彦乃」を考えつづけていて、絵画館での講演から一〇年以上の歳月は流れていたと思うが、この講演を活字におこして西川満の『アンドロメダ』に載せることを希望したのではなかったか。次の言葉を添えて、訂正・加筆された一〇〇枚に近い原稿のコピーが届けられた。

西川兄　埋草にお使い下されば幸甚。チト冗長なのが申し訳なし。勿論！　のせて下さるなら、取捨は御自由です。人にたのんで口授したこの原稿以外に手許に残っていないので、もし出せないなら、ぜひ御返却ねがい上げます。

十一月二〇日　島田謹二

島田の願いは空しく、「道の奥」の原稿は活字になることはなかった。話は飛躍するが、西川満から、花浦みさをの『かぎろひ抄』を上げたいから、いつでも都合のよいときに来訪されたしとの書信をいただいて馳せ参じたとき、『かぎろひ抄』とその関連の話の後で、「夢二」の話が出た。「原稿をあずかっていたのだが、遺族が、ひきとりたいと云って持っていってしまった、優に一冊の本になるものだった、作っておけばよかった。」と口惜しそうに話した。島田が、「夢二についてはまだいい研究書が出ていないのがサビシイ」としみじみ話していたことが思い返される。

青江の『竹久夢二』や『宮沢賢治——修羅を生きる』を読んだこと、「道のおく」を語ったことから、「みちのくの花巻の山あかあかとあきつとびかふあきのたかむら」の世界に心が動いて、秋を待たず源氏の会のメンバー数人とみちのくへ向ったのは六月六日である。平泉では佐々木昭夫が合流、北上川と衣川が合流する地点を望む高館や能楽堂辺まで散策した。この日は志戸平ホテルに泊まり、翌日は、青江が書いた『宮沢賢治』などの話をしながら、賢治の墓、記念館をめぐり、賢治の詩碑、生家（庭先で自転車で出かけようとしていた賢治の弟清六氏に挨拶した）を見てから、遠野に入り、千葉家の曲がり家に落ち着いて、夕食後ひとしきり、柳田民俗学の話をわかりやすく説いた。八日は、遠野市内、鍋倉城址を散策したあと、昼時に土沢駅で下車、高村光太郎がしばしば通ったというところ（テーブルに彫刻が施されていた）で昼食をとってから、少し歩いたところにある国宝毘沙門天像を観た。花巻では、駅からかなり歩いて、賢治が名づけた北上川河岸の「イギリス海岸」にも行ってみたが、「第三紀層泥岩から偶蹄類の足跡や胡桃の化石を発掘した云々」の説明を見ても、このことについてはほとんど話題にしなかった。北上川の眺望には気分をよくしたのに、駅までの距離が遠く、いつも健脚でどんどん先を歩く島田もこの時ばかりは疲労気味で駅に着くまでほとんど無口だった。

文学博士

東京大学に提出した「日本における外国文学――比較文学研究」により、昭和四九年一二月文学博士の学位を授与された。直後に、「今更、博士でもないが、ちょっと……」と笑いながら話していたことがある。東洋大学には大学院文学研究科特任教授として出講しつつ、昭和四八年度からは山梨英和短期大学（現在の山梨英和大学）の講師を委嘱されて英文学を講じ始めている。昭和五〇年度、東洋大学での講義「英米文学史Ｉ」は、チョーサーとスペンサーを扱い、「英文学特論・英文学特論Ⅲ」は、前年度の講義をそのまま承けて、英国研究を深める一方で、イギリス風なユーモアの展開を「ベーオルフ」から始めて、チョーサー、シェイクスピアを経、一八世紀中頃まで及ぶところを取り扱った。また一方、英文学の特性は英詩にあり、その英詩の中ではロマンチシズムにあり、そのロマンチシズムは象徴的表現にあり、と見る研究を詳しく語った。カザミヤンの「英国研究」の輪郭と実体を明らかにするためであった。英文学演習Ｉは、シェクスピア前後のイギリスルネッサンスの戯曲を研究、マーロー、ベン・ジョンソン、ウェブスター、ミドルトン、フォード等を主にとりあげた。

文学博士号取得の祝賀会が椿山荘で行われたのは、昭和五〇年四月一九日、出席者百数十名、芳賀徹、小堀桂一郎両教授司会のもと、佐伯彰一、本間久雄、堀口大學、佐藤輝夫、厨川文夫、浅野晃、田内静三、小林英夫、小川和夫、小林福美、富士川英郎、氷上英廣、赤羽淑が祝辞を述べた。矢野峰人は、この日体調が悪くあいにく欠席であったが、心のこもった祝辞を奥井潔が代読した。

祝辞

甚ダ月並ナ前口上デハアリマスガ、コノヤウナ祝宴ニ於ケル慣例ニ倣《ナラ》ヒ、先ヅ、今夕ノ正客《ショウキャク》タル島田教授ニ対シ、御参會ノ諸氏ト共ニ、心カラナル祝意ヲ表シマス

此度島田教授ガ多年ニ亘《ワタ》ル御研究ニヨリ、文学博士《ハクシ》ノ学位

ヲ授與サレタ事ヲ耳ニシテ、「氏ハマダ学位ヲ貰ッテ居ナカッタノカ」ト、驚ク人ガ有ルト同様、一方デハ、其ノ事ノアマリニ遅キニ過ギタノヲ怪訝《ケゲン》ニ思フ人モ有ルデセウ。然シ、ソレハ、御本人ガ何カ思フ所有ッテ、今日迄学位ヲ請求サレナカッタトイフ一事ニ帰スルノデ、別ニ問題トスルニ足リナイデセウ。

島田教授ノ業績ガ学界ニ於テ、夙《ツト》ニ認メラレテ居タ事ハ、東大教養学部ニ、比較文学講座ガハジメテ開設サレルヤ、氏ガソノ担任教授タル事ヲ命ゼラレ、次イデ、大学院開設ト同時ニ、其ノ比較文学課程ノ主任ノ地位ニ即《ツ》キ、爾来、去ル昭和三十六年三月定年退官ニ至ル迄、其ノ職ニ在ッタ事ニヨッテモ立證サレルデアリマセウ。従ッテ、学位ノ有無ト言フ事ハ、今日ノ御本人ニトッテハ、既ニ古《フル》ビタ装身具ノ如キモノデ、特ニ何等新ラシイ感慨ヲ催サセラレル程ノモノデナイカモ知レマセン。ソレニモカカハラズ、ワレワレハ、今回ノ慶事ニヨリ、世人ガ教授ノ業績ニ対スル認識ヲ新ニスル事ト共ニ、今後、文学研究ニ志ス者ノ取ルベキ態度・方法等ニ対スル注意ガ、更《アラタ》メテ喚起《クアンキ》サレタ事ヲ喜バズニハ居ラレマセン。

教授ノ業績ニ就イテハ、昭和三十五《（ママ）》年出版ノ『還暦記念論集』ノ巻末ニ添ヘラレタ年表ニ詳シク、マタ、教授ノ天賦ノ才能トカ研究態度等ニ就イテモ、同書ノ序文ニ述ベテアルノデ、更《アラタ》メテ繰返ス必要ハ無イトモ思ハレマスガ、ヤハリ、此ノ機会ニ、一層声ヲ大ニシテ強調シタイノハ、其処ニ教授ノ特色トシテ挙ゲテアル「学藝ニ対スル旺盛ナル情熱ト、ソレヲ結実セシメルニ必要ナ、清新ナ感性《セイ》トノ、稀有《ケウ》ナル結合」トイフ事デアリマス。マコトニ、コノ情熱ト感性トハ、ソノ後、毫《ガウ》モ、老衰・減退ノ兆《シルシ》ヲ示サナイノミカ、反対ニ、円熟・暢達ノ度ヲ加ヘテ居ルト言ッテヨイト思ヒマス。ソシテ、コノ「永遠ノ青年」ノ如キ情熱コソ、対象ニ対スル全我ノ傾倒ト、ソノ研究ノ徹底ヲ促進スル原動力ニ外《ホカ》ナラズ、コレコソハ、教授独特ノ学風ヲ樹立サセタモノト解シテヨカラウト、私ハ考ヘテ居マス。教授ガ筆ニ口ニ文学ヲ語ル時、常ニ之ニ接スル人々ヲ強ク感動サセズニハ措《オ》カナイノハ、ソレラガスベテ、コノ炎々タル情熱ト繊鋭ナル感性トノ完全ナル融合ヲ母胎トシテ居ルガ故ニ外《ホカ》ナラズ、換言スレバ、教授ガ文学ト共ニ、否ナ、文学ヲ生キテ居ル為デ、此処ニ、文学研究家トシテノ氏ノユニークナ点、餘人ノ到底及ビ難イ点ガ有ルト申シテヨイト考ヘマス

マコトニ島田教授ノ業績コソハ、「学海」（マナビノ海）トイフ広大無辺ナ大海原《オホウナバラ》ノ真唯中《マッタダナカ》ニ毅然トシテ立チ、其処ニ新ニ船ヲ乗入レントスル人々ニ対シ、ソノ正シキ進路ヲ指示スルノミナラズ、過去ノ同学ノ士ノ研究成果モ厳正ニ批判スル光ヲ、不断ニ放ツ一大燈台ト言フベク、ソレハ又必ラズヤ、後ノ世カラモ永ク仰ギ顧ラレルモノト信ジマス。

教授ハ前述ノ如ク「老」ヲ知ラナイ「永遠の若人」デアリマス。私ハ、氏ノ学藝ニ対スル無比ノ情熱ガ、イツ迄モ衰ヘザル事、否ナ、ソノ放ツ光ガ、年ト共ニ、マスマスソノ輝キヲ加ヘル事ヲ、氏ノ為ニモ学界ノ為ニモ切望シテ已《ヤ》ミマセン。

私ハ交遊正ニ四十有六年ノ長キニ及ンデ迎ヘタコノ吉日ヲ
好機トシテ平生教授ニ対シ懐《イダ》イテ居ル所信ノ一端ヲ披瀝《ヒレキ》シ、
以テ祝辞ト致シマス

一九七五年三月二十一日

矢野禾積

二　日本比較文学会への復帰

関西での学会へ

昭和五〇年一〇月初め、編集担当者小林福美から送られた「日本における外国文学」のゲラに目を通して、司馬遼太郎は、上巻の帯に掲げるための文章を書いた。編集者への書簡（一〇月三日）のコピーがすぐに島田に届けられた。

島田先生の本の帯の文章同封します。ゲラをぱらぱらとめくり讀みに讀みましたが、大変いい内容で、これはすばらしいほんになりそうです。いい本ができますように。

島田先生によろしく。　十月十三日　司馬生

その文章は新著の宣伝予告の「すいせんのことば」となった。

すいせんのことば　司馬遼太郎

古今東西の文学に関する博覧強記ということで、島田謹二氏ほどの人を私は知らない。

さらに驚嘆すべきことは、その無数の知識が、断片といえども孤立することなく、島田謹二という壮大な磁場のなかでさかんな電磁力を帯びつつ複雑に相関し、発光し、索引しあい、ときには合金して、地上に出現したことのない新金属を創り出していることである。

私はかつて島田謹二氏の著作によって比較文学という地味な研究世界がこれほど面白いものかということを知らされたが、やがては文学というものの魔術的な面白さも教えられ、いまではさらに文章の原始にもどって、人間の書く文章というものが、プリズムの当て方によってこういう本質を露呈するものかということに、呆れる思いである。

一一月、『日本における外国文学――比較文学研究』の刊行予告「内容見本」と「申し込み」の刷り物が、朝日新聞東京本社、大阪本社、西部本社、名古屋本社共通に出された。上巻・下巻の内容目次、司馬遼太郎の「すいせんのことば」、著者の略歴、そして「わが国における比較文学の開拓者島田謹二博士の四十年におよぶ研究成果を集大成。比較文学の精髄をここに結実する」という堂々たる宣伝の文章であった。

この月、関西での学会に出るため富田林へ向い、大谷女子大学で行われた日本比較文学会関西支部大会で、「比較文学私見」と題して語ったのは、昭和五〇年一一月二二日である。早稲田

大学の佐藤輝夫教授が一緒だった。この日、大会会場に向う前、富田林では石上露子（本名杉山孝子）の生家を観た。石上露子の絶唱「小板橋」他の作品について盛んに語り、また書いたことは前述した。事は、関西支部大会に出向く経緯である。島田が関西支部への誘いを受けて考え込み、小堀桂一郎氏に相談したことは、「行っても大丈夫だろうか、何か不愉快な目にあふことはあるまいか」ということであった。氏の説明を借りれば、次のような事情によるのである。「日本の比較文學の開拓者にして現役中の間違ひなく第一人者であられる島田教授はこの時日本比較文學會の會員ではなかつた。氏は御自分がその創設者の一人であり、實質的に研究上のリーダーであつたこの學會から、會費滞納を名目として除名されてゐたのである。（中略）島田氏を排除したのは、要するに氏の學問上の實力におされて自分の存在が霞んでしまふことに恐怖を懐いてゐた某幹部の卑劣な策謀であつた。」（『比較文學研究』第四六号）というのである。このこととは別に除名の理由をさまざまに言う者がいたり、噂に尾ひれがついて誤解され、しばらくは言の葉に上ったりしたらしいのであるがそうした根拠はわからない。

氏は、関西支部の大島正、島本晴雄の好もしい印象を思い出すとともに、自らも同道することを約して、「是非お出かけ下さい」と考え込んでいる師を励ました。島田の心は動いて躊躇《ためらい》はなくなり、関西行は実現した。関西行のはじめから、「読書会」（前述「源氏の会」）のメンバーも同行していて、幹事役の牧野茂の記述にも、島田の「学会復帰」の一端が語られている。

島田先生と一緒に近鉄長野線の小さな駅富田林に降り立ったのは、昭和五十年十一月二二日の土曜日、今から二七年前のことだった。（中略）富田林市大字富田林六二番地の杉山家へと向かった一行は、島田先生、小堀先生、小林信行先生、川手さん、小林康弘さん、橋口さん、村橋さん、小池さん、関さん、牧野の一〇名であった。富田林の町割は、外敵の侵入に備えてわざと見通しを妨げるために、「あてまげ」という特殊な工夫が施されている。これは、小堀先生が解説してくださったと記憶している。杉山家は昭和五十八年に重要文化財に指定され、現在は一般公開されているが、当時は中へ入ることは出来なかった。島田先生は、「この家を見ると石上露子のプライドの高さが見当つく。」とおっしゃった。石上露子の人と作品が少しずつ分かるようになるにつれて、島田先生の言葉は重みを増してくる。（中略）

見晴らしの良い小高い丘（錦織志学台）の上に建つ大谷女子大学に到着した。（中略）島田先生は、一五時二〇分から「比較文学私見」と題する短い講演をなさった。結婚式のスピーチでさえ一時間を超したことのある島田先生にとって、短い講演はたいへん珍しいのだが、二〇分の約束がやはり三五分まで延びてしまった。司会の大島先生からは、「島田先生は、比較文学会の創設者でありながら足が遠のいていた。」「ようやく機が熟した。」という挨拶があった。島田先生も「学会」に出席するのは何十年ぶりかとおっしゃったと記憶している。今から考えれば、この時の島田先生の関西比較文

石上露子生家前で
（昭和50年11月22日）

学会への出席は、大事件だったといってよいのではないだろうか。大島先生がいかに気を遣っていたのかが今になってよく分かる。日程確認のための電話を入れただけなのに、一介の大学院生に過ぎない者に対して、島田先生を学会に招く意義について、延々と一時間近くも熱弁をふるわれたのを覚えている。（中略）

この時の学会は、以後数年にわたって島田先生が関西比較文学会に出席なさるようになった、記念すべき学会だったのだと思う。島田先生と比較文学会との縁が再び結ばれたのが、石上露子の生地、富田林であったことに意味があるのではないだろうか。（後略）

（平一四・一二、松本和男編著『論集石上露子』
中央公論事業出版「島田謹二先生と石上露子」）

二三日、二四日は京都連泊、村橋正武・京子夫妻の案内で石峯寺、実相院、赤山禅院等の紅葉を楽しみ、萬福寺や平等院も訪ねた。関西における学会に出向いて来し方に想いをめぐらせると、いろいろのことが思いかえされた。

二七年前、日本比較文学会を創設（昭和二三年五月）し、その一年数ヶ月後には、関西支部発会を記念する第一回の大会（於天理大学、京都大学）に馳せ参じたのは昭和二五年十月であった。「日本におけるポー」と「比較文学の現状」と二つの講演をした。翌年の第二回の大会（於同志社大学、大阪大学）では、「比較文学より見た藤村詩集」について、第三回（於京都大学、大阪朝日講堂）の大会では、「最近の比較文学」について講演した。昭和二八年五月二三日には、成瀬正勝教授の紹介により、中日新聞の後援で、名古屋で「比較文学講演会」をはじめて開催し、中島健蔵、伊藤整、後藤末雄と共に参会者七〇〇名に講演を試みて盛会であった。翌年秋、九州支部発会式兼第一回九州支部大会の記念講演を依頼され招待されたが、講演はせずに「東京大学比較文学科」の報告をしただけで、これ以後関西方面に出向くことは前記の理由等によって途絶えていた。

その後はことさらに京都での思い出が脳裡をかすめたようであった。学会に赴いた折に、山本修二（一八九三―一九七六、京都大学英文科教授）と海軍談義をしたこと（山本は、島田が

『海軍』に「帝國軍艦解説」を連載している頃、「帝國海軍之精華」等を同誌に連載していた京都帝大生山本都世麿で、意見や情報を交換していた「京都同好君」（前出）の一人ではなかったか。二人のことを司馬遼太郎は、東西の「海軍少年」と表現して教えてくださったことがある）、成瀬無極（本名清、一八八四―一九五八、京都大学独文科教授）を訪ねて、第三高等学校教授時代の平田禿木が任期を待たずに東京に帰ってしまった理由などを訊いた時、「変なことを訊くものだ、あなたは色々と気がつくねえ」といわれたことなどは頭から離れないと云った。愛児敏彦が登山を終えてひょっこり京都の宿を訪ねてきたこともあった。二〇年を越す歳月の間に、思い出に纏わる場所も人事も一変しているのであったが、かつて歩いた古都のたたずまいは変わらず、年月を隔ててもなお島田の心を慰めるのに十分であった。

日本比較文学会関西支部と東大比較文学会との間にうまれた交流はいろいろな広がりを見せて、斯学に携る学徒の育成にあずかるところは大きかった。親しい交友が続いて八・九年、小堀とともに東西の学術交流に惜しみなき貢献をしていつも元気そうに見えた大島正は、昭和五九年三月二日に他界してしまった。島田は訃報に接して冥黙し、ひとこと、「惜しい人を亡くした」と云った。半年後に、小堀の「追悼・大島正教授の思ひ出」（昭五九・九『比較文學研究』第四六号）を読んだときには、関西行ではほとんど行動を共にしたことでもあり、一々同感の意を示して、「大島氏の思い出」をとめどなく語った。

気さくな大島正（一九一八―一九八四）が、ある年の学会のあと、伊藤整が「「島田教授は天才なんですよ」と言っていた、「それが忘れられない」」と話してくれたことが折りにつけ思い出される。

『日本における外国文学』

昭和五〇年一二月、『日本における外国文学』上巻を朝日新聞社より刊行した。この上巻の刊行年月日は一二月一〇日第一刷となっているが、著者のもとには八日に届けられた。一二月九日（火）午後、慶應義塾大学大学院の「比較文学講義」を終えて夕刻に帰宅、和服に着替えてしばらくくつろいでから、著書への想い、これまでの道のり、今後の構想などについて語り、そのあと、さながら個人授業のように講じはじめた。疲れを知らずに次から次と話が続くかと思うと、突然、「お茶にしようか」と言うので用意にかかると、すぐに、「いや、いっぱいやろう」と言う。普段はアルコールを口にしないが、「ほんとうは血筋でいけるんだよ」と興奮気味に、書棚の上に置いてある洋酒を持ってくるように言った。

年が明けて二月、下巻が刊行された。広い分野にわたる上・下巻の内容目次は次の通りである。

上巻目次

比較文学研究　エクスプリカシオンの演練　日本の比較文学の主対象　文学研究の実態　世界文学体系の問題　日本をみよ

第一部　西から来た人、東から学ぶ人

第一章　フェルナン・バルデンスペルジェの日本来遊

生い立ち　パリに学ぶ　ドイツ遊学　リヨン大学教授　比較文学研究　パリ大学講師　ロシヤ―北京―日本へ　乃木大将　渋沢栄一　西園寺公望　日光にて　ニッポンのうた　東洋と西洋　人生観　思考法　芸術表現の対照

第二章　ラフカディオ・ヘルンと日本

アメリカにおけるヘルンの生活と思想と文学　「東の国」から　夏の日の夢　来日後のヘルン　東大講師としてのヘルン　今後のヘルン

第二部　翻訳文学の研究

第一章　若き日の森鷗外と西洋演劇

ドイツ留学　出入りした劇場　観劇した俳優　精読した戯曲　帰朝後の演劇改良策（1）劇場（2）俳優（3）戯曲　西洋悲劇の導入　「サラメーヤ村長」「折薔薇」

第二章　上田敏の文学初山踏

一高生　「白菊の詞」「エンディミオン」　平田禿木「ヒーローとリアンダー」　東大生　シェイクスピア　ブラウニングの詩　ロセッチから中世を学ぶ　コリンズの詩　近代思潮　スティーヴンソン　高等師範学校講師「まちむすめ」

第三章　永井荷風の『珊瑚集』

アメリカ・フランスでの生活　詩的体験　フランス語詩の解釈　表現形態の適否　文体形成　訳詩集としての意義　序文のねらい

第三部　近代詩文における西洋的材源の使い方

第一章　『若菜集』の成立

「草影虫語」「一葉舟」「こひぐさ」「秋の夢」「うすごほり」「若菜」「さわらび」「うたたね」「森林の逍遙」　部立てなど

第二章　『東京景物詩』の周辺

「片恋」評釈　その世界と材源　「桐の花」の一首　意外な材源　「雪の上野」のエクスプリカシオン

第三章　『傀儡師』前後のイギリス的・ロシヤ的材源

大学の卒業論文　モリス　「偸盗」　思想の吸収先　ショー　「手巾」　霊魂の問題　ブラウニング　「尾形了斎覚え書」「開花の良人」　トルストイとポー　「首が落ちた話」　メレシュコフスキー　「地獄変」　ドストエフスキー　「蜘蛛の糸」　その他

第四章　『田園の憂鬱』

「詩はわが後悔である」　ゲーテに学ぶ　「日かげの薔薇」「病める薔薇」「田園の憂鬱」　日本の自然と生活との詩化　幻想・幻感・幻滅　ドイツ・ローマン派とフランス・イタリアの新派　新文体（その手本二種）

下巻目次

ステッティン「八雲」艦上の別離　パリの日本古代美術館）

第五部　東西の比較文学

第一章　日本の先達

1　芭蕉俳諧の比較文学的教訓（流火艸堂主人の把握の仕方）

2　Comparatiste avant la lettre（堀大司の業績を辿る）

3　シャクンタラー姫の化身（辻直四郎のインド文学の移植）

4　中国思想のフランス西漸（後藤末雄の先駆者的探求）

第二章　西洋文化圏の比較文学

1　フランスにおけるゲーテ（比較文学の基礎的パターン）

2　ゲーテとカーライル（三人のフランス学者の解釈を考える）

3　ロマンティック抒情詩の国民的背景（アザールの講義内容）

4　ニーチェとドストエーフスキイ（アンドレールの取り扱い方）

終わりの章　外国関係からみた日本近代文学

日本近代文学の欲求　われかわり、かれをかえる

外国文学の扱い方（1）紹介（2）翻訳　平田禿木（3）研究　夏目漱石　日夏耿之介（4）翻案　島崎藤村　夏目漱石

日本近代文学史観（1）新旧での差別（2）評価の基準（3）基礎の意味

われらの対策（1）学と見識（2）窓を開く（3）立脚地（4）基本的作家群

書誌その他

あとがき

下巻の帯に掲げた推薦文は、厨川文夫教授を通して依頼された江藤淳（一九三二―一九九九）が書いた。

島田先生は、比較文学という新しい学問の領域を、日本に導入された先達の一人であると同時に、比較文学をさらに比較文化という新しい領域に拡大発展させ、無限の可能性を示唆された偉大な功労者である。このとき、実に比較文学は、はじめて欧米の方法を一歩進めて、日本の土壌にしっかりと根づくことができた。『ロシヤにおける広瀬武夫』は、そのような島田先生の金字塔ともいうべき業績である。

島田先生はまた、学問を表現の域にまで高められた数少ない碩学の一人である。多年その学風を敬慕してやまなかった私は、その業績がかくのごときかたちにまとめられたことを心から喜んでいる。

『日本における外国文学』評（一）

『公明新聞』（昭五一・一・二六）に、上巻の評「「学問」と

「芸術」の見事な渾融」をいち早く書いたのは仙北谷晃一（一九三三—二〇〇七）である。

島田氏のこの大著は、文学研究のあり方に対して根源的な反省を迫っている。対象と方法論の明確な意識の上に立った「学問」という枠に縛られた文学研究がひどく貧相なものに見えてくる。明治以降この国に支配的だったドイツ流の文献学と文学史本位の研究は、得てして作品個々の内部生命を圧殺し、屍体陳列場を現出させるという結果を伴うことが多かった。しかるに氏の研究レポートには鋭利な分析の刃が閃めくことはあっても、いとわしい死臭の漂うことはない。氏の研究には知性と相携えて、想像力と同情的直感とが大きな役割を演じているからである。そして氏の個々の作品に対する愛情の深さはどうだろう。時間の重みによって萎え切った作品を氏はじっくりと暖め、一字一句に立ち止まってその意味とニュアンスを吟味し、最後に綜合という形で、全体の脈絡の中に考察の対象としてきた各部分を鮮かによみ返らす。エクスプリカション・ドウ・テクストの術が、氏にあっては不可思議な魔法の色を帯びてくる。（後略）

仙北谷は、具体例として、藤村の「初恋」と白秋の「片恋」を挙げて、細部の「読み」の蓄積の上に立った著者の学問が、優婉なミューズの笑みを受けて芸術的感興を失うことがないのだと語っている。

三月一日には、森亮（一九一一—一九九四）の書評が『朝日新聞』の「えつらん室」に載った。

比較文学を開拓して五十年近い著者の仕事の精粋を集めた上下二巻あわせて一二七〇ページの大冊である。日本文学と外国文学との関連に問題を求めた「翻訳文学の研究」と「近代詩文における西洋的材源の使い方」の二部門がもっとも比較文学らしい。前者では『即興詩人』『海潮音』『珊瑚集』と佐藤春夫訳『ぽるとがる文』、後者では藤村・白秋の詩、龍之介・春夫の小説が扱われている。一部門で四〇〇ページを超える「より複合的な諸問題」では著者が壮年の十余年を暮らした台湾を背景にした日本人の外地文学の章と秋山真之をそう呼んだ「日本ナショナリズムの一戦士」の章とが異色あるもの。漢詩人籾山衣洲の南方景物詩などここで取り上げられなかったら永久に忘れられたことであろう。後者「一戦士」の章は秋山のイギリス滞留と欧州大陸旅行を叙したもので、俊秀ぞろいの駐在海軍士官たちと交わり語り合う体裁で日露の海戦に的をしぼった彼等の異国における勉強ぶりが活写されている。著者がいだく東西の学者の仕事に対する並々ならぬ興味は後藤末雄や堀大司の業績を跡づけた「日本人の先達」で代表されよう。博覧多識の著者は一方では深く考える人でもある。日本の比較文学がどうあるべきかを明晰（めいせき）な論理を以て語った巻頭と巻末の方法論は長年の体験から生まれたもので、名人の芸談のようなきらめく言葉が随所に見いだせる。

『日本読書新聞』（三・二九）に「新鮮かつ衝撃的な成果 汲めども盡きぬ滋味を湛へ」を寄稿したのは小堀桂一郎（一九三三―）である。

島田謹二氏の『近代比較文學』が初めて世に出たのは昭和三十一年春であった。それから丁度二十年を経て同氏の『日本における外國文學――比較文學研究』上下巻が氏のその後の研究業績の集大成として刊行されたのはめでたい限りである。（中略）舊著から新著への間になされてゐたこの部厚な増補と新研究を繙く時、評者はここで二様の相異なる感慨におそはれるのだが、その一は、舊著出現の折、これこそ新しい學問として世間の耳目を聳道せしめた斬新な成果は、今眺め返してみるともはや新奇さの故に目をひくものではなくなつたといふ、言はば當然の事實に對してである。（中略）感慨の第二は、「それにも拘らず」新著によつて指示されたこれらの成果が相も變わらず驚くほど新鮮でかつ衝撃的だ、といふことである。方法としての斯學の普及・隆盛に拘らず、開拓者の擧げた實績を全體として凌駕するだけのものは依然として現れてゐない、といふことになる。その意味で、これを無視しては近代日本文學研究が一歩も進めない、といふ事情にも依然として變りがない。もちろんそれは著者のために別段慶賀すべきことではないが、さりとて慨嘆する必要もない。何故ならばここに道は廣くかつ堅固に開かれたからである。この書の完成によつて比較文學という學門の可能性に對する危惧は完全に拂拭された。少し大冊にすぎるかもしれないが、この書上下二巻こそ最上の比較文學入門書である。（中略）

この書は畢竟學門と藝術との見事な融合として不朽の著作であらうが、もしこれが研究の成果としては新鮮にも衝撃的にも映じない様な時がいつか來るとしたら、それは比較文學といふ方法が本當の意味で日本の學界の土壌に根づいた時であり、それはまた斯學にかけた著者の心願が達成された時だ、といふことであらう。さういふ少しく皮肉な運命を、この書は暗黙のうちに自ら要求してゐる様に見える。

『サンケイ新聞』（四・五）〈読書〉に「文献学の貴重な成果」を寄せたのは青柳晃一（一九三二―）である。

日本における近代比較文学研究の泰斗、島田謹二博士の『日本における外国文学』上・下巻が刊行されてから、すでに三月余り経つ。二段組み千三百ページに及ぶこの大冊の書物空間を埋める文字は、東西の文学を渉猟して五十年に及ぶ博士の深い造詣と蘊蓄（うんちく）に裏打ちされ、なまなかな菲才（ひさい）の書評子をたちすくませ、畏怖せしめるエネルギーと力に満ちている。

この書の全体を展望してその企図するところを理解するた

めには、上下両巻のそれぞれ冒頭を飾る「フェルナン・バルデンスペルジェの日本来遊」と「現代文学の源流」の二つの章から繙（ひもと）くことが捷径（しょうけい）であろう。

（中略）

島田博士の文学研究が、対象となる詩人や作家の魂に共感し同化しようとする強い衝迫に促されて成ったものであることはいう迄もないが、その共感や同化は、単に作品の主要観念や基本情緒の次元においてなされるのみならず、創作の発想や語法という文学技術的な次元においても実現されていることが大きな特徴となっている。文学における芸（アート）の面を重視する博士の本領は、藤村や白秋の詩、龍之介や春夫の小説の西洋的材源を論じた第三部の諸論考において、最もよく発揮されているといえよう。

詩人の生の根源に肉薄することによって、詩的言語の極地の宇宙を解明しようとする島田博士のエクスプリカション・ド・テクスト（テクストの解明）の方法を可能にしているものは、近代西欧のフィロロジー（文献学）の方法と成果を自家薬籠中のものとされている博識であり、あわせて「日本ナショナリズムの一戦士」の章にうかがわれるような、狭義の文学を超えて拡がる、近代日本の歴史への博士の愛と関心である。

フィロロジーとは、もと言葉への愛の意であるが、この書は、まことに、ヨーロッパ近代フィロロジーの、日本における最も大きな波動の一つと、博士にならっていうことができるであろう。

『朝日ジャーナル』第一八巻第一四号（四・九）に「滔々たる比較文学の奔流」を寄せたのは佐伯彰一（一九二二―二〇一六）である。

（前略）題名の示す通り、「日本における外国文学」、とくに明治以後ヨーロッパ文学のもたらした衝撃、影響、日本の作家の側の反応、対応をたどるところに全体の基軸はすえられているが、必ずしもこうした東西遭遇、衝突のドラマの組織的、体系的な解明に書物全体が集中しているとは言えない。総体的、客観的に概観し、総括しようというよりは、取り上げる対象にも、島田氏の個人的な好みがはっきり出ており、氏の愛好し、親しんできた作家、作品のこまかい鑑賞、調査が中心をなしている。

堂々たる大著ではあるが、まず個人的な好みと体臭の強く匂う本である。ヘンリー・ミラー流にいえば、「わが人生のなかの書物たち」とでもいった身近さがあり、パーソナルな味わいがある。自分の好みに合った対象を舌なめずりせんばかりに、しゃぶりつくそうとしている。文学の溺愛者、耽読者という趣すらただよう。いわゆるアカデミックな、方法至上にこり固まった硬さはまるでない。そこが、一般読者をも気楽に誘いこみ、親しめるところだが、同時にこの大著を貫き、支える島田氏の基本的な態度、また方法論とは何かという疑問もそこから生じてくる。重々しく威圧的な一貫性がないだけに、著者の文学的な嗜好そのものの基準、また批評、分析のやり方について、こちらから気やすく問いかける余裕も出てくるのに違いない。この著者は、まぎれもなく、根っからの文学好きだが、ではいかなるタイプの愛好者で、彼の趣味の基準はどうゆうところにあるのかと反問せずにはいられない。（中略）親しみやすさという点では、島田氏の文体が一役買っている。（中略）いわばイメージをはらんだ文体であり、情景を描き出す楽しみに語り手自身が身をひたしていることが感ぜられる。しかも、おのずと一種の調子があり、リズムがそなわっていて、いわば快い波のうねりのように読者を誘いこまずにおかぬ。島田流の語り芸とさえいえるかもしれない。

なるほど島田氏は、近代日本における「翻訳文学」の意味と比重の大きさに注目を求めている。本書の第二部、第三部も、ほぼ一貫して、このジャンルにかかわる研究であった。「翻訳」を通して、ヨーロッパ文学の移入、摂取のあとを細かく跡づけるという仕事は、明らかに島田氏の独創であり、しかもほとんど独力で開拓された新分野であった。英文学から出発した氏の訓練、読書体験が、見事に生かされたばかりでなく、日本近代文学史に新しい照明をもたらす、見のがせない業績であり、貢献であった。フランス的な方法の着実な摂取、応用であり、言語、日本語双方のテクストに密着した、執拗なばかりの読みは、島田流の語りを支える手がたい足場をなしている。

しかし、「翻訳文学」は、ついに局部的、補助的な作業にとどまるものではないか。文学批評、文学史研究のいわば影のワキ役にすぎぬのではないか。（中略）とすれば、日本文学の主体性、自己同一性を一体どこに求めるのか。いかにして証し立てるのか。島田流比較文学では、この問いがやや曖昧にぼやかされてきたように思われる。ヨーロッパへの美的な憧れが、距離と異質性をふんわりと叙情の靄につつみこむのであった。

もっとも島田氏には、思いがけぬ一面があるのだ。氏は熱情的なナショナリストである。無類の海軍好きであり、広瀬武夫、秋山真之などに対して、ひたむきというに近い愛情を注いで、精細きわまる伝記研究を書き上げ、本書にも「日本ナショナリズムの一戦士」と題する一章が収められている。上田敏、またペーター風な唯美主義な嗜好と、一体どんな具合に結びついているのだろうか。ひたすらな美的鑑賞家と、熱っぽいナショナリストとを、いかにしてこだわりなく同居、また握手させるのか。（中略）本書を読み終えて、念頭に残るいちばんの謎と疑問は、こうした島田的な「文武両道」の矛盾にかかわるものであり、文学作品の「連関」の解明にひたすら精魂つくされた氏自身、この点にさしたる懐疑、検討を加えられたとも見えぬことであった。しかし、そもそもこの種の幸福な無意識こそ、比較文学というフロンティア開拓に勇敢にふみこみ、これほどの大著を仕上げるに至らしめた原動力であったかもしれない。見事に充実した、しあわせな学者的生涯という感慨を抑えがたいのである。

『日本における外国文学』評（二）

『比較文學研究』第三〇号（昭五一・九）に書評を寄せたのは、早くから島田を知る大塚幸男（一九〇九―一九九二）である。

まず第一に読者の胸を打つのは著者の文体である。それは、澎湃として、次から次へ、後から後からと、盛り上がり押し寄せてくる波濤にも似た文体である。この文体には文学へ寄せる著者の暑い愛が燃えたぎっている。ということは、著者は常にその研究対象たる作家や作品に触れて、それらの作家や作品と一体化し、同時に自己を語るということである。〈詩人はおのれを語る〉とは誰の言葉であったか？ 著者は学者であるとともに、まさしく詩人なのである。――文学を論じて無味乾燥、研究者自身の姿はどこにも見つからぬ、といった底の研究が横行している今日この国において、これはまことに珍重すべきことではあるまいか。島田博士の講義と仕事とが若き学徒の胸に火をともし、その門下に幾多の俊秀を輩出せしめているのもさこそとうなずかれる。（中略）諸研究は、さきに述べた著者の信念の見事な実践であり具体化である。各部各章はそれぞれ独立しているようでいて、その間に緊密な聯関があり、全体として一つに結びつけられている。そして特筆すべきは、著者の研究は徹底した実証的研究でありながら、その鋭敏・繊細な直観に裏づけられて、常に美しい虹のような光芒を放っているということである。（中略）著者は部分を点検する時も、その全体とのつながりを忘れない。部分を見ると同時に全体を想起し、全体の中で部分を照明する。たとえていえば、著者は木を見ると同時に森を見るすべを知っている人なのである。この大著が、全体として、鬱然たる大森林の、あるいは滔々たる大河の様相を呈しているゆえんであろう。（後略）

『比較文学年誌』第一二号（昭五一・三）に「『日本における外国文学――比較文学研究』上下二巻を読む」を書いたのは佐藤輝夫（一八九八―一九九四）である。

「序の章」を拝見すると、「学問的な本能の導くままにはいって、面白くて、楽しくて、気がついたら、いつの間にか比較文学の沃野をさまよっていたのが、わが生涯だとみるべきだろうか。対象があって、方法論が立てられ、規矩整然と学問的自覚を持して、歩武堂々と、この未開の国に進んで行く人もあっていい。著者はそうではなかった。」と書かれている。が、わたしらの目から見るとそれは実は反対で、島田氏こそは、正に歩武堂々とこの未開の「沃野」にわけ入って、その対象をしっかり見定め方法論を編んで、学問的自覚を持って歩み通した、わが国現下の唯一者ではなかろうか。もちろん四十年に余るその精進のあいだに、苦渋に満ちたその時その頃はあったであろう。学問研究に打ち続く坦々たる道のみありえる筈はない、然しそのつどその苦渋の瞬間を乗り切りのり切り、荊棘を截り拓いてそこに行くべき道を定める。この人にはそうした本能と勇気と、そして何よりも辛棒強い忍耐とが備っていたのだとわたしは思う。かくして一旦その得た自覚と規矩とを感得すると、敢然として茫洋たる行方へ乗り出し、次々と新しい道をつけ塁を固め、固めてはまた前進、前進しては、終に一つの大きな広い展望台の上に出た、とそうわたしは理解する。本書上下二巻千三百ページに近いこの大著は、そういう島田氏の、日本比較文学というわが国にあって殆ど未墾といってよい研究分野での営みの、その全記録であると申してもよいかと思う。

氏は、この書の第一部から順に論考を繙いて、四十年以上も前から「上田敏研究」に注目し、その業績を認めてきた経緯等を語った。最後に「島田氏の比較文学」をまとめるとして、次のように書きおさめている。

（前略）

そのうちこの人の頭の中には、世界文学という観念が徐々にその輪郭を取り始める。しかしその世界文学という概念も、ゲーテなどの言うような、スケールの世界大、この場合ヨーロッパ大的な文学、という意味では決してない。大戦後のコスモポリチックな傾向が拡大するに応じて、人々は世界の文学を考える場合、それは文学と言われるほどのものが地上に生じてこのかた、時間と場所を超えて、恰も大脳を蔽う蜘蛛膜の血管のようにそれがつねに絡まり合っているのに注目した。島田氏はそれを世界文学と称ぶのである。そしてその絡まる現象を分析し、必要とあらば、ルーペを使ってその関係をしらべること、これが比較文学本来のすがたであるというような理念に達した。しかしその絡まりの現象をしらべるとき、つねにこの探求者の頭にあって決して忘れてならないことは、操作をする自分がつねに日本人であるという自覚である。なぜならそれを忘れては、そこに創造的探求などはできないと考えるから。そこからこの人の日本学樹立という、既に言われていながらなおかつ樹立されていない、古くして新しいこの学の提唱が為されてくる。彼は自分の奇しくも生を稟けたこの国の自然、その風土、その歩み、歴史、その伝統、一言にして言えば日本人の魂とその性情、それらをすべて知り尽くし、味わいつくし、そして愛し続けねばならないと。これは偏狭な愛国心なぞというものではない。文芸探求者としての善意の発現であり、それに向っていま島田氏は輝かしい一歩も二歩も踏み出している。これがこの人の行きついた長い比較文学の研究から比較文化学へと趨う、その広い展望台に立つという所以であると共に、その開拓の栄誉をも担う所以でもあると、こうわたしは思うのだが。

安岡正篤《まさひろ》（一八九八―一九八三、思想家）は、随身二十九年にも及ぶ山口勝朗（一九二二―二〇一〇）にすすめられて、島田の『ロシヤにおける廣瀬武夫』と『アメリカにおける秋山真之』を既に読み、大いに感服していたというが、ある日、島田を「松風子先生」と呼んで常日頃敬意を持ち続けている伊藤肇《はじめ》（一九二六―一九八〇、評論家）から『日本における外国文学』上・下巻をおくられて目を通し、二日後には以下のような速達便（昭五三・三・一〇、島田宛）を発信した。

（前略）御親筆を拝見感謝申上げます　巻頭の御題目次あとがきよ里第一章に返り耽読　時の移るを忘れて久しぶりに良宵於味はひました　これよ里閑を偸んでは通覧致しますが老生も好い加減に万事一抛、書斎に懶を楽しみたいと思ってをります　取敢す一筆御挨拶、御文祥万祷申上げます　不具

老学正篤再拝　三月初九

到得浮生八十寿
知非知化愧先人
乾坤無限未聞事
欲問時賢学日新

偶成

哂政

一日おいて届いた伊藤からの書簡には、安岡がパリの旅程を終えて帰国したら、二人の碩学の対談を予定し、その日が楽しみですとあった。しかし、対談が実現したということはきかない。

亀井規子は、「私の推薦する一冊の本」（昭六〇・五『図書館だより』特集二、日本女子大学）として次のように紹介した。

日本人として外国文学を研究することの困難さと意味を教えてくれる本である。好むと好まざるとにかかわらず、現代に生きる日本人として、外国文化、外国文学の影響を無視することはできない。世界の中の日本という視野に立って考えてゆくことの大切さが、本書にもられた具体的な研究成果をよむことによって、納得できるはずである。影響を与える者と受ける者のそれぞれの特徴がうきぼりにされるのである。

昭和五一年度、東洋大学での講義「英米文学史」は、チョーサーとスペンサーの欠を補うため、ミルトンをまず説き、それから本題のロマンティック詩人たちに入った。バーンズ、ブレイクにふれてから、ワーズワース、コールリッヂ、バイロン、シェレー、キーツに取り組んだ。論述の方法は、受講者の学力や精神年齢を考えて、卒業論文の書き方への指導を込めて語るものであるとともに、取り扱われる諸家と諸作品とがイギリス文学という大有機体の中において、それぞれが占めるであろう位置をできるだけ暗示するものであった。参考書としては、平田禿木の「英文学史講話」とカザミヤンの *A History of*

English Literature を挙げた。英文学特論・英文学特論Ⅲは、「アレクサンドル・ベルジャムの英語文献学」という題目であるが、カザミヤン講義で現代小説のことを語り尽くせなかったので、まずはジェームス・ジョイス、D・H・ローレンス、カサリン・マンスフィールド、チャールズ・モーガン等に関するカザミヤンの見解を伝えることから始めた。そして、ルグイ、カザミヤンの師であるベルジャムの学風――一六六〇年から一七四四年にわたるイギリスの社会と文学との交流をとりあつかいながら、文芸家の成立過程を精究する、近代詩をイギリス人同様な詩的よみ方によって修得する詩学的考察の基礎をきづく、この二点に力を注いで、フランス派英文学の創始者となったベルジャムの実体を明らかにし、その学位論文の説明で終わった。英文学演習は、「ルネッサンスの英詩」という題目で、ルグイ教授のイギリスルネッサンス詩の選集を用いて、シドニー、スペンサー、シェイクスピアなどからはじめて、ジョン・ダンおよび騎士詩人たちの詩をテクストに即して読み、味わい評釈した。エミール・ルグイの編んだ「イギリス文芸復興の小径のなかで」と題する小詞華集を教材に使って、異国の文芸をいかにして修得するかの具体策を体得させるのが主目的であった。四月一三日、慶應義塾大学大学院の講義で「比較文学とは何か」を、「能について」「能とイエーツ」「秋成とメリメ」「エスパニヤと李太郎」等に則して語った。

昭和五一年五月二一日、春夫のふるさと新宮を再訪、翌日は明治村を歩いた。二五日には、慶應義塾大学小泉信三記念講座で、「日本における外国文学の受けとり方」と題して講演し、六月二六日、杉並公会堂で行われた「日夏耿之介を偲ぶ会」に出席、「日夏の文学的趣向」(由良君美)と題する講演を聴いて、「日夏文学とは何か、なぜ『呪文』をもって日夏は詩の筆を折ったのか」と講演者に訊ねた。七月二八日夕べには、絵画館における無限アカデミー現代詩講座で「西條八十の砂金」について語った。

一一月五日、第一二回日本比較文学会関西支部大会に招かれ、神戸女学院大学で「フランスにおける英文学研究」と題して講演し、翌六日、場所は同志社大学に移り、特別講演「森鷗外のアフォリズム」(小堀桂一郎)を聴いてから、司馬遼太郎、江藤淳と共に「歴史小説の東と西」というテーマで語った。大島正教授司会のもと、それぞれの講師は、このごろ考えていること、歴史小説の概念などについて自由に話をした。終了後、四条橋畔の「菊水」で懇親会があり、閉会後、司馬の案内で、先斗町の「ますだ」を訪ねて同道した十数人と共に銘酒「賀茂鶴」を楽しみながら歓談し、それぞれが別れるまで歩きながらも話はつづいた。この日、島田と同行者は銀閣寺近くの宿「川京」に泊まった。昭和二七年の第三回日本比較文学会関西支部大会に出席して以来二三年もの間、前述したように、この学会から離れていたわけだが、第一一回大会への出席要請をうけて出向いたのを機に学会への復帰を果たし、講演を頼まれたり、後進の研究発表を聴くのを楽しみとした。学会終了後、紅葉を楽しみながら訪ね歩いた場所は多く、橿原神宮、當麻寺、銀閣寺、詩仙堂、青蓮院、法然院、修学院離宮、曼殊院、大観堂等で例年と変らない。下旬には、日本大学芸術学部での講演「日本における外国文学」につづいて、神田の学士会館で行われた木村毅、西田長寿、高橋邦太郎三氏を讃える会に出席して祝辞を述べた。この時のスピーチのこと、木村毅について書いたことは前述した通りである。

学士院賞

昭和五二年三月一二日、日本学士院は、第七〇七回総会において、日本学士院法第八条第一項により、日本学士院賞九件を決めた。学士院第四三号当日付、『日本における外国文学―比較文学研究』に対し、日本学士院長和達清夫から授賞決定の連絡を受けた。「第六八一七回授賞審査要旨」は次の通りである。

文学博士島田謹二君の「日本における外国文学
―比較文学研究―」に対する授賞審査要旨

本研究は明治以降の近代日本における西欧諸国の文学の移植・定着の歴史を具体的な作品分析の作業を通じて実証的に跡づけたものである。近代日本文学はその表現様式において、趣味において、文学の内実を構成する人生観・世界観において、西洋文学の影響を無視して考えることは不可能であり、その文学史的主性格もひっきょう西洋文学のあり方を範例とすることが多かったというのが従来の定説である。ただしその外来の影響がいかなる経過を辿って我国に定着し、その消化・吸収を通じて近代日本文学の実態が形成されるように至ったかという点になると、これを個々の事実の実証を積み重ねて体系的に把握し、かつ叙述するのは一個人の力をもってしてはなかなか成就しがたい難事業であった。島田謹二君は四十余年にわたって独力この課題に取り組み、森鷗外、夏目漱石、上田敏、島崎藤村、北原白秋、永井荷風、佐藤春夫、芥川龍之介等の諸作家の代表的作品を綿密周到に味読し、これらの諸家が西洋の文芸から形式を摂取し、趣味の感化を受け、素材の選択や扱い方を学び、しかもその心性・感性において独自な日本近代の文学の創造に成功している実状を分析的に追跡し、もって近代日本文学において従来の文学史家の眼のとどかなかった重要な面の解明を成しとげている。その際著者は学問研究の成果が特殊な術語・文体によって学界内のみの狭い通用に終ってしまう傾向のあることを憂え、明晰暢達な文章によって、学術研究の言語に批評性に富む開かれた文芸様式を与えることにも成功している。

本書は文学史的には影響の実態をめぐる新しい諸事実の発見を豊富に提示すると同時に、ひとつの新しい研究態度の提唱として方法論上の成果でもある。即ちフランス、アメリカ両国の学界においてつとに承認され確立している比較文学の方法的理念が、我国の文学研究に適用される場合にも立派に成果を上げうることを示したものであり、その点でこれは日本の近代文学史の見方にひとつの転換をもたらすと共に、一般に我国の文学研究がより広闊な国際的視野に向かって開かれねばならぬことを示唆する貴重な業績である。

あらゆる著作の総合ということになるのであろうが、具体的に言えば、「わが國に於ける英文學研究」を『英語青年』（昭一三・一）のために書き、『飜譯文學』（昭二八・六、要書房）、『比較文學』（昭二六・八、至文堂）、『近代比較文学　日本における西洋文學定着の具体的研究』（昭三一・六、光文社）を公刊し、さらには広い展望のもとに数々の論考に斬新的な考察を加え、その集大成として、『日本における外国文学』（上・下巻）を世に問うてきたこと、文字通り、生涯現役の姿勢を貫いて孜々として学び、情熱を傾けて語り、研究の成果をまとめたことが認められたわけである。「従来の研究の及ばなかった面を解明した」ことが高く評価されたのであった。

一三日午前一〇時、日本学士院会館に天皇陛下の行幸を仰ぎ、資料陳列室においてご下問にお答えした。授賞式後、陳列室で来観者に資料説明、記念撮影とつづき、午後一時宮中において午餐のご陪食に臨んだ。そして、夕刻六時赤坂弁慶橋の「清水」に用意された文部大臣招待の晩餐会に出席した。

四月、東洋大学での講義は、英文学特論・英文学特論Ⅲは「フランス派英文学の研究」という題目で、前期はベルジャムの学風を解明かつ批評し、つづいてベルジャムにはじまるフランス人の英語翻訳の特長を、ルグイおよびカザミヤンにまでわたって論究した。後期は、立派な英文学徒を育成したフランスの英語英文学の国家試験の実体を詳説した。どんな試験問題が出されて、どんな答案と実習が要求されるのか、審査官は何を基準にして良否を決定するのか、つまり、一国の外国文学のエリートの育成法はどんなものか等についてであった。この問題が日本の学界では十分研究されていないから、五里霧中のあやうさを呈している現状を語り、四〇年来研究しぬいてきたフランスの学界についてわが英文学界の参考に価すると思われる制度とその成果とを説いた。英文学演習は、「英詩の研究」で、前年の講義を承けて前半は、イギリスルネッサンスの詩人たちヴォーン・マーヴェル、ミルトン、ヘリックなどを主にして、精密に英詩の読み方、味わい方、批評の原理を説いた。後半は、カザミヤン教授の選んだイギリス詩選集を用いて、ワーズワース、コールリッヂ以下の近代詩人の作品に対して前期と同じ作業をほどこした。講師としての持論「英文学のエッセンスは詩歌の中にある。従来の慣習では、日本の英文学界の努力と理解とがその方面に十分ではないと疑われるので、その欠を補う志向を持っている、この演習には真に英文学を味わおうとする学徒の参加を切望する」というものであった。

五月、『學鐙』（丸善）に、八〇回の長い連載となる「秋山真之の抱負」を載せ始めた。ちょうど四年前、「仕事はまず進行」を新聞に寄せたとき、飼猫のことにふれていたが、積年の研究の大きな仕事が一段落してホッとした気持からか、過ぎし日を語るスピーチや対談や執筆が目だつようになった中で、六月、「わが猫の記」（昭五二・五二・六『室内』工作社）を書いた。

桜台の庭で

いまわが家には二匹の猫がいる。ともにオスで、兄はパン太郎、弟はコットン。

かえりみると、長いこと生き物を飼《か》う余裕はなかった。こちらの心にゆとりがないからだろう。いや、もっと身近な人間の方に気をうばわれていたというのが、より正直な答えかもしれぬ。それが一切万事不如意《ふにょい》になって、落莫とした生活を続けているうちに、広い、といってもたかのしれた小園を持つ、ささやかな平屋造りの家を郊外に借りて、いまの暮しにはいった。

小園には樹木が多く、近所の猫が出没する。最初は追い払っていた。そのうち敵意を示さぬどころか、ゆうゆうとあがりこんでエサをほしがるヤツが来た。茶色の老猫で、残り物のちくわを好んで、帰ろうとしない。「人猫」相哀れんで、いずれ「ちくわ院殿ゴロンボ大姉」さ、と戒名をつけてやって自由にさせていた。

ゴロンボ大姉が出入するうち、黒のかかったぶちで多くのオスの愛欲の対象となる面《つら》つきの牝猫《めすねこ》がつづいてきた。これをクロママと俗称していたところ、ある日、子猫二匹を連れてきた。ふと哀れと思って、ミルクをのませたのがとんでもない猫縁のはじまりである。兄は、そのころ人気をわかせていたパンダに近い模様だが、だいぶ劣るので、パン太郎と名付けた。妹の子猫はもっと可愛い顔をしていた。『源氏物語』に読みふけっていた頃なので、性別は無視して「大臣《おとど》」と呼んで飼育した。

「おとど」は虚弱生だったらしく、一年ほどで他界した。手あつくしたがもうダメらしいと想われた時、苦しみにたえかねてか、激しく鳴きわめく。のどをさすって、「おとど、おとど」となぐさめてやると、情が通じたとみえてゴロゴロうれしそうにのどを鳴らしていたのが忘れられない。

クロママがまた全身ほぼ真黒なチビを連れてきた。よちよち歩くのさえラクではないようなヤツで、縁側によじのぼるのも一苦労らしい。アイザーク・ウオルトンのことが気にかかっていたので、釣のお弟子の名を借りて、コットンと名付けて、いまもそのままおいている。

もともと猫を飼ったのは、『吾輩は猫である』を研究する

のに、動物の生態を知りたいという底意《そこい》があったからでもある。（中略）

こうして同棲五年。研究の材料にしようなどの底意はいつかふっとんでしまい、今ではわが家の一員として表札にでも記名してやりたいくらいである。

「あれから三年たって、わが猫どもも老いた」と、「続わが猫の記」を書いたのは、昭和五五年三月であった。森銑三（一八九五―一九八五　書誌学者）は、「近ごろにないすばらしい随筆を読ませてもらった」と丁重なハガキを寄せている。

山梨英和短期大学

慶應義塾大学大学院博士課程の講師を辞任し、東洋大学大学院文学研究科特任教授の任にあるが、講師として出講して二年になる山梨英和短期大学から、是非とも専任で出講してほしいという要請を受けた。山下安武学長はじめ関係者が、招聘の希望を強くし、その就任方を懇請する役目を託されたのは、気心を解り合っていた英文学科長の小菅東洋（のちの学長）であった。熟考の末に承諾したという島田に本郷の学士会館別館で会見して挨拶をすると、「私の学界における信用、地位等具体的な形で認めてもらえれば幸いである」と泰然たる言葉で言われたのが印象的だったという。専任として、英文学特殊講義他を講ずることになった。教授として就任する二〇日前、寒い日であったが、小菅著『マーク・ラザフォードの懐疑文学』（研究社）の出版祝賀会に出席して祝辞を述べた。就任早々、学士院賞を受賞したことで、講演や祝賀会に臨むことが一段と多くなったが、山梨においては、会議や行事には積極的に出席し、必要なら何日でも滞在してこの学園のため、学生たちのために尽力しようとした。いち早く企画された英文学会主催の「日本における外国文学」公開講演会は、山梨県教育委員会後援、山梨日日新聞社協賛をえて五月一六日に行われたが、県民会館の会場は満員となった。出講の日にはいつも、研究室に到着すると誰かを相手に話しかけ、わかりやすく執筆中のことやさまざまの構想を語って会う人みなを惹きつけずにはおかない。春は桃の花が盆地一面に咲き乱れ、秋には桃や葡萄が豊かな実りを見せ、冬にはまた周囲の連山が白雪をいただいて襟を正すという季節の移ろう光景が好きであった。なによりも、これまでに究めてきた学問を悠々と語ると、学生たちは静かに目を輝かせて聴いてくれる、そして反応があればあるほど力はみなぎり、若さ溢れる話しぶりで学生たちと一体になった。山梨に向う日には新宿で夕食をすませてのことが多かった。外で人と会うことがあれば、この時間を当てて、急行「あずさ」の時間まで話をして元気に出発するが、冬の寒い夜などは悄然として沈黙がちに食事をしたこともあり、八王子駅まで同乗して見送ったことが何度かある。それでも、三日後ぐらいに訪ねると、悠々と教授にいそしまれた様子ですこぶる元気であった。

学士院賞受賞のあとであるから、諸方への対応に追われている。六月八日には、NHK取材班が撮影のため、練馬桜台の居

山梨英和短期大学にて

『英文学会報』26号（昭和62年10月）所載

を訪ねてきた。一八日朝のＮＨＫスタジオ一〇二で「島田謹二氏のこのごろ」を放映するためである。六月七日から二一日まで、東洋大学図書館では、受賞を記念して、「島田謹二先生著作展観」を企画し、単行書、雑誌論文、自筆原稿、写真などを展示した。

　七月二日（土）午後一時より、受賞祝賀会が神田の学士会館で開かれた。会の発起人は、司馬遼太郎、佐伯彰一、神田孝夫、江藤淳、芳賀徹、平川祐弘、青柳晃一、亀井俊介、小堀桂一郎。当日の参会者は、知友門弟約二〇〇名、メインテーブルの受賞者の右には、手塚富雄、河盛好蔵、山本健吉、高橋邦太郎、三浦逸雄、田内静三、小宮欣吾、山下安武、小林英夫、植松正、西川満が座り、左には、本間久雄、佐藤輝夫、鈴木成高、中山定義、内田一臣、中村悌二、小堀杏奴、本庄桂輔、浅野晃、中谷孝雄、橋口収が座った。芳賀徹、青柳晃一司会のもと、本間久雄教授の乾杯発声のあと、手塚富雄、山本健吉、中山定義、菊池榮一、朱牟田夏雄、福田陸太郎、安東次男、江藤淳、犬養孝、大島正が祝辞を述べた。会の最後に、謝辞として近況を述べ、現在執筆をすすめている「フランス派英文学研究」の稿はすでに四〇〇〇枚に達していると、意気盛んなところを披露した。閉会後、喫茶店「蔵王」で小休、そのあと小野二郎のすすめで、本郷東大前の「万里」で軽く二次会、参会者が収まりきらなかったことから、近くの割烹「松よし」で盛大な三次会となった。さらには、居残り組と本郷三丁目の喫茶店で四次会となり、語りつ聴きつして桜台の家に帰ったのは深夜であった。

　この月、『学術月報』第三八二号に「日本における外国文学――日本学士院賞を受賞して」が掲載された。これは、受賞の対象となった『日本における外国文学』（上下二巻）が、「どうゆう内容であるか、どうゆう方針で書いたか、どんな成績を挙げたか」について、尋ねる人があるのに答えるかたちで執筆したものである。

　九月、塩原における天后会（西川満総裁）の講演で、「比較文学とは何か」「私の文学研究――美しき日本の天地山川」「日本の宝――女性こそわが祖国の泉」「続日本の宝――日本人よ、この四冊を読め」を語った。執筆や講演の依頼が多い。ひと月ほど前、月刊『代々木』編集部から執筆の依頼があったのに応えて、日ごろ考えている「守るべき日本の宝とは何か。広い視野で日本を批判した人はだれか。新しい視点で考え直し、明治というものを中心として作りだそうではないか」という趣旨の提言を入れて「高徳伝次郎の文明批評」を書いて編集部に送ったのであるが、日ならずして連絡があり、「明治神宮崇敬会員二十万人を対象とする『会報』である故、これが大逆事件だけを想起させ、著者と編集部の意図を誤解されては」との懸念から、件の原稿は日の目を見ることはない。一〇月から、練馬区民大学講座の講師を委嘱され、「佐藤春夫の文学」等を語り始める。

この秋もまた、関西での学会にでかけ、大谷女子大学英文学会秋季大会で、「イギリス小説の読み方」と題して講演し、日本比較文学会関西支部大会（一一・二二、同志社女子大学）では、司馬遼太郎、芳賀徹、大島正の対談「海外文化の受容の問題」を聴いた。懇親会のあと、芳賀、小堀両教授と東大比較文学会の人たち、島田に同行した人たちが、司馬遼太郎の招きにより祇園での二次会をたのしみ、翌日には、琵琶湖に向かい、竹生島に渡って風光を愛で、夕方には彦根に戻って晩餐の時を持った。日本比較文学会関西支部大会に出向いた島田の動静は、小堀の「追悼　大島正教授の思ひ出」の中に詳しく書かれている。

来し方を語る

年明け早々に、名訳として聞こえた「アナベル・リー」（ポー原作）が『海のほとりの王領に』（七十五部限定）として西川満の人間の星社から刊行され、翌月寄せられた堀口大學からの感想を喜ぶ。

冠省。ご高著アナベルリー、海のほとりの王領に、絶世の美本ご恵投たまわり有難く拝受、厚くおん礼申上げます。原作者、訳詩家、装本家、画家、それぞれの限りのきわのわざと熱意と、こごりて成った黒真珠、磨琢の清輝、永く坐右の宝として、老いの心を照らしてくれる事でしょう。重ねて有難うございました。

五三年二月二五日　　大學

島田謹二学兄

（平五・七・二三『アンドロメダ』二八七号より転載）

古稀を迎えた頃の各界の著名人に執筆を依頼するのが習わしかどうかはわからないが、前年の春に依頼されて書き始めたのが、「自伝抄この道あの道」である。昭和五三年一月二十八日、『読売新聞』夕刊への連載が始まった。「平田禿木のこと」「岡崎義恵先生」「若い頃の英語修業――文学少年から一念発起して」「土居光知」「私の英語修業」「比較文学者としての十年を語る」「私の英語・英文学修業」「四〇年前の東京外国語学校」「私の英語履歴書」「明治文学随想（一）（二）（三）（四）（五）

（六）」「台湾へ行ったお陰で、真の日本人になり得た」「あかしやの金と赤――わが青春のものがたり」「一九二五年の春――私の東北大学学生時代」「私の旧制京華中学校時代」等々折に触れて随想を書いていたから、瑞々しい記憶が蘇って心地よく書きすすめられた。

一・二八　自伝抄この道あの道（一）　色気づくころのこと
三〇　自伝抄この道あの道（二）　ぽっかり、魂のめざめ
三一　自伝抄この道あの道（三）　西條さんと日夏さん
二・一　自伝抄この道あの道（四）　ホジソン先生に感動
二　自伝抄この道あの道（五）　国文学の宝の山
三　自伝抄この道あの道（六）　台北帝大へ赴任
四　自伝抄この道あの道（七）　学問の入り口に立つ
六　自伝抄この道あの道（八）　比較文学の原理
七　自伝抄この道あの道（九）　師の理想像、平田さん
八　自伝抄この道あの道（一〇）　日本の外地文学究明
九　自伝抄この道あの道（一一）　光もたらす「源氏物語」
一〇　自伝抄この道あの道（一二）　敗戦の祖国へ帰って
一三　自伝抄この道あの道（一三）　比較文学への洗脳
一四　自伝抄この道あの道（一四）　読み込む演練の道場
一五　自伝抄この道あの道（一五）　学生たちと心触れ合う
一六　自伝抄この道あの道（一六）　広瀬武夫蔵書の霊感
一七　自伝抄この道あの道（一七）　東大を定年退官
一八　自伝抄この道あの道（一八）　「秋山真之」の場合
二〇　自伝抄この道あの道（一九）　日本研究を根幹に
二一　自伝抄この道あの道（二〇）　めあての城で角笛

詩心に目覚めてから文学に打込んできた過ぎし日のエッセンスを語って余すところがない。情熱のおもむくところ命がけで打ち込む姿勢を貫いてつねに先駆者たらんとした形跡は明らかである。六〇年の歳月を僅か二〇のタイトルにこめて、淡々とやさしく語っているのに、その背景は大きく視界はユニークで広くかつ深い。最終回は、三年ほど前リヨン郊外にカザミヤン夫人を訪ねて語った日の回想から、「フランス派英文学」に取り組んできたわが身をふりかえって、ロバート・ブラウニングにその心情をかさねている。

　外国文学として接近してきた修業者を、十分ためしたのちに、お城の中に導いてくれる。文学の美姫は、足枷（かせ）手枷をとりはずされると、のびやかに、にこやかに、迎えてくれる。くごもりながら本心を打ち明ける。人生でも学問でもこれが常道だろう。何十年も修めると、この辺の消息はしんみに実感される。あとはもういき長く誠実に学びぬくだけである。（中略）

こちらの作品に通ずるとともに、外国のものに親しむと、内部から自然につかめるので、両者をつなぐものが心証される。このとき「比較文学」は成立する。やっとめあての城までたどりついた。さあ、昔の騎士のように角笛を高々と吹き鳴らそう。「チャイルド・ローランド！ただいま暗黒塔に参ったぞ！」

この文章は、色気づくところから説きおこしたが、その色も若い時は花やかなもの、浮いたもの、軽いものだけをよしとした。深いもの、渋いもの、かすかなものが、いまの私を誘《いざな》う。何十年も苦しみ悩みぬいたのに、いまもなおとりつかれながら、その夢の中をさまよい歩いている。われながらおぞましい、おかしな半生であった。

『坂の上の雲』評

昭和五三年三月一二日、喜寿の祝いが上野の精養軒で行われ、一八日には、パリ大学客員教授として渡仏する壮行会が新宿ステーションビル七階レインボーホールで開かれた。逐次刊行されてきた六巻本の『坂の上の雲』（司馬遼太郎著、昭四四・四第一刷、文芸春秋社）が昭和五三年四月、八冊の文庫本（文春文庫）として刊行されるのを機に解説を書いた。

『坂の上の雲』は、その目標とする理想世界と、それにこめた作者のエネルギーと、その抱負の実現された成績と、さらに公刊された後、広く日本人一般の目をひらいて、新しい知見で感動させた点で、この作者の代表作の一つである。

＊

この作品は、昭和四十三年四月二二日から四十七年八月四日まで、足かけ五年にわたって「サンケイ新聞」夕刊に連載された。しかし、その前の準備の調査と読書と思索とに作者は五年余りの歳月をあてているから、かれは十年にわたる労苦をなめている。「サンケイ」に連載のころ、筆者ははじめから一日ももらさずに熟読し、玩味した。ある時は面白いと思ってくり返し、ある時は意想外の解釈に案を打って同感し、ある時はこの作者独特の筆力に驚嘆した。そのころの感動を思い起こしながら、改めてこのたび原本六冊を一気に通読し終えて、いろいろ合点する節があった。それをこれから書きつらねてみよう。（中略）

この物語は、「坂の上」にうかんだ「雲」を目指してか、雲にひかれてか、登って行く若者たちの群像を中心にすえている。それは、「明治」という世界史上ユニックな時代を背景にした日本の青春群像である。その若者の兄弟は、時代の波にもまれながら、環境の要請から陸海の軍人になって、それぞれの役割に応じ、それぞれの特徴を、それぞれに生かしぬいてゆく。病気になって正規の学業も中道で捨てたその友は、万事新しいものごのみの明治に生きながら、伝統の古文芸を新しく見直し、批評の力がそのまま内部に沈潜して、よみがえらせてきた俳句と短歌の開拓者となる。――要するに文武の道にそれぞれうちこんだ四国は松山の明治青年三名を語りつ、描きつ、評しつ、伝えつする長編だと言えよう。

もちろんこの道には軍部当局者以外に、ひとりの先進がいた。伊藤正徳氏がその人である。この戦争ののち相当の時を経て、文字通りに客観できるところに二人の記者は立っていた。両軍の進退を公正に眺めようとした視点も共通している。ただ終戦後間もなく、日本国民の意気をふるいたたせようという下心から、伊藤はことあるごとに「良き時代」を回顧して慷慨する。その著者の主眼は、国民精神の振起にあったとみていい。それに対して『坂の上の雲』は、小説という形をとっているせいか、登場人物の人柄や心理の機微により深く、より繊細にはいって、語り口ももっと自由自在である。それはより文学的だといってよかろう。読み去り読みきたって、いよいよ面白いゆえんである。

例を出そう。秋山好古の指揮する黒溝台戦の記述はどうか。軍事史に無知な読者にも、両軍の政略と戦略がはっきりのみこめる。いやそれだけではない。両軍将士の闘魂はどうであったか。じつに生き身の将士の力戦奮闘によって、日本軍は勝ち、ロシヤ軍は敗けた。生きた人間の生きた精神の生きた働きを語り出すと、この作者の筆は神采奕々として光り輝く。人間研究者として訓練された見方と書き方とが、ここではものをいっている。伊藤は政論家である。司馬は作家である。（中略）

一九〇五年三月一〇日にきわまった日本陸軍としては大詰の決戦「奉天」は、「会戦」と「退却」という露わな二章の中にたたみこまれて、中心部のヤマの一つをつくる。

しかし、この戦争の大団円は陸戦によってつけられず、主人公の一人秋山真之が花形の役者になって脚光をあびる一九〇五年五月二七日の日本海海戦によって一挙に可能になった。そこが中心部の最大のヤマである。

ここを作者は「東へ」という暗示的な項目で説きだし、「敵艦見ゆ」「運命の海」「死闘」と息つくひまをも与えない局面を盛り上げ盛り上げ、「鬱陵島」「ネボガトフ」と、項目を二つつらねて終わる。ここが中心部の中の中心部で、雄大無比な交響楽の絶頂を作る。それを「雨の坂」の終曲が、ぷつんとみじかく、それだけにかえって味わい深くうたいおさめる。

そうだ、「うたう」という文字を用いたが、この物語は散文で語った一曲の大叙事詩なのである。『平家物語』以来、久しく耳にすることができなかった諸行無常の哀調を、華やかな勝利のうしろにどこかでしみじみときかせている。日本人が胸のおくに一様に隠し持つ一番深い基調音を、低音でしのび鳴らしながら、読者の心をえもいえぬ感動へ導いて行く。『坂の上の雲』は、七百年の歳月をへだてて、国民文学の大海に、白々と光る澪をひきながら、つづいていった。ただ一部に偏したせまい範囲の文芸の愛好者だけに訴えるのではない。日本人一般の各層にひろく、ふかく、ながく読まれ、聴かれ、味わわれる大作を、司馬遼太郎は、海にとりかこまれたこの国土に暮らすわが民族のために残してくれた。何という偉業だろう。

パリ大学へ

昭和五三年四月一日、羽田空港より渡仏。この日、『読売新聞』夕刊「よみうり抄」に「島田謹二氏、パリ大学で日本文学を講義」が載った。

比較文学者の島田謹二氏は9月まで、パリ大学で日本文学および日本文化を講義するために1日出発した。日本の古典から近代詩歌まで、日本文化の特性を形成するものを連続して講義する予定。

島田氏は「古今集、源氏物語、芭蕉の七部集を日本の三大古典として、白秋や晶子の詩歌から、ロシヤにおける広瀬武夫や秋山真之の書いた東郷元帥の上奏文などを話して来たいと思います。」

パリ大学での講義に向う日
於羽田（昭和53年４月１日）

パリ大学講義に赴く師を壮行する大小いくつかの会で聞かれたのは、大正初年（大正三年一月）ロンドンのジャパン・ソサエティとオックスフォード大学において「日本の詩歌」を講じた野口米次郎（英語名ヨネ・ノグチ一八七五―一九四七）と重ね合わせる姿であった。

パリでは、モンパルナスの緑に囲まれた墓地のすぐ前、展望のすばらしい五階の部屋（Hotel L'aiglon 232 Bd Paris 14c）に起居しての生活がはじまると、パリ大学における「日本文学」講義の準備の他に、長年手がけているフランス派英文学研究の資料を整備し、関係者たちの証言を集めることが目的なので、すぐにも意欲的な行動を見せた。四月、ブーローニュの森に近いドーフィンのパリ第三大学で、第一回目の講義をした。五月初めには、ペリゴールのリモージュで開かれたフランス諸大学の英文学者たちの学会に招待され、主催地の比較文学会会長の依頼に応じて、「自分がフランスの英文学に接した経路、それによって得た見方、その後の自分の学びの道において得た教訓、この学問をこれからの日本に伝えようとする決意」などを語り、そのあとには、名誉座長の位置を与えられて、フランス人学者たちの発表の司会も勤めた。翌日は、エミリー・ブロンテの研究で知られるクレルモン大学のジャーク・ブロンデル教授やモリス・ポレット教授、モンペリエ大学のアマルリック教授たちと歓談した。三日目には、リモージュ郊外の古跡見物に参加すると、ポレット教授が一緒だったので、フランス英文学会のことをあれやこれや聞き出して有意義だった。驚いたことに、彼はカザミヤン先生の弟子であった。六月はじめにかけての日本文学講義等の予定表は、オリガス教授（Origas, Jean-Jacques, 1937-2003）が作成したもので、パリからの書簡に同封してもらったものである。

seminaire de M. le Professeur SIMADA Kinji

I　Poetes du Japon moderne

1. vendredi le 28 avril 1978, a 13 heures 30
2. vendredi le 12 mai 1978, a 13 heurs 30
3. vendredi le 19 mai 1978, a 13 heures 30
4. vendredi le 26 mai 1978, a 13 heures 30

II　Intellectuele de Meiji face a l'Occident

1. vendredi le 2 juin 1978, a 13 heures 30
2. vendredi le 3 juin 1978, a 10eures 30

au Centre universitaire Dauphine, Salle 4, deuxieme etage.

第一期四回は、「近代日本の詩人たち」と題して、第一講「日本のうた」で『みだれ髪』と『天彦』から何首かの歌を抜いて綿密なエクスプリカシオンを加えた。第二講では、白秋の「雪の上野」をとりあげて、日本語の連想力の実体を説いた。第三講では、佐藤春夫の「秋刀魚の歌」を、第四講では、鏡花の「春昼」と「春昼後刻」を題材にして、それぞれ日本人の根元的な愛の形態と愛の宗教ともいうべきものを説くようにつとめた。第二期二回は、「西洋に直面する明治の知識人」と題して、第五講は、「広瀬武夫のロシヤ生活」を、第六講は、「日本海海戦の立役者秋山真之の生き方」に焦点をあてた。このときの手応えと成功の実感を後年少し語っている。

いつか私はパリ大学の日本学科の学生たちのために、日本語の原文（日露海戦で勝利した東郷平八郎大将が明治天皇の御前で朗読した上奏文）で釈義したことがある。あの時フランス人学生たちの示した深い感動は忘れない。考えてみれば、そのわけはヨクわかる。とにかく西洋文明の中にいた帝政期ロシヤの最新式の大艦隊が全滅するなんて、西洋人インテリの常識と予想とからは理解できない。誰だってナゼだろうと不思議に思う。その日本艦隊の司令長官が天皇の前に申し上げる。official《オフィシャル》（公式）に真実を語ったのである。誰だって聞いてみたい。いわんやフランス人は何となくロシヤの事には親しみを感じている。ワケをきこうではないか。きき耳を立てずにいられないとは、このことである。（中略）

その実相を、パリ大学日本学科の学生たちはハッキリ体感した。日本のふつうの大学では、とてもこうはイカナイ。自分の国の真実なんて聞こうとしない。それがこのときのやり方は、かれらにとって大事な話をするのだから、西洋人だって胸にコタえる。話の中の過去はふだん考えているから、ラクに推定できる。そうと憶測して、かれら流にイロイロ考えるのが解釈になる。学生各自の胸に真相がうかんでくる。それからそれへ思いを馳せる。自分一個の解釈が出来れば、演習に参加しても気分は明るい。教官も解釈をもっている。学生一人一人も、自分自身の反応をもって、それに答えてくれる。これがこのときのパリの演習を成功させた。（後略）

（平二・九「秋山真之を書く前のこと」『學鐙』八七・九）

パリ大学の外では、フランス学界の俊秀が集まるエコール・ノルマールで、内外の日本学者たちと「近代日本文学の成立」について語り合い、リモージュの国際比較文学会では短い時間ながら英語での講演をこころみた。

ルグイとアンジュリエのふるさと

六月のはじめ、大学の講義を終えてホッとした気持になり、かねて志していたノマンディーの海辺に出かけ、いろいろと眺めみる機会を得たが、目標はエミール・ルグイの故郷オンフルールである。その紀行の文章はまるで散文詩のように書かれている。

セーヌ河口の大景にあかずみとれたのち、オンフルールにさしかかると、坂道が幾重にも重なり合っている海辺の美しい街があらわれてきた。印象派の画家たちの愛したわけもさこそとうなずかれる。ここはボードレールの「旅への誘い」の書かれたところだとか。風見のやぐらを遠望しながら、小さな漁港にひしめく帆柱をみていると、きわめて自然にその発想に同感できた。アンリ・ド・レニエもここの街で生まれたはずである。あの「フランスの小都会」の詩句も浮んでくる。そぞろ歩きの帰り道、夕暮れのあかりが窓に輝き出る時、あらためて産土（うぶすな）の力をいまさらのように身にしみておぼえるという、あの感懐もきわめて自然に納得される。書物の中だけで学んだ世界を、現実の風土の中に還元すると、その雰囲気の何と生々しく迫りくることよ！　ルグイが故郷を偲ぶ小文の中に出るカトリーヌ聖女の教会や鐘楼を一覧してから、Montjoli を目指して登ってゆくと、木立の深い森の間に夕日に輝くイギリス海峡が目の下に広がってくる。そこの聖母寺は十七世紀にできた古い建物であった。堂守りがいるのやらいないのやら、勤行の道具や椅子の類を収めた宝物庫のうしろのステンドグラスが夕日を浴びて輝く神々しさ。かえり路にあかずつきまとう春の夕凪は、心をなごませた。花咲く海辺の趣の深い家々を通りぬける。どこからともなく海風が匂う。ふと街角を曲がると、現われてくるのは、昔からよく知っていたように思われる古い町並み――ああルグイの故郷は、何十年もその著作を愛読した私には、すべてすべてわが親しみ生きてきた世界そのままに現わしていた。

（昭五三・一〇『英語青年』第一二四巻第七号所載「フランス英文学者の跡を尋ねて」）

中旬には、フランスの友人夫妻の好意で、フランドルの田舎、Arnacke の村に滞在して、北フランドルからベルジックにかけて見物した。北国のベネチア――掘り割りのつづくブリュージュ、メーテルリンクが学んだ淋しいガンの町、ワーテルローの古戦場、ヴェルレーヌが囚われていた牢屋のあるモンスも観た。この時の主な目的は、アンジュリエの故郷ブーローニュ・シュール・メールを訪ねること。この町の高台からの眺望をたのしみ、アンジェリエが学んだ中学校を訪ねてから、よく散歩したという海岸を歩いた。アンジェリエゆかりのドゥエーの町、リール大学を観て、ノールペーヌのアザールの生家、アルマンチエールのアザール高校とまわり、アルトワ県からパ・ド・カレー県のカレーで海峡沿いに車を走らせ、「灰の鼻」の岬に立った。アンジュリエが過した場所と彼の気持を綴る一部は次のように書かれている。

アンジュリエが何年か大学講師を勤めたドウエーのさびれた町もたずねた。静かな雰囲気は昔のままに残っている。運河の水はおだやかによどみ、菩提樹の並木道がゆかしい。鐘楼はゴチック風であった。尼寺があちこちにみえる。文字通りに古都である。ここで若いかれは英語英文学の初歩を講じたり、バカロレア受験生たちの答案を採点したり、退屈な月日を送った。何ひとつ生み出せない田舎町の社交界に顔を出してはイライラする。クモの巣の中に閉じこめられ、お墓の中で窒息しかけているようにわが身を思う。さわやかな空気がほしい。生きた生活に入りたい。そう願っているうちに、そのひとにめぐり合う。色白で眼は青い。唇がとても美しかった。不幸な結婚をして子供が二人いたが、実家の母のそばに暮していた。アンジュリエ三十四歳。そのひとは二十五歳。（後略）

（昭五五・二『英語青年』第一二五巻第一〇号所載「フランス英文学者のあとを尋ねて――オーギュスト・アンジュリエの故里」）

イギリス遊記

七月、イギリスに渡り、ケンブリッヂに赴き、井村君江（一九三二―）のところ（10 St. Paul's Road Cambridge）に滞在して、学都ケンブリッヂの図書館で一〇日ほど調査に打ち込んだ。この間、東洋学研究所の教授たちと往来し、特に日本学者カルメン・ブラッカー博士と親しく語り、時に、スペンサー、ミルトン、ワーズワース、ヘリック、グレイたちが若き日を過ごした学び舎を訪ねたりした。しばらくして、ノーフォークの港町キングスリン、ウオッシュ湾から数マイル離れたハンスタントンの海水浴場等に遊んだ。ノリッヂでは、セントピーター・マンクロフト寺院を訪ねて、サー・トーマス・ブラウンの墓に詣でた。

「東イギリス遊記――パリ大学客員教授としての滞欧記」（昭五三・一一『山梨英和短期大学英文学会報』第一一号）には次のように書かれている。

（前略）キングスクロッス駅からケンブリッヂまでは、長い夏の夕が暮れ切ってしまうまで、イギリス特有の田園風景を楽しみながら、ゴトンゴトンと走って行く。景物は典型的にイギリス風といおうか、ただ緑の野と低い丘と小さな運河と沼沢だけで、白い雲のうかぶ空も低い。案内記には、この辺オランダとそっくりだと書いてあるが、あんなにじめじめせず、もっとカラッとして光がさわやかである。…

翌日から十日ばかり学都ケンブリッヂの図書館で仕事をする。カム河の柳と船遊びとをみると、はしなくもテニソンを想う。この詩人がここに学んだ人だということもあるが、道具立てが何もかもアーサー王の物語の世界そのまゝで、あらためて空想で着色したり変形したりする必要はまるでない。学寮の構造、庭園の布置、河川の瀬音まで「国王牧歌」からぬけ出したかに見える。パリに暮した時、ブーローニュの森の中の池の畔をいくたびかそぞろ歩いて、レニエやサマンの詩境の根源をつきとめたように思った。幻想的な象徴詩といわれるものでも、もとずくところはこんな場所だろうと直観した。すべて詩といわず、絵画といわず、ヨーロッパの芸術は、写実が大本であるという公理を深く感得した。あゝ、パリは遠い。ブーローニュははるかである。窓からのぞくとやわらかい夏の空がみえる。どこからか小鳥の声もきこえる。塔や鐘楼や、地平線のいたるところから中世が語りかける。僧院の壁にまといつくつたかづら、青々とした芝生、大きな木々、死者は昔のまゝに静かに眠っている。…ことに後期ゴチックの代表作といわれるキングス・カレッヂの礼拝堂は、まさに「ステンドグラスの詩」であった。（中略）

ノリッヂはいかめしい大伽藍の町である。十五世紀に再現された尖塔がそそりたつ。ローマン式の門も本堂も十二世紀はじめのもので、丸天井と窓とは垂直なゴチック式である。その混合様式は内陣にはいるとはっきりして、素晴しい祈祷席が人目をひくと案内記には記されているが、一路セントピーター・マンクロフト寺院におもむいて、「医師の宗教」の著者の葬られている美しい本堂の中を低回する。このあたり亡友堀大司のことがそゞろ思い出されてしかたがなかった。せめて彼の敬愛した一風かわったこの十七世紀の学者のおくつきどころをたずねたいと思っていたが、やっと念願を果たして亡友の霊とひそかに語りあった。

八月、スコットランドに遊び、ロバート・バーンズの世界、ホモリン、モスギール、エアの町、ガローウェーの浜を散策した。グラスゴーから北上、ロッホローモンドを見て、オーバンの港にまわり、帰途ダルマリのそばでセント・コーナン教会を詳しく観た。また、スコットランド東部の大学町を訪ね、アンドルー・ラングゆかりの地セント・アンドルーズの市街地、大学などを見た。旅行中、「イギリス通信」を西川満の『アンドロメダ』一〇九号（昭五三・九）に寄せている。

スコットランドの大都グラスゴーに四泊して、Lowland を縦横に歩き、詩人 Burns のあとをたずねました。永遠に静まりかえった山と湖の、夢みるようにねむる千姿万態を追い求めて Scott と Stevenson の物語の世界の中を歩きました。

西のはずれの港町 Oban の町でかもめの声をきいた時の感慨……それから残塁破壁の残る東北の大学町 St.Andrews をめぐりました。

わけはしらず、この国の自然と芸術とが、無上に私をよろこばせます。

研究の必要上、野花の咲き匂うソマセットまでやってきました。

イギリスの詩を根元からかえたローマン派の詩人たちの若き日の生活のあとを追い求めての旅路でありました。

ネザーストーウェイとオルフォックスデンという寒村にはさまれた谷間の小さなホテルにとまって、詩人たちの夢をもう一度、夢見ながら時を送りました。

おろかな業と笑う人は嗤え。詩とはかくのごときものと思いあたるふしがありました。それにしても大兄の昨今はいかがか。いよいよ御身御大切になさって御仕事の御大成を祈っております。

カンバーランド州ウインダミーアの湖畔の丘で青草を敷きながら快い太陽を一身に浴びて書きました。

「西イギリス遊記」（昭五四・七『山梨英短期大学英文学会報』第一二号）には、ケンブリッヂを離れて西の旅に出たことが記されている。ウィルトト州のソールズベリーではオースティンやラム姉弟、ハズリットゆかりのウィンタースローの里に思いをはせ、ウィルトンではペンブルック伯爵の館を観た。ソールズベリーの平野にストーンヘンジをたずね、町に戻っては大伽藍を見た。ソマセット州に入っては古都バースをバスで一巡し、ここに二泊して、少年のころむさぼり読んだディッケンズが滑稽道中記の舞台に選んだ場所や風流児のシェリダンが幸福な日を授けられたと喜んだ場所、オースティン女史が一時暮した場所などを訪ねたり、この古都を研究したアルフレッド・バルボーの著書を探して何軒か古書店を巡った。ウェルズでは、イギリス寺院建築の精華である大聖堂をみて、グラストンベリーに入り、ここでも七世紀に建てられた修道院の廃墟やアーサー王の墓なるものも見た。セッヂムーアからブリッヂウオーターを経て西ソマセットの平野をさらに西へ西へ、ホルフォード村まで、そして詩人たちゆかりのネザー・ストーウェイやウオチェットまでも行った。

研究上の必要上訪ねたソマセットの紀行については、「西イギリス遊記」から一部をここで紹介しておきたい。

まだ明るい夏の夕暮れである。オルフォックスデンまでぶらぶらと散歩する。小川が静かに流れている。森の下陰が暗い。まっすぐに小径に沿ってゆくと、森また森、左手はなだらかな丘。実にロマンチックな土地である。ドロシイの日記の中には、この小道を兄やコールリッヂと一緒に散歩したことが記されている。鳥の声、森の静けさの声。突然視界がひらける。牧場の彼方に海がゆったりとひろがっていた。雲間から日ざしが洩れる。海が白く輝く。ワーズワスの旧館に近付くにつれて木の間がくれにみえていた海の眺めは、ぐんぐんと素晴しくなってくる。ワーズワスハウスの前に立たずんで、芝生ごしに青さを増してきた海を眺め入った。

（中略）

イギリスの田園は文字通り英語のプレーンという言葉がぴったりする。その単純で簡素なあり方がとてもいい。太陽の光と雲と雨と霧とがからんで風景はあっという間に変身してしまう。――それが人の心をこんなにも魅了するのか。こういう自然の中でこそ詩人たちはいつまでも思いにのこる数々の詩を創り出したのだろう。

コールリッヂが住んでいたネザー・ストーウェイはさびれた村である。あの詩人の家はことにわびしい。いま小さな記念堂として残されているが、あの天才的な若者がこんな土地で、こんな家の中で、こんな暮らしをしていたのかと感慨無量であった。カントックの丘は、四百メートルぐらいの台地だが、この起伏は波のようにデヴォン州まで走り、そのさきはエックスムーアの高原に終っている。見渡す限りヒースの丘また丘。人っ子一人姿がみえない。声をあげてよぶと、かえってくるのは山彦ばかり。一面に沈黙の世界がおだやかにすき通った光につつまれている。これがあの詩人たちの現実の生活の場であったのか？　遠景の海、しだとヒースとの原また原、なにをみても、どちらに耳をかたむけても、「リリカル・バラッド」の世界がでてくる。野生の小馬がところどころで草を食んでいる。山頂は紫の花でかざられ、まるですき通ったような大気がすがすがしい。気に入った。気に入った。

「老水夫」の歌の背景だと伝えられるウオッチェットの漁村へおりてゆく。みおろすと静かにみえた海も意外に風が強い。ところどころに帆船の姿。さびれはてた港の防波堤には夏の日がかっとさして、きこえるのはカモメの声ばかり。

（後略）

この月、「パリ第一信」が『無限ポエトリー』（昭五三・八）第三号に、翌月には「深まる日本文学の国際化――パリ大学の講義を終えて」が『読売新聞』夕刊（昭五三・一二・四）に掲載された。

四月一日の夕べ雨上がりのパリ。飛行場から宿舎まで中心の大通をつらぬいて街の美観を痛感いたしました。空の色と灯のひかりと街道との微妙な照合をうらやましいと思いました。翌日はリュクサンブール公園から学士院の塔をのぞんで学問への憧れに心がおどりました。

三　傘寿を迎えつつ

練馬区民大学

昭和五四年、この年も山梨英和短期大学教授、東洋大学大学院特任教授の任にあり、執筆、講義、講演、会合への出席等年初から忙しい。一月七日、帝国ホテルにおいて堀口大學の米寿祝賀会が開かれた。発起人井上靖の挨拶、花束の贈呈、堀口の挨拶のあと、西脇順三郎の乾杯の発声で会はすすみ、多くの参会者にさきがけて祝辞を述べた。話は、堀口の詩の理解者としての立場からまず詩人としての仕事を高く評価し、創作詩と翻訳詩について熱を込めて賛美の言葉を述べ、人柄に敬意を表した。ほんのわずかではあるが、『朝日新聞』（昭五四・一・一二）に紹介された話の一部は次の通りである。

明治以来の日本の詩人には、野にあることを得意とする荒武者ばかりが多かったが、堀口先生はいわば公（おおやけ）ざまの詩人だ。公約数の考えをこれほど美しく新しい大和ことばで表現した人がほかにいただろうか。まさに唯一無二の存在だ。お人柄は頼みがいのある立派な紳士で、我々の周囲にはもう見られなくなってきたタイプの一人だ。

この月からの執筆は、「秋山真之の抱負」の連載をはじめ、「秋山真之」を『国史大辞典』（吉川弘文館、昭五四・一）に、「『日露戦争全史（デニス、ペギーウォーナー著）』評」を『朝日ジャーナル』（昭五四・一）に、「厨川文夫氏を憶う」を『回想の厨川文夫』（昭五四・二、三田文学ライブラリー）に書いた。

一九日（金）、日本学士院創立一〇〇年記念祝賀会に出席し、二〇日（土）には、芝公園の日本女子会館で行われた「厨川文夫教授を偲ぶ会」で故人を語った。昭和五二年一〇月に始まった練馬区民大学講座では、一月から三月まで、上田敏訳、ピエール・ロチの「足弱車」、マラルメの「エロヂヤッド」、ダンテの「心も空に」「新生」、レニエの「銘文《しるしぶみ》」、モレアスの「賦《かぞへうた》」、佐藤春夫の「のんしゃらん記録」、四月から六月は、ダンテの「神曲」、「びるぜん祈祷」、平田禿木の「神曲餘韻」、シェイクスピア等について、九月から一一月までは、シェイクスピアの『冬物語』を講じた。

二月、『定本上田敏全集』（編集委員矢野禾積・嘉治隆一・松村緑・森亮・安田保雄・剣持武彦・佐々木満子　教育出版センター）の刊行がはじまり、編集や解説を担当する。「『上田敏全集第二巻』を編んで」を『上田敏全集』第二巻付録月報（昭五四・二）に、「『回想の厨川文夫』を読んで」を『三田評論』（五四・二）に寄稿した。前年『読売新聞』に連載した「この道あの道」は『自伝抄Ⅵ』（昭五四・二、読売新聞社）に収録された。二月一二日、神田の学士会館で開かれた詩交四五年の西川満の誕生祝賀会では、「ご縁あって」と心のこもる祝辞（昭五四・三・一三、『アンドロメダ』第一一五号）を述べた。

三月、帯欧時の紀行「スコットランド遊記（一）詩人バーンズの跡をたずねて」「（二）西の涯の旅愁」「（三）セント・アンドルーズの大学町」を『天地』に連載、「私の一冊の本『若き日のワーズワース（エミール・ルグイ著）』」を『総合教育技術』（小学館）に寄稿した。

四月七日、源氏の会で『わが輩は猫である』を読了し、五月にかけて『猫』の分析と漱石論を語る。東洋大学での英文学講義は、イギリスロマン派の詩人たち――キーツ、シェリー、スコットの詩についてであった。五月三〇日（水）、絵画館における無限アカデミー現代詩講座では「日本近代文学」と題して講演した。

六月、『上田敏全集』第四巻（耶蘇　詩聖ダンテ　文藝講話）を編集、解説を書き、この巻の付録月報に「『みをつくし』再読」を書いた。

七月七日、東京大学教養学部発足三〇周年記念式典に出席した。この月、「『源氏物語』入門」を『無限ポエトリー』第一号に、「『美しき町』と『F・O・U』」を『浪曼派』夏号（出雲書店）に寄稿した。

能登なみ子

九月、「ポーの初期物語の読み方――『ペスト王』を一例として」を『カイエ』（冬樹社）に寄稿し、執筆意欲は頗る旺盛である。この月から、源氏の会では、与謝野晶子の「みだれ髪」や鉄幹の「敗荷」等を語っている。『昭和萬葉集巻九』（顧問土屋文明・土岐善麿・松村英一、選者太田青丘・鹿児島寿蔵・木俣修・窪田章一郎・五島茂・近藤芳美・佐藤佐太郎・前川佐美雄・宮柊二、編集協力上田三四二・岡井隆・島田修二　高橋隆治・原田勝正、講談社刊）には、うた一首が採録された。

夢さめてひとりしじまに髪ときぬ小庭の花もくづれ散る夜半《よは》
（未刊歌集『能登なみ子の手紙』）

『昭和萬葉集巻九』の表題が、「冷戦の谷間――朝鮮戦争（昭二五―二六）」とある。Ⅲ「生活の周辺」の「夜」十六首目にこの歌はある。この時代の島田を知る旧知の木俣修（一九〇六―一九八三）と宮柊二（本名肇、一九一二―一九八六）の求めに応じて一首を寄せたのだという。この「夢さめて……」を収録した「能登なみ子の手紙」の草稿はすでに昭和二〇年代半ばにできていたが、筐底深く秘められていて、校正がくりかえされたのは昭和三九年秋ごろである。署名を求められると、しばしば、なみ子の歌を抄したことは、あるとき、武藤脩二が持参していた『荒地』（T・S・エリオット、西脇順三郎訳）に、一首「たまゆらの炎となりて燃えてまし入日くるめくいま山の端に松風子」をかき、つづけて見開きのスペースに九首もの歌を溢れるように書いたことでも、それは明らかなように思える。

未刊の歌集「能登なみ子の手紙」は、「能登なみ子の手紙」と「能登なみ子をおもふ歌――ある物語のエピローグ」（よみ人しらず）とからなるもの。四〇〇字原稿用紙一七五枚ほどの草稿で、「漾子《なみ》」の人を恋うる喜びと切なさ、別れに揺れる日々、苦しい思いを連綿と綴る恋情あふれる、書簡のところどころに古歌がはさまれ、四五首の歌と幾篇かの詩がちりばめられた歌文集である。前出の歌は、思い出は限りなく楽しく、今があまりにも寂しい女人のわななくような想いが流れるようにほとばしり出た歌の中から採られたもの、「細雨の落ち葉ちりかふ幻のおもひ出ゆめみまどろめる花」「めざめては昨夜《きそ》の香しのぶ菊の花の白き葩《はなびら》わななきて落つ」がつづく。なみ子が書き続ける手紙のなかには、相逢うた場所や語り楽しんだところ、眺めた景色などは綴られるが、年月も日も書かれていない。かすかな回想の描写をとおして解るのは、この時から三十年前ごろの出会いから延々と続く「女人の有り様」を語ってあますところがないことである。「なみ子」を特定の人と決めてかかることもできない。とにかく、「悲しいとき、楽しかったことを思うほど悲しいことはない」という想いが一貫して流れているように思われる。「女性の文学」を目指していることは「流水抄」のところでもふれたが、これまでには長く東西の女人像を語ってきた。それは、作中のマルガレーテ、シャルロッテ、ベアトリーチェ、アナベル・リー、マノン、マイケル・フィールド、アリアズナ・コヴァレフスカヤ、藤村詩集の「六人の処女」等であり、ゾフィー・メロー、ドロシー・ワーズワース、ブロンテ姉妹、樋口一葉、石上露子、与謝野晶子、山川登美子、花浦みさを（赤堀梅子）、笠井彦乃、松村みね子（片山廣子）、川上常盤、秋山季子であった。晩年、大著の刊行祝賀会が行われたとき、会の終りに挨拶として次のように述べて参会者を笑わせ、盛んな拍手をあびたことが思い出される。

皆さん二言目には九十といわれるが、もう書いてはいけないんですか？　九十になったら黙れとは、こんなばかな話はない。私はまだ書きたい。私は自分の母や周囲にいた日本の女の方々のことを思い、その不運な生涯にひそかに泣いている。男らしい男が好きでそのタイプを軍人に求めて書いてきたが、今度はそうした日本の女を書いてみたい

（平二・六・一二『朝日新聞』夕刊「点描」欄に掲載「「日本の女」執筆に意欲——出版を祝う会で90歳の島田謹二氏」）

「日本の女」を書くといったとき、すでに「能登なみ子の手紙」の草稿のことが当然念頭にはあったであろう。草稿には、「詩と歌は旧カナで」とか、「手紙は新カナで」とか、「ツトメテ漢字をすくなくしてひらがなにする」とかの注意が添えられているからである。前述した『雅人』のように、刊行することを考えていたのだとおもわれる。「日本の女」については、とあるごとに鑑賞をくりかえし、また研究してきた詩人や歌人を対象とするのは勿論であるが、長い生涯にわたって心を通わせた女人《ひと》たちをはなれては考えられぬことであったろう。書こうとする「女人」は決して石上露子唯一人ではなかった。話はとぶが、島田は著書に書名を求められると、好んで石上露子、花浦みさを、与謝野鉄幹や吉井勇の歌を書いていたように思われるが、能登なみ子の歌もかなりある。著書への署名のこととはなれるが、昭和五二年二月、『日本における外国文学』下巻を公刊したとき、「あとがき」のさいごに「くれなづむ野末《のずゑ》にかかる残《のこん》の陽《ひ》あかあかと沈むみるひとなしに」を掲げたが、これは、「能登なみ子をおもふ歌——ある物語のエピローグ」中の「暮れなづむ野末に落つるのこんの日赤々としづむ君いまさぬに」の歌境をひろげたもののようである。

一〇月、「鉄幹と晶子と登美子と」を『泉』（文化総合出版）

に寄稿した。二日、「竹久夢二の「道のおく」」を無限アカデミー現代詩講座（於絵画館）で語り、二七日には、成城大学で行われたイギリス・ロマン派学会（会長小川和夫）第五回大会で、出口保夫司会のもと「イギリス・ロマン派の詩人たち」と題して特別講演をした。

一一月二四日、大阪大学言語文化学部で行われた、日本比較文学会第一五回関西支部大会で、特別講演「日本におけるディケンズ」（松村昌家）「外国への憧憬と祖国への回帰」（平川祐弘）を聴き、大島正司会の「作家と語る——司馬遼太郎を囲んで」も興味深く聴いた。司馬は、「私はなぜ小説を書いているのだろう」ということから語り初め、「結局、非常に人間というものが好きなんだということだけなんですね。」といい、「女性と小説」ということでは、安藤昌益、村田蔵六、秋山真之を語りつつ、「私自身が女性なのかもしれない」「イデオロギーは人間を不幸にする」「対決の文学に仕上げられた太平記」などの話をした。これを聴いて島田は、最後に発言を求め、次のように言った。

……比較文学の教科書は何かときかれることがよくあります。比較文学とは結局、日本研究なのです。日本の実体を知りたい。日本の正体を学びたい。最後はそこに落ち着くと思うのですが、学ぶために大学に行けばいいだろうという人もあるでしょう。しかし私は三十年以上、教授を務めまして言えることがあります。大学には日本研究はないと。国史学や国文学などいろいろな講座はありますが、これらはヨーロッパの学問の一ブランチでしかありません。

いちばんの教科書は司馬遼太郎の作品です。あなたは日本をよく歩いていらっしゃる。実に襞の多い日本史というものを、日本の真実をいつも見ている。

私はあなたより十歳以上は年が上だと思います。当然、私のほうが先に死にますので、司馬遼太郎へのオマージュを言おうと思っても、地下から言う以外にないかもしれない。追従といわれても、私は老人ですから平気です。衷心を吐露しまして、申し上げます。あなたは私の日本研究の先生です。

（平九・一二、『司馬遼太郎が語る日本——未公開講演録愛蔵版Ⅲ』所載「担当編集者の見たあの日　司馬さんの控室」）

つねひごろ、ものを書くとき、語るとき、作品を味わうときに、「自分は時々女になっている」と語っていたから、司馬の「私自身が女性なのかもしれない」という話には同感であった。

一二月一五日（水）には、絵画館における無限ポエトリー主催の講演会で「エドガー・アラン・ポーについて」語った。

比較文学のおもしろさ

昭和五五年はじめ、執筆の掲載は「知識人としての海軍軍人」（『文化会議』）、関連の執筆「草創期の海軍兵学校」（昭五五・二『プレジデント』）とつづく。一月一五日には、堀口大學先生の文化勲章受章祝賀会に発起人の一人として出席して祝辞を述べた。東洋大学での講義は、昨年の「イギリスロマン派の詩人たち」のつづきでワーズワースとコールリッヂの詩について語って年度の終りとし、新年度は以下のようなことを講じた。英文学特論Ⅰ・英文学特殊研究Ⅲは、「英詩の学び方」という題目で、エリザベス・バレット、ブラウニング夫人、オーロラ・リー、テニソン、フィッツジェラルド訳オマル・カイヤーム、アーノルド、メレディスなどヴィクトリア朝の詩を解読した。英文学特論Ⅱは、「外国文学の学び方」で、前学年からひきつづき、シャトーブリアン以降、テーヌまでフランスの知識層におよんだ英文学の波動を極めた。外国理解がどんな風に行われていたかを五〇年ぐらいの時期をとって概説するものであった。ロマンチック派の作家たちから、歴史家たちや文芸批評家たちが、英国、英文学、英国思想を解釈したあり方を明らかにした。あわせて、明治以降百年間、英文学研究が日本でどう行われたかをたどる、その研究の実体の過去と現在と未来とを説いた。

新たに依頼されて四月から語りはじめるのは、読売文化セミナー「池袋コミュニティカレッジ」における講義である。「比較文学のおもしろさ」と題して、「比較文学の一つの問題」（四・九）、「二葉亭四迷のロシヤ文学の翻訳」（四・一六）、「森鷗外のドイツ・北欧文学の翻訳」（四・二三）、「上田敏のフランス詩の翻訳」（四・三〇）を皮切りに、五月、「日本に波動した外国文学の特性」（五・七）「紅葉山人」（五・一四）「泉鏡花」（五・二一）、七月、「西洋文学の学び方」（七・二三、八・二）「色々な西洋――南と北」（八・九）「恋愛文学の典型（一）マノン・レスコウ（二）若きウェルテルの悩み」（八・一六、二三）、九月、「西洋と日本の近代文学」（九・三、一〇）、一〇月、「アングロサクソンの文学と日本（一）シェイクスピア（二）（三）バイロン」（一〇・八、一五、二二）「ラテン文化圏と日本（一）（二）ルソー」（一〇・二九、一一・五）、一一月、「ゲルマンのロマンティシズムと日本（一）（二）ゲーテ及び日本人の立場」（一一・一二、一二・一〇）とつづき、年がかわって、「古今和歌集の世界――季節感覚と人事を中心に」（一・一四～二・一八）、「俳諧七部集の世界――「冬の日」」（二・二五～三・一八）、「夏目漱石の『倫敦塔』」（四・一三～二七）、「西條八十詩集」（六・八～二二）、「堀口大學の訳詩」（七・六～九・一四）と、一年半にも及び、これが延長して、やがて一〇月からの「よみうりカルチャー荻窪」における「比較文学のおもしろさ」につながることになる。

一〇月一八日、昭和女子大学創立六〇周年記念事業の一環として、人見記念講堂で行われた学生のための文化講座で、文学部英米文学科、短期大学部英文学科学生七七〇名と関係者のために「日本における英文学研究――過去、現在、未来」と題して講演した。

二四日、一一月三日付をもって勲三等に叙せられ、旭日中綬賞が授与される旨、文部大臣（田中龍夫）よりの書簡が届いた。明治絵画館で行われた「無限」主催の西条八十記念講演会では、八十の第一詩集『砂金』について講演、終わってから、八十の長女で詩人の三井嫩子と親しく語った。

一一月三日、叙勲。勲三等旭日中綬章を授与され、一一日正午、国立劇場において伝達式が行われ、終了後皇居において天皇陛下に拝謁した。

二一日、甲南女子大学第一号館において、「山川登美子の歌――ある詩人の生き方について」と題して講演をした。二三日には、大阪外語大学で行われた日本比較文学会関西支部大会に出席、座談会「外来文化受容の問題Ⅳ　翻訳特に訳語の問題について――政治小説を中心に」や、講演「トルストイと金色姫説話の周辺」（法橋和彦）「緒方洪庵と適塾」（藤田実）、個人発表「永井荷風の風景――初期荷風文学の形成」（菅原克也）「立原道造の建築について」（持田季未子）等を興味深く聴いた。

二四日、伊勢松坂に旅行、牛肉の和田金で昼食をとり、それから本居宣長の旧居跡、記念館を観た。

一二月から東洋大学での英文学講義は、マーシュー・アーノルドの *Scholar Gipsy* と *Dover Beach*（五回講義）であった。

四　広瀬武夫を文人として

麟太郎の死

昭和五六年一月一八日、台湾時代から賜暇休暇で内地に帰るたびに親交を深め、終戦後もながく好意的に接してくれた福原麟太郎が死去した。六月、『英語青年』第一二七巻第三号（福原麟太郎氏追悼特集）に「わが恩人R・F・氏」を寄せて故人との思い出を語った。

福原麟太郎氏は私の恩人である。いくらか定命を越えるほどの歳月を送ってかえりみると、この世には因縁というものが実存していることに気付く。R・F・氏との交渉を思い出すと、その感がひとしおしみじみとわき上がってくる。（中略）R・F・氏との結びつきには、どう思い浮かべても、いやな、不快な、申し訳ないが腹立たしいことなどはひとつもでてこない。

それどころか世話になった。世間にひき出して下さった。忘れられた私などにふっとことばをかけて下さった。そのおかげで私のような日陰者も元気づけられて、どうやらいままで生きてこられたのだと思うものばかり。恩人だといわずにいられようか。もうじかに御当人の前で有難かったと申し上げても、氏のお耳にはとどくまい。仕方がない。はかない謝辞を御答えのない御霊前にささげる。

はじめてR・F・氏を存じ上げたのは雑魚のととまじりで、書いたものが活字になった時である。もう五〇年近い昔の話である。R・F・氏からお便りをいただいた。一葉の葉書のお言葉が、見るにたえぬ、無力で、したがってまた自信などあろうはずのない私に活をいれてくださった。それはある意味で私の生涯をつらぬく道をゆく第一歩をてらしてくれた明るい光だった。

盲蛇におじずということわざがあるが、私もまたそんな盲であった。無我夢中でぶつかったり、ふんずけたり、人様に迷惑ばかりかけているうち、どこをどう見込んで下さったのか、Ｒ・Ｆ・氏はある日私を人目につくような舞台へ押し出して下さった。なんという有難い推挽だったろう。

それからいろいろなことが、いろいろな形で続いておきた。ふと思いさだめて世を捨てるような気持で日々を送っていたころ、もう学問もない、芸術もない、いままでのことは夢だと思い切りかけていたとき、Ｒ・Ｆ・氏がじかにお電話をかけて下さった。それは異国の学会でお弟子のきいてきた噂から、道はまだ続いている。捨てずにやれという暖かい心をじかに語られるおことばであった。愚かな私が愚かなままにもう一度学問の道を続けようと覚悟したのも、そのお言葉ゆえであった。

なんという有難い御因縁か。Ｒ・Ｆ・氏よ！　あなたは私の恩人である。

『平田禿木選集』

中学時代の恩師小林愛雄の影響が大きく、随分早くから平田禿木や上田敏を読みはじめていたが、深く傾倒して繙きはじめるのは、米澤の地で辻村鑑に出会って親しく先人の話を聴いてからであった。仙台時代を経、台北帝大に赴任してからは、上田敏の教えを受け、平田をも尊敬してやまぬ矢野禾積と同僚となるに及んで、いよいよそれが深くまた強くなったのである。平田への傾倒と評価と「著作集」刊行への熱望が高まったにも拘わらず、それが実現しなかったことは先に述べた。彫心鏤骨の文業の一部を戦後『英文學史講話』上・下巻（島田謹二・竹澤啓一郎共編　全國書房）として刊行したのは、著者の没後数年を経てからであり、時は移り、このときから既に二十五年、古書店などでは禿木の著書が高値で出店される反面で、語る人もすくなったかに見えたが、小川和夫と島田謹二が共に出講した東洋大学の英文科研究室で、「禿木著作集」を出したいということで意気投合し、時々話題にのぼったのは、昭和四七年の秋頃だったろうか。前にも触れたように、その後も、出講すれば互いの研究室に顔を出し、文人禿木とその著作についてくりかえし語られたのは言うまでもない。そして、島田が、昭和五二年三月、改装版『英文学への道』（平田禿木著、矢野峰人編集・解説、南雲堂）が刊行されたとき、「不死鳥」第四三号に『「英文学への道」を読んで』を載せたころ（五二・九）には、三巻本の著作集の企画は決まっていたように思う。島田、小川両教授、出版書肆の原信雄と佐伯久と筆者が、高田馬場の小料理店「つくし」に集まったのは、大寒に近い夜だった。関係者の顔合わせはこの時が最初で最後、ただ一回の会合を持っただけである。大学に出講したときに情報を交換し、両編者からの指示を受けて新資料の探索、文献の確認、収集、提供、編集者への連絡等を重ねるうちに数年が過ぎていた。

「平田禿木選集全三巻」刊行の予告が出されたのは、昭和五四年の暮れ、平田禿木をよく知る福原麟太郎、矢野峰人が、「平田禿木先生を偲ぶ」（抄録）を、篠田一士、小池滋、平岡敏夫、剣持武彦、外山滋比古が「平田禿木選集推薦のことば」を、島田、小川は「編者のことば」を寄せ、全三巻の内容（抄）を明らかにした。『平田禿木選集』第一巻、第二巻、第三巻（島田・小川共編　A5版／上製本・貼箱入・天金／染布二色織／本文紙　大昭和製紙特印刷紙使用　南雲堂）が刊行されたのは、昭和五六年三月である。第一巻『英文学史講話』（七〇六頁）、第二巻『英文学エッセイ』（六一二頁）、第三巻『翻訳エリア随筆集』（一一五二頁）である。四〇年以上も前から「平田禿木著作集」の刊行を夢見ていたことが実現し、先に「この『英文学への道』が拙文のはじめにのぞんだ立派な入門書であることを再説するとともに、先生の遺文をもっとひろって、一巻にまとめ、前著『英文学史講話』を改纂していただきたいものと考えている」と書いたことが現実のものとなったのであった。この同じ月、平田禿木の親友上田敏の『定本上田敏全集』第八巻に島田は解説を書き、この巻の付録月報九に「『海潮音』に関する一解釈」を書いたのは、偶然のこと乍ら、重なる喜びであった。

格別島田には触れていないが、話題にしていたこともあるので以下に二つの記事を掲げる。

「漱石、敏と並ぶ英文学の最高峰・禿木の選集」（昭五六・三『サンデー毎日』第六〇巻第一三号 BOOK 街の「トピックス」）として。

近年、平田禿木《とくぼく》（一八七三〜一九四三、英文学者・随筆家・翻訳家）に注目する若い世代の研究者が少なくない。西欧文化を急速に摂取していった明治人のバイタリティーの魅力だろうか。あるいは日本文学にも精通しながら、わが国における英文学の一大学匠と称されるゆえんであろうか。名訳を次々に世に出した翻訳家としてであろうか。ともかく、英文学、日本文学両面からの禿木研究が盛んになってきている。

こうした状況を背景に三月下旬に南雲堂から『平田禿木選集』全三巻が刊行される。編集は漱石、敏と並んで明治人のたどり得た英文学理解の最高峰の一人である禿木に傾倒する島田謹二・小川和夫両氏。（後略）

「出合いこの一冊」（昭五六・一〇『法大生協』）で「待ちわびた『平田禿木選集』」を書いたのは、コンラッドの『チャンス』（一九二六年　国民文庫刊行会）に魅せられて以来、禿木の翻訳書を探し回ったという川成洋（一九四二―）である。

都内の英文学専門の古書店を避け、学会かなにかで旅行した折りに、地方の旧制高等学校の所在地で、当時から連綿として営んでいる古書店に飛び込むのが、唯一のたのしみだった。ときとして、そうした店の書架のすみっこに、ひっそりとして、分厚くほこりをかぶった、禿木の数々の翻訳書、著作を見つけ出すことができたからだった。

禿木は、英文学者として、坪内逍遙、夏目漱石に比肩しうる屈指の存在であり、そしてまた、弱冠二十歳で、北村透谷、島崎藤村らと雑誌「文学界」を創刊し、樋口一葉を文壇に送り出した人物でもあった。しかし、禿木が文名を確立した「吉田兼好」論で推察されるように、禿木自身も兼好と同様に、長い間、世間と没交渉のまま、彫心の著作に専念し、その著作は等身におよんでいたのである。

そうした著作のエッセンスをもう一度つまびらかにしてくれたのが、今度南雲堂から刊行された「平田禿木選集」（全三巻）である。（後略）

斉藤勇《たけし》東大名誉教授は、「『平田禿木選集』について」（昭五六・七『不死鳥』五二）を寄せ、島崎藤村に関連することから「文学界」同人たちが愛読したロセッティ詩集に纏わるエピソードを紹介して、英文学に於ける先達の風姿を語っている。

四月、東洋大学大学院への出講は非常勤講師に転じたが、次のような講義をした。英文学特論Ⅰ・英文学特殊研究Ⅲは、「ヴィクトリア朝の英詩」という題目で、ロセチ、スウィンバーン等P・R・B・の三詩人を手始めに、メレディス、ジェイムズ、トムソンに手をのばして、英詩のエクスプリカシオンとはどんなものかを具体的に示した。英文学特論Ⅱは、「テーヌの英文学史と日本における英文学研究」という題目で、テーヌの「英文学史」に焦点を当て、ヴォルテールからテーヌにかけてフランス人が英文学をどううけとめたかに力点をおいて講義を続けた。後半は、日本における英文学研究を過去、現在、未来にかけて展望し、坪内逍遙、ラフカディオ・ハーン、夏目漱石、上田柳村、平田禿木等について説き始め、つづいて市河三喜に始まって、第二次大戦終結まで主潮流となったフィロロジカルの流れを概説した。

五月一六日、中華民国文芸作家訪問団一行鍾肇政、林秋山、伊光棨の三名（台北帝大での教え子黄得時は風邪のために不参）が、文化交流並びに相互理解を深めるため桜台に訪ねてきた。

七月半ばのある日、自らその序に「日本海軍の象徴を解く」を寄せ、解説「日本近代化の精神史的解明」を書いた『東郷平八郎』（五六・七、下村寅太郎著　講談社）を司馬遼太郎に贈った。このとき、この月刊行された司馬の『ひとびとの跫音（上・下）』（中央公論社）にふれて、文字通りの力作であると述べた。日ならずして届いた司馬の書簡は、贈本へのお礼と島田の旺盛な研究心を讃美して、常に御風姿を仰ぎ見る、というものであり、つけ加えて、『ひとびとの跫音』は、作品というより人生の義務として書いた、本になってほっとしています、という内容であった。「ひとびとの跫音」を『中央公論』に連載中に読んで注目していた島田は、「一回一回、目の落ちくぼむ思いがしました」と述懐する司馬の心境を察して感慨を新たにした。子規については、後年のことになるが、「街道をゆく」シリーズで「神田界隈」の連載があったとき、「神田雉町」をいち早く読んで、「上手だねえ、司馬さんは」と相好をくずしながら見事な人物描写に感心した。「於玉ケ池」「昌平坂」「ニコライ堂の坂」「神田明神下」「本屋風情」等の世界はみな、この周辺で少・青年期を過ごした島田にとっては限りなく懐かしい場所である。

西條八十

六月、季刊詩誌『無限（特集西條八十）』第四四号に「西條八十の『砂金』――その解釈と、その系譜と、その手法と」を寄稿した。西條八十の処女詩集『砂金』（大七・六、尚文堂）は、一九二〇年一九歳の時に愛読して忘れることがない。外国語学校時代、友人と一緒に詩人を訪ねて教えを受けたこと、詩誌『白孔雀』（八十主宰）の同人だったことは前述した。そのころから五六年、積年の想いを込めて、「西條八十の『砂金』」と題して語ったのは、昭和五一年五月二八日である。この講演要旨は、半年後同題で、『無限ポエトリー』第一巻第一号（五一・一一）に掲載された。そしてさらなる考察を加えて、「八十の最初の詩集『砂金』について」語ったのは、昭和五五年一〇月、無限アカデミー現代詩講座の講演（於絵画館）においてであった。四年前の講演を、増補し改訂し、大幅に加筆して三月二〇日に稿了したものが六月の刊行となったのである。『砂金』については、『ほるぷ図書新聞』（昭五六・第四〇〇号、七・一）の「本だな」に、次のように書かれている。

「西条八十の特集を何が何でも果たしたいと念って十年になる」という主宰者慶光院芙沙子氏に、西条嫩子氏が協力して成った大特集で、数多い「無限」特集の中でも、ぬきんでて充実した内容だ。とくに圧巻は、「今まで本気に書かれた批評は見あたらない。自分が真剣に『無限』に書きのこしておきたい」との意気込みで書かれた島田謹二氏の百枚におよぶエッセイ「西条八十氏の『砂金』」。

西条さんの『砂金』の生命体験の中は何か。私はそれを恋だろうと思います。恋とは何か。よくわかりませんが、卑俗の言葉でいう色けがつくという状態だろう。人生そのものを色彩とともに見る時が、恋の境地なのではないか、（中略）西条さんの詩の世界の根源は、そういう色気にあると思います。その『恋』ごごろがわかれば、『砂金』は簡単に（簡単と言えば申し訳ないが）わかると思います。その世界は成り立たぬ恋です。失恋の世界です」。

島田氏はまことに奔放に語りつづけて、楽しく、愉快な詩論になっている。

八十の長女嫩子（一九一九―一九九〇）は、島田の講演を聴いてからしばらくして、「めぐりあい――車中で聞いた詩の朗読（島田謹二さん）」（昭五七・四・九『毎日新聞』夕刊）を書いた。

（前略）初めて島田氏におめにかかったのは一昨年の秋、やはり「無限」の西條八十記念講演会が明治絵画館で催された時であった。私は亡き父と共に大正十一年、文芸誌『白孔雀』を編集《マヽ》されたという島田氏が、あまりにお若く白皙（はくせき）なのには驚いた。

そのころの私について、島田氏は「西條さんのお家の調度が詩人らしい趣向なので、伺うのも楽しみでした。あなたは未だ赤ちゃんで母君にだかれていられるのにお会いしました。」と話しかけられた。

講演がすんだ後、自動車に分乗してレストランへ夕食に行くことになった。島田氏と教え子、比較文学会の女生徒さん三人ほども乗られるので、私は助手台に座った。

「砂金は純粋な男の結集、失恋の詩集かも知れない」など と島田氏は微笑みながら話されていたが、少し経つと、また、後ろの席からさりげなく静かな声で、あまりにとうとうと詩の朗読がひびいた。

妻よ、見よ
しづかなる吾児《あこ》の寝顔を
真書《まひる》
桃花心木《マホガニィ》の回轉椅子
揺《ゆる》がする微風だになし

私はふと此の詩が父の第一詩集『砂金』の中の「顔の海」と思いあたった。背中のあたりから胸まで暖かくなった。まるで後ろの声が、亡き父のような気がして……

嫩子は、次のように書いている。

亡き父も時たま、ふと独言のように呟いていた。「島田さんは学者より詩人と感じるほど、リルケの詩のような永遠の新鮮な感覚を持っていた……」

おそらく昭和五十二年何月かに、嫩子は、「父・最初の詩集『砂金』」を書いたとき、それまでなぜか共感できなかったという父の詩「蝋人形」の世界が島田の話によって解明されたとも書いている。

（前略）昨年の夏、父の作品について心のこもった講演を明治絵画館で島田謹二氏からうかがって、身近なものとして恥ずかしいほど遅まきながら、父のみずみずしい少年の恋に接近できた。

蝋人形

寂びし、寂し、
籬《かき》の野薔薇の実を捩《も》ぎて、
屋根に昇れば
日は真昼。

あおく燻《くすぼ》る
大空に
誰《た》が忘れたる
蝋人形、
素絹《すずし》の糸に

日は攣《つ》るる。
あたれ、あたれ、
ひとり野薔薇の実《み》を抛《な》ぐる
冷たき屋根の
このこころ。
いつまでか
外《そ》るる礫《つぶて》や、
空に浮く蝋人形に
恋人の
俤《もかげ》は遠し。

島田氏は述べられた。「西條氏はハンサムにかかわらず失恋の詩人である。『砂金』の詩の多くは失恋が支えている」と。この詩も真昼の寂しい日光の糸にあやつられた蝋人形のようにひよわく浮ぶ心もとない恋人の面影、遠いはかない幻にいきりたって野薔薇のみをピシャピシャ投げつづける少年、冷たい屋根にのみあたる音、男の愛の失意が率直に描かれているといわれたのである。島田氏はその外、「鶯」という父の詩も男のはかない恋情を美しく高雅にえがいているといわれ、とうとうと美声で二つの詩をなつかしげに吟じられた。
（後略）

波多野完治

互いの名前と学問の志向を知ったのは、デュルケム派のフランス社会学者田辺寿利《たなべすけとし》（一八九四―一九六二）を通じてで、実際に会って旧知のように語ったのは終戦後内地に帰還して数ヶ月してからである。その後の関わりについてはところどころで前述した。波多野の縁者が発行する『藝苑』に訳詩を寄稿したのは昭和二一年十一月、波多野と木々高太郎の関係から江戸川乱歩に講演を依頼されたのは翌二三年三月であり、『マノン物語』（昭二二・一二）を刊行した時には「あとがき」で波多野に深甚の謝意を表した。日本比較文学会の創設に当たっては、賛同者としてすすんで名を連ねてもらい、初期の比較文学会の全国大会や関西支部の大会では講演を依頼し、講演後には谷崎潤一郎の招きで語らう席にも同道した。数え上げれば切りがないが、『近代比較文學』出版祝賀会では心のこもるスピーチをしてくれたし、「還暦記念論文集」刊行の企画には発起人（勤子夫人は賛助員）となり、その論文集には「作家の心理――女流作家の色彩語を中心に」を寄稿してくれた。還暦を祝う記念会には夫妻ともどもの出席であった。夫人は別の面から援助の手をさしのべてくれた。東京パイロットクラブ（東京都都民室主催・世話人中野ツヤ）での講演を依頼したり、信州小諸で開かれた第一回母乃學園夏期大学（後の波多野ファミリースクール）で「藤村詩集の読み方」を話す機会をあたえてくれたり、女流詩人、英文学翻訳者、歌人等多くの文芸趣味の持ち主たちを紹介してくれた。大正期のアイルランドの戯曲類の翻訳者松村みね子（本名片山廣子、一八七八―一九五七）もその一人。軽井沢で会見して、歌集『野に住みて』（昭二九）や芥川龍之介について親しく語ったことが忘れられない、と云った。某女子大学が大物教授を求めているが、出講の意向があるかと連絡を受けたときも、夫人の仲介によるのであった。児童文学研究会の成果『世界の児童文学』（国土社）、さらには『物語・世界めぐり』（研学社）の刊行（全九冊の予定が三冊のみ刊行）のことについては多少前述したが、ここでも夫人のかげの力が大きくものをいっていた。島田は、「波多野勤子夫人を憶う」（昭五七・四『波多野勤子著作集』第六巻月報4、小学館）の中でめぐりあいの不思議さ、ありがたさを縷々語ってから、児童文学研究会のことに触れている。

長いこと教師をしていると、前途有望な若い人たちにであう。でもその有望な人々を必ずしも心ゆくまでお世話しがたい。ちゃんとした定職をもたないと、一度は有望だった若い方々も大成しにくい。そうした嘆きを時々申し上げる。夫人は黙ってきいていたが、しばらくたつと電話があって、その人たちを集めてほしい、少しでもお役に立つようなその方々の世に知られる道を思いついた、と、ある集団のいくらか長続きした研究会のために、自邸を提供してそのグループに仕事を、ついには文字化して世に問うキッカケを、作って下さった。その催しの効果は広くはなかったが、じょじょにてきめんに現れてきた。そのときは夫人はもうあのご病気にかかられていたのである。

昭和五六年七月、波多野完治の喜寿を記念する『ないた赤おに――波多野完治氏とわたし』（編集滑川道夫、乾孝、遠藤嘉穂、星野明、七条美喜子、中村明）が刊行された。島田は、「波多野完治氏」を寄せて、出会いから三十数年に及ぶ親交を語って謝意を表した。


人生行路上、氏はわたくしの恩人である。

その後わたくしにも何やかやのことがつづいて、波多野氏といろいろの接触をもった。それらを通じて一貫しているのは、大局を見る目、実際問題の処理の仕方――どれもみな適切で感心するばかりである。わたくしが処世の法の稚拙痴愚なのを揶揄して、教育心理学上の用語にいわゆる問題児だといった。じっさいそれにちがいない。氏にたいするわたくしのあり方は賢兄を慕う愚弟のそれであった。

波多野氏の人を見る明快俊敏な判断を思うごとに、わたくしは当然波多野令夫人の温容を思いうかべる。夫人のあたたかい思いやり、ありがたいおつきあい、その親味のある処生策――そのどれを追想しても、胸が一杯になる。かさねて書く、情誼の上から考えても、波多野夫妻はわたくしの恩人である。（中略）

わたくしがここに記しておきたいのは、わたくしの文業にたいする波多野氏の与えられた恩恵についてである。世にいう「恩頼」である。

わたくしは青年で文を修めたとき、森鷗外と上田柳村との二家を師とした。海外の文芸にたいする両先進の造語と炯眼に服したからである。両大家の遺業に親しむことは、自然わたくしの書く文章をして両先生のあとを慕い追わせ、叙事の文やいわゆる論策の文において、とかく両家の顰《ひそみ》にならわせることになった。文字通りに、「鵜の真似をする鴉」のおろかさである。そのために文は整斉を尊ぶあまり肢体はこわばり、流動する気息に乏しく、いわんや溌剌と躍動する生韻は生れない。わたくしは壮年期を戦前におくった。が、当時はほかに修める学徒もいないような学業に没頭していたため、求められるままに書くことがあった。その拙文が、今述べたマイナスをもつことをわたくしは悟らず、威儀ある文雅の道を歩いているとひそかにうぬぼれていたのは、われながらおかしい。それを波多野氏の簡潔平明な文章に接してぎょうてんした。はじめは明るすぎ、平俗にすぎ、モデルンすぎ、軽味にかたむきすぎているように感じたが、だんだん慣れてみると、語るべき世界にたいして真に透徹した知解をもっていないと、こうした文章は生れない。それにまた、文章にはいつも「時代の特性」ともいうべき何かが実存する。それは一種の「感じ」「感触」でしかとらえられないが、その新しさとか旧さというものもチャンと実存する。波多野氏の文章は知解の透徹と感触の新鮮さでリクツなくわたくしを打った。いな、打っただけではない。いつのまにかわたくしの文章を変えてしまった。少なくとも今日の拙文は、戦前の拙文にくらべれば、いくらかヨミやすく、また、解しやすく、いくらか或種の今日的感覚を備えるようになったとひそかに信じているが、その変化は、波多野氏の文章を知り、且つ讃じ、且つ学ぶところから生れたことが多いにちがいない。「文は人」である。わが内部におけるこの生成のあり方を省みると、わたくしにとって、波多野完治氏はわが恩師の一人に数え上げなければならないのである。

先の原稿が届いた直後、島田の元に送られた礼状（昭五五・一一・二八）には次のように書かれている。

本日は、おもいもかけず、原稿がいただけることになり、ありがとうございました。大へんおほめをいただきましたが、あなた同様、先駆者の道はきびしかったというのが、この年になっての実感です。おん礼まで。大著の完成をいのり上げます。

高城知子

昭和五六年九月のある昼下がり、島田は高城知子と渋谷の洋菓子店「ユーハイム」で待ち合わせ、久闊を叙して『ロシヤにおける廣瀬武夫』刊行以前からの旧交をあたためた。半年ほど前から「広瀬武夫全集」の企画の話が出ていることから、直に会見して挨拶と相談のために高城は大垣から上京したのである。これまでに何度か、『ロシヤにおける廣瀬武夫』を愛読したという一人の編集者が島田を訪ねてきていた。早くから広瀬武夫に傾倒し、島田の著述、司馬の作品を精読していたのは垣内智《かいとうとも》夫《お》である。東京外国語学校露語科在学時代に図書館で広瀬の蔵書を発見して感動した。東京大学図書館の広瀬武夫の蔵書のこともそのころ知っていた。講談社文芸局に勤務して以来、上司から「本をつくるなら、一番尊敬している人の本をつくれ」と言われたことが念頭を離れず、長く想をあたためていた。戦前「軍神」として顕彰されていた広瀬武夫。しかし、「文人」としての彼が残した、あやうく残されていた数々の文章や書簡が、そこに立ち上がる人間を、またもう一つのその時代を描き出していないか。往時の華やかなパリ万博をも観た、二十世紀に生きた一個の人間としての広瀬に強い関心があった。講談社内の人を介して、垣内は島田に会い、「広瀬武夫全集」の構想を話して相談し、具体的に行動する助言をうけた。行動の結果を伝える一葉の葉書（昭五六・五・一四、小石川局消印）が残っている。

過日お目にかからせて頂きました際のご指導に従い、この九日（土）に、大垣へ参り、高城様ご夫妻にお会いしてきました。色々と有益なお話も伺い、貴重な資料も見せて頂き、お陰様で成果を挙げることが出来ました。また、司馬遼太郎先生も大いにお力添えのお約束、頂戴しました。近日中にまたお目通り得たく、何分よろしくお願い申し上げます。御報告まで

垣内は、八月初めに司馬遼太郎を訪ねて「広瀬武夫全集」の編集委員を依頼した。その報告は次のように島田のもとに届けられた。（九・三〇、小石川局消印）

お変わりなくお忙しい研究の日々と拝察申し上げます。

さて、かねてご指導頂いております「広瀬武夫全集」の件、司馬遼太郎先生は勿論編集委員のことＯＫにて、「どのように名前を使ってもらっても構わないし、また、序文も書かせてもらう。しかし、実際の仕事の上では、ご専門の島田先生にすべてご相談下さい。また、年内に上京の機会を作るので、その際、島田先生、高城さんと三人しての〝会〟をもちたい。よろしく。」とのご意向でございます。

私共であらかじめスケジュールを伺い、お打ち合わせの上、「編集委員会」を一席設けますので、その際は、何分よろしく、具体的な巻立て細案を詰めて行きたく、これまた宜しくお願い申し上げます。

先日、読売新聞夕刊の欄で、お写真と記事を拝見致しました。たいへん嬉しい気持がいたしました。ご自愛ご加餐の程、お祈り申し上げつゝ、

文芸局　垣内智夫　拝

一一月三〇日（月）午後五時三〇分に、東京赤坂の割烹「ふくでん」において、『広瀬武夫全集』刊行のための編集委員会が開かれた。集まったのは、出席を予定していた野間社長が急

に体調を崩して欠席だったので、司馬、島田、高城、大村（局長）、垣内の五人であった。会食をしながら、序文や解説の執筆、書簡原稿の浄写などの分担のことが話された。その後、「広瀬」の話が勿論中心で、島田と司馬は「広瀬武夫を文学者として登場させるのだ」と意気投合して語りつ、聴きつ熱弁をふるった。静聴していた高城と垣内の観察によると、熱弁を聴く相手は、互いに「はあ、うん、さようで」と相づちを打って、大気炎を上げていると思われる瞬間もあったという。

後にも先にも、ただ一回の編集委員会で、実際に編集活動が始まったのは、昭和五六年一一月で、基礎的な探査段階から外部との折衝、原稿集め、組の作業と進むのであるが、編集担当者が体調を崩したこともあり、全集刊行の動きが具体的になるのは一年が経過するころである。

この月から、読売新聞社が都内では初の本社単独運営の文化センターを荻窪駅ビルにスタートさせたのを機に、よみうりカルチャー荻窪の「文芸・教養」講座の講師を、読売文化センター委員会事務局から委嘱され、「比較文学のおもしろさ」を語り始める。昭和五八年四月からは講座名を「漱石文学のおもしろさ」とあらためるが、昭和五六年四月の「倫敦塔」から昭和六二年三月の「彼岸過迄」にいたる一〇シリーズ七六回に及ぶ講義（月曜日午前一〇時三〇分から一二時三〇分まで）をつづけた。実施記録をご教示下さった当センターの足立徳幸氏の御好意には感謝しつつ詳細は割愛する。

昭和五六年一一月、「詩人西川満の業績」を『アンドロメダ』に、「マハン大佐に会う秋山真之」を『エッセンス・オブ・エッセイ』下巻（PHP研究所）に載せた。二一日、日本比較文学会関西支部大会に出席のため大谷女子大学へ。この日、瀧谷不動前の門前屋に泊まる。二三日、同行者と共に成田龍雄（大谷女子大学教授）の案内で、當麻寺、橿原神宮を観る。二月二〇日、青柳晃一随行、台湾に旅行し、二六日帰国した。

カナダ・アメリカの旅

昭和五七（一九八二）年一月、「娘に送る父の書簡——上田敏書簡集のこと」を『泉』に寄稿した。十一日から三月十五日までよみうりカルチャー荻窪の「文芸・教養講座」で、日本の近代文学が西洋の文学に学んで発展した経路をテーマに、「比較文学のおもしろさ」を語る。イギリスの作家ランドルの「架空対話」（十一日）やフランスの散文詩人ゲランが島崎藤村に与えた影響を取り上げた。「ダンテとベアトリーチェ」（一八日、二五日）、「藤村の『若菜集』」（二月二二日、三月一日、八日、一五日）である。

二月、「夜鶯（コールリッジ原作）」を『桂田利吉博士傘寿記念論集　コウルリッジとその周辺』（法政大学出版局）に、「『媽祖祭』と『亜片』」を『西川満全詩集』に解説として寄稿した。二〇日、源氏の会で、土井晩翠の『東海遊子吟』を語り始める。

三月一〇日、『アメリカにおける秋山真之』（上・下巻）が四刷上巻三〇〇〇部、累計二五〇〇〇部、下巻二五〇〇部、累計二一五〇〇部の刊行を見た。この月、「山本周五郎を読む　2

『山彦乙女』」を『山本周五郎全集』第一二巻付録に寄稿した。四月から、練馬の自宅で「日本における英文学研究──何故この学問をするようになったか」を語り始める。四月二日、西川満同道、葛飾一之江の国柱会に行き、満開の桜、蔵六山からの滝の眺めをたのしむ。十一日、阿佐ヶ谷天后会聖堂で、西川満の詩「葛飾十六夜」を語る。二十五日には、天后会聖堂で行われた矢野峰人博士卒寿の祝賀会に本間久雄、木村毅、小堀杏奴、富士川英郎、野溝七生子、北原隆太郎、野田宇太郎、森亮等と共に集い、西川満の司会のもと満場喜悦と爆笑につつまれる雰囲気を楽しんだ。

四月から六月にかけての読売文化センターでは、「漱石の恋愛と『韮露行』（四月十九日、二十六日、五月十日、十七日、二十四日、三十一日、六月七日、十四日、二十一日、二十八日）を語る。

五月、「西川満著「葛飾十六夜」評釈」を『アンドロメダ』に寄稿した。二二日、日本比較文学会第一四回全国大会が東京大学教養学部一一号館で開かれた。佐伯彰一教授司会の元、「比較文学の歩み」を展望するシンポジウム「比較文学──過去・現在・未来」を聴いた。夕刻から、こまばエミナースで懇親会があり、席上「昭和三十年前後、四面楚歌、孤立無援、孤軍奮闘で比較文学研究をやってきた頃のことから考えると、今日のように和やかでにぎやかな比較文学者たちの集まりはまるで夢を見ているようだ（後略）」（『比較文學研究』第四二号、加納孝代記）と語った。二九日（土）午後五時より、学士会館で行われた、山口静一著『フェノロサ──日本文化の宣揚に捧げた一生（上下巻）』（三省堂）の出版祝賀会に出席した。

六月二十六日、富士川玄人著『共同体とホーソン』出版記念会に出席した。七月九日には西川満主催の塩原精霊祭に招かれ、「比較文学とは何か」について語っている。

七月一一日、山梨英和短期大学英文科海外研究旅行に参加、八月六日までカナダ・アメリカ巡遊の旅に出発した。「旅行スケジュール」と引率責任者小菅東洋の記述を参考におおよその行程を略記する。

バンクーバー着後、市内観光でクイーンエリザベス公園、スタンレー公園などを散策した。一二日（月）、ビクトリア着後、フェリーでバンクーバー島へ。ブッチャート・ガーデン及び英国風の美しい市内を観光した。翌一三日は自由行動、一四日、カナデアン・ロッキーの旅に出発して、フレーザー渓谷を経由、カムループス着、グランド・ヴュー（島田は看板を見て、おお「大観亭か！」と口ずさんだ）に一泊して、一五日、カムループスを発ち、トンプソン川、イエローヘッド、ハイウェイ経由ジャスパーに入った。スカイトラムデウィスラーの山頂に登り、雄大な眺望を楽しんだ。一六日、ジャスパー近郊の観光、マリーン、キャニオン、メディスン湖を観た。一七日、パンフ国立公園を終日観光、アサバスカ滝、コロンビア大氷原、ペイトー湖を観た。一八日も市内を観光し、午後カルガリーに着いた。一九日、ゴールドラッシュ時代の砦フォード・スティルを観、午後ガリスペルに着いて、モンタナ州、ウェスト・グレーシア国立公園を訪ねた。二〇日、公園専用の観光バスで園内観光の後、ブラックフット、インディアンの本拠地グラウニングを経て主都ヘレナに着いた。二一日、パンフあたりで感じた疲れが急に出始めたこともあり、小菅と共に団体から離れ、ヘレナからソールト・レイクを経てサンフランシスコに向かった。一行がサンフランシスコに着くまでの一〇日間を小菅と過ごして、無理のない範囲で諸所を訪ね、夜は思うがままに学問や人生について談笑した。バークレーのカリフォルニア大学を訪ねてドウ・ライブラリーの偉容と充実した内容に驚嘆し、パルアルトのスタンフォードを訪ねては、南国風の美しいキャンパスとスペイン風建築を鑑賞しながら、読書を楽しんだ。そして、時には「アメリカにおける秋山真之」で取り扱ったさまざまの土地にも出向いて、元気をとりもどした。学生たちの一行に復帰したのは三一日、この日はモントレー半島を一周するドライブを楽しみ、つづく日々を八月五日まで、サンタバーバラ、アナハイム、ロサンゼルスでの行程を快調にこなして帰国の途についた。

西脇順三郎

於渋谷・宇田川町の家（昭和８年）

『英語青年』（昭和57年10月）所載

西脇順三郎

八月、札幌商科大学夏期集中講義「文化論概説および公開学術講演」の講師を委嘱されて渡道、「私の文学と生活」（二五日午前）、「シェイクスピアについて」（同日午後）、「シェイクスピアの『お気に召すまま』について」（二六日）を語り、翌日は、札幌市教育文化会館における札幌商科大学主催第六回学術講演会で、「芥川龍之介と外国文学」と題して講演した。二八日には、「石上露子の〝小板橋〟」（午前）、「山本周五郎の〝おさん〟」（午後）を講じた。

一〇月には、六月五日に死去した西脇順三郎を悼む「初見の西脇順三郎氏」を『英語青年』第一二八巻第七号に寄稿した。

紹介してくれたのは誰であったか。もう五十年も前のことで、思い出せない。お会いした場所だけは、はっきりおぼえている。渋谷区宇田川町のお宅。そこの二階であった。（中略）

中世英文学の作家たちのことから話がはじまる。ラングランドのことを最近公にしたばかりなので、しぜん十四世紀の古英国の心象世界が中心になる。モルヴァンの丘の上に立つと、大観しても、細見しても、どこもみんな、あっと声を呑むような清爽な風景美。そこの古寺院の内外の生活譜。それにからむ古文書をとりしらべた学匠のむれ。そのだれだれの人柄や学風などなど……。ポツリポツリだった話し方はいつの間にか勢いを加えて、話題はそれからそれへと尽きるけわいがみえない。

そのころポオにうちこんで、しぜんボオドレエルやマラルメをこちらが齧っていたから、それらに興味をもつ主人がそれに話題を転じた。マネエの描いた「鴉」の画。スウィンバーンがマラルメと知り合った経路。二人の詩人の交流の実体。——根ほり葉ほり訊ねられる。

その問い方、考える目標、その発想、みんな急所をついていて生き生きとしている。主人はすでに由緒ある大学の教授であったが、その生き方、その語り口にはいわゆるアカデミックな臭気がない。ふりかえって思い出すと、あの時の何時間かはエンサイクロペディックな、のびやかな漫語に終始し、時にちょっぽり知見の交換があったが、それはアカデミズムの仲間の間にふつうな生き方とはちがっていた。もっとラクな、もっと自由な、もっとのびのびとした、サロンのコーズリの何時間かであった。そのころの日本にはじつに珍しい世界である。それは一九三三年の夏のある夕暮れの一情景であったろうか。

氏とは、「春の日の会」で親しく語る仲だったし、ともに、季刊詩誌『無限』の顧問を委嘱されていて、「現代詩講座」でも同席することがあるといつも談笑した。一五年前には、「『私の講義——西脇順三郎集』（大門出版）評」を『無限』誌上で絶賛もした。両者の間にあった信頼関係は、前述したように、慶應義塾大学を西脇が定年で退くとき、講師として島田が委嘱されたことをきいて、「島田さんなら安心です」と云った言葉にもあらわれている。「ヨーロッパ比較文学」を講じた。ある時期、「比較文学」講義を講師に同道して聴講する機会に恵まれたとき、講義が終わるとほとんど毎回大学の東門から通りをへだてた「文銭堂」で小休憩するのを常とした。その折、やはり講義を終えて随行者と一緒に休憩する氏と顔を合わせることがあった。抑揚のある大きな声で、「やあ、島田先生！」と微笑しながら挨拶を交わした。学匠詩人二人の絵になるような風景だったと思い返される。三田からの帰途、「西脇さんの悠揚迫らざる態度はいいなあ」と言った。

『風の武士』評

昭和五八年一月一〇日、『ロシヤにおける広瀬武夫（上巻）』（朝日選書）と『アメリカにおける秋山真之（下巻）』（朝日選書）はともに五刷り、『広瀬』は二〇〇〇部（累計二五〇〇〇部）、『秋山』は二〇〇〇部（累計二三五〇〇部）の刊行となった。「その後の秋山真之」（二・二二『東京新聞』夕刊）、「日本海々戦の謎」（昭五八・二『中央公論』）、「日本海々戦を待つわが連合艦隊——秋山真之の作戦計画」（昭五八・三『アンドロメダ』第一六三号）と秋山関連の執筆は盛んである。三月、山梨英和短期大学を退任。四月、よみうりカルチャー荻窪で、「漱石文学のおもしろさ――『門』をよむ」を開始、趣多い文章に漂う不思議な笑いと大きな風格から、漱石に波動した西洋文化の影と、彼の文学の本質を明らかにした。この月から、表題が「漱石文学のおもしろさ」にかわった講座は、昭和六二年三月の「『彼岸過迄』をよむ」までつづく。

五月、二〇年以上前連載中に読み、気に入っていて、単行本になってからも繰返し読んでいた『風の武士』（司馬遼太郎著）の評を「『風の武士』の発端」と題して『司馬遼太郎全集』第一四巻の月報三四に書いた。

主人公柘植新吾が最初に活躍する舞台は、江戸鳥越の周辺、北が浅草の雷門で、東は駒形から蔵前をふくみ隅田川沿いの三角形内にある。そこを少し南にはいって神田川を隔てたところは、もう私が少年期の何年かを送った土地である。夢物語の中にだって、地名だろうが風物だろうが、なじみのものがでてくれれば、人は誰だってひきつけられる。そんなわけで、この物語の発端の世界は、初期の司馬文学のうちで、私の特に親愛の情を通わせるもので、ロマンス読者の必ずしも必要とせぬ現実との対比感情までそそぎつくして、なつかしさかぎりない作品である。（中略）

小料理屋の「露月」はどこか。そこをとりしきっている二十四才のお伊勢は、美人とはいえぬが、気持のあたたかいよく気のつく娘だ。「笑うとさびしそうな笑顔になる」。彼女の鋭いカンは、一部の人間だけがそなえている神秘界の消息にフッと出入する不思議な性情を備えて、物語の発端だって、お伊勢は九つの時にもう直観し、体感していた。新吾との仲は、異性間のそれというより、打てばひびくほんとの友達同士という方がよい。（中略）

初夏のある日の午後のあるひとときの妖異もいい。――狭い庭に、ひともとだけ植わっている樱が風もないのに花を散らしはじめていた。夕闇には、まだ早い。あかね空のくれないが濃くなり、空に浮く花びらの一つ一つが、枝をはなれるとすぐ融けるようにみえなくなるあやしい風情はどうだ。日本文学の伝統の一面が、若い司馬さんにはこういう形で出ているのか。

新吾はしかし謙虚で思慮深い一面をもつ。――「男というものはばかな生き物だ。おうおう自分の体面と、女への手前のために命のやりとりをする」。「欲のない人間は信用しがたい。金で働く人間なら金で抑えられるから、手の内がわかる。でも欲のうすいものにも、侠気というとりえはある」。こんな警句の中にも、若い作者の人柄が何気なくのぞいている。

思いつくままに取り出しても、この発端だけだって（新吾の秘密探検の対立派を三つもふくめて）、才気百点の大サービスぶりである。この才気縦横な作者が、年輪を重ねるにつれて、風格の大きないぶし銀のような名作を次々に生んだことを思うと、この若き日の作品の発端は、蛇がすでに人を呑んだ世界を十分に暗示して興味津々として尽きない。

この月、自宅では、ヴォルテールの「哲学書簡について」語り始め、練馬区民大学講座「西洋文学講座」では、カニンガム・グレアムの「第四賢人」を教材に西洋文化に触れながら、文学作品の深い読み方について語った。日本比較文学会第四五回全国大会（於大谷女子大学）に出向いては、シンポジウム「景観の比較文学」（司会は芳賀徹、語る人は樋口忠彦と司馬遼太郎）を興味深く聴き、例年同様に司馬、大島をはじめ多くの同学の士との交流をたのしみ、親交を深めた。

山梨英和短期大学に出講したのは、講師の期間をふくめて八年間、文学博士号取得、学士院賞受賞、パリ大学客員教授、勲三等旭日中綬章受賞等まさに円熟の域に達してなお孜々として研究に打込んでいる時であり、講義に、講演に、諸活動に積極的に参加しながら執筆に専念した。学生たちと、海外研究旅行でカナダ・アメリカを旅行をしたのは八一歳のときである。大学の関係機関誌への寄稿は、「読書日録」（昭五二・六『山梨英和短期大学英文学会報八』）、「東イギリス遊記――パリ大学客員教授としての滞欧記」（昭五三・一一『英文学会報』一二）、「ルイ・カザミヤンの両大戦間の英国研究（上）」（『山梨英和短期大学英文学論集二』五三・一二）、「西イギリス遊記――パリ大学客員教授としての滞欧記」（昭五四・七『英文学会報一二』）、「ルイ・カザミヤンの両大戦間の英国研究（下）」（『英文学論集三』五五・七）、「英文学五十年」（昭五八・三『英文学会報』一七）であった。

昭和五七年秋ごろ、「この辺で身をひきたい」という申し入れが受け入れられた。退任の日が近づいたある日、研究室のバルコニーから雪に輝く山並みと眼下の市街を眺めながら、しばらく沈黙して「淋しいなあ」と云った。最終講義は「英文学の先達平田禿木について」で、要旨はのちに『英文学会報』第一七号に「英文学五十年」として掲載された。島田の山梨における動静については、小菅教授の「島田謹二教授学士院賞受賞祝賀会に出席して」（昭五二・九『英文学会報第九号』）及び「山梨における島田謹二先生」（六二・一〇『英文学会報』第二六号）に詳しく書かれている。

一二月、昭和五二年五月以来、『學鐙』に連載してきた「秋山真之の抱負」は八〇回をもって終了した。

『広瀬武夫全集』

六月になると、講談社版全二巻『広瀬武夫全集』刊行予定（八月上旬）と内容紹介の印刷物が出された。「刊行のことば」のあとに「編集委員の言葉」が掲げられている。

愛し、戦い、時代を駆けぬけていった男、広瀬武夫――。日露戦争の火ぶたが切られて間もない明治三七年三月、旅順港閉塞中の作戦中に直撃弾をうけて戦死した広瀬武夫は、子供たちの愛唱歌にまでその名を遺す軍神として、今日まで語りつがれています。

しかし、その軍神広瀬中佐が、もし文学者として立っていたならば、二葉亭四迷や徳富蘆花と並んでいたかもしれない稀有の逸材であったことを知る人は多くありません。秀れたロシア研究家であり、蔵書家であり、比類なく豊かな文学的資質に恵まれた〝若き明治〟の児・ヒロセが、その閃光のような三十六年の生涯に書き残した散文、詩歌、書簡類をことごとく発掘し、厳密な校訂を施してその真面目を伝える全二巻は、大きな驚きと深い感動をもって現代に語りかけることと確信してやみません。

島田謹二　元東京大学教授比較文学者

広瀬武夫には、一種の妙味——流露する真情の文才があって、明治ナショナリズム文学の中で優に一家をなすに足る。またかれは屈指の書簡文家であり、その真面目は、この二巻の全集に尽くされていると思う。

高城知子　作家　広瀬宗家直孫

武夫が何を志し、何を為し、如何に死んだか。血のつながる私が長い間探しあぐねていた全けき広瀬武夫とその時代が、愛をわかち合った人々とともにこの全集の中に蘇り、読者を得るならば、この上ない喜びである。

司馬遼太郎　作家　歴史思想

人間の精神は歴史の産物であることをおもわざるをえない。広瀬の精神のひびきを伝える詩文の編纂にあたり、関係者たちはあえてかれを軍人としてみることは姑《しばら》く措《お》き、みずからは決して志さなかった文学の徒として見ようとした。

一二月、『広瀬武夫全集』（A５版・布製厚表紙・背金箔押し平空押し・二色貼り箱入り・題簽貼り入り段ボールセット箱つき・九ポイント一段組み・上下各巻四五〇頁・上下巻に特別巻頭カラー口絵各八頁・別冊月報二四頁付き　講談社）上・下巻を刊行した。当初は、司馬が「序文」をということであったが、編集会議で、「広瀬を文学者として……」と司馬と島田が意気投合したことが実現して、上巻に特別エッセイ「「文学」としての登場」を司馬が執筆し、下巻に「広瀬武夫遺文　花の小包」を高城が書き、解説「広瀬武夫——人と作品」は、島田が書いた。「「文学」としての登場」から、先に引用したもののつづきとして、島田にふれるところを掲げたい。

広瀬については軍人という通念だけが世間にまかり通っていたが、教授は蔵書を見るうちにそれだけでは律しきれぬものを感じた。

教授は、その後、広瀬についての既刊の伝記、書簡集などを読むうちに、この人物が単なる武人ではなく「明治のすぐれた Russisant《リュシザン》 の一人《ひとり》」としてみることの重要さに気づいた。この瞬間に広瀬武夫という一個の詩人が誕生したといっていい。（中略）

島田教授は、広瀬についての第一級史料を渉猟した。それらを発掘した知的体力と情熱には敬服をわすれて驚倒するおもいがする。広瀬の書簡は二千通に達するであろうと教授は推測するが、幸い、教授はそのうちの四百通近くを閲覧することができ、さらにペテルブルグで広瀬が交際したひとびとについても『〔一九七三～一八九六年度〕ロシヤ海軍兵学校卒業生名簿』から割り出し、広瀬の恋の競争者であったロシヤ海軍の若い士官の名もさぐりあてたし、アリアズナの長兄である海軍少尉の名も次兄の兵学校生徒の名もわりだした。

広瀬もアリアズナもプーシュキンがすきであった。広瀬はプーシュキンの「夜《ノーチ》」を漢詩に訳してアリアズナに見せ、さらにそれを日本語訳してみせたりした。この作業は、広瀬の手帳のメモを参考にしてゆくことによって、教授は比較文学的に両者の対話やふんいきまで再構成できるにいたった。

（中略）

草創期の日本の比較文学が、明治期での出色の書簡文学の書き手ともいうべき広瀬武夫のロシヤにおける詩文の行跡が主題となって基礎をすえられたことは、文学研究史上の大きなできごとであったといっていい。（後略）

下巻の「広瀬武夫遺文　花の小包」からも著者の思いと島田にふれるところを記しておきたい。高城知子は、広瀬武夫の兄勝比古の孫、武夫の愛姪馨子の娘である。幼き日、春に先がけて宮崎県油津から広瀬家に送られてくる「桜の花の小包」にまつわる思い出から書きだし、武夫のこと、武夫の父や兄妹、兄嫁（知子の祖母）、姪（知子の母）、自分のことなどを、経てきた時代と合わせ語っている。

敗戦後、広瀬武夫は軍国主義と共に葬り去られた。萬世橋の銅像は撤去された。戦争を放棄した日本にとって、旧軍人の銅像などまさに無用の長物であったろう。しかしそれ以上に広瀬武夫の銅像は軍国主義の象徴として、戦意昂揚と敵愾心を鼓吹した代物として撤去されたようにもきいた。

変革の世に傷ましい犠牲はつきもの。この大戦で三百万の無辜《むこ》のいのちが奪い去られたことを思えば、銅像が引倒されたり、青山の墓地が荒らされたりするのも止むを得ぬ世の仕儀として受けとめていた。

武夫が何を志し、何を為し、如何に死んだかは、血のつながる私達がしっかり胸に刻みつけていればよい。それが最も武夫にふさわしい慰霊ではないか。武夫はもとより毀誉褒貶などにこだわらない人であった。むしろ軍神などと虚名を着せられて迷惑に思っていたに違いない。やっと気楽になれたと喜んでいるのではないか。私はそんな思いを去来させていた。（中略）

広瀬の家では当主末人《すえと》（勝比古の養子となり馨子と結婚、私の父）が海軍の南方根拠地隊司令官から一転、捕虜の身となった。（中略）敗戦一年後、無事帰還し、一時騒がれた戦犯問題にも抵触せず、晴耕雨読の日を伊豆函南村で過していた。父は一介の武弁であったが、戦争の指導的立場にいた者は世に隠むべきであるとのわきまえは堅く持していた。東京の土地を次々と手放し、熱海の家も売り、遂に農家の屋敷を借りて住んだ。時たま訪れる私は、世を忍ぶ落人の老夫婦とも見える父母を好もしいと思った。その母を、

「広瀬中佐の姪いずこ」

との新聞の見出しで捜しもとめる英国人が突如あらわれた。昭和二十六年八月二十七日の東京新聞の記事によると、ロンドン在住のアリソン・グラント・ロビンソン夫人の父、トマス・ムーア・グラント氏は広瀬武夫が青年士官として遠洋航海の折、ニュージーランドで出会い、親交を結んだ。幼い娘のアリソンに武夫は約束通り旅の先々から珍しい切手とやさしい手紙をかかさなかったといい、武夫戦死後文通した姪馨子の安否を求めているという。ニュース・クロニクル東京支局を通じての尋ね人であった。多くの通報が寄せられ、英人記者と報道関係の人々が車をつらねて伊豆の閑居を訪れたとき、父母よりも村人達が大騒動だったらしい。二週間ほど経て「広瀬中佐の姪は静岡に」として母馨子の写真と談話が同じ新聞に載った。私はよそながらこれらの記事を読んだ。闇夜の荒海ではるかな燈台の灯りを見る思いといったら誇張であろうか。私の感動は深かった。

その後十年ほどしてもう一人、広瀬武夫の名をあげて訪れた紳士、それは当時の東大教授島田謹二氏であった。やがて昭和三十六年『ロシヤにおける広瀬武夫』が出版された。この著書には、私が長い間探しあぐねていた全けき広瀬武夫とその清純な愛をわかち合った人々が永遠に若々しく躍動していた。

広瀬武夫は在世中のどの友にもまして、真の知己を没後五十有余年にして得たのである。また私の為にはこの本は折りたたまれた心のふるさととなった。どのページを披いても武夫をはじめ曾祖父ら遠い祖たち、母馨子まで完爾《かんじ》とあらわれ、その生きた時代の背景がいきいきと描き出されている。

殊に下巻の終章においてウラジヴォストークの日本貿易事務館に川上俊彦《としつね》、常盤夫妻を訪ねた武夫は、夫妻とトルストイの『戦争と平和』を評したあと、「……万が一のことがあれば、両方でたくさん兵隊が死ぬでしょうな。そんなことなら僕が単身乗りこんで、アレクセーエフ海軍大将にじかに談判して、人道のため平和に開城させたいものです。」とその志を述べているくだりに、私は胸が熱くなった。かつて広瀬の家に在って読んだ八代六郎大将の書翰にも、日露開戦直後、武夫がその決意をひそかに打ち明けていたことが書かれてあったし、第一回閉塞船報国丸の船上で、「この任務が終わったらアレクセーエフ総督に会って降伏を勧めてやろう」と語ったと誌された『旅順閉塞隊夜話』（栗田富太郎著）の一節がありありと想い出された。広瀬武夫の男子の本懐は実にここにあったのである。（後略）

『広瀬武夫全集』評

『広瀬武夫全集』についての記事が出されるようになり、『朝

日新聞』(二・六)「読書欄」には次のように紹介された。

「杉野はいずこ」と戦前の小学唱歌で愛唱された広瀬武夫中佐が日露開戦間もなく旅順港で戦死してから、ことしは八十周年になる。広瀬の生地、大分県竹田市の広瀬神社には、昨年この唱歌の歌碑ができたが、このほど講談社から『広瀬武夫全集』上下巻が刊行された。

広瀬の肉親や知人に当てた手紙は、人間味あふれる名文で、漢詩や和歌にも個性的な味がある。また五年余りのロシア駐在中に、トルストイなどロシア文学にも親しみ、海軍武官の水準を抜く教養を身につけていた。それが全集のかたちで一般の目に触れるのは、今回がはじめてである。

広瀬の兄の孫である高城知子さんは、あとがきに広瀬がロシア留学中、ドイツに留学していた同郷の作曲家滝廉太郎と文通し「荒城の月」の楽譜を送られ、ペテルスブルグの知人にピアノでひいてもらったエピソードを記しているのは感慨深い。

「人なつかしい文化の香――少佐だが文人としての自立精神」を『図書新聞』(二・二五)に寄稿したのは、詩人の夏川小吉である。

この二か月、時にこの大冊を開いて、ここに何があるかを尋ねいつくしんで来た。

この間私が聴きつづけていたのは小学唱歌「広瀬中佐」であった。もしそれがなかったら、『広瀬武夫全集』を開き見ることをしなかったかも知れない。そしてもう一つ、ニッポンの第二次世界戦争敗北の日における止むないこの「銅像」のはなしがある。被占領の国に焼残った須田町の交差点から「広瀬中佐」像はある日、崩されてトラックで深川の焼残った鉄工場に運ばれた。ニッポンの戦争のシンボルは溶解されてしまった。しかもなお、このウタが記憶されているのは、いかめしい軍人、指揮者、独裁者に近い記憶からこの銅像が距たっているからであろう。この明治唱歌の人は、花も実もある若者として、銅像に造られたのであった。(後略)

他の、どの軍人よりも、やさしいようなものが、また逸話や友情や四季折々の書きのこした漢詩などから放散するものがある。いいかえれば、文化的な何かであり、人間的な何かであるものが、士官としても、在外武官としての心構えにも、在りはしなかったか。だからこの大きな二冊を探って、何ものかが、軍人の軍人以上のもの――を味わいたいとなった。

(中略)

この全集について私の感銘したものは、それは編集に当たった人々の努力であろうが、上巻の末尾の特別エッセイ「文学としての登場」、下巻に明治元年から同三七年までの、近代文化と政治に亘る懇切な年表が付せられたことであった。これが広瀬武夫の事跡、歴史社会観から、文学芸術関係までに及び、編者たちの心の傾きを見る思いがしたことである。

「広瀬神社の昼の月――『広瀬武夫全集』に寄せて」と題するエッセイを『學鐙』第八一巻第四号（昭五九・四）に寄せたのは江藤淳（一九三二―一九九九）である。

昨年の十二月号で、昭和四十八年一月以来「文藝春秋」に連載して来た『海は甦る』を完結した。これは、帝国海軍の育ての親といわれた山本権兵衛海軍大将の半生をたて糸とした、一種の歴史小説である。

この作品は幸運な作品で、全五部のうち第二部までが本になったところで文藝春秋読者賞を受賞し、一年後にはテレビマン・ユニオンが製作してTBSから放映されたわが国テレビ史上最初の三時間ドラマの原作となり、三〇％以上の高視聴率をあげた。

このテレビ・ドラマの成功の一因が、長尾広生氏の巧妙な脚色にあったことは疑いを容れない。長尾氏は、私の『海は甦る』に、島田謹二先生の『ロシアにおける広瀬武夫』で紹介されている広瀬中佐とロシア貴族の令嬢、アリアズナ・ウラジーミロヴナ・コヴァレフスカヤとの悲恋をはさみ込むようなかたちで、多くの視聴者の心を惹きつける脚本を書き上げてくれたのである。

そんなわけで、去る二月中旬、文藝春秋が長期連載の労をねぎらうために、私ども夫婦を九州旅行に誘ってくれたとき、私は、一日を割いて湯布院から竹田に赴き、広瀬中佐を祭神とする広瀬神社にお参りして敬意を表することにした。

広瀬神社は、豊後竹田の城下を見下ろす景勝の地にある社だが、どういうわけか竹田市の観光案内には写真一枚出ていない。滝廉太郎の『荒城の月』はいたるところに顔を出しているのに、広瀬中佐に対するこの冷遇ぶりはいささか心外であった。あるいはこんなところにも、日本の近現代史に対する第二次大戦後の改竄の爪跡が及んでいるのかも知れない。それだけに、島田謹二・高城知子・司馬遼太郎三氏を編集委員として、今度講談社から『広瀬武夫全集』全二巻が刊行された意義は大きいと、私は思わざるを得なかった。

島田先生のご好意で、私はこの全集の恵投を受けていた。全二巻のうち、上巻には『航南私記』をはじめ報告書類、講演、日清戦争当時の日記、詩歌等が収められ、下巻には書簡が収録されている。

それらを一読すると、明治興隆期の帝国海軍軍人の平均的な教養と関心の傾向が、おのずから浮かび上がってくるような趣である。広瀬中佐の場合には、遺族によってこの全集に編纂された文章のかずかずが保存されていたのだが、それらがすべて失われてしまった中佐の僚友たちの場合にも、大体同じ形の軌跡がたどれるのではないかと推測されるのである。

かく推測するについては、もとより理由がある。実は私の祖父は、広瀬中佐とほぼ同じ時期の海軍軍人であり、その行動半径や関心のあり方が、ある程度確かめられるからである。祖父江頭安太郎は、慶応三年（一八六七）の生まれであるから、明治元年（一八六八）生まれの広瀬武夫と年齢は一つしかちがわないが、海軍兵学校は明治十九年卒業の第十二期で、明治二十二年（一八八九）卒業の第十五期だった広瀬よりは三期上である。（中略）

『広瀬武夫全集』を繙くと、広瀬武夫の軌跡と江頭安太郎の軌跡とが交差しているいくつかの点が確認できる。たとえば、軍艦比叡が明治二十四年（一八九一）九月からおこなった南洋航海の長文の記録、『航南私記』によれば、江頭少尉はこの艦の分隊長心得であり、広瀬少尉は分隊士であった。

（中略）

だがそれもこれも、すでに九十年も前の話である。広瀬中佐は明治三十七年（一九〇四）三月二十七日、旅順港外で壮烈な死を遂げ、江頭安太郎は大正二年（一九一三）一月二十三日、中将軍務局長在職中に病を得て不帰の客となった。

豊後竹田の広瀬神社の境内には、軍艦から移されたマストが立てられている。往時茫々という思いでそのマストを見上げると、マストの上には昼の月が出ていた。それは、広瀬武夫や江頭安太郎が身を挺したものを、淡く指し示すかのような昼の月であった。

「よみがえる精神のモニュメント」として『文化会議』（昭五九・五）で『広瀬武夫全集』を紹介して批評するのは平川祐弘である。先ずは、島田の『ロシヤにおける広瀬武夫』に言及する。

（前略）広瀬武夫を実際に知っていた人たちが死に絶えた後でも、広瀬は私たちの胸のうちに敬愛すべき明治の日本人として生きている。それは島田教授が『ロシヤにおける広瀬武夫』にその国際場裡に洗練されたさっぱりとした人柄、その愛すべき人間味をあますところなく描き出したからである。その初版が出たのはもう二十年以前になるが、当時はまだ若かった閣僚中曽根康弘氏が週刊誌のアンケートに答えて島田氏のこの著書を愛読書の第一にあげたことがあった。実際、島田氏が描く広瀬は、読者が身を軍籍に置いた人であろうとなかろうと、国際場裡に活躍する人々の範とするに足る「日本の騎士」なのである。（中略）そこに描かれている広瀬はいわゆる「軍神」の鋳型にはめられたイメージとはおよそ異なる人柄であった。私たちは島田氏の著書の最終章を成す「日本の騎士」の姿に恍惚とした。

島田の著書の刊行の経緯や広瀬の事績に関連する著述を縷々語ってから、『広瀬武夫全集』について述べている。

講談社は今回広瀬武夫がその三十六年八ヶ月の人生で書きのこした文献をよく集めて二冊の全集本とした。下巻の解説は島田教授の手になる。広瀬を大叔父に持ち戦前・戦中・戦後の海軍士官の家庭生活『広瀬家の人々』（新潮社）を三年ほど前に書いた高城知子氏や、広瀬智子氏、阿川弘之氏、杉下靖郎氏などの思い出も心打つものがある。

かつてモニュメントは銅像や石像の類でもって建てられるのが常であった。しかし世の中には紙に記され活字に組まれることによって後世に伝わる精神のモニュメントもまた存在する。須田町の交差点から渡辺長男作の広瀬中佐と杉野兵曹長の銅像は失せたが、広瀬は（そして杉野孫七の名も）この二巻の全集によってよみがえり、その人間味とともに後世へ永く伝えられるであろう。（後略）

『世界の艦船』（昭五九・五）にも『広瀬武夫全集』の紹介記事が載っている。

司馬遼太郎先生を囲む会
『文化大垣』第９号（昭和60年３月 大垣市文化連盟）所載

本書は、日露戦争勃発後間もない旅順口閉塞作戦で戦死した広瀬武夫が、在世中に執筆した全文業のうち、昭和五十八年八月現在、入手しえたもののすべてを収録した上下二巻本である。戦死後、軍神とたたえられ、現在九州竹田の広瀬神社に祭られている、この海軍士官については、改めて贅言を要しないと思うが、生来文章を書くことを好み、話し好きでもあった広瀬は、この世に生をうけた36年8カ月の間に、軍人としては異例の数多い文業を残している。その一斑はかつて公刊されたことがあるが、現存する全文業が細大もらさずまとめて公にされたのは、これが初めてである。（中略）

広瀬武夫が旅順口外に散華してから、この3月27日でちょうど満80年になる。かつての騎士像の典型とは、このようなものであったろうと思われる人物に、改めて照明をあてたこの全集の出版に、敬意を表するとともに、今日、そこからわれわれが学びうるところの如何に多いかを、改めて痛感するのである。（Ｉ）

出版祝賀会

昭和五九年一一月二九日、大垣市に赴き、司馬遼太郎夫妻、司馬に同道した太田治子、高城知子、講談社の取締役文芸局長大村秀次郎、垣内智夫の七人が、市の文化会館に集合した。市の文化連盟が企画した「司馬遼太郎先生を囲む会」で、司馬の

「歴史と人生」（平八・一一・二〇「日本の文章を作った人々」として、週刊朝日増刊『司馬遼太郎が語る日本』に収録）と題する講演を聴いた後、用意された祝賀パーティに参集して歓談することになった。司馬は、高城の住む大垣で『広瀬武夫全集』の出版を祝おうと配慮してくれたのである。講演のこと、出版祝賀のことには一切ふれず、この日のことを「大垣ゆき」（昭六〇・一『日本近代文学館』第八三号）の冒頭に書いている。

昨日、断れぬ用事のために大垣へ出かけた。岐阜羽島駅で降り、わずかに北西にのぼって長良川をわたると、胸がいたむほどに、水が痩せていた。（後略）

文化会館の別会場で行われたパーティは、大きな集まりではなかったが、『広瀬武夫全集』の刊行を喜び、編集者への感謝にあふれる会であった。文化連盟の土屋斉会長の挨拶、矢橋文化財保護協会会長の乾杯の発声があって、島田、大村、司馬、高城がスピーチをした。ただ一度の編集会議の席上で、語りつ、聴きつした大気炎の内容が再現されるようなスピーチで、「軍人としてすぐれていた広瀬だが、それ以上に豊かな資質を持つすばらしい文人」という印象が聴く人の心に伝わっているようだったという。文化連盟理事の山田賢二は、島田のスピーチを次のように記録（昭六〇・三『文化大垣』第九号）している。

（前略）特に島田氏は、広瀬武夫が軍人でありながらもかつ非常にすぐれた文人でもある人物について語り、更に専門の比較文学について、まことに感銘深い話をされた。ロシア文学はもとより西欧の文学を通して日本人の思想や文明観を査証する姿勢は、大変にユニークなものであり、その謙虚にして朴訥な語り口調が、参会者に強い印象を与えた。（後略）

島田は、この夜、司馬夫妻と共に一泊、昼食までの時間を歓談のうちに過して、夕刻大垣をはなれた。

一二月二三日には、銀座のピルゼン別館を会場に講談社の常務や編集者と高城知子、神田孝夫、島田義夫等ごく近しい人たちが集まり、島田を囲んで『広瀬武夫全集』の出版を祝うひとときを過した。

第四部　晩年（一九八六〜一九九三）

第十章　花見をするように人生は面白い

一　読み、語り、書き続ける

自宅での講義

六、七年前から「練馬市民大学講座」や「読売文化セミナー」で連続して「佐藤春夫の文学」や「比較文学のおもしろさ」を語り続けてきた。昭和五九年一月、語る意欲は極めて旺盛で、聴講者三、四人には自宅で以前に続けていた講義を再開して定期的に語ろうというので始めたのが「カンタベリー物語」の講義や、テーヌの「英文学史」、ジョージ・ボローの『ラベングロー』(平田禿木編　明四三・九、玄黄社)講義であった。テキストをはなれて講演や原稿執筆の準備のために語ることもあり、時にはそのときの心境で人生論になったり、回想談になったりするのは従来と変らない。佐藤春夫の形見の着物を着て、千代夫人が着てくださいと云って頂戴したものと嬉しそうに話をした。

講師は床の間(掛け軸などはなく、ピエール・ルグイ先生から贈られた『ゲルマン評論』がびっしりと大きな書架に納まっている)を背に正座し、また廊下の籐椅子に寝そべるようにして、そして時にはロッキングチェアにくつろぎながら語った。庭の一隅には、花韮が群生していて可憐な花をつけると、薄暮の時など、無数の星が瞬いているようだと喜んだ。調布下布田の家を離れてからは、部屋を借りて住む生活を続けてきたが、出講するのに便利なところを条件に探して、前述したように、高円寺や高井戸で暮してから、紹介する人があって西武池袋線桜台駅周辺に住むところを探した。数カ所を見てからの夕暮れどき平屋の一軒家にたどり着き、中に入って雨戸を開けて庭を見た瞬間、「気に入った、ここにする、まさに「田園の憂鬱」だ」といって喜び、即座に決めた。練馬区桜台一丁目四十二番地、駅からも遠くはない。一三年以上もここで暮した。八畳間は書斎兼応接間兼寝室、書棚を除くと、家具はテーブルと座り机と原稿を入れる抽斗と教え子たちから贈られたロッキングチェアがあるだけ。いつも必要とする書物だけが書架に納められているという風で、万巻の蔵書は六畳の部屋の押入と本立てに、四畳半の部屋と廊下の本立てと庭のプレハブに置かれている。送られてくる本や雑誌が多いのですぐに雑然とするが、兼用の部屋なのでそれなりの整頓が保たれていて落ち着いた雰囲気の書斎となっている。講義、講演、教え子たちの同窓会や出版祝賀会、自ら出向いて資料の確認をするなど現役時代のように外に出ることは多いが、在宅の時には、和服姿で過し、いつでも執筆の段取りがキチンと決まっているように多くは口述筆記で原稿作成に取りかかる。訪ねてくる人があれば喜んで応接し、くつろいだ時をすごして元気いっぱいの日々である。

くつろいで話していたある日、自分の著作集を出してくれるところがあったら何巻にしようか、一二巻ぐらいがいいかな、第一巻は何にしようか、といきなり云った。何年も前から「著作集を待っています」と言い続ける台湾時代の教え子もいたから、長い間には直接にそれをお願いしたり、促したりした人は多かったのではないかと思われる。「フランス派英文学研究」が完成したら、是非そうするように努力しようかと云って、第一巻は『広瀬』、二巻・三巻は『秋山』、四巻は「英文学入門」、そして五～七巻は「フランス派英文学研究」、八巻は『華麗島文学志』、九巻は「ポーなどの訳詩」、一〇巻は「書評・随想など」、一一～一二巻は『日本における外国文学』(露伴や紅葉、漱石や荷風の研究をもう少し加えて)、そして、「佐藤春夫」も評伝ではなく一冊にしたい。これらを日本海海戦に次々と艦船が乗り出していくように送り出せたらいいのだが、とも云った。

桜台から西大井へ

よみうりカルチャーセンター荻窪での「漱石文学のおもしろさ――「虞美人草」をよむ」の講義、自宅では、ジョージ・ボローの『ラベングロー』講読、一年半ぶりに再開した「源氏の会」では永井荷風とその著『冷笑』を語った。中学時代の同期会(京華惑星会)に顔を出しては恩師を語り、研究中のこと、執筆生活の日々を披瀝して楽しみ、教え子の出版祝賀会(カザミヤン著、手塚リリ子・石川京子共訳『大英国』の山の上のホテルにおける会)に出向いては発起人として心のこもったスピーチをし、二次会でも門弟たちの話に耳を傾け、自らも語ってすこぶる快調であった。寄稿していた原稿「評伝「秋山真之」を書き継ぐ」や「ミニ伝記――名将「秋山真之伝」四千枚を書いた私」が掲載された新聞や雑誌が送られてくると執筆の意欲に燃えて、益々元気になるのであったが、こうした日が続いていたある日、送られてきていた『近代思想・文学の伝統と変革』(伊藤一夫教授古稀記念論文集)に寄稿した「若き日の上田敏――その英文学研究の経路を辿る」を読んでいるとき、突然の発作に襲われて倒れた。目を瞑り、「苦しい、苦しい」と呻くように言って身体を震わせた。三月八日、練馬病院に入院、病名は「一過性の脳虚血性発作」であった。四日後には退院し、気持ちの上ではこのままでやるという意志が強かったが、引越しというのではなく静養ということで、四月一一日、長女夫婦のもとでの生活が始まった。万巻の書物や資料を移して正式に住み慣れた桜台を離れるのは一年後である。品川区西大井四丁目五番地一七ヒルズ大森三一〇斉藤方にあって健康を回復し、数ヶ月後の七月には、よみうりカルチャー荻窪での講義「漱石文学のおもしろさ」を講じはじめ、教え子の出版祝賀会や講演会に招かれて、いつものように滔々と魅力的な話をした。一〇月三日、早稲田大学文学部(戸山校舎)で行われた「比較文学研究室二十五周年記念特別公開講演会」では「英文学五十年」

と題して講演した。一一月には、源氏の会での『冷笑』講読再開にも意欲を見せた。またこの月、その生みの親でもある『比較文學研究』（東大比較文学会）第五〇号刊行記念の会では、創始者として、比較文学研究を始めるに到った経緯と三人の師、岡崎義恵、エミール・ルグイ、フェルナン・バルダンスペルジェの学恩について話した。NHK年始特集「明治の国際人に学ぶ」の録画収録では年末も忙しく、朝日新聞社学芸部からの「第一三回大佛次郎賞」、読売新聞社文化部からの「第三八回読売文学賞」のそれぞれ候補作品の推薦を依頼されていたのであったがこれには応えられない。年が明けて早々（二日朝）に、ラジオ第一放送で「広瀬武夫と明石元二郎」について、広瀬は海兵、明石は陸士、ともに情報将校として欧露に留学、日露戦争直前、相次いでロシア公使館付武官となるが、貴族令嬢との愛もむなしく、旅順港外に斃れた広瀬、社交界ではあまり冴えなかったが、情報戦で偉功をたてて位人臣をきわめた明石、愛の「騎士」と情報戦の「策士」、ロマンチストとリアリストとの対比ということで、平川祐弘、三国一朗を聞き手に語った。荷風の『冷笑』を久しぶりに語って満たされた気持ですごした数日後、共に暮したのは幼少の時だけの次男義夫の訃報を聞いた。二月一一日、駆けつけるなり、「順序がちがう」と心痛をもらしたと孫娘は後年話してくれたが、黙して苦衷を語ることはない。このころは雑誌等への寄稿は一切なく、「秋山研究」と「フランス派英文学研究」に打ち込んで、時に詩を吟じて、いつも穏やかに淡々と訪れる人たちに応接した。

前年一〇月に刊行した『平田禿木選集』（南雲堂）後期第四・第五巻と、五年半前の前期三巻本を合わせて、完結記念の会が行われたのは、昭和六二年三月一四日であった。禿木の令息たち英夫、夏雄、久雄、哲夫の四兄弟と七十余名が参集した祝賀会で、神田孝夫司会のもと編集者として挨拶し、力を込めて「禿木論」を語った。矢野峰人の祝辞（代読）、富士川英郎の発声による乾杯とスピーチ、福原麟恵の祝辞（代読）、編者の小川和夫につづいて、平岡敏夫、山口静一のスピーチがあり、長谷川泉からの祝電が披露され、出版元の及川穀と平田家を代表して五男久雄の挨拶があり閉会した。会の様子については、『比較文学研究』第五二号（六三・一〇）に「平田禿木選集刊行記念会」として、瀧田佳子による詳細な記述があり、『英語青年』第一二四巻第一号（昭六二・四）の「片々録」には次のように書かれている。

日本の近代文学と英文学研究の歴史の中に平田禿木の正当な位置づけを求める気持ちが、故人の人柄を反映するかのような穏やかな雰囲気につつまれてただよう、趣深い会であった。

矢野峰人の「祝辞」を以下に掲げる。

私は昭和二十三年十一月、全国書房から出版された「英文学史講話」上巻の巻頭に於て「青少年学徒や一般読書子から、日本語で書かれた適当な英文学史の推薦を求められる毎に、私は、遺憾ながらそのやうなものはまだ見当らないと答へるのを常とした」と言ひ、次いでその不備、欠陥の據りて来たる所を多少指示しておいた。その序文は、そのまま今回の全集の第一巻の「英文学史講話」の序としてそのまま復刻してあるから、ぜひ御一覧くださるやうお願ひしてやまないが、要するにその不備欠陥の主なるものはその立脚点があまりに局部的で視野が狭く、更にその視野に関する調査が文献学的方面のみに傾き、従ってその方面における研究は精緻正確なるも、肝心の文学との関連が無視忘却される嫌ひがある。即ち博覧強記の記録としては残るが、その多くは直接関係なきものとして文学研究の予備段階の仕事に終り、肝心の作品とは無関係なｄｒｙなものとして残るに過ぎない。

今回の平田先生の御著書は、一度読み始めるとその文学研究の面白さにひきずられて最後まで巻を置くあたはずと言ふありさまである。興味津々、語る方も聞く方も共に内容の面白さに心ひかれ引きずられて、自分から文学研究の面白さ醍醐味に酔はされることとなる。「研究法」などと呼べばｄｒｙなるもののやうに聞えるが、文学の味はひ方、本の読み方をおのづからにして学ぶ為には、堅苦しい文学概論や理論よりもまづ本書を読む事を一般文学研究を志す人々にお薦めしたい。本書はそのやうに文字通り普遍的な価値有る書物である。（中略）

必ずしも英文学と言はず、一般文学研究上の新時代代表者、否、むしろ代表たるべき方々による本日のこの祝賀会が、特に「記念会」の名を以て催された事は、真に意義深き事と存じますが、そのやうな会に小生如きものに出席の機会をお與へ下さったのは、私がたぶん旧時代人中の最年長者たる故なるかと想像されますが、いづれにしても同じ道を歩める者として本日の会の成功を心からお祝ひ申し上げるとともに、今後の斯道、学界の先導者としての各位の御努力を期待し、その成果を心からお祈り申し御礼のご挨拶と致します。

矢野峰人

矢野禾積との別れ

昭和五六、七年ごろから、親交のあった人々の訃報を聞くようになって、五六年には堀口大學、福原麟太郎、本間久雄、保田與重郎、五七年には岡崎義恵、齋藤勇《たけし》、西脇順三郎、五八年には前嶋信次、五九年には神田喜一郎、竹山道雄、吉田精一、六一年には菊池榮一、宮柊二、赤堀梅子、六二年には石田幸太郎、朱牟田夏雄、前田陽一と、関わりの深かった先輩、同僚、知人たちを送り寂寥の思いを深くしていたのであったが、六三年五月二一日午前一〇時五八分、心不全のため矢野禾積が死去したとの報せを受けた。だれよりも親交の長かった人である。その交友は六〇年に近い。英文学研究においては云うまでもなく、上田敏や森鷗外の研究においても、特に台湾時代には数え切れぬほどの教示を受けた。平田禿木、蒲原有明、北原白秋、日夏耿之介等を早くから愛読して親しんではいたが、矢野との出会いによってこれらの文人・詩人たちの理解が一層深くなり、「比較文学」への志向は、これまたかなり早い大学時代に萌芽したのであるが、いよいよ研究が緒につきはじめるころ、西洋文学講座を主宰する主任矢野との切磋琢磨によって、その視界が広がりを見せたのである。終戦後、矢野は、国立台湾大学文政学院に留用され半年近く英文学を講ずるが、内地に帰還してすぐ同志社大学教授に任ぜられた。一年ほど前に帰還していた島田は、『季刊英文學』編集の相談や、日本比較文学会関西支部大会出席の折には、必ず、嵯峨野「落柿舎」の近隣に住んでいる矢野を訪ねて歓談した。四年後、矢野が東京都立大学教授に任ぜられて単身赴任してからは、それまで以上に回を重ね、時には旧知の木村毅と三人で語ることもあった。島田がその初代主任となった東京大学大学院人文科学研究科の講師を委嘱したり、立教大学大学院の講師として共に出講したり、都立大学大学院、東洋大学の講師を依頼されたりした。東洋大学教授に就任したときの学長は矢野で、常につながりの切れない兄たり弟たりの関係であった。五月二八日、葬儀告別式は碑文谷の円融寺で営まれた。葬儀は、遺志により無宗派・献花という形式、斎場では、矢野の詩集『黙祷』（大八・四）中の一篇「鐘」が朗読され、また第三高等学校時代に作詞した寮歌「行春哀歌」が流れる中、故人に語りかけるように島田は弔詞（昭六三・一二『比較文學研究』第五四号）を読んだ。

　矢野禾積《かづみ》先生の御霊前に謹んで申し上げます。

　矢野峰人と号して、学問と芸術との二つの領域に大きな足跡を鮮《あざ》やかにしるしづけた巨人のお仕事を思い見るには、大自然そのものの偉観を以てくらべおもうのが一番よいと存じます。

　そこにはまず詩歌という人間の秘境が深い谷間を連想させる巨岩、怪石が連なる間に深々《ふかぶか》とその静けさと沈黙とを湛えています。

　有明《ありあけ》、白秋《はくしゅう》という二大巨匠に誘われて先生は、この詩界に入った。この神秘境の世界は、外から圧してくる不如意なものによく堪え、長い間隠忍しておる。その苦しいものが急に堰《せき》を切って語り出せば、こんこんと湧き出し奔端《ほんたん》となって渦巻き、しかも時来れば余韻を引いてきちんと収束する。

　それは真のクラシックぶりを志す極めて自然な大雅となった。思うひとの『影《シルエット》』だけが夢のように匂う『黙祷（もくとう）』にはじまって、『幻塵集』と『墳墓《ふんぼ》』との中に、先生はその内部生活をそのままに映し出した。うめき出された。この静かな深い世界はいつも口数多く語らない。何もかにも暗示する。ただ陰影によって思想を内蔵する本質を象徴する。先生はまず暗示と象徴との詩的藩候であられた。

　しかし先生御自身の全業績からうかがうと、詩歌の創作は、先生の生命を注がれた大きな学問を背景にする時、特に意味が深々と現われてくる。かすかにつれ弾《ひ》きされる伴奏というか。所詮《しょせん》は魂の忍び音《ね》であった。

　実に七十五年間うまずたゆまず先生が精進された場所は、

学芸の研究という麓《ふもと》に広やかな裾野《すその》をとりめぐらす大王のしろしめす広大な領土であった。そこには英詩という王道が坦々と目路《めじ》のかぎりに続いている。16世紀のダンに始まって18世紀のポープにひきつぎ、19世紀のシェレーに光りかがやき、つづいてアーノルドらのヴィクトリヤンの諸星が綺羅美《きらび》やかに連なる間《あいだ》に、20世紀のイエイツまで微笑して立っている。此の大道と小道には、上田柳村、厨川白村、エドワード・クラークらの諸博士のお姿が、先生の導き手として現われて、また消えてゆく。

此の広野原には、三つの高い峰が聳えている。その一つは『近代（世紀末）英文学史』と題される。それは先生の少青年の頃ロシヤ、フランス、イギリス各国の近代文学に親しまれたものに端《たん》を発する無数の細かい丘《おか》から成りたっている。それは実感と体験と反省とを含んで、見る人を深く打つ。わが内部生涯を正直に告白しているからである。手にとるような精細微妙な記述力。対象の実体をよく見定めた理解力。美しい瑞々しい感性の隅々にまでゆきわたる文章力。――すでに半世紀を経過した今日も、十分に高い評価に堪えます。

次いで現われるのは第一の秀峰を自《おのずか》ら受けて第二にそびえる『近英文芸批評史』である。これは、アーノルド、ペイター、ワイルド、シモンズ、T・S・エリオット等、文字通り矢野先生の批評眼をじかに養うのに寄与した大家たち。――イギリス批評の髄をつくり出した巨匠達から教えられ導き出された、貴重な見方の百花咲き乱るる頂上の眺めをほしいままにする。この絶頂の眺望こそ真に近代英文学を学ぶ者にとってのバイブルであります。これから心ある英文学研究者が数を加えるにつれてその尊い教えはいよ〳〵深く認められること必定《ひつじょう》と信ずる……。

ここで反省したい、文学研究という秘境の薬草園《やくそうえん》にはどんな花が咲き匂うているのか。帰するところ、それは文芸作品を正しく理解することだと思う。理解するが故に正しく評価する。正しく評価するが故に、偽者《にせもの》やインチキと本物との識別をつけるということである。これは老熟した大家巨匠のみが秘薬を示す尊い見識と判断とを語りうる場でありますが、矢野先生の場合は、一見古風な『新・文学概論』の中にばらまかれて、第三のなだらかな、やさしい姿美しい峰をつくって、後輩の訪れることを待っている。

これらの名山奇峰の間に、造園主が晩年の心血を注いで誘導した大河の流れが、未完成のまま、出口を失って漂《ただよ》っている。それは『英国に於ける芸術と道徳との葛藤』を論ずる。エリザ朝のシドニーに始まって、D・H・ロレンスの『チャタレー夫人の恋人』までを論及したその大作は、まだ活字になって人の目にふれていないのが、じつに惜しまれる。

この雲霧につつまれた深山、高峰、大河のふもとを、「矢野比較文学」の人里がほのかに見えがくれする。

早く視界に入るところから、周囲の沃野をうるおす、日本文学の細かい流れを辿りつつ、流域にちらほらする珍しい花を委曲をつくしてさぐり求めたあの「蒲原有明研究」なのである。これこそ現代の文学研究法の根本義にふれた一つのなつかしい代表作と称美したい。

　この谷。この野。この山。この河。そうして、この里《さと》。

――そこを慕うて六十年の間、一後輩の私は歩きつづけた。造物主にもたぐうべき偉大な造園家、矢野先生は、今日現世の業《ごう》を脱せられて、仙界にうつられた。いまうつし世の人に別れを告げられるこの時、彼の世に赴かれた先生のうしろかげを慕うて、私は自問自答する。

　矢野先生と上田敏先生とは影の容《かたち》に添うようにつれそうていた。実益功利の道を浅いと観じて、人性の内面的表現を文芸と見て尊《とうと》んだのは、両者に共通している。「善に生きよ」、「美に生きよ」とは近代の一大思想家の教えでありますが、その大家は加えて「全体に生きよ」とも教えられました。この教えに沿《そ》うて、上田先生と矢野先生は「いのちの大河」をゆう〳〵と、遡ってゆかれた。矢野先生は後半生においても上田先生の後を慕うてその遺志を果すことに心血を注がれた。『海潮音』『牧羊神』のような月桂の冠《かんむり》は、或は矢野先生の頭を飾らなかったかも知れない。然し『文芸論集』や『独語と対話』など学芸研究の大道においては、時々、そうです、矢野先生は上田先生を凌駕《りょうが》している。

　これは全く私見であるが、自ら問い、自らにこのような答えを捧げる。矢野先生の素質とその御努力の跡がいかに立派な、いかに尊いものであったかは、これで明らかに類推できると私は信じている。


　矢野先生。思うことのみ多く、言葉が足りません。

　お別れです！　願うはただひとつ、何時迄もいつまでも安らかにお眠り下さいますように！

昭和六十三年五月二十八日午後

「秋山真之研究」、そしてライフワークである「フランス派英文学研究」には不断の取り組みをつづけつつ、三月に、「秋山真之に関する二つの研究」（『白山英文学』第一三号　東洋大学創立百周年記念号）、四月に、「Byron, 想い出すまま」（『英語青年』第一三四巻第一号）、九月に、「外国文学間の比較と対比と――中世英仏両文学を例証にして」（『山梨英和短期大学英文学論集』第三号）、一二月、「台北における草創期の比較文学研究――矢野峰人先生の逝去にからむ思い出」（『比較文學研究』第五四号）を寄稿にした。

　昭和六四年一月八日、昭和天皇が崩御され平成と改元された。平成元年三月一二日、米寿を祝う会が神楽坂の出版クラブで一次会、二次会と盛大に行われた。四月には、「余白を語る――花見をするように人生は面白いと思う」（聞き手は赤松俊輔記者）が『朝日新聞』夕刊（四・二八）に載った。


　（前略）不忍池を背景に、満開の花を眺めて、実によかったのだが、そこで感あり、花見が学問だ、と思ったんです。花見は、実に楽しいながめであり、同時にいろんなことを学ぶところでもある。さらに、みて感じたことを秩序だって表現せずにおられない気持にさせる——これは学問そのものじゃないか、要するにオレは一生かけて花見をしてきたようなもんだ、って思ったんですねえ。

実に得手勝手、いい気なもんでしょ？（笑い）。だけど、私がこんなに長生きしたのは、いい気なもんだからじゃないか。世間で何といおうと、一生花見するように、面白いと思って人生歩いてきた、そのせいなんだと思いますよ。（後略）

二二日には、上智大学で行われた日本比較文学会東京支部、学会創立四〇周年第一回公開講演会で、「夏目漱石と英文学」と題して特別講演を、一一月一四日、一六日の両日には、日本大学芸術学部大学院で「外国文学者の立場から見た日本の古典文学」を、一二月七日には、駒場の比較文学研究室で「比較文学者として言い遺しておきたいこと」と題して講演した。

二　明治ナショナリズム研究第三弾

カザミヤン研究

平成二（一九九〇）年三月、『ルイ・カザミヤンの英国研究』（A五　版、五三六頁、上製箱入　白水社）が刊行された。一月に、『出版ダイジェスト』（社団法人出版梓会・出版ダイジェスト社）の「白水社の本棚」に掲載された「文学研究の方法を問う『ルイ・カザミヤンの英国研究』」の紹介文が、BOOK NEWS from MARUZEN（和書新刊速報）に転載（三月二〇日発売との予告）されて間もなくのことである。この書は、一六年前の八月一九日、はじめて会見して親しく語ったカザミヤン令夫人に捧げられている。

この小研究を日出ずる国より
ルイ・カザミヤン令夫人マドレーヌの霊に献ず

昭和三（一九二八）年頃から「フランス派英文学研究」に着手し、七〇年以上の歳月をかけて結実させた息の長い研究の成果である。この研究に打込んだ経緯とその後のことは、「緒言」（前出）に語られている。

（前略）

筆者が外地の大学に勤務した十五年間——筆者の学的青春は、フランスにおける英文学研究との苦闘に終始したといってよい。まず、十八世紀以降のフランス人の英国研究を素描して、一八八〇年まで下るところを序論とする。つづいて、ベルジャム、アンジェリエ、ルグイ、カザミヤンの四家を対象にして、彼等の業績を十分納得ゆくまで、分解し追求し解明したい。序論、本論を通じて、おのずから学徒の胸に浮んでくる、われわれ日本人の英文学研究をいかにすべきかの問題にはいり、フランスにおける英文学研究者たちの育成法を精細に追尋してみたい。そののち、はじめて日本人の研究の過去、現在、未来を大観し、フランスにおける英文学の研究が、いかに今後のわれわれに寄与するところがあるかを説きたいと願うた。それが予定される結論であった。

一九四三年の頃、筆者は、この研究をあらかた描きおわった。しかし太平洋戦争がたけなわとなる。戦渦にまき込れて各地をうろうろしているうち、家は爆撃で炎上。草稿は失われてしまった。戦後、身一つをたずさえて筆者は、祖国の土をふんだ。外地において長年蒐集した多数の文献は、再び参考するたよりを失っている。戦中の混乱、解放運動のきびしさ、学風の推移などで、フランスにおける英文学の状況も、かなり変っている。日本における英文学研究も敗戦の結果、社会的文化的基盤の変動があり、ために、相当なズレが生まれて、それに対する対策も、今までどおりの考えでは押してゆけない。筆者の観点もおのずと移動せずにはいられない。あれやこれやと考えると、筆者が半生を賭けたこの研究の意味にも、いくらか影がさし込んでくる。しかし、考えてみると、筆者はこの研究を基盤にして、はじめて比較文学の道に入っていった。やっぱり初志を貫いて『フランスにおける英文学研究』を世に問いたい。そう考え直して、機会あるごとに、思い出すままに、少しずつ旧稿を復元しはじめた。

この著書の刊行までは、穂高に愛児敏彦を失ってから、愛児の霊との交感の中に成った『イギリス浪漫派の汎神論的直感』の公刊を機に、カザミヤン研究への入り込み方も一入深くなり、東大での「カザミヤンの演習」を経て以後、続々とカザミヤン研究の論考を雑誌及び大学・大学院紀要等に掲載公刊して三五年の時を刻んだのである。

『ルイ・カザミヤンの英国研究』評

この書にふれた「カザミアンから英国人の民族性へ――外国人が外国文学を研究する意義を具体的に追求」を『図書新聞』（平二一・六）に書いたのは富田仁（一九三三―二〇〇九）で、そのごく一部は次の通りである。

本書は一九二八年以来「フランスにおける英文学」の研究に携われて来られた島田謹二氏の注目すべき大著である。（中略）フランスの英文学者ルイ・カザミアン（一八七七―一九六五）の研究、とくにイギリス研究の全容にアプローチする本書は、たんにイギリス文学研究のみならず、比較文化・比較文学研究上の成果としても看過できない卓見にみちている。（中略）

著者は「フランスにおける英文学」の研究を基にして比較文学の道に入られたとも「緒言」に述べられているが、周知のように、日本比較文学の草分けであり、今日なお第一人者として不動の位置に輝いている碩学である。その碩学がまさに生涯をかけて纏められた本書はルイ・カザミアンという学者の研究の全貌をあきらかにする目的のもとに、外国人が外国文学を研究することの意義を探るものでもあり、後進の研究者にさまざまな教示をあたえてくれる。（中略）著者のような碩学にして初めて可能な魅力溢れる研究であり、広く江湖に知られてよい業績であるが、原綴を添えた人名・書名の索引がないのが唯一の瑕瑾として残念に思われてならない。

『比較文学』第三三号（平三・三、日本比較文学会）に書評を寄稿したのは、カザミヤン研究の文字通りの後継者であり、『イギリス魂―その歴史的風貌』（一九七三）や『近代英国―その展開―』（一九七三）、『シェークスピのユーモア』（一九七八）、『大英国―歴史と風景』（一九八五）を石川（旧姓吉住）京子（一九三六―一九八五）と共に翻訳した手塚リリ子（一九三四―）である。

緒言によると、著者は一九二八年頃から約六〇年間、「文化を異にする外国人の立場から」なされ多大な成果を収めた、フランス人の英文学研究を手がけてこられた。（前略）総合的英国研究を開拓したルイ・カザミヤンの業績を徹底的に「分解し追求し解明」することこそ、同じ外国人の立場でなされる、われわれ日本人の英文学研究に有益な暗示を与えることになる、と信じてこられた。『ルイ・カザミヤンの英国研究』は、こうした雄大な構想と熱き想いの下で、いずれ世に出る他の三人の業績研究とともに、「その本論をかたちづくる一部」として一足先に刊行されたものであり、著者の長年にわたる入念な研鑽の、ずっしりとした重みが感じられる。（中略）それぞれの内容、文体、方法論が明確に跡づけられ、浮き彫りにされ、併せてその現代的意義が問いただされているのであるから、本書をもって、カザミヤンの学風のほぼ全容が伝えられているといっても過言ではないように思われる。

実際、その学風の奥行きは見事に解明されている。すなわち、著者はまず、カザミヤンがテーヌ、ベルジャム、ベルクソン、ランソン他の大先達の「哲学、社会学、心理学その他、近代の学問を用い尽くして、独特の英国研究」の方法を開拓した、究めて「主知的な頭脳」の持主であることを、くり返し強調する。（中略）筆者の解説は、本国人には考え及ばぬ、外国人の英国研究の斬新な着想と切れ味とを、読者の前に披露してくれる。だがそれにも増して重みがあるのは、こうした思索的抽象的な傾向が深まるにつれ、「平明達意」だった初期の文体が次第に「できるだけ多くの意味を一語一語にもたせよう」とする、極めて含蓄に富んだものに変化していき、ついに『英国魂』では、その緊張度が「息苦しいまで」に達した、という著者の指摘である。そして「この小冊子は要約を許さない。この小冊子自体が密度の濃い一つの要約であるからである。……ときどきは、微妙な観察、透徹した洞察、深刻な思想が、たった一句のなかに結晶している。たくさんの事柄が、わずかな数語のなかにかき集められている。この密集した構成の要石は、第三章のなかにある。わずか五ページの短い容積のなかに、長い瞑想のあとに成る注釈がぎっちりとはめ込まれている」（五二〇頁）というくだりは、本書の中でも最も研ぎ澄まされ、カザミヤン的「緊張度」をはらんだ名解説といえよう。（中略）「カザミヤンという最も適任な研究者」を得たことは「英国にとっても幸福だといわねばならない」という、最後の章における著者のことばには無類の説得力がある。それはまた同時に、島田謹二という最も適任な研究者によってカザミヤンの学風を知りうる日本の学徒たちの幸福感ともつながるように思われるのは、筆者一人の感慨であろうか。

ただ一つ、巻末の参考文献表の中に著者自身による名訳、『英国における心理の展開と文学』（「キャザミヤン英文學思潮史」として、一九三七—四〇年、『臺大文學』連載）と「イギリス浪漫派の汎神論的直感」（青山学院大学『英文学思潮』一九五五年）が含まれていないのが惜しまれる。

『比較文學研究』第五九号（平三・六）に書評を書いたのは、衣笠正晃（比較文学文化課程平成元年度終了）である。冒頭と感想の一部を掲げたい。

開いた本のページに怜悧なまなざしを注ぐ、ルイ・カザミヤン。壮年の彼の肖像をカバーに付したこの大著は、著者島田謹二先生がその「学的青春」を捧げられた、「フランスにおける英文学」研究の成果の一端である。半世紀をこえる推敲を経て公にされた一巻は、手に取ればずっしりと重い。それを満たしているのは、明るい、読み手を対象へとまっすぐに導く力とつやにあふれた文章である。先生のみごとな語り口のなかで、カザミヤンが、彼が扱うテキストが、先生と一体となって息づいている。（後略）

本書で先生は、ノルマリヤン時代から一九三〇年代末にいたるまでのカザミヤンの単行書、その他雑誌論文、書評、講演録なども細大あわせて検証し、あわせて扱われた諸作品についても原典・諸研究にあたることで、彼の業績の全貌、彼の目を通してみた英国の姿を明らかにすることを目指しておられる。その言葉に、カザミヤンの意見の要約という紹介の仕方自体が一つの解釈であると信ずる、とあるが、終始テクストに密着する方法がとられており、紙背に徹するエクスプリカシオンによって、著者のカザミヤン観、ひいては学問観がみごとに浮かび上がっている。（中略）読者に圧倒的な重みをもって迫ってくるのは、末尾に近いくだりである。そこで先生は、カザミヤンの諸説も結局は「仮設」にすぎないと述べ、こう続けられる。

現在最善の力を尽くして信じうるものに立脚地を求めなければ、どこにわれわれの立脚地を求めよう。その立脚地の崩れるか崩れないかは明日が決定する。その明日を誰が心あてにすることができよう。学徒としては、この世の生涯に許された短い「時」のあいだに、真理と信じられる仮設を立てて、多少なりとも客観的なものに寄与してゆくことが唯一無二の任務なのである。（五三八頁）

この問題を措いて、先生は彼の研究の最大の意義が「洞察力」にあると結論しておられるが、右に引いた言葉はそのカザミヤンの透徹した洞察力が先生の骨肉と化していることを如実に示してくれている。潑剌たる語り口の末に、先生の営々たる学究生活の、人生の重みにささえられたこの言葉が置かれている事実は、読み手を沈黙と反省にみちびかずには置かない。

ページを繰るごとに、お目にかかった折の先生の、矍鑠たるお話ぶりが彷彿とした。著者の呼吸を感じさせる文章は、学術書に限らず得がたい体験である。

『英文学研究』第六九巻第一号（平四・九、日本英文学会）に書評を寄せたのは金谷展雄（津田塾大学教授）である。

著者は、献辞と緒言の中でこの見事な大著を小研究と呼ぶ。おそらくそれは、本書が、十八世紀から一八八〇年までフランスにおけるイギリス研究を略述した後、ベルジャム、アンジェリエ、ルグイ、カザミヤンの四大家を論じる気宇広大な〈フランスにおける英文学研究〉の一部にすぎないからだろう。だが筆者には、浅学でありながら研究のエネルギーに乏しい後進を叱咤する鞭にもきこえる。なぜなら、本書は、外国人が異文化をどこまで解明しうるか、またその試みにどれほどの意味があるか、という切実な問いに一つの展望を開いて、後進を勇気づけてくれるからである。実際ここには、二重に実例が示されている。フランス人が愛憎のこもる歴史を交わしてきた隣国のイギリス人、およびその文学と社会をどう見るか、そして、そのフランス人のイギリス観を遠い日本人がどう見るか、それが二重写しとなって、外国文化研究のあり方と存在理由を読者に問いかけてくる。イギリス本国でも英文学研究のあり方が問われている今、本書の示す方法と成果は研究者に希望を与えてくれる。

著者が示すところでは、カザミヤンの考え方は集団心理学に基礎をおいている。イギリス人の魂には二つの大きな傾向があり、それらは時計の振り子のように揺れ動く。つまり、本能的傾向と理性的傾向の時間が経過とともに一方から他方に移動する。それは当然イギリスの文化に反映することになるが、その文化とは「英国という一つの国民の物質的精神的活動の全部」のことである。従って、文学は、他のイギリス人の諸活動を映し出すとともに、それらと複雑に連関しながら動く。こういった考え方が、ところどころ表現を変えながら、本書全体に一貫してみられる。ついでながら、ここには、イギリス文学の研究とイギリス研究が重なりあうことも示唆されている。（後略）

秋山研究第二弾

昭和四四年七月に『アメリカにおける秋山真之——明治期日本人の一肖像』を刊行した直後から、多方面にわたる著述を続けながら「秋山」関連の著作活動はとぎれることがない。そして講演や対談を依頼されることもしばしば、新聞や雑誌への寄稿も頻繁で、雑誌『浪曼』や『學鐙』への長期の連載はその最たるものである。「評伝「秋山真之」を書き継ぐ」（昭六一・三、『山形新聞』など）、「ミニ伝記―名将「秋山真之伝」四千枚を書いた私」（昭六一・五、『新潮45』）を書いてから四年、『アメリカにおける秋山真之』を刊行してからでは二一年後になる、平成二（一九九〇）年五月、「明治ナショナリズム研究」第三作目の『ロシヤ戦争前夜の秋山真之――明治期日本人の一肖像［一九〇〇年二月―一九〇二年七月］』『ロシヤ戦争前夜の秋山真之――［一九〇二年七月―一九〇四年四月］』（朝日新聞社刊）の二冊を刊行した。書は、第一作と同様に秋山季子夫人に献じられている。原稿用紙三〇〇〇枚に及ぶ大作の刊行であった。

このときから四ヶ月後、生涯における雑誌への最後の寄稿「秋山真之を書く前のこと」を公にしたとき、季子夫人を訪ねて直に聴いた秋山中将の言葉や書簡の内容を深く解しつつ、思い出を語っている。思い返すと、『アメリカにおける秋山真之』を刊行する二年前に夫人は他界していた。前出「秋山真之を書く前のこと」（平二・九『學鐙』八七・九）の文末には次のように書かれている。

私は今度の著書を、宿願のごとく秋山季子夫人に献げた。もうその現身《うつしみ》は、この世には在《おわ》さないが、はかり知れない謝恩の情をたたみ込んで、つつしんでその御霊前に。

五月二八日（月）夕刻五時、三月に刊行された『ルイ・カザミヤンの英国研究』（白水社）と合わせ、出版記念祝賀会（第一部）が、富士川英郎、司馬遼太郎、西川満が発起人となり、平川祐弘司会のもと神田の学士会館で行われた。島田の左右メインテーブルに下村寅太郎、犬養孝、秋山中《ただし》、波多野完治、内田一臣《かずとみ》、中谷孝雄、中村悌次、富士川英郎、市来俊男、司馬遼太郎、みどり夫人、大石尚子、西川満、小川和夫、小山弘志、大塚幸男、衛藤瀋吉、吉岡英一、佐伯彰一、中村忠行が、島田の正面近くには石井正之助、高城知子、西條嫩子、小菅東洋、戸高一成、平田久雄等、知友、門弟百五十人が出席した。最初に祝辞を述べたのは司馬遼太郎であった。出会ったころの話から、島田が、海軍少年だったことなどについて熱心に語るのを聴いた思い出を語って、三部作完成までに傾けた島田の多年の労苦をねぎらった。心のこもった祝辞のごく一部が『朝日新聞』夕刊（六・一二）「点描」に掲載されている。

この三部作には島田先生のあらゆるものが出ている。今度の本では砲術のことなど、海軍のプロでも書けないと思われるくらい詳しく書いており、先生の博学、資料の博捜ぶりはたいしたものだ。私には神様みたいな方だが、こうしたご著書を前にすると、『坂の上の雲』という私の小さな著述がさらに小さくなる思いがする。

下村寅太郎の乾杯の発声のあと、内田一臣、秋山中《ただし》、犬養孝、

愛犬リカと
於西大井の住居

波多野完治、佐伯彰一、衛藤瀋吉、奥井潔、芳賀徹、亀井俊介、小堀桂一郎が祝辞を述べた。一次会の様子は、加藤百合の報告に詳しく書かれている。（平三・六『比較文學研究』第五九号）一次会への参集者が多いためと時間を調整して出席の便宜をはかるために、第二部の祝賀会は七時三〇分から設定された。メインテーブルには、司馬遼太郎、みどり夫人、佐久間一、西川満、福田陸太郎、本庄桂輔、安東伸介、佐々木満子、北原隆太郎他、一次会に出席した人など六〇人が出席して第一部同様、著者と著書を語る盛んな会となった。司馬遼太郎のスピーチの後、乾杯の発声は西川満、佐久間一、福田陸太郎、安東伸介、平川祐弘が祝辞を述べた。会が終わって時間がおしているのに、立ち去りがたく見まもる人の中、二次会にまでも出席した司馬夫妻に、島田は若き日に翻訳した『マラルメ令嬢の手扇』（西川満の人間の星社から刊行されて間もない九部限定の稀覯本）を贈り、別れ難そうに握手をして再会を誓っていた。しかし、二人はこの時を最後に相会うことはない。

『ロシヤ戦争前夜の秋山真之』評（一）

大著の評は次々と現われた。この書と著者に触れる記事が『学内広報』第八六四号（六・四、東京大学広報委員会）に「学者の生き方変るべし」として掲載された。

最近、島田謹二著『ルイ・カザミヤンの英国研究』（白水社）、同『ロシヤ革命《(ママ)》前夜の秋山真之』上下（朝日新聞社）、富士川英郎著『菅茶山』上下（福武書店）といった大著が、相ついで出版された。どれもまことに讃嘆すべき本だが、いまその内容を語るのが拙文の目的ではない。

島田先生は一九〇一年生れと奥付にあるから、今年八十九歳、東大を停年でやめられてから三十年近くなられる勘定だ。富士川先生は一九〇九年生れで、今年八十歳、東大ご停年後二十年たたれたことになる。両先生とも、東大在職中から多数のすぐれた著作をものされ、第一級の学者であられた。しかし英語の島田教授が秋山真之について、ドイツ語の富士川教授が菅茶山について、このように巨大なお仕事をなされようとは、はた目には想像及ばなかった。両先生とも、東大退官後に、そのお仕事の規模も、表現の自由さや高雅さも、目を見張るばかりに増してこられた。

こういう学者は、もちろんほかの分野にも多くなってきているだろう。そしてそういうかたがたがもと東大教授であられたことは、東大にとって名誉である。しかし考えてみると、この先生たちにとって、東大教授というのは学者としての一つの過程にすぎなかったのではないだろうか。その先が余りにも大きい。

人生五十年とされていた頃は、東大教授は功成り名遂げた地位たりえたかもしれない。それが虚名でも、世間は信じた。いまでも、一部に信じている人がいるらしい。だから何かことがあると世間は騒ぐ。いや、実のところ、東大の中にもそれを信じている人がいるような気がする。なにかお偉そうだが、よく見るともう先は下りばかりといった悲しい顔の人びと。

しかし、日本がいまや世界有数の長寿国になったことと合わせて、学者のイメージも、生き方も、長期的なものに転換することが必要ではないか。先の両先生のお仕事を見ている と、何よりもまず若々しい好奇心と、持続し発展する精神活動とを、学び取りたい気持に駆られる。（猿）

七月になると、『ロシヤ戦争前夜の秋山真之』の書評が新聞等に出はじめ、菅野昭正（一九三〇―）の「知性・見識備えた参謀」は『朝日新聞』（平一一・七・八）《読書欄》に、北岡伸一（一九四八―）の「海軍参謀の独創的な戦術」は『読売新聞』（七・九）に掲載された。菅野は、「秋山の視野は軍事・軍略だけに狭く限られていない。近代国家の枠のなかで軍隊がどう位置づけられているか。要するに、軍隊のありかたを柔軟に見ようとしているところに、著者は焦点をあわせている」ことを指摘し、後半で次のように書いている。

細かなことにふれたら切りがないが、ここには優れた知性と識見を備えた海軍参謀の像が、彷彿（ほうふつ）とよみがえってくる。また、この人物の能力を最大限に生かして、組織を整えて行く日本海軍の輪郭も見えてくる。のみならず、「満韓」の権益をめぐる日露の対立を軸とする国際政治の力学や、その緊迫した情勢のなかでのジャーナリズムの動向にも、しかるべき目配りがきちんとされている。

もうひとつ忘れてはならないことは、著者が秋山を文章家としても高く評価していることである。「序の章」にあの「本日天気晴朗ナレドモ浪高シ」の用語やリズムの分析があり、評価に十分な根拠のあることが納得できる。そのあと何度か出てくる文章、たとえば「戦策」の文体論的な効果などもっと聞いてみたいと思うのは、たぶん評者ひとりだけではあるまい。それはともあれ、明治の「ナショナリズムの戦士」、その気運のなかにある海軍のすがたを、これ以上に精密に書くのは至難の業であろう。ここに克明にうかびあがってくるナショナリズムが、日本にとって何であったのか、それはまた別の問題である。が、そんな問いを誘いださずにおかないのも、この大冊の効用であるにちがいない。

北岡の書評は、後日（二一・八）更に詳しく書かれて、*GAIKO FORUMU* 六八（平二一・八）に掲載されたので、これを紹介しておきたい。

海軍の熱い期待を背負ってアメリカに留学した俊才・秋山真之の日々を克明に描いた名著、『アメリカにおける秋山真之』が出版されたのは、一九六九年のことであった。その中で予告されていた続編が、すなわち本書である。前編から数えて二十一年、姉妹編である『ロシヤにおける広瀬武夫』から数えれば二十九年、しかも全二作をはるかにしのぐ二段組み一二四六ページの大著である。著者八十九歳の快挙には、ただ脱帽のほかはない。

（中略）秋山は一九〇三年末、連合艦隊参謀に転じ、日露戦争を迎えることとなる。

当時の日本海軍の問題は、艦船の不足だけではなかった。艦船を制御操縦する技術がはなはだ未熟であった。しかしそれこそは、きわめて奥行きの深い複雑な技術であって、近代文明の精髄ともいうべきものであった。これを対ロシア戦争に間に合わせるための秋山を中心とする海軍軍人の必死の努力が、すなわち本書のテーマである。

この努力の跡を明らかにするため、著者は秋山の得た情報、書きのこした文書を可能な限り追い求め、当時の海軍の俊秀たちの見た現実を再構成しようとする。資料の博捜ぶりはまことに徹底したものであり、細部の叙述も詳細をきわめる。慌ただしい時代に生きる現代人には、やや冗長で詳しすぎるかもしれないけれども、こういう細部の充実こそ、歴史の魅力の真髄だと歓迎する人もあるだろう。

なお著者は、史料の羅列を無味乾燥だとして排斥し、綿密な史料を裏づけとしつつ、登場人物がそのまま話す小説風のスタイルを採用している。たとえば秋山の海軍大学校での講義の場面では、「このとき戦法としてとるべきものは、これまたT字戦法です。ただ敵を一つにして戦うことが肝要です、と注意して、秋山はこう講じた」という具合である。ときにかなり主観的すぎると思われるところもあるが、効果的である。

著者は、近代日本文学の研究がその研究分野を限定してしまったことを批判し、そこから抜け落ちたものにナショナリズムの文学があると指摘した。そして秋山の「敵艦見ユトノ警報ニ接シ、連合艦隊ハ直チニ出動、コレヲ撃滅セントス。本日天気晴朗ナレドモ浪高シ」という有名な電報にナショナリズム文学の真髄を見出した。それは、簡潔な表現と歯切れのよいリズムの中に、視界の良さ（日本海軍は霧が苦手）と波の高さ（舷の高い日本海軍に有利）を的確に伝え、晴れ渡った日本海の美しさの中に、全軍にみなぎる志気を伝える、明治ナショナリズム文学の最高峰だと著者は言う。

こうして始まった著者のナショナリズム文学の起源を訪ねる旅は、本書によって完結された。それを閉じるにあたり、著者は、連合艦隊とともに出撃する秋山を見送る夫人季子の心を、与謝野寛の歌を借りて歌いあげる。「なつかしき想ひや夢やましら羽の鳥とぶ空や瑠璃の潮や」それに続けて、秋山の親友・広瀬武夫の「勇々シサヲ何ト譬ヘン海ノ上ニ、征途ヲ送ル万歳ノ声」を並べる。背景の佐世保港に流れていたはずの軍艦マーチの歌詞が、繰返し繰返しあらわれる。紺碧の海を行く快速の軍艦と、一流の海軍を目指して世界を駆け巡った秋山の辛苦の日々と、その後を追い続けた著者の年月が重なり合って、飛び去っていく。壮大な叙事詩の見事な結末というべきであろう。

『ロシヤ戦争前夜の秋山真之』評（二）

「日露海戦完勝を演出した参謀」を『週刊ポスト』（平二・七・二七）に掲げたのは入江隆則（一九三五—）である。

島田謹二氏は『アメリカにおける秋山真之』と『ロシヤにおける広瀬武夫』という二冊の名著によって知られる比較文学者である。研究対象として秋山真之、広瀬武夫という明治時代の二人の軍人を選び比較文学・比較文化の研究領域を拡大した独創性と見識は高く評価されていたが、その島田氏が再び秋山をとりあげて一九〇〇年二月から一九〇四年二月までの四年間に的をしぼり、日露戦争直前の動静を広くかつ深くまた可能な限り緻密に再現したのが本書である。秋山真之はいうまでもなく東郷指令長官の参謀として日本海海戦を勝利に導いた立役者であり、世界の戦史に稀な完勝のシナリオを書き、そのための作戦を練り上げた男である。それがどれだけ血のにじむような努力の結果だったかは本書を読むとよくわかり、まったく頭の下がる思いがする。当時のロシアが世界の大国だったのに較べて、日本はペリーの黒船に脅かされてほんの半世紀前に開国したばかりの見るも哀れな小国だった。日本が勝てると思う人はほとんどいなかった。もしこの戦争に日本が負けていたらと想像するといまだに背筋が寒くなる。中国も朝鮮半島も日本の一部もしくは全部が西欧諸国の植民地になっていたことはほぼ間違いなく、その後のアジアの歴史はまったく違った様相を示していただろう。本書はそのことを誰よりもよく自覚していた男の、緊張と武士的な美学に彩られた四年間の記録である。（中略）島田氏の著述には近代日本の青年期ともいうべきこの時代への愛着が感じられ、また秋山真之という人物への深い尊敬と共感が溢れている。また手にしうる限りの資料をよく消化していて見事と言う他はない。物質的には限りなく豊かではあるが精神は限りなく弛緩しきった現代とはまったく異質な、八十年前の日本を実感するには本書以外のものはない。広く読まれるのを期待したい。

NIKKEI BUSINESS（平二・九・二四号）「私の一冊」でこ

の書について書くのは橋口収（一九二二―二〇〇五）である。

この本は、主人公である海軍軍人、秋山真之（さねゆき）のある時期（一九〇〇年二月～一九〇四年二月）における活動や業績をきわめて詳細に、また驚くほど丹念に追跡して検証したものである。

しかも、秋山についての評伝形式をとりながら、当時の歴史や日本を巡る国際関係という日本の興隆期の究明を通じて、明治の最も緊張、高揚した時期を浮き彫りにしようとする壮大な意図を持ったものである。（中略）

それと同時に、そこには、人間、秋山についての過度の思い入れや情緒的傾斜はない。

極力、事実や原資料に基づいて語るという、学問的手法をとっている。

それゆえに、と言おうか、この本は前2作と同様に、速読、読み飛ばしを決して許さないのである。プロットや結末だけを追おうとする、せっかちな読者には、この本は背を向けてしまうだろう。

著者、島田氏がどんな細部の事象も調べ上げ、心血を注いで書き込んだ各ページのデテールにこそこの本の真価があるからだ。（中略）

さらに、全文に示される著者の学問的良心には、ただ驚嘆、敬服するほかない。どのページにも、動かしがたい真実があり、キラリと光る珠玉の名言があり、なによりも強い人間の誠実な行動がある。（中略）

最後まで読み通して、良書に巡り合ったという喜びに加えて、ズシリと重いが、さわやかな読後感の残る、最近の快作である。

『文化会議』第二五八号（平二・一二）に「明治前期ナショナリズムの実像に迫る」を書いたのは池田清（一九二五―二〇〇六）である。

（前略）本書は、この日本海海戦にいたる秋山の兵学形成の軌跡を詳細に追求しつつ、日清、日露両戦争間のいわゆる「臥薪嘗胆」時代の実相を照射した大作である。著者の島田氏にはすでに、『ロシヤにおける広瀬武夫』（朝日新聞社、一九六一年）、『アメリカにおける秋山真之』（朝日新聞社、一九六九年）によって、明治期ナショナリズム文学のすぐれた研究者として著名である。この大作は、以上の諸業績を踏まえた上での完結編といえよう。

氏は、著者がこの本で、とくに留意した問題点が少なくとも三つある、と指摘して、（一）臥薪嘗胆の実相（臥薪嘗胆の内実は対露恐怖であった）、（二）文明摂取の姿勢（軍人を含む明治期エリート層の外国理解の質）、（三）秋山流兵学（日本海海戦を圧勝に導いた戦術・戦務・戦略の形成過程）について詳説した。

本書の中で、著者がとくに力点を置いて詳述しているのは、この秋山兵学の成立過程であり、その「基本戦術」、「海軍戦務」、「開国戦略」の概要である。（中略）

要するに秋山兵学の枠は、彼の外国理解と同じく距離を置いた物の見方であり、当然ながら兵学の相対性、武力自体の限界を力説する。（下巻九〇五頁の引用文省略）

こうした近代兵学の限界認識こそ、秋山がアメリカ留学時代から実地に体得した根本思想であり、彼が単なる軍事専門家に堕しなかったことを示している。（中略）

最後に読後の印象をつけ加えてこの小論を終わる。秋山の五カ年間の言動を、実に綿密に追跡した著者の執念にまず驚嘆させられた。今日の若い世代には名さえ知られぬ秋山という一軍人のある時期を浮彫りしつつ、明治前期ナショナリズムの実像に迫った点で、前著『アメリカにおける秋山真之』、『ロシヤにおける広瀬武夫』とともに、明治史研究上の必読書となろう。過大に評価されがちなロシア戦争前における反戦思想についても、その歴史的位置づけは当を得ている。

感銘を受けた第二は、膨大な資料の渉猟とその厳密な考証である。「終わりの章この研究の資料について」が示しているように、旧日本海軍が残した第一級資料の公文書の外、外国海軍に関する専門書、手紙、個人日記等が引用されている。また艦隊運動程式や射撃成績の図表など、ほとんど網羅的に図示されて、読者の理解を助けている。こうした資料の収集と資料解釈についての著者の精細を極めた研究姿勢、また資料と資料の谷間を埋める著者の豊かな追体験力こそ、本書を信頼できる第一級の明治史研究書たらしめたものであろう。

かつて、『日本文学三六五日――上』（昭四九・一二講談社現代新書）で、「敵軍の友に送る一掬の情」と題して『ロシヤにおける広瀬武夫』を紹介した板坂元（一九二二―）は、「書斎日記二一」（平四・一一・一『朝日新聞』）でこの書にふれている。

（前略）講義の準備に読んだ『ロシヤ戦争前夜の秋山真之―明治期日本人の一肖像』（朝日新聞社）の島田謹二先生も一九〇一年生れだ。千二百ページに余る大著は、老齢を少しも感じさせない。「明治三六年二月六日の午後一時にすこし近い。日本の美しい空は、爽やかな海風の中に、いよいよ晴れわたって行く。」という、この大著の最後の文は、まるで青年の文のように若々しい。日露戦争時の著者の思いが吹き出したような感動が伝わってくる。

著書の評ではないが、秋山研究の第二作を献じた安東次男氏からの礼状（六月上旬贈られた抜刷りにはさまれていた）には次のように書かれていた。

いよいよお元気の御様子、大慶に存じます。

当方両眼手術して二年、さらに左半身熱傷を負うて一年、ようやく同封の抜刷りまでたどりつきました。ハラノ切リザマごらんに入れます。
　このたびの御高著、来し方のお仕事とも併へ、朝日賞に推させていただきました。朗報を願いつゝ
　　島田先生　　　　　　　　流火

氏が熱傷されてしばらくしてから電話をいただいたご縁を思って謹んで掲げさせていただく。

第十一章　名残の夢

一　「フランス派英文学研究」をまとめつつ

菊池寛賞

平成二年九月、「秋山真之を書く前のこと」を『學鐙』に寄稿、「広瀬武夫」が『國史大辞典』に収録された。一〇月一七日、「日本における比較文学研究の創始者。あえて軍人研究をテーマに選び、秋山真之、広瀬武夫という二人の典型的な明治軍人の肖像をいきいきと描いた」ことにより、第三八回菊池寛賞受章（財団法人日本文学振興会）が決定した。一二月六日、ホテルオークラにおいて菊池寛賞授賞式があった。「受賞者のプロフィル」には以下のように書かれている。

日本における比較文学の泰斗ともいえる島田氏の業績については、いまさら多言を要しまい。フランスの英文学研究に先駆的方法論を見出し、日本人にとっての外国文学研究の道を確立したのは、氏が台北高校で教鞭をとった二十八歳からの十余年間の時期であり、この研鑽の成果は幾多の論文はむろん、本年出版した『ルイ・カザミヤンの英国研究』においても見事に結晶化されている。また昭和二十八年東大に比較文学の大学院が誕生すると、初代主任教授に任じられた通り、日本の比較文学研究の礎を築き上げたのは氏である。その精華としては、昭和五十一年に学士院賞を受賞した『日本における外国文学』がまずあげられよう。

しかし、島田氏の学究としての領域は、さらに目を瞠る広がりをもっている。戦後一高で教えた一時期、課外の『即興詩人』の講義が一高生に深い感銘をあたえたというエピソードや、佐藤春夫との親しい交流からもわかるように、氏の卓抜な審美の眼力、西洋文化が日本人へ与えた影響に関する深い造詣は、昭和三十六年の『ロシヤにおける広瀬武夫』、四十四年の『アメリカにおける秋山真之』両著での明治期の帝国海軍軍人研究において遺憾なく発揮された。軍人研究という学界において長くタブーであった分野を一挙に開花させ、明治軍人がいかに深い国際的視野を擁していたかを実証したこの仕事は、明治ナショナリズム研究の白眉といわれる。

さらに、満八十九歳を迎えた今年、氏は『ロシヤ戦争前夜の秋山真之――明治期日本人の一肖像』一二四〇頁の大冊を刊行。「自然、社会はいざ知らず、少くとも人文の学問は、齢とともに視野が高く広くなってこそいよいよ深くなるものであることを、先生の著作は力強く示している」との芳賀徹氏の言葉通り、その旺盛な学問的情熱はまさに衰えを知らないのである。

先の文中、芳賀氏の言葉は、「島田先生はまさに横綱相撲ばかりとってきた（中略）九十になろうとするこの碩学は、いまなお「若く美しい学問」として日本派比較文学を支え導いておられる」（前記「島田謹二先生の受賞をよろこぶ―日本人文学の「横綱」」）につづくものである。

授賞式の直前には、挨拶に馳せ参じた芳賀徹、平川祐弘のお祝いの言葉を受け、そのあと玉庭の間で行われた祝賀パーティでは、共に受賞した八木義徳、児島襄、兼高かおると歓談したり、写真撮影をしたり、喜びに溢れる中でさらに親しく語ったのは、富士川英郎、小堀桂一郎、小川和夫、高城知子、尾崎秀樹、内田一臣、神田孝夫、小菅東洋、河竹登志夫、小田島雄志、芳賀知子、小野悦子、牛山百合子等であった。

この年も終わりに近い二〇日、東大駒場に於いて、教授たち、卒業生、学生のために、川本皓嗣司会のもと、「日本の英文学研究」の先駆者としてその発展に尽力し、情熱をそそいで多くの学生たちを導き養成した本拠地ともいえる駒場で行う、これが最後の講演となった。

文化功労者

平成三年、新年早々から、フランス派英文学研究の「アレクサンドル・ベルジャム」に関する旧稿に目を通し、執筆に打込みつつ、手伝いをし、支えてくれる吉野喜美子、青木仁子を相手に語ってすこぶる元気であった。「源氏の会」では、前述したようなことを語り、「漱石を読む会」では、「日本文学に及ぼした西洋文学の影響」という観点から、近代文学を学ぶために読むべき作家、作品を挙げて、シェイクスピアは『マクベス』と『オセロ』を、ゲーテは、『ウェルテル』と『ファウスト』を、ツルゲーネフは、『片恋』と『あひびき』（二葉亭四迷訳）を題材にして詳説した。打込んでいるフランス派英文学研究は休むことなくつづけて、毎週金曜日には自宅で研究の一端をレギュラーに語り出した。「源氏の会」の「孟沂の話」は年がかわって六月末まで続いた。

平成四（一九九二）年、一月十一日から「源氏の会」で「私の芸術論」を語りはじめ、十月まで「書物の社会的運命について」「作品の評価、批評について――サント・ブーブからテーヌまで」「マラルメについて」「半獣神の午後」「日本文芸総覧」「キリスト教、ローマ、西洋について」の話をした。六月五日には、川本皓嗣著『日本詩歌の伝統――七と五の詩学』（平三・一一　岩波書店）出版記念会（於駒場エミナース）に出席して、博士号取得の秀れた業績に対して讃辞を述べ、十月の旧制第一高等学校での教え子の集まりにも元気な顔を見せて歓談した。この年もまた意義深い年である。一一月三日、「日本における外国文学――比較文学研究」により、「西欧文学の移植、定着の歴史を具体的な作品分析によって実証的に跡づけ、従来の研究の及ばなかった面を解明したこと」が評価され、文化功労者に顕彰された。各新聞やテレビで報道されると、全国の知友、門弟からお祝いの言葉が寄せられ、多くの来訪者を迎えて喜びの日が続いた。あわただしくＮＨＫテレビの取材にも応じた。一一月一四日には、大森駅ビル五階の「高松」で祝賀会が開かれ、参集した教え子たちに囲まれて歓談し、至福の時をすごした。そして、一二月一三日の神田学士会館における祝賀会とつづき、各界から多数の人が集まって盛大な会になった。小堀桂一郎司会のもと、万葉学者の犬養孝が、「一つ松幾夜か経ぬる吹く風の声の清きは年深みかも」を朗詠して祝杯の発声をし、元海上自衛隊幕僚長内田一臣、日本比較文学会会長河竹登志夫、詩人で比較文学者の福田陸太郎、歌人山川京子、山梨英和短期大学学長小菅東洋、元東大教養学部長本間長世が祝辞を述べた。自由に動ける食事の間にも後にも、功労者を囲んで談笑がつづき、記念撮影で賑わい、歓談がつづいて喜びが会場に溢れた。会のしめくくりは芳賀徹のスピーチで、四十数年前（昭和二三年）島田の特別講義で聴いた『海潮音』の「春の貢」（ダンテ・ガブリエル・ロセッティ作）を「島田ぶし」で詠唱してみなを喜ばせ、師の「文化功労者への顕彰」を讃えると共に、孫弟子にあたる若い研究者たちの広い活躍のことを報告した。花束贈呈の後、マイクの前に立った島田は、「人の感動を自分のものにする」と話して取り出したのは『長塚節歌集』、折々に「源氏の会」でも語っていた歌五首を朗読した。その一首は

鬼怒川の篠に交れる鳴路草は刈る人なしに老ゆといはずやも

「この一夜の会合をとこしえに忘れません」と、静寂の中で朗詠に耳を傾けた参会者たちに向って壇上から最後の挨拶をした。大きな拍手が起こった。閉会となり、参会者全員が見守る中、親しく何人かに話しかけながら、手を挙げ、握手を交わして出口に向うが、なかなか進まない。人波がなくなると、ふり返って戻り、また別れを惜しみつつ話しかけた。去り難い気持が表れて、興奮ぎみに大きな声で話しかけるときの表情は紅潮して若々しく、年が明けると九二歳になる人とは到底思われなかった。会の様子は、平川節子の「島田謹二先生文化功労賞受賞祝賀会」（『比較文學研究』第六三号）に詳しい。

入院

祝賀会の後、感情的に烈しく波打つということが何回かあったが、健康には問題がなく、頭脳も明晰であった。年頭から、フランス派英文学研究に着手し、旧稿の訂正など意欲的にすすめていたが、このころになると、常に一緒にいる身内には、体力や気力の衰えの兆しが見えていたのであろうか。置いたところに物がないとか、必要な資料がすぐに見つからないとかすると、いらいらして怒りっぽくなることがあると、聞くようになった。「父も少し、恍惚の兆候が現れ始めていたので（中略）まるで幼児であった」（前出『筏かづらの家』）ことを後に知るようになったが、その頃時々訪ねてはする世間話や文献資料の

ことや人名書名などの話をする時には、しっかりしていて普通に見え、何の変化も見られないようであった。「本人は、他人様の前ではちゃんとして、普通に見えるので、外部の人には理解できないのである」(『筏かづらの家』)ということなのだろうかと思われた。ところが、明け方に寝室でドタンバタンと音をたてて大声を上げたり、リビングに本を散乱させ、「今、ドロボーが入った」と朝早く電話口で喚いたりしたことから警察がやってきたというのである。安東伸介教授に電話をして頼んでいたらしい。勿論泥棒が侵入したということはない。救急車を要請して東邦医大付属大森病院に搬送されたのは一月一八日午前七時過ぎであった。『筏かづらの家』の表現によれば、「ドロボー」「宇宙人」などと大声で喚いたということなどからしばらくやすみ、「注射で安定をとりもどした」ところで、新宿の病院に回ることになった。その後、笑いながら時々「幽閉されている」と洩らしながらも、日と共に回復して落ち着き、数冊の本や雑誌を手に取るようになった。『英語青年』の「片々録」に関係学会の記事を見つけては、「発表を聴いて、若い研究者を励ましてやりたい」と云った。訪れる人が少ないから、「〇〇はどうしてる　〇〇に会いたい」とも頻りに云った。一〇日ほどして、関係者で別の病院へ移ったらというような相談がなされ、「正常だから、退院してもよい」との院長の話で、病院を出る方向で話は進められた。ショートステイのできる場所を探してシルバーヴィラ哲学堂に行きついた。ここに移ったのは三月二五日である。明るくてきれいなヴィラが気に入って、フランス派英文学研究の口述筆記をはじめるほどに元気をとりもどした。

入居して数日後、ここに東京外国語学校の後輩皆川三郎(一九〇六—一九九八)がいることがわかって驚いた。食堂で話かけられたのである。皆川の話によると、島田は「同窓生が同じところに住めるなんて、いいなあ」と云った。時々互いの恩師千葉勉の話をした。「あの先生はおっかなかったが、なつかしい、あんなに堂々たる大学教授を見たことがない」とも云った。恩師から「島田を目指して励めよ」と後輩たちがよく言われたこと、自らも『日露戦争海外写真集』等を刊行していることなどから、秋山、廣瀬の話にも花が咲き、いつの間にかヴィラでは二人の老教授のことが話題になった。皆川は「あの大先生を大切にしてくれ」とくりかえしヘルパーさんたちに頼んでいた。

訪ねてくる教え子たちも多くなり、すこぶる元気に応接した。読書力も旺盛で、寄贈された本や雑誌を読破しては独特の批評を加えながら語り、晴れた日には散歩もし、満開の桜を楽しんだ。読書会では、「わが生い立ち、パリ大学での講義の思い出」を語った。

別れ

久しぶりに講義をし、熱心な聴講者に囲まれて懇談したことで穏やかに日は過ぎた。傍らにフランス派英文学研究の執筆草稿を置いて、引き続きの作業も意欲的である。ヴィラでの生活は、規則正しい。原稿の作成も無理のないように気力・体力に合わせて、着実にすすめた。口述が一区切りすると、ホッとしてお茶の時をたのしむ。それからふと「○○、○○はどうしてるかな」と云う口癖はかわらない。辞するときには、「今度いっしょに写真をとろう」と声をかけられた人、後ろ髪を引かれる気持で手を握りしめその場を離れた人が多かったろう。平成五年四月一三日（火）、午後から雨になり、訪ねる人は少なかった。午後一一時二〇分頃、臥床中右半身に異常を感じ、急遽江古田病院に入院することになった。駆けつけたときには意識があり、長女夫妻には、顔をくしゃくしゃにして、短く「有難う、すまぬ」と云ったという。一五日午後、病勢が急変して意識不明となり昏睡状態に入ってしまった。多くの人が声をかけたが意識は戻らず、四月二〇日午後三時五〇分、息をひきとった。病名は脳梗塞。享年九二歳、孜々として学びつづけ、情熱的に語り、聴く者を惹きつけ、魅了する文技を揮って書きつづけた生涯であった。いつも声に張りがあり、美しさがあり、個性的で、人が見てとてもかなわないという羨望があるといわれた、いわゆる知る人ぞ知る「島田ぶし」は永遠にきかれることはない。この夜、谷中の了俒寺で仮通夜が行われた。

各新聞に「日本の比較文学確立」「比較文学の草分け」等の見出しで訃報が載った。

「作家、司馬遼太郎氏の話」は『産経新聞』（四・二一）に掲載された。

驚いています。九十のお祝いのとき、幾人かの祝辞のあと、「九十で悪いんですか」と怒り出されたのには満場がわきました。そのあとも意欲的な仕事をされていました。学問としては比較文学の日本における先唱者ですが、そもそもは広瀬武夫（日露戦争で戦死した海軍軍人）が、ロシアに駐在中、海軍中将のお嬢さんにほれられたことにあったようですね。広瀬中佐の蔵書が戦後東京外大と東大に寄贈されたのを、島田先生が整理され、そのなかから、右のお嬢さんのラブレターが出てきました。フランス語でした。それに対して広瀬が英語で返事を書いたり、漢詩を書いて英訳を添えたりしたことが、島田先生にとって生きた比較文学の対象になったようです。『ロシヤにおける広瀬武夫』はじつに名作でした。偉大なる少年といった碩学（せきがく）でした。

みどり夫人は、「司馬さんの控室」（平九・一二『司馬遼太郎が語る日本　未公開講演録愛蔵版Ⅲ』）で次のように話している。

司馬さんと島田先生とは、まじめな顔で話をしたことがないかもしれませんね。尊敬はしていたけれど、いつも島田さんのことを話すときは笑顔だったもの。島田さんのこと、春の海みたいに思っていたんじゃないかしら

『朝日新聞』夕刊（四・二一）「素粒子」欄に、

比較文学の創始者、島田謹二逝く。『ロシヤにおける広瀬武

夫』に香る、気品と優しさ。

『朝日新聞』（四・二三）に「比較文学研究の草分け――「生涯学究」島田謹二氏を悼む」を書いたのは赤松俊輔である。

二十日、九十二歳で亡くなった島田謹二さんは、日本の比較文学研究の草分け的存在だった。（中略）島田さんは教えることに大変熱心で、戦後の食糧難時代にも、教師・学生ともすきっ腹の中、特設の課外授業で「即興詩人」などを情熱的に講義し、学生たちに感銘を与えたという。こうした指導にこたえて、同課程からは芳賀徹、平川祐弘、亀井俊介、小堀桂一郎さんらのすぐれた研究者が数多く育った。昨年だけでもこの研究室の出身者は、川本皓嗣さんら数人がサントリー学芸賞、大佛次郎賞、吉田秀和賞、小泉八雲賞などの賞を受けている。島田さんのまいた種は今見事に花開いている、といえるだろう。

島田さんの研究上の主テーマは「フランスにおける英文学研究」だが、それともう一つ、広瀬武夫や秋山真之ら海軍軍人を対象とする明治ナショナリズム研究にも打ち込んだ。これは、秋山が日本海海戦の直前に作成した報告電文「敵艦見ユ……本日天気晴朗ナレドモ浪高シ」など、国の命運を案じていた当時の日本人の心に深く食い入った点で文学の範疇に加えてしかるべきもの、との独自の文学観に基づいてのことのようだ。比較文学に新しい領域をひらく仕事だった。

三年前、三十余年かけた数千枚の明治ナショナリズム研究三部作を完成、この業績で菊池寛賞を受けた。さらに昨年、比較文学畑では初の文化功労者にも選ばれている。

四年ほど前、取材でお目にかかったが、大先生らしい構えなど露ほどもない率直な応答ぶりだった。その時、島田さんはもし自分に誇れるものがあるとすれば、それは定年退官後にむしろ一層よく勉強し、本当の講義ができるようになったことだと言った。そして、現在も日夜勉強している、自分が死んでだれか墓碑銘を書いてくれるなら「あいつはばかだったけれど、学ぶことだけは生涯続けた」と書いてくれていい、とも言った。

どこまでも明るく、さわやかに、自信をもってそう言い切った姿が今も胸に残っている。いかにも明治人らしい、熱と気骨を併せもつ学究だった。

四月二五日、桐ヶ谷斎場において通夜、翌二六日、葬儀・告別式が営まれた。葬儀委員長は、第一高等学校時代から故人の教えを受け、新制東京大学大学院比較文学比較文化専門課程第一期生でこの課程第六代主任東京大学教授芳賀徹。弔辞を述べたのは、小堀桂一郎（第八代東京大学比較文学比較文化専門課程主任）、奥井潔（台北高等学校時代の教え子で、後年東洋大学の同僚）、小菅東洋（招聘の時から関わり深く、故人の長い教授生活の最後の時期を共に過した山梨英和短期大学学長）、波多野完治（勤子夫人共々に故人の深い学識に学びながら、世間知において支援を惜しまなかった元御茶ノ水女子大学学長）。台北高等学校時代の教え子李登輝（元台湾総統）、森山真弓（元文部大臣）他からの弔電が披露され、最後に葬儀委員長の挨拶があった。五月二八日、閣議決定、正四位勲二等瑞宝章授与の伝達があった。二九日、四九日法要が菩提寺（台東区谷中七丁目一七番地二〇号天台宗随龍山了侊寺松岡廣泰住職）で営まれ、同墓地に埋葬された。法名は興学院師道謹厳大居士。納骨の儀式後、来会者は不忍池畔の「伊豆榮」でひととき故人を偲んだ。

二　遺　著

『華麗島文学志』

昭和一四年二月ごろ、「華麗島文学志」として一本になるべき研究の執筆が、三分の二以上完了していたこと、終戦後十数年して出版の見通しが見えたこと、しかし実現には至らなかった経緯、そして、その時からさらに一〇年以上も経ったころ、「華麗島文学志」として連載した一連の「台湾における日本文学研究」を本にしたいと強く希望したこと、写真版にしたものを再校正のために原稿用紙に一行おきに書きうつす作業をしたこと、『日本における外国文学』（下巻）に「南菜園の詩人籾山衣洲」他三編の研究が収録されるだけに終わったこと等については既に述べた。その後も「本にしたい」という話は何度も出たのに、実現しないままであったが、平川祐弘は、時期の到来と島田の積年の想いとを考え、平成七年六月、「日本詩人の台湾体験」という副題のもとに『華麗島文学志』（明治書院）の編纂刊行を実現した。「華麗島文学志」は日の目を見たのである。生前には果されなかった夢、この「華麗島文学志」は、数多い業績の中でも、特に徹底した調査に基づく貴重な仕事でありながら、台北帝大や台北高等学校でもあまり語ることなく、当時ほとんど毎月のように雑誌に寄稿、連載して打ち込んだ研究であった。

氏は、この書の「あとがき」で、島田の業績について、広瀬武夫や秋山真之について書いた「明治ナショナリズムの研究」を第一に、森鷗外や上田敏の翻訳文学の研究と島崎藤村や芥川龍之介などにおける西洋的材源研究を第二に、そして、カザミヤン、ベルジャム、アンジェリエ、ルグイの「フランス派英文学研究」を第三に、分野の上で大別されたあとで、この「台湾における日本文学研究」を第四において、次のように書いている。

（前略）島田教授は日本敗戦後十数年が経った時、『華麗島文学志』の出版助成金を申請し、学界にその申請を強くバック・アップする碩学がいて、その交付を受けたことがあった。しかし当時は出版界にいまだその期が熟していなかったためか、公刊されることなくて終った。

ところが近年、中国大陸と日本側の間で、過去の歴史を表面的に糊塗することを排し、過去をありしがままに見ようとする動きが盛んになった。旧満州における文学についての共同研究が盛んに行われるようになったのもその一例である。日本時代の台湾の文化についても、台湾側でも日本側でもきわめて率直に語るようになった。司馬遼太郎氏の『台湾紀行』（朝日新聞社一九九四年）はその代表例である。（中略）このような時こそ、本書を出すべき好機ではないかと思われた。

旧満州の文学ばかりではなく、南洋、樺太の日本文学を扱った文章も近年は目につく。しかし若き日の島田講師の『華麗島文学志』ほど徹底した学術的な調査が行われたものはいまだに少ない。

ところで生前の島田教授御本人は、「フランス派英文学研究」の刊行を強く望まれたのに対し、『華麗島文学志』の出版はなかば諦められたかに思われる節さえあった。それでも若い日に労をいとわず調査し、研究し、執筆した台湾にまつわる諸外人や日本人の手になる文学のことはやはり心にかけておられた。（後略）

亀井俊介は、「『華麗島文学志』を読んで——若き日の島田謹二先生を憶う」（平八・六、『SINICA』）を次のように書いた。

先生はこの本を「史」ではなく「志」（つまり「誌」）だと謙遜されている。しかし私は、まず先生の研究の精密ぶりに驚嘆した。私などは、台湾に取材した日本人の文学というと、佐藤春夫の「女誡扇綺譚」を思いつく程度だ。それは先生も高く評価され、詳しく論じられている。森鷗外、伊良子清白、岩谷莫哀らの作品の紹介は、彼らの知られざる面を世にあらわし、渡辺香墨、西川満といったおもに台湾で活躍した人たちの業績の検討は、読者を大いに啓発する。だが先生はさらに、同人誌などに拠ったもっと無名な人たちをもつぎ〳〵と発掘し、徹底的に調査し、批評をくり広げる。その入念さと果敢さは、時にほとんど衝撃的ですらある。（中略）

この本に展開するのは、日清戦争から昭和十年代にいたるまでの台湾を舞台にした「外地文学」である。一面でそれは、「exotisme《エキゾチスム》の文学」となり、他面で「郷愁の文学」となる。若き日の島田先生も、外地の大学にあって、稀有の学才を十分に評価されぬ欝屈があったに違いなく、こういう文学に理解と共感を示すのだが、同時に本書で、先生が一貫して強調するのは、レアリスムの重要さである。「内地とは異なる風土の下に共住する民族の考え方、感じ方、生き方の特異性を、生きたままに〝生に即して〟「描き出す」ことに、外地文学の未来があることを説くのである。（中略）

日本の敗戦と植民地の消滅により、華麗島の日本人文学は一場の夢と化したという見方がありうるかもしれない。本書の出版が遅れたのも、その辺に大きな理由があるだろう。しかしこの本は、一国の文学・文化が外に出て行く姿の、原型のようなものを見事に示している。そしてこれらの文学・文化の国際的交流や展開のあり方についても、示唆するところ極めて大きい。それに加えて、私個人に即していえば、わが師島田謹二先生の若き日の学問的情熱にじかにふれる思いがし、深い感銘を受けた。先生は詩魂の学者といわれる。と同時に、激しい「学魂」の学者だったのである。

後年、台湾大学（島田が勤務していた台北帝大）に留学した古田島洋介は、『比較文学』第三八号誌上に、また、この書の校正等を担当した西原大輔は、『比較文學研究』第六七号誌上に、それぞれ書評を寄せている。また、この書の刊行から十数年後に、橋本恭子は「台湾における島田謹二」と「華麗島文学志」を研究対象に、『『華麗島文学志』とその時代――比較文学者島田謹二の台湾体験』（平二四・二、三元社）を刊行し、さらには『島田謹二　華麗島文學的體驗與解讀』（平二六・一〇國立臺灣大學）を書いた。前著のエッセンスとして、「植民地台湾において、島田謹二は、戦間期のフランス比較文学をいかに受容したのか。本書は比較文学と台湾文学の領域を横断しつつ、『華麗島文学志』に結実した、島田の比較文学思想が、「植民地主義」や「国家主義」との関連で形成された過程を、一九三〇年代台湾の言説空間を明らかにしながら、検証していく。」（帯）過程が広い視野からの考察を通して語られている。

『フランス派英文学研究』

大学二年の時、土居光知教授の英文学史講義でロバート・バーンズの歌謡の仏訳者としてはじめてオーギュスト・アンジェリエの名を知り、学窓を離れる少し前に出会ったフランス人の「英文学研究」によって、それまでの呪縛を解かれてのびのびと学べるようになり、ルイ・カザミヤンのソルボンヌ大学講義「英国における心理と文学の展開」の翻訳を手がけ、講師として講じはじめたのが、「フランス派英文学研究」の始まりである。やがて台北帝国大学の講師になると、当初は講義とは別にこの研究に着手し、アレクサンドル・ベルジャム、オーギュスト・アンジェリエ、エミール・ルグイ、ルイ・カザミヤンの業績を究める研究を目指した。数年後、昭和八年から一三年ごろにかけて一連の研究論考を諸雑誌に発表開陳したことは前述した。

敗戦後、内地に帰還して東京での生活がはじまり、ある日新たな交友が生まれて、旧著「オーギュスト・アンジェリエの業績」を手にしたことも前述したが、しばらくの間つづけることが叶わなかった研究の再開をこれを機に決意したことも前述した。昭和三三（一九五八）年八月三一日、日本カレドニア学会発会の第一回の会合が神田の学士会館で開かれ、つづいて第二回の例会が新宿の高野で開かれたのが一〇月八日、この席上で「ロバート・バーンズ生誕二〇〇年」を記念して「バーンズ研究」を出版することが提案された。そして間もなく、編集を担当する大和資雄から届いた寄稿受諾に対するお礼の書簡（昭・四・七付）には、「枚数は無制限でございますが、何しろ無償の原稿でもございますし、なるべくは旧稿を朱筆御添削の程度にして頂きたうお願い致します（中略）旧稿のまゝで私としてはお立派であったと記憶しております」と書かれていた。

「オーギュスト・アンジェリエの『ロバート・バーンズ研究』」が収録された『詩人バーンズ』（大和資雄編　松柏社）が刊行されたのは昭和三六年三月であった。そして、さらに旧稿に改訂増補の筆を加え、アンジェリ研究の定稿としたのは、「オーギュスト・アンジェリエの業績――「フランス派英文学研究」の一章」（昭四四・四、『比較文學研究』第一五号）である。フランス派英文学研究に着手してからすでに六〇年を越す年月、調査をつづけ、作品や資料を読みこんでは学び、講じては書き、書いては語って既に述べてきたような研究生活を送り、八九歳の時を迎えて、「フランス派英文学研究」の四部作となるべきその第四部『ルイ・カザミヤンの英国研究』（白水社）を公刊したのは、平成二年三月であった。それからの日々は、その前段階の第一部、第二部、第三部の完成にあてられたのは云うまでもない。「明治ナショナリズム研究」の第三作・大部の二冊本『ロシヤ戦争前夜の秋山真之』（平二・五、朝日新聞社）を刊行してからは、「秋山真之を書く前のこと」以外に雑誌等への新しい寄稿もなく、ひたすらベルジャム、アンジェリエ、ルグイに打込み、旧稿に手を入れて、ひと通りの完成を見るべき日が近づいたことを実感して、「『フランス派英文学研究』総序」（平四・二・五）を書いた。

この書は、著者の長い研究生活の一決算として書かれた。そう書き出すと、何か大へん威張っているようであるが、著者の本心はそうではない。逆に忸怩《じくじ》として、誰にともなく平あやまりに畏れ入りたいような気持で一杯なのである。

顧みれば、筆者の学徒としての生涯は、一英文学徒というのから発足し、まさに末路に入り、別にこれというほどの仕事をなしとげなかったのを恥じ入りながら、一日一日を送り、一切の機能があるいは失われ、あるいは衰える老年期に入ってきた。これははっきりと自他にわかる現象であり、もうどうすることもできない。

いまもいくらか出来る事をやってみることしか、もう著者にはやれる仕事が残っていない。その仕事として、この書物が書かれた。すでに右眼は、老年のため見るという能力を殆ど失っている。左眼は、辛うじていくらかほんの少し役立つだけで、老年期にすべての人が逃げようのない衰亡期の中に入っている。そこで仕方ない。恥もなく、外聞もかえりみず、本心から書く。（中略）

そんな心持ちから、ここに日本の英文学の研究者のために改めて顧みていただきたいと考えて、新問題を提出した。十九世紀に発足し、それをさらに発展し、継承しつづけたフランスの英文学界の過去と現況とをふりかえってみてはどうか。今迄、一人としてそんなことを書く人もいない。その時、世に忘れられた一人の日本の英文学研究者が、みえぬ目をみはりながら、乏しい読書力をふりしぼって、その問題を書いたのが、この書物なのである。笑止といえば、これ以上に笑止なことはない。ただ、この世にはまだいわゆる過去の「学」を好む人もいないわけではなかろう。顧みて初めて首肯し、実相に悟入している人もいよう。僅かにそういう言い訳を自分自身の胸に呟きながら、またボソボソ答えながら、著者は倦まず書きつづけた。（中略）

いくら夢みても、夢はただ夢である。あきらめて、残されたこの世の「生」の一日ずつ、わが手に残されているかぎり、どんなに拙くとも、書きつづけよう。それが日夜夢みる著者のはかない夢の浮橋なのである。これを、この書全体の総序としたい。

第一部、第二部、第三部の草稿は、各部の「はじめに」や「総序」が書かれてからも加筆、訂正がくわえられ、脱稿まであと少しの日月が必要というところまで辿りついたのであったが、病のためにこれが果されず遺稿となった。やがて、師の学統を継ぐ人たちによって、著者が構想し、意図したと思われるような形（体裁は第四部『ルイ・カザミヤンの英国研究』とほぼ同じ）で、『フランス派英文学研究』上・下巻（平川祐弘・川本皓嗣共編、南雲堂）が世に出たのは、平成七（一九九五）年八月、師の没後二年を経てからであった。遺稿の整理等については編者たちが詳しく語る通りである。

上巻には、第一部「アレクサンドル・ベルジャムの英語文献学」第二部「オーギュスト・アンジェリエの英詩の解明」が各五章に分けてまとめられ、川本皓嗣による懇切・精密な「島田謹二先生とフランス派英文学研究」が収められた。

（前略）先生の壮年期から最晩年にいたる愛着と粒々辛苦の結晶が、ここにようやく全貌をあらわすことになった。ただしカザミヤン論は、さらに続編の執筆が予定されていた。またルグイ論は一部、著者が最後の仕上げを施さんとしておよばなかったところがある。これは文字どおり、先生の遺作である。（中略）

島田先生は、こうしたフランス人学者たちのなかに理想の先達を見出して、その研究成果はもちろん、そこへ行き着くまでの人生と学問の足取りや、教育者としてのありかたに至るまで、すべてを知ろうとこころざした。ちょうどアンジェリエがバーンズについて、あるいはルグイが若き日のワーズワスついてしたように、個々の学者の生い立ちから、学生生活、恋愛や師友の交わり、学問の進め方、授業や研究指導のありさまに至るまで、手に入る限りの資料によって調べ抜き、それを追体験しようとした。これは、作家・詩人の個人研究と同じ周到な用意と執念で追求された、まさに類を見ない学者の心理的評伝である。そこでは学問そのものの詳細な点検もさることながら、かれらの若い日の彷徨と模索と精進、悩みや歓びにもかなりの重点が置かれ、その折々の状況や心理にぴったり寄り添いながら、かれらの精神の軌跡がたどられる。服装や特有のしぐさ、教室での学生とのやりとり、レポートの批評のしかたさえ、まるでその場に居合わせたかのように、生き生きと再現されている。「何ともいえず面白い」、「かゆいところにしみじみ触れてくる」という先生のベルジャムへの評語は、そのままこの書にも当てはまる。

そして島田先生は明らかに、そうして究めつくした先輩学者たちの生きかたを、研究者、教育者としての自分の生きかたの模範とし、鏡としたように思われる。アンジェリエの授業風景や師弟関係の記述を読むと、在りし日の先生の姿が髣髴とする。だがそればかりではなく、先生は何よりも、フランス人研究者の堂々たる歩みぶりを再現することで、日本における英文学研究に一石を投じることをめざしていた。日本人として英文学を研究するとは、どういうことか。そこにはどういう意味があるのか。また外国人として、本国人の研究にどういう形で積極的な貢献を果すことができるのか。すべてのヒントがここにある。（後略）

下巻は、第三部「エミール・ルグイの英文学史講義」で、七章に分けてまとめられ、平川祐弘による、師の閲歴と業績と人を語る綿密な「複眼の学者詩人、島田謹二先生」が収められている。

『フランス派英文学研究』評

この書の書評を『比較文学』第三八号（平八・三、日本比較文学会）に寄せたのは山内久明（一九三四―）である。氏は、東大教養学科イギリス科在学中に、島田の比較文学講義を聴いた頃の思い出を語り、「お亡くなりになる前年に脱稿された上下合わせて九百頁を超える大冊を読み終えたいま、四十年前に駒場の教室で味わった感動が蘇ってきた。語り口の魅力は、昔とちっとも変わりない。研究対象に対する先生の情熱が不滅なのは、人生そのものに対する先生の情熱が不滅であったがためと痛切に感ずる」と書いてから、次のようにつづけている。

『フランス派英文学研究』は、ベルジャム、アンジュリエ、ルグイという三人の先人の研究業績の全貌を、単行本はもとより、雑誌論文、講義録、後継者の筆になる回想録など、ありとあらゆる資料を駆使して解き明かした大作である。それのみならず、三人の先人の伝記や人柄から、三人を産み出し、やがて三人が研究・教育者として築き上げていくフランスの文化状況、中等・高等教育制度、教育現場の風景にいたるまで、詳細に語られている。学者の研究業績を語るためには、業績内容を原著に忠実正確に要約紹介することが基本であり、本書においても当然その方法がとられている。そのさい、原著の内容が、取捨選択されるが、ときには、イギリスにおけるその後の研究との比較によって原著が補われ、著者の学識の一端が披瀝され、価値判断が下されている。また、原著自体の要約紹介にさいしても、原著にはない、著者自身のことばによる脚色も散見される。内容もさることながら、著者の文体は千変万化、とくに歴史的事件や伝記の事実が語られるさいには、著者の真骨頂が発揮され、語りの面白さに読者は引き込まれてしまう。本書を拝読しながら、評者は四十年まえの駒場の教室の感動を再体験した。（中略）

フランス派英文学に対する島田先生の関心は一九二〇年代に遡る。日本の英文学研究がイギリスの英文学研究の後追いを続ける限り、永久に追いつけないのではないかという漱石以来の危惧は、島田先生にも共通した。そこで、フランスにおける外国文学としての英文学の研究が、日本人として英文学研究を行うさいにモデルとなるのではないか――これは島田先生のフランス派英文学研究の、少なくとも一つの動機であったらしい。(中略)

『フランス派英文学研究』は、フランス派英文学の紹介であるだけでなく、日本の英文学研究がいかにあるべきかという問題に対する著者の切実なる危機感と願望の表明として読者は受け止めなければならない。

山内は、四年後の平成一二年、岩波書店編集部からの依頼で、『文学』第一巻第三号(平一二・五〜六)に「島田先生の教え―「英文学」と「比較文学」―」を寄稿した際にも、この書に触れて次のように書いている、

死後出版となった『フランス派英文学研究』(一九九五)はフランスにおける英文学研究史の記述であり、盛り込まれた事実そのものが貴重であることは言うまでもないが、この上下二巻の書物を面白くしているのは、研究対象に対する著者の思い入れによる自己同一化と、独特の語り口であり、そこに著者の真骨頂が見られる。

追悼

故人を追悼し、人と業績を語るものや思い出の文章が書かれた。赤松俊輔の「生涯教え学んだ熱の人――比較文学の島田謹二さんを悼む」(五・四・二七・二三『朝日新聞』夕刊)、林宗毅の「島田謹二先生を追悼する」(五・五、『ASIAN REPORT』二四九号、五・六、『台湾協会報』四六五に再掲)、芳賀徹の「夕雲のなごり」(五・五『短歌現代』)、芳賀徹の「島田謹二という先生」(五・五・三〇『京都新聞』)、荒井義夫の「島田謹二先生の思い出」(五・一二、『台湾協会報』四七一号)、「蓋棺録」(『文藝春秋』五・七)、平川祐弘の「島田謹二先生」(『新潮』五・七)、西川満の「師恩頌　島田謹二博士珠玉集」(五・七、『アンドロメダ』二八五号)、亀井俊介の「島田謹二小伝」、芳賀徹の「詩の現場――故島田謹二先生の教導」、平川祐弘の「島田謹二教授とフランス派英文学研究」、奥井潔の「島田謹二博士と英文学」、森亮の「近代文学に及んだ海外からの影響」、大澤吉博の「島田謹二先生と明治ナショナリズムの研究」、守屋岑男の「編集後記」(『英語青年』第一三九巻第六号、五・九)、小堀桂一郎の「島田謹二先生のこと」(一〇・一三、『教養学部報』三七八号)、小堀桂一郎、奥井潔、小菅東洋、波多野完治の弔辞、芳賀徹の「葬儀委員長挨拶」、平川祐弘の「島田謹二先生との最後の半日」、瀧田佳子の「島田先生とローランサンとスパゲッティ・パシリコ」(五・一二、『比較文學研究』第六四号)、亀井俊介の「島田謹二先生　学問の戦士」、仙北谷晃一、松村昌家、剣持武彦、芳賀徹の「島田謹二先生追悼」(六・三、『比較文学』

第三六号）、佐藤健治の「ありがとう　亡き島田謹二先生」（六・六、『異文化そぞろ歩き――別離の語らい』渦の会編、代表伊藤好次郎）、神田孝夫の「回想　台湾時代の島田謹二先生」、仙北谷晃一の「島田先生とハーンのことなど」、私市保彦の「島田先生の思い出」、佐々木昭夫の「島田先生から学んだもの」（六・七、『比較文學研究』第六五号）等である。『英語青年』（編集人守屋岑男）の「編集後記」には次のように書かれている。

昨年六月、東京大学の某氏の出版記念会があった折、島田謹二氏が列席されており、卒寿を超えられたとは思えぬ元気なお姿で、「比較文学比較文化コースのあるべき正道を深めて下さい。広めて下さい。これが昔いた親父の遺言です」と、力強く祝辞を述べられました。今年の三月号の「片々録」では文化功労者顕彰祝賀会の模様を報じ、そして四月、これまた少しの乱れもない筆跡で転居通知をいただき、その記事を載せた号の翌月号で、こんどは逝去のことを報ずる次第になってしまいました。島田氏には数年前にある人を介して、比較文学をテーマに五～六年の連載執筆を申し入れられたことがありました。小誌としてはあまりの遠大さに圧倒され、気後れして何とも返事をさしあげぬうちに、うやむやになってしまいました。今思うに、そのエッセンスだけでも執筆していただいて、後進に貴重な遺産が残されていたら、と悔やまれます。顕彰祝賀会での無垢な笑顔を想いつつ、合掌。

故人を偲ぶ縁《よすが》に、「人と閲歴」に精通するお二方の「弔辞」を掲げさせていただく。

島田謹二先生　学問の戦士　亀井俊介

島田謹二先生は今年（一九九三年）四月二〇日になくなられた。脳梗塞である。この病気の示すように、急逝であった。ちょうど四月十五日夕刻、私は先生ご危篤の電話を受けた。この月からあらたに勤めはじめた大学を休んで風邪をひき、床についていたけれども、すぐに沼袋の病院にかけつけた。先生は前日に倒れられたということであった。

先生はすでに意識がなく、昏睡の状態であられた。まことにおだやかな顔で、令嬢の斎藤信子さんのお許しで腕や足にふれさせていただくと、なんともいいようのない暖かさと柔らかさだった。九十二歳とはとても思えぬ。しかしご回復の希望をもてないことは明らかだった。

病院を辞してから、ふらふらの体ではあったが、私は神田孝夫さんと中野の居酒屋に入り、先生のことを話し合った。「見事な大往生だなあ」と私はいった。神田さんもうなづいておられた。

へんな言い方を恐れ気もなくさせていただくと、かつて先生は「大往生」される人のようには見えなかった。もちろん、これには先生に接するこちらの若さもあった。先生の自己表現のきわどくきついところばかりをうけとめ、その背後にある人間的な大きさになかなか気づかなかった。いや気づきはするのだが、きわどくきついところに圧倒されていた。先生は学問の戦士だった。そして戦士はなんとなく学問の世界での戦死を予感させるイメージをもっていた。（中略）

先生には、当時の比較文学研究の状況についても、ご不満がたっぷりあられた。英米文学、あるいはその他の国の文学についても同様だが、その分野で一人前の研究者として通用しない人が、比較文学のお題目を唱え、それぞれの分野の研究の落穂拾いをしながら、互いにかばい合って、お山の大将に、あるいは下士官や兵長になりたがっている、というのが先生の比較文学界見取り図だったように思う。そんなことで、どうして既成の学問に対抗できるか。比較文学研究は、文学「間」の研究で終わるものではない。「文学」そのものの研究だ。当然、既成の学問分野でも堂々と通用する能力と、その証明が必要だ、と先生はいつも力説されるのだった。

先生は、ご自分の不遇意識と、それを乗り越える苦闘をもとにして、私たちを叱咤されたといえるような気がする。先生のご家庭も必ずしも幸せではなかったようだ。夫人とは別居され、愛息にはつぎつぎと不幸な形で先立たれた。それがあって、学問にいっそう打ち込まれもしたが、弟子たちの教育にますます情熱を注がれもした。然し先生は、叱咤されただけではない。おだてて励ますことにも心をくだかれた。（中略）一見バランスを欠くところはあったが、学者兼教育者としての島田先生の、ほとんど他の追随を許さぬ美点は、学問的な論文の極めてすぐれた「見巧者」で、しかもご自分の判断に対して非常に誠実だったことである。好悪の感情は別にして、ほむべき論文のほむべき点は必ずほめ、それを誰にも語られ、批判すべき点は、周囲の者には、率直にやさしく指摘された。先生に論文を読んでいただくことは、弟子たちにとって、こわくもあるが、この上ない喜びだった。

先生は学問の烈しい戦士だった。先生としては軍略、戦術を考え、自分をおさえて学問的な外交にも気をつかわれたが、へんなシッペ返しをうけることが何度かあった。結局、弟子つまり若い戦士の育成が先生の大仕事となり、これはかなりの成功を収めたといってよいような気がする。雑誌『比較文学研究』の創刊（一九五四年）と発展に大きな力をついやされたのも、軍備を整えて干戈に臨む気概によるもので、これは大いに成功したというべきだろう。然し先生は、お山の大将ではない。真の大大将ではあったが、たいてい先頭に立ち、みずから武器をもって戦う戦士であった。私はそのはるか後方で、叱咤やおだてを栄光と心得、やみくもに走る陣笠にすぎないが、みずから戦う大将の姿を美しいと見、敬服しながら走っていた。（中略）

島田先生は大将なのに、陣笠どもが多少近づけたと思ったときには、ひとりずっと先に進んで戦っておられた。しかし、もともと孤軍奮闘された人の面影は濃厚に残しながらも、晩年はその戦士の貌におだやかな威光が発し、また内からあふれるようになった人間的な暖かさが、人々をなびかせもした。

最後の最後まで、「君、女が分からなくちゃ文学は分からないよ」と、青年じみた意気を燃やされてはいたけれども、一種の安心立命を得られていたようにも思う。（中略）

先生は学問の偉大な戦士だった。戦い抜いた。そして戦い抜きながら、もともと内にあった大きな人格で、しだいにご自身をつつみ、また周囲の者をつつんでこられた。私は詳細を知らないけれども、先生はたぶん曲折に富んだ生き方をされた人だろう。しかし結局、学問の大道を歩まれ、まことに充実した、堂々たるご生涯を送られたと思う。苦闘あったればこその大往生を、先生はとげられた。

島田謹二先生への弔辭

小堀桂一郎

謹んで島田謹二先生の御靈前に申し上げます。

先生は平成五年四月二〇日午後三時五十分、愛する唯一人のお嬢様である齊藤信子様と、その御夫君にして先生の忠實なお弟子でもあられる齊藤龜繼様、そして近しい門弟達の幾人かに看取られつつ、安らかにその生涯をお閉ぢになりました。

先生は二十世紀の第一年の春三月二〇日のお生まれでありましたから、その御生涯は九十二年と一箇月の長きにわたつてをります。それは、いはゆる年齢《とし》に不足があるといふわけでは決してない。むしろ洵に喜ばしき御長命であつたと申してよろしいかと存じます。しかしながら私共門弟一同は、先生は既に爲すべきお仕事を全て爲し遂げて、思ひ殘す事なくあの世に旅立たれたのだ、と安堵の思ひを以て先生をお送りするわけには行かないのです。

たしかに、先生は、學士院賞を受賞されました大著『日本における外國文學』の中に、近代比較文學にかかはる御生前の主要論文を立派に集大成されてをられます。廣瀬武夫、秋山眞之を兩主人公とする日本ナショナリズムの精神史的研究を、三十年の歳月を費して御年九十歳でめでたく完成されました。そして世間は廣くこのお仕事の意義を認め、先生に學問研究者としての最高の名譽を呈してその成果をほめたたへました。

しかし他方で、これは三十年どころか、六十餘年來の御研鑽の結論でありますフランス派英文學研究の四人の大先達についての御研究は、第一作である『ルイ・カザミヤンの英國研究』が、『ロシヤ戦争前夜の秋山眞之』と時を同じうして刊行されただけであります。オーギュスト・アンジェリエの業績についての第二冊は、決定稿完成まであとわづかといふところまで漕ぎつけながら、先生は思はぬ病の發作に襲はれて倒れておしまいになりました。ルグイとベルジャムについての御著作は、まだノートだけが殘されてゐるといふ状態にあります。

さういふわけで、門弟一同は、天は何故に先生にいますこしの齢を與へて、以て現在進行中のこのお仕事を完成せしめてくれなかつたのか、と、天を恨みたい氣持にかられるのです。

全て、人間の壽命といふものは、長からうが短からうがそれ相應に皆天壽なのだと見ることはできるでせう。從ひまして、それなりの天壽を全うした人に對して、況してや先生の如く御長命を享けられた方の場合、更なる壽命の延長を望むのは、或いは人間の思ひ上がりといふものかもしれません。しかし九十二歳の齢を延べられながらなほも學問研究者として立派に現役であられ、かつ御研究のみならず、後進の指導・育成といふ使命に壯年期と少しも變らぬ意欲と情熱を持ち續けてをられました先生の様な方については、この傲慢な願ひも許されてもよい様な氣がいたします。所詮かなへられない願ひであるにせよ、それが私共の切なる氣持であつたといふことを口にするくらゐはみとめられる様に思ふのであります。

先生が戰後のあの疲勞と荒廢の時代のさ中に、新制東京大學の大學院に於いて育成され、そしてどうやら先生の後を襲いでこの學問の道を守つて參りました直弟子の世代の者も、いつしか世間的には老年と見做される年代になつてをります。それにも拘らず、先生はこの老いたる弟子共にとつて、ほんたうに最後まで、學生時代と少しも變らぬ叱咤激勵の役割を勤められる嚴しい師であり、弟子共が遂に凌駕することのできない、精力的な學問上の先達であり續けられました。今にして思へば、やはりそのこと自體が何よりも大事なこと、先生が眞に偉大な學問の創造者であり師匠であられたことのしるしであります。

大いなる導き手であられた先生を失つた今、私共は最終的に獨立を遂げて、先生が開拓された學問の道をそれぞれに歩み續けることを餘儀なくされます。そしておそらくは先生の御冥福を祈るに最もふさはしい姿勢は、私共後進の學徒が、先生の門下たるの名を恥づかしめぬ様に、斯の道での精進を倦まずに續けてゆく以外にないことを覺悟し、以て先生の教育・研究者としての御存在の偉大なる意義の證しを立てんことを、御靈前に謹んでお誓ひ申し上げるものであります。

先生の創始より數へて第八代の東京大學比較文學比較文化研究室主任　小堀桂一郎

偲ぶ会のこと

「島田謹二先生を偲ぶ会」は、平成六年四月一七日一周忌法要の後、上野の静養軒で行われたのが第一回で、平成一四年四月一日の第八回から、四月第一日曜日に固定し、毎年東大比較文学会主催で行われてきた。「偲ぶ会」については、菅原克也氏の「島田謹二學藝賞と島田謹二先生を偲ぶ会」(平二三・七、『UP』第四〇巻第七号)に詳しく書かれている。この記述から五年、平成二八年四月三日の会は二三回目の「偲ぶ会」であり、平成十四年にはじまった「島田謹二學藝賞」は十五回目である。師がさまざまの所で教えた人たちの思い出話が披露され、師の偏在を感じつつ遺徳が語り続けられてきたのは毎年同じである。師によって蒔かれた種は直弟子から孫弟子、曾孫弟子にまで広

島田謹二先生一周忌・「島田先生を偲ぶ会」参集者一同

於上野精養軒（平成６年４月17日）

く育てられて広く実を結び、世界を視野に入れた「比較文学比較文化研究」の成果として多くのところで注目されたのは、「島田謹二學藝賞」の受賞者の業績等でも明らかである。営々と築き上げられてきた学統を誰もが実感するこの日、小堀桂一郎氏は、恒例だった「島田謹二記念學藝賞」は今年度一五回を以て終わること、「島田謹二先生を偲ぶ会」は本年を以てしばらく休会することを話され、これまでの形での会の開催は最後となった。集うことがなくなっても、「忘れじの師」への想いは変ることがないように思われた。

おわりに

敬慕する師の「生涯」のことをまとめてみて思うのは、核心にあまり触れられずにその周りをぐるぐる動いていたというのが実感かも知れない。幾星霜もの風雪に耐え、それを乗り越えた大樹があり、その根元をはいずりまわりながら、ついにその一枝にも登りえなかった小蟻一匹の感をぬぐいきれず、親しく接していた年月をふり返って実に寂寥のおもいをおさえがたい気がする。それでも、師との心交を頼みとしながら、直接間接に師につながる多くの方たちや先輩・知友の御教導を忝なくして、一つの区切りとしての報告ができたことはありがたい喜びである。多くの方々への感謝の気持でいっぱいであり、ご縁があって、『比較文學研究』に書誌の連載をつづけさせていただかなかったら、この喜びはなかったのだと衷心から思う。

一日も早く調査の経過なり結果を報告しなければと思いつづけていながら、果さずにお別れした方々への想いは一入、また無音に過ぎて失礼を重ねた方々にも心からお詫びしなければならない。

メモしたものを見ると、訪ねた場所、話をきくことのできた方たちの顔をすぐにも想い浮べ、作業をつづけることができた幸せを思い、はかりしれぬご好意に対して胸が熱くなる。この人には、これこれの助言を、また資料をと一々記したい衝動に駆られるが、細かく記すことはできない。やむなく、方々の御名だけを挙げて心からの謝意を表したいと思う。また、懇切に対応して下さった図書館等の施設や諸機関の方々に対しても同じである。以下、順序も敬称も失礼させていただく。

斉藤亀継・信子夫妻、島田義夫、島田江美子、和田江里子、矢野禾積、矢野玲子、本庄桂輔、田内静三、佐藤良雄、高橋邦太郎、堀大司、菊池榮一、上野景福、富士川英郎、波多野完治、小川和夫、大和資雄、西川満、高野俊介、島田正雄、平賀俊男、愛知儀一、鈴木富生、大原きみ子、デアノーラ・デル・レ、中村忠行、伊良子正、長崎浩、田宮良策、神田信夫・孝夫兄弟、氏家春水・秋果兄弟、奥井潔、朝日豊吉、移川丈児、福元健二、三瓶勝男、平峯克、田中一郎、久松康二、芳賀徹・知子夫妻、平川祐弘、粕谷一希、小田島雄志、堀孝彦、圓子千代、岩崎力、玉蟲左知夫、亀井俊介、中村ちよ、川端香男里、私市保彦、小谷幸雄、小野二郎、高木良男、新田義之、佐々木昭夫、小堀桂一郎、仙北谷晃一、青柳晃一、新倉朗子、荒木亨、ジャン・ジャック・オリガス、大島真木、倉智恒夫、岡田愛子、大久保直幹、井田進也、江村洋、川本皓嗣、太田雄三、加納孝代、瀧田佳子、大澤吉博、菅原克也、佐藤宗子、杉田英明、エリス（岸田）俊子、古田島洋介、藤田みどり、佐伯順子、今橋映子、西原大輔、加藤百合、伊藤克子、相沢史郎、小玉晃一・敏子夫妻、佐藤健治、手塚喬介・リリ子夫妻、滝川秀子、西野誠一・玲子夫妻、吉住京子、生野摂子、井村君江、宮島澄子、深田發子、遠藤みゆき、中島河太郎、安東次男、杉木喬、飯島淳秀、宇野義方、西村哲郎・斐佐代夫妻、福島震太、川崎淳之助、五十嵐正雄、師岡愛子、森川隆司、牛山百合子、福田光治、佐藤正哉、若林芳樹、小堀杏奴、廣瀬栄子、小堀玲子、高橋すみれ子、織田美奈子、鏡味國彦、山浦朝日、笠井千代、青木正道、藤野文雄、柴田恭子、永井豊美、青木仁子、橋口育子、大島省子、武藤脩二、今田淳、小菅東洋、木田献一、牧野芳江、ウィリアム・カリー、泉安宏、三浦重・怜子夫妻、杉原丈夫、真崎啓美、川手眞實、牧野茂、マロリ・フロム、古谷隆治、松本和男、水落功、川成洋、松木文子、小林眞里子、鈴木由紀子、梅田美紀江、小倉眞、沼尻幸男、小林康弘、栩木伸明、小林逸太・博子夫妻、齊藤昭示、高野長生、堀川由紀子、田原喜久子、宮崎達彦・まゆみ夫妻、長谷川章、邱玉華、村橋正武・京子夫妻、西村孝次、吉武好孝、湯浅茂、荒牧鐵雄、西條（三井）嫩子、池田哲郎、皆川三郎、高梨健吉、関川左木夫、剣持武彦、佐々木満子、尾崎秀樹、安東伸介、桶谷秀昭、高橋雄四郎、吉野喜美子、辻岡久子、赤羽學・淑夫妻、松井律子、片岡智子・敏郎姉弟、垣内智夫、高城知子、司馬遼太郎・福田みどり夫妻、大島正、寺坂實、山根良司、宮地國敬、阿部幸子・平田久雄・哲夫姉弟、北原隆太郎、山川京子、赤堀義治、石井正之助、福田陸太郎、岡野他家夫、布川角左衛門、大久保久雄、有山輝雄、平田萬里遠、堀田信夫、山脇百合子、奥田喜八郎、北根豊、八木福次郎、小田部朋信、町井節子、藤井祥子、長澤雅男、高宮利行、戸田慎一、菅野俊之、浅岡邦雄、稲岡勝、加瀬みき、吉野朋美、石井梨沙子、齋藤直子、関敏子、鈴木恵子、宮永恭子、坂入香子、内田一臣、戸高一成、福原雛恵、西田圀夫、山路峯男、山本有造、田口親、岡見璋、深井人詩、橋本恭子、小川完二、川崎宏、井田好治、松野良寅、高橋俊昭、関本榮一、松下菊人、勝浦吉雄、速川和男、茂住實男、庭野吉弘、竹中龍範、北垣宗治、伊村元道、安岡昭男、出来成訓、三島聖司、坂田豊、岸上英幹、小池俊夫、玉井美枝子、相原由美子、石原千里、篠田左多江、鈴木忠、滑川明彦、遠藤智夫、鈴木信男、塩崎智、

楠家重敏、齋藤晴恵、高橋恭也、原口寛治、三好充恭、本橋藤治、高橋徳雄、山口勝朗、中尾正勝、船木満州夫、家族と兄弟妹の協力に対しても感謝。

国立国会図書館、東京大学総合図書館、東京大学文学部図書室、東京大学教育学部図書室、東京大学社会情報研究資料センター（近藤瑞穂）、東京大学法学部明治新聞雑誌文庫、東京大学教養学部図書館、東京大学広報委員会、東京外国語大学図書館、実践女子大学図書館、東洋大学図書館、東洋大学人事課、立教大学図書館、立教学院史資料センター（池田貞夫）、立教大学文学部教務課（浅石郁子）、東京女子大学図書館、青山学院大学図書館、慶應義塾大学図書館、早稲田大学中央図書館、明治大学図書館、首都大学東京図書館、上智大学図書館、東北大学図書館、東北大学史料館（高橋早苗）、仙台第二高等学校、山梨英和短期大学図書館、琉球大学附属図書館、京華学園（小林強）、山形大学工学部図書館（竹田幾雄）、米澤工業会（山崎洋一郎）、筑波大学中央図書館、昭和女子大学図書館、明星大学青梅キャンパス図書館（麓常夫）、聖心女子大学図書館、日本女子大学図書館（堀英理子）、攻玉社学園（斎藤昭三）、佐藤春夫記念館、司馬遼太郎記念館（上村元子）、ペリカン書房（品川力）、都立中央図書館、都立多摩図書館、成田山仏教図書館（飛田敏秀）、三康図書館（旧大橋図書館）、森鷗外記念館、千代田図書館、昭和館図書室、港区中央図書館、台東区中央図書館、豊島区中央図書館、京橋図書館、牛久中央図書館、龍ヶ崎中央図書館、東書文庫、台湾協会、水交社、史料調査会、防衛省図書室、千代田小学校（寺田貞夫、尾上佐智子）、日本近代文学館、筑摩書房（岸宣夫）、明治書院（相川賢伍）、新潮社（早野有紀子）、大垣市文化連盟、日本エッセイスト・クラブ（飯山千枝子）、研究社（津田正）、旺文社、岩波書店、講談社、中央公論新社、小学館、南雲堂（原信雄・佐伯久）、日本古書通信社（樽見博）、よみうりカルチャー荻窪（足立徳幸）、産経新聞社（道丸摩耶）、群馬県立図書館の各位他。

ミネルヴァ書房の田引勝二、東寿浩両氏をはじめ、関係の方々のご教導とご助力に心から御礼を申し述べます。

平成二十九年七月

小林信行

引用文献一覧

一　島田自身の著述（引用掲載順、再掲紙誌は初出のみ掲載）

「あかしやの金と赤——わが青春のものがたり」（昭五二・八『アンドロメダ』九六）

「私の旧制京華中学校時代」（平一一・三『京華学園百年史』京華学園）

「英語第一の準備法——東京外國語學校合格記」（大九・二『中學世界』臨時増刊號）

「編輯だより」（大七・五『海軍』一三・五）

「四〇年前の東京外國語學校」（昭三七・一一『東京外國語大學新聞』七三号）

「私の明治詩書ことはじめ——明治文学随想（二）」（昭四六・八『明治文学全集』月報六六　筑摩書房）

「自画像」（昭三三・二『駒場』東京大学出版会）

「私の明治小説ことはじめ——明治文学随想（三）」（昭四六・一一『明治文学全集』月報六七　筑摩書房）

「千葉勉先生を憶う」他（昭三九・三『千葉勉の仕事と思い出』佐藤良雄編）

「口繪」「煩惱」「靜かなる生活」（大九・一二『炬火』東京外國語學校文藝部誌）

「『昨日の花』のころ」（昭四一・四『本の手帳』五三）

『エドガア・ポオ詩集』後記（昭二五・五　酣燈社）

「童話文学の一大源流——『千一夜物語』雑考」（昭四五・七『比較文學研究』一七）

「愛知揆一君の思い出」（昭三二・八『四五六会会報』三　旧制仙台第二中學校）

「私の英語履歴書」（昭四一・二『English Age』）

「私の英語・英文学修業」（昭三六・一一『白山英文学』七）

「一九二五年の春——私の東北大学学生時代」（昭五九・九・二五『東北大学生新聞』一八）

「ラルフ・ホジソン先生のこと」（昭三四・一〇『ＰＨＰ』一三八）

「私の明治文学ことはじめ（一）」（昭四六・六『明治文学全集』月報六五　筑摩書房）

「自伝抄（五）国文学の宝の山」（昭五三・二・二『読売新聞』夕刊）

「藤村詩集と西洋文學」（昭一四・一『英文學研究』一九・一　日本英文學會）

「芭蕉俳諧研究会のころ」（昭三五・一〇『阿部次郎全集』十巻月報一　角川書店）

「台北における草創期の比較文学研究——矢野峰人先生の逝去にからむ思い出」（昭六三・一二『比較文學研究』五四）

「はじめに」（平七・八『フランス派英文学研究』下巻　南雲堂）

「自伝抄（六）台北帝大へ赴任」（昭五三・二・三『読売新聞』夕刊）

「日夏耿之介への手紙」（平一四・七『日夏耿之介宛書簡集』飯田市美術博物館）

「臺灣の文學的過去に就て」（昭一五・一『臺灣時報』二四一）

「比較文學と私」（昭四五・七・三『読売新聞』）

「デル・レー氏追憶」（昭四八・一一『英語青年』一二〇・八）

「デル・レ氏の略歴と近況」（昭一一・一〇『臺大文學』一・五）

『のつて・うえねちあな』（アラン・デル・レー作　昭一三・九　日孝

山房）
「まえがき」（昭四五・四『ロシヤにおける廣瀬武夫』朝日新聞社）
「回想」（昭一三・三『媽祖』三・四　媽祖書房）
「私の明治文人ことはじめ（四）」（昭四七・一『明治文学全集』月報六八　筑摩書房）
「禿木先生を哭す」（昭一八・一二『平田禿木追憶』福原麟太郎編　非賣品）
「平田禿木への手紙」（昭一〇・一一・三）
「単行書にしたい作品・欲しい全集」（昭一一・一〇『臺大文學』一・五）
「わが師木村毅先生」（昭五一・一〇『日本古書通信』三九一　日本古書通信社）
「自伝抄（一〇）日本の外地文学究明」（昭五三・二・八『読売新聞』夕刊）
「『女誡扇綺譚』の話者について」（昭一五・一〇『文藝臺灣』五）
『花浦みさを詩文集かぎろひ抄』（編纂・解説　昭一九・一　日孝山房）
「流水抄」（昭三七・三『實踐文學』一五）
「伊良子清白の「聖廟春歌」」（昭一四・四『臺灣時報』二三三）
「佐藤春夫における東洋と西洋」（対談）（昭四五・八『三田評論』六九六）
「わが師佐藤春夫」（昭五二・二『泉』一五）
「生涯三度の出逢い――故佐藤春夫先生を憶う」（昭三九・五・一八『日本読書新聞』）
「必読書」（「直筆」のコピー、平一五・二『獅子王山讃歌自治と自由の鐘が鳴る』掲載）

「石上露子集」（昭一七・八『愛書』一五）
「当時の事情説明書」（昭三六・一一・一七）
「はじめに」（平七・八『フランス派英文学研究』上巻　南雲堂）
「木棉花」草稿
『創作詩　雅人』（昭二三・八　靖文社）
「自伝抄（一二）敗戦の祖国に帰って」（昭五三・二・一〇『読売新聞』夕刊）
「海のなげき」（昭二一・四『北窓』三　氏家春水編　文藝新人會）
「福原麟太郎著『文學の世界』評」（昭二一・一二『英語青年』九二・一二）
「平田禿木に寄せたる上田敏の書簡」（昭二三・一一『季刊英文學』一）
「堀大司教授のこと」（昭四〇・三『比較文學研究』九）
「佐藤春夫氏を訪ふの記」（昭二五・一一『現代日本小説大系』第三四巻月報二九　河出書房）
『近代抒情詩選　花さうび』（昭二二・一一　佐藤春夫・吉田精一共著　天明社）
『マノン物語』（昭二二・一二　銀星社）
「編者の言葉」（昭二三・五『季刊英文學』一　矢野峰人・島田謹二共編　靖文社）
「續夢物語――英文學研究家の協同作業」（昭二四・五『英語青年』九五・五）
「佐藤春夫詩集のをはりに」（昭二四・七『佐藤春夫詩集』新潮社）
「文献愛など――江戸川乱歩のこと」（昭二九・一一『別冊寶石』岩谷書店）
「『近代日本文学の展望』――佐藤春夫氏の署名本」（昭五三・二

『日本古書通信』四三・二）
「有益な編纂『日本現代詩大系』」（昭二五・一〇・二七　河出書房）
「日本文学における欧米文学の影響」（昭二六・一『日本の文学』伊藤整編　毎日新聞社）
「福原麟太郎著『英文學六講』」（昭二六・七『英文學研究』二七・三）
「まえがき」（昭三五・三『カイン』岩波文庫）
「緒言」（昭二六・八『飜譯文學』至文堂）
「小序」（昭二六・九『十九世紀英文學』研究社）
「合衆国における比較文学」（昭二六・一二『英語青年』九七・一二）
「解説」（昭二七・四『新編退屈讀本』創元文庫）
「譯者まえがき」（昭二七・四　文庫クセジュ『アメリカ文学史』白水社）
「チャイルド・ローランド」獨白「小序」（昭二七・六『英米文学』一四　立教大学）
「研究社編集部宛書簡」（昭二八・六『英語青年』九九・六）
「はしがき」（昭二八・六『比較文學』要書房）
「比較文學」（二九・五『岩波講座　文學』七）
「解説」（昭二九・一一『改訂近代日本文學の展望』河出文庫）
「師―友―書」（昭四二・一二『英語と英文学』二六　研究社）
「山」（昭三〇・一・二〇『毎日新聞』）
「あとがき」「『イギリス浪漫派の汎神論的直感』」（昭三〇・六『英文学思潮』二八・一青山学院英文学会）
「『遭難　谷川岳』（高村武次著）評」（昭三三・三・二六『読売新聞』夕刊）
「穂高に眠るわが子を憶う」（昭三一・三『太陽の子よ星の子よ』保健同人社）
「主幹のお人柄」（昭三二・一『辭書』一二号　研究社）
「地獄極楽」（昭三一・四・五『毎日新聞』夕刊）
「目次」「あとがき」（昭三一・六『近代比較文學』光文社）
「『近代比較文學』を繞る座談会」（昭三二・二『比較文學研究』改訂再版一・二）
「自伝抄（一五）学生たちと心触れ合う」（昭五三・二・一五『読売新聞』夕刊）
「鏡花の『歌行燈』」（昭三三・六『比較文學研究』一・二）
「はしがき」（昭三四・五『スケッチ・ブック』旺文社）
「詩人シェレーの「モンブラン」のうた――山の文学の物語」（昭三四・一一『立教大学日本文学』）
「明治ナショナリズムの文学」（昭三四・一〇『講座近代思想史』九　弘文堂）
「自伝抄（一六）広瀬武夫蔵書の霊感」（昭五三・二・一六『読売新聞』夕刊）
「自伝抄（一七）東大を定年退官」（昭五三・二・一七『読売新聞』夕刊）
「『万造寺斎選集』（菅原杜子雄編）評」（昭四〇・一・二五『週刊読書人』）
「佐藤春夫先生の九州旅行」（昭四五・三『佐藤春夫全集』一二月報一二　講談社）
「佐藤春夫の詩」（昭三六・一〇『詩界』六五　日本詩人クラブ）
「比較文学者として十年を語る」（昭三六・三・九『教養学部報』九四）
「流水抄」「編者あとがき」（昭三七・三『實踐文學』一五）
「私の『比較文學』」（昭三八・七『英語青年』一〇九・七）
『ロシヤにおける廣瀬武夫――武骨天使傳』（昭三六・六　弘文堂）

「まえがき」（昭四五・四　決定版『ロシヤにおける広瀬武夫――武骨天使伝』朝日新聞社）
「著者と一時間――底を流れる人道主義――二つのイメージに疑問」（昭三六・七・一四『朝日新聞』）
「小野二郎君を憶う」（昭五八・四『大きな顔――小野二郎の人と仕事』晶文社）
「中沢湟宛葉書」（昭六一・一〇・一八）
「解説」（昭三八・一一『佐藤春夫文芸論集』創思社）
「フランス派英文学研究――『エミール・ルグイの業績』あとがき」（昭三九・三『実践女子大学紀要』八）
「『文学の伝統と交流』（土居光知著）評」（昭三九・四・一二『南日本新聞』）
「佐藤春夫の文学」（昭三九・七『群像』一九・七　新潮社）
「宗方小太郎のこと」（四〇・二『展望』七四）
「極めて純真な士魂――『万造寺斎選集』評」（昭四〇・一・二五『週刊読書人』）
「自伝抄（一八）『秋山真之』の場合」（昭五三・二・一八『読売新聞』夕刊）
「現代詩と歌曲」（昭四三・七『無限』二四　政治公論社）
「提督『秋山眞之』のこと」（昭一二・三『臺灣教育』四一六）
「行動の裏の思想も――明治天皇の秘蔵史料使う」（昭四四・八・四『北海道新聞』）
「名参謀の生活を再現」（昭四四・八・一二『朝日新聞』）
「著者と一時間　明治の象徴的人物――『教授の卒論』第二作」（昭四四・八・一二『朝日新聞』）
「大学英米文学科にいて卒業論文を書こうとする諸君諸嬢へ」（昭四五・七『白山英文学』）
「明治草創期の大叙事詩――『歳月』（司馬遼太郎著）」評（昭四五・二『潮』一二二）
「佐藤春夫先生を語る――誠をつらぬいた文士」（檀一雄との対談）（昭四五・八『現代日本文学』一三　月報一九　学習研究社）
「私は今、明治36年の人　伝記の人を生きる」（昭四五・六・二一『読売新聞』）
「第18回エッセイスト・クラブ賞を受ける　島田謹二」（昭四五・六・二五『東京新聞』）
「生涯の仕事として取り組む―明治ナショナリズム四部作」（昭四五・八『会報』二三日本エッセイスト・クラブ）
「日夏耿之介氏を悼む」（昭四六・六・一六『京都新聞』『東京タイムス』）
「才・学・識・芸・道あわせおさめた著書」（昭四六・一〇『新版芭蕉――その詞と心の文学』筑摩書房）
「『和漢洋才の系譜――内と外からの明治日本』（平川祐弘著）刊行祝賀会でのスピーチ」（昭四七・七『比較文學研究』二二）
「私の昨今の仕事」（昭四七・一一・二二『東京新聞』夕刊）
「ピエール・ルグイ先生」（昭四七・四・一八『日本経済新聞』）
「『比較文学読本』（富士川英郎・氷上英廣共編　昭四八・一　研究社）
「仕事はまず進行」（昭四八・六・二五『朝日新聞』）
「堀口大學・エロスの世界」（座談会）（昭四九・一『浪曼』三・一）
「緒言」（平二・三『ルイ・カザミヤンの英国研究』白水社）
「イギリス・ヨーロッパ旅行印象記」（昭五〇・六『比較文學研究』二七）
「成瀬正勝君を憶う」（昭四九・五『比較文學研究』二六）

「西川満への依頼（コピー）」（昭六四・一一・二〇）
『日本における外国文学――比較文學研究』上・下「目次」（昭五〇・一二～五一・二　朝日新聞社）
「わが猫の記」（昭五二・六『室内』工作社）
「自伝抄（二〇）めあての城で角笛」（昭五三・二・二二『読売新聞』夕刊）
「解説」（昭五三・四『坂の上の雲』八（司馬遼太郎著）文春文庫）
「秋山真之を書く前のこと」（平二・九『學鐙』八七・九）
「フランス英文学者の跡を尋ねて」（昭五三・一〇『英語青年』一二四・七）
「フランス英文学者のあとを尋ねて――オーギュスト・アンジュリエの故里」（昭五五・二『英語青年』一二五・一一）
「東イギリス遊記――パリ大学客員教授としての滞欧記」（昭五三・一一『山梨英和短期大学英文学会報』一一）
「イギリス通信」（昭五三・九『アンドロメダ』一〇九）
「パリ第一信」（昭五三・八『無限ポエトリー』三）
「西イギリス遊記」（昭五四・七『山梨英和短期大学英文学会報』一二）
「若さあふれる米寿の祝賀会」（昭五四・一・二二『朝日新聞』）
「歌一首――未完歌集『能登なみ子の手紙』」（昭五四・九『昭和萬葉集』巻九　講談社）
「『日本の女』執筆に意欲――出版を祝う会で九〇歳の島田謹二氏」（平二・六・一二『朝日新聞』夕刊「点描」欄）
「司馬遼太郎観」（昭和五四年一一月二四日、第一五回日本比較文学会関西支部大会で「作家（司馬遼太郎）と語る」を聴いて、平九・一二『司馬遼太郎が語る日本――未公開講演録愛蔵版Ⅲ』所載「担当者の見たあの日」）
「わが恩人R・F・氏」（昭五六・六『英語青年』一二七・三）
「波多野勤子夫人を憶う」（昭五七・四『波多野勤子著作集』第六巻月報四　小学館）
「波多野完治氏」（昭五六・七『ないた赤おに――波多野完治氏とわたし』波多野完治博士喜寿記念文集刊行委員会）
「初見の西脇順三郎」（昭七・一〇『英語青年』一二八・七）
「『風の武士』の発端」（昭五八・五『司馬遼太郎全集』第一四巻月報三四　文藝春秋社）
「編集者の言葉」（昭五八・八「広瀬武夫全集」内容紹介パンフレット講談社）
「花見をするように人生面白いと思う」（談・聞き手赤松俊輔）（平一・四・二八『朝日新聞』夕刊）
「弔辞」（昭六三・五・二八　碑文谷の円融寺における告別式で奉読、（昭六三・七「弔詞――矢野峰人博士追悼」が『アンドロメダ』二二七に掲載された）
「『フランス派英文学研究』総序（平成四年二月五日擱筆）」（平七・八『フランス派英文学研究』上巻　南雲堂）「はじめに」（平七・八『フランス派英文学研究』下巻　南雲堂）

二　諸家の著述（著者名は五〇音順、諸家、匿名とつづく）

青江舜二郎「島田謹二宛書簡」（昭五〇・二・六）
青柳晃一「『日本における外国文学』上・下――文献学の貴重な成果」（昭五一・四・五『サンケイ新聞』）
赤松俊輔「比較文學研究の草分け――『生涯學究』島田謹二氏を悼む」（平五・四・二三『朝日新聞』）
阿部次郎「日記」（昭三七・一一『阿部次郎全集』第一四巻　角川書店）

荒井義夫「島田謹二先生の思い出」（平五・一二・一五『台湾協会報』四七一）
安藤弘「恩師　聞こえてくるあの声　旧制第一高等学校」（昭六二・九・二八『サンケイ新聞』）
五十嵐正雄「英文学にあらわれた東洋」（昭二三　島田の立教大学における講義）
池田清「明治前期ナショナリズムの実像に迫る」（平二・一〇『文化会議』二五八）
池田哲郎「千葉勉先生の思い出」（昭三九・三『千葉勉の仕事と思い出』非売品）
石田幸太郎「『比較文学読本』評」（昭四八・六『英語青年』一一九・三）
泉新一郎「想い出すことども」（平一・一二『蕉葉会報』五九）
板坂元「書斎日記」（平四・一一・一『朝日新聞』）
市村「編集後記」（昭一七・八『愛書』臺灣愛書會）
伊藤整「戦後の文學」（昭二六・一『日本の文学』毎日新聞社）
伊藤整「喜びと推奨の言葉」（昭三一・六『近代比較文學』カバー前後の折り返し）
岩村行雄「後記」（昭二九・六『比較文学研究』一・二）
井上ひさし「対談――本に見る戦後史」（六二・一『文藝春秋』六五・一）
井上靖「『鷺江の月明』讃」（四五・八『三田評論』六九六）
井村君江「島田謹二博士　プロフィル」（昭五〇・一・二三『アンドロメダ』六五）
入江隆則「『ロシヤ戦争前夜の秋山真之』評――日露海戦完勝を演出した参謀」（平二・八・二七『週刊ポスト』）

牛山百合子「『佐藤春夫全集』の編纂を終えて」（四五・八『三田評論』六九六）
牛山百合子「思い出」（平九・一『佐藤春夫記念館だより』三）
氏家春水「華麗島物語」（昭五七・一二『南多摩』一四）
江藤淳「推薦文」（昭五一・二『日本における外国文学』下巻、箱帯）
江藤淳「広瀬神社の昼の月――『広瀬武夫全集』に寄せて」（昭五九・四『學鐙』八一・四）
江戸川乱歩「『土曜会』の記録」（昭二八・一『探偵作家クラブ会報』一八四）
江戸川乱歩「ポー百年忌に」（昭二四・一〇・九『朝日新聞』）
江戸川乱歩「島田謹二宛書簡」（二九・一一・八）
江戸川乱歩「池袋二十四年」（昭三一・一〇『立教』二）
江村洋「編集後記」（昭四六・一『比較文學研究』一八）
太田三郎「『比較文學』評」（昭二八・九『英語青年』九九・九）
大塚幸男「『日本における外国文学――比較文学研究』」（昭五一・九『比較文學研究』三〇）
大野朗子「研究会報告」（昭三二・一～六『比較文學研究』五）
大野朗子「熱海の一夜」（昭三三・一二『比較文學研究』四・一～二）
大平千枝子「芭蕉俳諧研究会」（平一一・一『父・阿部次郎』東北大学出版会
奥井潔「島田謹二先生への弔辞」（平五・一二『比較文學研究』六四）
奥井潔「編集後記」（昭三九・四『白山英文学』一〇）
岡崎義恵「序」（昭二二・一二『近代抒情詩選　花さうび』天明社）
岡崎義恵「『近代比較文學』出版記念祝賀会」（昭三二・二『比較文學研究』一）
岡崎義恵「身辺のことなど」（昭三七・一〇『雑華集』寶文館）

岡村「「無限」二五号を読む」（昭四四・四・一四『東京タイムズ』）
小川和夫「『十九世紀英文學』評」（昭二六・一二『英語青年』九七・一二）
小川和夫「「日本文學と英米文學」評」（昭二七・八『英語青年』九八・八）
奥野信太郎「きき応えのある朝の番組――比較文學入門」（昭三二・二・二四『朝日新聞』）
小田島雄志「マクベス講義」「島田先生の東大退官」（平一一・六『半自伝　このままでいいのか、いけないのか』白水社）
垣内智夫「島田謹二宛書簡」（昭五六・五・一四、九・三〇）
金谷展雄「『ルイ・カザミヤンの英国研究』評」（平四・九『英文学研究』五九・一）
加納孝代「第四十四回日本比較文学会全国大会」（昭五七・一一『比較文學研究』四二）
亀井俊介「翻訳文学の読み方」（昭四八・一『比較文學読本』研究社）
亀井俊介「草創期」（昭六三・三・七『朝日新聞』夕刊）
亀井俊介「『華麗島文学志』を読んで――若き日の島田謹二先生を憶う」（平八・六『SINICA』）
亀井俊介「精密な人物論・動的な文明把握」（四五・二『アメリカ学会会報』一六）
亀井俊介「島田謹二先生　学問の戦士」（平六・三『比較文学』三六）
亀井（山名）規子「研究会報告」（昭三一・一～六『比較文學研究』五）
亀井（山名）規子「熱海の一夜」（昭三二・一二『比較文學研究』四・一～二）
亀井規子「私の推薦する一冊の本――『日本における外国文学』」（昭六〇・五『図書館だより』特集二　日本女子大学）
亀井規子「『比較文學』評」（昭四八・九『英語文学世界』八・六）
川成洋「待ちわびた「平田禿木選集」」（昭五六・一『法大生協』）
川本皓嗣「『フランス派英文学研究』下巻「あとがき」」（平七・八南雲堂）
神吉晴夫「島田謹二宛書簡」（推定昭三〇・六・二三）
神田孝夫「卒業に際して」（昭一七・七『凡』臺北高等學校文科乙類同人誌）
神田孝夫「東大比較文學会とわたしと」（昭五九・四『比較文學研究』四五）
神田孝夫「回想　台湾時代の島田謹二先生」（平六・七『比較文學研究』六五）
菅野昭正「『ロシヤ戦争前夜の秋山真之』評――知性・見識備えた参謀」（平二・七・八『朝日新聞』）
上林暁「島田謹二宛書簡」（昭三〇・八・三一）
北岡伸一「『ロシヤ戦争前夜の秋山真之』評――海軍参謀の独創的な戦術」（平二・七・九『読売新聞』、平一一・八『GAIKO FORUMU』六八）
北原白秋「消息片鱗」（昭一〇・八『全貌』３輯）
衣笠正晃「『ルイ・カザミヤンの英国研究』評」（平三・六『比較文學研究』五三）
木下杢太郎「日記」（昭五五・三『木下杢太郎全集』第三巻　岩波書店）
工藤欣二「「人間像」を浮き彫り――島田謹二著『ロシヤにおける広瀬武夫』をめぐって」（昭四五・八・二三『大分合同新聞』）

小泉信三「佐藤春夫」（昭四一・七『座談おぼえ書き』文藝春秋社）
小平照雄・絹村和夫「発刊の辞」「東大比較文学会――成立と現状」（昭二六・六『比較文学新聞報』）
小玉晃一「『近代比較文學』評」（昭五二・六『文学・語学』七八）
小林信行「島田謹二博士著作年表補遺」（平六・七『比較文學研究』六五東大比較文学会）
小林信行「若き日の島田謹二先生――書誌の側面から(1)」（平一二・二『比較文學研究』七五）
小林信行「同右～完」（平一四・九『比較文學研究』八〇）
小林信行「円熟期の島田謹二教授――書誌の側面(1)」（平一六・三『比較文學研究』八三）
小林信行「同右～(17)」（平二九・二『比較文學研究』一〇三）
小堀桂一郎「『アメリカにおける秋山真之』評」（昭四四・一二『国文学　解釈と鑑賞』）
小堀桂一郎「『日本における外國文学』――新鮮かつ衝撃的な成果（汲めども盡きせぬ滋味を湛へ）」（昭五一・三・二九『日本読書新聞』）
小堀桂一郎「追悼・大島正教授の思ひ出」（昭五九・九『比較文學研究』四六）
小堀桂一郎「「軍神廣瀬」に纏はる思ひ出」（昭五八・一二『広瀬武夫全集』別冊月報）
小堀桂一郎「島田謹二先生への弔辞」（平五・一二『比較文學研究』六四）
小宮豊隆「巻頭凡例」（昭四・三『芭蕉誹諧研究』岩波書店）
小宮豊隆「巻頭凡例」（昭五・二『續芭蕉誹諧研究』岩波書店）
小宮豊隆「巻頭凡例」（昭六・二『續續芭蕉誹諧研究』岩波書店）
西條八十「池袋から」（大一一・三『白孔雀』一）
西條嫩子「めぐりあい――車中で聞いた詩の朗読」（昭五七・五・九『毎日新聞』）
西條嫩子「父・最初の詩集『砂金』」（年月日・掲載紙不明）
相良守峯『茫々わが歳月』（五三・五　郁文堂）
齋藤勇「詩人の幸せ」（昭五〇・九『黄鶏』）
斉藤信子『筏かづらの家――父・島田謹二の思い出』（平一七・四近代出版社）
佐伯彰一「『日本における外国文学』上・下――滔々たる比較文学の奔流」（昭五一・四・九『朝日ジャーナル』一八・一四）
佐藤輝夫「『日本における外国文学――比較文学研究』上・下二巻を読む」（昭五一・三『比較文学年誌』一二）
佐藤春夫「はしがき」（昭二四・七『佐藤春夫詩集』新潮社）
佐藤春夫「はしがき」（昭二六・三『佐藤春夫詩集』新潮文庫）
佐藤春夫「舊園の薔薇」（昭三一・八『心』生成會）
佐藤春夫「堀口大学宛書簡」（平一三・六『佐藤春夫全集』三六巻臨川書店）
佐藤春夫「詩風の變遷發達」（昭三五・六『詩の本』有信堂）
佐藤春夫「『ロシヤにおける広瀬武夫』箱（帯）に掲げられた「推奨の文」」
佐藤春夫「捧げる言葉」（昭三六・七『島田謹二教授還暦記念論文集』）
佐藤春夫「『佐藤春夫文芸論集』自叙」（昭三八・一一　創思社）
佐藤春夫「改訂普及版はしがき」（昭三九・一一『改訂近代日本文学の展望』河出書房）
佐藤良雄「思い出すまま（一九）春夫記念館、熊野速玉神社境内」（平一・八『日本古書通信』七二一）

澤田卓爾「若き日の佐藤春夫さん」（昭三九・一『日本現代文学全集』第五九巻月報四〇　講談社）
司馬遼太郎「ユニークな視点から明治の大教養人を発掘」（昭四五・五・一八『サンケイ新聞』夕刊）
司馬遼太郎「維新前後の文章について」（昭四二・四『波』新潮社）
司馬遼太郎「坂の上の雲（四四五回）」（昭四三・四・二二『サンケイ新聞』夕刊）
司馬遼太郎「「文学」としての登場」（昭五八・一二『広瀬武夫全集』上巻　講談社）
司馬遼太郎「すいせんのことば」（昭五〇・一一「日本における外国文学」の刊行予告「内容見本」）
司馬遼太郎「小林福美宛書簡（コピー）」（昭五〇・一〇・一三）
司馬遼太郎「編集者の言葉」（昭五八・八「広瀬武夫全集」刊行予定・内容見本）
司馬遼太郎「明治の若者の気分（「坂の上の雲」連載予告）」（昭四三・四・一〇『サンケイ新聞』大阪版）
司馬遼太郎「新しい新聞小説――四月二二日から」（昭四三・四・一八『産経新聞』）
司馬遼太郎「大垣ゆき」（昭六〇・一『日本近代文学館』八三）
司馬遼太郎「出版記念祝賀会におけるスピーチ」（平二・六・一二『朝日新聞』夕刊）
庄村佑子「島田謹二教授古稀記念セミナー」（昭四六・一一『比較文學研究』二〇）
杉木喬『アダノの鐘』（昭二四・九　東西出版社）
仙北谷晃一「『近代比較文學』出版祝賀会」（昭三二・二『比較文學研究』一・一）
仙北谷晃一「『日本における外国文学』――「学問」と『芸術』との見事な渾融」（昭五一・一・二六『公明新聞』）
田内静三「おのれを語る」（昭四九・一一『田内静三第二詩集舊聞』木耳社）
高城知子「編集者の言葉」（昭五八・八「広瀬武夫全集」刊行予定・内容見本）
高城知子「広瀬武夫遺文　花の小包」（昭五八・一二『広瀬武夫全集』下巻　講談社）
竹久夢二「道のおく」（昭一六・二『夢二歌集　五月の旅』書物展望社）
高橋邦太郎「雑学歴程（15）――拡がる交友範囲」（昭五七・三『日本古書通信』四七・一〇）
玉蟲左知夫「フランス派英文学研究」（昭三一・六『比較文學研究』三・一）
玉蟲左知夫「文芸にあらわれた日本女性」（昭三五・四『比較文學研究』一・二）
手塚リリ子・吉住京子「大学院の生活について」（昭三五・四『青山学院英文学会会報』六）
手塚リリ子・吉住京子『イギリス魂――その歴史的風貌』（昭四六・二　社会思想社）
手塚リリ子「『ルイ・カザミヤンの英国研究』評」（平三・三『比較文学』三三）
富田仁「カザミアンから英国人の民族性へ」（平二・六・一九『図書新聞』）
土居光知「平田さんを憶ふ」（昭一八・一二『平田禿木追憶』福原麟太郎編　非賣品）

土居光知「工藤好美宛書簡」（平一〇・二『土居光知　工藤好美宛書簡』風呂本武敏編　渓水社）
永井昇「海軍名参謀の足跡」（昭四四・一〇・二『朝雲』八三二）
中島慶治「東北大學講師時代」（昭二八・二『英語青年』土井晩翠號九九・二）
中島建蔵『回想の戦後文学——敗戦から六〇年安保まで』（昭五四・一二　平凡社）
中沢渥「島田謹二宛書簡」（昭六一・一〇・一八）
中曽根康弘「『アメリカにおける秋山真之』の感想」（昭四四・一〇・九『日本経済新聞』）
中村忠行「日本比較文学会関西支部大会」（昭五一・三『山邊道』天理大学）
夏川小吉「人なつかしい文化の香——少佐だが文人としての自立精神」（昭五九・二・二五『図書新聞』）
西川満「解説」（昭一二・二『神曲餘韻』媽祖書房）
西川満「花浦夫人のこと」（平五・九・二三『アンドロメダ』二八九）
西川満「『かぎろひ抄』について」（昭六一・一『アンドロメダ』二〇二）
西川満「エドガー・A・ポオの星——『海のほとりの王領に』の訳者にささぐ——」（平二・七『アンドロメダ』二五二）
芳賀徹『詩の国詩人の国』（平九・二　筑摩書房）
芳賀徹「駒場の大学院——比較文学比較文化課程の二十周年に際して」（四八・九・二五『教養学部報』一九九）
芳賀徹「比較文学奥の細道の旅」（昭三〇・六『比較文學研究』二・二）
芳賀徹「尾張・伊勢・志摩の旅」（昭三三・六『比較文學研究』改訂再刊一・一）
芳賀徹「春夫邸の客間の一隅で」（平九・九『佐藤春夫』文学アルバム59　新潮社）
芳賀徹「詩の現場へ——故島田謹二先生の教導」（平五・九『英語青年』一三九・六）
芳賀徹「日本海軍と比較文學」（昭三七・三『新潮』）
芳賀徹「『ロシヤにおける広瀬武夫』評」（昭三九・七『比較文學研究』八）
芳賀徹「島田謹二先生の受賞を喜ぶ——日本人文学の「横綱」」（平二・一二『文藝春秋』）
芳賀徹「解説」（昭五一・三『ロシヤにおける広瀬武夫』上・下巻　朝日選書）
芳賀徹「このひと・この三冊」（平一一・八・一『毎日新聞』日曜版）
芳賀徹「ナショナリストの精神」（昭四四・一〇・一二『朝日ジャーナル』）
橋本恭子「帯の文」（平二四・二『『華麗島文学志』とその時代　比較文学者島田謹二の台湾体験』三元社）
橋口稔「私の一冊　明治期日本人のひとつの肖像」（平二・九『NIKKEI BUSINESS』）
波多尚「独特の境地を開く『アメリカにおける秋山真之』」（昭四五・八『日本エッセイスト・クラブ会報』二二）
波多野完治「島田謹二宛書簡」（昭五五・一一・二八）
花浦みさを「宿世《すくめい》をおもふ」（一七・八『愛書』一五「石上露子集」に採録）
花浦みさを「歌集「かぎろひ抄」について」（昭二九・七『桃』二桃の會）

花浦みさを「落魄」（昭一八・三『文藝臺灣』二九）

早川淳之助「『ロシヤにおける廣瀬武夫』を書いた島田謹二氏——〝情感豊かな武人〟——ロシヤ女性の眼で裏返す」（昭三六・七・一五『圖書新聞』）

林憲一郎「比較文學の厳しさ示す『近代比較文學』」（昭三一・七・二『京都大學學園新聞』八四八）

日夏耿之介「國譯者の凡例」（大一四・二『世界童話文學大系』一二巻）

日夏耿之介「神經文學叢談」（昭一一・四『書物展望』六・四）

日夏耿之介「上田敏のこと」（昭二一・二『蠟人形』）

平井照敏「矢野峰人還暦記念対談会」（昭三〇・一二『比較文學研究』四）

平川祐弘「「フランス派英文学研究——エミール・ルグイの業績」評」（昭四〇・三『比較文學研究』九）

平川祐弘「よみがえる精神のモニュメント」（昭五九・五『文化会議』）

平川祐弘「比較文学比較文化の三十年——東大駒場学派」（昭五六・三『學鐙』七八・三）

飛角（平川祐弘）「人物交差点」（昭四四・一〇『中央公論』八四・一〇）

平川祐弘「『フランス派英文学研究』下巻「あとがき」」（平七・八 南雲堂）

平川祐弘「『ロシヤにおける広瀬武夫』」（平一一・一二『書物の声 歴史の声』弦書房）

平川祐弘「あとがき」（平七・六『華麗島文学志』明治書院）

平田禿木「福原麟太郎宛書簡」（昭一〇・七・二七）

平田禿木「成功した藝談」（昭一〇・八・二四『朝日新聞』）

平田禿木「臺北よりの客」（昭一一・九『英文學點描』信正社）

平田禿木「福原麟太郎宛書簡（昭一〇・七・二七）」（昭六一・一〇『平田禿木選集』第四巻 南雲堂）

深田發子「回想——島田謹二先生を偲ぶ会での話」（平一五・四・六 於上野精養軒）

福田みどり「司馬さんの控室」（平九・一二『司馬遼太郎が語る日本』Ⅲ朝日新聞社）

福田陸太郎「『近代比較文學』評」（昭三二・三『英文學研究』三三・二）

福田陸太郎「ポーの名作「眠る女人」解説」（昭四八・一『比較文学読本』研究社）

福原麟太郎「英學雑記」（昭一〇・一・一『英語青年』七二・七）

福原麟太郎「英學時評」（昭一〇・一〇・一『英語青年』七四・一）

福原麟太郎「片々録」（昭一二・六・一五『英語青年』七七・六）

福原麟太郎「日記・書簡」（昭五七・九『随想全集』8 福武書店）

福原麟太郎「英學時評」（昭二七・五『英語青年』九八・五）

福原麟太郎「『比較文學』評」（昭二八・九『英語青年』九九・九）

福原麟太郎「読書の動機」（昭四二・五『読書と或る人生』新潮社）

Y・F（冨原芳彰）「『ポーとボードレール』（イヴニング・スター社刊）評」（昭二四・一『英語青年』九五・一）

Y・F（冨原芳彰）「『英文學史講話（上）評』」（昭二四・四『英語青年』九五・四）

Y・F（冨原芳彰）「『エドガア・ポオ詩集』評」（昭二五・一二『英語青年』九六・一二）

堀大司「追想」（昭三九・三『千葉勉の仕事と思い出』佐藤良雄編）

堀大司「島田教授の停年に当たって」（昭三六・三『教養学部報』九四）

堀口大學「島田謹二宛書簡」（昭五三・二・二五）

蒔田榮一「噫千葉先生」（昭三九・三『千葉勉の仕事と思い出』佐藤良雄編）

牧野茂「島田謹二先生と石上露子」（平一四・一二　松本和男編著『論集石上露子』中央公論事業出版）

正岡子規「はて知らずの記」（大一三・七『子規全集』一〇巻　アルス）

正富汪洋「『飜譯文學』紹介」（昭二七・七『詩界』一二　日本詩人クラブ）

松浦嘉一「島田謹二宛書簡」（昭三〇・九・五）

M・カザミヤン「島田謹二宛書簡」（昭四九・八・五）

圓子千代「ある講義の思い出」（昭四八・一二『共立女子大学文芸学部報』一七）

三浦安子「『若き日の森鷗外』刊行記念会」（昭四五・七『比較文學研究』一七）

武藤脩二「アメリカ文学研究半世紀」（平一九・八『私たちの履歴書―東京外国語大学英米科昭和二十九年度入学者の軌跡―』）

村上一郎「〝文武両道〟とはいかなることか？――島田謹二教授『ロシヤにおける廣瀬武夫』の軍神観」（昭四五・一二『初原』創刊号　現代思潮社）

森亮「『日本における外国文学』評」（昭五一・三・一『朝日新聞』）

森田清子「島田謹二先生の講義「比較文学」――文学が息づく時」（平三・三『私の聴いた名講義』南伸坊監修　波乗社）

守屋岑男「編集後記」（平五・九『英語青年』一三九・六　研究社）

安岡正篤「島田謹二宛書簡」（昭五三・三・九）

保田與重郎「東風西風」（昭四五・五・二三『読売新聞』夕刊）

矢野峰人「平田禿木先生を憶ふ」（昭一八・一二『平田禿木追憶』福原麟太郎編）

矢野峰人「平田禿木宛書簡」（昭一一・一一・二七、一二・一・一）

矢野峰人「編者の言葉」「編集後記」（昭二三・五『季刊英文學』一）

矢野峰人「序」（昭二三・一一『英文學史講話』上　全國書房）

矢野峰人「愛詩帖」（昭三〇・四『去年の雪――文学的自叙伝』大雅書店）

矢野峰人「台湾における北原白秋」（昭三五・一二　北原白秋著『華麗島風物詩』）

矢野峰人「捧げる言葉」（昭三六・七『島田謹二教授還暦記念論文集』）

矢野峰人「『平田禿木選集』刊行祝賀会における祝辞」（昭六二・三・一四）

矢野峰人「島田謹二の博士号取得に対する祝辞」（昭五〇・四・一九）

山崎正和「対談――本に見る戦後史」（昭六二・一『文藝春秋』六五・一）

山田賢二「島田先生のスピーチ」（昭六〇・三『文化大垣』九）

大和資雄「『エドガア・ポオ詩集』評」（昭二六・七『英文學研究二七・三）

山内久明「『フランス派英文学研究』上下二巻」（平八・三『比較文学』三八）

山内久明「島田謹二先生の教え」（平一二・五～六『文学』一・三）

T・Y・（矢本貞幹）「批評紹介『Herrick』」（昭一〇・三『試論』東北帝大英文學會）

吉住京子「島田謹二宛書簡」（昭四〇・一〇・二三）

吉武敏一「『ロシヤにおける広瀬武夫』『アメリカにおける秋山真之』評（昭四五・一二『幹部学校記事』一八・二〇七）」

李登輝「日本人よ、武士道を見失うな」（平一七・八『文藝春秋』九三・九）

諸家『岡崎先生の面影』（昭二八・九　岡崎義恵先生還暦記念祝賀会）

諸家「『近代比較文學』出版記念会」（昭三二・二『比較文學研究』改訂再版一）

諸家『島田謹二教授還暦記念論文集 比較文学比較文化』（昭三六・七　還暦記念会　弘文堂）

諸家「西洋文化研究会の報告」（昭一六・七～一八・二『翔風』二二～二五　臺北高等學校）

諸家「（座談会）比較文学の新しい世界」（昭四八・七『UP』第八・九　東大出版会）

諸家「（シンポジウム）比較文学比較文化――その過去・現在・未来」（昭五八・三『東京大学教養学部紀要比較文化研究』二一）

諸家「比較文学の先達たち」（座談会）（平三・六『比較文學研究』五九）

諸家「（座談会）比較文学と比較文化」（五一・三『比較文学の理論』東大出版会）

諸家「対談――本に見る戦後史」「『ロシヤにおける広瀬武夫』について」（昭六二・一『文藝春秋』六五・一）

諸家「回想　佐藤春夫」（昭三九・七『文芸』三・七　河出書房新社）

諸家「島田謹二小伝」他（平五・九『英語青年』一三九・六）

諸家「島田謹二先生への弔辞」他（平五・一二『比較文學研究』六四）

諸家「島田先生の思い出」他（平六・七『比較文學研究』六五）

諸家「島田謹二先生　学問の戦士」他（平六・三『比較文学』三六）

匿名（B・M・）「上田敏の『海潮音』」（昭一〇・三『試論』東北帝大英文學會）

匿名（T・A・）「『ヘリック』評」（昭一〇・七・一五『英語青年』七三・八）

匿名（五月晴）「比較文学研究の雄編」（昭九・五・一〇『東京新聞』夕刊）

匿名（観客席）「島田謹二の硬文学」（昭四〇・一〇・一〇『東京新聞』夕刊）

匿名（猿）「学者の生き方変わるべし」（平二・六・四『学内広報』八六四　東京大学広報委員会）

編集担当者「編輯だより」（大七・五『海軍』一三・六七　書報社）

編集者「東大比較文学会――成立と現状」（昭二六・六『比較文学新聞報』）

編集者「新刊紹介『飜譯文學』」（昭二六・一二『學苑』昭和女子大學光葉會）

編集者「外国文学の影響を年代別に」（昭二九・一一・一八『朝日新聞』）

編集者「比較文学比較文化課程」「その淵源　島田教授の情熱」「比較文学研究の使命」「日本における比較文学」（昭三二・二『比較文学研究』一・一）

編集者「『広瀬中佐の人間像――強い印象を与えるその誠実さ」（昭三六・七・二四『毎日新聞』）

編集者「『ロシヤにおける広瀬武夫』と『アメリカにおける秋山真之』の紹介」（昭四五・一二『幹部学校記事』）

編集者「香り高く、楽しい内容『近代比較文学』」（昭二九・一・一八『朝日新聞』）
編集者「島田謹二教授の退官」（昭三八・九『比較文學研究』七）
編集者「〝硬文学〟発掘の試み」（昭四四・八・一五『読売新聞』）
編集者「『アメリカにおける秋山真之』評」（昭四四・九『世界の艦船』）
編集者「近代日本の武人――巨細なデータ追求に圧倒される」（昭四四・一一・五『ほるぷ図書新聞』）
編集者「島田謹二氏、パリ大学で日本文学を講義」（昭五三・五・一『読売新聞』夕刊）
編集者「漱石、敏と並ぶ英文学の最高峰・禿木の選集」（昭五六・三『サンデー毎日』六〇・一三）
編集者「西条八十の『砂金』」（昭五六・七・一『ほるぷ図書新聞』）
編集者「『広瀬武夫全集』の刊行」（昭五九・二・六『朝日新聞』）
編集者「『広瀬武夫全集』紹介」（昭五九・五『世界の艦船』）
編者『千代田区教育百年史』上巻「外国語学校の設立」（昭五五・三　千代田区教育委員会）
日本学士院「第六十七回受賞審査要旨」（昭五二・三・一二）
財団法人日本文学振興会「受賞者のプロフィル」（平二・一二・六）

参考資料

一　編著者（五〇音順）

青江舜二郎著『竹久夢二』（昭四六・一〇　東京美術）
秋山中「秋山真之の「女大学」」（昭五二・一〇『文藝春秋』）
井村君江著『日夏耿之介の世界』（平一七・三　国書刊行会）
井村君江著『私の万華鏡——文人たちとの一期一会』（平二七・一〇　紅書房）
粕谷一希著『（座談）書物への愛』（平二三・一一、藤原書店）
亀井俊介著『ひそかにラディカル？——わが人生ノート』（平一五・五　南雲堂）
亀井俊介著『亀井俊介オーラル・ヒストリー　戦後日本における一文学研究者の軌跡』（平一七・四、研究社）
北原白秋著『華麗島風物誌』（昭三五・一二　弥生書房）
木村毅著『比較文学新視界』（昭五〇・一〇　八木書店）
木村毅『日米文学交流史の研究』（昭五七・六　恒文社）
小谷幸雄著『遠心と求心——私の比較文學修業』（平一一・三　校倉書房）
小谷幸雄著『世界を結ぶ　こころ　と　ことば』（平一六・六　近代文藝社）
小林眞里子「島田先生」（平二〇・九『果樹園』）
小林眞里子「「源氏の会」の島田先生」（平二一・二『果樹園』）
小谷野敦著『東大駒場学派物語』（平二一・四　新書館）
西條嫩子著『父西條八十』（昭五〇・四　中央公論社）
西條八束著『父・西條八十の横顔』（平二三・七　風媒社）
斉藤信子『筏かづらの家　父島田謹二の思い出』（平七・四　近代出版社）
佐藤春夫著『上田秋成』（島田謹二「まえがき」昭三九・八　桃源社）
菅原克也「島田謹二記念學藝賞と島田謹二先生を偲ぶ会」（平二三・七『UP』東京大学出版会）
仙北谷晃一著『玉藻沖つ藻——仙北谷晃一遺文集』（平二一・二モリモト印刷）
高梨健吉『日本英学史考』（平八・九　東京法令出版）
竹沢荻《おぎ》子『父、平田禿木の思い出』（昭五六・三　南雲堂）
出来成訓『日本英語教育史考』（平六・一〇　東京法令出版）
中沢湜著「文人広瀬武夫」（昭六一・一〇・七～『大分合同新聞』連載）
中野好夫「秋山真之参謀の手記」（昭四五・一『文學界』）
西田圀夫著『創刊のこころ——金沢の戦後雑誌から』（昭四八・一二　橋本確文堂刷）
新田義之著『東北大学の学風を創った人々』（平二〇・六　東北大学出版会）
庭野吉弘『日本英学史叙説』（平二〇・五　研究社）
野中正孝編著『東京外国語学校史——外国語を学んだ人たち』（平二〇・一一　不二出版）
芳賀徹著『きのふの空　東大駒場小景集』（平四・一〇　中央公論美術出版）
芳賀徹著『詩歌の森』（平一四・九　中央公論社）
服部元良著『明治の人・廣瀬武夫』（昭五五・七　金龍山大圓寺）
橋本恭子著『『華麗島文学志』とその時代　比較文学者島田謹二の台湾体験』（平二四・二　三元社）

橋本恭子著『島田謹二　華麗島文學的體驗解讀』（平二六・一〇　國立臺灣大學）
平田哲夫『誠実に悠々と』（平一三・六　実業之日本事業出版部）
平川祐弘著『平和の海と戦いの海――二・二六事件から「人間宣言」まで』（昭五八・二　新潮社）
平川祐弘著『書物の声・歴史の声』（平二一・一二　弦書房）
富士川義之著『ある文人学者の肖像――評伝・富士川英郎』（平二六・三　新書館）
松村緑著『石上露子集』（昭和三四・一一　中央公論社）
宮永孝著『ポーと日本　その受容の歴史』（平一二・五　渓流社）
宮永孝著「学匠詩人　オーギュスト・アンジュリエ」（平一九・九　『社会志林』通巻一九二号　法政大学社会学部学会編）
安田保雄著『上田敏研究――その生涯と業績』（昭三四・一二　矢島書房）
大和資雄編『詩人バーンズ』（昭三六・三　松柏社）

二　全集・学校一覧等（五〇音順）

『英語青年復刻版　総索引』（英語青年復刻版刊行会　福原麟太郎・喜安貞雄・植田虎雄　平一一・三　研究社）
『江戸川乱歩全集』第一五巻（昭四五・六　講談社）
『鷗外選集』（昭二四・三～二五・四　東京堂）
『岡崎義恵先生の面影』（昭二八・九　岡崎義恵先生還暦記念祝賀会）
『岡崎義恵著作集』（昭三四・四～三七・八　寶文館）
『海軍』（大六・一～九・一〇　書報社）
『木下杢太郎全集』第三巻（昭五五・三　岩波書店）
『炬火』（大九・一二　東京外國語學校文藝部誌）
『京華学園百年史』（平一一・三　京華学園）
『京華校友會雜誌』（大八・一二～一一・一二　京華中學校校友會）
『研究社九十年刊行出版物索引』（平九・一一　研究社）
『研究社百年の歩み』（平一九・一一　研究社）
『西條八十全集』別巻（平二六・七　国書刊行会）
『佐藤春夫全集』（昭四一・四～四五・三　講談社）
『佐藤春夫全詩集』（昭四五・一一　講談社）
『獅子頭山讃歌　自治と自由の鐘が鳴る――旧制台北高等学校創立八十周年記念文集』（平一五・二　旧制台北高等学校記念文集刊行委員会）
『詩人　日夏耿之介』（昭四七・六　黄眠會編　新樹社）
『司馬遼太郎が語る日本』（平九・一二　朝日新聞社）
『白孔雀』（大一一・一～九　小柴権六發行　稲門堂）
『新編　佐藤春夫全集』（平一一・三～　臨川書店）
『人文特集号（2）』（昭二六・六　文部省内・人文科学委員会編）
『世界文藝大辭典』（昭一〇・一〇～一二・一一　吉江喬松責任編輯　中央公論社）
『漱石文学全集』別巻「漱石研究年表」（昭四九・一〇　荒正人著　集英社）
『千桜百年』（昭五七・三　千桜小学校創立百年記念事業協賛会）
『定本上田敏全集』（昭五六・一〇　上田敏全集刊行會　教育出版センター）
『天神町放談　年譜・愛知揆一』（昭四九・一一　愛知揆一遺稿刊行会　不昧堂出版）
『東京外國語學校一覧』（大八・三～一五・一二　東京外國語學校）
『東北帝國大學一覧』（大一四～昭三）

『東洋大学百年史』（平三・一一　東洋大学）
『永井荷風全集』（平四・五～平七・八　岩波書店）
『成瀬正勝文庫蔵書目録』（昭五四・三　明治村）
『日本古書通信　総目次』（昭五九・一　日本古書通信社）
『白秋全集』別巻（昭六三・八　岩波書店）
『日夏耿之介全集』（昭四八・六～昭五三・六　河出書房新社）
『平田禿木選集』（島田謹二・小川和夫編　第一期昭五六・三　第二期六一・一〇南雲堂）
『福原麟太郎随筆全集』第八巻（昭五七・九　福武書店）
『奥井潔教授古稀記念エッセー集』（平七・三　藤野文雄・埋橋勇三編　学術図書出版社）
『文芸研究』（昭三三・一〇　東北大学国文学研究室編）
『堀口大學全集』（昭五七・一～昭六三・一　小澤書店）
『明治新聞雑誌文庫所蔵　雑誌目録』（昭五四・一〇　東京大学出版会）
『明治新聞雑誌文庫所蔵　図書・資料目録』（昭五八・一〇　東京大学出版会）
『宮城県百科事典』（昭五七・四　河北新報社）
『矢野峰人選集』第三巻（平一九・一　井村君江、高橋広美、富士川義之編纂　富士川義之解説　国書刊行会）
『米澤朝報』（大一一・三・一六）
『米澤新聞』（大一〇・六・二二）
『米澤高等工業學校一覧』（大一一・九～一四・三『米澤高等工業學校』）
『山形大学工学部五〇年史』（昭三五・一〇　山形大学工学部創立50周年記念会）

島田謹二略年譜

西暦	和暦	齢	関連事項	一般事項・先達、知友没月日など
一九〇一	明治三四	1	3・20東京市日本橋区本銀《しろがね》町二丁目一二番地に父島田助三郎、母ヤスの三男として生まれる。	1・3福澤諭吉没。8月『みだれ髪』（鳳晶子著）出版。
一九〇二	三五	1		1月日英同盟条約調印
一九〇三	三六	2		10・30尾崎紅葉没。
一九〇四	三七	3		2・2日露開戦。3・27広瀬武夫没。9・26小泉八雲没。
一九〇五	三八	4		5・27日本海海戦。
一九〇六	三九	5		9・16アレクサンドル・ベルジャム没。
一九〇七	四〇	6		3・21小学校令改正、義務教育年限を六年に延長。4月『管弦』（小林愛雄著）出版。
一九〇八	四一	7	4月神田の千櫻小学校入学。	4・1新義務教育制施行。3月『邪宗門』（北原白秋著）出版。5月『孔雀船』（伊良子清白著）出版。10月『春』（島崎藤村著）出版。
一九〇九	四二	8		
一九一〇	四三	9		12月九州・東北帝國大學設立。1月『歌行燈』（泉鏡花著）発行。5月『冷笑』（永井荷風著）出版。
一九一一	四四	10		1月東北帝國大学發足。2・28オーギュスト・アンジェリエ没。6月『思ひ出』（北原白秋著）出版。
一九一二	四五	11		7・30明治天皇崩御、大正と改元、大正天皇践

一九一二	大正一	11		祚。9・19正岡子規没。9・23乃木希典夫妻殉死。
一九一三	大正二	12	3月千櫻小学校卒業。4月京華中学校入学。本庄桂輔、倉又四郎と交友、小林愛雄、山川信次郎に英語、小原要逸に国漢を学ぶ。クララ・イーストレーキの私塾で英会話の手ほどきを受けはじめる。	1月『桐の花』『東京景物詩及其他』（北原白秋著）出版。4月『珊瑚集』（永井荷風訳詩）、『月下の一群』（堀口大學訳詩）出版。6月『有明詩集』（蒲原有明著）出版。7月第一次世界大戦起こる。9月『最近英文學研究』（平田禿木著）出版。10月『赤光』（斎藤茂吉著）出版。
一九一四	大正三	13		3月『三太郎の日記』（阿部次郎著）出版。アカギ叢書『人形の家』（村上静人編）第一編より刊行はじまる。8月対独宣戦、山東半島出兵。12月東京駅開設。
一九一五	大正四	14		2・8長塚節没。6月『熟語本位英和中辞典』（齋藤秀三郎著）出版。
一九一六	大正五	15		6月『近代英詩選』（平田禿木著）出版。7・9上田敏没。11月『死の勝利』（生田長江訳）出版。12・9夏目漱石没。
一九一七	大正六	16	1月『海軍』に「帝国軍艦解説」の連載開始（筆名島田毅《き》）。	2月『月に吠える』（萩原朔太郎著）出版。8月シベリヤ出兵。11月世界大戦終結。12月『転身の頌』（日夏耿之介著）出版。
一九一八	大正七	17	12月ジェーンの『海軍年鑑』に「帝国軍艦解説」等を寄稿。『校友会雑誌』に「愛蓮説（周濂渓の詩）」（英訳）を掲載。	4月『昨日の花』（堀口大學著）出版。7・4秋山真之没。
一九一九	大正八	18	3月京華中学校卒業。4月東京外国語学校本科英語部第一学年入学。片山寛、千葉勉、村井知至、大橋榮三、	4月『泰西名詩名譯集』（生月春月編）出版。6月『田園の憂鬱』（佐藤春夫著）、『砂金』（西

			吉岡源一郎、上條辰蔵、井手義行、オースティン・メドレーに学ぶ。美甘巌と交友、西條八十、日夏耿之介に傾倒し、その詩を愛読したり、マラルメの訳詩からポーを読み始める。	條八十著）出版。9月シベリヤ撤兵。12月『食後の唄』（木下杢太郎著）出版。
一九二〇	大正　九	19	2月『中学世界』増刊号に「英語第一の準備法＝東京外国語学校合格記＝」を寄稿（筆名太史公）。10月「帝国軍艦解説」の寄稿終了。12月文芸部誌『炬火』に「フラマン新詩抄」（翻訳）を掲載（筆名市河十九）。	1月国際連盟加入（常任理事国）。2月『英文學研究』（東京帝大英文學会）創刊。
一九二一	大正一〇	20	同学の安東更正に連れられて詩人西條八十を訪問、その後日夏耿之介にも会い教えを受け始める。	6月『黒衣聖母』（日夏耿之介著）出版。7月『殉情詩集』（佐藤春夫著）出版。11月「英文學叢書」（研究社）刊行はじまる。
一九二二	大正一一	21	3月同人誌『白孔雀』（西條八十主宰）にマラルメの詩の翻訳を掲載。東京外国語学校英語部文科を卒業。4月米沢高等工業学校に講師として奉職。辻村鑑を知る。毎夜、薄命の詩人ポーの詩や小説を耽読する。	4月東北帝國大学法文學部設置。7月『文學序説』（土居光知著）出版。7・9森鷗外没。8月『エリヤ随筆』（平田喜一註、英文叢書）出版。
一九二三	大正一二	22	9月日夏耿之介に『千一夜物語』の下訳を委嘱される。	1月『都会の憂鬱』（佐藤春夫著）、『青猫』（萩原朔太郎著）出版。9・1関東大震災。
一九二四	大正一三	23	4月米沢高等工業学校依願免官。宮城県仙台第二中学校に赴任。	6月『現代英詩選』（小林愛雄著）出版。
一九二五	大正一四	24	3月仙台第二中学校依願免官講師に転ずる。4月東北帝国大学法文学部本科に入学。山田孝雄、村岡典嗣、小宮豊隆、阿部次郎、土居光知、太田正雄（木下杢太郎）、岡崎義恵、土井林吉（晩翠）に学ぶ。田内静三と交友。	2月『泣菫詩集』（薄田泣菫著）出版。6月國民文庫刊行會の「世界名作大観」刊行はじまる。
一九二六	大正一五	25	3月仙台第二中学校講師辞任。5月小宮豊隆、阿部次郎が主宰する「芭蕉俳諧研究会」の筆記役をつとめは	6月『近代英文學史』（矢野峰人著）出版。7月『英文學覚帳』（戸川秋骨著）出版。12・25

			じめる。6月國井常吉、ヨシオの四女貞と結婚。	大正天皇崩御、昭和と改元、昭和天皇践祚。『現代日本文學全集』全六三巻（改造社）の刊行がはじまり、円本ブーム起こる。
一九二七	昭和　二	26	9・29母ヤス没。	2月岩波文庫（初の文庫シリーズ）刊行開始。7・24芥川龍之介没。9・18徳富蘆花没。
一九二八	昭和　三	27	1月長女信子誕生。3月東北帝国大学法文学部英文学科を卒業。西洋文学研究室の副手（常勤）を委嘱される。東北学院専門部、宮城女専の講師として「フランス派英文学」、英詩等を講ずる。	4月台北帝國大學開設。10月坪内逍遥記念演劇博物館開館。
一九二九	昭和　四	28	3月台北帝国大学文政学部講師を委嘱される。矢野禾積、アラン・デル・レー、神田喜一郎、前嶋信次、西川満を知る。7月長男光彦誕生。	4月台北帝國大學に西洋文學講座開設。11・9齋藤秀三郎没。
一九三〇	昭和　五	29	4月台北高等商業学校・台北高等学校講師を委嘱される。	
一九三一	昭和　六	30	4・23台北英文学会で「フランスにおける英文学研究」と題して講演。	9・18満州事変。
一九三二	昭和　七	31	7月台北帝国大学夏期講習会で「ルイ・カザミヤンの英国研究」を語る。	1上海事変。
一九三三	昭和　八	32	4月「カザミヤン研究」を公にし始める。8月西脇順三郎を知る。9月「比較文學講座」を『新英米文學』に載せ始める。10月「マラルメ、ポオ研究」を公にし始める。	2月『提督秋山真之』（櫻井眞清著）出版。3月国際連盟脱退。4月『呪文』（日夏耿之介著）出版。10月「英米文學評傳叢書」全一〇三巻（研究社）の刊行はじまる。
一九三四	昭和　九	33	4月「上田敏研究」を公にし始める。7月市河三喜、福原麟太郎、堀大司を知る。7・5台湾に北原白秋（北原隆吉）を迎え、在台中矢野禾積とともに諸所を案内し親しく語る。8・12東京帝大英文学会に招かれ、	6月『氷島』（萩原朔太郎著）出版。6・26内藤湖南没。9・1竹久夢二没。9月『新修シェークスピア全集』全四〇巻（逍遥譯　中央公論社）刊行はじまる。10月『人間経』（吉井

			山上御殿において「フランス派英文学研究」について講演。10月はじめての単行書『ヘリック』（英米文學評傳叢書）を刊行。	勇著）出版。
一九三五	昭和一〇	34	5月「森鷗外研究」を公にし始める。『試論』に「仏蘭西派英文学書誌」、7月『英文学研究』に「ベルジャーム教授の業績」を寄稿。8月平田禿木、吉江喬松を知る。9月『文政学部文学科研究年報』に「ポオとボオドレール——比較文学史的研究」を発表。10・20『台湾日日新報』に「あらたま歌集「台湾」を読む」を寄稿（筆名南島子）。12台湾における日本人の文学の実体と意義を究めるべく、白秋に暗示された「華麗島文学志」の題下に研究を開始。10『世界文藝大辭典』（中央公論社）第一巻が刊行されはじめ（昭和十三年十一月第七巻完結）、フランス派英文学、比較文学関連の解説を寄稿する。	2・28坪内逍遙没。3・26与謝野鉄幹没。5月『新修シェークスピア全集』完結。9月『春興倫敦子』（福原麟太郎著）出版。10月『自画像』（戸川秋骨著）出版。12月『日本文藝學』（岡崎義恵著）出版。
一九三六	昭和一一	35	5月台大文学会で「明治文学と臺灣」と題して講演。10月『臺大文學』に「南島文學志」を寄稿し、初めて「松風子」の筆名を使う。この月次男敏彦誕生。	10月『釣魚大全』（平田禿木訳）出版。10・31岡倉由三郎没。
一九三七	昭和一二	36	7月志摩半島鳥羽の海岸に隠棲する伊良子清白を訪ねる。12月木村毅を知る。	10・10エミール・ルグイ没。4月文化勲章制定。7・7北支事変起こり、上海に波及。『文藝復興』（田部重治譯）出版。11月日独伊防共協定。
一九三八	昭和一三	37	1月『英語青年』一〇〇〇号記念号に「わが國における英文學研究」を寄稿。2・6父助三郎没。9月『のつて・づえねちあな』（アラン・デル・レ著の飜譯）を刊行。10月日本英文学会第一〇回大会で「藤村詩集と西洋文學」と題して講演。数日後、島崎藤村に招かれて	12月広東陥落。

			語る。	
一九三九	昭和一四	38	1月「島崎藤村研究」を公けにし、2月「臺灣におけるわが文學」を皮切りに「華麗島文學志」の寄稿が始まり、毎月のように『臺灣時報』等の雑誌に連載しはじめる。9月「佐藤春夫研究」を公にし始める。	9・7泉鏡花没。9月フランスと共に対独宣戦、第二次世界大戦始まる。10・10日独伊三国同盟成立。10月『天彦』（吉井勇著）出版。
一九四〇	昭和一五	39	1月『文藝臺灣』創刊にあたり賛助員となる。4月台北帝国大学講師兼務台湾総督府台北高等学校教授に着任。デル・レと親交を結んで学ぶ。8月佐藤春夫に会見する目的で上京、詩人と親しく語る。	3・26吉江喬松没。5・19オースティン・メドレー没。11『イーリアス』（土井晩翠譯）出版。10月「英米文學語學講座」（研究社）刊行開始。
一九四一	昭和一六	40	4月報国会の事業として、「西洋文化研究會」の講座を開講。6月『国民文學と世界文學』（河出書房）に「比較文學――その實例としての上田敏の譯詩」を寄稿。11月「華麗島文學志」の連載を終了。	7月日本軍、南部仏印進駐。10月ゾルゲ事件。12・8米・英に宣戦布告、太平洋戦争始まる。香港攻略。
一九四二	昭和一七	41	8月『愛書』第五輯に「石上露子集」（編註）を掲載。9月「英米文学と大陸文學との交流」（研究社英米文學語学講座）を刊行。11月『スタニスラーフスキイ自傳（上）』（岩波文庫）を刊行。	5・29与謝野晶子没。11月大東亜省設置。11・2北原白秋没。
一九四三	昭和一八	42	10月香港の視察を委嘱され当地に赴き、廈門の日本領事館も訪ねた。一一月上旬帰台。	3・13平田禿木没。6月学徒戦時動員体制確立。8月「英文學叢書」全一〇二巻完結。8・22島崎藤村没。9月『禿木遺響　文學界前後』（平田禿木著）出版。11月『日本芸術思潮』（岡崎義恵著）出版はじまる。12月『近英文藝批評史』（矢野峰人著）出版。学徒出陣始まる。
一九四四	昭和一九	43	1月『詩文集かぎろひ抄』（花浦みさを著）を編纂・刊行。12月陸軍司政官に任ぜられ、香港総督府香港大学図書館管理のため着任。	8月学徒勤労令公布。

一九四五	昭和二〇	44	5月台北市大空襲爆撃により台北の家炎上。8月終戦、英領スタンレー半島の集中営に収容される。	5月戦時教育令公布。7・26ポツダム宣言発表。8・15第二次世界大戦終結。10・9薄田泣菫没。10・15木下杢太郎没。
一九四六	昭和二一	45	1月鹿児島上陸、復員帰国。3月上京。4月「海のなげき」（歌一〇首）を『北窓』に寄稿。5月第一高等学校英語講師を委嘱される。波多野完治、吉田精一、小林英夫を知る。6月「燕のうた」を『雪國』に寄稿。9月自由出版協会（会長木村毅）の『讀書展望』創刊に協力する。10月山形県三川郡三本木に平田禿木夫人を訪ねて、「禿木伝」を書くための資料を整えた。12月第一高等学校教授に任ぜられる。『臨海樓綺譚』（飜譯　新月社）を刊行。	1・10伊良子清白没。4・13村岡典嗣没。9『晩春日記』（上林曉著）出版。10月ワシントン会議、日英同盟破棄。11・5日本国憲法公布。11月『神々は渇く』（アナトール・フランス著　水野成夫譯　酣燈社）出版。12月六・三・三・四教育体制発表。
一九四七	昭和二二	46	1月「平田禿木のこと」を『英語青年』に、2月「夏目漱石研究」を公にし始め、「夏目漱石と上田敏」を『文藝』に寄稿。3月探偵小説土曜会に招かれ、「ポーの『黄金虫』について」語る。林皦（木々高太郎）、江戸川乱歩（本名平井太郎）、厨川文夫を知る。4月信州に佐藤春夫を訪ね、六年数ヶ月ぶりに再会。杉木喬を知り、立教大学文学部英米文学科に出講。7月『若き日の藝術家』（真光社）を刊行。10・30長男光彦没。11月『近代抒情詩選花さうび』（佐藤春夫・吉田精一共著天明社）を刊行。12月『マノン物語』（銀星社）を刊行。	2月「英米文學叢書」（研究社）刊行開始。3月六・三・三・四制、平和的民主的教育など規定実施。4月新学制による小学校、新制中学校発足。5月日本国憲法施行。6月『泉聲』（岡崎義恵著）出版。7・13野口米次郎没。7・30幸田露伴没。
一九四八	昭和二三	47	4月『ポー選集』（中野好夫監修・実業之日本社）に「エリオノラ」等の訳詩を掲載。5月日本比較文学会を設立。この月、『雅人』（創作詩　靖文社）、『季刊英文學』（矢野禾積共編・靖文社）を刊行。7月『ポーとボード	3・6菊池寛没。6月『ルネッサンス』（吉田健一譯）発行。

			レール——比較文學史研究』（イヴニング・スター社）を刊行。11『英文學史講話』上巻（竹澤啓一郎共編・全國書房）を刊行。	
一九四九	昭和二四	48	4・9第一回佐藤春夫の誕生日を祝う会に出席。6月東京大学教授に補せられ教養学部勤務（「現代文化第二講座」を担当）を命ぜられる。7月『佐藤春夫詩集』（新潮社）を編纂・刊行。10・22日本比較文学会第三回大会（東京大学）で「鷗外譯『即興詩人』」と題して講演。10・29学士院で開かれた文部省の人文科学委員会で、「文学史的方法」と題して講演。12『藤村名詩鑑賞』（佐藤春夫・吉田精一共著　天明社）刊行。	9月『近代英米詩集』（日夏耿之介編）出版。10月日本詩人クラブ設立。
一九五〇	昭和二五	49	1月『海潮音』（酣燈社）編纂。東大比較文学研究会で「海潮音」講義を始める。3月昭和女子大学で行われた新體詩創始者追頌記念祭で「新體詩と西歐文學」と題して講演。4月昭和女子大学に出講。5月『エドガー・ポオ詩集』（酣燈社詩人全書）刊行。6・10日本比較文学会第四回大会（東京大学）で「内外比較文學界の動向一〇」と題して講演。10・21〜22日本比較文学会第一回関西大会（天理大学・京都大学）で「日本におけるポー」「比較文學の現状」と題して講演。この月、公開ゼミナールで「『近代日本文學の展望』（佐藤春夫著）講義」を開始。	6月『日本芸術思潮』（岡崎義恵著）出版完結。
一九五一	昭和二六	50	1月『日本文学』（伊藤整編　毎日新聞社）に「日本文學における西洋文學の影響」を寄稿。3月『佐藤春夫詩集』（新潮文庫）編纂。6月東大比較文学会の会報「比較文學新聞報」発刊。8月『飜譯文學』（至文堂）、	1月日本近代文学の会設立。5月『「文學界」と西洋文學』（矢野峰人著）出版。6月『イギリス抒情詩集』（福原麟太郎・石井正之助共譯）出版。7月『世界戀愛詩集』（堀口大學選）出

			9月『十九世紀英文學』（研究社）を刊行。10月公開ゼミナールで「『近代英国』（ルイ・カザミヤン著）講義」を開始。	版。11月『名詩名譯』（日夏耿之介　鈴木信太郎　石川道雄　神西清監選）出版。
一九五二	昭和二七	51	2月『臨海楼綺譚』（研究社新訳注双書）、3月『臨海楼綺譚』（角川文庫）、4月『アメリカ文学史』（フェルナーン・カーン原作・クセジュ文庫）、『新編退屈読本』（佐藤春夫著・創元文庫）編纂・刊行。5月『英米文學概説』（河出書房）に「日本文學と英米文學——福澤諭吉から平田禿木まで」を寄稿。8月『宝玉百科世界文学辞典』（呉茂一共編　学習社）刊行。10ＮＨＫ第一放送で「世界の藝術」について七回講義。11公開ゼミナールを「比較文學講座」と企画を変え、一般の学生も聴講できるようにした。	2・3蒲原有明没。10・19土井晩翠没。
一九五三	昭和二八	52	1月永井荷風の『珊瑚集』（新潮社）の解説を執筆。4月東京大学大学院に人文科学研究科比較文学比較文化専門課程が設置され、5月同課程担当を命ぜられて主任を委嘱される。6月『比較文學』（要書房）を刊行。『外國文學研究紀要（東京大學教養學部外國語科編）』に「比較文學における材源の問題」を寄稿。7月弘前大学文理学部に出講。8月信州中浅間の玉ノ湯に次男と共に避暑。10・10岩手英学会・岩手英語英文学会で講演。11「ラフカデオ・ヘルン研究」を公にし始める。	2・25齋藤茂吉没。10・20小原要逸没。
一九五四	昭和二九	53	4月東大比較文学会発足。豊田實を知り、青山学院大学大学院に出講。この月、文部省より學術奨励審議会委員を委嘱される。5月『文學7』（岩波書店）に「比較文學」を執筆。6月『比較文学研究』（東大比較文学	10月『文学入門』（伊藤整著）出版。10・7竹友藻風没。

			会刊）を創刊。立教大学に出講したある日、江戸川乱歩を訪ねて語る。12・24夜次男敏彦が西穂高で遭難したとの報せを受ける。	
一九五五	昭和三〇	54	3月『別冊文藝春秋』に「幽明――この一篇を島田謹二氏にささぐ」（佐藤春夫著）が掲載された。4・30学生たちと比較文学「奥の細道」の旅に出発、仙台、平泉、盛岡、秋田、山形をめぐり五月七日帰京。6月『英文学思潮』（青山学院大学英文学会）に「イギリス浪漫派の汎神論的直感（カザミヤン原作）」を寄稿。	8・1志賀勝没。8月『世界名詩選』（大木惇夫訳・編）出版。12・22喜安璉太郎没。
一九五六	昭和三一	55	1月Bright English 一～三巻（高等学校外国語科用教科書・実教出版）を共編・発行。4月東京都立大学大学院、東洋大学文学部に出講。6月『近代比較文學 日本における西洋文學定着の具体的研究』（光文社）を刊行。	1月「近代文学研究叢書」（昭和女子大）の刊行はじまる。3月『英文學への道』（平田禿木著・矢野峰人編解説）出版。
一九五七	昭和三二	56	1～3月NHK教養大学講座で「比較文學入門」を一二回連続講義。5・23佐藤春夫の案内で、学生たちと「田園の憂鬱」の舞台である神奈川県都筑郡中里村字鐵《くろがね》の周辺を歩く。10・28学生たちと「歌行燈」（泉鏡花）と「海の声」（伊良子清白）の世界を歩く。	3・19片山廣子（松村みね子）没。11・2徳富蘇峰没。
一九五八	昭和三三	57	5月『英語青年』に「十九世紀英文學と大陸文學」、『文学・語学』（東京学芸大学国文学研究室編）に「文学史と比較文学――「比較文学」の教育について」を寄稿。11築地の料亭「山喜」に佐藤春夫、堀口大學を招待して「語る夕べ」の時を持った。	11・20山田孝雄没。
一九五九	昭和三四	58	2月NHK国際放送でDevelopment of Modern Japanese Literatureと題して講演。5月『スケッチ・ブック』（訳註 旺文社）を刊行、『世界名詩集大成一	4月『スウィフトその後』（堀大司著）出版。4・17川路柳虹没。4・30永井荷風没。10・8石上露子没。10・20阿部次郎没。

一九六〇	昭和三五	59	一アメリカ』（ポー原作）を収録。8月文部省初等中等教育局長より中等教育指導者養成講座の講師を委嘱され、「外国文学の鑑賞」と題して講演。10月『世界名詩集大成九イギリス』に「レティング牢獄の物語歌」（ワイルド原作）を収録。3・25佐藤春夫・千代夫妻と共に九州旅行。門司、八幡、若松、延岡、青島、霧島、串木野、鹿児島を周遊した。この月から、高円寺の住いで『源氏物語』をよむ会を始める。3月『カイン』（バイロン原作・岩波文庫）を刊行。4・11「ロシヤにおける広瀬武夫」執筆に着手。七月末、予定の三分の二ほど書き終える。8・7大分県竹田の廣瀬神社を訪ね、佐藤次比古の案内で、広瀬関連の資料をみる。10・30夕「ロシヤにおける廣瀬武夫――武骨天使傳」を一応書き上げた。	1月『革命前夜』（火野葦平著）出版。8月『鑑眞大和上傳之研究』（安東更生著）出版。11・19吉井勇没。12・21千葉勉没。
一九六一	昭和三六	60	2・9流感で体調不調ながら、東大の最終講義では『源氏物語』の「御法の巻」を講じた。3月東京大学定年退官。『教養学部報』に「比較文学者として――十年を語る」を寄稿。4月本間久雄の招聘により実践女子大学文学部英文学科教授（英文科長）に就任。東洋大学英文科にも講師として出講。5月杉並区高円寺に転居。6月『ロシヤにおける廣瀬武夫――武骨天使傳』（弘文堂）を刊行。7・7還暦を祝う会が西銀座の「風月堂」で行われ、この月、『島田謹二教授還暦記念論文集 比較文學比較文化』（弘文堂）が刊行された。8・28東郷神社内の水交社で山梨勝之進元海軍大将に会見した。9・18防衛大学校第八期生会で「秋山真之――明治武将の人間	3月『世界名詩選』（矢野峰人編）出版。12・25矢内原忠雄没。

			像」と題して講演。9・21赤坂のドイツ文化研究所において『ロシヤにおける広瀬武夫』の出版祝賀会「広瀬を語る夕べ」が開かれた。11月『白山英文学』に「私の英語・英文学修業」を寄稿。	
一九六二	昭和三七	61	1月『英語青年』に「『日本英文学の学統』（矢野峰人著）評」を寄稿。3月秋山真之関連の著述を公にし始める。4月慶應義塾大学大学院博士課程文学研究科に出講、「ヨーロッパ比較文学」を講ずる。5月『源氏物語』を読む会は新宿中村屋で行うことになった。	2月『サラ・ベルナールの一生』（本庄桂輔著）出版。8・8柳田國男没。11・3ラルフ・ホジソン没。12月『上田敏全訳詩集』（山内義雄・矢野峰人編 岩波文庫）出版。
一九六三	昭和三八	62	8月『**春夫詩抄**』（岩波文庫）の「解題」を執筆。9月『比較文學研究』に「永井荷風の『珊瑚集』――比較文学的研究」を寄稿。10お茶の水大学文教育学部に出講。11『佐藤春夫文芸論集』（創思社）を編纂・刊行。	2・28辰野隆没。
一九六四	昭和三九	63	・3『実践女子大学紀要』に「フランス派英文学研究――エミール・ルグイの業績」を寄稿。実践女子大学を辞した。4月東洋大学文学部英文学科教授に就任。5・6佐藤春夫の逝去後、「思い出」を書きつづける。7月『群像』（佐藤春夫追悼号）に「佐藤春夫の文学」を寄稿。10「佐藤春夫全集」第一回編集委員会に出席。	5・6佐藤春夫没。
一九六五	昭和四〇	64	3・16妻貞没。9月『東洋大学大学院紀要』に「明治期日本人の一肖像――アメリカにおける秋山真之」を寄稿。	5・4三船久蔵没。7・28江戸川乱歩没。9・5ルイ・カザミヤン没。
一九六六	昭和四一	65	4月『**佐藤春夫全集**』第一巻（講談社）、6月『**佐藤春夫全集**』第二巻を刊行。	5・3小宮豊隆没。
一九六七	昭和四二	66	5『世界の艦船』（海人社）に「日本海海戦を待つ我が連合艦隊」を寄稿。	2・14山本周五郎没。8・14正富汪洋没。11・10後藤末雄没。12・17山梨勝之進没。12・21森

一九六八	昭和四三	67	1・31前年、「日本海海戦を待つ我が連合艦隊」を書いたことがキッカケとなって、サンケイ新聞大阪本社から司馬遼太郎の新小説のためにということで原稿執筆の依頼をうけた。4月東洋大学大学院文学研究科英文学専攻主任を委嘱される。4・11『サンケイ新聞』（大阪版）に「明治海軍将校の教養」を掲載した直後、司馬遼太郎と親しく語る。22『産経新聞』夕刊に「坂の上の雲」の連載がはじまり、毎日楽しみにして読む。	於菟没。1・15奥野信太郎没。5・23堀大司没。9・12杉木喬没。5月『大君の使節――幕末日本人の西洋体験』（芳賀徹著　中央公論社）出版。10月『福原麟太郎著作集』の刊行はじまる。
一九六九	昭和四四	68	1月『無限』（特集エドガー・ポー）に「エドガー・ポー入門」を寄稿、訳詩も載せ、「ポー談義」（司会）をした。3月杉並区高井戸に転居。7月**『アメリカにおける秋山真之――明治期日本人の一肖像』**（朝日新聞社）を刊行。8・25岩手に旅行、平泉を歩き、正岡子規曽遊の地湯本に一泊し、横手（秋田）・上山（山形）を経由して帰京。	4月『坂の上の雲』（司馬遼太郎著　文藝春秋社）第一刷刊行はじまる。6・7柳田泉没。11・15伊藤整没。10月『若き日の森鷗外』（小堀桂一郎著　東京大学出版会）出版。
一九七〇	昭和四五	69	1月『現代文学と古典』（読売新聞社）に「佐藤春夫と上田秋成」を収録。4月決定版**『ロシヤにおける広瀬武夫――武骨天使伝』**（朝日新聞社）を刊行。6月**『アメリカにおける秋山真之』**により第一八回日本エッセイストクラブ賞を受賞。11月『佐藤春夫全詩集』（講談社）を編纂・解説した。12『文藝春秋』に「漱石文学は〝模倣〟である」（お茶の間放談）が載った。	3・4鈴木信太郎没。3・17市河三喜没。6・13日夏耿之介没。8・12西條八十没。10・26安東更正没。3月『近代文学におけるホイットマンの運命』（亀井俊介著　研究社）出版。8月『漱石とその時代』第一部・第二部（江藤淳著　新潮社）出版。
一九七一	昭和四六	70	1月『サッポロ』に「明治の海軍・軍神の素顔」を寄稿。3・16「島田謹二還暦記念セミナー」（東大比較文学会主催・於八王子セミナーハウス）で「比較文学者とし	4・30辻村鑑没。6・29岩崎民平没。

			てのわが生涯」と題して講演。3・18〜5・1『公明新聞』に「名訳詩の鑑賞」を連載。46・6〜47・6『明治文学全集』（筑摩書房）月報に「明治文学随想」を連載。7・12〜17山形大学人文学部の集中講義で「日本の英学」と題して、上田敏、平田禿木、夏目漱石、島崎藤村、芥川龍之介を語る。	12月『和魂洋才の系譜――内と外からの明治日本』（平川祐弘著　河出書房）出版。
一九七二	昭和四七	71	1月『中学教育』に「私が歩いてきた道――国際的視野からの文学研究」を寄稿。3月練馬区桜台に転居。5・21南山大学で行われた日本英文学会で「芥川龍之介と英文学」と題して特別講演。翌日、春夫の故郷新宮周辺を歩く。7・10〜11ノートルダム清心女子大学の集中講義で、「比較文学概論」「源氏物語の世界文学的意味」「芥川龍之介と英文学」を語りはじめる。一二月には、「比較文学講義」で（モレアスの「賦」、マラルメの「エロディヤッド」、春夫の「海辺の恋」）について語った。	6月『現代比較文学の展望』（亀井俊介編　研究社）出版。7・20井出義行没。9月『坂の上の雲』第一刷刊行完結。10・9水野成夫没。11・22豊田實没。
一九七三	昭和四八	72	1月『比較文学読本』（富士川英郎・氷上英廣共編　研究社）を刊行、「総論」執筆。この月から、『浪曼』に「秋山真之研究」の連載開始（昭和五〇年二月まで三年間連載）。2月『日本文学と英文学』（岡崎義恵と共に監修・教育出版センター）を刊行。3月東洋大学教授退任。6月『講座比較文学』（東大出版会）に、「比較文学者の源氏物語観」、8月「『田園の憂鬱』考」、10「秋山真之の兵学思想」を収録。	4・30大佛次郎没。5『日夏耿之介全集』（河出書房新社）の刊行はじまる。6月『講座比較文学』（芳賀徹・平川祐弘・亀井俊介・小堀桂一郎編　東大出版会）全八巻の刊行はじまる。9月『シェイクスピア全集』（小田島雄志訳　白水社）刊行はじまる。11・17成瀬正勝没。11・23愛知揆一没。12・7山内義雄没。
一九七四	昭和四九	73	1月『浪曼』に「堀口大學・エロスの世界」（座談会）掲載。7月『アンドロメダ』に「文藝台湾――外地に	6・25蒔田榮一没。9月「ものの静寂と充実」（荒木亨著　旭出版社）

西暦	和暦	年齢	事項	一般事項
			おける日本文学」掲載。4月東洋大学大学院文学研究科特任教授を委嘱される。8・10「伝統と美を求めて」ヨーロッパ旅行に出発、イギリス、フランス、ドイツ、イタリア、ギリシャ巡遊。12月「日本における外国文学」研究により東京大学より文学博士号取得。	出版。『ウィリアム・モリス』（小野二郎著　中央公論社）出版。
一九七五	昭和五〇	74	2月『浪曼』に「吉井勇——ロマンを行じた不世出の歌人」（鼎談）掲載。4月山梨英和短期大学で英文学を講じ始める。6月岩手に旅行、平泉、花巻、遠野を歩く。11・22〜23日本比較文学会関西支部大会に出席、「比較文学私見」と題して特別講演。12月『日本における外国文学』上巻（朝日新聞社）、『アメリカにおける秋山真之（上）』（朝日選書）を刊行。	9・1竹澤啓一郎没。10・9林房雄没。
一九七六	昭和五一	75	2月『日本における外国文学』下巻、『アメリカにおける秋山真之（下）』（朝日選書）、3月『ロシヤにおける広瀬武夫（上・下）』（朝日選書）を刊行。5・25慶應義塾大学小泉信三記念講座（三田校舎）で「日本における外国文学の受けとり方」と題して講演。11・6日本比較文学会関西支部大会（同志社大学）で「歴史小説の東と西」をテーマに司馬遼太郎、江藤淳と語る。	1・2壇一雄没。1・22山本修二没。
一九七七	昭和五二	76	3・10『日本における外国文学——比較文学研究』に対して、第六七回日本学士院賞受賞が決まった。4月山梨英和短期大学教授に就任。5月『學鐙』（丸善）に「秋山真之の抱負」の連載（六年後の一二月まで八〇回）始まる。6月学士院賞受賞。9月『アンドロメダ』に「私の文学研究——美しき日本の天地山川」、10月「日本の宝——女性こそわが祖国の泉」、11月	7・19大木惇（篤）夫没。8・3吉田健一没。12・28呉茂一没。11月『文章の解釈』（平川祐弘・亀井俊介・小堀桂一郎編　東大出版会）出版。

一九七八	昭和五三	77	「続日本の宝――日本人よ、この四冊を読め」を寄稿。**1月**『**海のほとりの王領に**』（ポー原作、七五部限定人間の星社）刊行。この月（1・28〜2・21）、『読売新聞』に「自伝抄この道あの道」を連載（二〇回）し始める。**4・1**パリ大学客員教授として渡仏、**4・13**日本文学を講じはじめる。**6月**ルグイやアンジェリエの故郷を訪ね、**7月**イギリス島内を巡遊、のちにデンマークにも遊ぶ。	1・16厨川文夫没。5・5小林淳男没。6月『日夏耿之介全集』第八巻完結。9・15波多野勤子没。
一九七九	昭和五四	78	**2月**『**上田敏全集**』（編集委員矢野禾積・嘉治隆一・松村緑・森亮・保田保雄・剣持武彦・佐々木満子、教育出版センター）の刊行始まり、『**上田敏全集**』第四巻（編集・解説）に「『上田敏全集第二巻』を編んで」を附録月報に書いた。**3月**『天地』に「スコットランド遊記――詩人バーンズの跡をたずねて」、**4月**「スコットランド遊記――西の涯の旅愁」、**5月**「スコットランド遊記――セント・アンドルーズの大学町」を寄稿。**9月**『昭和万葉集』巻九に歌一首（未刊歌集『能登なみ子の手紙』より）採録される。	6・9荒正人没。6・11中島健蔵没。6・30石田憲次没。9・18木村毅没。9・24辻直四郎没。11・26土居光知没。12・22鍋島能弘没。
一九八〇	昭和五五	79	**4月**池袋コミュニティカレッジにおける読売文化セミナーで「比較文学のおもしろさ」を語り始める。**6月**『**ヘリック**』復刻刊行。**11・3**叙勲、勲三等旭日中綬賞授与。**11・21**日本比較文学会関西支部大会の前日、甲南女子大学で「山川登美子の歌――ある詩人の生き方について」と題して講演。**11・24**伊勢松坂を歩き、本居宣長の旧居、記念館を観る。	3・24尾島庄太郎没。7月『ラフカディオ・ハーン著作集』全十五巻（恒文社）刊行はじまる。
一九八一	昭和五六	80	**3月**『**平田禿木選集**』前期一〜三巻（小川和夫共編　南	1・18福原麟太郎没。3・15堀口大學没。6・

			雲堂）刊行。4月東洋大学大学院非常勤講師を委嘱される。9・18『読売新聞』夕刊に「学問は好きなように」が、10・20『毎日新聞』には「『お元気ですね』――「好きな仕事を続けたい」の執念が……」が掲載された。12・20～26台湾旅行。	11本間久雄没。10・4保田與重郎没。
一九八二	昭和五七	81	1月よみうりカルチャー荻窪の「文芸教養講座」で「比較文学のおもしろさ」を語り始める。（この講座は昭和六二年三月まで一〇シリーズ七六回続いた）1・22東洋大学大学院における最終講義は、ルース・ピターの「魂に寄せる歌」評釈。3月東洋大学を離れる。4月練馬桜台の自宅で「日本における英文学研究――何故この学問をするようになったか」を語り始める。4・19～6・21よみうりカルチャー荻窪の「比較文学のおもしろさ」で「夏目漱石のロマンス」を語る。8・11山梨英和短期大学英文科海外研究旅行に参加、カナダ、アメリカ巡遊の旅に出発。	4月『フェノロサ――日本文化の宣揚に捧げた一生』上・下（山口静一著：三省堂）出版。7・4斎藤勇《たけし》没。8・6岡崎義恵没。
一九八三	昭和五八	82	3月山梨英和短期大学教授退任、ここでの最終講義は「英文学の先達平田禿木について」。4・11～6・20「比較文学のおもしろさ」のタイトルは「漱石文学のおもしろさ」にかわる。4・6自宅でヴォルテールの「哲学書簡について」語り始める。12『広瀬武夫全集』上・下巻（高城知子・司馬遼太郎共編　講談社）を刊行。	2・12手塚富雄没。4・4木俣修没。4・30青江舜二郎没。6・3前嶋信次没。
一九八四	昭和五九	83	1・13自宅での講義は「カンタベリー物語の序」について。2月テーヌの「英文学史」について語り始める。4月『比較文學研究』（特集　東大比較文學會三〇年）に「三十年の回顧」（談）が載った。11・29大垣に赴き、	4・10神田喜一郎没。6・15竹山道雄没。4月『絵画の領分――近代日本比較文化史研究』（芳賀徹著　朝日新聞社）出版。

一九八五	昭和六〇	84	司馬遼太郎の「歴史と人生」の講演を聴き、その後『広瀬武夫全集』の出版を祝う会に臨む。**1月**自宅で、ジョージ・ボローの*Lavengro*（平田禿木編・玄黄社）を語り始める。**5月**『白秋全集』第三巻月報に「白秋作「露台」をよむ」を寄稿。**8月**『児童心理』に「波多野完治著『「学ぶ」心理学』評」を寄稿。	**2・20**中野好夫没。**3・7**森銑三没。**4・23**赤堀梅子（花浦みさを）没。**7月**『大英国――歴史と風景』（カザミヤン著、手塚リリ子・石川京子共訳　白水社）出版。**9・11**赤尾好夫没。
一九八六	昭和六一	85	**1・26**『大英国――歴史と風景』（カザミヤン著、手塚リリ子・石川京子訳　白水社）出版祝賀会に出席。**4月**品川区西大井で長女夫妻と同居、病後静養。**10月**『**平田禿木選集**』（第二期五・六巻）を刊行。**11・29**『比較文學研究』五〇号刊行記念の会に出席。	**1・18**木村彰一没。**8・25**菊地榮一没。**9・15**氷上英廣没。**12・11**宮柊二没。
一九八七	昭和六二	86	**1・2**NHKラジオ第一放送で「明治の国際人に学ぶ――広瀬武夫と明石元二郎」と題して語る。**2・14**『平田禿木選集』全五巻完結記念の会が開かれ、編者として挨拶、「禿木論」を語った。**5・10**一三年間暮した練馬区桜台の家から品川区西大井四丁目五の一七ヒルズ大森三一〇に転居。**10・3**早稲田大学文学部比較文学教室主催の講演会で「英文学五十年」と題して講演。	**2・3**斎藤勇《いさむ》没。**6・6**石田幸太郎没。**10・18**朱牟田夏雄没。**11・22**前田陽一没。
一九八八	昭和六三	87	**3月**『白山英文学　東洋大学創立百周年記念号』に「秋山真之に関する二つの研究」を寄稿。**4月**『英語青年』に「Byron, 想い出すまま」を寄稿。**5・28**矢野禾積告別式（於碑文谷の円融寺）で弔辞を述べる。**12月**『比較文學研究』に「台湾における草創期の比較文学研究――矢野峰人先生の逝去にからむ思い出」を掲	**5・22**矢野禾積（峰人）没。

一九八九	昭和六四		載。	1・7昭和天皇崩御、平成と改元、平成天皇践祚。
一九八九	平成元	88	3・12米寿を祝う会が神楽坂の出版クラブ会館で開かれた。4・28『朝日新聞』夕刊に「余白を語る――花見をするように人生面白いと思う」（談）が載った。4・22日本比較文学会東京支部第一回公開講演会（於上智大学）で、「夏目漱石と英文学」（学会創立四〇周年記念特別講演）と題して語った。12・7駒場の比較文学研究室で「比較文学者として言い遺しておきたいこと」と題して講演した。	4・13篠田一士没。8・30吉田洋一没。10・16相良守峯没。
平成二	一九九〇	89	3月『**ルイ・カザミヤンの英国研究**』（白水社）、5月『**ロシヤ戦争前夜の秋山真之――明治期日本人の一肖像**』（朝日新聞社）、『**マラルメ令嬢の手扇**』（限定九部人間の星社）を刊行。5・28『ルイ・カザミヤンの英国研究』『ロシヤ戦争前夜の秋山真之』二著の出版記念祝賀会（発起人富士川英郎、司馬遼太郎、西川満、於学士会館）が開かれ、第一部、第二部の会に多くの人が参集した。9月「秋山真之を書く前のこと」を『學鐙』（八七・九）に掲載、これが雑誌等に寄稿する最後となった。12・6「比較文学研究を創始、確立したこと、秋山真之、広瀬武夫という典型的な明治軍人の肖像を描いて前人未踏の研究業績をあげたこと」が評価され、第三八回菊池寛賞を受賞。12・20東大駒場第一〇号館会議室において「日本の英文学――過去・現在・未来」と題して講演。	1・12大和資雄没。1・16壽岳文章没。1・29浅野晃没。10・29西條嫩子没。11・6岡野他家夫没。12・10杉捷夫没。

一九九一	平成 三	90	1月フランス派英文学研究「アレクサンドル・ベルジャム」に関する執筆に打ち込む。2・9読書会で佐藤春夫を大いに語り始める。	1・29井上靖没。1月「漱石とその時代」（江藤淳著）の連載（『新潮』一月号）はじまる。
一九九二	平成 四	91	1月フランス派英文学研究の一端を自宅で語り始める。2・21検査のため、川崎中央病院に入院したが異常なし。6・5『日本詩歌の伝統――七と五の詩学』（川本皓嗣著　岩波書店）出版記念会に出席。7・11大森山王草堂（徳富蘇峰ゆかりの地）で蘇峰の「近世日本国民史」の話をした。11・3文化功労者に顕彰される。11・14大森駅ビル「高松」において、12・13神田の学士会館において、祝賀会が行われた。	
一九九三	平成 五	92	1月年頭からフランス派英文学研究の旧稿の訂正などに意欲的に取り組む。1・18過労のため入院して静養につとめる。3・15元気を回復して退院、中野区のシルバーヴィラ哲学堂に短期入居。4・3読書会で、「生い立ち」「パリ大学での講義」などの思い出を語った。4・13急遽入院。4・20死去、この夜仮通夜。4・25桐ヶ谷斎場において通夜、翌日葬儀・告別式（葬儀委員長芳賀徹）が営まれた。5・18閣議決定、29正四位勲二等瑞宝章を贈られる。この日谷中了俒寺において四九日法要が営まれ、同寺墓地に埋葬される。法名は興学院師道謹厳大居士。	9月『英語青年』〔一三九・六〕に「追悼・島田謹二氏」 10月『叢書比較文学比較文化』第一巻（芳賀徹編）・第二巻（平川祐弘編）・第三巻（亀井俊介編）・第四巻（小堀桂一郎編）・第五巻（川本皓嗣編）第六巻（大澤吉博編）の刊行はじまる。 12月『比較文學研究』〔六四〕に「島田謹二先生への弔辞」

人名索引

あ 行

か　行

さ　行

た　行

な　行

は　行

ま　行

や　行

ら　行

わ　行

事項索引

あ 行

か 行

さ 行

た 行

な 行

は 行

ま 行

や 行

ら 行

わ 行

《著者紹介》

小林　信行（こばやし・のぶゆき）

1937年　岩手県に生まれる。

1962年　立教大学文学部英米文学科卒業。

元聖心女子学院高等科教諭。

日本英学史学会・東大比較文学会々員。

シリーズ・人と文化の探究⑬

島田謹二伝

――日本人文学の「横綱」――

2017年７月25日　初版第１刷発行　〈検印省略〉

定価はカバーに
表示しています

著　者　小　林　信　行

発行者　杉　田　啓　三

印刷者　坂　本　喜　杏

発行所　株式会社　ミネルヴァ書房

607-8494 京都市山科区日ノ岡堤谷町１
電話代表（075）581-5191
振替口座　01020-0-8076

冨山房インターナショナル・新生製本

ISBN 978-4-623-07623-9
Printed in Japan